教育部人文社会科学研究规划基金项目资助

渝东南民族地区红色文化资源的调查、开发与利用研究

YUDONGNAN MINZU DIQU
HONGSE WENHUA ZIYUAN DE
DIAOCHA KAIFA YU LIYONG YANJIU

项福库 著

西南交通大学出版社

·成都·

图书在版编目（CIP）数据

渝东南民族地区红色文化资源的调查、开发与利用研究 / 项福库著. —成都：西南交通大学出版社，2015.8
ISBN 978-7-5643-4205-0

Ⅰ. ①渝… Ⅱ. ①项… Ⅲ. ①民族地区 – 革命纪念地 – 旅游资源 – 调查研究 – 重庆市 Ⅳ. ①F592.771.9

中国版本图书馆 CIP 数据核字（2015）第 195867 号

渝东南民族地区红色文化资源的调查、开发与利用研究

项福库　著

责任编辑	吴明建
特邀编辑	杨　晨
封面设计	墨创文化
出版发行	西南交通大学出版社 （四川省成都市金牛区交大路 146 号）
发行部电话	028-87600564　028-87600533
邮政编码	610031
网　　址	http://www.xnjdcbs.com
印　　刷	成都蜀通印务有限责任公司
成品尺寸	185 mm × 260 mm
印　　张	30.25
字　　数	525 千
版　　次	2015 年 8 月第 1 版
印　　次	2015 年 8 月第 1 次
书　　号	ISBN 978-7-5643-4205-0
定　　价	140.00 元

图书如有印装质量问题　本社负责退换
版权所有　盗版必究　举报电话：028-87600562

2012年度教育部人文社会科学研究规划基金资助项目——"渝东南民族地区红色文化资源的调查、开发与利用研究"（项目批准号：12YJA710076）课题组成员

主持人：

项福库（长江师范学院教授，第一批重庆市社会科学专家库专家、重庆市社会科学普及专家）

主研人员：

何 丽（长江师范学院副教授）

吴明永（长江师范学院副教授，博士，政治与历史学院院长）

曾 超（长江师范学院教授，博士，学报主编）

祝国超（长江师范学院教授）

文 军（长江师范学院副教授）

王一安（中学正高级研究员，重庆涪陵区第五中学校党政办公室主任）

前　言

中国共产党有着重视学习和研究历史的优良传统，善于从历史中汲取智慧和力量。最近，习近平同志再次指出：历史是最好的教科书。对于中国共产党人来说，中国新民主主义革命史是最好的营养剂。多重温一下新民主主义革命时期党领导全国人民开展的波澜壮阔、艰苦卓绝的反对帝国主义、封建主义和官僚资本主义的革命斗争史，就会增加很多正能量。渝东南民族地区是重庆市乃至全国著名的革命老区，有着光荣的革命传统。新民主主义革命时期，中国共产党人、革命志士和人民群众在渝东南境内所培育的革命精神，所形成的优良传统，所积累的丰富经验，所孕育而成且具有渝东南民族地区特色的红色文化资源，是一个伟大的宝库。深入研究、弘扬其革命精神和优良传统，科学总结和运用其革命经验，充分调查、开发与利用其境内的红色文化资源，对于教育广大党员、干部和年轻一代；对于搞好大中小学思想政治教育、社会主义核心价值观教育和立德树人教育；对于促进哲学社会科学的繁荣发展；对于以史鉴政，推进社会主义的建设事业，都将起到积极的作用。

一、选题缘由

我们选择本课题予以研究，其缘由有三：

第一，为了认真落实 2009 年 11 月中宣部部长刘云山在重庆调研时关于"重庆要注重发挥革命历史资源的独特作用，深入挖掘红色乡土史资源，努力把红色乡土史资源优势转化为推进社会主义核心价值体系建设的政治优势、精神优势"这一讲话精神，充分挖掘和利用渝东南民族地区红色文化资源，加强和改进重庆爱国主义和革命传统教育，有效保护和利用渝东南民族地区红色文化资源和革命历史文化遗产。

第二，选择和研究本课题，就是要理清渝东南民族地区红色文化资源分布、保护及其开发与利用之现状，总结渝东南民族地区各区、县在开发与利用这些资源中成功的经验和存在的问题，特别是找出重庆大中小学在利用这些资源中存在的问题，并运用科学发展观予以指导。通过发表学术论文和出版学术专著并免费赠送给有关政府部门、教育主管部门、文化主管部门、旅游部门和渝东南民族地区各区、县相关部门以及重庆市内外的大中小学校，为各级政府部门及文教、旅游部门及重庆市大中小学探索出一条切实可行的利用渝东南民族地区红色文化资源繁荣民族地区经济文化、开展德育与思想政治教育之新路径。

第三，课题"渝东南民族地区红色文化资源的调查、开发与利用研究"的最终成果形式之一是出版《渝东南民族地区红色文化资源的调查、开发与利用研究》一书，其目的在于为国家及重庆市制订渝东南民族地区红色文化资源开发与利用总体规划提供对策建议，为渝东南民族地区各区、县开发与利用这些文化资源提供智力支持，加强和改进重庆大中小学的德育与思想政治教育，把红色文化资源优势转变为经济优势，带动本地区相关产业的发展，促进本地区社会经济文化和谐发展。

二、目前国内外研究的现状与趋势

渝东南民族地区地处渝鄂湘黔四省市交界的武陵山区，包括石柱土家族自治县、彭水苗族土家族自治县、黔江区、酉阳土家族苗族自治县、秀山土家族苗族自治县及涪陵、武隆等区、县，它们是重庆市少数民族聚居地区，也是所谓"老少边穷"地区。据 2007 年统计，这 7 个区县的总面积为 22 798.87 平方公里，占重庆全市总面积的 28.06%，人口 466.67 万，占全市总人口的 14%[①]，其中以土家族、苗族为主的少数民族人口达 183 万之多，占全市少数民族总人口的 92.7%。其中的彭水、黔江、酉阳、秀山、石柱等都是国家级贫困区、县，属于国家扶持的老少边穷山区。本地区位于我国中西部与南、北带的交汇点上，东与湖南省湘西土家族苗族自治州、湖北省恩施土家族苗族自治州交界，南与贵州省铜仁地区毗邻，西与重庆主城区相连，北濒长江，为三峡库区的中段，也是湘、鄂、渝、黔四省（市）结合部及渝怀铁路、渝长高速公路和重庆通往沿海的大通道，还是北上巴蜀、南下湖广、东入荆楚、西入夜郎的所经之地。渝东南民族地区有着悠久的历史文化，在中国近现代史上，这里发生过许多重大历史事件，涌现出许多著名的历史人物，留下了涪陵区弋阳桥农民讲习所旧址、武隆县四川二路红军司令部旧址、彭水苗族土家族自治县红三军司令部旧址、酉阳土家族苗族自治县赵

---

① 重庆年鉴社：《重庆年鉴》(2008 年卷)，重庆人民出版社，2008 年版。

世炎烈士故居、秀山土家族苗族自治县刘邓大军入川处洪茶渡口旧址等众多的革命历史遗址和许多动人的革命故事和传说。在这里的各族人民争取民族独立、人民解放和国家富强、人民富裕以及促进地方经济文化发展的斗争中，涌现出了许多可歌可泣的英雄事迹。第一次国共合作的大革命时期，赵世炎、李蔚如、钟善辅、李鸣珂、万涛、刘仁、杨克明等革命先辈在这里与国民党反动派展开殊死的搏斗；土地革命战争时期，贺龙、任弼时、萧克、王震、关向应等老一辈无产阶级革命家曾率领红二、六军团在这里创建湘鄂川黔革命根据地，在这里播下革命火种，留下光辉的足迹；抗日战争时期，重庆是中共南方局所在地，这里便成为"红岩精神"的发源地，许多共产党员和仁人志士在这血与火的年代里，在抗日烽火和民族解放事业中，赴汤蹈火，写下了壮丽的革命诗篇；解放战争时期，这里曾上演了刘邓大军解放秀山，打响人民解放军解放大西南战役等一幕幕英勇悲壮而感人至深的历史剧，为我们留下了丰富的红色文化资源。然而，由于这里地处武陵山区，山路崎岖，交通不畅，使这里的红色文化资源长时期不被外界所知。重庆直辖后，随着西部大开发和重庆城乡一体化进程的推进，这里的红色文化资源才逐渐被外界所知。然而，经过文献检索与网上查询，迄今为止，尚未发现国内外有与本项目相同的研究，偶尔见诸报端的都是对重庆市或渝东南乃至乌江流域的自然生态、民族历史文化、非物质文化遗产、旅游资源、新农村建设、城乡一体化展开研究的文章，除了本课题组成员有五篇研究渝东南民族地区红色旅游资源的开发、利用等问题的文章见诸报端外，发表研究渝东南民族地区红色文化资源的文章几乎是寥寥无几，更不用说会有国外专家学者对这一民族地区的红色文化资源展开研究了。因此，本项目是对这一民族地区的红色文化资源展开的首次整体性的综合调查与研究。通过调查、研究，理清本地区红色文化资源之现状，找出各区、县在开发与利用这些资源中成功的经验和存在的问题，找出开发和利用的对策，特别是找出大中小学利用这些资源的过程中存在的问题，探索其开发成果在教育教学中利用之路径，推进学校德育与思想政治教育健康发展。

未来，国内对渝东南民族地区红色文化资源的开发与利用研究将呈现以下趋势：继续深入开展系统的理论研究，以突破前期研究中的零散化、感性化和表层化等特点；加强对本地区红色文化资源的整体性构建，把这里的红色文化资源作为一个整体的研究对象，对其内涵、特点、生成与传播、继承与创新等理论进行构建；扩大研究视野，加强本地区红色文化资源在国内外的感召力和影响力，并加强对国内各地区及其他国家红色文化的研究,以有利于中国红色文化建设的大众化与国际化。

三、"渝东南民族地区红色文化资源的调查、开发与利用研究"的理论价值和实际应用价值

1. 理论价值

文化是民族的血脉,是人民的精神家园。当今世界,文化的地位和作用更加凸显,越来越成为民族凝聚力和创造力的重要源泉。越来越成为综合国力竞争的重要因素,越来越成为经济社会发展的重要支撑,丰富精神文化生活越来越成为我国人民的热切愿望。当前,渝东南民族地区文化领域正在发生广泛而深刻的变革,推动本地区文化大发展大繁荣既具备许多有利条件,也面临一系列新情况、新问题。我国经济持续快速发展、综合国力日益增强,为渝东南民族地区文化建设奠定了坚实的物质基础;中国特色社会主义理论和实践的丰硕成果,为渝东南民族地区文化建设提供了宝贵的精神文化资源;全社会重视、参与文化建设的热情日益高涨,为渝东南民族地区文化建设营造了良好的社会氛围;人民群众快速增长的精神文化需求,为渝东南民族地区文化发展拓展了巨大空间;我国的国际地位和影响力显著提高,为渝东南民族地区红色文化走出去提供了重要契机。渝东南民族地区文化改革发展面临难得的历史机遇。同时,该地区文化发展的质量和水平还不高,文化建设的布局和结构不尽合理,制约该地区文化科学发展的体制机制障碍尚未完全破除。面对人民群众精神文化需求快速增长的新形势,渝东南民族地区的文化产品无论是数量还是质量,都还不能很好满足人民群众多方面、多层次、多样化的精神文化需求,进一步解放和发展文化生产力、提高文化产品和服务供给能力的任务更加紧迫。面对经济发展方式加快转变、社会结构深刻调整的新形势,推动全民族文明素质提高,发挥文化引领风尚、教育人民、服务社会、推动发展的任务更加紧迫。面对现代信息科技和传播手段快速发展的新形势,加快建立文化创新体系、推进民族地区文化创新的任务更加紧迫。面对世界范围内各种思想文化交流交融交锋更加明显、斗争尖锐复杂的新形势,增强民族地区文化整体实力和国际竞争力,抵御国际敌对势力的文化渗透,维护国家文化安全的任务更加紧迫。

渝东南民族地区红色文化资源是指在中国共产党领导下,该区域内土家、苗、

汉等各族人民在新民主主义革命时期所培育成的民族精神财富及其物质文化载体，它既包含了境内的革命历史遗址、文物、纪念地、名人故居、烈士陵园、展览馆、纪念场馆及革命标语、诗歌、文献、影像、歌曲、作品等物质形态的资源，也包含了境内各族人民在革命战争年代培育成的忠诚于党、热爱祖国、热爱人民、敢于斗争、敢于胜利、严守纪律、不怕牺牲、军民团结、无私奉献、艰苦奋斗、勇往直前等精神层面的资源。这些资源既是中国共产党和全中国人民宝贵的精神财富，也是国家实施德育与思想政治教育取之不尽、用之不竭的宝贵精神财富和难得的红色文化资源。然而，近年来，该地区只注重了对自然生态旅游、人文旅游及红色旅游资源的开发与利用，对红色文化资源的开发与利用重视的程度还显得不够，即使有了开发与利用，也处在初始阶段。因而，开展本项目研究，充分开发和利用渝东南民族地区红色文化资源、传承民族精神血脉、坚持不懈地推进社会主义核心价值体系建设，对于认真贯彻落实胡锦涛同志在十八大报告中提出的"实现中华民族伟大复兴，必须推动社会主义文化大发展大繁荣，兴起社会主义文化建设新高潮，提高国家文化软实力，发挥文化引领风尚、教育人民、服务社会、推动发展的作用"的指示精神，对于认真贯彻落实 2009 年 11 月中宣部部长刘云山在重庆调研时关于"重庆要注重发挥革命历史资源的独特作用，深入挖掘红色乡土史资源，努力把红色乡土史资源优势转化为推进社会主义核心价值体系建设的政治优势、精神优势"这一讲话精神，对于加强和改进重庆乃至全国爱国主义和革命传统教育，都具有十分重要的理论意义。

2．实际应用价值

调查好、保护好、开发好、利用好、发展好、建设好红色文化资源，是关系巩固党的执政地位的政治工程，是关系建设社会主义核心价值体系的文化工程，是关系提高人民生活水平的富民工程，是当代共产党人和全体中华儿女义不容辞的责任。本课题的研究成果应用前景可观，它蕴藏着长远的德育、思想政治教育价值和社会效益：

第一，渝东南民族地区红色文化资源的调查、开发与利用研究，是维护和巩固党的执政地位的政治工程。首先，红色文化具有丰富的物质内容和永恒的精神内涵，它作为一种特殊的文化意识形态，是党将马克思主义同中国实际相结合成长、发展的印记，是党夺取政权和巩固政权的精神支柱，是中国特色社会主义先进文化的重要组成部分，是党代表先进文化方向的象征。通过深入挖掘、开发、利用渝东南民族地区红色文化资源,不断提炼出其现实需要的时代意义和精神价值,能有效地增强党执政的合法性,为巩固党的执政地位提供历史和现实的借鉴;能有效提高党的执政能力,永葆党的先进性,促进社会主义和谐社会的构建,是现阶段与加强党的建设的有效结合点。其次,党的十八大报告中指出"社会主义核心价值体系是兴国之魂,决定着中国特色社会主义发展方向。要深入开展社会主义核心价值体系学习教育,用社会主义核心价值体系引领社会思潮,凝聚社会共识。推进马克思主义中国化时代化大众化,坚持不懈用中国特色社会主义理论体系武装全党、教育人民。"那么,本课题研究成果便可直接应用于重庆市乃至全国开展的社会主义核心价值体系建设和构建社会主义和谐社会的伟大事业中,把红色文化资源优势转化为推进社会主义核心价值体系建设和构建社会主义和谐社会的政治优势和精神优势,推动中国特色社会主义理论体系教材进课堂进头脑。这项研究将有助于开展理想信念教育,大力弘扬民族精神和时代精神,深入开展爱国主义、集体主义、社会主义教育,丰富人民精神世界,增强人民精神力量。它对加强和改进全社会爱国主义和革命传统教育将产生长远的影响。

第二,渝东南民族地区红色文化资源的调查、开发与利用研究,是开展社会主义核心价值观教育的文化工程。该地区红色文化资源由物质文化层(如革命遗址、旧址等)、制度文化层(如革命纲领、路线等)和精神文化层(如革命精神、革命理想道德传统等)构成。多层次的红色文化资源开发与利用,有利于巩固马克思主义的指导地位,引领多样化的社会思潮;有利于坚持走中国特色社会主义文化发展道路,坚持百花齐放、百家争鸣的方针;有利于贴近实际、贴近生活、贴近群众,推动社会主义精神文明和物质文明全面发展;有利于坚定中国特色社会主义共同理想,激励人们为之奋斗;有利于培育和弘扬以爱国主义为核心的民族精神和以改革创新为核心的时代精神,为中华民族提供精神支撑;有利于倡导富强、民主、文明、和谐,倡导自由、平等、公正、法治,倡导爱国、敬业、诚信、友善,积极培育社会主义荣辱观,形成良好的社会风尚。

第三,渝东南民族地区红色文化资源的调查、开发与利用研究,是提高人民生活水平的富民工程。党的十八大明确指出,要积极发展公益性文化事业,大力发展文化产业,激发全民族文化创造活力,更加自觉、主动地推动文化事业的大发展和大繁荣。"文化实力和竞争力是国家富强、民族振兴的重要标志。要坚持把社会效益放在首位,社会效益和经济效益相统一,推动文化事业全面繁荣,文化产业快速发展。"将"渝东南民族地区红色文化资源的开发与利用"应用于提高人民生活水平,最主要的途径就是推动本地区红色文化建设的产业化。也就是说,本地区红色文化建设要充分利用旅游资源、广播电视、影视事业、互联网、音像制品等媒介，提升红色文化资源的经济价值。通过本项目研究，为重庆市乃至国家制订渝东南民族地区红色文化资源开发与利用总体规划提供合理化对策建议，为渝东南少数民族地区深度开发与利用这些资源提供智力支持，加强和改进大中小学的德育与思想政治教育，把红色文化资源优势转变为经济优势，带动重庆乃至全国相关产业的发展，促进重庆社会政治经济文化和谐发展。

四、本课题的研究目标、研究内容、拟突破的重点和难点

1. 研究目标

当前，国家正大力推动红色文化建设，将红色文化溶入政治理论、精神文明、公益服务、和谐社会、民族团结及文化产业建设之中，在社会上引起了广泛关注。因此，渝东南民族地区红色文化资源的开发与利用可谓是西部大开发进程中红色文化产业开发的重要一环，将对西部地区社会政治、经济、文化各方面事业的发展产生深远的影响。为此，本课题组将本着一切从实际出发、实事求是、没有调查就没有发言权的科学严谨的态度深入实地走访、考察，开展课题研究；运用"去粗取精、去伪存真"的方法对调查与研究的对象进行客观分析，剔除其糟粕，吸取其精华，以"科学、严谨、条理"态度撰写出研究成果。

在实施本课题研究过程中，将根据对现有文献和对实地调查、走访的分析，理清渝东南民族地区红色文化资源遗存之现状；找出渝东南民族地区各区、县及重庆在保护、开发与利用这些资源中存在之问题、原因及其进一步保护、开发与利用的正确路径；为国家制订渝东南民族地区红色文化资源保护、开发与利用总体规划提供合理化建议及对策，为渝东南民族地区各区、县开发与利用这些资源提供智力支持，为大中小学开展德育与思想政治教育提供优质而丰富的红色文化资源，并将这些红色文化资源优势转变为经济优势，促进本地区乃至全国政治经济文化和谐发展。

2. 研究内容

（1）渝东南民族地区红色文化资源遗存现状：渝东南民族地区红色物质文化资源分布现状；渝东南民族地区红色精神文化资源遗存表现。

（2）渝东南民族地区红色文化资源保护、开发与利用之现状。

（3）渝东南民族地区红色文化资源开发与利用之价值。

政治价值——它是维护和巩固党的执政地位的政治工程，能为党员干部开展重温入党誓词、坚定理想信念教育提供新基地；为青少年开展德育和思想政治教育

拓展新的教育场所；为全社会开展社会主义核心价值观教育提供优质的教育资源。

经济价值——它是提高人民生活水平的富民工程。本地区红色文化建设可充分利用旅游资源、广播电视、影视事业、互联网、音像制品等媒介，提升红色文化资源的经济价值，把红色文化资源优势转变为经济优势，带动重庆乃至全国相关产业的发展。

文化价值——它是开展社会主义核心价值观教育的文化工程。多层次的红色文化建设，有利于巩固马克思主义的指导地位，引领多样化的社会思潮；有利于坚定中国特色社会主义共同理想，激励人们为之奋斗；有利于培育和弘扬以爱国主义为核心的民族精神和以改革创新为核心的时代精神，为中华民族之崛起提供精神支撑；有利于确立和实践社会主义荣辱观，形成良好的社会风尚。

（4）渝东南民族地区红色文化资源开发与利用进程中存在的问题。

行政管理体制方面——以红色文化旅游资源的开发管理为例。一些红色资源景区分别由宣传、民政、文物、旅游等部门多头管理，条块分割，难以有效整合资源；有些地方即使建立了协调开发管理机制，但运行不畅，或政出多门，相互争利，或遇事推诿，管理缺失。要将红色文化资源的开发提高到思想政治建设的高度上来，就必须理顺行政体制，以政治力量推行。

红色文化物质载体方面——以红色革命遗址的保护与挖掘为例。渝东南民族地区众多红色革命遗址年久失修，自然和人为损毁严重，大量革命文物散落民间，保护形势严峻。其他载体如红色人物、革命遗物、红色精神等没有被充分重视和有效地挖掘与保护。

红色文化产业化方面——在渝东南民族地区红色文化产业化过程中还存在着过度开发的现象。有的地方热衷于修建各种人造景点，破坏了红色遗址的整体风貌；有的景区、展馆虽然配有先进的声光电演示，但对红色资源内涵的深度挖掘不够；而大多数处于贫困山区的红色资源则因位置偏僻、交通不便、经费短缺、基础设施落后而尚未得到应有的开发。

红色文化资源利用方面——红色文化建设涵盖多个领域，不仅是挖掘和保护现有资源的问题，更重要的是要把现有资源推广、利用到幼儿园教育、学校教育、社区文化建设、党政机关及企事业单位思想文化教育、军队教育、公民道德教育、影视传媒、经济建设等领域中去，为社会主义各项建设事业服务。然而，各地红色资源仍缺乏对这些领域开展多途径的推广与实际有效的利用。

（5）进一步开发利用渝东南民族地区红色文化资源的对策及有效途径。

宏观层面——处理好"三个关系"，深化、完善顶层设计。一是处理好顶层设计与上下贯通的关系，以行政区为单位，从战略高度实现统一规划。通过顶层政治力量的执行力，整合各地资源，为红色文化资源的有效开发与利用提供政治保障。二是处理好全面铺开与重点突破的关系。依托红色文化资源的开发与利用推动社会主义核心价值观教育的开展是一个系统工程，具有整体性和全面性。但是，根据地区的不同，又有其具体性和特殊性。顶层设计时，要处理好全面铺开与重点突破的关系。三是正确处理总体目标与稳步推进的关系，坚持在循序渐进、分步实施中不断推进。红色文化资源的开发与利用不是短期行为、政绩工程，而是一项关系到党能否长期执政、国家能否长治久安的长期工程。在推广与利用中，要认真贯彻落实科学发展观，杜绝短期行为。在分步实施开发与利用中为推进社会主义核心价值观教育打下坚实基础。

中观层面——发挥红色文化资源开发与利用的三种功能。一是发挥渝东南民族地区红色文化资源开发、利用在助推社会主义核心价值观教育中的政治功能。面对西方敌对势力对中国政治文化的渗透，中国共产党只有立足本国实际，大力开发、利用红色文化资源，推进全民的社会主义核心价值观教育，加强党的执政文化建设，才能提高党的执政能力，巩固党的执政地位。二是发挥渝东南民族地区红色文化资源开发、利用在助推社会主义核心价值观教育中的文化功能。红色文化是先进的文化，是中国特色社会主义文化的重要组成部分，是抵御西方敌对势力文化入侵的有效武器，是引导人民坚定社会主义理想信念的旗帜。充分挖掘开发利用其资源，发挥其文化育人功能，是当前开展德育与思想政治教育的有效途径，在全民社会主义核心价值观教育中发挥着重要的作用。三是发挥渝东南民族地区红色文化资源开发、利用在助推社会主义核心价值观教育中的经济功能。红色文化产业化并非以追求经济效益为目的，而是在保证社会效益的前提下广泛吸收社会资本，按着产业运营机制和市场化组织手段整合红色文化资源，做大红色旅游产业，为推进渝东南民族地区城乡经济发展服务。

微观层面——是在渝东南民族地区红色文化资源载体中植入核心价值观教育内容，运用多渠道、多手段、具体、实际且具有操作性的方法，对全民开展社会主义核心价值观教育。一是加强宣传攻势，在全社会形成开发利用区域红色文化资源、推进全民社会主义核心价值观教育的风气。二是注重教育培养，充分挖掘红色文化资源在学校教育中的重要价值，为大中小学生德育与思想政治教育提供优质资源，引导其树立正确的价值观。三是拓宽文化培植，充分利用互联网、移动通讯、广播电视、音像制品等媒介，构建渝东南民族地区红色文化资源开发利用的公益服务体系。四是重视渝东南民族地区红色旅游，把核心价值观教育、革命传统和爱国主义教育与红色旅游紧密结合起来，在景观建设、景点收费、宣传报道等方面探索出一条红色旅游与一般观光旅游不同的道路。五是注重文化结合，将本地区红色文化建设与传统文化、近现代历史文化、中国特色社会主义文化结合起来，大力推动红色文化的大众化、社会化。

3. 拟突破的重点和难点

（1）拟突破的重点。

一是运用科学发展观，打破渝东南民族地区各区、县行政界限，建立中共重庆市委、市政府指导下的相关部门联合开发机制，合作开发、整合利用渝东南民族地区红色文化资源，充分发挥其在全民德育与思想政治教育中的整体效能。

二是与重庆市推动红色文化建设工作相结合，与取得的实效相结合，从高层次、宽领域、多角度研究依托渝东南民族地区红色文化资源开发与利用推进社会主义核心价值观教育的有效途径。

（2）拟突破的难点。

一是如何构建全社会多元化投资开发新体系，解决渝东南民族地区红色文化资源开发建设中的资金短缺问题。

二是红色文化建设虽然是当前研究的热门话题，但中央还应在政治高度上予以重视，出台优惠政策，使西部民族地区、老少边穷地区在红色文化资源保护、开发与利用上能得到国家在政策上、资金上的有力支持。

三是由于红色文化资源的开发与利用涉及的领域比较广泛，这就给课题组实施多层次、跨区域实地调查与研究带来了不同程度的困难。

五、本课题的研究思路和研究方法

1. 研究思路

（1）明确理论依据。

党的十七大明确指出："要坚持社会主义先进文化前进方向，兴起社会主义文化建设新高潮，激发全民族文化创造活力，提高国家文化软实力"；"推进文化创新，增强文化发展活力。在时代的高起点上推动文化内容形式、体制机制、传播手段创新"；"扶持公益性文化事业、发展文化产业、鼓励文化创新"；"加快文化产业基地和区域性特色文化产业群建设，培育文化产业骨干企业和战略投资者，繁荣文化市场"；"调动广大文化工作者的积极性，更加自觉、更加主动地推动文化大发展大繁荣"。胡锦涛同志在十八大报告中也明确提出"扎实推进社会主义文化强国建设"的号召，他强调"全面建成小康社会，实现中华民族伟大复兴，必须推动社会主义文化大发展大繁荣，兴起社会主义文化建设新高潮，提高国家文化软实力，发挥文化引领风尚、教育人民、服务社会、推动发展的作用。"党的十七大、十八大发出的上述伟大号召便成为本课题研究的理论依据。

（2）厘清基本概念。

通过对渝东南民族地区地理方位、境内少数民族分布和红色文化遗存的介绍，明确渝东南民族地区、红色文化资源、物质文化层、制度文化层、精神文化层等概念。在课题组对渝东南民族地区红色文化资源前期研究成果基础上，结合政治学、管理学、经济学、教育学、历史学等多学科理论研究成果，确定本课题研究对象，为进一步深入研究打下基础。

（3）深入调查研究。

组建调查组，制订调查计划，对渝东南民族地区涪陵、南川、丰都、石柱、武隆、彭水、黔江、酉阳、秀山等区县的红色文化资源、红色旅游资源、基础设施等方面展开实地调研，获得课题研究的第一手资料。

（4）提出对策建议。

根据对现有文献和对实地调查、走访的分析，理清渝东南民族地区红色文化资源遗存之现状；找出渝东南民族地区各区、县及重庆在开发利用这些资源中存在之问题、原因及其进一步开发与利用的正确路径；为国家制订渝东南民族地区红色文化资源开发与利用总体规划提供合理化建议及对策，为渝东南民族地区各区、县开发与利用这些资源提供智力支持，为全社会开展德育与思想政治教育提供优质而丰富的红色文化资源，并将这些红色文化资源优势转变为经济优势，促进本地区乃至全国政治经济文化和谐发展。

2. 研究方法

（1）文献研究法：第一，研究、吃透中央与地方政府有关推动区域性红色文化资源开发与利用的理论、政策；第二，对课题组人员进行分工，分别搜集、查阅渝东南民族地区各区、县的区志、县志及相关的党史、革命回忆录、史志及文物志等文献资料，然后运用传统的文献分析法找出相关需要研究、解决的理论问题。第三，运用文献检索与网上查询的方法，搜集有关渝东南民族地区红色文化资源的资料信息，通过对比分析和比较、归纳研究形成理论成果。

（2）调查研究法：组织课题组成员，对渝东南民族地区各区、县进行全面的实地考察与调研，采用走访、谈话、问卷、个案研究、历史探究等方式，对各地红色文化资源的历史与现状进行有目的、有计划、有系统地搜集与排查，采集确凿的第一手资料，并对其进行定量分析、综合、比较与归纳，最终撰写出调查报告、研究报告、论文和专著。

（3）定性分析法：运用分析与综合、比较与归纳、抽象与概括等方法，对已获取的物质层面的、精神层面的各种红色文化资源进行去粗取精、去伪存真、由此及彼、由表及里的思维加工，从而认识其本质，揭示其内在规律性，形成理论研究成果。

（4）跨学科研究法：本课题在研究中不可避免地要涉及历史学、考据学、政治学、教育学方面的知识，在研究红色文化产业化时，还要运用管理学、经济学方面的知识。因此，课题组将运用历史学、考据学、政治学、管理学、经济学、教育学等学科的理论、方法和成果对课题开展综合研究。

渝东南民族地区的红色文化资源是一座丰富的精神宝藏。对这些红色文化资源调查、开发和利用，便成为当前全社会开展革命传统、社会主义核心价值观教育的一笔极为珍贵的精神财富，便成为渝东南民族地区、重庆市乃至全国中小学实施德育与思想政治教育取之不尽、用之不竭的教育资源。这些资源对于我们继承和发扬党的光荣革命传统，加强和改进党的建设，进一步推进改革开放和社会主义现代化建设，更有着十分重要的现实意义和深远的历史意义。可惜的是，新中国成立以来一直到今天，"渝东南民族地区红色文化资源"还是一片尚待开垦的"领域"，迄今为止全国仅有5～6篇研究该领域的文章见诸报端，还没有一部研究渝东南民族地区红色文化资源的专著出版。笔者从事高校历史专业教学与研究20年，自己感觉有责任、有义务挑起这副重担，开垦这片尚待开垦的领域。时至今日，笔者对渝东南民族地区红色文化资源方面的资料搜集、调查、走访及资源的挖掘、利用已持续近10年。渝东南民族地区红色文化资源是极其宝贵的。3年来，笔者对"渝东南民族地区红色文化资源的调查、开发与利用"这一课题展开研究，并出版《渝东南民族地区红色文化资源的调查、开发与利用研究》这部学术专著，目的就是为了更好地继承与发扬老一辈无产阶级革命家、共产党人和革命志士们的光荣革命传统，为我们建设中国特色社会主义现代化强国服务。《渝东南民族地区红色文化资源的调查、开发与利用研究》虽然是一部区域性的关于红色文化资源调查、开发与利用研究方面之专著，但它对全国红色文化资源的调查、开发与利用研究却能起到"抛砖引玉"之作用。该书以丰富、详实的史料，真实地记载了新民主主义革命时期在中国共产党领导下渝东南民族地区各族人民艰苦卓绝的革命斗争实践，再现了赵世炎、贺龙、任弼时、萧克、王震、关向应、李鸣珂等老一辈无产阶级革命家、先烈们不畏艰险、艰苦奋斗的革命业绩，讴歌了他们坚定不移的理想信念、百折不挠的革命意志和不怕牺牲的革命精神。这些宝贵的精神财富，正是我们今天建设中国特色社会主义现代化强国所必须继承和发扬的。《渝东南民族地区红色文化资源的调查、开发与利用研究》这部书，是广大党员干部和各界群众认识、了解、研究渝东南民族地区新民主主义革命文化史的工具书，是为广大党员干部和各界群众开展爱党、爱国、爱社会主义教育和革命传统教育、社会主义核心价值观教育提供的乡土教材。

目 录

第一章 渝东南民族地区自然环境和建置沿革 1

  第一节 渝东南民族地区自然环境 1

    一、渝东南民族地区自然环境 2

    二、渝东南民族地区及境内革命老区的界定 4

      · 渝东南民族地区的界定/4

      · 渝东南境内革命老区的界定/5

  第二节 渝东南民族地区建置沿革 7

    一、涪陵区 8

    二、武隆县 10

    三、石柱土家族自治县 11

    四、彭水苗族土家族自治县 13

    五、黔江区 15

    六、秀山土家族苗族自治县 17

    七、酉阳土家族苗族自治县 19

第二章 渝东南民族地区红色文化资源总论 22

  第一节 红色文化资源概述 22

    一、红色文化的概念及特性 22

      · 红色文化的概念/22

      · 红色文化的特性/24

    二、红色文化资源的定义、特征及分类 26

      · 红色文化资源的定义/26

      · 红色文化资源的特征/28

      · 红色文化资源的分类/29

    三、红色文化资源开发利用的意义 29

  第二节 渝东南民族地区红色文化资源的概念、特征、分类及其分布 32

    一、渝东南民族地区红色文化资源概念的界定 32

二、渝东南民族地区红色文化资源的特点 ……………………………………… 34
- 分布广泛/34
- 相对集中/34
- 种类丰富多样/34
- 伴生资源丰富，民俗、民间性较浓/35

三、渝东南民族地区红色文化资源调查分类举要 ………………………… 36
- 渝东南民族地区物质形态红色文化资源调查分类举要/36
- 渝东南民族地区非物质形态红色文化资源调查分类举要/45

四、渝东南民族地区主要物质形态红色文化资源调查汇总表 ……………… 52

第三章 渝东南民族地区红色文化资源产生与发展的历程 ……………… 58

第一节 党的创建至大革命时期境内红色文化资源的萌发 ……………… 59

一、马克思列宁主义在渝东南民族地区的传播 ……………………………… 59

二、渝东南民族地区党团组织的建立和发展 ………………………………… 61
- 渝东南民族地区社会主义青年团的诞生/61
- 渝东南民族地区党组织的创建及党团组织的发展壮大/62

三、党的活动向渝东南民族地区农村发展并组建农民武装 ………………… 64

第二节 土地革命战争时期境内红色文化资源的形成 …………………… 68

一、党领导渝东南地区各族人民在白色恐怖下坚持斗争 …………………… 68
- "八七"会议精神在渝东南民族地区的贯彻执行/69
- 渝东南民族地区党组织的恢复和建立/69
- "八七"会议后武装暴动席卷渝东南/71
- 贯彻中共六大精神发动武装起义/73

二、渝东南民族地区各地配合红三军的武装斗争 …………………………… 76
- 涪陵土地坡农民暴动/76
- 黔江红军游击大队/77
- 酉阳红军游击队/78
- 秀山红军游击队/78

三、红三军转战渝东南，创建湘鄂川黔革命根据地 ………………………… 80
- 湘鄂西分局大村会议/80
- 红三军转战渝东南/81
- 湘鄂川黔革命军事委员会的建立与十字路会议/82

- 枫香溪会议与黔东特区根据地的建立/82
- 南腰界区革命委员会的建立与中共中央湘鄂西分局会议/84

四、红二、六军团会师南腰界，配合中央红军长征 ……………………… 85
- 红二、六军团会师南腰界/85
- 东征湘西，策应中央红军长征/86

五、红二、六军团撤离后渝东南民族地区人民的不屈斗争 ……………… 87

第三节 抗日战争时期境内红色文化资源的发展 ……………………………… 91

一、抗日战争爆发前后渝东南民族地区群众抗日救亡运动的兴起 ……… 91
- 抗日战争爆发前渝东南民族地区群众抗日救亡运动的兴起/92
- 全面抗战爆发后渝东南民族地区群众抗日救亡运动的高涨/94

二、在抗日救亡高潮中恢复建立渝东南民族地区党组织 ………………… 98
- 涪陵县党组织的恢复和建立/98
- 石柱县党组织的恢复和建立/100
- 中共丰（都）石（柱）中心县委的建立/100
- 中共涪陵五县工委的建立/101

三、日机对渝东南民族地区的狂轰滥炸 …………………………………… 101

四、党对渝东南民族地区抗日救亡运动的发动和领导 …………………… 103
- 维护国共合作与团结抗日大局/103
- 发动和组织抗日救亡群众团体/104
- 广泛开展抗日救亡宣传工作/105

五、加强党的自身建设、反对国民党顽固派分裂倒退活动的斗争 ……… 106
- 加强党的自身建设，巩固党的组织/106
- 与国民党投降派、顽固派的投降及分裂活动进行斗争/108

六、渝东南民族地区抗日救亡运动的历史贡献 …………………………… 110
- 输送兵源，出征参战/110
- 拥抗优属，激励抗战/111
- 帮助难胞，重建家园/112
- 兴办油厂，增加油源/113
- 修建机场，有备无患/115
- 捐献钱物，支援前线/115
- 搬运川盐，支援抗战/117

第四节　解放战争时期境内红色文化资源的丰富 …………………… 118
一、渝东南民族地区党组织的恢复与建立 ………………………… 119
- 石　柱/119
- 秀　山/120
- 中共在黔江潘文华部建立的组织/120
- 涪　陵/121
- 武　隆/121

二、反饥饿、反内战、反迫害、争民主的学生运动 ……………… 122
- 彭水、涪陵县师生"反饥饿、争温饱"的斗争/122
- 涪陵、秀山县师生"反迫害、争民主"的斗争/123
- 省立龙潭中学学生"争取人身安全权"的斗争/124
- 酉阳县立中学学生"反贪污、求学权"的斗争/124

三、以抗丁、抗粮、抗捐为主的农民"三抗"斗争 ……………… 125
- 开展抗丁斗争/125
- 进行抗粮抗租斗争/126
- 组织抗捐税斗争/128

四、做好统战工作，瓦解敌人，壮大自己 ………………………… 129
- 采取"打进去拉出来"之办法掌控基层政权/130
- 对开明人士及国民党军政人员开展统战工作/131

五、开展游击活动，配合解放战争 ………………………………… 133
- 党领导下的小型武装遍布渝东南各地/133
- 川鄂边区的武装游击斗争/135

六、迎接解放，配合接管 …………………………………………… 137
- 突破"大西南防线"，解放渝东南/137
- 迎接解放，配合接管/140
- 接管建政，清除匪患/142

第四章　渝东南民族地区红色文化资源的分区县、分期、分类调查 …… 146
第一节　涪陵区各时期各类红色文化资源 ……………………………… 148
一、党的创建至大革命时期区内各类红色文化资源 ……………… 148
- 革命遗址遗迹类红色文化资源/148

- 革命遗物类红色文化资源/150
- 革命组织、社团类红色文化资源/151
- 历史文献、宣传品类红色文化资源/152
- 革命歌曲、诗词、革命烈士临刑遗言类红色文化资源/157

二、土地革命战争时期区内各类红色文化资源 …………………………… 159
- 革命遗址、故居、烈士墓类红色文化资源/159
- 革命宣传品类红色文化资源/163
- 革命遗书、遗言、诗作类红色文化资源/164
- 革命纪念场所类红色文化资源/170

三、抗日战争时期区内各类红色文化资源 …………………………… 170
- 抗战条幅、对联类红色文化资源/170
- 抗战文化组织、社团类红色文化资源/171
- 抗日救亡报社、报刊、抗日剧、救亡口号类红色文化资源/173
- 抗日救亡歌曲、诗词类红色文化资源/176

四、解放战争时期区内各类红色文化资源 …………………………… 177
- 进步文化组织、社团类红色文化资源/177
- 革命宣传品类红色文化资源/177
- 革命歌曲、歌谣、诗词类红色文化资源/178
- 革命纪念场所类红色文化资源/179

第二节　武隆县各时期各类红色文化资源 …………………………… 181

一、党的创建至大革命时期县内红色文化资源 …………………………… 181
- 贺龙在江口除暴安良的故事/181

二、土地革命战争时期县内各类红色文化资源 …………………………… 182
- 革命遗址遗迹类红色文化资源/182
- 革命遗物类红色文化资源/184
- 革命组织、社团类红色文化资源/184
- 革命宣传品类红色文化资源/187
- 革命歌曲、歌谣类红色文化资源/187
- 革命先烈故事类资源/188
- 革命纪念场所类红色文化资源/188

三、抗日战争时期县内各类红色文化资源 …………………………… 189
- 抗日标语类红色文化资源/189
- 革命先烈事迹类资源/189

四、解放战争时期县内各类红色文化资源 …………………………… 190
　　　● 革命遗址遗迹类红色文化资源/190
　　　● 革命遗物类红色文化资源/191
　　　● 革命组织类红色文化资源/191
　　　● 革命文献、宣传品类红色文化资源/192
　　　● 革命歌曲类红色文化资源/196
　　　● 革命纪念场所类红色文化资源/196

第三节　石柱土家族自治县各时期各类红色文化资源 ………………… 200
　　一、党的创建至大革命时期县内各类红色文化资源 …………………… 200
　　　● 革命遗址类红色文化资源/200
　　　● 革命歌曲、遗作、遗言类红色文化资源/200
　　二、土地革命战争时期县内各类红色文化资源 ………………………… 202
　　　● 革命遗址、墓地类红色文化资源/202
　　　● 革命标语、口号、顺口溜类红色文化资源/205
　　　● 革命歌曲、歌谣、对联类红色文化资源/208
　　　● 革命先烈事迹类资源/217
　　三、抗日战争时期县内各类红色文化资源 ……………………………… 218
　　　● 革命遗址类红色文化资源/218
　　　● 进步文化组织、社团类红色文化资源/219
　　　● 抗日报刊、歌剧、标语、口号类红色文化资源/221
　　　● 抗日歌曲、朗诵词、顺口溜、诀别信类红色文化资源/225
　　四、解放战争时期县内各类红色文化资源 ……………………………… 235
　　　● 革命遗址、烈士墓、陵园类红色文化资源/235
　　　● 革命标语、口号类红色文化资源/236
　　　● 革命歌曲、歌谣、先烈遗诗、斗争对联类红色文化资源/240

第四节　彭水苗族土家族自治县各时期各类红色文化资源 ……………… 253
　　一、党的创建至大革命时期县内各类红色文化资源 …………………… 253
　　　● 革命纪念地类红色文化资源/253
　　　● 革命领袖事迹类资源/254
　　二、土地革命战争时期县内各类红色文化资源 ………………………… 255
　　　● 革命遗址、烈士陵墓类红色文化资源/255

- 革命刊物、布告、传单、标语、口号类红色文化资源/257
- 革命歌谣、留言条类红色文化资源/261

三、抗日战争时期县内各类红色文化资源 ············ 264
- 革命遗址类红色文化资源/264
- 抗日阵亡将士纪念碑类红色文化资源/264
- 抗日社团、文化组织类红色文化资源/264
- 抗日报刊、戏剧、漫画、标语、口号类红色文化资源/267
- 抗日救亡歌曲类红色文化资源/272

四、解放战争时期县内各类红色文化资源 ············ 273
- 烈士陵园、陵墓类红色文化资源/273

第五节 黔江区各时期各类红色文化资源 ············ 274

一、党的创建至大革命时期区内各类红色文化资源 ············ 274
- 歌谣、诗词类红色文化资源/274

二、土地革命战争时期区内各类红色文化资源 ············ 275
- 烈士故居、革命遗址、纪念地、烈士墓类红色文化资源/275
- 革命遗物、纪念碑、纪念亭类红色文化资源/278
- 革命文献、布告、宣传品、标语类红色文化资源/280
- 革命歌谣、民谣、诗词类红色文化资源/284
- 革命先烈事迹类资源/288

三、抗日战争时期区内红色文化资源 ············ 291
- 抗日爱国诗篇类红色文化资源/291

四、解放战争时期区内各类红色文化资源 ············ 293
- 革命遗址类红色文化资源/293
- 革命诗篇类红色文化资源/293
- 烈士陵园类红色文化资源/295

第六节 秀山土家族苗族自治县各时期各类红色文化资源 ············ 295

一、党的创建至大革命时期县内各类红色文化资源 ············ 295
- 革命纪念物类红色文化资源/295
- 安民布告类红色文化资源/297

二、土地革命战争时期县内各类红色文化资源 ············ 297
- 革命遗址、纪念地、烈士墓类红色文化资源/297

- 红三军遗物、纪念碑类红色文化资源/302
- 苏维埃政权类红色文化资源/306
- 土地革命战争时期秀山境内进步报刊、革命文献、宣传品类红色文化资源/307
- 革命歌谣、山歌类红色文化资源/312

三、抗日战争时期秀山县各类红色文化资源 ……………………………………… 319
- 抗战遗址类红色文化资源/319
- 抗日阵亡将士纪念碑类红色文化资源/319
- 抗战社团文艺宣传类红色文化资源/320
- 抗日进步刊物、救亡标语类红色文化资源/321

四、解放战争时期秀山县各类红色文化资源 ……………………………………… 322
- 革命遗址、烈士墓、烈士陵园类红色文化资源/322
- 地方人民政权类红色文化资源/325
- 县人民政府布告、宣传品类红色文化资源/326
- 革命文艺类红色文化资源/327

第七节　酉阳土家族苗族自治县各时期各类红色文化资源 ……………………… 328

一、党的创建至大革命时期县内各类红色文化资源 ……………………………… 328
- 故居、遗址类红色文化资源/328
- 革命先烈诗作类红色文化资源/330
- 革命先烈事迹类红色文化资源/330

二、土地革命战争时期县内各类红色文化资源 …………………………………… 331
- 革命遗址、遗迹、烈士墓类红色文化资源/331
- 革命遗物类红色文化资源/341
- 革命文献、布告、传单、电报、报刊、宣传画、标语、口号类红色文化资源/342
- 革命歌曲、歌谣、小调、曲艺类红色文化资源/365
- 革命先烈故事类资源/378
- 革命纪念亭类红色文化资源/380

三、抗日战争时期县内各类红色文化资源 ………………………………………… 382
- 抗战阵亡将士纪念碑类红色文化资源/382
- 抗战文化组织、社团类红色文化资源/382
- 抗日报刊、戏剧、标语、口号类红色文化资源/383
- 抗日歌曲、诗歌类红色文化资源/386

四、解放战争时期县内各类红色文化资源·················388
- 烈士墓、陵园类红色文化资源/388

第五章 渝东南民族地区红色文化资源的开发与利用研究·················390
第一节 对渝东南民族地区中、小学开发利用境内红色文化资源的调研·········390
一、对涪陵区中、小学开发利用境内老区红色文化资源的调研·············390
- 涪陵老区有着丰富的红色文化资源/390
- 涪陵区中、小学对境内老区红色文化资源开发利用之现状/394
- 涪陵区中、小学在对境内老区红色文化资源开发、利用中存在的问题/397
- 涪陵区中、小学开发利用境内老区红色文化资源应采取的对策/398

二、对武隆县中小学开发利用县境内红色文化资源状况的调研···············400
- 武隆县中小学对县境内红色文化资源开发利用之现状/400
- 武隆县中小学对县境内红色文化资源开发利用中存在的问题/403
- 武隆县中小学开发利用县境内红色文化资源应采取的对策/404

三、对酉阳县中小学开发利用县境内红色文化资源现状的调研···············407
- 酉阳县有着丰富的乡土红色文化资源/407
- 酉阳县中小学开发利用境内红色文化资源之现状/408
- 对酉阳县中小学进一步开发利用县境内红色文化资源的建议/411

第二节 渝东南民族地区红军遗址资源的调查、开发与利用研究···················413
一、渝东南民族地区红军遗址资源现状···············414
- 四川二路红军遗址/414
- 红三军遗址/415
- 红二、六军团南腰界会师大会遗址/417

二、渝东南民族地区红军遗址资源开发、利用中存在的问题···················418
- 对渝东南民族地区红军遗址资源开发利用重视的程度不够/418
- 对渝东南民族地区红军遗址资源保护、开发利用投入的资金不足/419
- 对渝东南民族地区红军遗址资源开发与整合的力度不够/419
- 对渝东南民族地区红军遗址资源开发利用的效度不够/420

三、对进一步开发利用渝东南民族地区红军遗址资源的对策建议···············420
- 加大宣传推广力度，充分发挥红军遗址资源在推进社会主义核心价值体系建设中的育人功能/420
- 加大资金投入力度，增强对红军遗址资源保护意识，构建全社会多元化投资开发新体系/421

- 加大开发整合力度，对渝东南各地红军遗址资源坚持整合化、系统化的开发原则 /421
- 加大开发利用效度，对红军遗址资源确立立体化、动态化的展陈开发新思路 /422

第三节 渝东南民族地区红色文化资源的开发与利用研究 …………… 422

一、渝东南民族地区红色文化资源开发与利用之意义 …………… 422
- 理论意义 /422
- 实践意义 /424

二、渝东南民族地区红色文化资源开发与利用之现状 …………… 426
- 渝东南民族地区红色文化资源开发与利用已取得初步成效 /426
- 渝东南民族地区红色文化资源开发与利用中存在的问题 /427

三、进一步开发与利用渝东南民族地区红色文化资源的对策及有效途径 …… 431
- 构建全社会多元化投资开发新体系 /431
- 坚持整合化、系统化的开发原则 /432
- 确立立体化、动态化的展陈新思路 /433
- 加大宣传推广力度，突出德育与思想政治教育功能 /434
- 精心开发红色文化旅游系列产品 /434

四、重庆市大、中、小学开发利用渝东南民族地区红色文化资源之路径 …… 435
- 利用于大、中、小学相关课程的教育教学之中 /435
- 利用于大、中、小学校园文化建设之中 /435
- 利用于大、中、小学教育教学实践基地建设之中 /435
- 利用于大、中、小学学生实践活动之中 /436

五、开发利用渝东南民族地区红色文化资源开展大学生思想政治教育存在的问题及解决途径 …………… 437
- 开发利用渝东南民族地区红色文化资源对开展大学生思想政治教育意义重大 /437
- 开发利用渝东南民族地区红色文化资源开展大学生思想政治教育尚存在的问题 /439
- 针对渝东南民族地区红色文化资源开发利用中存在的问题高校与地方应采取的对策 /441

参考文献及资料 …………… 444

后　记 …………… 457

第一章

渝东南民族地区自然环境和建置沿革

渝东南民族地区自古以来就有土家族、苗族、回族、侗族、彝族、壮族、布依族、蒙古族、满族等世居民族生活在此。长期以来，这些民族通过辛勤劳动，用聪明才智，创造了本地区独具特色的地域文化。进入新民主主义革命时期后，在中国共产党领导下，在腥风血雨的革命战争年代里，这里的各族人民又创造了辉煌灿烂的、人民大众的、反对帝国主义、封建主义和官僚资本主义的红色文化，遗存在境内各地尚待开发利用的丰富的红色文化资源便是有力的佐证。古往今来，在漫长的历史发展进程中，各民族先民不断地从四面八方迁入渝东南境内，再经过不断地分化与融合，最终形成了现今境内"大杂居和小聚居"的民族分布格局。新中国成立以来，沐浴着党的民族政策阳光雨露，在进入新世纪全民共建社会主义和谐社会进程中，渝东南民族地区宛如一个和睦的大家庭，境内50多个民族和睦相处，共同开发着这片广袤而又神奇的土地，共同创造着境内社会的物质文明和精神文明。了解、研究渝东南民族地区的自然环境和建置沿革，不仅是加快这一民族地区和武陵山区社会经济发展的需要，更是充分挖掘和利用这一民族地区红色文化资源、加强和改进重庆乃至全国爱国主义和革命传统教育、推动社会主义文化大发展大繁荣和推进社会主义核心价值体系建设之需要。

第一节 渝东南民族地区自然环境

自然环境是人类生存所依赖的自然界，它包括高山、丘陵、平原、湖泊、海洋等各种自然地理空间及各种自然资源的系统与循环。自然环境为人类的生存、发展提供适宜的空间和各种资源，是人类繁衍、社会进步的物质基础。自然环境直接或间接、或大或小、或强或弱地影响着人类的生存和发展，它"决定着人类各种生产活动的内容和形式，进而成为生活于某一自然环境内的民族的经济文化类型和风俗民情深化发展的前提"①。

一、渝东南民族地区自然环境

每一个民族都是在其特有的自然环境里生存和发展的，渝东南民族地区的各民族也不例外。因此，只有结合渝东南民族地区人类生存的自然环境去研究境内各民族人民创造的新民主主义的红色文化，才有助于我们得到符合实际的研究结论。

渝东南民族地区位于重庆市东南部的武陵山区，东连湖北省恩施土家族苗族自治州、湖南省湘西土家族苗族自治州；南与贵州省铜仁地区相邻；西靠贵州省遵义地区和重庆南川区及巴南区，北濒长江，与丰都、忠县、万州等渝东北各区、县相邻。该地区自然环境的特点主要表现在：第一，位于大西南偏东的浅内陆的地理位置，是安全可靠的战略后方；第二，山地多，平地少，地势较高，地面破碎，岩溶地面发育；第三，亚热带高原山地型气候，垂直差异悬殊；第四，山地生态环境复杂，生物种类繁多②。具体来讲，渝东南民族地区的自然环境状况如下。

渝东南民族地区群山起伏，江河纵横，溶洞密布，林木繁茂。武陵山与大娄山在这里交汇。这里山高谷深，绝壁对峙；峰峦叠嶂，古木参天；奇峰挺拔，秀丽多姿；山环水抱，飞瀑高悬。这里山山对峙，奇峰相连；山外有山，山中套山；气势磅礴，蔚为壮观。从北往南，有方斗山、七跃山、雷公山、武陵山、八面山，逶迤奔腾，苍苍莽莽，浮云腾雾。在崇山峻岭之中，长江、乌江、酉水、郁江、龙河、阿蓬江、龙潭河、梅江，时而缓缓流过，时而奔腾咆哮。

从地貌类型看，渝东南民族地区的地形比较复杂，除部分平坝及河谷地带较为平坦外，境内多是丘陵山地喀斯特地区，素有"地无三尺平"之称。乌江因落差巨大，故形成了天险水道。乌江流域重庆段，以中、低山和丘陵为主，海拔800～1000米之间，广泛分布于酉阳、黔江、彭水、武隆、石柱等区、县境内。海拔1000米以下的低山，主要分布在沿江两岸。台地多叠置在宽阔平缓的低、中山的顶部。平坝大多分布在槽谷底部和沿江一线。

从气候条件看，渝东南民族地区属中亚热带湿润季风气候类型，气候温热，

---

① 李良品，彭福荣，余继平：《重庆民族文化研究》，重庆出版社，2010年版第8页。
② 宋玉鹏：《天府好望角》，四川人民出版社，1993年版第27-31页。

冬不寒冷，夏无酷暑。但因地势复杂，气候多变。该地区日照短缺，无霜期长，全年日照 1 200 小时左右，无霜期 200~300 天，平均温度 14~16 °C。这里降水充沛，年均降雨量 1 100~1 350 毫米。这种四季分明、气候温和、雨量充沛、无霜期长的气候特点，有助于农、林、牧、渔等业的发展。

从土壤情况看，渝东南民族地区的土壤资源面积较大，土壤类型多样。红壤、山地黄壤、山地黄棕壤占本地区土地面积的 45%；石灰岩土、紫色土、水稻土等占本地区土地面积的 55%；耕地面积 309 万亩，其中，田 119 万亩，占 39%；土 190 万亩，占 61%。水域 95.19 万亩，占总面积的 3.8%，其中可用来养鱼的水域面积达 20 万亩，水质好，饲料充足，具有发展渔业生产的良好的自然条件。

从植被条件看，渝东南民族地区属亚热带偏湿性常绿阔叶林植被林区，光、热、水条件比较优越，生态垂直差异大，树种资源丰富。用材林以马尾松、杉、柏为主。在渝东南民族地区 1 000 余树种资源中，许多是属于国家重点保护的珍稀树种。水杉、秃杉、珙桐属于国家一类保护树种；银杏、鹅掌楸、香果树属于国家二类保护树种。此外还有泡桐、香樟、楠木、香椿等优良树种。经济林有油桐、杜仲、油茶、漆树、乌桕、棕榈、柑橘、核桃、李、柿、香蕉等。药用植物丰富，家种药材及野生贵重药材有黄连、青蒿、天麻、当归、党参、川芎、厚朴、杜仲、黄柏、金银花等，石柱则是全国黄连主要产地之一。

从农作物生产看，粮食作物有 4 类 15 种。农作物栽培品种主要有玉米、水稻、红苕、洋芋、小麦、小米、大豆、高粱等粮食作物；油菜、花生、芝麻、向日葵、烟叶、麻类、甘蔗等经济作物；柑橘、茶叶、桂圆、枣、柿、梨、葡萄等水果园艺植物；芥菜、魔芋、海椒、各种瓜类、食用菌等蔬菜植物以及莲藕、荸荠等水生作物。

从动物资源看，由于渝东南民族地区的自然条件差异明显，境内生态环境复杂多样，这就为各种动物在境内栖息、活动、觅食、繁殖提供了适宜的自然条件。渝东南民族地区动物资源种类繁多：① 饲养动物：重要有猪、牛、羊、马、兔、鸡、鸭、鹅、蚕等 73 个品种；② 野生动物：据调查测算有 296 种，主要有兽类、鸟类、爬行类、两栖类等，其中属国家一级保护的有金丝猴、华南虎；属二级保护的有金猫、豹、毛冠鹿、穿山甲、鸳鸯、大鲵等十种；属三级保护的有大小灵猫等四种；③ 鱼类：淡水鱼类有 25 种，主要经济鱼类有草鱼、鲤、鳙、鲢、鲫、鳊、三角鲂、白甲鱼、黄鳝等十种；④ 害虫天敌类：有215种。①

渝东南民族地区上述特殊的自然地理环境和丰富的自然资源，对境内新民主主义革命时期红色文化及其资源的生成、发展产生着直接或间接的影响。渝东南民族地区地处重庆市东南部的武陵山区，偏僻遥远、交通闭塞、山路崎岖、地形复杂、农作物及动植物资源丰富等自然地理环境，适宜开展游击战争，为人民军队在这里战斗、成长、壮大提供了得天独厚的自然条件；地表沟壑纵横，林木繁茂，可藏千军万马；山高谷深，绝壁对峙，峰峦叠嶂，浮云腾雾，便于御敌设伏；湘鄂川黔四省交界，地广物丰，宜于战略机动。因而，在中国新民主主义革命时期，这里成为国共双方政权、军队的必争之地，成为新民主主义红色文化的主要诞生地。

二、渝东南民族地区及境内革命老区的界定

重庆市渝东南地区跨东经 106°56′~109°19′，北纬 28°9′~30°33′，含涪陵、武隆、彭水、酉阳4个乌江（重庆段）沿江区（县）以及黔江、秀山、石柱3个乌江辐射区（县）。2002年，渝东南民族地区的人口约446万，其中土家、苗等少数民族人口约220万，占重庆市少数民族人口的93%；土家族人口约占全国土家族人口的20%，苗族人口约占全国苗族人口的6%，是我国少数民族聚居区之一。渝东南地区是重庆市一个集"老（革命老区）、少（少数民族聚居区）、边（重庆的东南边界区）、山（武陵、大娄山区）、穷（除涪陵外，其他6个区、县均为国家级贫困县）、库（其中涪陵、石柱为三峡库区，而其他5区、县也享受三峡库区政策）"为一体的区域。②渝东南地区既是少数民族聚居区，又是老革命根据地，重庆市的革命老区主要分布在渝东南民族地区的6个区、县。

1. 渝东南民族地区的界定

因重庆简称渝，故重庆市的东南部地区又称渝东南地区。渝东南地区地处渝鄂湘黔四省市交界的武陵山区，境内分布着石柱土家族自治县、彭水苗族土家族自治县、黔江区、酉阳土家族苗族自治县、秀山土家族苗族自治县及涪陵区、武隆县共7个区县，它们是重庆市少数民族聚居地区，使得重庆市成为全国唯一的有少数民族聚居地的直辖市。以土家族、苗族为主的少数民族人口聚居在上述石

---
① 李良品，彭福荣，余继平：《重庆民族文化研究》，重庆出版社，2010年版第10-11页。
② 赵小鲁，席建超：《重庆市渝东南地区旅游发展规划》，中国旅游出版社，2006年版第2页。

柱、彭水、黔江、酉阳、秀山5个区县及涪陵区、武隆县，这7个区县连成一片，地处重庆市东南隅，故又称渝东南民族地区。渝东南民族地区的少数民族主要包括土家、苗、回、满、蒙古等少数民族。其中以土家族分布最为广泛，其民族特色颇具代表性。

从狭义或从严格意义上讲，渝东南民族地区只包括黔江、石柱、彭水、酉阳、秀山、武隆"一区五县"。但由于历史上，特别是在渝东南民族地区近现代社会政治、经济、文化发展进程中，涪陵一度扮演着重要角色，曾几度管辖其他几个区县，使得涪陵与其他几个区、县有着一种密不可分的联系；涪陵虽不属于少数民族自治区域，但其境内有土家、苗、回、满、蒙古等少数民族；再者，涪陵又是土地革命战争时期渝东南境内的革命根据地（即革命老区），在中国共产党领导的渝东南民族地区新民主主义革命斗争中，在今天开发与利用渝东南民族地区红色文化资源过程中，涪陵与渝东南其他几个区县有着不可分割的联系，故本项目亦将涪陵列入研究范围之中。因而，本书所论及的渝东南民族地区是指包括涪陵区在内的渝东南民族地区7个集中连片的区、县。

2. 渝东南境内革命老区的界定

革命老区是指中国共产党领导人民群众所创立的土地革命战争时期的革命根据地和抗日战争时期的抗日根据地。由于抗日战争时期重庆是全国抗战的大后方，因而当时重庆没有中国共产党领导下的抗日根据地，只有土地革命战争时期的革命老根据地。也就是说，重庆的革命老区仅出现在土地革命战争时期。根据1979年12月9日国务院国发〔1979〕250号文件批转民政部、财政部、财税部《关于第二次国内革命战争时期根据地的划分标准》中之规定，土地革命战争时期根据地的划定标准是：曾经有党的组织，有革命武装，发动了群众，进行了打土豪、分田地、分粮食、分牲畜等运动。主要是建立了工农政权，并进行了武装斗争，且坚持半年以上时间的。包括（1）建立过苏维埃政权，分管过土地的地区；（2）只建立过苏维埃政权，尚未分配过土地的地区。根据上述中央和国务院关于土地革命战争时期根据地的划定标准，中共重庆市委、市人民政府报请国家相关部门，目前确定重庆市的城口县（地处渝东北）、涪陵区、石柱土家族自治县、黔江区、彭水苗族土家族自治县、酉阳土家族苗族自治县、秀山土家族苗族自治县7个区、县为重庆市土地革命战争时期的革命老区。可见，除了地处渝东北的城口县是重庆市的革命老区外，重庆市其他的革命老区均分布于渝东南民族地区这

6个区、县。需要强调的是，上述7个区、县均属重庆市直辖前的川东地区。据2007年统计，这7个区、县的总面积为23 189.57平方公里，占全市面积的28.14%，人口450.83万，占全市总人口的13.9%。①重庆市的革命老区包括土地革命战争时期的湘鄂川黔革命根据地、川陕革命根据地、黔东革命根据地的部分和其他游击根据地。其分类情况为：

一类老区：秀山县、城口县、石柱县、彭水县、黔江区。
二类老区：酉阳县。
三类老区：涪陵区。

在革命战争年代，老区人民养育了中国共产党及其领导的人民军队，提供了坚持长期斗争的所需要的人力、物力和财力，为壮大革命力量，取得最后胜利，付出了巨大牺牲，作出了极大贡献。革命老区是新中国的摇篮，今天的新中国是无数革命先烈前仆后继用鲜血和生命换来的，是新中国社会主义大厦的牢固基石。老区人民大都生活在山高路远的偏僻村落，由于基础设施落后，交通不便，信息不灵，仍处于相对贫困的生活状态之中。

渝东南民族地区的7个区、县地处四川盆地东南部大娄山与武陵山两大山系交汇的盆缘山地，与渝鄂湘黔四省市结合相连，是重庆唯一集中连片、也是全国为数不多的以土家族和苗族为主的少数民族聚居区。这里群山起伏，江河纵横，山路崎岖，地形复杂，适宜开展游击战争。在中国新民主主义革命各个历史阶段，这里的各族人民在中国共产党领导下，为争取民族独立、人民解放，开展了轰轰烈烈的革命斗争。这里发生过许多重大革命历史事件，涌现出许多可歌可泣的革命英雄人物和英勇事迹。第一次国共合作的大革命时期，赵世炎、李蔚如、钟善辅、李鸣珂、万涛、刘仁、杨克明等革命先辈在这里与国民党反动派展开殊死搏斗，这里也留下了革命先烈赵世炎同志在酉阳土家族苗族自治县的故居、原北京市委书记刘仁同志故居、原红三军政委万涛同志故居和李蔚如等同志领导的农民运动涪陵区弋阳桥农民讲习所旧址。土地革命战争时期，李鸣珂、贺龙、任弼时、萧克、王震、关向应等老一辈无产阶级革命家曾率领四川二路红军及红二、六军团在这里开辟苏区、创建湘鄂川黔革命根据地，在这里播下了革命火种，留下了光辉的革命足迹，遗留下李鸣珂等同志领导的四川二路红军开辟忠县、丰都、涪陵苏区的战斗遗址、武隆县四川二路红军司令部旧址、彭水苗族土家族自治县贺

---

① 《重庆年鉴》2008年卷，重庆人民出版社，2008年8月出版。

龙等同志率领的红三军司令部旧址、酉阳南腰界红二、六军团会师遗址。抗日战争时期，重庆是中共南方局所在地，这里便成为"红岩精神"的发源地，许多共产党员和仁人志士在那血与火的年代里，在抗日烽火和民族解放事业中，赴汤蹈火，写下了壮丽的革命诗篇。解放战争时期，这里曾上演了刘邓大军解放秀山、打响人民解放军解放大西南战役等一幕幕英勇悲壮而感人的历史剧，留下了川东、川黔边地下党的革命斗争遗址，以及秀山土家族苗族自治县刘邓大军入川处洪茶渡口旧址、人民解放军进军大西南战斗遗址、凤鸣书院二野司令部旧址等众多的革命历史遗址和许多动人的革命故事和传说，为我们留下了丰厚的红色文化资源。这些红色文化资源生动再现了新民主主义革命时期渝东南地区各族人民丰富多彩的光荣革命历史。长期以来，由于渝东南民族地区地理位置相对偏僻，可进入性较差，不仅使境内优美的自然风光比较完好地保存下来，而且使境内许多特色鲜明的民俗风情、历史文化传统及大量的红色文化资源得到比较完整地保存。

第二节　渝东南民族地区建置沿革

"建置沿革"一词，既是专有名词又是合成词。所谓"建置"，就是在某个地域范围内设置的各种重要行政机构；所谓"沿革"，则是这些行政机构的发展变化过程。[①]探究渝东南民族地区的建置沿革即是要弄清楚现今渝东南民族地区的各个区县在历史上都设置过哪些地方政权及行政管理机构，这些机构在历史上是怎样沿革、衍变的，它们的历史作用和现实意义何在。了解渝东南民族地区的建置沿革，可帮助我们顺利的开启渝东南民族地区历史文化之门，使我们追溯出渝东南民族地区红色文化的生成之源，有助于我们通过走捷径打开这扇"渝东南民族地区红色文化资源调查、开发与利用"的课题研究之窗。

渝东南民族地区历史悠久，源远流长。早在旧石器时代，我们的祖先已在这里繁衍生息了。这里肥沃的原野、茂密的森林、奔腾的江河孕育了渝东南民族地区的远古文明。从遥远的古代开始，境内的濮人、巴人等各族先民便纷纷登上历史舞台，开发着这片肥美的土地。在波涛汹涌的长江、乌江两岸，在峰峦叠嶂的大武陵山地中，到处留下了先民辛勤劳作的足迹。远古的渝东南民

---

① 李良品，彭福荣，余继平：《重庆民族文化研究》，重庆出版社，2010年版第25页。

族地区并不荒无人烟，广袤的武陵山地中并不无史可考。从商、周到秦、汉，直至清末，境内的濮人、巴人及土家、苗、汉各族政权始终与中原王朝保持着密切的政治、军事、经济和文化联系。

夏、商、西周前期，渝东南民族地区长期为濮人所居。周时为巴国属地，为巴国枳邑之地，秦并巴、楚商于之地，分置巴郡和黔中郡。秦属巴郡。汉初，于今涪陵设枳县，同时在今彭水始设涪陵县，辖境含今酉阳、秀山一带。三国时，升涪陵县为郡（治所在今彭水）。晋永和中（公元 345 年～356 年）迁涪陵郡于今涪陵。后周废郡入巴县。唐贞观年间（公元 627 年～649 年）在今涪陵始置涪州，属巴郡。元废。明初重建涪州，隶四川行省重庆府，始统渝东南地区。1913 年废省撤州置道，渝东南各县直隶川东道。1935 年设行政督察区，渝东南各县属第八行政督察区，专员公署设在酉阳。新中国成立以后，分置酉阳、涪陵两专区，隶属川东行署区。酉阳专区，管辖酉阳、秀山、黔江 3 县。1952 年，撤川东行署，酉阳专区并入涪陵专区，直属四川省。1958 年始设今渝东南各县。1983—1984 年先后成立黔江土家族苗族自治县、石柱土家族自治县、彭水苗族土家族自治县、酉阳土家族苗族自治县和秀山土家族苗族自治县。1988 年经国务院批准（从原涪陵地区 10 县中将酉、秀、黔、彭、石五个自治县划出单设）成立四川省黔江地区，管辖秀山、酉阳、彭水、黔江、石柱五个自治县。1997 年纳入重庆直辖市管理。

自秦汉以来，汉族文化逐渐传播至境内。两千多年来，巴人及土家、苗、汉各族人民，在渝东南境内披荆斩棘，渔猎农耕，辛勤劳作，开发了这片肥美的土地，创造了独特的巴文化和土家、苗、汉各族文化以及新民主主义革命时期境内孕育生成的红色文化。

一、涪陵区

涪陵区的地理坐标为东经 106°56′～107°43′，北纬 29°22′～30°01′，面积是 2 941.46 平方公里，位于重庆市东南部，武陵山西部。东北邻重庆市丰都县，东南接武隆县、南川县，西连巴南区，西北与长寿县、垫江县相邻。长江、乌江贯穿境内，在城区汇流。沿长江而上 120 公里达重庆市，顺长江而下直达湖北宜昌、武汉、江苏南京、上海市，内接乌江腹地，与渝黔湘鄂边区相邻。境内人口的民族构成中，以汉族为主，零星散居土家族、苗族、回族、蒙古族、满族、布依族、壮族、锡伯族、仡佬族、朝鲜族、藏族等 15 个少数民族。2005 年末，全区总人口 111.78 万人。

涪陵区历史悠久，距今1万多年以前的旧石器时代，我们的祖先就已在这里繁衍生息了。涪陵区地，夏、商至春秋前期，为濮人居住地。《禹贡》称涪陵古属梁州，商周属雍州。商周时期，巴部落及土著人英勇善战，因巴曾出兵参加周武王牧野会盟，助周灭商功勋卓著，公元前11世纪，被周武王封其宗族中姬姓人士于巴，建立起奴隶制国家。涪陵上古名"枳"或"枳巴"，与重庆、丰都、合川、阆中同为巴国五大都市之一，曾是巴国的国都和政治中心。春秋以前，今枳城（今涪陵城）一带已有"枳"或"枳巴"之名，以此地原始村落的先民多用枳棘之类灌木构筑村寨围篱而得名。①春秋战国时期，涪陵已成为巴国中心地域，巴国曾以此为国都，巴先王陵墓多埋在此地。战国中后期涪陵曾为楚国所居，置为枳邑。公元前316年，秦灭巴国后始置枳县。公元前277年（秦昭襄王三十年），秦国置枳县（治今涪陵城区）。秦、汉、晋时依旧于此设枳县。北周保定四年（564年）于"枳"（今涪陵城）设涪陵镇，为今涪地称涪陵之始。由于贯穿当时"枳"境内的乌江古称涪水，而境内早期巴国之先王陵墓又多埋在涪水岸旁，故"枳"又称涪陵。

隋开皇三年（583年）徙汉平县至涪陵镇，十三年（593年）改汉平县为涪陵县。唐武德元年（618年）以渝州涪陵镇和巴县地置涪州，天宝元年（742年）改为涪陵郡，乾元初年（758年）复名涪州。唐代及其以前，涪州境内皆为多民族杂居之地，主要民族俗谓"夏、巴、蛮、夷"四种。宋时，仍置涪州，辖涪陵、乐温、武隆三县。宋代以后，汉族居民占境内人口绝大多数。元至元二十年（1283年）并涪陵、乐温二县入州治，辖武隆县。明仍置涪州，辖武隆、彭水二县，属四川重庆府。清康熙七年（1668年），武隆县并入涪州。民国元年（1912年），置涪州，直隶四川省。二年（1913年）改涪州为涪陵县，隶川东道。民国二十四年（1935年），涪陵县改隶四川省第八行政督察区。

中华人民共和国建立后，设涪陵县，置川东涪陵区，辖涪陵、南川、酆都、石柱、武隆、长寿、彭水7县，隶川东行署区，区署和县人民政府同驻涪陵城。1952年，川东酉阳区并入川东涪陵区，增辖垫江、黔江、酉阳、秀山4县，隶四川省人民政府。1958年，长寿县划入重庆市。1968年改称涪陵地区。1983年撤涪陵县设涪陵市。1988年，分黔江、酉阳、秀山、彭水、石柱5县设黔江地区，涪陵地区辖涪陵市、南川县、丰都县（1958年由酆都县更名）、垫江县和武隆县。

---

① 重庆市老区建设促进会：《重庆革命老区》（内部编印），重庆市老区建设促进会组织编撰，2009年版第109页。

1994年，撤南川县，设南川市。经国务院批准（国函〔1995〕106号，1995年11月5日），1996年1月，撤涪陵市，设枳城区、李渡区；1996年3月，撤涪陵地区，设地级涪陵市，下辖枳城区、李渡区、南川市、垫江县、丰都县、武隆县。1996年9月15日，经党中央、国务院批复同意，涪陵市划归重庆市代管。

1997年3月14日，全国人民代表大会五届五次会议审议通过国务院关于提请审议设立重庆直辖市的议案，涪陵市正式改隶重庆直辖市。1997年12月20日，经中共中央办公厅和国务院办公厅批准，撤销原地级涪陵市及其所辖的枳城区、李渡区，设立重庆市涪陵区，重庆市涪陵区辖原枳城区、李渡区的行政区域。原涪陵市所辖（代管）的南川市、武隆县、丰都县、垫江县改归重庆市直接管辖。

二、武隆县

武隆县的地理坐标为东经107°13′~108°05′，北纬29°02′~29°40′之间，位于四川盆地东南边缘、重庆市东南部。东连重庆市彭水苗族土家族自治县，西邻重庆市涪陵区、南川县，南接贵州省道真县，北抵重庆市丰都县。县境东西长82.7公里，南北宽75公里，面积为2901.3平方公里。乌江由东向西贯穿全境。县城距涪陵水路94公里，陆路127公里。县境内主要有汉族、土家族、苗族等世居民族。截至2005年末，全县总人口40.1万人。县人民政府驻巷口镇。

武隆历史悠久，据1982年江口乡出土的石斧、铜钺考证，早在新石器时代，即有土著居民繁衍生息。武隆县地，西周、春秋为巴国属地。战国属楚国黔中地，汉武帝时置涪陵县，治今彭水苗族土家族自治县境，今境内大溪河以东为巴郡涪陵县地，以西部分属巴郡枳县。三国蜀汉延熙十三年（250年），分涪陵、枳县地于今县境鸭江一带置汉平县，隶涪陵郡，治今彭水。东晋穆帝永和三年（347年），汉平县并入枳县。南齐至北周（479~581年）复置汉平县于鸭江乡，隶属涪陵郡。隋文帝开皇三年（583年），徙汉平县于涪陵城关镇，十三年（593年），改汉平县为涪陵县，县地大部隶属巴郡涪陵县，小部属黔安郡彭水县。隋大业十二年（616年），在县内江口马鞍山置信安县，隶黔安郡。

武隆县古名武龙县，其设治始于唐武德二年（619年）。唐高祖武德二年，分涪陵县地置武龙县，治今土坎镇。其时因土坎东五十里许有座龙桥山〔亦名武龙山〕逶迤似龙，故以山为名。因此，《寰宇记》中便有"以邑界武龙山为名"之记载。贞观十一年（637年），改属黔州，治今彭水。北宋宣和元年（1119年），改武龙县为枳县。南宋绍兴元年（1131年），复称武龙县，仍隶涪州。元朝，隶重庆路涪州。明太祖洪武十年（1377年），将武龙县并入彭水县。十三年（1380年），复置武龙县时，因其与广西省一县同名，故改"龙"为"隆"，寓兴旺发达之意，更名武隆县，隶涪州，相沿至今。清康熙七年（1668年），废县并入涪州，原治所置镇，设武隆巡检司。清嘉庆七年（1802年），改武隆巡检司为武隆分州。宣统三年（1911年）改为涪州第五分区。

民国元年（1912年），改涪州为涪陵县，所属武隆分州改称武隆分县。十九年（1930年），废武隆分县，改为涪陵第十六、十七、十八、十九、二十、二十一区。二十年（1931年），涪陵县21区并为10区，原第十六至二十一区并为第八、九、十区。二十四年（1935年），并八、九、十区为涪陵县第五区，三十一年（1942年），划第五区为武隆设治局，隶四川省第八行政督察区。三十二年（1943年），武隆设治局与贵州道真县洛龙区、南川县政府、涪陵县三窝乡、彭水县第三区分别勘察边界，树立界标。三十四年（1945年），武隆设治局升格为县，隶属未变。

1949年12月5日，武隆县人民政府成立，驻巷口场，隶川东区涪陵地区行政公署。1968年至1995年，隶四川省涪陵地区。1996年4月起，隶四川省涪陵市。1997年3月，改隶重庆市。

三、石柱土家族自治县

石柱土家族自治县，原名石砫县，古为南宾县，地理坐标为东经107°59′~108°35′，北纬29°39′~30°33′，位于渝东南长江南岸、武陵山区西北部、三峡库区腹心地带，是三峡库区唯一的少数民族自治县，是以古代巴人为主体与其他民族融合而成的土家族栖息地之一。该县东接湖北省利川市，南临彭水苗族土家族自治县，西南接丰都县，西北连忠县，北与万州区接壤。县境东西宽56.2公里，南北长98.3公里，面积为3 012.51平方公里，辖32个乡镇。西经涪陵区到重庆市145公里，北至万州区181公里，东南距黔江区185公里。2005年末，全县总人口51.91万人。县城的南宾镇，历为南宾县、土司、厅、县治地，全镇面积为1.5平方公里，辖5个居民委员会。

石柱县地，《禹贡》称之为梁州南境。西周、春秋属巴国领地，土著巴人在此生息繁衍。战国（前475~前221）先后属楚黔中地及秦黔中郡。秦时，县地大体以七曜山脉为界，大部（长江南岸至七曜山脉西面）属巴郡，少部（七曜山脉东面）属黔中郡。两汉，县地仍大体以七曜山脉为界，大部属巴郡临江县（今忠县）南境，少部属涪陵县（今彭水）北境。三国时期，西界沱是蜀汉益州以长江为界，分置巴、巴东、涪陵三郡之交界地，县地仍属江南之涪陵郡涪陵县（今彭水）。西晋、东晋、十六国，县地均属涪陵郡涪陵县。南北朝宋时，县地改属巴郡。齐，属巴郡（今重庆）临江县（今忠县），梁，属临江郡。北周，初属临江郡，武帝保定初（561年）属武宁县（今万州武陵镇）。隋，县地均属临州武宁县。

石柱是从唐武德二年（619年）开始建县的。武德二年，武宁县改属浦州，同年分浦州（今万州）之武宁县西界地置南宾县（今石柱），隶临州（今忠县），为石柱建县之始，自唐代至今约有1400年的历史。五代十国、前蜀、后蜀循唐制。南宋建炎三年（1129年），于南宾县水车坝（今悦崃镇古城坝）设石砫安抚司（军事机构），节制"九溪十八峒"，石砫之名始见于史。据考证，石柱县名的由来，说法有二：第一种说法是史料中记载，石柱县，以县境内大山坪有石潼关、砫浦关而得名。如《明史·四川土司二》记载："石砫，以石潼关、砫浦关而名。"《大清一统志》载："石砫以石潼关、砫浦关而名。"可见，均取两关第一字而得名。第二种说法是因县城南宾镇东部20公里处的万寿山（万寿寨）上，有两樽南北对峙、数十米高的巨型石柱，酷似少男少女，被称之为"男女石柱"，县名由此得之，如《石砫厅志》所载。①笔者认为，第一种说法较为可信。

元初，在南宾县地设立石砫军民府，后升为石砫军民宣抚司。元末，明玉珍据蜀，建立夏政权，改为石砫安抚司。明洪武八年（1375年），置石砫宣抚司，隶重庆卫；洪武十四年（1381年）撤南宾县，部分县地并入丰都县，其余县地归土司管理，并隶重庆卫。自此，石砫宣抚司统掌行政军事，成为一个政区。明嘉靖四十二年（1563年），改隶夔州卫。天启元年（1621年），石砫女宣抚使秦良玉勤王、平乱有功，石砫宣抚司升为石砫宣慰司，隶夔州府（今奉节）。清顺治十六年（1659年），石砫宣慰使马万年归顺清朝，仍授宣慰使。乾隆二十二年（1757年），实行改土归流，改置石砫厅，仍隶夔州府。乾隆二十六年（1761年），升为石砫直隶厅（隶四川省），改宣慰使为土通判，不许干预民事。

民国元年（1912年）设石砫厅知事公署，翌年改为石砫县知事公署，隶四川省川东道。民国十九年（1930年）改石砫县知事公署为石砫县政府。民国二十四年（1935年），石砫县改隶四川省第八区行政督察专员公署，驻酉阳。民国三十七年（1948年），改隶四川省第九区行政督察专员公署，驻万县。

---

① 李良品，彭福荣，余继平：《重庆民族文化研究》，重庆出版社，2010年版第28页。

1949年11月19日，中国人民解放军解放石砫县。1950年1月，成立石砫县人民政府，隶川东行署区涪陵专区。1952年，隶四川省涪陵专区。1959年6月，经国务院批准改"石砫县"为"石柱县"。1983年11月13日，国务院批准成立石柱土家族自治县，隶四川省涪陵地区。1984年11月18日举行石柱土家族自治县成立庆典。1988年7月1日后，改隶四川省黔江地区。1997年3月14日，八届全国人大五次会议批准设立重庆直辖市，石柱土家族自治县直隶重庆市。

四、彭水苗族土家族自治县

彭水苗族土家族自治县，地理坐标为东经107°48′~108°35′，北纬28°58′~29°50′之间，位于渝东南，地处乌江下游、武陵山区西部。北邻石柱土家族自治县，东北接湖北省恩施土家族苗族自治州利川市，东连黔江区，东南接酉阳土家族苗族自治县，南邻贵州省沿河县、务川县，西南连贵州省道真仡佬族苗族自治县，西连武隆县，西北与丰都县交界。全县东西宽77.88公里，南北长96.40公里，水陆边界线总长414.90公里，面积3 905平方公里。全县辖39个乡镇，300个村（居）委，总人口67.3万人（2008年）。国道319线、渝怀铁路和乌江航道贯穿境内，是渝鄂湘黔地区水路交通枢纽和物资集散地。县城位于乌江、郁江交汇处。县人民政府驻汉葭镇，距重庆市主城区260公里。境内居住着苗、土家、蒙古、回、仡佬、侗、藏、彝、哈尼、壮、满11个少数民族，2004年少数民族人口占全县总人口的70.5%。

彭水历史悠久。早在春秋战国时期，境内便诞生和培育了巴蜀最古老的"黔中文化"。彭水县地，夏、商、西周至春秋属巴国，战国属楚黔中郡，秦始皇统一中国后，全国划分为36郡，重置黔中郡，彭水属之。西汉武帝建元元年（前140年），置涪陵县（县治今郁山镇），属巴郡，辖今彭水、黔江、酉阳、武隆、石柱、沿河、印江、思南、正安、务川、道真等区县和秀山县西部，面积约3.5万平方公里。新莽始建国元年（9年），改涪陵县为巴亭。光武帝建武元年（25年），复名涪陵县。东汉献帝建安六年（201年），分涪陵县地，增置永宁（今贵州东北部）、丹兴（今黔江）、汉葭（县治今郁山镇）三县，为巴东属国。三国蜀汉章武元年（221年）置涪陵郡（郡治今汉葭镇），仍辖涪陵、永宁、丹兴、汉葭4县。晋承蜀制。晋武帝太康元年（280年），废丹兴县入涪陵县。南齐（479~502年）复置涪陵县（治今汉葭镇）、汉葭县（治今郁山镇），属涪陵郡。北周保定四年（564年）废涪陵等县置奉州（治所迁至今郁山镇），建德三年（574年），废奉州置黔州，治今郁山镇。

■ 渝东南民族地区红色文化资源的调查、开发与利用研究

彭水县是因县境内的郁江古名彭水而得名的。①隋文帝开皇十三年（593年）置彭水县（治今郁山镇，属黔州）沿袭至今。大业三年（607年），改置黔安郡，治今郁山镇。大业十年（614年），分彭水县地置信安县（治今武隆县江口镇）。唐增设道作为中央监督机构，彭水属江南道黔安郡。武德元年（618年），改黔安郡为黔州，治今彭水县城，分彭水地置石城县（天宝元年改名黔江县，即今黔江区）。贞观四年（630年），彭水县治移今汉葭镇县坝一带。开元二十一年（733年），全国增为15道，分江南道西部置黔中道，治今彭水县城，领黔州等18州。可见，唐曾置黔中道于此，并置黔州，彭水开始成为今渝、黔、湘、鄂结合部政治、军事、经济、文化中心，成为中央政权对西南边陲中部约30万平方公里地区少数民族实行羁縻统治的据点，并一直延续到南宋末年。②宋初沿唐制。继改道为路，黔州仍置，彭水隶之。南宋绍定元年（1228年），黔州升为绍庆府，辖彭水、黔江2县，治所移至乌江西岸壶头山麓。隋、唐、宋时期，中原纷乱，而黔州独守，社会经济文化得以持续发展。

元代，彭水仍隶绍庆府（路）。明洪武四年（1371年），废绍庆府，彭水县改属四川行省重庆府。次年（1372年），废黔江县入彭水县。洪武十年（1377年），废武隆县并入彭水县，改隶涪州（治今涪陵城区）。洪武十三、十四年，先后复置武隆县、黔江县。嘉靖三十三年（1554年），在今乌江东岸的汉葭镇修建县城，治所从乌江西岸的壶头山迁入。清初划分全国为18个省，后调整为22个省，省下设道、府、县。清顺治二年（1645年），彭水县复隶重庆府。雍正十二年（1734年），清政府实施"改土归流"，置黔彭军民厅，治今郁山镇，辖彭水、黔江、酉阳（时秀山属之）3县。乾隆元年（1736年）废黔彭军民厅，置酉阳直隶州（治今酉阳县城），彭水改隶酉阳直隶州。元、明两代，多次"赶苗拓业"，境内人口锐减，土地荒芜，经济萧条。清政府招民垦荒，还民休养生息，境内经济得以恢复、发展，到清末"舟楫往来，商贸辐辏，百货云集，盐、茶、油、漆、苎麻诸物转运各地"，使"彭水财富，甲于酉属"。③民国二年（1913年），彭水县属东川道。民国十六年（1927年）改隶四川省长公署，后属四川省政府。民国二十四年（1935年）改隶四川省第八行政督察区。

---

① 彭水县境内的郁江古名彭水，《太平寰宇记》120卷、《舆地纪要》176卷均有记载。
② 王希辉，冉建红，吴冬梅：《乌江流域建置沿革》，中央文献出版社，2007年版第90页。
③ 王希辉，冉建红，吴冬梅：《乌江流域建置沿革》，中央文献出版社，2007年版第90页。

1949年11月16日，彭水县解放，人民开始当家做主，境内政通人和，百业兴旺。1950年1月，彭水属川东行署涪陵专区。1952年9月，属四川省涪陵专区。1968年6月，属四川省涪陵地区。1984年月11月，国务院批准建立彭水苗族土家族自治县。1987年起，改属四川省黔江地区。1997年6月改属重庆直辖市。

五、黔江区

黔江区，位于渝东南民族地区中部，地处四川盆地东南边缘、武陵山区腹地，地理坐标为东经108°29′~108°56′，北纬29°04′~29°52′之间，是重庆市主要的少数民族聚居地之一，境内有土家族、苗族、回族、汉族等14个民族。它东临湖北省咸丰县，南连重庆市酉阳土家族苗族自治县，西界彭水苗族土家族自治县，北接湖北省利川市。黔江是重庆市东南重要门户，是渝、鄂、湘、黔四省市之结合部，也是西部地区通向东南沿海的重要通道，素有"渝鄂咽喉"之称。向东距湖北省恩施机场和来凤机场分别为160公里和110公里，至湖南省张家界市火车站约290公里，距乌江鹿角码头110公里，西出129公里即到乌江彭水码头。区境东西宽45公里，南北长90公里。全区面积为2 402平方公里，辖3个街道办事处、15个镇、12个乡。2007年末，全区总人口51万人，其中土家族、苗族占总人口的73%。渝怀铁路横穿黔江境内，319国道与黔咸公路在境内交汇，黔江舟白机场已经竣工，境内交通便捷。

黔江区地域，《禹贡》称为梁州之域。在3 000多年前的商、周时期，这里居住着溪峒"蛮夷"部落，为巴国领地。秦属巴郡枳县。汉初，为涪陵县地。黔江置县始于东汉。东汉建安六年（201年）为境内置县之始，初名丹兴县，隶属巴国。据史籍记载，东汉建安六年，益州牧刘璋接受涪陵县令谢本建议，分涪陵县置涪陵、永宁、丹兴、汉葭四县。丹兴县治设于今黔江区联合镇（古称楠木坪）。清光绪《黔江县志》载："黔江，邑邻五溪，界古黔州及施州，为川楚僻路，天下有事，易扰难靖"。黔江与彭水、酉阳、秀山等地联片，史称"蛮夷之地"。三国蜀汉时代，丹兴属涪陵郡。蜀汉延熙十二年（249年），涪陵人徐巨杀都尉反，后主遣大将邓芝征讨，徐巨战死。事后，徙徐、蔺、谢、范等数千家于成都。公元280年，西晋实行州、郡、县三级制，涪陵郡下设涪陵、汉葭、汉夏、汉平等四县，丹兴废，其地入涪陵、汉夏二县。西晋永嘉元年（307年），今酉、秀、黔、彭等地"没于蛮僚"，历宋、齐、梁、魏、司等250余年。北周保定四年（564年），涪陵少数民族首领田思鹤"以地内附"，归顺中原王朝，因而在彭水置奉州（建德三年改名黔州），县为其属地。隋开皇五年（585年），改置石城县，兼置庸州，治所均设今县坝乡县坝村。大业三年（607年），废庸州，石城县隶属巴东郡。《隋志》载："巴东郡统县十四，北极巫山、秭归，南至石城、务川。石城县广矣。"

黔江县名始于唐天宝元年。唐武德元年（618年），石城县改属黔州，其县治移无慈城，即今县坝老鹰关。贞观四年（630年），迁今联合镇。天宝元年（742年），改石城县名为黔江县，属黔安郡（黔州）。五代十国时期，黔江属黔州。清嘉庆《四川通志》载："天夏七年（907年）王建据蜀，后唐长兴五年（935年），孟知祥据蜀，黔州地属之。"宋、元之际，黔江"半没于夷。"清咸丰《黔江县志》载："黔江自宋、元以来，半没于夷，为龚、胡、秦、向四土豪所据。龚据水寨，胡据峡口，秦据册山，向据后坝。"县境周边为唐崖、忠路、大旺、石砫、酉阳等土司包围，对县境不断扩张蚕食。至元二十二年（1285年），明玉珍据川，称帝10年，黔江县为其属地。

明初，境内豪族大姓各据一方，周边为诸土司包围，并不断蚕食县境。朝廷视黔江为军事要地，曾两次发重兵征黔。明洪武五年（1372年）蓝玉征黔，废黔江入彭水县，洪武十一年（1378年），蓝玉再次征黔，驻官兵1216名，置黔江守御千户所。洪武十四年，复置黔江县，实行"县所并存，文武兼治"。黔江守御千户所隶四川都司所属的重庆卫，持续275年。清初，黔江县属重庆府。康熙元年（1662年），改黔江守御千户所为黔彭营，镇守黔江、彭水等县，兼辖酉阳、石耶、平茶、邑梅五土司。雍正四年（1726年），改黔江县为黔江厅。雍正十二年（1734年），合彭水县升为黔彭直隶厅，属重庆府。雍正十三年（1735年）酉阳土司"改土归流"后，置酉阳直隶州，废黔彭直隶厅，复置黔江县，属酉阳直隶州。

黔江地自东汉建县以来，先后有丹兴、石城县名，到唐天宝元年始有黔江县名，之后沿用至今。据考，丹兴，因县地盛产丹砂（即朱砂）而得名。据史书记载，丹兴县辖今酉阳、秀山两县和贵州松桃、铜仁的一些地方。这一带至今仍是全国的丹砂重要产区。石城，县治设于今县坝乡县坝村。此处北负石山，南面横岭，西北临河，且有雄关，因地势而命名。黔江，清光绪《黔江县志》载："县本无江，以黔江名者，缘黔中所出乌江以为名。"据史籍记载，唐朝时县境辖至乌江沿岸，当时乌江亦称黔江，故县以"黔江"命名。①

---

① 王希辉，冉建红，吴冬梅：《乌江流域建置沿革》，中央文献出版社，2007年版第93页。

民国元年（1912年），废府、州、厅，黔江直属四川省。在四川"防区制"时期，黔江属刘湘防区。民国二十四年（1935年），川政统一后，黔江属四川省第八行政督察区，即酉阳专区。1946年，川黔湘鄂边区绥靖公署（辖五十六军）设于黔江县城，以控制恩施、酉阳、铜仁、永顺、涪陵、芷江等6个专区及其所属县份。

1949年11月，黔江解放，随后成立黔汇县人民政府，隶属川东行政公署涪陵专区。1950年，置酉阳专区，领酉阳、秀山、黔江3县。1952年，酉阳专区并入涪陵专区，黔江随之属涪陵专区。1983年11月13日，经国务院批准，撤销黔江县，建立黔江土家族苗族自治县。次年11月13日举行自治县成立大会，宣布自治县成立。1988年5月18日，经国务院批准从原涪陵地区所辖10县中将酉阳、秀山、黔江、彭水、石柱5个自治县划出单设，成立四川省黔江地区，同年11月挂牌办公，辖石柱土家族自治县、彭水苗族土家族自治县、黔江土家族苗族自治县、酉阳土家族苗族自治县、秀山土家族苗族自治县。1997年纳入重庆直辖市管理，同年3月17日，经国务院批准，撤销"四川省黔江地区"，成立"重庆市黔江开发区"。2000年6月，经国务院批准撤销原重庆市黔江开发区、黔江土家族苗族自治县，两方归并成立重庆市黔江区，隶属重庆直辖市管理。黔江区人民政府驻联合镇。

六、秀山土家族苗族自治县

秀山土家族苗族自治县，地理坐标为东经108°43′6″～109°18′58″，北纬28°09′43″～28°53′5″之间，位于四川盆地东南边缘外侧，地处渝东南边陲、武陵山区腹地的渝黔湘三省市的结合部，是西部开发的前沿阵地。它东北与湖南省龙山县、保靖县、花垣县毗邻，东南、西南与贵州省松桃苗族自治县相邻，西、北与重庆市酉阳土家族苗族自治县连界。县城是国道326线的起点，326国道和319国道在县城呈T型交汇。秀山距长沙604公里、武汉656公里、贵阳556公里、重庆390公里。秀山是重庆市40个区县（市）中最边远的县，是渝东南之重要门户。由于渝怀铁路、渝湘高速公路在县城东北角呈十字形交汇，使秀山成为重庆通往南方发达地区的桥梁和枢纽重地。交通的便利，为秀山的发展提供了良好条件。全县面积2450.25平方公里，辖49个乡镇。秀山是少数民族聚居地，境内聚居着以土家族、苗族为主的17个少数民族，除土家族、苗族外，还有瑶族、侗族、壮族、白族、回族、满族、布依族等民族。至2007年底，全县总人口63.7万人，其中以土家族、苗族为主的少数民族人口占总人口的 53.7%。至今县内有些地方仍保留着完整的民族语言，那里的学校也实行两种语言教学。

秀山县地，《禹贡》称为梁州之域。商周时期，属商于之地，春秋时期属巴国南疆之域。秦时属黔中郡。汉高祖五年（前 202 年），割黔中郡为巴郡和武陵郡。武陵郡领酉阳等 13 县，今秀山境属武陵郡酉阳县。公元前 84 年，县地属巴郡涪陵县之南境。东汉建安时属丹兴县。建安六年（201 年），分巴郡置涪陵郡，县地属涪陵郡丹兴县。三国蜀汉章武元年（221 年），废丹兴县置酉阳县，隶荆州武陵郡。是时，今秀山境属武陵郡酉阳县辖地。这一建置经历两晋、宋、齐、梁、陈不变。

隋开皇中置务川县（今贵州省沿河土家族自治县），县地改隶梁州务川县。隋炀帝大业三年（607 年），务川隶巴东郡，秀山境域仍属务川。唐武德四年（621 年），以巴东郡之抚阳、务川置务州，实行羁縻，县地属务州务川县。贞观四年（630 年），改务州为思州。开元二十年（732 年），今秀山境属江南道思州务川县。五代十国时期，冉氏占据今酉阳全境与秀山东北部之石堤、洪安部分，杨氏占据今县境西南百余里地。宋政和四年（1111 年），于县境西南部置平茶洞，属羁縻思州。其后，邑梅、平茶、石耶并为土知府。元成宗大德六年（1302 年），改邑梅为佛乡洞长官司。撤平茶承化军民府置溶江、芝子、平茶等处长官司。石耶仍为顺德军民土知府。元末明玉珍据蜀，改邑梅佛乡洞长官司为邑梅沿边溪洞军民土知府。

明洪武八年（1375 年），罢邑梅、石耶两土知府，并降为长官司，领于酉阳宣慰司，寻改隶重庆卫。撤溶江、芝子、平茶等处长官司为平茶洞长官司和溶溪芝麻子坪长官司，隶湖广思南宣慰司。洪武十七年（1384 年），改隶四川布政司。永乐初（1403 年），改邑梅隶重庆卫，割石耶司地（今莲花、三合一带）置地坝洞副长官司。明嘉靖二十五年（1546 年），将溶溪芝麻子坪长官司迁治酉阳上济里，旋罢溶溪芝麻子坪长官司。自明永乐年间开始，逐渐形成了秀山县历史上有名的"百里四司"，即：平茶洞长官司、邑梅洞长官司、石耶长官司及地坝洞副长官司。直到清雍正末年。

秀山县始设置于清乾隆元年。清雍正四年（1726 年），西南地区开始大规模的改土归流。乾隆元年（1736 年）以邑梅、平茶、石耶、地坝四洞疆域并分酉阳东南境的石堤、打妖、晚森、宋农等原土司据地，始置秀山县（县治今三合场乡），因境内有一座秀美的山峰曰"高秀山"，故县以"秀山"命名。县境初隶黔彭厅，不久废厅，改隶四川省川东道酉阳直隶州，乾隆五年（1740年）于石堤设立巡检署，结束了秀山地区的土司建制。宣统末年（1911年），秀山爆发反清武装起义，宣布独立，接受重庆军政府领导，结束了清朝在秀山的统治。

民国初，秀山隶四川省川东道。民国五年后，秀山建置名义上没有变动，但实际上已为军阀所割据，而真正执行的则是"防区制"。20世纪30年代以后，国民党政府在地方推行省、县、保、甲制。四川省政府之下设18个行政督察专员公署作为省的派出机构。民国二十四年（1935年），秀山隶属四川省第八行政督察专员公署（驻酉阳）。此外，1934年，贺龙领导的中国工农红军在秀山西南部则创建了川、黔、湘、鄂边区革命根据地——黔东苏区。

1949年11月7日，秀山解放。21日，建立了西南地区第一个县级人民政权机构——秀山县人民政府，隶属西南区川东行政公署涪陵专区。1950年1月23日，秀山改隶川东酉阳专区。1952年8月5日，撤酉阳专区，秀山仍隶属涪陵专区。1983年11月7日，经国务院批准，秀山土家族苗族自治县建立，仍隶属四川省涪陵地区。1988年5月18日，国务院批准从涪陵地区所辖10县中将酉阳、秀山、黔江、彭水、石柱5个少数民族自治县划出，成立四川省黔江地区，秀山改隶黔江地区。

1997年3月14日，第八届全国人民代表大会批准设立重庆直辖市，秀山土家族苗族自治县随黔江地区改隶重庆市。1998年2月20日，经国务院批准，撤销黔江地区，设立重庆市黔江开发区，代管原黔江地区管辖的5个少数民族自治县。2000年6月25日，经国务院批准撤销黔江开发区和黔江土家族苗族自治县，设立重庆市黔江区，原黔江开发区代管的秀山、酉阳、彭水、石柱4个少数民族自治县由重庆市直接管理。

七、酉阳土家族苗族自治县

酉阳土家族苗族自治县，地理坐标为东经108°18′25″~109°19′02″，北纬28°19′28″~29°24′18″之间，地处渝东南边陲，位于渝、鄂、湘、黔三省一市结合部的武陵山区。县境东邻湖北省来凤县、湖南省龙山县，南连秀山土家族苗族自治县、贵州省松桃苗族自治县及印江土家族苗族自治县，西与贵州省沿河土家族自治县隔乌江相望，北接彭水苗族土家族自治县、黔江区、湖北省咸丰县。县境内地形复杂，山势险要。境内山脉多呈东南——西南走向。境内河流119条，以毛坝、板溪一线为分水岭，分水岭以东为沅江水系，以西为乌江水系。乌江流域县境38.5公里，酉水河流域县境75公里。酉阳为湘入渝必经此地，是古来兵家必争之地。县境东西宽98.3公里，南北长119.7公里，面积5 173.2平方公里，是重庆市面积最大的县，发展空间十分广阔。319国道自县境北端横贯东南，至重庆全长537公里。乌江流经县境西部，沿乌江航运经涪陵可直达重庆、上海。地处县城的钟多镇是全县人民的政治、经济、文化中心和交通枢纽。县境南至湖南省吉首市250公里，西至涪陵区496公里，北至黔江区117公里，县治陆路至重庆537公里。酉阳县下辖14个镇、25个乡、278个行政村（含8个社区）。全县总人口80.80万人，有18个民族，其中土家族、苗族占总人口的84%（土家族47.66万人，占总人口的60%，苗族19.06万人，占总人口的24%），仍保留着浓郁的民族习俗。

酉阳县地，《禹贡》称上古属荆州。商周时期为蛮夷地。春秋战国时期，今酉阳地域属楚。秦统一全国，推行郡县制，酉阳隶属黔中郡。

酉阳县建置始于汉高祖五年。史籍载：汉高祖五年（前202年），分黔中郡为巴郡和武陵郡，于武陵郡内酉水河北岸（今湖南永顺县王村）置酉阳县，辖区实为酉水以西至今酉阳的广袤地区。也就是说，汉代的酉阳县辖区囊括了今酉阳县域。可见：其一，今天的酉阳县地是汉代酉阳县的辖区；其二，今天的酉阳县之名是承袭汉代酉阳县名而来的。至于汉时"酉阳"县名之来源，是因县治所在境内酉水河北岸，当时以水北为阳，故名酉阳县。西汉末年，王莽篡汉后，改武陵郡为建平郡。东汉复为武陵郡，其属地依旧。东汉末期献帝建安十九年（214年），刘备与孙权联合分治荆州，时县境属蜀武陵郡。

三国时，蜀国昭烈帝章武元年（221年），于汉酉阳县境西部酉水北岸设黔阳县，今县境界东部属吴国武陵郡黔阳县地，西部属蜀国涪陵郡涪陵县地。公元222年，东吴攻占武陵，界东属吴荆州武陵郡黔阳县地，西部属蜀益州涪陵郡丹兴县地。西晋统一全国，今县境界东属武陵郡黔阳县地，以西属涪陵郡汉葭县地。南北朝时期，南朝梁改黔阳县为大乡县，今县境东南部属大乡县，西北部属巴郡奉州地。

隋开皇九年（589年）废酉阳县名。开皇十九年（599年）于今酉阳县万木乡柜木村（城子头）置务川县。唐武德四年（621年）改务川为务州。贞观四年（630年）又改务州为思州，以境内思邛水而名。天宝元年（742年）改为思州宁夷郡。乾元元年（758年）复为思州。五代时，中原无主，今酉阳县地为土家族大姓冉氏割据，后世袭其地，即史书所谓"没于蛮僚"。南宋绍兴元年（1131年），分思州部分地，合酉阳城（寨）置酉阳羁縻州，治所在县境南部官坝（今蚂蝗乡），南宋末年迁至忠孝坝（今钟多镇）。

元朝建立后，酉阳仍为州，由冉氏子孙世袭，隶四川南道宣慰司怀德府。元延祐元年（1314年）改酉阳州为酉阳军民宣慰司。元末，明玉珍据蜀，改酉阳军民宣慰司为酉阳沿边溪洞军民宣慰司。

明洪武五年（1372年）四月，仍置酉阳州，兼置酉阳宣慰司都元帅府。洪武八年（1375年），废州和川东道宣慰司怀德府，改置酉阳宣抚司，隶四川布政使司，兼领平茶、石耶、邑梅、麻兔四洞长官司。永乐十一年（1413年），改酉阳宣抚司邑梅长官司隶重庆。永乐十六年（1418年），石耶、平茶洞长官司改隶重庆卫，麻兔洞改隶贵州铜仁府，另分石耶洞长官司置地坝洞长官司。嘉靖时废溶溪芝麻子坪洞长官司，改以隶酉阳宣抚司。今秀山石堤、庙泉、宋农亦划属酉阳宣抚司。天启元年（1621年），升酉阳宣抚司为酉阳宣慰司。①

清顺治十五年（1658年），酉阳土司降清，仍授宣慰司原职。雍正十三年（1735年）改土归流，废酉阳宣慰司为酉阳县，隶四川黔彭厅。乾隆元年（1736年），废黔彭厅，升酉阳县为酉阳直隶州，以州代县。时酉阳州领秀山、黔江、彭水三县。是年，酉阳州改隶四川省。宣统三年（1911年）改设酉阳县。

民国二年（1913年），改酉阳州为酉阳县，隶川东道。民国二十四年（1935年），于酉阳置第八行政督察专员公署，辖酉阳、秀山、黔江、彭水、南川、涪陵、石柱、丰都、武隆9县。

中华人民共和国成立后，酉阳县隶川东酉阳地区专员公署。1952年，撤酉阳专区，酉阳县改隶涪陵专区。1983年11月11日，成立酉阳土家族苗族自治县，仍隶涪陵专区。1988年，改隶黔江地区。1997年6月18日，随黔江地区改隶重庆市。

---

① 酉阳土家族苗族自治县概况编写组：《酉阳土家族苗族自治县概况》（修订本），民族出版社，2008年版第50页。

第二章
渝东南民族地区红色文化资源总论

第一节　红色文化资源概述

一、红色文化的概念及特性

1. 红色文化的概念

红色文化是我国社会文化中的重要组成部分。中国红色文化热现象的出现是自20世纪80年代以翻唱各种红歌等形式开始的。进入21世纪初，特别是自从2005年被确定为"中国红色文化年"后，红色文化热现象再度升温。从《亮剑》《恰同学少年》《江姐》《毛岸英》等电视剧的走红，到各种民间红歌会的火爆，再到红色旅游热、红色经典热、红色短信热，中国红色文化热潮一浪高过一浪……红色文化以各种形式迸发出蓬勃的生命力和无与伦比的文化魅力。

我们在亲近与欣赏红色文化、感受红色文化的同时，不免要静下心来冷静思考：何谓"红色文化"？"红色文化"到底是一种什么样的文化？

在探究"红色文化"之前，我们有必要先来了解一下"红色文化"中的"红色"二字，为何要用"红色"二字来定性"文化"呢？红色文化是"文化"大家族中的一种特殊类型，从字面上分析，"红色文化"的特点就在于"红色"对"文化"的修饰。众所周知，各种颜色均代表着一种约定俗成的含意、概念，"绿色"代表生态、环保，"黄色"代表低俗色情，"红色"则代表着喜庆、温暖、激情、活力、兴旺、成功。在我国传统历史文化里，"红色"历来被视为正统颜色，是坚持正义的人们喜欢之颜色，其象征着革命、正义、勇敢、斗争。早在中国古代，"红色"就已成为人民"革命""斗争"的象征和代名词了。如西汉末年爆发的农民起义军中即有称"赤眉军"的；元朝末年爆发的韩山童、刘福通、徐寿辉等领导的农民起义军则称为"红巾军"；金朝末年山东、河北一带爆发的反抗金朝的农民起义军则称为"红袄军"。19世纪末，义和团在抗击帝国主义入侵斗争中曾出现了女性义和团组织"红灯照"（又名"红灯罩"）。进入20世纪上半叶，在中国共产党领导全国人民开展的推翻帝国主义、封建主义和官僚资本主义"三座大山"的新民主主义革命中，由于出现了"红旗""红军""红色暴动""红色根据地""红色苏维埃""红色政权""红区""红都"等一系列新语汇，"红色"一词开始成为最具褒义的色彩语汇，标志着"红色"一词开始被赋予鲜明的时代政治色彩，成为真正意义上的"革命"与"斗争"的象征。因此，"红色"被看做是"中华人民共和国与生俱来的'胎记'"，"红色"成为"中华民族浴火重生、脱胎换骨的精神图腾"！①

"红色文化"一词虽然早已出现，但至今学术界的权威机构、权威著述中尚未给"红色文化"下过完整的定义，"红色文化"实际上是一个约定俗成的概念，不同的研究者、学者对其概念的界定是不尽相同的。从笔者掌握的现有资料看，目前学术界对红色文化概念的界定主要有以下几种：

（1）红色文化即共产主义文化，因为红色是共产主义的象征。②

（2）红色文化即信仰文化。世界文化犹如一条流动的文化风景线，构成这条风景线的文化在个性上是多元的：具有强烈信仰精神的是红色文化；具有强烈求知精神的是蓝色文化；具有强烈仁爱精神的是黄色文化。③

（3）红色文化即中国共产党文化，这种解释的道理在于，红色文化是在新民主主义革命时期创造出来的，而新民主主义革命又是由中国共产党来领导的。④

（4）红色文化即新民主主义文化。道理同样是因为红色文化得以创造的时期是新民主主义革命时期。⑤

（5）红色文化即革命文化。红色文化得以形成的时期是新民主主义革命时期，是革命斗争的产物。⑥

（6）红色文化即新民主主义革命时期，在中国共产党的领导下，由中国共产党人、一切先进分子和人民群众共同创造的、具有中国特色的先进文化。⑦

（7）红色文化即"左"的政治文化，特指流行于20世纪60年代的大学校园

---

① 樊金荣：《镌刻在心灵深处的红色》，《江西日报》，大江网，2007年9月3日。
② 高丙中：《主文化、亚文化、反文化与中国文化的变迁》，中国人民大学书报资料中心《文化研究》1997年第4期。
③ 蔡德贵、刘长明：《东西方文化的千年"牵手"》，中国人民大学书报资料中心《文化研究》2002年第2期第63～69页。
④ 张爱芹、王以第：《红色文化与道德建设研究》，青岛：中国海洋大学出版社，2008年版第3页。
⑤ 转载自山东大学王以第的硕士学位论文《"红色文化"的价值及其实现》。
⑥ 转载自山东大学王以第的硕士学位论文《"红色文化"的价值及其实现》。
⑦ 王以第：《"红色文化"的价值内涵》，《理论界》，2007年第8期，第149页。

里的"左"的政治文化。表现为教条式地理解和执行马列主义，否定人类优秀历史文化成果的虚无主义，还有各种花样的形式主义，例如校园内充斥着各种带有政治色彩的标语口号，形成"红海洋"等。①

通过对上述 7 种关于红色文化概念界定的探究、理解，笔者更倾向于上述第 6 种观点，即红色文化是在新民主主义革命时期，在中国共产党的领导下，由中国共产党人、一切先进分子和人民群众共同创造的、具有中国特色的先进文化。它是物质文化、制度文化和精神文化这三者的有机统一体。物质文化一般包括革命战争遗址、纪念地等实物；制度文化指的是中国共产党在新民主主义革命时期形成的革命理论、纲领、路线、方针、政策等革命文献作品；精神文化即新民主主义革命时期形成的革命精神、革命道德传统等。

2. 红色文化的特性

红色文化孕育、形成于战火纷飞的革命战争年代，它一方面成为教育人民、动员人民、团结人民、打败敌人的强有力武器，在推翻三座大山、建立新中国的过程中发挥过巨大的作用；另一方面，红色文化在孕育、形成、发展的过程中也呈现出以下特性：

（1）红色文化具有民族性。红色文化是革命的文化，是反帝反封建、争取中华民族独立与解放的文化。红色文化不是无源之水、无本之木，它不是凭空产生的，它是对中华民族传统文化的继承与发展。如井冈山时期的红色文化就吸纳了著称于世的庐陵文化，苏区时的红色文化则融合了著称于世的客家文化。当时，在共产党领导的苏区，许多红色文化均采取了"旧瓶装新酒"的表达方式，如红歌《十送情郎当红军》即是苏区军民通过对客家旧山歌《十送情郎》进行改编后而完成的，只不过在改编中剔除了一些不健康的封建性糟粕，增添了革命化的内容，保留了爱情的积极元素，令人听来别有情趣，这便是民族文化传承与创新之魅力。另外，红色文化中所蕴含的红船精神、井冈山精神、苏区精神、长征精神、抗战精神、延安精神、红岩精神等，正是不同历史时期内对我们伟大民族精神的不同诠释与高度浓缩。由于红色文化是在彰显中华民族精神与品德、继承与弘扬中华民族优秀传统文化、维护中华民族尊严与独立、采用中华民族自己的表达方式基础上所孕育、形成的一种新的文化体系，所以红色文化是一种具有中华民族

---

① 潘伦理：《论大学校园的文化色彩》，中国人民大学书报资料中心《高等教育》1995 年第 6 期第 78～81 页。

鲜明特性的文化，因而民族性也就成为红色文化孕育、形成之根脉，也就成为红色文化的重要特性之一。

（2）红色文化具有群众性。其一，人民群众是社会历史的创造者和革命斗争的主力军，既是红色文化的创造者、传播者和创新者，也是红色文化的接受者，红色文化孕育、形成于人民群众这一庞大的母体之中。红色文化产生于苏区军民对敌斗争中，是由群众中的先进分子创造的思想文化，它不是被少数人垄断的精神文化产品，它是为苏区广大人民群众服务的，因而它具有鲜明的群众性。其二，红色文化虽然源于苏区军民生产、生活和革命斗争实践，但它又高于苏区军民生产、生活和革命斗争实践。在土地革命战争时期，工农红军里一些具有文学素养的战士，他们对当地流传较广的旧山歌、唱腔、快板等进行一些文学方面的加工，剔除其陈腐的封建性糟粕，添加入新鲜的革命化内容，进而起到了很好的革命动员和宣传作用。如1928年1月，工农红军打下江西遂川县城后，战士们在大街上演出时便采用当地山歌曲调为群众演唱了"过新年，过新年，今年不比往常年，共产党军队来到了，你拿斧头我拿镰"等红军歌曲。在井冈山斗争和苏区革命时期，红军文艺工作者曾经采用当地流传的一些曲调，通过文学加工、改编，创作出了大量的喜闻乐见而且深受军民喜欢的革命音乐作品。如采用四川调改编而成的《大败江西两只羊》《调兵歌》《草鞋歌》，运用采茶调改编成的《十送红军同志歌》《当兵就要当红军》等。可见，当时苏区的红色文化宣传娱乐活动是植根于工农群众和广大红军战士之中的，印证了红色文化所具有的鲜明的群众性。

（3）红色文化具有政治性、战斗性和通俗性。第一，红色文化作为一种新的革命意识形态，它是中国共产党领导的群众性革命文化运动的产物，是一种具有中国特色的红色政治文化。红色文化，对于苏区工农兵群众来说，它在革命前，是革命的思想准备；在革命斗争中，它是强有力的武器。红色文化是中国共产党的主流意识形态，它蕴涵着中国共产党人的政治哲学、历史意识、政治追求和道德取向，它彰显并表达着中国共产党人的世界观与价值体系。第二，产生于革命战争年代的红色文化，它既是苏区工农兵群众的精神食粮，也是射向敌人的枪弹和匕首，它的另一个重要特点就是具有强烈的战斗性。苏区、革命根据地的歌曲、歌谣、口号、对联等，大都激昂奔放，铿锵有力，给人以信心和力量，它拥护什么，反对什么，旗帜是鲜明的。1922年9月，安源路矿工人在大罢工中喊出的"从前是牛马，现在要做人！"的口号，既是一篇声讨剥削制度的檄文，也是一支激励罢工工人革命斗志的号角，它表达出工人阶级强烈的革命和斗争精神。1934年，转战于渝东南境内的红三军政治部所颁发的《中国工农红军的任务和纪律》中指出："我们中国工农红军，就是苏维埃政府的军队，也就是工人、农民自己的军队。红军的任务，就是为推翻帝国主义、国民党政权而战争，为了土地归农民而战争。因此，红军完全拥护工人、农民自己的利益。""红军不拿工人、农民的一针一线，坚决反对白军和土匪焚烧房屋抢劫民众财物的做法。"[①]这段话开诚布公，明确地表达了中国共产党和工农红军要推翻谁，拥护谁，为谁而战。第三，产生于革命战争年代的红色文化，它又一个突出的特点就是简洁、明快，通俗易懂，具有通俗性。如在江西苏区兴国县当时有一幅宣传画叫"党支部是火车头"，画面上虽然只画个"火车头"并在"火车头"上写下"党支部"三个字，但不用多做解释，一看就明白其意。1934年6月上旬，红军川鄂边游击总队在渝东南石柱县新场（现新乐乡）发动群众、打富济贫、扩充红军时，为了宣传、教育群众，红军川鄂边游击总队书记官兼六大队政委向天阳同志编写了"共产党来闹革命，建立红军夺政权，先惩富豪后杀官，不把穷人来惊绊，哪个要是来捣蛋，谨防子弹背心钻。"[②]这首革命歌曲，热心向群众教唱。这首歌通俗易懂、群众易唱，深受苏区军民的喜爱。另外，如《当兵就要当红军》《大刀进行曲》《解放区的天是明朗的天》等革命歌曲，歌词朴实无华，明白易懂，唱起来朗朗上口，深受根据地军民的喜爱。

二、红色文化资源的定义、特征及分类

1. 红色文化资源的定义

目前学术界关于红色文化资源的定义，主要存在两种观点，其基本内容大体一致，分歧主要集中在对红色文化资源形成时期的界定上，即是否包含新民主主义革命时期或社会主义革命和建设时期。在对红色文化资源形成时期的界定上，有以下两种分歧：

第一，王以第认为，红色文化是在新民主主义革命时期，在中国共产党的领导下，由中国共产党人、一切先进分子和人民群众共同创造的、具有中国特色的

---

① 红三军政治部颁发的这份《中国工农红军的任务和纪律》的原文摘自秀山土家族苗族自治县老区建设促进会编《历史的丰碑-红军在秀山》（内部印刷）2005年10月版第112～113页。
② 中国人民政治协商会议重庆市石柱土家族自治县委员会文史资料委员会编：《石柱文史资料》第18辑（内部资料），1999年11月版第59页。

先进文化。它是物质文化、制度文化和精神文化的有机统一体。①又如谷玉芬的《红色旅游与红色资源关系解析》②、张群的《论红色旅游对社会主义文化建设的作用》③、李水第、傅小清的《红色文化之源：中国共产党的先进性》④等文章中在对红色文化资源形成时期的界定上，他们与王以第的表述基本相同。国家红色旅游课题组在《中国红色旅游发展报告2005》⑤以及中办、国办《2004-2010年全国红色旅游发展规划纲要》⑥中，对红色文化资源形成时期的表述也是这种观点。

第二，魏本权认为，红色资源是中国共产党建立以来，在马克思主义中国化的历史进程中而凝结的思想资源、文化资源、精神资源，以及他们的物化形态资源。⑦刘争先认为，所谓"红色资源"是指中国共产党领导中国各族人民在革命斗争和建设实践中所形成的伟大革命精神及其载体。⑧刘丽平、李水第在《"红色文化"的价值形态与开发策略探析》⑨中也表述了相同的观点。

综合上述，针对目前学术界在对红色文化资源形成时期的界定上所存在的两种分期观点，笔者认为将社会主义建设时期也纳入红色文化资源所形成的时代是一种比较广义、笼统、宽泛的说法，笔者倾向于上述第1种观点，即红色文化是在新民主主义革命时期，在中国共产党的领导下，由中国共产党人、一切先进分子和人民群众共同创造的、具有中国特色的先进文化，而承载这些红色文化的物质形态的资源和非物质形态的资源的总和，即统称为红色文化资源。具体来说，红色文化资源是指中国共产党成立及第一次国共合作的大革命时期、土地革命战争时期、抗日战争时期、解放战争时期内，与革命斗争、历史事件及革命领袖、

---

① 王以第：《"红色文化"的价值内涵》，《理论界》，2007年第8期，第149~150页。
② 谷玉芬：《红色旅游与红色资源关系解析》，《商业经济》，2006年第3期，第94页。
③ 张群：《论红色旅游对社会主义文化建设的作用》，《湖北经济学院学报》（人文社会科学版），2008年第8期，第11页。
④ 李水第、傅小清：《红色文化之源：中国共产党的先进性》，《求是》，2005年第5期，第15页。
⑤ 全国红色旅游工作协调小组办公室主编：《中国红色旅游发展报告2005》，中国旅游出版社，2006年版，第3页。
⑥ 《2004-2010年全国红色旅游发展规划纲要》，中央电视台旅游频道，2005年6月20日，http://www.crt.com.cn/news2007/News/quanwei/2007/123/07123113319BJA9DC22FECDF539F0F0_2.html
⑦ 魏本权：《传承与创新：构建具有中国特色的红色资源学》，《井冈山学院学报》（哲学社会科学版），2009年第3期，第15页。
⑧ 刘争先：《红色资源的价值及开发运用原则探析》，《当代经理人》（中旬刊），2006年第21期，第1386页。
⑨ 刘丽平、李水第：《"红色文化"的价值形态与开发策略探析》，《职业圈》，2007年第12期，第4页。

英烈有关的各种革命斗争遗址、名人旧居、英烈遗物、纪念碑、烈士陵园、文献资料等物质形态文化资源及其所承载的精神文化资源和革命的路线、方针、政策、规章、制度及革命文艺、革命歌曲、革命故事、革命手工艺、革命口号、革命礼仪、革命习俗等非物质形态文化资源。这些红色文化资源是以爱党、爱国和爱人民为核心的，是以红色旅游、红色经典作品等为载体的，是发展红色文化产业和组织红色文化活动所利用或可供利用的各种资源。[①]

2. 红色文化资源的特征

红色文化资源是我国社会文化资源中的重要组成部分，它除了具有其他社会文化资源所具有的历史性、多样性、传承性、文化性等一般共性外，它还具有其他社会文化资源所不具有的特征。

（1）不可再生性。红色文化资源是在特定的历史条件下形成的，随着时代的变迁，物质形态的文化资源逐渐转化成日益珍贵的文物，成为革命文物的重要组成部分。在我国五千年文明历史发展中，全国各地不同区域、不同历史时期的文化资源是极其丰富的。但这并不意味着所有区域内、所有历史时期内发生的事件、留下的遗址遗迹、流传下来的文物等都可以称得上是红色文化资源了。红色文化资源分布在特定区域，是在特定历史时期和特定历史条件下孕育、形成的，它珍贵且具有不可再生性，一旦遭到破坏，难以复制，将永远地消亡。

（2）历史真实性。分布于全国各地的红色文化资源，它们的每一个景区、每一个景点、每一件展品，都反映了中国共产党人、革命的先进分子和人民群众在特定历史时期和环境下的生产生活及对敌斗争情况，是对革命历史的真实记录，是对中国共产党人、一切先进分子和人民群众在大革命时期、土地革命战争时期、抗日战争时期、解放战争时期开展的反帝反封建斗争历史片段的再现，是当今开展革命传统教育和革命理想教育不可多得的资源。

（3）分布广泛性。中国共产党领导全国人民开展的那场轰轰烈烈的反对帝国主义、封建主义和官僚资本主义的新民主主义革命，在全国各地均留下了宝贵的红色文化资源。从中国共产党的诞生地上海，到人民军队的诞生地南昌；从中国革命的发源地井冈山，到中国革命的圣地延安；从中国革命转危为安的历史转折地遵义，到全国解放战争指挥中心西柏坡；从红色故都江西瑞金，到人民共和国

---

① 曾喜云：《红色文化资源开发利用中存在的问题、原因及对策》，中国优秀硕士学位论文全文数据库2008年，第8页。

首都北京；从长城内外，到大江南北，到处都留下了中国共产党领导全国人民开展新民主主义革命的足迹，到处都耸立着革命英烈的丰碑。今天，遍布全国的国家级爱国主义教育基地已达100多个，还有省级、市级、县级众多的爱国主义教育基地以及分布全国各地的各类革命遗址、遗存、烈士陵园、展览馆、纪念馆等。可以说，红色文化资源广泛分布于全国各地。

（4）内涵丰富性。红色文化资源孕育、形成于革命战争年代，它保留至今日，不仅向今人传递着这些资源的物化信息，也向后人传递着这些资源所承载的革命精神。遍布全国各地的红色文化资源均蕴含着丰富、厚重而宝贵的历史文化内涵和革命精神资源，它们是在长期艰苦的革命斗争中孕育、形成的，是中华民族伟大精神在那个时代的凝聚。每一处革命遗址遗迹、每一处景点、每一件文物都折射出革命先辈崇高而坚定的理想信念、至死不移的爱国主义情怀和自力更生、艰苦奋斗、自强不息、勇于进取的高尚品质。这些革命精神资源是中国先进文化的代表，是当前开展爱党、爱国教育和社会主义核心价值观教育取之不尽、用之不竭的十分难得的宝贵资源。

3. 红色文化资源的分类

红色文化资源是中国共产党人、革命先进分子和人民群众在战火纷飞的革命战争年代用鲜血与生命逐渐培育出来的独特的文化资源，它具有物质与非物质两种表现形态。物质形态的红色文化资源是指革命战争年代遗留下来的战争遗址、革命旧址、旧居、建筑物、纪念地、历史陵园、纪念碑、革命前辈用过的遗物、文物、出版物、革命文献、历史图片、历史影片及录音资料、标语、漫画、箴言、小说、散文、革命手工艺品、书画、诗歌、歌曲、戏剧等历史遗存，以及革命理论、革命精神、革命传统、英雄故事、英雄事迹等精神资源的物质载体。非物质形态的红色文化资源指的是中国共产党在战火纷飞的革命战争年代领导全国人民为战胜一切艰难困苦而孕育、培育和凝练成的革命的理论、路线、方针、政策、知识、口号及革命的精神、歌曲、故事、事迹、价值、信仰、礼仪、习俗、规章、制度等。

三、红色文化资源开发利用的意义

红色文化是中国共产党人、革命先进分子和人民群众在革命战争年代继承弘扬中华民族优秀传统文化并积极吸纳人类先进文明成果之产物，当今开发好、利用好红色文化资源,是关系到我们是否能够巩固党的执政地位的政治工程,是关系到社会主义核心价值体系建设的文化工程,是关系到提高人民生活水平的富民工程,是一项利党、利国、利民的宏伟工程,它对于加强国民的爱国主义教育、革命传统教育和理想信念教育,推动国家文化建设与经济发展,带动革命老区经济社会和谐发展,均具有重要的现实意义和长远的历史意义。

其一,红色文化资源的开发利用,是维护、巩固中国共产党执政地位的政治工程。首先,红色文化资源具有丰富的物质内容和永恒的精神内涵,它作为一种特殊的文化意识形态,是中国共产党把马克思主义与中国革命实际相结合成长、发展的印记,是中国共产党夺取政权和巩固政权的精神支柱,是当代中国发展先进文化即中国特色社会主义文化之重要组成部分。通过对全国各地红色文化资源的开发利用,不断提炼出其现实需要的物质内容和精神内涵,能有效地增强中国共产党执政地位的合法性,为巩固中国共产党的执政地位提供历史与现实的借鉴;能有效提高中国共产党的执政能力,永葆中国共产党的先进性,促进社会主义和谐社会的构建,是现阶段加强党的建设的有效结合点。其次,在当今改革开放新时期,通过对红色文化资源的开发与利用,既能激发起国民的爱国之情怀,又能培育国民坚定的理想信念;既能继承和弘扬革命前辈的艰苦奋斗精神,又能加强和改善党的领导。将红色文化资源的开发利用与全国开展的构建社会主义和谐社会的伟大事业紧密结合起来,进而把红色文化资源优势转化为推进社会主义核心价值体系建设的政治优势和精神优势,对加强和改进我国爱国主义和革命传统教育将产生长远的影响。

其二,红色文化资源的开发利用,是发展社会主义先进文化和开展社会主义核心价值观教育的文化工程。在当今中国,发展社会主义先进文化即中国特色社会主义文化和开展社会主义核心价值观教育,是与继承、弘扬革命战争年代孕育、形成的红色文化紧密相连的,是与开发利用红色文化资源密切相关的,因为红色文化是中国社会主义先进文化和社会主义核心价值观、社会主义核心价值体系的源头,它们都是马克思主义基本原理与中国革命和建设实际相结合的产物,它们既是一脉相承的而又是与时俱进的。不管是革命战争年代对红色文化的培育、锤炼,还是当今改革开放年代开展的社会主义先进文化建设及社会主义核心价值体系建设工程,它们都强调继承与弘扬中华民族"厚德载物、自强不息"的民族精神、"富贵不能淫,威武不能屈,贫贱不能移"的高尚品德、"国家兴亡,匹夫有责"的爱国情怀及"富有理想、甘于奉献、勇于牺牲"的民族气节。毋庸置疑，红色文化已成为中国社会主义先进文化和社会主义核心价值体系的源头、灵魂、核心。中国共产党历来重视文化建设。在党的十七大、十八大报告中都突出强调了加强国家文化建设、提高国家文化软实力的重要性。但是，"社会主义市场经济在带来历史进步和文化活力的同时，也加剧了不同社会群体价值取向、文化选择的多元化状态；经济全球化和信息网络技术的发展，既为文化交流提供了广阔的空间，也加速了西方资本主义价值观念对我国的渗透。所有这些，决定了目前我国的社会主义先进文化建设必然充满曲折和艰坷，因而发掘与运用红色文化资源，是促进社会主义先进文化建设的重要工作"①。红色文化资源是由物质文化层（如革命遗址、旧址等）、制度文化层（如革命纲领、路线等）和精神文化层（如革命精神、革命理想道德传统等）构成的。多层次的红色文化资源的开发与利用，有利于发展社会主义先进文化和把社会主义核心价值观教育融入进国民教育及精神文明建设全过程；有利于巩固马克思主义的指导地位，引领多样化的社会思潮；有利于坚定中国特色社会主义共同理想，激励国民为之奋斗；有利于培育和弘扬以爱国主义为核心的民族精神和以改革创新为核心的时代精神，为中华民族提供精神支撑；有利于确立和实践社会主义荣辱观，形成良好的社会风尚。

其三，红色文化资源的开发利用，是提高人民生活水平的富民工程。党的十七大、十八大都明确指出，要积极发展公益性文化事业，大力发展文化产业，激发全民族文化创造活力，更加自觉、主动地推动文化事业的大发展和大繁荣。红色文化资源的开发利用不仅具有政治价值、文化价值、教育价值，更具有明显的经济价值。将红色文化资源的开发应用于提高人民生活水平上，最主要的途径就是推动红色文化建设产业化。进入21世纪以来，红色文化产业在现代国民经济结构中的比重越来越大，开始成为国民经济新的增长点。全国各地充分挖掘、开发利用红色文化资源，大力发展红色旅游业和红色文化产业，将红色文化资源与经济资源、旅游资源整合起来，使红色文化产业与红色旅游业相互融合、相互渗透，以红色文化促进旅游业发展，以旅游业促进红色文化传播。革命老区有着得天独厚的红色文化资源和生态文化资源，发展生态文化旅游、红色旅游业和红色文化产业具有先天优势。许多经济尚不发达的革命老区已经以此为纽带，招商引资，

---

① 曾喜云：《红色文化资源开发利用中存在的问题、原因及对策》，中国优秀硕士学位论文全文数据库2008年，第16~17页。

红色文化搭台，经济贸易唱戏，收到了很好的经济效益和社会效益。近年来，在旅游业红火的同时，红色文化题材的影视剧、书籍、动漫、红色歌曲、红色短信等风靡全国，红色文化产业得到长足发展，在满足人们精神文化消费需求的同时，也带来了巨大的经济效益。

第二节　渝东南民族地区红色文化资源的概念、特征、分类及其分布

一、渝东南民族地区红色文化资源概念的界定

"红色文化资源"这一概念是自20世纪90年代中国出现"红色旅游"热之后而逐渐形成的。2004年中共中央办公厅、国务院办公厅发布《2004-2010年全国红色旅游发展规划纲要》后，特别是2005年被确定为"中国红色文化年"后，红色文化热现象再度升温，中国红色文化热潮一浪高过一浪，"红色文化"逐渐成为学术界的研究热点，专家、学者在研究中对"红色文化资源"这一概念进行了诸多界定。然而，近年来，笔者通过运用中国知网（CNKI）、"中国学术文献网络出版总库""维普中文科技期刊数据库""读秀中文学术搜索""万方学位论文数据库""中国学位论文全文数据库"对与"渝东南民族地区红色文化资源"相关研究成果进行检索、资料查询及网上查阅发现，迄今为止，没有一篇文章对"渝东南民族地区红色文化资源"这一概念进行过界定。可见，学术界对"渝东南民族地区红色文化资源"的研究尚处于起步阶段。

笔者通过多年来对渝东南民族地区红色文化资源的调查、研究，对"渝东南民族地区红色文化资源"概念予以界定如下：

从内容上看，渝东南民族地区红色文化资源是指新民主主义革命时期，在中国共产党领导下，由渝东南境内的中国共产党人、一切先进分子和人民群众共同孕育而成且具有渝东南民族地区特色的革命文化资源，它包括在渝东南境内形成的各种革命斗争遗址、名人旧居、英烈遗物、纪念碑、烈士陵园、文献资料等物质形态文化资源及其所承载的精神文化资源和革命的路线、方针、政策、规章、制度及革命文艺、革命歌曲、革命故事、革命手工艺、革命口号、革命礼仪、革命习俗等非物质形态文化资源。上述物质形态的文化资源是渝东南民族地区红色文化物质产品的现实再现，是人民群众开展红色文化活动之载体。上述精神形态

的文化资源及非物质形态的文化资源则是渝东南民族地区红色文化深层内在的观念形态和精神指向。

从时间上看，渝东南民族地区红色文化资源是指从中国共产主义青年团、中国共产党地方组织先后于1924年、1926年在渝东南境内建立后，经过第一次国共合作的大革命时期、土地革命战争时期、抗日战争时期、解放战争时期，直至1949年11月渝东南民族地区全境解放的长达25年的历史时期内，在渝东南境内所发生的众多革命历史事件，所留下的众多革命历史遗址、革命遗物，所创作的革命文章、小说、诗词、歌曲、歌谣、戏剧等文艺作品以及上述不同历史时期内所反映出来的渝东南民族地区土家、苗、汉等各族人民英勇的革命斗争精神。

从遗存上看，在中国共产党成立及第一次国共合作的大革命时期、土地革命战争时期、抗日战争时期、解放战争时期各个历史时期里，渝东南民族地区土家、苗、汉等各族人民在中国共产党领导下，为争取民族独立、人民解放，开展了轰轰烈烈的革命斗争。这里发生过许多重大革命历史事件，涌现出许多可歌可泣的革命英雄人物和英勇事迹，留下了许多革命历史文物、众多革命遗址至今仍清晰可见。自中国共产党初建时期至第一次国共合作的大革命时期，赵世炎、李蔚如、钟善辅、李鸣珂、万涛、刘仁、杨克明等革命先辈在这里与国民党反动派展开殊死搏斗，这里留下了革命先烈赵世炎同志在酉阳土家族苗族自治县的故居、原北京市委书记刘仁同志故居、原红三军政委万涛同志故居和李蔚如等同志领导的农民运动涪陵区弋阳桥农民讲习所旧址。土地革命战争时期，李鸣珂、贺龙、任弼时、萧克、王震、关向应等老一辈无产阶级革命家曾率领四川二路红军及红二、六军团在这里开辟苏区、创建湘鄂川黔革命根据地，在这里播下了革命火种，留下了光辉的革命足迹，遗留下李鸣珂等同志领导的四川二路红军开辟涪陵苏区的战斗遗址、武隆县四川二路红军司令部旧址、彭水苗族土家族自治县贺龙等同志率领的红三军司令部旧址、酉阳南腰界红二、六军团会师遗址。抗日战争时期，重庆是中共南方局所在地，这里便成为"红岩精神"的发源地，许多共产党员和仁人志士在那血与火的年代里，在抗日烽火和民族解放事业中，赴汤蹈火，写下了壮丽的革命诗篇。解放战争时期，这里曾上演了刘邓大军解放秀山、打响人民解放军解放大西南战役等一幕幕英勇悲壮而感人的历史剧，留下了川东、川黔边地下党的革命斗争遗址，以及秀山土家族苗族自治县刘邓大军入川处洪茶渡口旧址、人民解放军进军大西南战斗遗址、凤鸣书院二野司令部旧址等众多的革命历史遗址和许多动人的革命故事和传说。

二、渝东南民族地区红色文化资源的特点

新民主主义革命时期，渝东南民族地区的6个革命老区各自孕育、形成了特色鲜明、风格各异的红色文化资源。渝东南民族地区的红色文化资源呈现出以下特点：

1. 分布广泛

红色文化资源在渝东南民族地区的分布是十分广泛的。众所周知，渝东南民族地区土家、苗、汉等各族人民在中国共产党领导下与国内外反动派开展了长期的革命斗争，走完了从中国共产党成立及第一次国共合作的大革命时期、土地革命战争时期、抗日战争时期、解放战争时期前后28年的新民主主义革命的全过程。这场28年的新民主主义革命之燎原大火几乎燃遍渝东南民族地区7个区县的所有乡镇村堡，在渝东南各地到处分布着极其丰富而宝贵的红色文化资源。从渝东南民族地区第一个社会主义青年团支部的诞生地涪陵县省立第四中学校，到渝东南民族地区第一个农村基层党组织"中共罗云支部"诞生地涪陵县罗云坝；从涪陵天宝寺农民暴动地涪陵县新盛镇大顺场到武隆火炉铺农民暴动地武隆县火炉镇火炉铺；从四川二路红军诞生地涪陵县罗云坝，到红二、六军团会师地酉阳县南腰界；从革命先烈赵世炎同志故居地酉阳县龙潭镇，到彭水苗族土家族自治县红三军司令部旧址，渝东南民族地区境内红色文化资源的分布是极其广泛的。

2. 相对集中

渝东南民族地区红色文化资源的分布又是相对集中的，主要集中分布在涪陵县城及县境内的罗云、大顺、新妙等乡；黔江县城及县境内的小南海、马喇湖、水车坪、大路坝、两会坝；酉阳县城及县境内的龙潭镇和南腰界、唐家溪、大坪盖、龙池等乡；秀山县城及县境内的坝芒、柳档河、巴盘、膏田、隘口等乡；彭水县城及县境内的汉葭、龙射、郁山、龙溪、走马等乡镇；石柱县城及县境内的三根树、南宾、鱼池、黎家坝、临溪、双河、悦崃等乡镇；武隆县城及县境内的火炉、仙女山、凤来、平桥、江口、巷口、白马、桐梓等乡镇。这些乡镇都是经济尚不发达的老少边穷地区。

3. 种类丰富多样

渝东南民族地区2区5县中红色文化资源是十分丰富的，据不完全统计达100多处，其中全国重点文物保护单位2处（酉阳县龙潭古镇赵世炎烈士故居、酉阳

县南腰界红三军司令部旧址）、市级重点文物保护单位5处（秀山县二野司令部旧址凤鸣书院、黔江区万涛烈士故居、涪陵区李蔚如旧居、武隆县和平中学旧址、酉阳县刘仁故居）、区县级重点文物保护单位35处、全国爱国主义教育基地2处（赵世炎烈士故居、红三军司令部旧址）、国家AAAA级旅游景区1处（赵世炎烈士故居）、全国红色旅游经典景区1处（赵世炎烈士故居）、省级爱国主义教育基地3处（南腰界红三军司令部旧址、二野司令部旧址凤鸣书院、黔江万涛烈士故居）、市级爱国主义教育基地24处。渝东南民族地区红色文化资源不仅数量多，而且种类也丰富多样。这里不仅发生过李鸣珂、贺龙、任弼时、萧克、王震、关向应等老一辈无产阶级革命家率领四川二路红军及红二、六军团在这里开辟苏区、创建湘鄂川黔革命根据地、刘邓大军解放秀山、打响人民解放军解放大西南战役等许多重大革命历史事件，涌现出许多可歌可泣的革命英雄人物和英勇事迹，留下了许多革命历史文物，还留下了川东、川黔边地下党的革命斗争遗址，以及秀山土家族苗族自治县刘邓大军入川处洪茶渡口旧址、人民解放军进军大西南战斗遗址、凤鸣书院二野司令部旧址等众多的革命历史遗址和许多动人的革命故事和传说，更留下了境内共产党人、先进分子和人民群众创作的大量的革命文章、诗词、歌曲、歌谣、戏剧等文艺作品以及这些物质形态红色文化资源所承载的境内土家、苗、汉各族人民英勇的革命斗争精神。可以说，在全国少数民族聚集地区中，渝东南民族地区红色文化资源的种类及分布面积是居于前列的。

4. 伴生资源丰富，民俗、民间性较浓

首先，渝东南民族地区红色文化资源均分布在渝东南各区、县、乡的革命老区，大都与当地的自然生态、民族历史文化等旅游景点资源相伴生，因而遍布于渝东南民族地区各区县的红色文化资源，均"具备良好的生态环境、淳朴的乡土人情、鲜明的地域特色及民族情调，是人文遗迹与自然环境结合的景观，既有自然的形韵，又包含着一种可知可感的精神。"[1]可见，其伴生资源是丰富的。其次，新民主主义革命时期，渝东南境内分布着石柱土家族自治县、彭水苗族土家族自治县、黔江区、酉阳土家族苗族自治县、秀山土家族苗族自治县及涪陵区、武隆县共7个区、县，它们是重庆市少数民族聚居地区，使得重庆市成为全国唯一的有少数民族聚居地的直辖市。以土家族、苗族为主的少数民族人口聚居在上述石柱、彭水、黔江、酉阳、秀山5个民族自治区、县及涪陵区、武隆县。由于这里

---

[1] 王制军：《大别山区红色历史资源开发研究》，华中师范大学2008年硕士学位论文。

是土地革命战争时期湘鄂川黔革命根据地及其游击区的活动区域，也是从大革命时期、土地革命战争时期、抗日战争时期到解放战争时期中共地下党组织及人民革命武装的活动区域，这就使得渝东南民族地区红色文化资源与境内的民族风俗文化资源相互交织地融合在一起，显现出较浓的民俗性。再者，渝东南民族地区红色文化资源大量遗存在民间，譬如许多社会主义青年团、中国共产党的地方组织、工会组织、农会组织的诞生地及党的地下工作会议的会址、秘密联络站、情报站、武装暴动指挥中心、重大历史事件的发生地大都属于渝东南境内各区县乡村中的民房。许多革命的故事、传说、文章、诗词、歌曲、歌谣、戏剧、标语、口号等文艺作品也都是来自民间并在民间流传的。因此，渝东南民族地区红色文化资源具有浓厚的民间性。

三、渝东南民族地区红色文化资源调查分类举要

在中国共产党成立至新中国诞生这 28 年间反抗北洋军阀黑暗统治、反抗国民党专制独裁统治、抗击日本军国主义入侵和推翻蒋家王朝的浴血奋斗中，渝东南民族地区党组织、人民武装和革命群众付出了重大牺牲，做出了重要贡献，为后人留下了一笔分布十分广泛、种类丰富多样、取之不尽、用之不竭的红色文化资源。充分调查、开发与利用这些资源，对推进渝东南民族地区全面建成小康社会、推动祖国文化事业大发展和大繁荣具有极其重要的现实意义。渝东南民族地区红色文化资源内涵丰富、种类多样，总体上有"物质形态红色文化资源"与"非物质形态红色文化资源"这两大种类之分，而在每大种类资源下还有更细的资源类别划分。

1．渝东南民族地区物质形态红色文化资源调查分类举要

（1）境内革命遗址类红色文化资源。

在中国共产党成立及第一次国共合作的大革命时期、土地革命战争时期、抗日战争时期、解放战争时期各个历史阶段里，渝东南民族地区土家、苗、汉等各族人民在中国共产党领导下，为争取民族独立、人民解放，开展了轰轰烈烈的革命斗争。这里出现过无数次工农武装暴动、士兵起义和工农武装割据，建立过众多的革命基层组织、革命机构、基层政权，发生过无数次工农红军、人民解放军与国民党军之间的战斗，涌现出许多可歌可泣的革命英雄人物和英勇事迹，留下的许多革命历史文物、众多革命遗址至今仍随处可见。

党的创建至大革命时期：如涪陵区大顺乡大路村的渝东南民族地区第一个县级农民协会遗址——李家祠堂；涪陵区新妙乡油江河牛渡滩附近的弋阳桥农民运动讲习所遗址；涪陵区罗云乡的中共罗云支部遗址；贺龙于1922年驻军的酉阳县龙潭古镇万寿宫遗址。

土地革命战争时期：如涪陵县罗云乡革命根据地遗址；涪陵罗云乡文昌宫革命遗址；涪陵土地坡农民暴动指挥所遗址；四川二路红军开辟涪陵苏区的战斗遗址；武隆县第一个农民协会——万峰农民协会遗址；武隆县双河乡四川二路红军司令部驻地遗址；武隆县双河乡四川二路红军政治部驻地遗址；武隆县双河乡坨田村农民协会遗址；武隆县双河乡坨田红军战斗遗址；武隆县桐梓区后坪乡后坪坝苏维埃政府遗址；石柱土家族自治县临溪镇黎家村的"八德会"遗址；石柱县鱼池镇鱼池村四川二路红军激战鱼池坝遗址；石柱县南宾镇红井社区后河组猫圈坡的红军井遗址；石柱县南宾镇红井社区后河组猫圈坡一带的红三军休整地遗址；石柱县金铃乡银杏村的川鄂边红军游击总队遗址；彭水县城汉葭镇十字街东红三军司令部汉葭遗址；彭水县城南端绿荫轩和南渡沱红军渡口遗址；黔江联合镇的红三军第九师师部遗址；今黔江区水市乡水市村水车坪老街背后山坡上的"红军树"及水车坪红军革命遗址；黔江南海乡大路村的红三军奇袭大路坝遗址；黔江濯水镇新桥村的阿蓬江黄泥坨渡口红军革命纪念地遗址；黔江马喇镇杉树村的马喇湖红军革命纪念地遗址；秀山县城西南峻岭乡坝芒村的红三军倒马坎战斗遗址；秀山县三合乡巴盘村廖家祠堂苏维埃政权遗址；秀山县隘口镇峻岭乡百岁村的二道龙门红三军司令部驻地遗址；秀山县城西北塘坳乡清溪场镇坝麻村的柳档河红军桥；秀山县中溪乡云隘村红三军军部遗址；秀山县川河乡楠木村的红二、六军团黔东独立师川河盖战斗遗址；秀山县雅汇乡车田村的雅江红军洞遗址；酉阳县南腰界乡的红三军司令部遗址；酉阳县南腰界乡南木村的红三军政治部遗址；酉阳县南腰界乡南腰界村东的南腰界区苏维埃政府成立大会遗址；酉阳县南腰界乡大坝村的红三军大坝场冉家祠堂战斗遗址；酉阳县南腰界乡南腰界村东南的南腰界红军大学遗址；酉阳县南腰界乡南木村西的红三军保卫科驻地遗址；酉阳县南腰界乡南腰界村东的红三军独立团驻地遗址；酉阳县南腰界乡南腰界村南的红三军宣传队驻地遗址；酉阳县南腰界乡南木村西的红三军修械所遗址；酉阳县南腰界乡南腰界村南的红三军没收委员会遗址；酉阳县南龙乡龙溪村南的龙溪村苏维埃政府成立处遗址；酉阳县南龙乡向溪村北的大坪盖乡苏维埃政府成立处遗址；酉阳县南腰界乡余家桶子附近陈必亨家宅院的南腰界红三军油印室遗址；酉阳县南腰界乡南腰界村南的红二、六军团会师大会遗址；保留在酉阳县南腰界场东轩门口土地庙墙壁上的中共《十大政治纲领》遗迹。

抗日战争时期：如石柱县龙河下路镇马落洞处的中共石柱第一任县委遗址；石柱县西沱镇云梯街下端的"和成字号"遗址；彭水县郁山镇阎家坪的中共中央南方局彭水郁山镇天华炼油厂联络处遗址；秀山县城中和镇西门外的秀山抗战军用飞机场遗址。

解放战争时期：如石柱县三星乡观音村的黄草坪战斗遗址；川东、川黔边地下党革命斗争遗址；武隆县平桥镇乌杨村的中共武隆（平桥）特支遗址；刘邓大军在武隆县城西南白马山大败蒋军的战斗遗址；石柱县桥头镇桥头村和马鹿村的平息桥头土匪暴乱遗址；黔江县（区）渗坝乡院子村的芭蕉洞解放军剿匪遗址；秀山土家族苗族自治县刘邓大军入川处洪茶渡口遗址；秀山人民解放军进军大西南战斗遗址；凤鸣书院二野司令部遗址；秀山县中溪乡云隘村的黔东纵队联络站遗址；秀山县城东洪安镇的洪茶渡口及解放军二野司令部洪安遗址；秀山县城南门外的解放军二野司令部凤鸣书院遗址；秀山县城东洪安镇的解放军第二野战军前委遗址。

（2）境内革命者各种器物、用品类红色文化资源。

土地革命战争时期：如武隆县双河乡人、四川二路红军农民赤卫队副司令秦兴隆收藏的刻有"杀尽贪官土劣"6个大字的红军刀；南腰界红三军司令部纪念馆收藏的贺龙用过的《中华字典》；南腰界根据地红三军用过的衣服、帽子、刀、枪和日用品。

（3）境内革命文艺组织、文化社团类红色文化资源。

抗日战争时期：如创建于1938年1月的涪陵"抗战剧社"；1938年8月13日成立的涪陵县大柏树乡"八·一三"抗战剧社；抗战爆发后在涪陵境内到处巡回演出的"孩子剧团""华北宣传队"；成立于1939年4月的涪陵"吭声歌咏队"；涪陵县中学为报道抗日消息于1939年秋主办的"铁扫帚壁报社"；1939年12月在涪陵县大柏树乡创办的宣传抗战救亡的"民众书报社"；宣传抗日救国的前沿阵地——石柱县城新开路（今南宾镇小学大门左侧）的南宾书店；中共石柱地下党领导的"七七抗日剧社"；1939年秋酉阳县龚滩镇爱国青年成立的抗日救国"滩涛青年歌剧团"。

解放战争时期：如1947年下半年，涪陵县师范学校进步师生成立的"寒啸文艺社"。

（4）境内革命文献类红色文化资源。

从中国共产党诞生起至新中国成立长达几十年的革命艰苦年代里，渝东南民族地区党政军民用鲜血乃至生命保留下了大量的革命文献资料。其中有党组织的文件、革命者书信、重要人物著作、革命口号、革命标语及党政军各级组织的各种重要法规、指示、文书、命令、电报、布告、通知、总结、报告等。这些革命文献十分珍贵，对于研究渝东南民族地区新民主主义革命史具有极其重要的史料价值。

① 渝东南民族地区新民主主义革命时期党、政、军及各群众团体（农会、工会、青年团、学生会等）发布的各种重要决议、决定、宣言、报告及宣传品等。

国民大革命时期：如《庆祝涪陵县农民协会成立大会》（原文）《鞠雪芹①向团中央的报告》《我们全涪民众将怎样？》②《十问一答》③。

土地革命战争时期：如红三军政治部在黔江印发的文献——《中国工农红军的任务和纪律》；酉阳县南腰界人民冒着生命危险收藏保存的《湘鄂川黔边特区革命委员会纲领》《中国工农红军的任务和纪律》《湘鄂川黔边特区革命委员会组织法草案》《革命委员会政治纲领及组织法草案》《中国工农红军第三军司令部布告》《苏维埃》《农民协会的纲领及章程草案》《工农自卫队的任务及章程》等珍贵文献；中共湘鄂川黔省革命委员会印发的告农民小传单；南腰界根据地红三军的《无题》《帝国主义牵中国蒋介石走狗》《蒋介石走狗》3幅宣传画。

② 渝东南民族地区新民主主义革命时期对宣传、鼓动革命起过重要作用的各种文献资料以及倾向革命和宣传马列主义的书籍、报刊。

国民大革命时期：如1925年7月由新涪声社发行的《新涪声报》；1926年12月由中国国民党（左派）涪陵县党部发行的《新涪陵报》。

土地革命战争时期：如1930年2月由中共涪陵特委和中共四川二路红军游击队前委主办发行的《红军日报》；中共彭水地下党组织创办的油印刊物《连珠炮》；1934年秀山县民众教育图书馆管理员顾学彬创办的《澎湃》小报；1930年秀山县立中学、高小两所学校学生自治会联合创办了《秀山教育半月刊》副刊《腐草》；红三军出版的报纸——《红星》报。

抗日战争时期：如1939年3月中共石柱县农职中学党支部创办的《血汗周

---

① 鞠雪芹，时任社会主义青年团涪陵特别支部宣传委员。
② 1925年8月，涪陵城区学生会印发的反帝爱国宣传品。
③ 1925年8月，涪陵城区学生会印发的反帝爱国宣传品。

刊》；1938 年春由国民党彭水县党部创办的宣传抗日救国的《彭水周刊》；1938年秋"武汉华北学生抗日救亡宣传队"在彭水县创办了以宣传抗日救亡为主要内容的油印 4 开的《彭水日报》；1937 年秀山县民众教育图书馆馆长刘兆鳞等人创办的抗日进步刊物《晨曦》文艺月刊。

解放战争时期：如 1947 年下半年，涪陵县师范学校进步师生创办的以"争民主、争自由"为主要内容的《寒啸文艺周刊》（墙报）；1949 年下半年，中共武隆（桐梓山）特别支部为向广大农民进行宣传和开展时事政治教育而办起的一张八开油印的《农民报》；1949 年 9 月，武隆桐梓山小学师生办起的宣传全国解放战争形势的墙报——《大家看》。

③ 渝东南民族地区新民主主义革命时期党、政、军及革命群众印刷的各种发动群众、打击敌人的石印本、油印本等出版物。

解放战争时期：如 1948 年初至 1949 年底，中共涪陵龙驹乡支部创办的向广大知识青年和农民进行时事政治教育的油印版《龙驹通讯》；1949 年 9 月，中共武隆（桐梓山）特别支部组织和发动群众时编写的《农民识字课本》。

④ 渝东南民族地区新民主主义革命时期党、政、军及革命群众宣传革命、打击敌人的传单、标语、口号、宣传画、漫画、号外、战役捷报等。

国民大革命时期：如 1926 年秋，涪陵罗云乡 1 000 多名农民、学生在抗捐抗税示威游行中高呼的"打倒帝国主义！""打倒烂军阀！""打倒土豪劣绅！""打倒烂团烂甲！""取消苛捐杂税！"等响亮口号。

土地革命战争时期：如 1930 年 3 月由中共涪陵罗云支部书写的"共产党红军万岁！""工农联合起来，武装暴动！"等传单与标语；1930 年 4 月四川二路红军在武隆县境内张贴的"穷朋友，大家撑起来，打倒贪官污吏，杀尽土豪劣绅！""打倒地主恶霸及其走狗！""只有跟着共产党才有生路！""穷人跟着红军走，不交租，不纳粮，有吃有穿！""红军官兵一律平等！"等传单及标语；1928 年石柱县三根树党支部和农民赤卫队贴在马家坝、三根树一带的"农民协会万岁！、打倒军阀团绅！打倒洋人强盗！"等口号和标语；红三军在彭水县印发的传单——《中国工农红军的任务和纪律》（1934 年 5 月 11 日）；1934 年 5 月红三军在彭水县城书写张贴有"'打倒蒋介石卖国贼！''打倒刘湘！''打倒贪官污吏！''打倒买办阶级！''打土豪分田地！'"等 18 条标语、口号；红三军在黔江县境内留下的"'保护学校！''保护商业！''打倒土豪劣绅！''红军是穷人的队伍！''穷人不还富人钱！''打土豪，分田地！''穷人起来坐天下！'"等 23 条标语；红三军在秀山境内留下的"'白军好比一条狗，红军牵着到处走！''打倒卖国贼蒋介石！''蒋介石是帝国主义的走狗！''红军不拿工人农民一针一线！''打倒土豪把田分！''红军打富济贫！'"等27条标语和口号；红三军在酉阳县境内留下的"'红军不拉夫、不筹款！''取消国民党的一切苛捐杂税！''红军保护来往行商！''组织游击队，铲除豪绅军阀，保护商家！''打倒贵州军阀王家烈！''打倒官僚资本！''解放中国民众！'"等89条标语、口号。

抗日战争时期：如石柱县抗日救亡组织和各界民众张贴出的抗日标语、口号有："国共两党合作，一致抗日到底！""武装捍卫平津！""武装保卫华北！""坚决支持国军打到底！""坚决反对投降卖国！""不让日本帝国主义占领我国一寸土！"等；彭水县境内张贴的"'抗战必胜，建国必成！''还我河山！''打回老家去！''不做亡国奴，要做自由人！''驱逐倭寇，收复失地！''打倒日本帝国主义！''好男要当兵，好铁要打钉！'"等抗日救亡标语、口号；秀山县民众抗日救亡标语有"'打倒日本帝国主义！''收复失地！''打杀汉奸！''工农兵学商一起来救亡！''有钱出线、有力出力！'"等；酉阳县流行的抗日标语、口号有"'打倒日本帝国主义！''血债要用血来还！''日本帝国主义从中国滚出去！''全国人民大团结，收复失地，还我河山！''唤起民众，一致抗日！'"等。

渝东南各地党、政、军及革命群众呼喊的抗战口号有"打倒日本帝国主义，把日本鬼子赶回老家去！""打倒日本除汉奸""中国人民不作亡国奴""我们要抗战到底""打回老家去""还我河山""收复失地"等口号。

解放战争时期：1949年11月21日，武隆县城解放，县内各地到处张贴"中国共产党万岁""毛主席万岁""中国人民解放军万岁""打倒蒋介石反动政府"等迎接解放、配合接管的标语；1948年-1949年在石柱县由地下工作者书写或张贴的"'开仓济贫！''男女平等！''民族平等！''保卫华侨！''保护外侨！''中国万岁！''人人有饭吃！''人人有房住！''人人有书读！''人人有事做！''国民党必亡！'"等64条标语及口号；解放军在石柱县悦来镇古城坝砖屋墙壁上书写的"毛主席万岁！"标语；解放之初石柱县境内到处张贴的"'庆祝西南解放，庆祝人民胜利！''彻底消灭国民党反动残余匪帮！''剿灭特务土匪，巩固人民的胜利！''坚决剿灭土匪武装，为民除害！'"等27条剿匪标语、口号。

⑤ 渝东南民族地区新民主主义革命时期党政军机构印刷、发布、发出的各种重要文件、法规、布告、文书、指示、通知、电报、总结、报告等。

国民大革命时期：如1923年川东边防军警备旅旅长贺龙发布的《川东边防

军警备旅布告》，20 世纪 20 年代贺龙驻防秀山时贴出的安民布告，《汤子模就贺龙拦截日轮事致电熊克武》的电报。

土地革命战争时期：如红三军在彭水县印制的布告——《中国工农红军第三军司令部布告——宣传苏维埃要点》(1934 年 5 月 8 日)；红三军政治部在黔江张贴的布告——《告酉、秀、黔、彭父老兄弟姊妹书》；红三军政治部在秀山县颁发的《中国工农红军的任务和纪律》(1934 年 5 月 11 日)；红三军政治部在秀山县境内张贴、分发的《中国共产党十大政纲》；湘鄂川黔革命军事委员会发布的《湘鄂川黔边革命军事委员会布告》(1934 年)；《湘鄂川黔边革命军事委员会给黔东特区革命委员会并转各区各乡苏维埃各独立团各游击队的指示》(1934 年 9 月 4 日)；《红二、六军团领导人在进往南腰界途中给中革军委的电报》(1934 年 10 月 25 日)；《东进湘西给中革军委的电报》(1934 年 10 月 27 日)；《关于加强二军团政治工作的请示电报》(1934 年 11 月 1 日)。

解放战争时期：如现存于武隆县档案馆的《武隆县剿匪指挥部布告》；现存于武隆县档案馆的武隆县人民政府、剿匪指挥部发布的《为剿匪生产征粮告全县同胞书》；《秀山县人民政府布告》(秘字第一号)(公元 1949 年 11 月 20 日)；《秀山县人民政府率领剿匪大军返回秀山告同胞书》(1950 年 2 月 17 日)。

⑥ 渝东南民族地区新民主主义革命时期党、政、军机构使用的印章、钱币和发出的抚恤证、收条、留言条、借据、土地证等。

土地革命战争时期：如黔江境内发现的"川陕苏维埃布币"；红三军红七师机炮连一排给彭水县黄家坝苗族老人黄学珍的留言条；秀山境内红三军的"留条"。

⑦ 渝东南民族地区新民主主义革命时期杰出领袖、革命群众的条幅、对联、手稿、手札、日记、印章等遗物。

土地革命战争时期：如石柱县境内的革命对联有"看谁过得长""三十字长联""都会咬人"等；黔江文化馆馆藏的红三军转战黔江时留下的瓷盆、陶坛、铜钱、灯盏、羊皮钱箱，还有红军烈士黄丁山墓出土的白色瓷扣 5 枚；红三军在秀山留下的"木瓢"。

抗日战争时期：如 1939 年春爱国将领冯玉祥将军在涪陵城内腰街子（今中山路邮政局）茶馆侧的"福音堂"召开的抗日募捐绅士茶话会上写下的抗战条幅与对联。

解放战争时期：如石柱县地下党员谭登炳、李平渊等人创作的"清白传家""告老还乡"两幅对敌斗争对联。

⑧ 渝东南民族地区新民主主义革命时期革命者的信函、诗词及烈士的诀别书、遗言、遗书及遗著等。

党的创建至国民大革命时期：如《孙中山复贺龙信》；涪陵李蔚如烈士的《赠留日同乡汪锦涛》《浪淘沙·悼孙中山》《给妻子的永诀书》；大革命时期黔江县教育局长谈作霖所作的革命诗词《春兴》；赵世炎烈士的诗作《远望莫斯科》。

土地革命战争时期：如早期中国共产党党员、涪陵县和顺乡陈古松先生于1928年创作的抨击四川军阀混战诗作《仲秋感时》；涪陵籍老红军彭家模于1936年随红四方面军长征途经川西芦山县时，在红军前敌指挥部旧址内的墙壁上写下的《红军诀别诗》；李鸣珂烈士的《被难前给周恩来的信》《被难前给妻子李和鸣的信》和《最后的遗言》3封临终遗书；钟善辅烈士留给妻子的革命诗句；涪陵县农会秘书长李仙舟烈士临刑前写给妻子的遗书；张光平烈士临刑前给妻子许怀愉的永诀言；无名诗人咏黔江的诗《征兵叹》。

抗日战争时期：如石柱县桥头乡人、抗日勇士胡永绩于1939年写给父母和弟妹的《最亲爱的父母亲》《最亲爱的弟弟妹妹们》两封诀别信；抗日战争爆发后涪陵籍人文德铭先生创作的抗日词作《满江红·书愤》；黔江联合镇人、革命志士孙壶东创作的《一九四〇年在重庆稽查处狱中》《一九四五年在息烽狱中悼张露萍》《一九四五年在息烽牢中》3首抗战爱国诗篇。

解放战争时期：如1945年秋，毛泽东主席到重庆与国民党和谈期间，其《沁园春·雪》一词在重庆发表后，省立涪陵中学教师陈古松写就的《和〈沁园春·雪〉》一词；中共石柱县委组织部长、烈士秦耀文的遗诗《自作牛马罪难容》《生是共产党的人》；黔江联合镇人、革命志士孙壶东创作的《一九四六年八月在重庆渣滓洞狱中悼罗世文、车耀先二君》《一九四六年冬在白公馆狱中赠文光甫（地下党员）兄二首》《一九四七年春在白公馆牢中悼饶天达兄》4首爱国、进步诗篇。

（5）境内革命者、名人故居类红色文化资源。

四川二路红军游击队副司令李焕堂烈士故居；涪陵早期工人运动领袖钟善辅烈士故居；石柱土家族自治县西沱古镇云梯街中段的熊福田旧居——"庆仁堂"遗址；黔江冯家坝镇桂花村原红三军政委万涛烈士故居；酉阳龙潭镇赵世炎烈士故居；原北京市委书记刘仁同志故居；酉阳县龙潭镇龙东乡八一村的赵世炎烈士故居；酉阳县龙潭镇苦竹乡五育村的中共中央华北局书记处书记刘仁同志故居。

（6）境内纪念场所类红色文化资源。

① 陵园。陵园是为纪念革命先烈、名人或在革命战争年代有杰出贡献的人

物而建造的园林式建筑或纪念地。陵园占地面积比较大,陵园内一般设有烈士墓、墓碑、陈列室、纪念堂、事迹墙、浮雕墙及烈士雕像、画像、遗物等,在纪念场所类红色文化资源中属于级别较高的一类。如位于涪陵区大顺乡大顺村1组的李蔚如烈士陵园;位于涪陵罗云乡罗云坝村的罗云烈士陵园;位于涪陵区靖黔乡大坪村的涪陵烈士陵园;1989年,"涪陵专区烈士纪念塔"迁建到涪陵堡子城,改名为"涪陵革命烈士陵园";位于武隆县白马镇的白马烈士陵园;石柱县城南宾路东侧狮子堡上的石柱县革命烈士陵园;彭水县汉葭镇东山上的汉葭镇烈士陵园;黔江烈士陵园;秀山县中和镇的七星村烈士陵园;秀山县官庄镇乜敖村的秀山县革命烈士陵园;酉阳土家族苗族自治县桃花源镇的酉阳县革命烈士陵园。

②烈士墓。如涪陵革命老区罗云乡罗云村的李焕堂烈士墓;涪陵区罗云乡钟家村的钟善辅烈士墓;涪陵区堡子乡新木村的郑光宗烈士墓;涪陵区堡子镇三湾村的张光平烈士墓;涪陵城西南60公里处的龙潭烈士墓;武隆县双河乡坨田村的红军许绍虞烈士墓;武隆中学后面小山堡上的武隆县烈士墓;武隆县桐梓镇桐梓村的桐梓烈士墓;石柱土家族自治县三星乡三树村的张承燕烈士墓;石柱县三星乡观音村黄草坪战斗烈士墓;彭水县靛水乡张家坝村的彭济民烈士墓;彭水县砂石乡方红村香树坝的刘伯容烈士墓;彭水县郁山镇龙井街的郁山镇烈士墓;彭水县石柳乡石碛村的石柳乡烈士墓;彭水县龙溪乡板坊村的龙溪乡板坊坪烈士墓;彭水县的走马乡烈士墓;彭水县张家坝的龙射乡烈士墓;彭水县的棣棠乡烈士墓;黔江县(区)中塘乡中塘村的红军排长黄丁山烈士墓;秀山县三合乡巴盘村的红三军川黔边独立团营长黄治安烈士墓;秀山县涌洞乡川河村的红军黔东独立师战士李志民烈士墓;秀山县涌洞乡川河村的无名红军烈士墓;秀山县洪安镇平马村的解放军战士芦生华烈士墓;秀山县梅江乡邑中村的解放军烈士墓群;酉阳县烈士陵园中的红三军黔东独立师师长王光泽烈士墓;酉阳县南龙乡白溪村南的红军川黔边独立团副团长陈良玉烈士墓;酉阳县南部李溪镇思泉村北的红军川黔边独立团副团长符功荣烈士墓;酉阳县官清乡井宁河村的田均平烈士墓。

③纪念塔、纪念亭、纪念碑。如涪陵专区烈士纪念塔;涪陵革命烈士纪念塔;武隆县江口镇罗州坝的江口烈士塔园;黔江县城河滨公园的红三军七师、九师政委宋盘铭烈士纪念亭;酉阳县南腰界余家桶子斜对面的红二、六军团会师大会纪念亭;涪陵大顺乡解放军烈士纪念碑;涪陵安镇的革命纪念碑;涪陵新村乡的革命者纪念碑;武隆县火炉镇向前村寨子堡的火炉人民英雄纪念碑;石柱县三星乡观音村黄草坪战斗纪念碑;原立于彭水县郁山镇栅子门前左侧"怀龙亭"内

的贺龙同志德政碑；彭水县郁山镇"抗日阵亡将士纪念碑"；黔江县（区）联合镇城东村的三元宫"红军革命纪念碑"；20世纪20年代秀山县邑梅（今梅江）乡邑中村三拱桥头的"贺龙德政碑"；20世纪80年代秀山县境内重建的"贺龙德政碑"；秀山县峻岭乡坝芒村的红三军倒马坎战斗纪念碑；秀山县川河盖的红二、六军团黔东独立师川河盖战斗纪念碑；秀山县雅江乡车田村的雅江红军洞纪念碑；秀山县巴盘乡巴盘苏维埃红色政权纪念碑；1940年在秀山县城南门校场坝中山纪念堂右侧建立的秀山"抗日阵亡将士纪念碑"；1995年迁建到秀山县乌杨街道乌杨社区居委会城西飞机场市政园林局苗圃西南的秀山"抗日阵亡将士纪念碑"；酉阳县龙潭镇万寿宫旁的酉阳抗战阵亡将士纪念碑。

2. 渝东南民族地区非物质形态红色文化资源调查分类举要

（1）境内革命精神类红色文化资源。

渝东南民族地区是重庆市乃至全国著名的革命老区，有着光荣的革命传统。早在中国共产党初建时期至第一次国共合作的大革命时期，赵世炎、李蔚如、钟善辅、李鸣珂、万涛、刘仁、杨克明等革命先辈便在这里与国民党反动派展开了殊死搏斗。土地革命战争时期，这里成为湘鄂川黔革命根据地的重要组成部分，李鸣珂、贺龙、任弼时、萧克、王震、关向应等老一辈无产阶级革命家曾率领四川二路红军、红三军及红二、六军团在这里开辟苏区、创建湘鄂川黔革命根据地，在这里播下了革命火种，留下了光辉的革命足迹。抗日战争时期，这里成为"红岩精神"的主要发源地、培育地，许多共产党员和仁人志士在这里赴汤蹈火，写下了壮丽的革命诗篇。解放战争时期，这里曾上演了刘邓大军解放秀山、打响人民解放军解放大西南战役等一幕幕英勇悲壮而感人的历史剧，留下了众多的革命历史遗址和许多动人的革命故事和传说。总之，从中国共产党诞生至新中国成立，英雄的渝东南民族地区各族军民在中国共产党领导下，为推翻帝国主义、封建主义和官僚资本主义这"三座大山"奋斗了28个春秋，在新民主主义革命史上写下了光辉的历史篇章，为后代留下了一批极其宝贵的革命精神资源。这些精神资源是渝东南民族地区各族军民在长期的新民主主义革命斗争中孕育、磨炼、培育而成的，它们集中表现在：

① 坚定不移的理想信念。在风雨如磐的革命战争年代，理想信念是每一位中国共产党人奋力前行的向导，是每一位革命志士为实现奋斗目标而努力向前的动力和精神支柱。大革命失败后，渝东南民族地区的中国共产党人、革命志士、

革命军民面对敌人的酷刑和屠刀，坚贞不屈，与敌人进行殊死的斗争。他们之所以没有被国民党反动派的疯狂屠杀政策所吓倒、所征服，靠的就是他们胸怀"中国革命必然胜利，共产主义必然实现"这一坚定的理想信念。地处国民党统治区，面对白色恐怖、生死考验，他们不灰心丧气，坚守信念，不顾艰难奋力向前，在黑暗中显示出英勇卓绝的战斗精神。伟大的无产阶级革命家贺龙同志率领红三军转战渝东南时期，正是红三军在发展史上最艰难困苦的阶段。红三军虽然外受国民党反动军队四面围追堵截，内遭夏曦"左"倾机会主义者的"肃反"、清洗、摧残，并且处于与党中央失去电讯联系的艰难奔袭、转战途中，但是贺龙同志对党忠贞不渝，对革命、对共产主义理想信念坚定不移，对困难毫无畏惧。"他勤勤恳恳，任劳任怨，不诿过宣功，不计较个人得失，坚持实事求是的思想路线，理直气壮地抵制'肃反'扩大化，勇敢机智地捍卫党和人民的利益，营救和保护了大批干部。他以身作则，教育和鼓舞红三军指战员在困难中坚定共产主义信念，不灰心，不气馁，顽强地同敌人战斗下去。"①渝东南民族地区的中国共产党人、革命志士、革命军民正是有了这种坚定的"遇着黑暗不灰心丧气"的理想信念，才在长期革命斗争中克服了重重困难，经受了严峻考验，战胜了强大敌人，赢得了革命的胜利。

② 百折不挠的革命意志。中国共产党领导渝东南土家、苗、汉各族人民开展的反对帝国主义、封建主义和官僚资本主义的斗争并不是一帆风顺的，是曲折坎坷的，有时是异常艰难而残酷的。以土地革命战争时期转战于渝东南境内的红三军为例，这支革命队伍的成长、发展、壮大便经历了一个十分艰难曲折的发展历程。它从建立时的工农革命军到红四军，从红四军到红二军团，又从红二军团到红三军，再从红三军到红二方面军，其发展进程中曾经几起几落，"队伍几次被打散又重新聚拢，艰难曲折非常人所能想象，"②红三军常年征战，连续行军，连续作战。红军将士们不仅要吃大苦，耐大劳，顶酷暑，冒严寒，喝不上水，吃不上饭，而且随时都有流血、牺牲之危险。每一次战斗，每消灭一股敌人，红三军都要付出流血和牺牲。然而，红三军凭借着对党、对人民的忠诚，凭借着不怕苦、不怕死的顽强战斗作风，为了彻底消灭国民党反动派，解救渝东南民族地区劳苦大众，什么样的饥寒交迫，什么样的艰难曲折，他们都能克服，都能战胜。这充

---

① 中共四川省涪陵地委党史工委：《贺龙在川东南》，解放军出版社，1988年版"序"第3页。
② 姚莉苹：《湘鄂西苏区红色歌谣精神内涵探析》，《文史博览》（理论）2010年第8期第7页。

分体现出以贺龙同志为代表的红军将士百折不挠的革命意志。20世纪30年代初,当渝东南民族地区人民革命斗争陷入低谷阶段、红三军游击作战面临危难之时,渝东南苏区的土家、苗、汉各族军民并没有被白色恐怖之局面所吓倒,也没有向艰难险恶的环境低头,他们的革命意志更加坚定,更加坚信革命终究会成功,新中国一定会建立。苏区各族群众热情迎接红三军,积极主动送子女参加红三军,组织游击队配合红三军开展武装斗争,他们还冒着生命危险掩护、安置红军伤病员,为支援红三军做出了无私的奉献,付出了巨大的牺牲。

③ 不怕牺牲的革命精神。在渝东南民族地区艰苦卓绝的新民主主义革命斗争史中涌现出了许许多多为革命舍生取义、为理想信念而赴汤蹈火、抛头颅、洒热血的革命志士。这些革命志士们"最闪光、最难能可贵之处,莫过于他们所具有的革命的生死观。在决定个人生死的紧要关头,他们中的许多人总是把生存的希望让给同志,让给群众,以自己的牺牲去换取革命同志、革命群众的生存和安全。"①1930年初,中共四川江巴县兵士运动委员会委员易觉先叛变投敌,带领特务疯狂破坏党组织,捕杀共产党人,党的组织和党员的生命财产面临着陆续被破坏的危险。在这关键时刻,当时担任中共四川省军委书记、曾经组织领导涪陵士兵起义、在渝东南境内创建四川二路红军的李鸣珂同志不顾个人安危,决定除掉这个叛徒。4月17日,易觉先带领特务破坏了中共重庆江北特支、逮捕了特支书记后,在朝天门与李鸣珂狭路相逢。李鸣珂拔枪射击,易觉先应声毙命。4月18日,李鸣珂被缉捕。重庆警备司令李根固主持审判,李鸣珂与特务头子李根固进行了针锋相对的对答:

"你是不是叫李鸣珂?"

"我就是。"

"你是共产党的省军委书记吗?"

"一点不假。"

"你住在什么地方?"

"天上地下,五湖四海。"

"你有哪些同党?"

"千千万万数不清。"

"难道你不怕死吗?"

---

① 王制军:《大别山区红色历史资源开发研究》,华中师范大学2008年硕士学位论文第25页。

"怕死的就不是共产党。"

"你打死侦缉队员易觉先要抵命。"

"可惜杀得太少，连你们这般狗东西也该杀！"

"我要把你千刀万剐！"

"留取丹心照汗青，虽死犹生。"①

4月19日，李鸣珂同志在朝天门英勇就义，他用自己的生命除掉了叛徒，保护了重庆地下党组织不再被破坏，换来了地下党员、革命群众的生命安全，维护了党和人民群众的利益。在风雨飘摇的革命战争年代，像李鸣珂这样为革命不怕牺牲、宁死不屈、英勇就义的革命者在渝东南民族地区是层出不穷的。诚然，生命是宝贵的，谁能不珍爱自己的生命呢？但是为了天下劳苦大众的翻身解放，为了中华民族的独立与复兴，无数的革命先烈们赴汤蹈火，血染沙场，其浩然正气和不怕牺牲的革命精神必将在祖国大地上万古流芳！

渝东南民族地区各地有着丰富的革命精神类红色文化资源，这些资源流淌着革命先烈的热血，迸发着共产主义思想的火花，是革命先烈留给我们的取之不尽、用之不竭的宝贵资源。这些资源是当代中国共产党人加强执政能力建设、长期执政和执好政的历史镜鉴；是培育中国特色社会主义先进文化、塑造新时代民族精神的重要内容；是培育国人社会主义核心价值观、构建社会主义和谐社会的精神养料；是激励国人战胜艰难险阻、开创中国特色社会主义事业新局面和实现中华民族伟大复兴的"中国梦"而奋勇前进的力量源泉。

（2）境内革命文艺作品类红色文化资源。

① 革命民谣、顺口溜、朗诵词、快板。

国民大革命时期：如流传于石柱县原三根树乡等地的民谣《长毛三根顶天立》。

土地革命战争时期：如红军川鄂边游击总队在石柱县栗沙、金铃、洗新等乡发动群众、扩充红军时编写的顺口溜《大家来跟红军干》。

抗日战争时期：如石柱县西沱乡人、地下党员金玉凡于1938年5月编成的抗战顺口溜《血战台儿庄》；石柱县马武乡人陈文楷于1939年2月为《石柱血汗周刊》所写的抗日救亡朗诵词《长枪烈马冲向前》。

② 革命歌曲、歌谣、民歌、儿歌、山歌。

国民大革命时期：如1926年下半年，国民革命进入高潮时期，《国民革命歌》

---

① 中共重庆市委党史研究室：《临刑寄语-巴渝革命烈士书信选》，成都科技大学出版社，1991年版第9页。

《工农兵大联合歌》《国民革命军行军歌》等国民革命歌曲在渝东南各地非常流行；黔江土家族苗族生活歌谣《抓壮丁》等。

土地革命战争时期：如石柱老区境内流行的革命歌谣有《摘蜜桃恋红军》《爬山兰》《不求天来不求神》《贺龙红军到青岩》《要吃要穿跟着干》《红军本姓天》《石柱人民天要明》《革命紧紧跟贺龙》《拿起刀枪跟贺龙》《怕死不要当红军》《贺龙川边播火种》《要当红军不怕杀》《农民头上三把刀》《哪里谈得上民主》《"龙"水流进锅里头》《想红军》等；1934年5月红三军攻占彭水县城后，人民群众欢喜无比，编写了《贺龙来打彭水县》《谁知红军这样好》《红军攻进彭水县》《贺龙红军真正好》《建设新中华》等革命歌谣；黔江革命老区有代表性的红色歌谣有《红军来了穷人欢》《百姓爱的是红军》《红军像从天上来》《举起马刀跟贺龙》《投奔红军能出头》《一心革命不怕死》《梅花朵朵今又开》《桃花恋》《千人热爱咱红军》《黔江马喇湖一带民谣一首》等；秀山革命老区有代表性的红色歌谣有《跟着红军打江山》《无题》《地上干人靠红军》《干人爱的是红军》《高山顶上云套云》《浑水长流有日清》《红军威风像条龙》《只想郎哥当红军》《高山建屋不怕风》《革命不怕砍脑壳》等；秀山革命老区有代表性的红军山歌有《赶快去投贺军长》《苗汉团结跟贺龙》《红军一来苦变甜》《世上最好数红军》《银圆放在水缸盖》《泥鳅休想变成龙》《拿起刀枪找贺龙》《真心诚意当红军》《红军来了财主怕》《红军北上打日本》《有心革命革到底》《红军望天天要晴》《天下要归苏维埃》等；秀山境内流传的红军歌谣有《萧克会贺龙》《苗乡建起苏维埃》《莫忘红军恩情多》《送郎当红军》《红军最爱穷苦人》《红军最爱穷人家》《是死是活跟红军》《千人万人跟上来》《红军好像山顶松》《跟着红军干革命》《穷人一心向红军》《穷人日子有盼头》《红军好比爹娘亲》《红军来了大不同》《红军来了歌更多》《送郎当红军》等；酉阳境内流传至今的革命歌曲、歌谣、小调有《服从革命命令》《拖过枪来投红军》《打草鞋歌》《云开太阳照》《地上要数红军亲》《贺老总和人民心连心》《南界会师谱新篇》《贺龙来了喜事多》《红军果》《今日穷人天要明》《扛起梭镖跟贺龙》《放下锄头当红军》《怕死不来当红军》《何时盼得红军转》《红绿标语贴满墙》《土家人民盼红军》《川东地区天要明》《贺龙来打大坝场》《谁知红军来了这样好》《贺龙开上南界场》《世代不忘红军情》《胆大骑龙又骑虎》《红军办起大学堂》《红军纪律歌》《切莫忘记纪律》《生死都要跟贺龙》《要当红军不怕杀》《冲上前去保弟兄》等。

抗日战争时期：如石柱女校学生演唱的抗日歌曲有《义卖歌》《战袍歌》等；石柱县民众演唱的其他抗日救亡歌曲有《儿童团歌》《毕业歌》《新女性》《义勇军进行曲》《大刀进行曲》《打东洋》《打回老家去》《松花江上》《救亡军歌》《巷战歌》《大刀进行曲》《到敌人后方去》《游击队之歌》《孩子剧团歌》《日本强占我的家》《八百壮士》《黄河大合唱》《开路先锋》《牺牲也到最后关头》《满江红》《救亡进行曲》《战斗在太行山上》《黄河谣》《放下你的鞭子》等；石柱县民众演唱的抗战民歌有《哪知沿海进虎狼》《拿起刀枪上战场》《打成钢枪战东洋》等；石柱县境内流传的抗战儿歌有《月亮歌》《打铁谣》等，还有《抗战山歌》《送郎抗日歌》《临溪小学抗日校歌》《慰问抗日伤员歌》等；彭水境内传唱的抗日爱国歌曲有《军民合作》《义勇军进行曲》《游击队之歌》《好男要当兵》《我们在太行山上》《大刀进行曲》《流亡三部曲》《秋风起》等；酉阳县"滩涛青年歌剧团"编演的《抓本钱》《醋毒》《烟毒》《乡风》《国魂》《智擒倭寇》《新女性》《牺牲已到最后关头》《最后一封信》《流浪恨》《姊妹英雄》等抗日爱国剧；1939年，酉阳简易师范学校师生编排了抗日话剧《鸡鸣》《八个鬼子》、快板剧《鸡公山》、童话剧《玩具抗日》、歌舞剧《小小锄奸队》《打汉奸》以及活报剧《放下你的鞭子》、神话歌舞剧《魔笛》等在全县巡回演出；酉阳县境内流行的抗日歌曲、小调有《义勇军进行曲》《送郎参军》《大刀进行曲》《到敌人后方去》《黄河大合唱》《延水谣》《枪口对外》《神枪手》《龙舟进行曲》《救亡进行曲》《前进，中国的青年》等。

解放战争时期：如1946年石柱县立中学音乐教师、地下党员兰河同志在学生中教唱的《不要打了》《古怪歌》《流水怨》和《五块钱的钞票》等进步歌曲；兰河同志还通过采风创作了《民主花儿开》《太阳出来喜洋洋》《农村对唱》等民歌；1947-1948年中共石柱地下县委在发动群众时编写、教唱的《秋风儿》《抗丁歌》《抗粮歌》《抗捐歌》《农家苦》《分田歌》《打老蒋》《好消息》《一同打倒蒋介石》《分田废债花鼓词》等歌曲、歌谣；石柱县地下党、游击队发动群众的歌谣还有《山那边好地方》《打垮那老蒋》《拿起刀枪来反抗》《游击队冲锋歌》《讽刺王陵基》等；此外，石柱县境内流行的有代表性的抗丁抗粮抗捐歌曲、歌谣有《农民头上三把刀》《夫妻对唱》《秋风儿》《拉丁啷个办》《大家一齐来抗丁》《派款啷个办》《杀老蒋》等；石柱县境内流行的揭露、抨击时弊的歌谣有《黄泥路上》《薪水是大活宝》《菜里少放一点盐》《锅儿早已冷起了》《活不了》《苗家苦》《农民真辛苦》等；解放军收复秀山时由解放军第二野战军"柳支队"第4连连长张明惠创作的"快板"。渝东南其他地区流行的革命歌曲有《山那边有个好地方》《小二郎》《雪花飘飘梅花开》《古怪歌》《苗家小调》《农民四季苦》《团结就是力量》等革命歌曲；流行的革命歌谣有《天上星星跟月亮》等。

③ 革命戏剧

国民大革命时期：如1925年5月，涪陵团组织发动广大团员和青年学生参加"五四""五九"反日示威游行，在陕西会馆（今涪陵五中）、官码头等地演出了《打贪官》等所谓"文明戏"；1926年冬至1927年上半年国民大革命进入高潮期时，涪陵民众普遍地排演以《美人求官》为代表的"街头剧"（又称"活报剧"）来宣传反帝反封建的国民大革命。

土地革命战争时期：如酉阳革命老区的红色曲艺有《南腰界来了红三军》（花灯词）、《唱红军》（月月红调）、《红军在酉阳》（灯调）、《栲起大刀跟贺龙》（灯调）、《贺龙来到南腰界》（灯调）等。

抗日战争时期：如中共石柱地下党领导的"七七抗日剧社"排演的《前夜》《中国妇人》《卢沟桥》《战斗》《三江好》《国旗飘扬》《中华儿女》《流亡三部曲》《铁扫把》《抗日英雄苗可秀》等20多个抗日歌剧、话剧；石柱女校学生在大街小巷上演的《黄花曲》《放下你的鞭子》《捉汉奸》《狼和七只小山羊》《妻子送郎上战场》《敌人打退了》等抗日剧；"武汉华北学生抗日救亡宣传队"小分队在彭水期间演出了《赵家楼》《放下你的鞭子》《打回老家去》《东北之一角》《古城在怒吼》《亡国奴的牛马生活》《流亡三部曲》《北京失陷》《私斗》等抗日话剧；"彭水学生抗日后方宣传队"在各乡场演出《放下你的鞭子》《当兵去》《送郎参军》《打杀汉奸》等街头抗日剧；彭水其他地区还上演《复仇》《看月》《故乡》《黄河之恋》《满江红》（岳飞词）、《布带队》《中国的母亲》《力役和地租》《刑》《梦游公园》《割麦起义打游击》《拜寿》《镜中人》等数十部反映抗日救亡的独幕剧或多幕剧；秀山县"抗敌救亡工作团"排演的反映沦陷区人民悲惨生活和奋起抗日的《放下你的鞭子》《在铁蹄下》《沈阳之夜》《保卫卢沟桥》和《黄河大合唱》《大刀进行曲》《流亡三部曲》《游击队之歌》《义勇军进行曲》等话剧、歌曲。

④ 革命漫画

抗日战争时期：如彭水县境内的《工农兵学商一齐来救亡》《抗战到底》2幅抗日救亡漫画。

（3）境内革命事迹、故事、传说类红色文化资源。

党的创建至大革命时期：如贺龙在武隆县江口镇"除暴安良的故事"；1923年夏贺龙率部驻防彭水郁山镇期间他"大义灭亲的故事"；1924年夏贺龙率川东边防军警备旅驻防彭水县城时他捐资兴办彭水"城北女子学堂"的事迹；中国共产党早期杰出的无产阶级革命家、革命先烈赵世炎同志事迹。

土地革命战争时期：如1929年10月武隆地下党借贺龙的军威震慑国民党的"两顶博士帽"的故事；1930年四川二路红军在武隆后坪坝用稻草人扮"红军"让敌人空欢喜一场的故事；石柱县境内传颂的宁死不屈的红军游击队政委向天阳的革命先烈事迹；黔江人、红三军政委万涛烈士事迹；黔江红军游击大队长龚昌荣烈士事迹；贺龙与冉茂溶老师在酉阳南腰界红三军司令部余家桶子"一盘和棋"的故事；发生在酉阳南腰界"十大政纲"抹不掉的故事。

抗日战争时期：如1941年12月在保卫长沙的岳阳新墙河阻击战中武隆县抗日英雄"断头将军"王超奎奋死杀敌、以身殉国的英勇事迹。

四、渝东南民族地区主要物质形态红色文化资源调查汇总表

序号	名　称	时　期	所处位置	类　别	保护级别
1	李焕堂烈士故居	土地革命战争时期	涪陵区罗云乡罗云村	故居	区级
2	钟善辅烈士故居	土地革命战争时期	涪陵区罗云乡罗云村	故居	区级
3	李家祠堂	国民大革命时期	涪陵区大顺乡大路村	遗址	区级
4	弋阳桥农民运动讲习所	国民大革命时期	涪陵区新妙乡油江河牛渡滩	遗址	区级
5	罗云革命根据地遗址	土地革命战争时期	涪陵区罗云乡	遗址	区级
6	文昌宫革命遗址	土地革命战争时期	涪陵区罗云乡	遗址	区级
7	土地坡农民暴动指挥所遗址	土地革命战争时期	涪陵区土地坡乡	遗址	区级
8	李焕堂烈士墓	土地革命战争时期	涪陵区罗云乡罗云村	烈士墓	区级
9	钟善辅烈士墓	土地革命战争时期	涪陵区罗云乡钟家村的游兰湾	烈士墓	区级
10	郑光宗烈士墓	土地革命战争时期	涪陵区堡子乡新木村	烈士墓	区级
11	张光平烈士墓	土地革命战争时期	涪陵区堡子镇三湾村	烈士墓	区级
12	大顺乡解放军烈士纪念碑	解放战争时期	涪陵区大顺乡更新小学附近	纪念碑	纪念地
13	涪陵专区烈士纪念塔	解放战争时期	涪陵城区敦仁街道东北350米处	纪念塔	区级

续表

序号	名 称	时 期	所处位置	类 别	保护级别
14	李蔚如烈士陵园	国民大革命时期	涪陵区大顺乡大顺村1组	陵园	市级爱国主义教育基地
15	罗云烈士陵园	土地革命战争时期	涪陵区罗云乡罗云坝村	陵园	区级爱国主义教育基地
16	涪陵烈士陵园	解放战争时期	涪陵区靖黔乡大坪村西150米处	陵园	区级
17	涪陵革命烈士陵园	新民主主义革命时期	涪陵城区堡子城	陵园	市级爱国主义教育基地
18	万峰农民协会遗址	土地革命战争时期	武隆县火炉镇岩峰村邵家坝小组	遗址	纪念地
19	四川二路红军司令部驻地遗址	土地革命战争时期	武隆县双河乡街上村北80米处	遗址	县级
20	四川二路红军政治部驻地遗址	土地革命战争时期	武隆县双河乡街上村北50米处	遗址	县级
21	四川二路红军司令部、政治部及农民协会驻地遗址	土地革命战争时期	武隆县双河乡坨田村	遗址	纪念地
22	坨田红军战斗遗址	土地革命战争时期	武隆县双河乡北面的三重堂	遗址	县级
23	后坪坝苏维埃政府遗址	土地革命战争时期	武隆县后坪乡文风村北高峰槽文庙内	遗址	县级
24	中共武隆（平桥）特支遗址	解放战争时期	武隆县平桥镇乌杨村小河口小组的文庙	遗址	县级
25	白马山战斗遗址	解放战争时期	武隆县城西南面的乌江南岸	遗址	纪念地
26	红军许绍虞墓	土地革命战争时期	武隆县双河乡坨田村北50米处	烈士墓	县级
27	武隆县城烈士墓	解放战争时期	武隆中学后面小山堡上	烈士墓	县级爱国主义教育基地
28	桐梓山烈士墓	解放战争时期	武隆县桐梓镇桐梓村现桐梓镇中学附近	烈士墓	县级爱国主义教育基地
29	火炉人民英雄纪念碑	解放战争时期	武隆县火炉镇向前村寨子堡	纪念碑	纪念地
30	白马烈士陵园	解放战争时期	武隆县白马镇场镇郊区	陵园	县级爱国主义教育基地
31	江口烈士塔园	解放战争时期	武隆县江口镇罗州坝	陵园	县级爱国主义教育基地
32	"八德会"遗址	党的创建至大革命时期	石柱县临溪镇黎家村黎家坝	遗址	纪念地
33	熊福田旧居"庆仁堂"遗址	土地革命战争时期	石柱县西沱古镇云梯街中段的129号	遗址	市级

续表

序号	名称	时期	所处位置	类别	保护级别
34	四川二路红军激战鱼池坝遗址	土地革命战争时期	石柱县鱼池镇鱼池村龙门组	遗址	纪念地
35	红军井遗址	土地革命战争时期	石柱县南宾镇红井社区后河组猫圈坡	遗址	县级
36	红三军休整地遗址	土地革命战争时期	石柱县南宾镇红井社区后河组猫圈坡	遗址	纪念地
37	川鄂边红军游击总队遗址	土地革命战争时期	石柱县金铃乡银杏村街上组金铃坝等地	遗址	纪念地
38	中共石柱第一任县委遗址	抗日战争时期	石柱县龙河下路镇马落洞处	遗址	纪念地
39	"和成字号"遗址	抗日战争时期	石柱县西沱镇云梯街下端	遗址	县级
40	黄草坪战斗遗址	解放战争时期	石柱县三星乡观音村黄草坪	遗址	纪念地
41	平息桥头土匪暴乱遗址	解放战争时期	石柱县桥头镇桥头村和马鹿村	遗址	纪念地
42	张承燕烈士墓	土地革命战争时期	石柱县三星乡三树村三树组	烈士墓	县级爱国主义教育基地
43	石柱县革命烈士陵园	新民主主义革命时期	石柱县城南宾路东侧狮子堡上	陵园	县级
44	红三军司令部汉葭遗址	土地革命战争时期	彭水县城汉葭镇十字街东200米处	遗址	县级
45	绿荫轩和南渡沱红军渡口遗址	土地革命战争时期	彭水县城南端	遗址	县级
46	中共中央南方局彭水郁山镇天华炼油厂联络处遗址	抗日战争时期	彭水县郁山镇阎家坪	遗址	纪念地
47	彭济民烈士墓	土地革命战争时期	彭水县靛水乡张家坝村梅家岩北1公里处	烈士墓	纪念地
48	刘伯容烈士墓	土地革命战争时期	彭水县砂石乡方红村香树坝	烈士墓	纪念地
49	郁山镇烈士墓	解放战争时期	彭水县郁山镇龙井街	烈士墓	纪念地
50	石柳乡烈士墓	解放战争时期	彭水县石柳乡石硖村五组	烈士墓	纪念地
51	龙溪乡板坊坪烈士墓	解放战争时期	彭水县龙溪乡板坊村	烈士墓	纪念地
52	走马乡烈士墓	解放战争时期	彭水县走马乡走马岭	烈士墓	纪念地
53	龙射乡烈士墓	解放战争时期	彭水县张家坝	烈士墓	纪念地
54	棣棠乡烈士墓	解放战争时期	彭水县棣棠乡花棣棠	烈士墓	纪念地
55	贺龙同志德政碑	党的创建至大革命时期	原立于彭水县郁山镇栅子门前的怀龙亭内	纪念碑	纪念地

续表

序号	名称	时期	所处位置	类别	保护级别
56	郁山镇"抗日阵亡将士纪念碑"	抗日战争时期	彭水县郁山镇状元堡	纪念碑	纪念地
57	汉葭镇烈士陵园	解放战争时期	彭水县汉葭镇东山山谷公园内	陵园	县级
58	万涛烈士故居	土地革命战争时期	黔江区冯家坝镇桂花村	故居	市级
59	红三军第九师师部遗址	土地革命战争时期	黔江区联合镇东门居委会东150米处	遗址	区级
60	"红军树"及水车坪红军革命遗址	土地革命战争时期	黔江区水市乡水市村水车坪老街背后山上	遗址	区级
61	红三军奇袭大路坝遗址	土地革命战争时期	黔江区南海乡大路村东南的山梁上	遗址	纪念地
62	阿蓬江黄泥坨渡口红军纪念地	土地革命战争时期	黔江区濯水镇新桥村北1公里处	遗址	区级
63	马喇湖红军革命纪念地	土地革命战争时期	黔江区马喇镇杉树村西北1公里处	遗址	区级
64	芭蕉洞解放军剿匪遗址	解放战争时期	黔江区渗坝乡院子村北1.5公里处	遗址	纪念地
65	三元宫"红军革命纪念碑"	土地革命战争时期	黔江区联合镇城东村西北1.5公里处	纪念碑	区级
66	宋盘铭烈士纪念碑	土地革命战争时期	黔江区内河滨公园	纪念碑	纪念地
67	黄丁山烈士墓	土地革命战争时期	黔江区中塘乡中塘村西南300米处	烈士墓	区级
68	黔江烈士陵园	新民主主义革命时期	黔江区内	陵园	区级
69	红三军倒马坎战斗遗址	土地革命战争时期	秀山县峻岭乡坝芒村南1公里处	遗址	市级爱国主义教育基地
70	巴盘村廖家祠堂苏维埃政权遗址	土地革命战争时期	秀山县三合乡巴盘村西1公里处	遗址	县级
71	二道龙门红三军司令部驻地遗址	土地革命战争时期	秀山县隘口镇峻岭乡百岁村彭家寨组二道龙门	遗址	县级
72	枷档河红军桥	土地革命战争时期	秀山县塘坳乡清溪场镇坝麻村交溪场组枷档河上	遗址	县级
73	中溪乡云隘村红三军军部遗址	土地革命战争时期	秀山县中溪乡云隘村西100米处	遗址	县级
74	红二、六军团黔东独立师川河盖战斗遗址	土地革命战争时期	秀山县川河乡楠木村	遗址	县级
75	雅江红军洞遗址	土地革命战争时期	秀山县雅江乡车田村东北1公里处	遗址	县级
76	秀山抗战军用飞机场遗址	抗日战争时期	秀山县城中和镇西门外	遗址	纪念地

续表

序号	名称	时期	所处位置	类别	保护级别
77	云隘村黔东纵队联络站遗址	解放战争时期	秀山县中溪乡云隘村东北3公里处	遗址	纪念地
78	洪茶渡口及解放军二野司令部洪安遗址	解放战争时期	秀山县城东55公里的洪安镇	遗址	市级爱国主义教育基地
79	解放军二野司令部凤鸣书院遗址	解放战争时期	秀山县城南门外	遗址	市级
80	解放军第二野战军前委遗址	解放战争时期	秀山县城东55公里的洪安镇	遗址	县级
81	巴盘村红军战士黄治安烈士墓	土地革命战争时期	秀山县三合乡巴盘村西500米处	烈士墓	纪念地
82	川河村红军战士李志民烈士墓	土地革命战争时期	秀山县涌洞乡川河村川河组乱坟寨	烈士墓	纪念地
83	川河村无名红军烈士墓	土地革命战争时期	秀山县涌洞乡川河村川河组乱坟寨	烈士墓	纪念地
84	解放军战士芦生华烈士墓	解放战争时期	秀山县洪安镇平马村街西侧的场头坡上	烈士墓	纪念地
85	邑中村解放军烈士墓群	解放战争时期	秀山县梅江乡邑中村西北200米处	烈士墓	纪念地
86	20世纪20年代秀山县境内的"贺龙德政碑"	党的创建至大革命时期	秀山县邑梅乡邑中村三拱桥头南侧	纪念碑	纪念地
87	1940年建立的秀山"抗日阵亡将士纪念碑"	抗日战争时期	秀山县城南门校场坝中山纪念堂右侧（现体育场主席台右侧）	纪念碑	纪念地
88	1995年迁建的秀山"抗日阵亡将士纪念碑"	抗日战争时期	秀山县乌杨街道城西飞机场市政园林局苗圃西南角	纪念碑	县级
89	七星村烈士陵园	解放战争时期	秀山县中和镇七星村北2公里处	陵园	县级
90	秀山县革命烈士陵园	新民主主义革命时期	秀山县官庄镇七教村	陵园	县级
91	赵世炎烈士故居	党的创建至大革命时期	酉阳县龙潭镇龙东乡八一村	故居	全国爱国主义教育基地
92	刘仁同志故居	党的创建至大革命时期	酉阳县龙潭镇苦竹乡五育村北400米处	故居	市级爱国主义教育基地
93	贺龙驻军的龙潭古镇万寿宫遗址	党的创建至大革命时期	酉阳县龙潭古镇	遗址	县级
94	红三军司令部遗址	土地革命战争时期	酉阳县南腰界乡	遗址	全国重点文物保护单位、市级爱国主义教育基地
95	红三军政治部遗址	土地革命战争时期	酉阳县南腰界乡南木村西200米处	遗址	县级

续表

序号	名称	时期	所处位置	类别	保护级别
96	南腰界区苏维埃政府成立大会遗址	土地革命战争时期	酉阳县南腰界乡南腰界村东300米处的翘尾巴山腰上	遗址	县级
97	红三军大坝场冉家祠堂战斗遗址	土地革命战争时期	酉阳县南腰界乡大坝村南的冉家祠堂	遗址	县级
98	南腰界红军大学遗址	土地革命战争时期	酉阳县南腰界乡南腰界村东南20米处	遗址	县级
99	红三军保卫科驻地遗址	土地革命战争时期	酉阳县南腰界乡南木村西200米处	遗址	县级
100	红三军独立团驻地遗址	土地革命战争时期	酉阳县南腰界乡南腰界村东30米处	遗址	县级
101	红三军宣传队驻地遗址	土地革命战争时期	酉阳县南腰界乡南腰界村南25米处	遗址	县级
102	红三军修械所遗址	土地革命战争时期	酉阳县南腰界乡南木村西200米处	遗址	县级
103	红三军没收委员会遗址	土地革命战争时期	酉阳县南腰界乡南腰界村南30米处	遗址	县级
104	龙溪村苏维埃政府成立处遗址	土地革命战争时期	酉阳县南龙乡龙溪村南300米处	遗址	县级
105	大坪盖乡苏维埃政府成立处遗址	土地革命战争时期	酉阳县南龙乡向溪村北1公里处	遗址	县级
106	南腰界红三军油印室遗址	土地革命战争时期	酉阳县南腰界乡余家桶子陈必亨家宅院	遗址	县级
107	红二、六军团会师大会遗址	土地革命战争时期	酉阳县南腰界乡南腰界村南的猫洞大田	遗址	县级
108	中共《十大政治纲领》遗迹	土地革命战争时期	酉阳县南腰界场东轩门口土地庙石灰粉壁墙上	遗址	县级
109	红军黔东独立师师长王光泽烈士墓	土地革命战争时期	酉阳县龙潭镇西北400米处的烈士陵园	烈士墓	县级
110	红军川黔边独立团副团长陈良玉烈士墓	土地革命战争时期	酉阳县南龙乡白溪村南2公里处	烈士墓	县级
111	红军川黔边独立团副团长符功荣烈士墓	土地革命战争时期	酉阳县南部李溪镇思泉村北500米处	烈士墓	县级
112	田均平烈士墓	解放战争时期	酉阳县官清乡井宁河村南80米处	烈士墓	纪念地
113	中国工农红军二、六军团会师大会纪念亭	土地革命战争时期	酉阳县南腰界余家桶子斜对面	纪念亭	纪念地
114	酉阳抗战建国阵亡将士纪念碑	抗日战争时期	酉阳县龙潭镇西南300米处的万寿宫旁	纪念碑	纪念地
115	酉阳县革命烈士陵园	新民主主义革命时期	酉阳县桃花源镇西山路10号	陵园	市级爱国主义教育基地

第三章
渝东南民族地区红色文化资源产生与发展的历程

渝东南民族地区各族人民勤劳勇敢，富有革命斗争精神。辛亥革命后，刘伯承同志在涪陵组织反袁武装，发动护国运动。五四运动前后，渝东南民族地区一些热血青年相继奔赴北京、上海、重庆等地，投身革命洪流。1924年，四川革命先驱童庸生来到渝东南组建中共基层组织，涪陵、武隆、石柱、彭水、黔江、秀山、酉阳等县先后建立了党的县委、特支，开展了农运、学运、军运和妇运等工作。1930年，四川二路红军在涪陵罗云乡建立，武隆、石柱、彭水、黔江、秀山、酉阳等县成立部分苏维埃政权，坚持武装斗争，开展土地革命。其后，贺龙、任弼时、萧克、王震、关向应等先后进入渝东南民族地区领导革命斗争。抗日战争时期，渝东南民族地区各县均开展了声势浩大的抗日救亡运动。解放战争时期，中共渝东南民族地区的地下党组织进入到大发展阶段，他们组织武装，建立根据地，开展武装斗争，积极配合刘邓大军挺进渝东南。

渝东南民族地区红色文化资源产生与发展的历程，是一部浓缩了的新民主主义革命时期中国共产党人领导境内各族人民开展反对帝国主义、封建主义和官僚资本主义的革命斗争史。在新民主主义革命各个历史阶段里，这里的各族人民在中国共产党领导下，为争取民族独立、人民解放，开展了轰轰烈烈的革命斗争。这里发生过许多重大革命历史事件，涌现出许多可歌可泣的革命英雄人物和英勇事迹，留下了许多革命历史文物，众多革命遗址至今仍清晰可见。自中国共产党初建时期至第一次国共合作的大革命时期，赵世炎、李蔚如、钟善辅、李鸣珂、万涛、刘仁、杨克明等革命先辈在这里与国民党反动派展开殊死搏斗，这里留下了革命先烈赵世炎同志在酉阳土家族苗族自治县的故居、原北京市委书记刘仁同志故居、原红三军政委万涛同志故居和李蔚如等同志领导的农民运动涪陵区弋阳桥农民讲习所旧址。土地革命战争时期，李鸣珂、贺龙、任弼时、萧克、王震、关向应等老一辈无产阶级革命家曾率领四川二路红军及红二、六军团在这里开辟苏区、创建湘鄂川黔革命根据地，在这里播下了革命火种，留下了光辉的革命足迹，遗留下李鸣珂等同志领导的四川二路红军开辟涪陵苏区的战斗遗址、武隆县四川二路红军司令部旧址、彭水苗族土家族自治县贺龙等同志率领的红三军司令部旧址、酉阳南腰界红二、六军团会师遗址。抗日战争时期，重庆是中共南方局所在地，这里便成为"红岩精神"的发源地。许多共产党员和仁人志士在这血与火的年代里，在抗日烽火和民族解放事业中，赴汤蹈火，写下了壮丽的革命诗篇。解放战争时期，这里曾上演了刘邓大军解放秀山、打响人民解放军解放大西南战役等一幕幕英勇悲壮而感人的历史剧，留下了川东、川黔边地下党的革命斗争遗址，以及秀山土家族苗族自治县刘邓大军入川处洪茶渡口旧址、人民解放军进军大西南战斗遗址、凤鸣书院二野司令部旧址等众多的革命历史遗址和许多动人的革命故事和传说。渝东南民族地区这段波澜壮阔、跌宕起伏的革命斗争史孕育了境内丰富的革命文化，谱写出一曲曲英勇悲壮而又辉煌的英雄赞歌，为后人留下了取之不尽、用之不竭的红色文化资源。

第一节 党的创建至大革命时期境内红色文化资源的萌发

渝东南民族地区红色文化资源的生成经历了一个从萌芽到形成、发展、丰富的历史过程。中国共产党初建时期至第一次国共合作的大革命时期是境内红色文化资源萌芽时期。这一时期，一些从渝东南各地奔赴北京、上海、重庆、广州等城市寻求救国真理的有识之士，纷纷返回家乡，传播新文化和马克思主义，宣传俄国十月革命成功之经验，开展革命斗争，走革命救国之路。他们组建进步的群众团体和党团组织，发动群众与帝国主义、封建主义及国民党右派反动势力展开了英勇顽强的斗争。

一、马克思列宁主义在渝东南民族地区的传播

渝东南民族地区各族人民有着光荣的革命传统。五四运动前后，渝东南民族地区各族青年学生纷纷赴国内各地及国外求学，了解外面世界，探求新知，寻求救国救民的真理。如酉阳土家族苗族自治县的赵世炎、赵世兰、刘仁、张朝仪、石帮榘；秀山土家族苗族自治县的邓济时；黔江区的万涛；彭水苗族土家族自治县的彭济民、刘伯荣；武隆县的刘砚僧、张西园；涪陵区的李蔚如、钟善辅、彭服远（彭佛远）、钟亚弦等热血青年学生先后赴北京、天津、上海、成都、重庆、

广州等城市及海外读书，踊跃参加所在城市的学生爱国运动。有的学生还努力争取旅法、旅日，开展勤工俭学。如酉阳的赵世炎；垫江（当时属涪陵县）的黎纯一、黎重夫；涪陵的吴宥三、孟知眠、李蔚如；武隆的肖湘等先后旅法、旅日，在异国他乡探求救国救民、富国强兵之真谛。这些赴国内各地及国外求学的爱国学生通过各种渠道把新文化运动中"民主"与"科学"之口号、"五四"运动中的爱国精神及马克思列宁主义思想传入到渝东南各地，如涪陵县返乡的爱国青年学生在县境北拱坝张家庙小学创办了专门宣传新文化的教师讲习所。1921年，涪陵县立中小合校成立时，毕业于川东师范学校的王雪晴（王惠如）与涪陵四川省立第四中学校（以下简称省立四中）的杨冰淑等教师向县立中小合校及省立四中的教师、学生宣传俄国十月革命和中国"五四"运动的伟大意义。他们通过多种途径将《新青年》《每周评论》《向导》《唯物史观》《共产党宣言》《阶级斗争》等进步书刊带入学校，在师生中传阅，把马克思列宁主义的理论思想传入到学校，对广大师生产生了深远影响。

在涪陵，旅外求学归来的宋继武、石大成（石游）等人利用报刊新闻媒介，在开民智、反对封建军阀弊政等方面做出了艰苦的努力。为建立舆论阵地，宋继武、石大成创办了涪陵县《新涪声》报纸；邓梓全、喻道兴等以省立四中、城区学生会为骨干，联合城乡约20个学会，组成涪陵城区学生会。该学生会下设总务部、文书部、交际部，要求会员"努力揭破涪陵之种种黑幕"。涪陵城区学生会还出版有会刊，刊出了《国家主义的宣传》《醒觉了》《军阀之循环》《为什么打倒军阀？》《涪人目前应怎样自卫》《涪人应注意饥民问题》等以抨击时政、建设地方、开启民智、宣传马列、反帝爱国为内容的文章。①此外，涪陵旅沪同学会还创办了《涪陵评论》。他们与旅京等地同学会积极撰文，在《涪陵评论》上发表，支持家乡青年学生的爱国进步活动。

由于一批赴国内各地及国外求学学生的归来，使马克思列宁主义、"五四"新文化思想在渝东南各县得以普遍传播，使各县人民群众接受到爱国主义、科学与民主思想的教育，既为日后境内各族人民开展波澜壮阔的革命斗争奠定了思想理论基础，也为开展革命斗争培养了骨干力量。至此，境内各地组建共产主义青年团、建立共产党组织的时机已经成熟。

---

① 中共四川省涪陵市委党史研究室：《中共涪陵地区简史》，重庆出版社，1997年版第13-14页。

二、渝东南民族地区党团组织的建立和发展

马克思主义在中国的广泛传播及其与工人运动相结合，不但为中国的先进知识分子提供了改造中国社会现状的强大思想理论武器，而且直接促成了中国共产党的诞生。1920年8月，在上海共产主义小组帮助下，成立了以该小组成员俞秀松为书记的中国社会主义青年团。可见，先建立共产党组织，然后在党组织领导和帮助下建立社会主义青年团组织，这是中国共产党在全国建立地方组织的普遍规律。"但四川情况却较为特殊，是先建立团的地方组织，且在相当一段时间内是'以团代党'，发挥领导作用，然后在此基础上建立党的地方组织。这一历史过程，是四川和重庆共产党地方组织建立的一个鲜明特点。"①渝东南各地党团组织建立的情况也是如此。

1. 渝东南民族地区社会主义青年团的诞生

1924年8月，在巴县国民师范学校任教员的共青团重庆地委宣传部负责人童庸生（后任共青团重庆地委书记）奉组织派遣到涪陵县省立四中任教。他以该校"学生自治会"为基础，发动进步学生石大成、杨鸣皋、鞠雪芹（鞠太烈）、刘云汉、余骧、徐世义（徐世谊、徐东平）等40余人创立了"社会问题研究会"，编辑《社会问题研究》会刊；邀集涪陵女校、国民师范学校、明德中学、明德女校的师生30余人组成"涪陵新人社"，并亲自指导这两个组织成员，学习马克思主义基本理论，关心时事，深入社会，研究社会问题，分析社会矛盾，启发青年觉悟，与剥削阶级展开斗争。9月，童庸生在由北京回到涪陵的社会主义青年团团员彭服远的协助下，吸收"社会问题研究会"和"涪陵新人社"的鞠雪芹、石大成、周笙竺（周德堂）、余骧、徐世义、程道南等6人入团，建立起渝东南民族地区第一个社会主义青年团支部，由彭服远任书记，鞠雪芹任宣传委员。青年团涪陵支部成立初期直属团中央领导。1925年共青团重庆地委改组后，涪陵团支部隶属团重庆地委领导。在共青团重庆地委领导和推动下，涪陵团组织的工作呈现出良好的发展态势。1925年3月14日，在涪陵团支部的组织下，涪陵国民会议促成会成立，共有60多个团体参加。涪陵各乡镇还成立了学生会联合会，县高小学生会和读书会也在筹备当中。②此外，涪陵团支部还组织了"非基督教运动""追

---

① 中共重庆市委党史研究室：《中国共产党重庆历史》第一卷（1926-1949），重庆出版社，2011年版第58页。
② 中央档案馆、四川省档案馆：《四川革命历史文件汇集（群团文件·1922-1925年）》（内部编印），1986年版第224、227页。

悼孙中山先生""特殊的宣传运动"等活动，向广大学生、群众灌输革命思想。4月，涪陵团支部在北岩八角亭开会，会议根据团支部人数少这一实际，决定将工作重心转向开展学生工作上来，加强组织发展，增强团组织的工作力度。8月，涪陵团组织进一步充实力量，将支部改名为特支，选举杨鸣皋任书记，鞠雪芹任宣传委员，刘云汉任组织委员。1926年9月，涪陵团支部扩建为团总支。至1926年底，涪陵团组织已发展成为渝东南地区最有影响力的进步青年革命组织。

这一时期的渝东南民族地区，虽然还有许多县、乡、村没有建立起团的组织，但多数地方已开始出现团员活动。譬如，1923年，在万县省立四师读书、由萧楚女发展的社会主义青年团团员邓南熏回到家乡，在西沱小学（现属石柱县）等处传播革命思想，组织开展反帝反封建以及反军阀的革命活动。各地团组织成立后，在开展马克思主义宣传、发展团组织的同时，还发动并参与了以学生运动和工人运动为主体的群众运动，从中经受了锻炼和考验。团员的政治素质和思想素质均得到提高，为团结国民党左派力量，打击国民党右派力量，为开展反帝反封建的国民大革命，为推动渝东南地区革命形势的继续发展作出了开拓性的贡献，为在渝东南民族地区建立中国共产党的地方组织奠定了基础。

2. 渝东南民族地区党组织的创建及党团组织的发展壮大

1926年1月，直属中央领导的中共重庆支部和中共綦江支部成立，成为中国共产党最早在重庆地区建立的两个基层支部。[①]2月底至3月初，中国共产党重庆地方执行委员会（简称中共重庆地委）成立，直属中共中央领导。杨闇公任书记，冉钧负责组织，吴玉章负责宣传。随着中共重庆地委的成立，渝东南民族地区的党组织也迅速建立起来。

渝东南民族地区最早加入中国共产党的是赵世炎、钟善辅。赵世炎，酉阳县龙潭镇人，他在北京高师附中担任学生会干事长期间，积极投身五四运动之中，于1920年经陈独秀介绍加入中国共产主义小组。钟善辅，涪陵罗云坝人，1922年10月，他于成都加入中国社会主义青年团。1923年10月，经中共四川成都独立小组创始人王右木介绍，钟善辅转为中国共产党党员。1926年初，钟善辅按照中共成都独立小组负责人刘愿庵的指示回到家乡罗云坝，积极传播马克思主义，

---

① 据中共长寿区委党史研究室收集的资料显示，1925年8月，在湖北武昌高等师范学校读书的长寿籍中共党员李一鄂、张植初、程道南，按校党组织的指示，在长寿县师范、中学、小学合校秘密成立了中共长寿县（临时）党组织，隶属中共武昌高等师范学校组织领导。

组织发动群众，建立农民协会。同年春，他在回乡的黄埔军校第三期学员、中共党员罗星樵的协助下，发展了青年教师李焕堂、尹觐阳、刘伏洋、周孟礼和青年农民黄伯川、李俊卿等加入中国共产党，建立了渝东南民族地区第一个农村基层党组织"中共罗云支部"，由李焕堂任支部书记，支部有党员14人。最初，该支部隶属中共成都独立小组（1926年2月，成都独立小组更名为成都特支），后改属涪陵地方党团临时支部。中共罗云支部的建立，为中共在罗云坝开展农民运动做好了组织准备，使罗云坝成为涪陵乃至渝东南民族地区农民革命运动的重要堡垒之一。①

在国共合作呈现出良好态势和北伐战争节节胜利的背景下，中共重庆地委为了加强渝东南民族地区中共地方党、团组织建设，便借助发展渝东南民族地区各地国民党左派基层组织之机，派遣中共党员深入各县组建地方支部。1926年下半年，中共重庆地委先后派出喻凌翔、尹肇舟、徐康宁、杨宇靖、邵平阶、秦治敦、苏千森、刘云汉、周笙竺、游动斯等中共党员到涪陵地方和国民党驻涪陵部队中工作。1926年夏秋，喻凌翔、刘祥书等深入涪陵大顺乡等地，发展李蔚如入党，并以新盛镇（即现新妙镇）弋阳国民师范学校为基地，协助李蔚如、高亚衡发动涪陵四镇乡（君子镇即现蔺市镇、同乐镇即现同乐乡、龙潭乡即现龙潭镇、新盛镇即现新妙镇）等地的农民运动。9月，中共重庆地委派尹肇舟到驻涪陵的国民革命军第20军第9师（即川军郭汝栋师）政治部任秘书（后为主任）。年底至1927年初，在黄埔军校和武汉分校毕业的胡成杰、文强、卢正刚、刘道盛、傅秉勋等一批中共党员和倾向革命的军人，在川军郭汝栋师长的邀请下来到涪陵郭部任职。尹肇舟根据中共重庆地委指示，以这些党员为骨干在郭部的军队中建立了中共支部（简称中共军支），由尹肇舟担任支部书记。从1926年9月至年底，在中共重庆地委派出的上述党员同志共同努力下，先后建立了中共涪陵党团临时支部和党的军队支部，尹肇舟任书记，两个支部分别有党员10人和19人。这两个支部积极筹建国民党（左派）涪陵县党部和中共涪陵城区区委，创办《新涪陵报》，作为支部的机关报，加强对革命舆论的宣传，建立工会、商会、妇女联合会、学生会和工人纠察队等革命群众组织。至年底，涪陵地方党团组织有了较大的发展，党团组织分别吸收了一批经过革命斗争考验的积极分子，壮大了组织力量，城乡各地分别建立起党团组织。1927年春，中共弋阳师范学校党支部成立，书记刘祥书，

---

① 中共涪陵市委党史研究室：《大革命时期的涪陵》（内部发行），1991年版第2-3页。

有党员 10 人。由中共涪陵城区区委直接组建的中共涪陵省立四中支部、中共涪陵女师校支部、中共涪陵大顺支部有党员 14 人。1927 年 2 月，渝东南民族地区第一个县级党组织——中共涪陵城区区委正式成立，隶属中共重庆地委，书记尹肇舟，委员鞠雪芹、苏千森、游动斯。① 至 1927 年 6 月底，中共涪陵城区区委已下辖 6 个支部，有党员 50 余人。

三、党的活动向渝东南民族地区农村发展并组建农民武装

大革命时期，随着全国农民运动如火如荼地展开，中共重庆地委已经认识到开展农民运动的重要性，在认真分析渝东南民族地区农民状况及生存环境后，党在渝东南民族地区的活动和注意力开始由城区向农村转移，开始策划和着手发动这一地区的农民革命运动。经过中共重庆地委和国民党左派省党部的精心组织，从 1926 年初到 1927 年 6 月，涪陵、石柱、武隆、彭水等县均建立了农民协会，农民运动在渝东南民族地区普遍开展起来。由于中共重庆地委把向渝东南农村发展的重点，主要集中在涪陵党组织领导的四镇乡农民运动上，因而渝东南各地农民运动最出色、最具代表性的是共产党员李蔚如领导的涪陵农民运动及其农民武装的组建和发展上。

李蔚如早年留学日本并加入同盟会，回国后参加了辛亥革命，并任涪陵军政府司令。辛亥革命后，他相继参加了讨袁战争和护国战争，曾任四川招讨军军法长、四川靖国军参谋长、四川督军署参谋长兼讲武堂堂长，是川军名将。因受军阀排挤，自 1924 年辞职退隐家乡涪陵大顺场后，应当地民众之请，出面组训涪陵四镇乡团练，以保境安民，造福桑梓为己任。1925 年，经吴玉章介绍，李蔚如与杨闇公等共产党人认识，开始接受马克思主义，并于 1926 年夏加入中国共产党。李蔚如入党后，便在涪陵四镇乡潜心致力于开展农民运动，以办团练讲习所为名，训练骨干，建立农民武装；同时，兴办更新小学校和弋阳国民师范学校，自任校长，向农民群众介绍湖南、广东农民运动的情况，② 发动农民组织农会，两所学校成为培养农民运动骨干与发展培训农民武装的基地；此外，李蔚如还创办《新涪陵报》，宣传革命思想，向驻涪陵的川军郭汝栋师派去中共党员，开展策反工作。郭汝栋是一个有政治野心且善于投机的人物，早年曾是李蔚如在四川讲武堂任堂

---

① 中共四川省涪陵市委党史研究室：《中共涪陵地区简史》，重庆出版社，1997 年版第 16-17 页。
② 中共重庆市委党史研究室：《中国共产党重庆历史》第一卷（1926-1949），重庆出版社，2011 年版第 125 页。

长时的学生，在李蔚如的提拔重用下，迅速由学兵而升为排长、连长、团长、旅长、师长。此时，大革命浪潮席卷全国，郭汝栋一度表现得开明，给人以进步军人之形象。他仿照北伐军在军队中设立政治部之举，接纳中共重庆地委与国民党左派省党部派去的尹肇舟为其政治部主任、党代表，对李蔚如也表现出言听计从，凡事以师礼相待。[①]由于郭汝栋的一时投机，表现出左的倾向，并与李蔚如一起掌握了大量民团武装，使得李蔚如和中共涪陵地方组织能在其民团辖区内、能在四镇乡发动了轰轰烈烈的抗捐和减租减息运动。

涪陵县的农民运动自始至终得到了中共重庆地委的关注和领导。1926年6月，中共重庆地委即派出2人到涪陵县指导农民运动（见杨闇公《农民运动报告》1926年11月28日）。1926年底，中共重庆地委为加强对涪陵县农民运动的指导，派广州农民运动讲习所六期（毛泽东任所长）学员徐康宁、杨宇靖到四镇乡协助李蔚如开展农民运动，以广州农民运动讲习所的方法，组训农军。3个多月共培训600多名学员。结业的学员，遵照中共涪陵地方组织的要求，回到原地充任民团的教练。1927年1月，李蔚如担任中共涪陵县委委员和国民党左派涪陵县党部主任兼农运部长，他集中精力开展农民运动和建立农民武装，以高超的组织能力和军事才能组建了涪陵县农民自卫军，并为反击国民党军阀刘湘和地方反动团阀的围剿，为策应刘伯承领导的顺庆、泸州起义，开展了一系列的军事活动，把四镇乡建成了渝东南重要的农村革命据点。

大革命时期，涪陵县农民运动的大力开展始于1926年下半年，是围绕以下几方面展开的。一是宣传发动，通过办农民夜校启发农民觉悟，教唱《农民歌》，以街头演讲造声势；通过举办农民运动讲习所，系统地讲解由中共中央及广州农民运动讲习所制发的《农民运动大纲》《农民协会章程》《农民自卫军组织大纲》等方针、政策和具体做法。二是组织成立乡村农民协会。三是把农民组织起来，打倒地主土豪劣绅，清算地主豪绅剥削账，实行减租、减息、减押，春荒时强制开仓济贫。四是收回土豪劣绅把持的社仓积谷、庙产、斗息等一切公产，用于办学和公益事业。五是帮助农民解决一些具体困难，搞好农副业生产。六是提倡妇女解放，动员妇女参加农民运动，大力扫除封建恶习。七是组织和训练农民自卫军，作为农民协会的坚强后盾，把组训农军与培训农运骨干结合起来。经过近一年的奋斗，至1927年6月涪陵县农民协会召开前夕，涪陵县农民运动达到高潮。

---

① 中共四川省涪陵市委党史研究室：《中共涪陵地区简史》，重庆出版社，1997年版第35页。

■ 渝东南民族地区红色文化资源的调查、开发与利用研究

至1927年6月，四镇乡农民自卫军发展到8 000余人，全县有农军2万余人，全县农会会员至少20万人以上（当时全县总人口约100万人）。当时，四镇乡范围（约1 200平方公里，占当时涪陵县总面积的五分之二强）以内的20余场基本上建立起农民协会，四镇乡范围以外的罗云、清溪、永安、双河、百汇、中心、丛林、马鞍、大山及华中、云集、鹤游坪地区均有农民协会。①

在四镇乡农民运动高潮影响下，中共涪陵罗云支部领导的农民运动也轰轰烈烈地开展起来。1926年秋，中共重庆地委派遣郭朝德到罗云坝（今罗云乡），大力发展罗云的革命力量。当时，由于罗云支部书记李焕堂担任罗云文昌宫小学校长，中共罗云支部便以文昌宫小学为活动基地，组织学生和青年农民采取多种形式宣传北伐战争的胜利，宣传孙中山的三民主义，开展"一切权力归农会"的斗争，积极筹建壮大农民协会。不久，"罗云的新场、老场、干龙等地的农民协会和农协小组相继建立，罗云农民协会也随之诞生了，由李焕堂担任主席。"②与此同时，妇女会在赵幺妹等积极筹备下，也建立起来。

涪陵四镇乡农民运动的高涨带动了渝东南其他地区农民运动的兴起和发展。1926年秋，彭济民、秦晓眉、艾定九等奉国民党左派四川省党部派遣，在彭水县组建国民党左派县党部，中共党员彭济民担任农民部长。为发动农民运动，彭济民、黄协雍、艾定九、王仲和等在靛水乡间，召集青年农民胡正国、王子科、胡正中、彭昭烈、彭先众、彭先举、彭昭益、彭昭敬，向他们介绍马克思列宁主义基本原理和俄国十月革命的成功经验，宣讲建立工农民主政府为民众谋利益的革命道理，培养了一批革命积极分子，为彭水县土地革命战争的开展打下了基础。③

然而，北伐战争的迅速推进，四川、重庆革命运动的迅猛发展，极大地动摇了四川军阀的统治基础，他们极度恐慌，时刻准备伺机反扑。1927年春，当四川、重庆及渝东南民族地区农民运动即将进入高潮之时，四川国民党右派与军阀刘湘等在密谋镇压群众革命运动。1927年3月31日，重庆各界反对英帝国主义炮击南京市民大会在通远门附近的打枪坝隆重召开。中共党团重庆地委的全体成员、国民党左派省党部的绝大多数成员与工、农、商、学、妇各界群众两万余人到会。会议开始后，军阀刘湘部队赶到，对会场内外的共产党人、国民党左派及革命群

---

① 重庆市老区建设促进会：《重庆革命老区》（内部版），重庆市老区建设促进会组织编撰，2009年版第117-118页。
② 中共四川省涪陵市委党史研究室：《中共涪陵地区简史》，重庆出版社，1997年版第27页。
③ 中共四川省涪陵市委党史研究室：《中共涪陵地区简史》，重庆出版社，1997年版第33页。

众大开杀戒。大屠杀从 11 时起，至 14 时结束，死者 300 余人，重伤者七八百人，轻伤者不计其数，制造了震惊中外的"三三一"惨案。中共重庆地委书记杨闇公虽然在 31 日会场混乱中得以脱险，但 3 天后却被捕入狱。面对敌人的利诱和严刑，他坚贞不屈，大义凛然，高呼"打倒帝国主义""打倒军阀""中国共产党万岁"等口号，军阀震惧，割其舌，断其手，剜其目。最后他身中三弹，于 1927 年 4 月 6 日壮烈牺牲于重庆佛图关，时年仅 29 岁，杨闇公以生命和热血实践了自己的人生格言："人生如马掌铁，磨灭方休。"①杨闇公在生死攸关面前临危不惧，充分体现了共产党人为革命视死如归、大义凛然的献身精神和英雄气概。

"三三一"惨案后，中共重庆地委及其基层组织悉遭破坏，重庆城区处于白色恐怖之中，而李蔚如领导农民军在涪陵四镇乡的力量还较为稳固，一时成为"三三一"惨案后中共党员和革命骨干的避难所，成为重庆、渝东南地区革命力量集中的最后阵地。为了保存革命力量，中共重庆地委将在渝的一批党团员、国民党左派人士转移至涪陵，一部分安排在涪陵城内的有关单位和学校工作，另一部分安排到四镇乡帮助李蔚如发展农民军，壮大革命阵地。李蔚如在四镇乡为保护党组织、保存革命力量作出了巨大的贡献。为了巩固涪陵的革命形势，在涪陵左派党组织领导下，以李蔚如任总指挥的农民自卫军与郭汝栋师加强合作，并联合发布了《涪陵军民合作协议宣言》，努力改善外部环境。1927 年 6 月 24 日，在中共涪陵城区区委和国民党左派县党部的努力下，李蔚如在家乡大顺场宣布正式成立涪陵县农民协会，这标志着涪陵乃至渝东南民族地区革命运动发展到一个新阶段。

重庆"三三一"惨案后不久，蒋介石又在上海发动"四一二"反革命政变。此时李蔚如领导的四镇乡 8 000 名农民自卫军，起到了暂时牵制四川军阀刘湘，减轻武汉国民政府军事压力的作用。随着全国大革命形势急转直下，四川军阀杨森部驻涪陵师长郭汝栋的反共面目彻底暴露出来，他暗中投靠勾结军阀刘湘，准备出卖他的老师李蔚如。1927 年 7 月 3 日，郭汝栋与刘湘合谋以卑鄙无耻的欺骗手段诱捕了李蔚如。7 月 4 日，李蔚如在被郭汝栋押往重庆途中，被刘湘杀害于南岸黄桷垭。至此，四镇乡农民自卫军的革命斗争宣告失败。

农民自卫军革命武装的解体，既标志着大革命时期渝东南民族地区最后一个革命阵地的丧失，也标志着渝东南民族地区大革命时期的结束。渝东南民族地区农民革命运动虽然失败了，但这里的共产党人并没有被国民党反动派的白色恐怖

---

① 中共重庆市委党史研究室：《中国共产党重庆历史》第一卷（1926-1949），重庆出版社，2011 年版第 154-156 页。

所吓倒，他们采取各种斗争方式，使这里大多数党团组织得以保存下来，许多党团员开始转入隐蔽斗争。

综上所述，在党的创建至大革命时期，渝东南民族地区马克思列宁主义得到了普遍传播，中共党团组织在境内城乡各地分别建立起来，农民运动在党的领导下迅猛开展起来。这一切表明，境内物质形态及精神形态的红色文化资源已经萌发。

第二节　土地革命战争时期境内红色文化资源的形成

大革命失败后，白色恐怖笼罩着全国城乡，中国共产党及其领导的革命运动遭到国民党统治集团严厉的镇压。据中共六大时的不完全统计：从1927年3月到1928年上半年，被杀害的共产党员和革命群众达31万多人，其中共产党员26 000多人。在白色恐怖统治下，一些不坚定分子动摇了，他们纷纷声明脱离共产党、共青团；有的甚至公开"忏悔"，攻击共产主义和共产党，出卖党的组织和共产党员。据1927年11月统计，全党党员人数由1927年5月中共五大时的57 900多人锐减到10 000多人。革命的工会、农民协会等也到处被查禁或解散，工农运动走向低谷，中国革命转入低潮。

蒋介石叛变革命后在南京建立起国民党一党专政的法西斯军事独裁统治，中国仍旧处于黑暗的半殖民地半封建社会之中，中国共产党要直接开展反抗国民党反动统治的斗争。为了继续革命，1927年8月7日，中共中央在汉口秘密召开紧急会议（即"八七"会议），彻底清算了大革命后期陈独秀右倾机会主义错误，确定了开展土地革命和武装反抗国民党反动统治的总方针。八七会议给处在思想混乱和组织涣散中的中国共产党人指明了新的出路，使中国共产党在政治上大大前进了一步，开始了从大革命失败到土地革命战争兴起的历史性转折。

一、党领导渝东南地区各族人民在白色恐怖下坚持斗争

在严峻的考验面前，中国共产党人表现了坚定的革命立场和大无畏的英雄气概。"中国共产党和中国人民并没有被吓倒，被征服，被杀绝。他们从地下爬起来，揩干净身上的血迹，掩埋好同伴的尸首，他们又继续战斗了。"[①]1927年7月，中

---

① 毛泽东：《毛泽东选集》，人民出版社，1968年版第937页。

共中央派遣傅烈、周贡植等人入川，于8月在重庆建立中共四川临时省委，着手恢复和整顿重庆、四川的党组织，贯彻党的"八七"会议精神。

1. "八七"会议精神在渝东南民族地区的贯彻执行

1927年8月12日，中共四川临时省委在重庆成立。9月10日至12日，临时省委召开扩大会议，再次传达中央"八七"会议精神，决定积极准备武装暴动，发动土地革命，争取建立工农革命政权。会后，临时省委先后派出人员深入涪陵、彭水、武隆等渝东南地区各县重新登记党员，清理整顿和建立党组织，向各地党员传达"八七"会议精神和临时省委的决定。"初步澄清了大革命失败后在党员中存在的混乱思想，纠正了党在组织纪律上的松散形象，明确了土地革命和武装反抗国民党反动派的总方针。"①10月，四川临时省委在重庆召开紧急会议，完全接受中央关于"没收地主阶级的土地交给农民"，"领导他们从抗税、抗捐、抗租、抗粮的斗争，一直发展到暴动，夺取武装，夺取政权"②的决议。11月，临时省委还成立了临时省军委，负责领导全省武装斗争，并制定了《军事工作计划》《四川暴动计划》，明确提出"以农民暴动为中心，土地革命为目的"，做好农运、军运以及民团和土匪工作，以保证武装斗争的进行，并决定"以酉阳、秀山几县为初次暴动区域"。③接着，将"八七"会议文件及《军事工作计划》《四川暴动计划》发给各地党组织认真学习讨论。

1928年2月中旬，中共四川省委正式成立，傅烈、刘愿庵、张秀熟、刘亚雄、周贡植5人为常委，傅烈任书记。为了贯彻中央精神，省委扩大会议制定了《春荒暴动行动大纲》，对暴动的意义、目的、时机、旗帜、口号等作了详细的规定。以涪陵为中心的渝东南民族地区是省委决定"春暴"的重点地区。为加强对涪陵"春暴"的领导，省委相继派员到涪陵，具体指导涪陵"春暴"。4月中旬，省委代理书记刘愿庵也亲临涪陵县，召开党团员积极分子会议，举办了三期"春暴"骨干培训班，制订了在清溪、罗云、新妙、庙垭、火炉等地的暴动计划。

2. 渝东南民族地区党组织的恢复和建立

准备武装暴动，发动土地革命，建立工农革命政权，首先必须恢复和建立

---

① 中共四川省涪陵市委党史研究室：《中共涪陵地区简史》，重庆出版社，1996年版第47页。
② 中央档案馆、四川省档案馆编：《四川革命历史文件汇集（省委文件·1926~1927年）》（内部编印），1985年版第209~217页。
③ 中央档案馆、四川省档案馆编：《四川革命历史文件汇集（省委文件·1926~1927年）》（内部编印），1985年版第367~372页。

党的基层组织，加强党的领导。渝东南民族地区党组织的恢复与建立是从涪陵开始的。

（1）涪陵党组织的恢复与建立。

1927年8月，中共四川临时省委在重庆成立后，派省委候补委员詹正圣去涪陵清理组织。清理登记的党团员有60名，其中党员25名。8月底，建立了以詹正圣为书记的中共涪陵特支。10月，中共四川临时省委在重庆召开紧急会议，传达贯彻中央"八七"会议精神。25日，临时省委派省委委员、职工运动委员会书记曾俊杰到涪陵，组建了第一届中共涪陵县委，曾俊杰任书记。为了开展以涪陵为中心的渝东南民族地区的军运和农运工作，1929年底，中共四川省委在涪陵成立了中共涪陵特别行动委员会，李鸣珂任书记，隶属于中共四川省军委。次年，中共四川红军第二路游击队前敌委员会建立，苟良歌任书记，隶属于中共四川省委。

（2）石柱党组织的恢复与建立。

1928年5月，中共四川省委派张庚白到石柱，发展党员，成立中共石柱县委，张庚白任书记。同年秋，石柱县委组织"八德会"神团暴动失败后，党组织遭破坏。同年，中共忠县中心县委书记吴逸僧在石柱县西沱镇发展党员，建立了党组织。

（3）彭水党组织的恢复与建立。

1927年9月，中共四川临时省委利用彭水建立团务干校的机会，派霍恂、王映秋、刘华、潘元凯等中共党员到彭水团务干校任教官，在该校成立了中共彭水党小组。11月，霍恂与彭水的彭济民、刘伯容等党员取得联系，建立了中共彭水特支，霍恂任书记。1929年7月，中共四川省委派向希平、王柱臣到彭水工作。10月，郭汝栋的国民党二十军五师一团调防彭水，以副团长邹隐樵为书记的中共"军支"与以霍恂为书记的中共彭水特支取得联系。1930年初，中共四川省委批准成立中共彭水县委，向希平任书记，霍恂任"军支"书记。

（4）秀山党组织的恢复与建立。

据《四川省革命文件汇编》记载，1930年，中共四川省委向党中央报告，在秀山成立中国共产党县委，有共产党员100人，其中：工人6名，农民60名，知识分子30名，其他4名。

（5）中共"军支"组织的建立。

1926年9月，中共重庆地委派尹肇舟到国民党二十军郭汝栋师开展统战工作，年底在该师部队中建立了中共涪陵军支，尹肇舟任军支书记。之后，随着该"军支"党员人数的增加，省军委先后派遣刘道盛、贺守朴、胡陈杰等人担任军支书记，党员人数增至40人左右。1928年,中共四川省军委在二十军向时俊部队中建立了中共军支。1929年底,向时俊师调驻彭水、黔江,该师中仍保留了中共军支组织。

自1927年8月起,在中共四川临时省委领导下,渝东南民族地区的党组织逐步恢复和建立起来。"党的组织由大革命时期的1个区委、9个支部,到1930年5月时共建立6个县委,党员发展至271人。"①

3."八七"会议后武装暴动席卷渝东南

1928年2月,中共四川省委制定并下发的《春荒暴动行动大纲》,成为指导渝东南民族地区开展武装暴动的纲领性文件。根据《春荒暴动行动大纲》的规定,渝东南各地党组织发动了多次农民暴动。

（1）涪陵天宝寺农民暴动。

涪陵新盛镇（现为新妙镇,包括新妙场、大顺场、三合场等地）是大革命时期李蔚如开展农民运动的基地,革命基础较好,中共涪陵县委决定以大顺场的天宝寺为中心,举行农民暴动。中共涪陵县委还派出由罗星樵、任锦时等组成的军事五人小组,赴新盛镇负责指挥天宝寺暴动的军事工作。1928年5月,国民党涪陵驻军郭汝栋部去万县与杨森军队作战,仅留一个营（营长傅炳勋是共产党员）驻防涪陵城。中共涪陵县委决定趁机举行天宝寺暴动,与傅炳勋营里应外合,攻下县城,然后经石柱、黔江,去湖北石首与贺龙领导的红军汇合。军事五人小组和团区委决定将田致远、田良才、田鹤鸣（团县委书记）掌握的300多人枪的民团和团员蔡德芳掌握的20多名武装合并组成平民革命军,同时决定给予已篡夺了大顺民团（大革命时期大顺乡的农民自卫军）领导权的陈禹锡以"平民革命军大队长"头衔,促使其参加暴动。5月24日,田致远、田良才等带领平民革命军在新盛镇三合场举行暴动。当天下午,平民革命军扛着起义大旗开赴新盛镇大顺场的天宝寺,联合陈禹锡到天宝寺起义。陈禹锡却以"栽秧忙"为借口,按兵不动。此时,杨森已经占据涪陵,反革命势力不断加强,天宝寺农民暴动遂告失败。

（2）涪陵罗云坝农民暴动。

1927年11月,中共四川临时省委派曾俊杰到涪陵担任县委书记,中共涪陵县委派李仙舟、邵平阶到罗云坝协助党支部将农民协会改为土地会作为掩护,开展革命活动。很快,土地会扩大到涪陵和丰都的多个乡,会员达三四百人,掌握枪60余支。

---

① 中共四川省涪陵市委党史研究室:《中共涪陵地区简史》,重庆出版社,1996年版第50页。

1928年5月,党支部决定趁川东"倒杨(森)之战"激烈,敌人无暇顾及之机,于6月22日举行暴动,并制定了暴动计划。但暴动计划泄露,罗云团正秦绍堂密谋联合各乡团防,准备于6月21日到罗云乡清乡。罗云党支部在中共涪陵县委指导下,决定6月17日提前举行暴动,由李焕堂、罗星吉、刘伏洋等统一指挥。6月17日,暴动队伍冲向罗云团正办事处,缴了团防的枪支。团正秦绍堂及团练刘佑卿闻讯仓皇逃跑。起义农民开展了打土豪的斗争。当天,李焕堂召集参加暴动的人员召开会议,决定为保存实力,防止敌人"围剿",将枪支就地藏好,会员分散隐蔽。6月20日,秦绍堂、刘佑卿等率领临近乡镇团防兵数百人到罗云坝血腥镇压,仅6月25日,清乡兵在洞脑壳就杀害了土地会会员12人。①罗云坝农民暴动虽然遭遇挫折,但党团员和土地会领导人在群众掩护下安全转移到外地,为后来四川红军第二路游击队在罗云的建立保存了革命力量。

(3)武隆火炉铺农民暴动。

1928年春,中共涪陵县委决定在火炉铺组织农民暴动,派共产党员邵平阶、团员夏殿宇到火炉铺(今火炉镇)领导暴动工作。他们在火炉铺广泛发动群众,建立了武隆第一个农民协会——万峰农民协会,并开始筹建农民自卫军。②

4月,在刘湘、郭汝栋、范绍增即将发起"倒杨(森)战争"之时,涪陵县委决定在涪陵各地发动暴动,占领涪陵,建立游击根据地。县委派共产党员李仙舟到火炉铺领导暴动。李仙舟到火炉铺后,向当地豪绅借来10多支枪,利用土匪头子杨畅时与区长张明堪之间的矛盾,说服杨畅时调集200多人参与暴动。7月4日,火炉铺农民暴动开始。暴动队伍,一路由李仙舟、邵平阶带领30多位农协会员攻打万峰天子坟(今火炉保丰村),解除了到万峰催粮逼款的区队武装;另一路由杨畅时带领200多人直捣国民党火炉区署,区长张明堪逃跑。当晚,两路武装到万峰肖家堡会合,暴动取得初步胜利。第二天,李仙舟召集邵平阶、杨畅时等人开会,研究暴动后的行动方向,整编队伍。会议对如何整编队伍争论不休,杨畅时匪性发作,拒绝接受共产党的领导,并掏出手枪要射击李仙舟、邵平阶。李仙舟、邵平阶当即撤走,脱离险境。李仙舟于第二天返回涪陵。火炉铺农民暴动失败,胜利果实被杨畅时窃夺。

---

① 中共四川省委党史工作委员会:《土地革命战争时期四川党领导的武装斗争》(上),四川大学出版社,1987年版第351页。

② 中共武隆县委党史研究室:《民主革命时期的武隆》,重庆出版社,1995年版第9页。另:还有农民起义军之说,见中共四川省委党史工作委员会:《土地革命战争时期四川党领导的武装斗争》(上),四川大学出版社,1987年版第356页。

（4）涪陵金银乡农民暴动。

共青团员郑益阳参加涪陵天宝寺农民暴动失败后，于1928年5月回到家乡涪陵金银场，准备发动当地农民暴动。当时，杨森在涪陵利用地方豪绅势力兴办民团，以扩充地方实力。1928年，涪陵致韩乡人余测（共产党员）被杨森委任为李渡三镇三乡（李渡镇、鹤游镇、大义镇、石龙乡、云集乡、致韩乡）民团大队长，拥有人枪各三百左右。余测上任后，即在各乡镇建立联队、分队，将一部分党团员安插为联队、分队的领导。郑益阳回到金银场后，被委任为金银乡联队队长，共产党员张体仁为联队指导员。表面上，余测这支民团队伍是杨森的附属力量，实则是中共直接控制的农民武装。经中共涪陵县委书记游动斯同意，郑益阳还邀请参加过天宝寺农民暴动的蔡德芳带领人枪到金银场参加暴动。暴动定于9月14日举行。9月14日，团县委书记皮斌到金银场视察工作，方知当晚要举行暴动，只好默认暴动计划。当晚，郑益阳率领暴动人员包围同仁茶馆，惩处了恶霸等多人。战斗结束后，郑益阳与皮斌一道率部向涪陵撤离。当晚，敌人派人尾追，并向县政府告密。第二日晨，郑益阳在骊珠楼被捕。①在狱中，他坚贞不屈，两天后惨死于狱中。

上述这些农民暴动，是渝东南民族地区各地党组织贯彻党的"八七"会议精神，落实省委《春荒暴动行动大纲》而采取的实际行动。"尽管这些武装斗争是在党的基层组织尚不健全，革命力量分散，特别是敌我力量悬殊的情况下发起的，带有'左'倾盲动的性质，最后难免失败，"②但通过这些农民暴动，不仅揭开了渝东南民族地区武装反抗国民党反动统治的序幕，唤起了这一地区民族群众的觉醒，更对党的地方组织创立党领导下的人民武装进行了实践探索，取得了宝贵经验。

4. 贯彻中共六大精神发动武装起义

1928年6月，中共六大在苏联莫斯科召开。大会认真总结了大革命失败以来的经验教训，基本统一了全党的思想；对克服党内浓厚的"左"倾情绪，摆脱被动局面；对中国革命的复兴和发展，起了积极的作用。1929年3月26日，中共四川省委发出《通告第七号》，根据六大精神部署了四川的工作。《通告第七号》指出，当前革命受到"暂时挫折"，但"革命高潮必然不可避免的到来，而且是很

---

① 中共四川省涪陵市委党史研究室：《中共涪陵地区简史》，重庆出版社，1996年版第61页。
② 中共重庆市委党史研究室：《中国共产党重庆历史》第一卷（1926-1949），重庆出版社，2011年版第205页。

快地到来",目前四川党的任务是"夺取广大群众,准备将来的武装暴动"①。1930年2月,中共四川省委制定了《关于农村斗争战术的指示》,就农民武装起义等工作作出新的部署。根据中共六大精神及四川省委的总体部署,渝东南民族地区各级党组织在不到半年时间内,发动了三次武装起义。

(1)涪陵抗捐军起义。

早在1926年,党组织就在涪陵驻军郭汝栋部队中建立了支部。1929年7至8月,因驻军郭汝栋部队强征苛捐杂税,激起民愤,在中共涪陵县委和中共涪陵军支领导下,涪陵人民掀起了一场声势浩大震动全川的抗捐军起义。

1929年上半年,涪陵籍中共党员张光平回到家乡涪陵,到蔺市、龙潭、同乐、新妙等四镇乡组织发动农民武装暴动。7月,中共涪陵县委书记苟良歌召开县委扩大会议,讨论开展武装抗捐问题。7月中旬,张光平、陈拱北等人发起成立涪陵县县民抗捐同盟,发布《通电》,声讨郭军横征暴敛之罪行,号召全县人民武力抗捐,抗各种苛捐杂税。同时,成立抗捐团,联合作战;成立暗杀团,惩办滥团劣绅。《通电》发出后,各地纷纷响应。时值邝继勋在遂宁蓬溪起义,建立四川红军第一路游击队,进行东征,川东震动,各地驻军、民团纷纷哗变。涪陵党组织认为时机成熟,遂策动已接受郭汝栋招安的周燮卿的队伍以及遭受郭排斥、打击的赵海洲、陈凤藻的民团共3 000多人组成抗捐军,分别在涪陵城、同乐乡等地与郭汝栋军展开战斗。由于抗捐军缺乏统一指挥,两次攻打涪陵城均以失败告终。8月初,涪陵党组织召开会议,拟发起全县十路抗捐军的大起义,打下涪陵城,建立苏维埃政府。8月中旬,党在大顺、兴隆等地集结队伍,组成第一路抗捐军。8月17日,郭汝栋派出一个团兵力到大顺清乡,与抗捐军形成对峙。为解大顺之围,中共涪陵县委决定采取"围魏救赵"的策略,先攻蔺市。19日晨,张光平带领1 000多人抗捐军攻下蔺市,召开欢庆大会后即向涪陵城发起进攻。但因城内兵变未果,致攻城抗捐军受挫。面对敌军扑来,张光平等知攻城无望,遂撤退队伍,分散转移。此后,其余各路抗捐军被郭汝栋用"大抚小剿"的办法安抚和镇压下去,抗捐斗争失败。

(2)彭水武装起义。

1928年底,中共四川省委军委在杨森部向时俊师中秘密建立了军支。1929年10月,向时俊师进驻彭水、黔江两县,军支书记邹隐樵(向时俊师的副营长)

---

① 中共四川省委党史工作委员会:《土地革命战争时期四川党领导的武装斗争》(上),四川大学出版社,1987年版第151页。

等很快与中共彭水县委书记向希平、县委军委书记霍恂等取得联系，并商议控制向时俊部队，待机举行武装起义。会后，县委、军支向省委和省军委作了汇报，省军委书记李鸣珂指示："军支要配合地方党组织，对向时俊部队发动武装起义，起义后，成立红军队伍，在酉（阳）、秀（山）、黔（江）、彭（水）建立一个根据地。在可能的情况下，向丰（都）、涪（陵）、石（柱）沿长江一带发展，与四川二路红军会合。"①县委、军支接到指示后，一面派人到农村发动群众，建立农民协会；一面派向希平、孙瑞华策反国民党第18军周西成部脱逃部队王作之等营（300余人枪），着手起义准备工作。

1930年3月29日晚，中共彭水县委和军支召开联席会议，研究起义的日期及行动方案等问题。会上，王作之态度不坚定，而且一反常态，会议草率结束。当晚，王作之便向向时俊告密。次日晨，王作之设计诱捕霍恂、向希平、孙瑞华，三人奋力反抗，中弹牺牲。向时俊下令全城戒严，捉拿共产党员，刘伯容、邹隐樵等人撤到乡下。彭水武装起义失败。

（3）涪陵罗云坝起义。

1929年底，郭汝栋奉命出川到鄂西"剿共"，官兵思想混乱，大多不愿出川。中共四川省委认为这是在涪陵发动兵变、组建红军、建立革命根据地的好时机。1930年1月，省委决定在涪陵建立四川红军第二路游击队，派李鸣珂到涪陵组建中共涪陵特委，组织兵变，组建红军。中共涪陵特委先策划在郭汝栋部发动兵变，消息走漏，兵变失败。接着，李鸣珂再次策划兵变。但因准备起义的郭汝瑰营赵启民（共产党员）连被郭汝栋监视和控制起来，再发动兵变已不可能。李鸣珂便指示赵启民率部到罗云坝与农民武装会合，举行起义，成立四川红军第二路游击队。

罗云位于涪陵城东偏北约35公里的铜矿山脚下，地处涪陵、丰都、武隆三县交界处。1930年3月18日，赵启民按计划率领1个连的起义士兵到达罗云坝。4月7日，四川红军第二路游击队（简称四川二路红军）在罗云召开成立大会，苟良歌为党代表，李鸣珂为总指挥，赵启民为前敌指挥，周晓东为政治部主任，尹觐阳为农民赤卫队总司令，游击队下设二个大队，有游击队员300多人。②为

---

① 中共四川省委党史工作委员会：《土地革命战争时期四川党领导的武装斗争》（上），四川大学出版社，1987年版第406页。
② 中共四川省委党史工作委员会：《土地革命战争时期四川党领导的武装斗争》（上），四川大学出版社，1987年版第411页。

开辟涪陵、武隆、彭水、忠县交界边区的革命根据地，四川二路红军成立当天，即按计划挺进武隆仙女山区群山峻岭之中，唤醒劳苦大众，点燃工农武装割据之火。四川二路红军进驻仙女山区后，这里的地主豪绅纷纷逃窜。4月23日晨，涪陵白涛伪乡长、清溪伪镇长纠集地主武装400多人向仙女山根据地进犯。红军在双河场以北的坨田与前来"围剿"的地主武装激战两小时，打败了敌人，敌人丢下十余具尸体和部分武器溃逃。四川二路红军在仙女山区广泛宣传中国共产党的革命宗旨、中共六大《十大政纲》和土地革命政策，开展了打土豪、烧契约、分田地等革命活动，吸引周边各地革命武装前来汇合，队伍很快由400多人发展到2000多人。红军政工人员还组成若干小分队分赴丰都、彭水、石柱等地，建立农会，开展土地革命，很快建立起13个乡的苏维埃政权、30多个乡镇游击区、面积达1.6万平方公里的红色革命根据地，数次打败地方团防1000多人的围攻，根据地一派生机盎然，人民欢欣鼓舞。后因强敌围攻，四川二路红军撤出根据地，转战于石柱县境内，在鱼池坎遭敌围攻失败。四川二路红军虽然只坚持半年左右便失败了，但它在渝东南境内的武装斗争"使下川东十余县之反革命军阀、地主豪绅为之丧胆，寝不安席"①。

二、渝东南民族地区各地配合红三军的武装斗争

1932年12月，红四方面军进入川北，很快建立了川陕革命根据地。1933年12月，贺龙率领红三军入川，在酉阳、秀山、黔江、彭水等地建立了湘鄂川黔革命根据地。为配合红三军作战和支援湘鄂川黔苏区，在中共四川省委领导下，渝东南民族地区地方党组织又发动了涪陵土地坡农民暴动等多次武装斗争。

1. 涪陵土地坡农民暴动

1932年，上海党组织派田鹤鸣返川组建游击队，"烧川军的尾巴"，以减轻中央红军的压力。②1933年底，贺龙率领红三军从湖北咸丰挺进渝东南，攻克黔江县城，田鹤鸣遂加紧了暴动的准备工作，以配合红三军的革命斗争。1934年2月，田鹤鸣等人在党员秦石琴家里开会，定于2月28日举行土地坡暴动。

1934年2月28日，参加暴动的20多人抵达土地坡场，田鹤鸣最后确定了暴动步骤和方法。随后，王伯瑜用美酒佳肴招待团丁欢度元宵，趁团丁们大醉之时，

---

① 1942年6月3日延安《解放日报》。
② 中共四川省委党史工作委员会：《土地革命战争时期四川党领导的武装斗争》（下），四川大学出版社，1987年版第217页。

田鹤鸣率领暴动队员冲进团防驻地,缴了团丁们的械。另一路暴动队员冲进乡长何庆余院内,处决了何庆余。暴动成功后,田鹤鸣、秦石琴等带领队员向弹子山方向转移,在弹子台、大木峡、竹枝坝、牛皮坝等地宣传组织群众,惩治土豪劣绅,建立游击区,准备建立苏维埃政权。然而,涪陵、丰都两县的国民党政府组织了保安团两个中队的兵力,对弹子山游击队实行"围剿"。游击队机智地与敌人周旋,使敌人数次"围剿"均失败了。不足30人枪的游击队在弹子山坚持一段时间的斗争后,鉴于敌强我弱,弹药奇缺,食品断绝,田鹤鸣、秦石琴等决定将部队化整为零,分散隐蔽。

2. 黔江红军游击大队

1932年9月,因王明"左"倾路线的干扰,红三军遭遇重大挫折,未能粉碎国民党军队的第四次"围剿",被迫退出洪湖苏区、退出湘鄂西根据地,经豫西南、陕南,远征七千多里,于12月到达湘鄂边的鹤峰地区。

1933年夏,红三军游击于鄂川边时,黔江"神兵"(即联英会)正处于被国民党军队击败的险境中。同年秋,黔江"神兵"代教龚昌荣(苗族)与湖北宣恩"神兵"首领黄丁山在宣恩找到红军。不久,"神兵"被编为红三军第二特科大队,龚昌荣任大队长。12月22日,红三军从咸丰活龙坪向黔江进军,第二特科大队担任前卫,冲锋陷阵,当天攻占黔江县城。29日,第二特科大队随红三军撤离黔江,折回活龙坪,在湘鄂川边开展游击活动。1934年4月20日,第二特科大队在活龙坪与红三军分开活动,红三军由活龙坪去酉阳开辟根据地;第二特科大队改称黔江红军游击大队,由龚昌荣任大队长,下辖3个中队,有80多人,在黔江县境内的板夹溪、小南海、两会坝、大路坝、栅山、西泡等地坚持游击斗争。游击队以红军为榜样,爱民爱乡,贫苦农民纷纷参加游击队,部队发展到100多人。1934年5月30日,川军第21军第42团李敬舆部与黔江反动团防1 000多人围攻游击队。游击队激战一天,歼敌40余人,大队长龚昌荣身负重伤,游击大队被打散。国民党黔江县政府悬赏捉拿龚昌荣。6月19日,因叛徒出卖,龚昌荣被捕。①28日,面对敌人屠刀,龚昌荣毫无惧色,壮烈牺牲。此后,白色恐怖笼罩黔江,游击队员被迫分散隐蔽。黔江红军游击大队的斗争虽然失败了,但它对国民党反动派予以了沉重打击,配合和策应了红三军创建黔东革命根据地的斗争。

---

① 中共四川省委党史工作委员会:《二地革命战争时期四川党领导的武装斗争》(下),四川大学出版社,1987年版第204页。另一说为1935年,见中共黔江土家族苗族自治县委党史工作委员会办公室:《黔工革命斗争记略》(内部编印),1984年版第41页。

3. 酉阳红军游击队

1934年6月，贺龙率领红三军进驻酉阳县南腰界乡，建立了黔东特区革命根据地。酉阳各族人民奋起投身革命，积极参加红军和游击队。在贺龙指示下，红三军独立团团长覃世安带领工作队及独立团在南腰界及其周围大坝、香田坝、唐家溪、甘溪、杨家寨等地发动群众，很快建立起四个游击大队。

南腰界红军游击大队组建于1934年6月下旬，池宽成任大队长，由8个游击分队组成，有队员100多人；唐家溪游击大队成立于6月下旬，吴永发任大队长，由4个游击分队组成，有队员90多人；大坪盖游击大队于6月下旬建立，陈良玉任大队长，有队员40多人；龙池游击大队于7月上旬建立，周廷湘任大队长，由4个游击分队组成，有队员30多人。①游击队组织群众打土豪、分田地，开展了轰轰烈烈的土地革命。1934年7月，先后建立起南腰界、唐家溪、大坪盖、龙池4个乡苏维埃政府。8月1日，南腰界区苏维埃政府成立。8月初，贵州军阀杨畅时旅进犯黔东根据地，贺龙率领红三军主力和部分游击队开赴淇滩，痛击杨旅。其间，留守南腰界的游击队配合红12团，对团总冉瑞廷及其子冉崇侯率领的回乡屠杀红军伤病员和游击队员的地主武装予以围歼。此后，游击队还配合红三军先后在淇滩、沙坎、大石磙、玛瑙洞、樵家铺、倒马坎等地战斗20多次，屡立战功。

1934年10月，红二、六军团在南腰界会师后，游击队一部编入红二军团随主力东进湘西，另一部编入重新组建的黔东独立师。在湘、鄂、川数省敌军逼近川黔边时，黔东独立师历经数十次战斗，完成了牵制敌人、掩护红军主力转移的任务，但独立师也遭受很大损失，特别是在护国寺与黔军王家烈部激战中损失严重，余部突出重围向秀山转移途中又屡遭敌人堵击，弹尽粮绝，不得不化整为零分散突围。独立师仅剩数十人转战至湖南野猪坪，与红二、六军团会合。②

4. 秀山红军游击队

红三军在创建川黔边革命根据地的过程中，在秀山县西部的坝芒（今峻岭乡）、枷档河（今塘坳乡）、巴盘（今三合场乡）等地先后建立三支游击队。

（1）坝芒红军游击队。

坝芒红军游击队，成立于1934年7月，是贺龙派投奔红军的王春和回到家

---

① 中共四川省委党史工作委员会：《土地革命战争时期四川党领导的武装斗争》（下），四川大学出版社，1987年版第227、228页。
② 中共重庆市委党史研究室：《中国共产党重庆历史》第一卷（1926-1949），重庆出版社，2011年版第232页。

乡坝芒地区组建起来的。队长王春和，副队长杨再拔，有队员32人，队部设在王春和家。贺龙还派出红军干部李云华、江云山到坝芒指导工作。1934年8月30日，成立了坝芒苏维埃，主席杨再拔，副主席饶易光，委员有王春和、杨再依、李老堂（女）。坝芒苏维埃，辖坝芒、新民、百岁、老木、擒龙、红光等14个村。

坝芒红军游击队在倒马坎战斗中做出了很大贡献。他们守卡、放哨、侦察敌情，给红军送信、带路、送粮、救护伤员，安葬红军烈士。还于9月2日，配合红军小分队在杉木岭打垮了杨卓之民团杨秀龙连，保卫了苏维埃政权。

（2）枷档河红军游击队。

枷档河红军游击队，成立于1934年8月下旬，是交溪场的刘国本去南腰界参加红军后奉命回乡组建的。刘国本任队长，队员有刘佐俊、晏德美、刘佐成、刘永豪、陈朝柯等17人，队部设在枷档河刘佐俊家，"利用枷档河地处两省四乡连界的地理位置，巧妙地和敌人周旋，为红军守卡、带路、通风报信"[1]。1934年9月，在红三军独立团团长覃世安的帮助下，成立了枷档河苏维埃，主席刘国本，委员有刘佐俊、晏德美、刘佐成、刘永豪、陈朝柯等。枷档河苏维埃政权成立时辖枷档河、小兰、隔蛇、蓬莱溪、两河口等9个村，后来活动范围又扩展到贵州瓦溪乡的交溪场、下午郎、大蛇及秀山膏田乡的水田坝、干田坝、河坝等9个村。枷档河红军游击队曾于1934年10月4日，配合红军小分队参加隔蛇战斗，打垮了杨卓之布防在这里的1个连，敌哨兵毙命，活捉敌连长彭绍清及士兵20余人。

（3）巴盘红军游击队。

巴盘红军游击队，成立于1934年9月，是红军干部黄治安（三合场巴盘人）奉贺龙之命，率领战士廖胜前、黄子荣等人回乡组建的。黄治安任队长，队员有廖怀忠、卢显富、吴世安、廖胜前、廖楦、刘国芳、谭云清等20余人，有长短枪10余支。同月，又成立了巴盘苏维埃政府，主席黄治安，副主席卢显富，委员廖胜前等。巴盘苏维埃政府辖巴盘、刘院、小石、沙坝、三合场5个村。巴盘红军游击队在胆识过人的黄治安领导下，在距离秀山县城仅10余里地的平坝地区，对外以防匪、防盗、维护治安为掩护，巧妙地开展了抗丁、抗捐、打富济贫等革命活动。1936年，在巴盘廖家祠堂召开了盛大的农民协会代表大会，参会代表达数百人之多，"仅周边贵州、湖南、酉阳的代表就有几十人。会期4天，每天鸣放铁

---

[1] 重庆市老区建设促进会：《重庆革命老区》（内部编印），重庆市老区建设促进会组织编撰，2009年版第284页。

炮，震惊了国民党秀山县政府。"①巴盘苏维埃政府还在清溪场建立了"川黔旅馆"联络点，与坝芒、枷档河及贵州甘龙口的游击队保持联系。巴盘红军游击队坚持斗争长达3年之久。1937年，主席兼队长的黄治安在清溪场被杨卓之手下暗杀，巴盘苏维埃政权及游击队的活动才被迫停止，这是秀山坚持斗争时间最长的苏维埃政权。

遍布渝东南民族地区的农民武装暴动及红军游击队的建立和发展，有力地配合了红三军在酉（阳）、秀（山）、黔（江）、彭（水）境内的军事作战及创建湘鄂川黔新根据地的革命斗争。

三、红三军转战渝东南，创建湘鄂川黔革命根据地

1927年党的"八七"会议后，党中央派贺龙、周逸群、万涛等人先后到湘鄂西创建了湘鄂西革命根据地和洪湖苏区，组建了贺龙任总指挥的中国工农红军第二军团。1931年3月，红二军团改编为红三军，贺龙任军长。

1．湘鄂西分局大村会议

1932年7月，蒋介石派大军向湘鄂西根据地发动第四次反革命"围剿"。由于中共中央湘鄂西分局书记夏曦等人执行王明"左"倾教条主义错误路线，红三军损失惨重，由2万多人锐减至3千人，未能粉碎敌人之"围剿"，断送了湘鄂西革命根据地。1932年10月，红三军被迫撤出洪湖苏区，向北突围，绕道豫西南、陕南、川鄂边，于1933年初又回到湘鄂边。"面对原苏区全部丧失的现状，贺龙认为恢复湘鄂西根据地比较困难，只有到川东南（渝东南）的酉（阳）、秀（山）、黔（江）、彭（水）一带去重新开辟革命根据地，才有利于革命的发展。"②1933年12月19日，中共中央湘鄂西分局在湖北咸丰县大村召开会议。会上，贺龙在认真总结了湘鄂西革命根据地失利教训和分析敌我双方态势后，提出了向渝东南的酉阳、秀山、黔江、彭水发展，创建湘鄂川黔边新苏区的战略构想。会议决定放弃恢复湘鄂边根据地，一致赞同贺龙向渝东南的酉、秀、黔、彭地区发展，创建湘鄂川黔边新苏区的主张，并制定了首先占领黔江的军事部署。③

---

① 重庆市老区建设促进会：《重庆革命老区》（内部编印），重庆市老区建设促进会组织编撰，2009年版第284页。
② 中共四川省涪陵市委党史研究室：《中共涪陵地区简史》，重庆出版社，1996年版第94页。
③ 1934年9月15日《中共湘鄂西中央分局向中央的报告》，载中共四川省涪陵地委党史工委：《贺龙在川东南》，解放军出版社，1988年版第358页。

2. 红三军转战渝东南

根据大村会议精神，1933年12月22日，红三军以特科二大队和21团为先锋，从湖北咸丰向黔江挺进。红三军先后突破黔江驻军川军周化成部在大路坝和中坝构筑的防线，兵分三路包围黔江县城，激战数小时，歼灭周化成1个区队和黄子裳1个营。县长殷鉴随周化成残部逃窜。红三军攻占黔江县城。红三军进城后，召开群众大会，宣传共产党的政策及红军的性质任务，在城内外书写"红军是工人和农民的军队""打倒蒋介石""打倒土豪劣绅""红军不拿工人和农民一针一线"等标语，①印制《红三军入川告酉、秀、黔、彭父老兄弟姊妹书》广为张贴和散发。红三军政治部还印发了《中国工农红军的任务和纪律》。②红三军军纪严明深受黔江百姓拥护和欢迎。"一阵狂飙乌云开，红军像从天上来。打得'狗子'哇哇叫，吓得土豪逃脱鞋。"③这首当年流传的民谣，生动地表达了当地人民对红军的爱戴。红军攻占黔江后，刘湘急忙派其第5师反扑黔江。12月29日，红三军放弃黔江县城，向湖北咸丰转移，当时有200多黔江青壮年参加了红军。红三军转移时，留下军部副官花顺涛、特务队队长刘汉卿和冯义发等红军骨干，组织红军游击队。

1934年1月3日，红三军攻占湖北利川后，又从利川进入石柱。1月10日，红三军抵达石柱县城附近的沙谷乡猫圈坡（现灯盏公社）扎营休整。时值冬旱，群众吃水困难。为了给群众排忧解难，贺龙亲自带领干部战士到处寻找水源，终于在下院子里发现一处浸水洼地，便集中力量日夜挖掘，很快打好了一口水质清洁的井，从此解决了当地群众的饮水难问题。红军走后，这口井常年不干，取水不尽，群众称之为"仙井""龙井"。群众为表达对贺龙和红军的感谢之情，编了一首山歌："昔日喝水贵如油，下山挑水就发愁，自从贺龙挖了井，'龙'水流进锅里头。"④1934年1月，湖北军阀徐源泉与四川军阀刘湘东西夹击，企图将红三军围歼于利川一带。红三军趁湘西军阀陈渠珍部参加黔战之机，乘虚进入湖南龙山境内，游击于湘西永顺、桑植、大庸、慈利等县。

---

① 中共黔江土家族苗族自治县委党史工作委员会办公室：《黔江革命斗争记略》（内部编印），1984年版第8页。
② 中共四川省涪陵地委党史工委：《贺龙在川东南》，解放军出版社，1988年版第368页。
③ 中共黔江土家族苗族自治县委党史工作委员会办公室：《黔江革命斗争记略》（内部编印），1984年版第8页。
④ 中共石柱土家族自治县委党史研究室：《石柱人民革命斗争简史》（内部编印），2004年版第74页。

3. 湘鄂川黔革命军事委员会的建立与十字路会议

红三军进入湘西后，夏曦极力进行所谓"清党"，带领部队盲目游荡，加上弹药缺乏，给养困难，在湘敌"围剿"下损失很大，部队作战情绪受到较大影响。1934年3月，红三军在慈利江垭与湘军作战后，贺龙与关向应极力抵制夏曦逃跑主义错误，召开了中共中央湘鄂西分局会议，讨论决定坚持大村会议精神，回师酉、秀、黔、彭，把鄂川边创造成为游击中心区域，创建湘鄂川黔革命根据地。会上成立了由夏曦、贺龙、关向应、卢冬生组成的中华苏维埃共和国湘鄂川黔革命军事委员会，作为这一区域苏维埃运动的领导机关。4月14日，中共中央湘鄂西分局在利川十字路召开会议，通过了《关于发展鄂川边区苏维埃运动任务的决议》，确定了发展鄂川边区苏维埃运动、建立革命政权、发展地方武装和党的组织等任务。会议决定红三军首先进攻彭水，然后向酉阳、黔江边境游击，把鄂川边、渝东南等地连成一片，形成广大的游击根据地。4月20日，为贯彻十字路会议精神，红三军由咸丰出发深入黔江、酉阳县的蓬东、马喇湖等10多个区、乡。黔江、酉阳是少数民族地区，红三军所到之处军纪严明，秋毫无犯，尊重少数民族风俗习惯，得到当地人民的拥护。5月6日，红三军从酉阳马喇湖（今属黔江）出发，奔袭彭水县城。8日，红三军占领彭水县城，全歼川军守敌鲜少华部，俘敌400余人，并打开监狱，释放无辜群众。红三军还印发湘鄂川黔革命军事委员会《告湘鄂川黔人民书》和《中国工农红军的任务和纪律》，书写张贴"打倒刘湘""红军是干人（穷人）的队伍""红军不拉夫，不派款"等革命标语，[①]向群众宣传党的政策和红军的任务、纪律。红三军转战渝东南，打乱了刘湘围追堵截红军的部署。

4. 枫香溪会议与黔东特区根据地的建立

1934年5月10日，红三军离开彭水，西渡乌江，进入贵州，于6月1日攻占贵州沿河县城。随后，为甩开敌人的包围，贺龙指挥部队向酉阳县南腰界进发。南腰界地处渝黔边界，与渝东南的秀山和贵州的松桃、沿河、德江、印江毗邻，战略地位重要，且境内层峦叠嶂，幅员广阔，人口较多，粮食富足，在军事上有广阔的回旋余地，有利于开创湘鄂川黔革命根据地。从此，贺龙以南腰界为大本营，派出几支部队，东征秀山、松桃，南攘沿河、印江，开展了开拓川黔边革命根据地的工作。同时，派出一批政工人员前往川鄂边，指导那里的工委和渝东南

---

① 中国人民政治协商会议彭水苗族土家族自治县委员会文史资料委员会：《彭水文史资料》第5辑（内部编印），1989年版第85页。

的石柱、黔江以及湖北利川、咸丰、宣恩等县游击队的斗争，使渝东南、川黔边和川鄂边的斗争连成一片，为开创湘鄂川黔革命根据地打下了基础。6月9日，红三军主力由南腰界出发进入贵州印江刀坝场，15日到达印江沙子坡，于次日召开以冉少波领导的"神兵"队员为主的群众大会，发布了《中华苏维埃共和国湘鄂川黔革命军事委员会致贵州印江德江务川沿河各县神坛诸同志书》。①会后，红三军将冉少波的"神兵"队伍收编组成为黔东纵队。

1934年6月19日，红三军进军至贵州德江枫香溪，中共中央湘鄂西分局在此召开会议，决定建立包括贵州沿河、德江、印江、松桃和渝东南酉阳、秀山在内的黔东特区，恢复红三军的党团组织和政治机关，抽调一批干部去做开创革命根据地的工作。"枫香溪会议是红三军一个伟大的历史转折，是红三军从挫折走向胜利的一个新起点。"②根据枫香溪会议的决定，贺龙于6月24日率领红三军回到南腰界，成立了新的军委会机关，并组建了若干既是工作队又是能分散活动的游击队，分别派往酉阳、秀山、沿河、德江、印江、松桃等地发动群众，开辟根据地。通过努力，这些工作队在各地共组建起10多支游击队，游击队员达1 000多人；建立了8个乡级苏维埃政权组织，带领当地群众开展了轰轰烈烈的土地改革。经过近一个月艰苦细致的工作，川黔边的区、乡苏维埃政权相继建立起来。7月21至22日，湘鄂川黔革命军事委员会在沿河县铅厂坝召开了黔东特区第一次工农兵苏维埃代表大会，讨论通过了《没收和分配土地条例》《工农武装问题的决议》《优待红军及其家属条例》《关于苗族问题的决议》和《肃反问题》等文件，选举贺龙、夏曦、关向应、卢冬生等80人组成黔东特区革命委员会，正式成立黔东特区革命政府。黔东特区根据地包括了渝东南民族地区的酉阳、秀山以及贵州的沿河、德江、印江、松桃等6个地区，纵横100多公里，人口达20万，有17个区革命委员会、170多个乡级苏维埃政权。③黔东特区根据地的建立，一是结束了红三军两年来无根据地流动作战的尴尬局面，使红三军从湘鄂西武装割据旧时期发展到湘鄂川黔边武装割据新时期，标志着川黔边人民革命斗争进入到一个新阶段；二是为红二、六军团胜利会师提供了落脚点，创造了条件，为开辟湘鄂川黔革命根据地奠定了重要基础。

---

① 中共四川省涪陵地委党史工委：《贺龙在川东南》，解放军出版社，1988年版第371～373页。
② 中共重庆市委党史研究室：《中国共产党重庆历史》第一卷（1926-1949），重庆出版社，2011年版第255页。
③ 中共四川省涪陵地委党史工委：《贺龙在川东南》，解放军出版社，1988年版第30页。

5. 南腰界区革命委员会的建立与中共中央湘鄂西分局会议

南腰界位于酉阳县南部，系川黔两省结合部。随着黔东特区的成立，1934年8月1日在南腰界也成立了以陈显朝为主席的南腰界区革命委员会，中共中央湘鄂西分局全体成员出席了成立庆祝大会，参会者达7 000余人。南腰界区革命委员会成立后，中共中央湘鄂西分局即在余家桶子召开会议，认真学习贯彻中央送来的指示信和六届五中全会决议精神。中央指示信对湘鄂西分局"肃反"扩大化和解散党团组织的问题，提出了严厉的批评。会议对"肃反"扩大化和解散党团组织问题作了检讨，研究了纠正措施，并着重研究黔东特区的形势和党的任务，作出了《中共湘鄂西中央分局接受中央指示及五中全会决议的决议》和《中共湘鄂西中央分局关于红军中党团员党籍团籍问题的决定》。会议决定"用最大力量去发展川东、酉阳、黔江的游击战争，以与鄂川边区游击战争打成一片，以开展鄂川边区和川东苏区的建立"；"准备一批干部去建立、恢复湘鄂边，恢复洪湖的工作"①。自这次会议后，红三军党内、军内长期存在的恐惧心理和人人自危的情绪逐渐缓和下来，全军将士精神振奋，南腰界及其周围地区土地革命很快掀起新高潮，川黔边革命根据地开始呈现出生机勃勃的发展趋势。

1934年9月上旬，中共中央湘鄂西分局在余家桶子召开重要会议。会议回顾了红三军的战斗历程；清理了1932年以来"肃反"运动对红三军造成的影响；总结了红三军丧失湘鄂西根据地的惨痛教训；夏曦在会上作了自我批评；贺龙分析了川黔边根据地革命斗争形势，提出了目前工作的方针和任务。会议通过了《中共湘鄂西中央分局向中央的报告》。这次会议，针对红三军党的建设、军队建设、革命根据地的建设，以及军队和地方干部的培养与补充等方面均提出了具体的工作目标。通过这一时期的努力，"肃反停止了，提拔了一批干部，建立了党的组织，恢复了政治机关，在各县建立了游击队和独立团，扩大了红军，建立了根据地，这都是很大的转变"②。这对于巩固黔东特区，开拓川黔边革命根据地，创造湘鄂川黔新苏区，具有重要的指导意义。此后，红三军各部在贺龙、关向应率领下，分别在枫香溪、谯家铺、来安营痛击来犯之敌，接连取得军事斗争的新胜利。

红三军挺进渝东南民族地区后，带领境内各族人民，创建了湘鄂川黔边战略区，粉碎了国民党军队无数次的"围剿"，开拓了广阔的游击区和革命根据地，成功地完成了红三军由湘鄂西武装割据到湘鄂川黔边武装割据的战略转移，为

---

① 中共四川省涪陵地委党史工委：《贺龙在川东南》，解放军出版社，1988年版第334页。
② 中共四川省涪陵地委党史工委：《贺龙在川东南》，解放军出版社，1988年版第35页。

红二、六军团会师提供了落脚点，为后来创建湘鄂川黔革命根据地奠定了坚实的基础。

四、红二、六军团会师南腰界，配合中央红军长征

1. 红二、六军团会师南腰界

1934年7月23日，中央军委命令红六军团作为红一方面军长征先遣队突围西征，转移到湖南中部开展游击战争，并同红三军取得联系。8月7日，在任弼时、萧克、王震组成的军政委员会的领导下，红六军团9 700多人由江西出发，经过两个多月的远征苦战，进入黔东地区。红六军团在贵州甘溪寻找红三军时，遭到桂、湘、黔三省敌军的突然袭击，全军被截为三段，3个师6个团全被打散。甘溪一战，红六军团损失惨重，只剩下3 000多人，处境十分险恶。而红三军因电台损坏，与中央中断了联系，贺龙本不知红六军团已经西征。10月上旬，贺龙在南腰界从国民党报纸上看到萧克所部朝川黔边方向运动的消息，判断红六军团要来，便派出几支部队分赴秀山、沿河、印江一带游击，以探寻和接应红六军团。红六军团在甘溪突围后，在崇山峻岭中向黔东特区方向寻路前进，红六军团参谋长李达率部首先与贺龙带领的部队会合。贺龙得知任弼时、萧克、王震尚处在危难之中，立即与关向应、李达率部队朝梵净山方向南下接应，于10月24日在印江木黄找到了任弼时、萧克、王震带领的红六军团主力部队。

10月26日下午，红三军和红六军团所属部队8 000多人从各地到达南腰界。任弼时以中央代表的身份，召集两个军团领导人在红三军司令部余家桶子召开会议。会议具体讨论了如何策应中央机关和中央红军转移以及两军会合后的军事行动方向和主要任务等问题，一致赞同中央指示精神以及红二、六军团会合后统一行动的方案，并决定立即展开湘西攻势，主动向敌人发起进攻，建立湘鄂川黔革命根据地，以配合中央机关和中央红军转移的行动计划。为统一两个军团的行动，会议决定红三军恢复红二军团番号，下辖2个师，由贺龙任军团长，任弼时任政委，关向应任副政委，李达任参谋长，张子意任政治部主任。红六军团因减员太大，暂缩编为3个团，由萧克任军团长，王震任政委，谭家述任参谋长，甘泗淇任政治部主任。两军团统一行动，由二军团代行指挥职能。后经中革军委批准，成立了两军团总指挥部（由红二军团部代总指挥部），贺龙任总指挥，任弼时任政委，关向应任副政委。会议还对夏曦在湘鄂西和红三军中所犯"左"倾错误作出

了批评,并由萧克、任弼时、王震联名致电中央书记处、中革军委,建议撤销夏曦的职务,"提议贺龙为分革军委主席,萧、任副之"①。10月27日,红二、六军团在南腰界猫洞大田举行了隆重的会师大会,并对部队进行了整编,为东征湘西做好了准备。

2. 东征湘西,策应中央红军长征

红二、六军团在南腰界会师时,红一方面军已从中央革命根据地突围,正沿粤赣边境向湘南前进。于是,追剿红六军团的湘、桂两省敌军迅速东调,围堵红一方面军。为策应红一方面军的行动,1934年10月28日,红二、六军团从南腰界出发,向湘西北挺进,于30日进入酉阳县城。11月3日,红二、六军团由酉阳出川,经湖北边境进入湘西地区,于7日攻占永顺县城。为诱敌深入,消灭敌人,红二、六军团主动撤出永顺县城,埋伏于十万坪丛林中。16日,敌军进入红军伏击圈后,红军全线出击,敌军被俘被歼者数千,红二、六军团取得了会师后的第一次大胜利。随后,红二、六军团回师收复永顺县城。随着湘西攻势的展开,红二、六军团先后占领了桑植、大庸、桃源、慈利等县大部地区,为湘鄂川黔边革命根据地的建立奠定了重要基础。11月26日,为加快湘鄂川黔边根据地建设,根据中央指示,湘鄂川黔省委、湘鄂川黔省革委和湘鄂川黔省军区等领导机构在大庸成立,任弼时任省委书记兼省军区政委,贺龙任省革委主席兼省军区司令员。随着湘西攻势作战的相继展开,红二、六军团陆续控制了永顺、桑植、大庸县的大部和龙山、保靖、桃源、慈利、常德县的一部,并在永顺、桑植、大庸、保靖4个县建立起苏维埃政权和地方游击武装,初步建成了湘鄂川黔边根据地。红二、六军团展开的一系列湘西攻势作战,"迫使敌人不得不抽调追剿红一方面军的4个师驰援湘西,从而有效地减轻了对红一方面军的军事压力,在战略上有力地配合了红一方面军的长征"②。

湘鄂川黔边革命根据地的发展壮大,使红二、六军团军威大振。蒋介石不甘心失败,从进攻中央苏区和"围剿"中央红军的前线调集19个师20多万兵力,对湘鄂川黔革命根据地发动了更大规模的"围剿"。为粉碎敌军对湘鄂川黔边革命根据地的围剿,遵义会议后由毛泽东、周恩来等组成的新中央军委及时向红二、

---

① 中共四川省涪陵地委党史工委:《贺龙在川东南》,解放军出版社,1988年版第380页。
② 中共重庆市委党史研究室:《中国共产党重庆历史》第一卷(1926-1949),重庆出版社,2011年版第266页。

六军团发出指示："总的方针是决战防御，而不是单纯的防御；是运动战，而不是阵地战。"①红二、六军团根据新的中央军委的指示，利用四省边界广阔的回旋余地，采用灵活机动的战略战术，粉碎了20多万敌军大规模的"围剿"，打乱了蒋介石围追堵截中央红军的部署，为中央红军长征的胜利创造了有利条件。从1935年1至8月，红二、六军团粉碎了敌人80多个团的"围剿"，牵制了追击中央红军之敌，有力地支援了中央红军的长征。1935年9月，敌人又调集130个团的兵力，对湘鄂川黔边革命根据地再次发动更大规模的"围剿"。鉴于红二、六军团策应中央红军长征的任务已经完成，继续固守根据地已无重要战略意义，中共湘鄂川黔省委和军委分会根据中央军委指示和遵义会议精神，决定红二、六军团主力向贵州省转移，寻机建立新的革命根据地。11月19日，红二、六军团主力由桑植地区出发，开始长征。留在根据地的红18师，经过一个多月的艰苦战斗，圆满完成了牵制敌人、策应红二、六军团主力突围长征的任务。

五、红二、六军团撤离后渝东南民族地区人民的不屈斗争

红三军和红二、六军团转战渝东南民族地区时期，在境内播撒了革命火种，传播了革命真理，唤起了人民觉醒。红军撤离渝东南境内后，国民党当局和各地逃亡在外的土豪劣绅、恶霸地主等地方反动势力卷土重来，组织"清乡队""还乡团"，对境内人民进行了疯狂的反攻倒算，发出了"一人当红军，全家诛灭"和"凡参加游击队不投案自首的，隐藏红军伤员不报的，分得衣物田产不如数退还的，给红军带路联系不说的，一律斩尽杀绝"②的反革命叫嚣。他们杀人放火，洗劫村寨，奸淫掳掠，并采用"点天灯""猴子板桩""灌辣椒水""打风摆柳"等残忍手段，杀害了大批红军伤病员、游击队员、自卫队员、苏维埃干部和革命群众。面对反动派的残酷镇压，人民高举红军传下来的革命火种，开展了长期不屈不挠的反抗斗争。

红二、六军团撤离渝东南东征湘西后，以刘湘为首的反动军阀势力向革命群众进行了疯狂反扑。国民党四川省政府要求红军经过的地区严密保甲组织，成立清乡善后委员会、整理委员会等反动机构；重新拼凑起清乡团、义勇队、侦缉队等反动武装；到处颁布"搜剿"命令和限期"登记""自首""告发""缉拿"通告；

---

① 中共四川省涪陵地委党史工委：《贺龙在川东南》，解放军出版社，1988年版第386页。
② 中共酉阳土家族苗族自治县委党史研究室：《酉阳现代风云录》，西南师范大学出版社，1999年版第96页。

四处布防设卡，挨门挨户、逐村逐寨搜查逮捕和屠杀流散红军、红军伤病员及各类革命政权的干部、游击队员，凡是为红军和苏区党政机关做过事的人，以及红军家属都受到了残酷迫害，有的家被抄，有的房屋被烧，有的惨遭杀害，有的被迫逃亡他乡。①

在秀山土家族苗族自治县，参加过红军并担任过黔东特区枫香溪区革命委员会保卫队队长的王邦俊，革命意志坚定，爱憎分明，曾亲自处决七八个敌对分子，多次受到组织的表彰，那些不法土豪劣绅一提起"秀山老王"无不胆战心惊。1934年10月底，红军撤离秀山后，王邦俊等留下的苏区干部被迫转入地下坚持斗争。11月14日，他被叛徒出卖，落于敌手。敌人用遍酷刑也没有从其口中获知半点其他苏区干部的秘密。11月15日，王邦俊被恼羞成怒的敌人杀害。虽然至今其遗骨无存，但其革命精神却在秀山人民中永远传颂。

在酉阳土家族苗族自治县，敌人不仅疯狂捕杀游击队员、苏维埃干部和家属，还强迫群众清洗红军书写的标语。黔东特区政府副主席秦育青率领的特区保卫队、政府工作人员和红军伤病员200多人，在掩护独立师上梵净山的途中被敌人打散，24名战士被俘，其中9人被敌人当场用马刀砍死。剩下15人投入狮子山营盘关押。在这里，敌人将两名战士吊在树上，用烧红的炭火烙其胸膛和腹部折磨至死。在南腰界被群众掩护下来的11名掉队红军战士，不幸遭团丁截获，在天台乡红椿坨被集体杀害。在酉阳南腰界、秀山的川河盖以及贵州的白石溪等地被俘的几百名红军，分别被关押在酉阳、秀山、甘龙等监狱，受尽了折磨，除了黔东特区革委会委员刘本钰从监狱逃脱以及江西籍的女红军张吉兰、陈富莲和湖南籍的女红军贺咏珍、谭世英等小部分幸存下来外，其余大部分壮烈牺牲。红二、六军团撤离南腰界进军湘西后，国民党团总冉瑞廷组织"还乡团"返回南腰界，开始反攻倒算。他将抓到的南腰界游击大队长池宽成捆绑在冉家门外的树上吊打，逼池宽成赔偿"损失"，经百般折磨后，将其击毙。他又将游击队员欧廷柱夫妇捆绑在欧家门前的树上，用手枪将两人杀害。南腰界大坪盖红军游击队大队长陈良玉率部队在川黔边区袭击、牵制敌军，掩护红军主力东进。11月，陈良玉率领的游击队被敌军打散，他冲出敌军包围潜回酉阳南腰界乡家中，不久被国民党当局逮捕。"他面对敌人的屠刀，破口大骂反动派，高呼'打铁不怕火烫脚，革命不怕砍脑壳'，

---

① 中共重庆市委党史研究室：《中国共产党重庆历史》第一卷（1926-1949），重庆出版社，2011年版第273页。

敌人割掉他的舌头，采取'五马分尸'的残酷手段将他杀害于酉阳龙池河畔"①。据不完全统计，仅南腰界地区被国民党反动派及还乡团杀害的红军战士、游击队员、苏维埃干部就达100多人，未遭杀害的几十名游击队员和苏维埃干部或被迫流亡贵州，或散处酉阳、秀山穷乡僻壤，十多年不能回家。"为了免遭屠杀，大坪盖游击队员陈洪开等几十家离开故土，逃往他乡。"②

红二、六军团撤离南腰界东进后，渝东南民族地区的人民虽然处于反动派的残酷镇压之中，但是红军播下的革命火种并未熄灭。在酉阳白石溪，归黔东独立师领导的川黔边独立团在同敌军进行了一场激战，完成了牵制敌人、掩护红军主力转移任务后，队伍被打散，副团长符功荣奉命返回家乡酉阳李溪镇思泉村，他卖掉自家的田地购买枪支弹药，到周围村寨发动群众，组建一支30多人的游击队，在南腰界、天山、思泉、毛鸡塘等地给南腰界恶霸团总冉瑞廷、秀山土匪头子饶裕德的地主、土匪武装以沉重打击。1935年1月23日，冉瑞廷、饶裕德带领100多人的武装袭击符功荣的游击队。符功荣带领部队奋力抗击，后被敌人围困在庙湾岩洞中，敌人用烈火和毒烟向洞内熏烧，符功荣等6位游击队员全部壮烈牺牲。在秀山巴盘乡，当红二、六军团挥师东进后，乡苏维埃政府主席黄治安带领红军游击队隐蔽于深山之中，以游击战打击敌人，坚持斗争达3年之久。1937年年底，黄治安在清溪场被国民党秀山县西路团防头子杨卓之派人暗杀，巴盘红军游击队才停止了活动。

红二、六军团东征湘西后，渝东南各县的国民党反动军阀及还乡团等强迫当地群众铲除红军标语，交出并销毁红军用过的物品，企图以此来消除红军对当地人民群众的影响。各地人民群众为保护红军的标语、宣传画及实物，冒着生命危险，机智、巧妙地与敌人进行周旋与斗争，收藏保存了一大批革命文物。为了保存红军书写的标语，南腰界的群众，有的用盐巴与石灰和水涂抹标语后，再用黄泥巴盖起来；有的用炭灰、草木灰、锅烟灰和烟墨直接涂抹标语，在敌人眼皮子底下保护了红军标语，如"共产党十大政纲""红军为土地归农民而战"等标语，"蒋介石是帝国主义走狗"等宣传画得以保留至今。苏区人民还以极大的革命热情"收藏了《中国工农红军的任务和纪律》《革命委员会政治纲领及组织法草案》《苏

---

① 中共酉阳土家族苗族自治县委党史研究室：《酉阳现代风云录》，西南师范大学出版社，1999年版第97页。
② 中共酉阳土家族苗族自治县委党史研究室：《酉阳现代风云录》，西南师范大学出版社，1999年版第97页。

维埃》《农民协会的纲领及章程》《工农自卫队的任务及章程》等一大批珍贵革命文物"①。游击队员冉隆昌，在南腰界游击大队成立时，亲手接过贺龙军长授予的一把刻有"将革命进行到底"的钢刀和一面绣有镰刀铁锤的红旗，并向贺龙军长表示要将革命进行到底。红军转移后，冉隆昌将钢刀和红旗用几层油纸包好，分别珍藏在家中柱头的夹缝中和南腰界土地庙顶阁里。直到新中国成立，他才取出红旗和钢刀，交给人民政府，现珍藏在贵州遵义纪念馆。南腰界群众罗秀代一直珍藏着红军送给他的那个药瓷瓶。罗碧英在饥寒交迫中，也舍不得花掉红军买她酸红苔酒治痢疾病的那块银元。游击队员王春和至今仍珍藏着红军送给他的那把铜茶壶。黔东独立师班长刘应学至今还保存着当年当红军时的那把大刀。②一些当年广为传唱的"太阳出来满天红，扛起梭镖跟贺龙，一心一意闹革命，干人从此不受穷"；"要吃辣子不怕辣，要当红军不怕杀，刀子靠在颈子上，脑壳掉了碗大个疤"等红军歌谣也在当地流传至今。③

综上所述，进入土地革命战争时期后，渝东南民族地区各族人民在中共四川省委领导下坚持斗争，各地党的基层组织逐步恢复和建立起来。随着党的"八七"会议精神在渝东南民族地区的贯彻执行，在中共四川省委制定并下发的《春荒暴动行动大纲》指引下，渝东南各地党组织发动了涪陵天宝寺、武隆火炉铺等多次农民暴动，揭开了渝东南民族地区武装反抗国民党反动统治的序幕。1928年6月，中共六大召开。根据中共六大精神及中共四川省委的总体部署，渝东南民族地区各级党组织在不到半年时间内，发动了涪陵抗捐军起义、彭水武装起义等几次大规模的武装起义，沉重打击了国民党反动派的嚣张气焰，提振了渝东南人民的斗争气势。1933年12月，贺龙率领红三军进入渝东南后，渝东南民族地区地方党组织又发动了涪陵土地坡农民暴动等多次武装斗争。遍布渝东南民族地区的农民武装暴动及红军游击队的建立和发展，有力地配合了红三军在渝东南境内的军事作战及创建湘鄂川黔根据地的革命斗争。红三军和红二、六军团转战渝东南时期，在境内播撒了革命火种，传播了革命真理，唤起了人民觉醒。红军撤离渝东南境内后，国民党当局和土豪劣绅等地方反动势力卷土重来。面对反动派的残酷镇压，

---

① 中共酉阳土家族苗族自治县委党史研究室：《酉阳现代风云录》，西南师范大学出版社，1999年版第99页。
② 中共酉阳土家族苗族自治县委党史研究室：《酉阳现代风云录》，西南师范大学出版社，1999年版第99页。
③ 秀山土家族苗族自治县老区建设促进会：《历史的丰碑——红军在秀山》（内部编印），2005年版第100～101页。

人民高举红军传下来的革命火种，开展了长期不屈不挠的反抗斗争。土地革命战争时期，渝东南民族地区上述革命活动的开展，形成和留下了革命的遗址、遗物、事迹、标语、宣传画、文献、口号、歌谣等大量红色文化资源。这表明，境内物质形态及精神形态的红色文化资源在这一时期已经形成。

第三节　抗日战争时期境内红色文化资源的发展

全中华民族的抗日战争开始于1937年7月7日，结束于1945年8月，历时8年。它是近代以来中华民族反抗外敌入侵、争取民族独立并第一次取得完全胜利的民族解放战争，是20世纪中国和人类历史上的重大事件。

抗日战争爆发后，渝东南民族地区各族人民积极响应中国共产党关于"团结起来，筑成民族统一战线的坚固的长城，抵抗日寇的侵略"的伟大号召，掀起了声势浩大的抗日救亡运动，表现出空前高涨的抗战热情。随着党领导的渝东南民族地区抗日救亡运动的兴起，在土地革命战争时期遭到严重破坏的酉（阳）、秀（山）、黔（江）、彭（水）、石（柱）、武（隆）、涪（陵）各县的党组织逐步恢复和建立起来。在中共中央南方局领导下，各地党组织积极贯彻中共中央"隐蔽精干"方针，"在坚持抗战、争取民主进程中深入社会、扎根群众、建立据点、巩固组织、发展进步力量，直至在民主运动高潮中迎来抗战胜利"①。在8年抗战的艰难岁月里，渝东南民族地区的土家族、苗族、汉族各族人民以忘我的民族大义积极投身抗日救亡运动，倾其人力、物力和财力参加抗战，为构筑抗战大后方，争取全民族抗战的胜利作出了无私的贡献。

一、抗日战争爆发前后渝东南民族地区群众抗日救亡运动的兴起

1931年9月18日深夜，日本关东军炮轰中国东北军驻地北大营，并分别向沈阳城和长春、四平街、公主岭等地发动进攻，"九一八"事变爆发。由于东北军执行蒋介石"不抵抗"政策，至1932年2月，辽宁、吉林、黑龙江三省全部沦陷，3 000多万名东北骨肉同胞沦为亡国奴。

---

① 中共重庆市委党史研究室：《中国共产党重庆历史》第一卷（1926-1949），重庆出版社，2011年版第300页。

1. 抗日战争爆发前渝东南民族地区群众抗日救亡运动的兴起

"九一八"事变的消息传到渝东南民族地区后，激起渝东南人民极大的民族义愤。具有反帝爱国革命传统的渝东南人民，同全国人民一道，同仇敌忾，迅即掀起反对日本帝国主义侵占东北的抗日救亡运动。由于土地革命战争时期党内屡次出现"左"倾错误领导，至"九一八"事变发生时，渝东南民族地区的党组织已遭到严重破坏，组织活动已处于停滞状态。当时，中共涪陵、石柱、彭水、秀山等县委虽然遭到国民党反动派的严重破坏，或处于被严密监视之中。但是，各县隐蔽下来的共产党员，他们仍然冒着被国民党反动派逮捕杀害的危险，高举抗日爱国大旗，组织、领导当地工人、农民、进步师生声讨日本帝国主义入侵中国东北的罪行，要求南京国民党政府放弃"不抵抗"政策，对日宣战，收复东北失地。

在涪陵县，1931年10月，各界民众团体和学生成立抗日义勇队等抗日群众组织。在共产党员甘在仁的组织领导下，县里还组建了抗日义勇队妇女支队，并发表宣言："国家是全民的国家，不是单独男子的国家。在国家势迫的时候，妇女也应该勇敢地肩负起责任，不打倒强暴野蛮的日本帝国主义，恢复我国完整的领土，誓不终止。"①抗日义勇队等抗日群众组织相继举行声势浩大的示威游行，强烈要求国民党政府对日宣战，并在街头张贴"打倒日本帝国主义""恢复东北失地""停止内战，一致对外"等标语。

在武隆县，羊角小学的进步师生组织了抗日宣传队，走上街头宣传抗日。师生们将日本帝国主义侵略中国东北之行径形象地绘制成一幅漫画，把日本侵略者描绘成一条巨蟒，由日本国内爬出后将头部伸入中国东北境内，张开血盆大口，吞下东北三省。师生们以漫画形式向人民群众揭露日本帝国主义的侵略罪行。

在彭水苗族土家族自治县，热血男儿一致要求去前线抗日杀敌。在群众要求抗日呼声中，1932年4月，在县长何树乔、彭水驻军团长石照益等协助下，由25人组成的"彭水抗日义勇军敢死队"正式成立。"此一壮举在彭水社会各阶层激起很大反响，不少士绅、巨商，群众自动捐赠路费即达大洋650余元。敢死队离彭前夕，彭水各界人士召开了盛大欢送大会，并设宴饯行。县政府还派专人对25人的亲属进行慰勉，登记，准备日后抚恤工作。"②彭水县抗日救亡运动从此高涨起来。

---

① 中共四川省涪陵市委党史研究室：《中共涪陵地区简史》，重庆出版社，1996年版第115页。
② 中国人民政治协商会议彭水苗族土家族自治县委员会文史资料研究委员会编：《彭水文史资料选辑》第3辑（内部发行），1987年7月版第2页。

在黔江区，广文小学教师周念民（共产党员）等人以学者名义通电抗日反蒋，组织抗日救国会，号召各界人民群众不分党派团体、宗教信仰、男女老幼，都参加抗日救国会，共同抗日。

在秀山土家族苗族自治县，"九一八"事变后，县内大批爱国志士、热血青年走上街头，宣传抗日救国，抵制日货，义卖募捐，组建义军。抗日的怒火，燃烧在西南边城秀山的土家苗寨。1932年6月，秀山中学三、四、五班学生自发地组织起"抗日义勇军"，并请秀山中学教师冉言富任教官，县团练局拨给80余支废枪，"每天早晚操练杀敌本领，时刻准备奔赴抗日前线。抗日义勇军还排练演出反映吸大烟害处的话剧《黑籍冤魂》，激发广大民众起来抗日"①。

在酉阳土家族苗族自治县，"九一八"事变发生后，县内人民群众无不义愤填膺，呼吁抗日救国。酉阳简易师范学校广大师生自发地开展抗日救亡宣传活动，一是利用每天早晚升降旗仪式，由学校领导、老师轮流主讲"九一八"事变经过实况和抗日救国重大意义，号召全体民众紧急行动起来，呼吁国民政府抗日；二是在校内及校外各街巷张贴"抗日救国是全体民众的神圣职责！""抗日则国兴，不抗日则国亡！""打倒日本军国主义！""复兴中华民族！"等抗日爱国标语。1932年上海爆发"一·二八"事变后，"县内钟多、龙潭、龚滩几个城镇，发起募捐支援十九路军运动，广大群众踊跃捐献，小学生也节约糖果费自觉投入'献金柜'（募捐物钱的专柜）。中小学师生，组成宣传队，在赶场天、节假日，分组到农村、街头挨户劝募"②，掀起抗日救亡热潮。

然而，当渝东南民族地区抗日救亡运动蓬勃兴起和向深入发展时，各县的国民党当局及驻军却置国家和民族的安危于不顾，执行蒋介石"攘外必先安内，安内必先剿匪"的反动政策，相继在本县建立起清共委员会及国民党21军特委会侦缉队，制定和颁布《奖励反共暂行条例》，并利用叛徒、特务到处破坏和镇压领导抗日救亡运动的共产党组织。各县"许多进步人士被逮捕，许多共产党员惨遭杀害，许多党的组织遭到破坏，许多爱国团体被取缔"③。至1934年底，渝东南民族地区共产党的地方组织几乎损失殆尽，党的组织活动基本停止，只有少数失掉关系的共产党员和进步分子在自发地活动，渝东南民族地区的抗日救亡运动转入低潮。

---

① 中国人民政治协商会议秀山土家族苗族自治县委员会文史资料工作委员会编:《秀山文史资料》第2辑（内部发行），1985年12月版第12页。
② 中国人民政治协商会议酉阳土家族苗族自治县委员会、酉阳土家族苗族自治县县志编纂委员会编:《酉阳文史资料选辑》第3辑（内部发行），1984年8月版第72页。
③ 中共四川省涪陵市委党史研究室:《中共涪陵地区简史》，重庆出版社，1996年版第116页。

2. 全面抗战爆发后渝东南民族地区群众抗日救亡运动的高涨

1937年7月7日,卢沟桥事变爆发,中国守军第29军奋起抵抗,全国性的抗日战争从此开始。事变发生的第二天,中国共产党就通电全国:"平津危急!华北危急!中华民族危急!只有全民族实行抗战,才是我们的出路。"号召全中国同胞、各党派团体、政府与军队团结起来,筑成民族统一战线的坚固长城,抵抗日本的侵略。7月15日,中共代表周恩来等将《中国共产党为公布国共合作宣言》交给蒋介石。宣言中强调:"在民族生命危急万状的现在,只有我们民族内部的团结,才能战胜日本帝国主义的侵略。" 9月22日,国民党中央通讯社发表《中国共产党为公布国共合作宣言》;23日,蒋介石发表实际承认共产党合法地位的谈话。以国共两党第二次合作为基础的抗日民族统一战线正式形成。

抗日战争是全中华民族的反侵略战争,是一场正义战争。全国各界民众以不同形式参加抗日民族统一战线,投入全民族抗战。渝东南民族地区人民积极行动起来投身民族抗战洪流,各县隐蔽下来的共产党人、进步人士和爱国师生勇敢地站在抗日救亡运动的前列。

在涪陵县,1937年秋,由各界人士和群众团体组成的"涪陵县抗敌后援会"宣布成立。在抗敌后援会的组织发动下,涪陵县各乡镇的爱国师生和社会青年踊跃参加抗日救亡运动。从1938年至1939年,在中共涪陵地方党组织领导下,涪陵县"建立了中国农村经济研究会长寿、涪陵通讯处,涪陵抗战剧社,涪陵吭声歌咏队等抗日救亡组织,这些组织的建立对涪陵宣传、开展抗日起到了积极的推动作用"[①]。在涪陵县的李渡地区,李渡、大柏树、金银、致韩、镇安、文馨等乡场的抗日救亡宣传活动开展得轰轰烈烈,街头巷尾到处可见抗日救亡内容的标语,到处可见壁报及街头演讲。1938年8月13日,大柏树乡青年创建了"八一三"剧社。剧社成立后,除在大柏树乡三圣宫演出外,还到金银、镇安、文馨、大山、李渡和蔺市演出,对动员人民群众起来抗日救国起到了宣传、号召作用。在涪陵县偏僻的飞龙地区,每逢赶场天,各乡村小学教师带领学生举行街头演讲,揭露日本军国主义侵华罪行,号召人民大众团结起来,有钱出钱,有力出力,把日本侵略者赶出中国去。在涪陵县的庙垭地区,中共地下党组织发动农村失业、失学青年组织"读书会",举办"文化补习班",建立"篮球队""儿童团"等团体,并建立"农村青年互助同盟社"及"晨星剧社"。"晨星剧社"以街头演讲、歌咏、

[①] 中国人民政治协商会议重庆市涪陵区委员会文史资料委员会编:《涪陵文史资料选辑》第11辑(内部发行),2000年5月版第69页。

话剧、院坝小会、黑板报、墙报等多种形式开展抗日救国宣传，宣传活动遍及庙垭、鸭江、梓里、太和、送月、同乐、龙潭、冷水、巨宝、平桥等10多个乡。此外，在涪陵县的大顺乡和龙驹乡，抗日救亡宣传活动也开展得如火如荼。大顺乡的小学教师与社会进步青年联合组成宣传队，通过办墙报、写标语、自编自演文明戏等方式向群众揭露日军侵华暴行，动员群众有钱出钱，有力出力，团结起来，支援前线抗日。宣传队除在本地活动外，还到明家、龙潭等乡演出。

在武隆县，羊角镇的进步青年组成抗日文艺演出队，先后到白马、羊角、火炉等10多个场镇开展抗日宣传演出活动。

在石柱土家族自治县，抗日战争爆发后，"中共重庆地方执委派共产党员谭逢盛回石柱县开展抗日救亡工作，在县城以创办南宾书店为掩护积极发行《新华日报》《群众周刊》《大众哲学》《社会发展史》等进步刊物"①，进行抗日宣传，培养积极分子。在中共石柱地下县委（特支）参与、领导下，石柱县"抗日救国会""抗敌后援会""抗日宣讲团"先后成立。这些组织的成员们深入城镇、乡村、机关、学校，或张贴抗日标语、散发抗日宣传品；或召开群众大会，宣讲党的"抗日救国十大纲领"，宣传抗日的重大意义；或举办抗战诗歌朗诵会和组织抗日歌曲比赛活动；或创办石柱《血汗周刊》②和壁报，传播中共抗日主张和抗日救国道理。1938年下半年，在中共石柱县委策划下，以石柱县"抗日救国会""抗敌后援会"为基础，成立了石柱县"七七抗日剧社"。该剧社"以县城农职校、女子小学、南宾中心小学为基地，以地下党员为骨干，逐步发展到有进步师生、各阶层爱国人士数百人参加的庞大的抗日宣传队伍。"③剧社先后为民众演出《卢沟桥》《战斗》《前夜》《三江好》《抗日英雄苗可秀》《流亡三部曲》《中华儿女》《放下你的鞭子》等20多个话剧，并运用活报剧、双簧、相声、评书等文艺演出形式，开展抗日救亡宣传，颇受人民群众欢迎。

在彭水苗族土家族自治县，"卢沟桥事变"爆发后，全县人民无不义愤填膺，于1937年8月成立彭水县各界抗敌后援会，下设动员委员会、宣传委员会、支前委员会等组织，动员一切人力、物力支援抗日战争，全县民众积极参加抗日宣传、

---

① 中国人民政治协商会议石柱土家族自治县委员会文史资料委员会编：《石柱文史资料》第19辑（内部发行），2004年10月版第97~98页。
② 详见中国人民政治协商会议石柱土家族自治县委员会文史委员会编：《石柱文史资料》第14辑（内部发行）1993年9月版第58~63页《石柱"血汗周刊"始末》一文。
③ 中国人民政治协商会议石柱土家族自治县委员会文史资料工作委员会编：《石柱文史资料》第12辑（内部发行），1990年11月版第19页。

募捐、慰问等活动中。城南校、城北校、郁山镇黔彭联中及县二小（郁山小学）等校师生纷纷成立抗日宣传队，在城乡各地进行抗日宣传、张贴标语，向群众作"国难当头，匹夫有责！""誓死不做亡国奴！""有钱出钱，有力出力"等演讲，动员群众行动起来支援前线。城南校熊英强等教师还率领一支20人组成的宣传队，"从彭水出发顺乌江而下，在高谷、黄草、江口等地进行抗日宣传"[①]。1938年，彭水的城南校、城北校还建立了彭水童子军，直属中国童子军总会。城南校童子军的番号是"中国童子军3627团"，城北校童子军的番号是"中国童子军3628团"。彭水童子军的活动与教学均以抗日为中心。童子军的组织、训练均有军事性质；其成员为小学生和初中生；学习内容有纪律、礼节、操法、旗语、侦察、救护、炊事、露营等。1938年春，由队长张平化率领的武汉华北学生抗日救亡宣传队（简称华北宣传队）抵达彭水。这支小分队仅有21人，隶属国民政府第三厅，是郭沫若同志领导下的一支抗日宣传队。华北宣传队在彭水活动9个月，一面在彭水县城江口镇、郁山镇、保家楼等地演出话剧《放下你的鞭子》《打回老家去》《东北一角》《古城在怒吼》等节目，轰动城乡；一面在县城组织"民众歌咏队"，在郁山组织"青年歌咏队"，并到各校组织学生宣传队深入乡村宣传、募捐。华北宣传队还于1938年秋主办《彭水日报》，刊登抗战消息。华北宣传队在彭水播下了抗日火种，他们离开彭水后，彭水的"民众歌咏队""青年歌咏队"和"学生剧团"等团体继续开展抗日宣传活动。

在黔江区，当时在中共地下党员周念民、张壮飞的组织、发动下，黔江学校的抗日救亡宣传活动最先兴起。"县城第一高等小学、两会坝第二高等小学、高山堡第三高等小学以及黎大乡私立广文小学等，组织'抗日救国会'开展抗日救亡宣传活动。"[②]从此，由学校发端的抗日救亡运动在四川省抗敌后援会黔江分会指导下迅速开展起来，逐步扩展至全县（当时黔江为县）。

在秀山土家族苗族自治县，抗战爆发后，"年仅21岁的爱国青年杨通惠从重庆回到秀山家乡，在县城内的文庙小学任教，他邀约从上海回秀的青年王孝益（国民党立法委员会委员王宏实之女）一道，联络了秀山中学、国立八中等学校的青年教师、学生及社会人士李万霖、颜学曾、伍升猷、戚琼芳、施云珍、邹家森等

[①] 中国人民政治协商会议彭水苗族土家族自治县委员会文史资料研究委员会编：《彭水文史资料选辑》第3辑（内部发行），1987年7月版第20页。

[②] 四川省黔江土家族苗族自治县县志编纂委员会：《黔江县志》，中国社会出版社，1994年版第219页。

30多人，在秀城内成立了'抗敌救亡工作团'"①。成员们带头穿土布衣服，发动群众抵制日货。他们编导了《放下你的鞭子》《在铁蹄下》《沈阳之夜》《保卫卢沟桥》等反映沦陷区人民悲惨生活和奋起抗日的话剧，编排了《黄河大合唱》《流亡三部曲》《义勇军进行曲》《大刀进行曲》《游击队员之歌》等抗战歌曲，除在街头、机关、校园演唱外，还深入到官庄、平凯、清溪、石耶、梅江、洪安等集镇、农村，广泛宣传发动，抗日救亡的歌声响彻在秀山土家苗寨。"城区广大居民、爱国人士、知识分子、学校师生、商店店员等社会各阶层纷纷走上街头，示威游行。"②秀山中学与文庙小学的师生还在万寿宫、老飞机坝等场所公演话剧，其激昂的情绪、逼真的演技，感动了在场的观众。进步人士颜学曾和王伯弼还创办了文艺月刊《晨曦》，专门刊载青年师生的进步思想文章，对秀山抗日救亡活动起到了推波助澜的作用。

在酉阳土家族苗族自治县，具有光荣革命传统的酉阳各族人民迅速掀起了抗日救亡运动新高潮。酉阳简易师范学校组织学生在校内外张贴抗日标语，刻印抗日传单发到广大农村。学校还组织师生编排抗日话剧《鸡鸣》《八个鬼子》、快板剧《鸡公山》、童话剧《玩具抗日》、歌舞剧《小小锄奸队》《打汉奸》以及活报剧《放下你的鞭子》等在全县演出。1939年秋，在龚滩盐务支局爱国青年曾祥林的提议下，在龚滩"三教寺"成立了"滩涛青年歌剧团"，以打日本、捉汉奸、组织游击队及讽刺社会黑暗和揭露政府无能为中心内容，编写了《抓本钱》《醋毒》《烟毒》《最后一封信》《姊妹英雄》等爱国新剧20余本，连续演出，受到当地群众好评。1939年10月，秀山县城遭日军飞机轰炸。龙潭中小学生组成400多人的旅行慰问团，步行47公里到秀山慰问，为秀山灾民演出了《中华民族的子孙》《塞上风云》等话剧和《送郎参军》《延水谣》《黄河大合唱》《到敌人后方去》等抗日歌曲。1938年春，"当台儿庄战役阵亡的川军师长、国民党政府追认为陆军上将的王铭章的灵柩护送返籍途经酉阳时，酉阳各界人士举行了隆重的悼念会。数万人自发地列队在川湘公路两旁向抗日忠烈默哀致敬"③。随后，以龙潭为中心，社会各阶层、各团体、居民以及从外地迁入的数百计的单位和数万难民，都一致奋起，组织了各种形式的宣传队，开展定期或不定期的抗日宣传活动，极大地鼓舞

---

① 中国人民政治协商会议四川省秀山土家族苗族自治县委员会文史资料工作委员会编：《秀山文史资料》第2辑（内部发行），1985年12月版第12~13页。
② 刘发生，任宪民：《抗日的烽火燃烧在秀山土家苗寨》，《新重庆》2005年第10期第40页。
③ 中共酉阳土家族苗族自治县委党史研究室：《酉阳现代风云录》，西南师范大学出版社，1999年版第108页。

了军民的抗日情绪。此外，为了适应开展抗日救亡运动的需要，酉阳县政府还利用飞来峰古建筑，成立了"酉阳县民众教育馆"，每天以黑板报和简报的方式，报道来自抗日前线的消息，刊登有关全国抗日斗争形势的文章，对唤醒人民奋起抗战起到了潜移默化的宣传、鼓动作用。

二、在抗日救亡高潮中恢复建立渝东南民族地区党组织

进入土地革命战争的中后期，国民党政府在渝东南民族地区"厉行清共"，各县、乡、村的党组织遭到严重破坏。至1934年底，渝东南民族地区党的地方组织几乎损失殆尽，党组织的活动基本停止。因此，抗日战争初期，只有少数隐蔽下来、已失掉组织关系的共产党员和进步分子在各县、乡自发地组织和领导了渝东南民族地区的抗日救亡运动。

抗日战争爆发前夕的1937年5月，在延安召开了中国共产党白区党代表大会，刘少奇同志在会上所作的《关于白区的党和群众工作》的报告中指出："为了战胜日本帝国主义，实现无产阶级的领导权，只有党的布尔什维克化及其组织的发展与巩固，才是唯一的保障。""各地党部应当在中央帮助下迅速恢复起来，并且谨慎地认真地发展党员。"根据这一指示精神，中共四川省工委决定在渝东南民族地区迅速恢复和建立党组织，以加强对这一地区抗日救亡运动及抗日民族统一战线工作的领导，并相继派出得力的党员干部到渝东南各县清理党员，恢复和建立党组织。

1. 涪陵县党组织的恢复和建立

"卢沟桥事变"爆发后，一些中共党员和共青团员组织、发动了涪陵县群众性的抗日救亡运动，为涪陵县党组织的恢复和重建奠定了基础。1938年4月，中共四川省工委根据中共中央《关于大量发展党员的决议》的指示精神，决定在6至8月间大力发展一批党员，以扩大党的组织。5月上旬，涪陵进步青年何乃淑（女）在重庆参加抗日救亡活动，经刘隆华（女）介绍加入中国共产党。7月，在涪陵参加抗日救亡活动的进步青年刘若沧（女）经何乃淑等介绍加入中国共产党。8月，为了更好地领导涪陵人民把抗日救亡运动引向深入，中共重庆市委决定建立中共涪陵特支，书记何乃淑，组织委员刘若沧，宣传委员何廷福（何到涪陵不久，因暴露，经组织通知撤离），特支隶属中共重庆市委。特支的主要任务是发展组织，发动群众开展抗日救亡活动。中共涪陵特支建立后的几个月内，通过在涪

陵城举办"读书会""妇女识字班"、组建涪陵"抗战剧社"等活动，锻炼和培养了一批建党积极分子。1938年底至1939年春，先后发展了黄自强、张光信（张克伦）、刘钦鹄、程德民、阮孝义、陈宗荣、张光前、曾曲江、杨化周、邱军（邱玉泉）、张鹏等10多人入党。另外，中共党员潘雪渔由重庆转到涪陵李渡，在李渡发展党员，建立了党小组，隶属涪陵特支。

抗日战争进入相持阶段后，日本对国民党政府采取以政治诱降为主、军事打击为辅的方针。国民党在重申坚持持久抗战的同时，其对内对外政策发生重大变化。1939年1月，国民党五届五中全会决定成立"防共委员会"，确定了"防共、限共、溶共、反共"的方针。这一方针的确定，标志着国民党由片面抗战开始转变为消极抗战、积极反共。国民党反共的不断升级，迫使中共改变在白区的工作对策。1939年4月，中共川东特委根据党中央和中共南方局指示，作出了《关于组织问题的决定》。决定规定要"严格禁止各级组织之间发生横的关系，停止上下级组织业务部门单独的联系与会议；禁止上级组织越级调下级干部谈话；减少交通和通讯等措施，着手巩固组织的工作"①。5月，党中央发出《关于在国民党统治区保存党员干部的指示》，强调执行中央已经提出的"隐蔽精干、长期埋伏、积蓄力量、以待时机"的指示。8月，中共中央政治局正式发出《关于巩固党的决定》，指出在思想上、政治上、组织上巩固党已成为极端严重的任务，决定一般停止发展党员，而以整理、紧缩、严密和巩固党的组织为今后一个时期的中心工作。10月，中共川东特委召开会议，拟定了一系列适应形势的组织措施和工作方法，动员川东全体党员行动起来，为完成巩固党的任务而斗争。中共涪陵特支依据形势的变化，根据党中央及川东特委的指示，开始改变工作方法，决定将以前那种公开的、大规模的、群众性的抗日救亡宣传活动，转变为隐蔽的、小范围的活动。

1939年冬至1940年初，中共川东特委派人到涪陵整顿党的组织，建立了中共涪陵五县工委，党的组织发展工作暂时停止，把在抗日救亡运动中已经暴露的党员转移去外地。1941年初，"皖南事变"发生，形势开始恶化。当时，中共涪陵五县工委书记是张显仪。五县工委下设中共涪陵县委，书记先后为阮孝义、姜度。1942年3月，因叛徒出卖，中共涪陵五县工委及中共涪陵县委组织遭到破坏，姜度等30多人被捕，涪陵地方党组织活动中断，剩下少数隐蔽的党员坚持斗争，直至抗战胜利。

---

① 中国人民政治协商会议四川省涪陵市委员会文史资料研究委员会编：《涪陵文史资料选辑》第1辑（内部发行），1985年1月版第22~23页。

从 1938 年 8 月中共涪陵特支建立至 1942 年 3 月涪陵地方党组织遭到破坏而停止活动为止，涪陵"县境先后建立县级及其以上党组织 3 个、县以下基层组织 6 个，党员人数最多时达到 30 多人。这一时期，地方党组织在进行抗日救亡宣传，开办实业增加生产支援前线，推动第二次国共合作，团结抗日等方面，起到了重要作用。这一时期也有极其沉痛的教训，因对国民党的反共阴谋警惕不够，致使全县党组织遭到极大的破坏。但城区、龙潭、庙垭等地仍有党领导的进步力量在继续与黑暗势力抗争"[①]。

2. 石柱县党组织的恢复和建立

1937 年 9 月，中共重庆市工委派共产党员谭逢盛回石柱县从事抗日救亡工作。他首先在县城办起了南宾书店，并以书店老板的身份作为掩护开展抗日救亡活动，培养、锻炼了大批青年积极分子。1938 年下半年，"发展了陈彦、樊汝琴、金明惠、秦禄廷、罗金全、黎永万等人入党。在此基础上，1938 年 12 月，经中共丰（都）石（柱）中心县委批准，成立了中共石柱县委，由谭逢盛任书记"[②]，隶属中共丰（都）石（柱）中心县委，辖 5 个支部。此后的 1939 年 7 月至 1941 年 2 月期间里，石柱县党组织不断扩大，所辖支部由 5 个增至 12 个。石柱县一批区乡政权基本上由地下党组织控制。1941 年 1 月，"皖南事变"后，中共石柱县委坚决执行党的"隐蔽精干、长期埋伏、积蓄力量、以待时机"的方针，由新任县委书记王治安负责"撤红"工作，逐步将一些已暴露身份的党员撤离出县（即"撤红"），帮助一些未暴露的共产党员就地隐蔽下来。1942 年后，石柱的党组织停止了活动，所有党员，只能以个人身份开展工作。

3. 中共丰（都）石（柱）中心县委的建立

1938 年 11 月，中共川东特委和重庆市委派许立群到丰都、石柱工作。许立群根据中共川东特委指示，将丰都、石柱两县合并成立中共丰（都）石（柱）中心县委，下辖石柱县委，丰都临时县委撤销，丰都县的党组织由丰（都）石（柱）中心县委直接管理。中心县委由朱泽淮任书记，曾季鲁任副书记，原中共石柱县委书记谭逢盛任中心县委宣传部长。中共丰（都）石（柱）中心县委成立后，吸

---

① 四川省涪陵市志编纂委员会编纂：《涪陵市志》，四川人民出版社，1995 年版第 970~971 页。
② 重庆市石柱土家族自治县政协文史资料委员会编：《石柱文史资料》第 19 辑（内部发行），2004 年 10 月版第 98 页。

收了大批抗日爱国青年和进步分子入党，石柱县党的组织不断发展壮大，有力地推动了全县抗日救亡运动的开展。

4. 中共涪陵五县工委的建立

1940年3月，中共川东特委决定建立中共涪陵五县（涪陵、丰都、长寿、石柱、忠县）工作委员会（简称"五县工委"）。4月，张家壁来涪陵任工委书记，李思源任组织委员、沙轶瀛任宣传委员、廖永生任农运委员。工委机关设在涪陵郊外紧靠长江边的荔枝园横梁子大华炼油厂内。大华炼油厂内党员有郑石型、彭若兰、孙震华、田有耕等。党小组长郑石型。1941年1月，"皖南事变"发生。在涪陵坚持开展抗日救亡宣传工作的进步青年王朴、刘建勋、刘崇五等先后被国民党特务逮捕。中共党员张光前暴露，被迫从涪陵大柏树乡转移去石柱县工作。中国农村经济研究会长（寿）涪（陵）通讯处停止活动。中共党员曾曲江、杨化周等受到国民党特务机关的通缉。中共川东特委遵照中共南方局的指示，采取紧急措施，进一步贯彻隐蔽斗争的方针，做好清理和整顿党的组织工作，尽可能地避免损失。同年春，中共涪陵五县工委的负责人先后撤离涪陵。

抗日救亡高潮中恢复重建的渝东南民族地区党组织，在中共南方局领导下，积极贯彻中共中央"隐蔽精干"的方针，在坚持抗战，反对投降；坚持团结，反对分裂；坚持进步，反对倒退斗争中深入社会、扎根群众、建立据点、巩固组织、发展进步力量，直至迎来抗日战争的胜利。

三、日机对渝东南民族地区的狂轰滥炸

抗日战争爆发后，上海、南京、广州、武汉等大城市相继沦陷，国民党南京政府迁都重庆，重庆成为中国政府的战时首都和世界反法西斯战争东亚指挥中心，在政治、军事、经济、文化等方面具有极其重要的战略地位。日本帝国主义为了彻底摧毁中国政府、中华民族的抗战意志，"以炸迫降"，逼迫蒋介石投降，以达到其迅速灭亡中国的目的，1938年2月至1944年12月，日军飞机对重庆及其周边地区进行了长期的无差别轰炸，渝东南民族地区也未能幸免。当时，日机空袭重庆所经的航线分东、北两路。东路的日军飞机由武汉起飞，或途经湖北的长阳、五峰、恩施及渝东南的石柱、丰都、涪陵、长寿，空袭重庆；或途经湖南的澧县、慈利及湖北的来凤，再经渝东南的黔江、彭水、南川，空袭重庆；或途经湖北的来凤后转向西南经贵州的后坪、道真，再经重庆的綦江、江津迂回空袭重庆。北路的日军飞机，则由山西运城起飞，或途经陕西安康，西飞重庆城口，入四川宣

汉，再经重庆的梁平、忠县，沿江进袭重庆；或经陕西的紫阳、镇巴、四川的通江，直奔重庆梁平，再斜飞四川岳池、重庆合川，迂回空袭重庆。抗日战争期间，重庆城区、万州、涪陵、秀山、酉阳、彭水、永川、江津、南川、綦江、梁平等32个区县均遭受日机直接轰炸。①据秀山县防空监视队1939年底统计，"从1938年至1939年一年多时间里，敌机经秀山空袭重庆及芷江机场即达69次，出动飞机共809架"②。

　　涪陵县，是日机空袭重庆的主要途经之地。据不完全统计，1939年7月，日机在涪陵沙溪沟投弹1枚，死20多人。1940年内，日机先后11次空袭涪陵城，投弹100多枚，死300多人，伤250多人，毁房屋7000余幢、木船3艘。1941年内，日机多次空袭涪陵城，毁民房、商店1600余间。"涪陵遭敌机袭击，最严重的有21次，特别是1941年的旧历闰六月，一个月内达八次之多，其中16至21日是天天被炸，袭击涪陵最多的一次是27架敌机。"③1942年内，日机先后3次空袭涪陵。日机的狂轰滥炸，给涪陵人民的生命和财产造成了重大损失，许多人失去生命；许多人致伤、致残；许多人无家可归，流落街头，情景十分悲惨。例如，1940年6月2日，3架日机在涪陵城上空投下炸弹、燃烧弹8枚，导致96人死亡，89人受伤，毁房屋368幢。走马街中药店开办者罗庶陶家院子一带的房屋被夷为平地，罗庶陶、时任渝酉师管区司令韩文源、士绅陈鲁居三家被炸死7人，"尸体四分五裂，横挂在树枝上及道路两旁，血肉四溅，腥味难闻；小东门万寿宫壮丁营被炸，死伤数百人，万寿宫内血肉横飞，鲜血四溅，呻吟声、惨叫声目不忍睹"④。

　　秀山县，地处武陵山区腹地，系渝东南之门户，为渝、黔、湘三省市的接合部，自古便有"小成都"之美誉。抗日战争时期，秀山县城的常驻居民只有1700多户，人口不过8000多人，既无工业，也未设防，只有一条川湘公路相通。这样一座远在后方的偏僻小县城，也未逃脱日机轰炸之厄运。1939年10月10日上午8时30分，城区居民、学校师生、驻军官兵约300多人聚集在南门外中山纪念堂前的广场，纪念辛亥革命武昌起义28周年。9时30分，日机6架出现在县城

---

① 重庆市档案馆，第三行政区署卷宗：2目：532卷。
② 中国人民政治协商会议秀山土家族苗族自治县委员会文史资料工作委员会编：《秀山文史资料》第2辑（内部发行），1985年12月版第19页。
③ 中国人民政治协商会议重庆市涪陵区委员会文史资料委员会编：《涪陵文史资料选辑》第11辑（内部发行），2000年5月版第96页。
④ 中国人民政治协商会议重庆市涪陵区委员会文史资料委员会编：《涪陵文史资料选辑》第11辑（内部发行），2000年5月版第80页。

上空，先用机枪扫射县城，随即投掷燃烧弹 30 余枚，100 磅至 200 磅轻型爆炸弹 75 枚，历时 20 分钟，县城一片火海，全城三分之四成为残垣颓壁、瓦砾废墟。商业经济比较集中的南街、大西街、小西街、麻阳街、城隍庙街等全部烧光。女子小学、文庙小学、公立小学等 3 所学校均被烧毁。"据当时县政府向省政府汇报电文统计，当日炸死 27 人，炸伤 31 人，受灾 1 260 户，灾民 5 700 人，炸毁烧毁房屋 2 000 余间，物资财产损失在 1 000 万元以上。"①学生无法上课，市场百业萧条，许多人无家可归。日机轰炸给秀山人民带来了深重的灾难。继这次轰炸秀山后，日机又于 1940 年 9 月 10 日再次轰炸秀山。那天，正逢秀山县城赶场，人们熙熙攘攘。下午 3 时许，一架日机自湖南飞往四川途径秀山上空。事前，由于县防空监视队未发出日机空袭紧急警报，以致日机当空，群众来不及疏散隐蔽。一声巨响，一枚炸弹在东郊龙王庙侧爆炸，炸伤百姓 4 人。日本帝国主义欠下了秀山人民又一笔血债。

四、党对渝东南民族地区抗日救亡运动的发动和领导

1. 维护国共合作与团结抗日大局

抗日战争爆发后，虽然国共双方达成了第二次合作，但因双方采取的是党外合作而不是党内合作的方式，双方没有固定的合作组织形式和统一的政治纲领，加之国民党政府又不承认共产党在其统治区的合法地位，这些均给渝东南各地共产党的抗日宣传活动带来了许多困难。为了肩负起抗日救亡的历史使命，更好地领导渝东南民族地区各族人民开展抗日救亡运动，并维护国共合作抗日的大局，渝东南民族地区的党组织、党员同志只能隐瞒政治身份，隐姓埋名，通过组织、参加各地建立的"抗日救国会""抗日宣讲团""抗敌后援会"等群众组织的形式，从中领导和发动群众性的抗日救亡运动。当涪陵、石柱、彭水、酉阳等县国民党当局主办的各地各界"抗敌后援会"等抗日团体成立后，为了更好地领导本地抗日救亡运动，各县中共地下党组织通过各种渠道将一部分地下党员安插、进入"抗敌后援会"团体之中，培养积极分子、发展党员，并从中发挥中坚、骨干作用。如中共石柱县委书记谭逢盛担任了石柱县"抗敌后援会"秘书，中共涪陵特支书记何乃淑担任涪陵县"抗敌后援会"妇女部副部长。他们获得了领导本县抗日救亡运动的合法地位和身份，便于组织和领导抗日救亡运动向深入开展。"对无法进

---

① 秀山土家族苗族自治县委党史研究室：《无法忘却的记忆——日机轰炸秀山的暴行与秀山各界的抗日救亡活动》，《红岩春秋》2010 年第 3 期第 24 页。

入国民党官办的抗日工作机构的县,党则采取其他公开合法的组织形式,使自己有一个领导抗日救亡工作的阵地。"①这样,在国民党不承认共产党在其统治区合法地位的时局下,渝东南民族地区各县的中共地下党组织、党员便获得了组织、领导各地抗日救亡运动的合法地位与身份。渝东南民族地区各县的中共地下党组织就是以这样的形式赢得了对各地抗日救亡运动领导权的。

2. 发动和组织抗日救亡群众团体

在各地中共地下党组织发动、领导和各地"抗敌后援会""抗日救国会"推动下,各种群众性的抗日救亡团体在渝东南民族地区如雨后春笋般地建立、发展起来。这些抗日救亡群众团体分布于渝东南各地,约有60多个。如涪陵县有"妇女慰劳分会""中国农村经济研究会""涪陵抗战剧社""八一三"剧社、"晨星剧社""涪陵吭声歌咏队""南强球队""长坡球队""庙垭读书会"等;石柱县有"抗日救国会""抗日民族先锋队""妇女抗敌救国会""七七抗日剧社""前线剧团""抗日儿童剧团"等;武隆县有羊角镇的进步青年组成的"抗日文艺演出队";彭水县有师生组建的"抗日宣传队"、学生成立的"彭水童子军"以及"民众歌咏队""青年歌咏队""学生剧团"等;秀山县有"抗敌救亡工作团"等;酉阳县有"滩涛青年歌剧团""县民众教育馆"等。这些群众性的抗日救亡团体在各地共产党人的发动、组织下,在抗日救亡运动中发挥了领导核心与战斗堡垒的作用。各地中共地下党组织还十分注意以本地群众性的抗日救亡团体为纽带,大力地、深入细致地开展各界爱国人士的抗日民族统一战线工作。在涪陵县,中共涪陵特支通过对早在大革命时期曾担任国民党涪陵县党部(左派)执委的杨宏孚开展统战工作,使杨宏孚得以出面筹建涪陵的"抗战剧社"。剧社建立后,"由县教育科长担任名誉主任,挑选爱国青年军官江南勋担任剧社社长,杨宏孚担任总务,进步青年黄自强担任剧务,并联合了中小学教员、银行职员、社会青年、爱国军人和第八修养院医务人员30多人为剧社成员"②。中共涪陵特支以"抗战剧社"为阵地,演出各种抗战题材的戏剧,开展了声势浩大的抗日救亡宣传活动,并通过组织"抗战剧社",先后吸收了10多名抗日救亡积极分子加入中国共产党,为党组织发展壮大打下了基础。在石柱县,中共石柱县委以石柱县"抗日救国会""抗敌后援会"

---

① 中共四川省涪陵市委党史研究室:《中共涪陵地区简史》,重庆出版社,1996年版第123页。
② 中共四川省涪陵市委党史研究室:《中共涪陵地区简史》,重庆出版社,1996年版第124~125页。

为基础，以县城农职校、女子小学、南宾中心小学为基地，由南宾女校校长、共产党员陈彦出面，成立了石柱县"七七抗日剧社"。为便于开展抗日宣传工作，剧社特聘请国民党县党部书记长熊楚材和县长马腾蛟担任名誉社长，陈彦担任副社长和剧务部副部长。抗日战争时期，在国民党统治下的渝东南民族地区，虽然国民党政府不承认共产党在其统治区的合法地位，但是各地中共地下党组织机智、灵活、巧妙地利用了本地各种群众性抗日救亡团体的组织形式，充分发挥了这些团体在抗日民族统一战线工作中的桥梁纽带作用，团结了渝东南民族地区社会各界爱国人士和进步青年，争取了国民党营垒中的抗日爱国分子，巩固和壮大了各县抗日民族统一战线，为渝东南民族地区抗日救亡运动的深入发展奠定了组织基础。

3. 广泛开展抗日救亡宣传工作

渝东南民族地区各种抗日救亡团体成立后，中共地下党组织便以本县各种抗日救亡团体为依托、为阵地，运用演讲、歌咏、演戏、募捐、办壁报、出版刊物等形式，开展声势浩大的抗日救亡宣传。在涪陵县，1938年7月，共产党员何乃淑、刘若沧以重庆江北妇女慰劳会名义，发动涪陵各界群众开展抗日救亡活动。她俩深入县高小、县中、银行、商店、机关进行抗日救亡宣传，发动学校师生、机关职员、商人、社会青年和各界妇女给抗日前线将士们写慰问信1 000多封，制作慰问袋100多件，通过中共重庆市委交给《新华日报》社，再转送给前线的八路军和新四军。涪陵的大顺乡、龙驹乡以及龙潭、飞龙、李渡、大柏树、金银、致韩、镇安、文馨等乡场的抗日救亡宣传活动开展得轰轰烈烈，街头巷尾到处可见抗日救亡内容的标语，到处可见壁报及街头演讲。特别是1939年春，冯玉祥将军亲临涪陵视察及国民政府军事委员会第三厅（郭沫若任厅长）领导的孩子剧团第一队来涪陵演出之后，更加推动了渝东南民族地区抗日救亡运动向纵深发展。在石柱县，中共石柱地下县委（特支）领导创办了抗日救亡刊物《血汗》周刊，并以县"抗日救国会""抗敌后援会"为基础，成立"七七抗日剧社"，运用活报剧、双簧、相声、评书等文艺演出形式，开展抗日救亡宣传。在黔江县，学校的抗日救亡宣传活动在中共地下党员周念民、张壮飞组织、发动下，最先兴起。县城第一高等小学、两会坝第二高等小学、高山堡第三高等小学以及黎大乡私立广文小学等，纷纷组织"抗日救国会"开展抗日救亡宣传活动。

五、加强党的自身建设、反对国民党顽固派分裂倒退活动的斗争

1938年10月,日军占领广州、武汉后,抗日战争进入战略相持阶段。进入相持阶段后,国民党顽固派反共反人民倾向日益明朗化,党在国统区的工作环境日益恶化。1939年1月,国民党五届五中全会召开,会上决定成立"防共委员会",制定了"防共""限共""溶共""反共"的方针。这一方针的确定,标志着国民党由片面抗战开始转变为消极抗战、积极反共。根据这一方针,国民党又陆续发出《限制异党活动的办法》《共产党问题处置办法》《处理异党实施办法》等一系列反共文件。接着,国民党不断强化其反共措施,大造反共舆论,接连发动了三次反共高潮。在渝东南民族地区,各县抗日救亡运动遭到压制,抗日进步人士受到监视和迫害,共产党人相继被捕入狱,群众性抗日救亡团体陆续被取缔。1939年冬,国民党发动第一次反共高潮,国统区的政治环境开始恶劣。石柱县南宾书店印刷厂在承印石柱县《县政月刊》时,中共石柱县委委员谭逢盛为了鼓舞群众抗日斗志,在月刊上加上一句"石柱群众怒吼起来吧!"的口号,国民党县党部书记长熊楚材、县长刘永镛看后认为是共产党煽动群众"闹事"的口号,立即将谭逢盛逮捕入狱,并查封了南宾书店。1941年初"皖南事变"发生,国民党掀起了第二次反共高潮,国统区的政治环境进一步恶化。渝东南民族地区,国民党特务四处横行,中共组织频遭破坏。同年9月,涪陵稽查所以有"异党活动"为由,捣毁了大柏树乡"民众书报社",查封了"八一三"印刷社。1942年1月30日,丰都适存女中教师、中共地下党员傅君哲(女)被捕后叛变。涪陵稽查所利用傅君哲为鹰犬,先后在涪陵、丰都、彭水等地抓捕共产党员和抗日进步人士33名,中共涪陵五县工委解体。渝东南民族地区的政治局势陡然逆转,国民党反共气焰甚嚣尘上,抗战初期轰轰烈烈的民众抗日救亡运动被打压下去,白色恐怖笼罩渝东南。

面对日寇的步步进逼以及国民党顽固派的倒行逆施,为了挽救国家民族的危亡,渝东南民族地区的共产党人虽然面临着国民党顽固派的逮捕与杀害,但他们仍然冒着生命危险,在国民党顽固派掀起的反共逆流中,继续开展维护国共合作抗战、反对顽固派分裂倒退投降活动的斗争。

1. 加强党的自身建设,巩固党的组织

1939年5月至6月,中共川东特委青委书记杨述及特委组织部的一名干事在重庆相继被捕,国民党发出了在其统治中心推行反共政策、破坏中共党组织的明

显信号。这一信号的发出，提醒国统区的中共党组织要提高警惕，加强党的自身建设，巩固党的组织。而当时的渝东南民族地区，党员的大多数是在抗日救亡运动中被发展的积极分子，许多党员和党组织在抗日救亡运动中是以公开或半公开的身份开展工作的，缺乏严密的保密制度、保密纪律，缺乏斗争经验，其政治面目已暴露给国民党反动派。这表明，渝东南民族地区的党组织虽然在短期内得到了大发展，但其组织上是不巩固的。在国民党反动派日益反共的新形势下，党必须加强思想上、政治上、组织上的自身建设，整顿、巩固党的组织，切实改变党的斗争策略、组织形式和工作方式，以保存力量，发展自己。根据中共中央南方局和川东特委的指示，从1940年起，渝东南民族地区的党组织开始把工作的重点放在贯彻毛泽东提出的"隐蔽精干，长期埋伏，积蓄力量，以待时机，反对急性和暴露"的方针上。为了加强各县党组织的自身建设，巩固党的基层组织，1940年3月，中共川东特委决定建立中共涪陵五县（涪陵、丰都、长寿、石柱、忠县）工作委员会（简称"五县工委"）。"五县工委"领导人深入各县认真贯彻中共中央南方局和川东特委指示，通过举办党员干部训练班，学习党的方针政策、马列主义基本理论及社会发展史、党的建设理论，对党员干部进行革命气节与革命理想、秘密工作与组织纪律、政治形势与党的任务等方面的思想教育。

　　1941年1月"皖南事变"发生后，渝东南民族地区政治形势急剧恶化。为了在国民党顽固派残酷破坏下保存党的基层组织，"五县工委"及其所属各地党组织认真贯彻落实中共中央和中央南方局关于在国统区实行"隐蔽精干，长期埋伏，积蓄力量，以待时机，反对急性和暴露"的方针，开展了多方面的保护党员和党组织的工作：其一，及时、果断地采取了"精简组织机构，减少组织层次，划小支部，建立不发生横的联系的平行支部和小组活动"①的措施。其二，制定了严格的组织纪律和党的秘密工作制度，规定党的各级组织之间、党员与组织之间，实行单线联系；党组织布置任务、研究工作，不再采用开会方式，而是个别进行，减少联络次数，不参加公开的政治活动。其三，根据中共中央南方局和中共川东特委关于"审查干部、肃清内奸"的指示，逐级、逐个审查了每一名党员干部，停止了发展党员的工作。其四，将已经暴露或受到敌人监视的党员和干部转移到工厂、学校、农村中去分散隐蔽，将10多名党员调离石柱，尽量避免党组织遭到

---

① 中共四川省涪陵市委党史研究室：《中共涪陵地区简史》，重庆出版社，1996年版第135～136页。

破坏。同时"将张家璧、沙逸瀛、廖林生调离涪陵,组织委员李思源调任石柱县委书记,有的党员暂停组织关系,有的改为单线联系,有的割断组织关系"①。自此,渝东南民族地区的党组织全部转入秘密状态。通过上述深入、细致的工作,渝东南民族地区的党组织和党员干部得到了有效保护,初步实现了"隐蔽精干"的要求。

2. 与国民党投降派、顽固派的投降及分裂活动进行斗争

1938年12月29日,国民党副总裁、中央政治委员会主席、国防最高委员会副主席汪精卫潜逃国外、公开叛国投敌后,日本政府加紧了对蒋介石的诱降、劝降。1939年1月,国民党五届五中全会召开,会上制定了破坏国共合作抗日的"防共""限共""溶共""反共"的反动方针。这表明,国民党内投降派的投降活动和顽固派的反共分裂倒退活动趋于公开化。根据这一形势的变化,1939年7月,中共中央在《为抗战两周年纪念对时局的宣言》中正式提出了"坚持抗战,反对投降;坚持团结,反对分裂;坚持进步,反对倒退"的三大政治口号,鲜明地表达了中国共产党的政治立场。从此,渝东南民族地区党组织便以"三大政治口号"为行动指南,在中共川东特委领导下,以举国上下掀起的反对汪精卫叛国投敌斗争为切入点,把反对汪精卫的斗争与反对国内一切汉奸投降分子的斗争、与反对国民党顽固派发动反共分裂倒退逆流的斗争结合起来,全力维护国共合作抗战、坚决与国民党内投降派、顽固派的投降及分裂倒退活动进行斗争,积极推动渝东南民族地区的抗日民主运动。

汪精卫叛国投敌及国民党五届五中全会召开后,面对国民党投降派、顽固派在渝东南民族地区的投降、反共分裂活动呈现出的抬头趋势,渝东南民族地区的各人民团体、民主人士、各地群众纷纷通过集会、游行、发表通电、檄文的方式,声讨、谴责国民党内公开的和隐蔽的卖国投降分子及破坏国共合作抗日的反共顽固派分子。在涪陵,中共地下党组织"一面带领广大党员适应日趋逆转的形势,在斗争中保护自己,进而发展自己;一面同国民党的反共分裂倒退行为进行针锋相对的斗争,维护国共合作抗战的大局"②。1941年1月,国民党顽固派制造了"皖南事变"惨案后,竟然隐瞒、歪曲"皖南事变"的事实真相,诬蔑新四军是叛军。针对国民党顽固派的颠倒黑白、倒行逆施,中共涪陵地下党组织及时向广大

---

① 中共四川省涪陵市委党史研究室:《中共涪陵地区简史》,重庆出版社,1996年版第138页。
② 中共四川省涪陵市委党史研究室:《中共涪陵地区简史》,重庆出版社,1996年版第136页。

人民群众散发了中共中央发言人关于"皖南事变"的谈话内容及相关材料，如实揭露了"皖南事变"之真相及国民党的暴行，彻底戳穿了国民党顽固派的反共阴谋。

渝东南民族地区的抗日救亡运动是在斗争中发展起来的。以少数国民党政府官员、士绅为首的"主和派"，抗日态度暧昧，消极抗日。更有一些顽固派分子，反对共产党，破坏国共合作抗日。在国民党顽固派掀起反共阴谋活动的险恶逆流中，渝东南各县的中共地下党组织坚决贯彻执行中共中央提出的"坚持抗战，反对投降；坚持团结，反对分裂；坚持进步，反对倒退"的三大政治口号，从抗日大局出发，本着"发展进步势力，争取中间势力，孤立顽固势力"的方针，运用"又团结又斗争，以斗争求团结""团结为主，斗争为辅"的策略，领导各地共产党员、进步人士和人民群众对国民党顽固派进行了"有理、有利、有节"的斗争。1938年12月29日，汪精卫叛逃至越南河内并发表响应日本首相近卫文麿提出的对华"睦邻友好""共同防共""经济提携"之"三原则"通电后，正当举国上下一致声讨汪精卫集团叛国罪行之时，国民党石柱县党部书记长熊楚材竟然违背民意跳出来替汪精卫辩护，说什么"汪先生不是汉奸，是孙总理（孙中山）的忠实信徒。他与蒋介石意见不合，只是反对国共合作，并不是投降日本"[①]。针对熊楚材这一混淆视听、替汪逆叛国进行狡辩之投降反共言论，中共石柱地下县委针锋相对，组织农职中学党支部，发动党员学生撰写题为《肃清汉奸言论，打倒汪精卫》的评论，对熊楚材的投降反共言论进行有力地反击，致使熊楚材的言论从此有所收敛。之后，为了贯彻中共中央"坚持抗战，反对投降；坚持团结，反对分裂；坚持进步，反对倒退"三大政治口号，中共石柱地下县委还于1939年"双十节"（辛亥革命纪念日）这一天，在县城组织举行了一次拥抗反奸大会。有师生、居民、农民、各界人士2万多人参加。大会声讨了汪精卫叛国投敌的罪行，批驳了投降派、顽固派的各种奇谈怪论，并举行了声势浩大的反对汪精卫卖国求荣、反对国民党顽固派发动内战的大游行。游行队伍高呼"打倒汉奸汪精卫！"等口号，高唱"打杀汉奸、打杀汉奸，汉奸是心腹大患，不肃清自己的阵线，怎救得当前的国难！大汉奸卖国通敌，小汉奸卖身做狗，准汉奸妥协投降！"[②]的歌曲。口号

---

① 中国人民政治协商会议石柱土家族自治县委员会文史委员会编：《石柱文史资料》第14辑（内部发行），1993年9月版第60页。
② 中国人民政治协商会议石柱土家族自治县委员会文史工作委员会编：《石柱文史资料》第12辑（内部发行），1990年11月版第20页。

声、歌声响彻山川大地，极大地震慑了公开的或暗藏的汉奸卖国贼，压倒了国民党顽固派的反共嚣张气焰，坚定了人民群众抗战必胜之信心。

六、渝东南民族地区抗日救亡运动的历史贡献

1945年8月14日，日本政府照会中、美、英、苏等国，表示接受波茨坦公告。8月15日，日本天皇裕仁以广播"终战诏书"的形式向全世界宣布无条件投降。9月2日，日本天皇和政府以及日本大本营的代表在东京湾美军军舰密苏里号上签署向同盟国的投降书。至此，中国人民抗日战争胜利结束，渝东南民族地区人民同全国人民一道沉浸在胜利的喜悦之中。

抗日战争是自鸦片战争后百余年间中国人民第一次取得彻底胜利的伟大的民族解放战争。在八年抗战的艰苦岁月里，渝东南民族地区的土、苗、汉等各族人民以空前的民族大义和忘我的牺牲精神，倾其人力、物力和财力，直接参与并积极支持了全国的抗战，为构筑民族抗战大后方，争取抗日战争的胜利作出了无私的贡献。

1. 输送兵源，出征参战

抗日战争爆发后，渝东南民族地区各族青年爱国热情空前高涨，各地一部分进步知识青年在当地党的地下组织发动下，毅然离别故乡，千里迢迢，奔向延安，投身抗日。如涪陵县的汪大漠、田鹤鸣、戴北星、陈寿珉、余志新等15位热血青年，冲破国民党重重封锁，跋山涉水，到达延安，参加抗日。在渝东南民族地区一部分知识青年奔赴延安及各抗日根据地的同时，还有大批爱国青年在国家危难时刻，响应国民政府号召，报名参军，奔赴前线，为国民党抗日战场提供了大量兵源。据查阅档案资料统计，在彭水县，1937年有137人参军上前线；1938年有梅开尧、王子斌、刘在炽、胡文龙、庹平、谢照熙、杜良胤、孙廷夏等青年学生投笔从戎报考军官学校。"民国二十八年（1939年）入伍壮丁2 064人；民国二十九年（1940年）入伍壮丁达12 645人；民国三十年（1941年）稍少，也达1 129人。三年共计出征15 838人。而实际过境部队还沿途自行强拉补充兵员数目未计在内。"①在秀山县，据县档案馆资料和县志记载，全县在抗战时期有近千名青年应征入伍，奔赴前线，报效国家，有35名烈士牺牲在抗日战场上；此外还有100

---

① 中国人民政治协商会议彭水苗族土家族自治县委员会文史资料研究委员会编：《彭水文史资料选辑》第3辑（内部发行），1987年7月版第3页。

余人参加青年远征军,远赴东南亚参加抗日战争。在酉阳县,从抗日战争爆发至1941年,全县入伍青年达10 419名。据不完全统计,"在抗日战争期间,奔赴抗日前线的酉阳儿女近2万人,其中伤亡官兵就达20%左右"①。调查得知,八年抗战中,石柱县"从军青壮年8814人,占全县总人口的4.16%",②有258名将士在抗日战场上为国捐躯;彭水县"出征壮丁累计2万余名,阵亡无确数"③。

2. 拥抗优属,激励抗战

全面抗战开始后,渝东南民族地区各种抗日救亡团体在国民党地方政府的号召、支持下,在中共地下党的组织、动员下,开展了声势浩大的拥抗优属活动。各抗日救亡团体、学校师生、各界人士争先恐后给前线将士写慰问信,募捐寒衣、鞋袜,慰问抗属和抗日伤残官兵。

在涪陵县,各界人士举行了大规模的劳军集会。据《会声月刊》记载:"涪陵劳军会议情绪甚为热烈。大会特印制了宣言、标语在全城散发。学校宣传队也分别出发,宣传劳军意义。"④通过劳军宣传,激发了各界人士爱国热情,群众纷纷捐钱捐物拥抗优属。据统计,涪陵劳军宣传募集法币3 400元,鞋袜2 000双。涪陵商会捐寒衣款法币790元。

在石柱县,中共丰石中心县委组织学生在大街上摆好桌子,准备好笔墨、信封、信签,代群众写信慰问前线抗日将士。三天时间写了几百封慰问信。一位名叫促强的女学生在信中写道:"你们为了民族的生存,国家的独立,人类的正义和世界的和平,不惜远离家乡,踏上人生的战场,以自己的鲜血,筑成铁的长城……这是何等伟大的壮举。我决心以排除万难的信心,努力做好抗日救亡的工作,来报答诸位勇士。"⑤1939年春节,中共丰石中心县委组织一次慰问抗属和慰劳抗日伤残官兵的活动,给抗属送光荣匾,给伤残官兵送慰问品。

在彭水县,县城及郁山镇均建立了后方医院,以医治抗日受伤官兵。当时,许多部队路过彭水,各学校及抗日救亡团体便组织慰问队在节日里给医院中的伤

---

① 中共酉阳土家族苗族自治县委党史研究室编:《酉阳现代风云录》,西南师范大学出版社,1999年版第115页。
② 中国人民政治协商会议石柱土家族自治县委员会文史委员会编:《石柱文史资料》第16辑(内部发行),1995年11月版第11页。
③ 彭水县志编纂委员会编纂:《彭水县志》,四川人民出版社,1998年版第550页。
④ 中共四川省涪陵市委党史研究室:《中共涪陵地区简史》,重庆出版社,1996年版第131页。
⑤ 中共四川省涪陵市委党史研究室:《中共涪陵地区简史》,重庆出版社,1996年版第130页。

兵及过境官兵送去慰问品。1938年，县"优待出征抗敌军人家属委员会"成立。"优委会成立前，每年优待款谷均由各乡、镇按县定优待数量摊派。后，则以每年全县积谷五分之三作征属优待谷，或以此谷变卖款作优待金发给。民国二十九年（1940年），全县入伍壮丁1.26万名，地方财政拨支优待金1976元，每户0.15元，可买米1.60公斤。民国三十一年（1942年），应拨优待谷2903石，因各乡、镇拖延未交齐，实发950石。民国三十四年（1945年），每户征属按8斗发给优待谷。"[1]自1939年1月起，每次新兵入伍，"都由县长领导各界人士及民众开欢送会，分赠礼品，并令街市悬挂国旗，敲锣打鼓，鸣放鞭炮"[2]，为新兵壮行。

在秀山县，1937年卢沟桥事变后，由秀山中学、国立八中等学校的青年教师、学生及社会各界人士30多人组建的"抗敌救亡工作团"，他们除了在县城街头、学校、机关及深入集镇、边远山村进行抗日救亡演讲宣传外，还组织女学生绣手绢、扎纸扇、做鞋子，开展"义卖"募捐活动，筹集抗日经费；并发动城镇街道、村寨的广大妇女义务做军鞋；"派出慰问演出队到当时驻秀山的第九后方医院为抗日受伤的将士作慰问演出，送去了大批募捐款和慰劳品"[3]。

通过广泛开展拥抗优属活动，一方面把渝东南民族地区各族人民群众抗日救亡、支援抗战的积极性充分地调动起来了。如1937年10月，刘湘率领川军出川抗日，受到了渝东南民族地区各族人民的热烈拥护，纷纷颂扬川军的爱国精神，激励川军奋勇杀敌。另一方面，也极大地鼓舞了抗属和前线将士奋勇杀敌、抗日救国的斗志。许多抗属写信教育子弟努力抗日救国，把日本鬼子赶出中国去。抗日英雄王超奎牺牲前给家中写信说："山河破碎，民族危亡，愿将热血洒疆土。"

3. 帮助难胞，重建家园

抗日战争爆发后，随着华东、华中、华南地区及南京、广州、武汉等地的相继沦陷，各沦陷区工厂、机关、学校的人员及逃亡的大量难民涌入渝东南民族地区。

在酉阳县，土家族、苗族、汉族等各族人民发扬中华民族爱国主义和"一方有难，八方支援"的优秀革命传统，克服重重困难，"不但慷慨解囊地安置了三万多名难民，帮助他们重新建立了如汉阳兵工厂等数十家内迁企业，尽快恢复了生

---

[1] 彭水县志编纂委员会编纂：《彭水县志》，四川人民出版社，1997年版第550页。
[2] 中国人民政治协商会议彭水苗族土家族自治县委员会文史资料研究委员会编：《彭水文史资料选辑》第3辑（内部发行），1987年7月版第8页。
[3] 中国人民政治协商会议秀山土家族苗族自治县委员会文史资料工作委员会编：《秀山文史资料》第2辑（内部发行），1985年12月版第13页。

产，为他们提供了生存的条件和休整的环境；而且还无私地从财力、人力上全力以赴支援抗战"①。

在秀山县，1939年5月，在由县政府民政科长郑中西兼主任委员及李正青任专职副主任委员的"秀山县赈济委员会"领导下，在平凯镇关帝庙设立"秀山赈济委员会难民收容所"，收容抗战沦陷区逃亡来的难民约有男女老幼600多人。

在彭水县，抗战爆发后，该县既要做好交通部水陆联运站、乌江工程局、行政院救济委员会彭水难民转运站、六战区招待站、一六三后方医院、军政部四十四彭水防空监视队、军政部枪修理所、军政部彭水无线电台、天华炼油厂、大华炼油厂等外地迁彭机构的安置工作，又要对涌入境内的大量难民进行妥善的接待、安置和救济。四川省政府曾电令彭水县政府在抗战期间"应接收迁入内地的难民，甲种难民800名、乙种难民1 000名。结果实际来彭多少，尚无正确统计"②。自1938年起，县城内成立了"非常时期难民救济委员会彭水分会"。该"分会"负责接待、安排、救济过往难民的生活。为了安置部分难民就业，"县长柯仲生特从难民中招聘了一批战区知识分子，如过曾望、沈慈之、杨国桢等在彭水任教"③。既解决了这些难民的就业问题，也为彭水县学校教育增添了新的师资力量。

抗日战争时期，渝东南民族地区各族人民以抗日大局为重，在积极帮助迁入境内的工厂、企业进行恢复、重建的同时，还视难胞如亲人，在因人口骤增、战争等因素造成的物质匮乏、物价猛涨、生活日益恶化的境况下，节衣缩食，通过募捐、义卖等办法，筹集粮食和资金，接待、安置难胞，救济难民，并千方百计地安排部分青年难民就业，稳固了后方，支援了全国抗战。

4．兴办油厂，增加油源

全面抗战开始后，由于日军封锁了中国的沿海港口、内地交通要道，一方面造成了渝东南民族地区抗战所需的舶来汽油完全断绝，液体燃料缺乏，各县抗战的液体燃料供需陷入"一滴汽油一滴血"之困难境地，严重影响了抗战物资的生产和运输；另一方面导致盛产桐油的渝东南民族地区出现了桐油无法出口外销、

---

① 中共酉阳土家族苗族自治县委党史研究室编：《酉阳现代风云录》，西南师范大学出版社，1999年版第111页。
② 中国人民政治协商会议彭水苗族土家族自治县委员会文史资料研究委员会编：《彭水文史资料选辑》第3辑（内部发行），1987年7月版第8页。
③ 中国人民政治协商会议彭水苗族土家族自治县委员会文史资料研究委员会编：《彭水文史资料选辑》第3辑（内部发行），1987年7月版第6页。

各地码头油库积压滞留严重、桐油价格低廉等不利于抗战的局面。

为了解决汽油、煤油、柴油短缺之难题，1941年初，渝东南民族地区的党组织引进渝东北万县大华炼油总厂厂长、共产党员钟纯乾以钙皂裂化工艺，将桐油改变性质，由粗分子变为细分子，由不易挥发、燃点高的油类，变为易挥发、燃点低的油类，从有机类的植物油桐油中提炼出无机类的类似矿物油的碳氢化合物，以代替汽油、煤油、柴油的新技术，利用渝东南民族地区盛产桐油这一有利条件，在钟纯乾的支持和帮助下，兴办了大华炼油总厂石柱分厂、彭水郁山镇天华炼油厂。其实，彭水县的天华炼油厂也是万县大华炼油总厂的一个分厂，当时是为了躲避国民党特务对大华炼油总厂的监视，才改"大华"为"天华"的。1941年底，中共中央南方局周恩来同志特派方署霞、熊瑾玎、余金堂等到涪陵建立了新华炼油厂。在中共中央南方局和中共川东特委的领导、鼓励下，炼油厂的工人们生产积极性空前高涨，他们提出"多炼油，炼好油，办好油厂支援前线"的口号。石柱大华炼油分厂的"炼油率由原来30%提高到40%至60%，日产代汽油液2 000斤，代柴油液2 500斤"[①]。这些油液当时供给重庆民生轮船公司和梁山飞机场至万县的汽车燃料，并将油厂的下脚料制成油墨，供《新华日报》社印刷使用。

各地炼油厂利用价格低廉的桐油提炼出的代汽油，其色白而轻，燃力强，成本低，深受用户欢迎。这些炼油厂是周恩来直接指示、由党的地下组织创建的，以彭水天华炼油厂为例，其厂长范新度（又名范伯川）、工程技术人员郑石型均是地下党员。这些炼油厂作为中共川东特委的经济据点，不仅为党组织提供了资金，同时也为地下党组织的发展开拓了更多的活动地区，它们安排、隐蔽了陈道远（即陈野萍）和刘大震等大批党内同志，生产出了抗战急需的代汽油，对于发展后方交通运输、支援抗战作出了应有的贡献。石柱大华炼油分厂还"将3年生产的煤、柴油900多吨，价值81.57万元，全部贡献给了抗日前线"[②]。从这些炼油厂的创建可看出，渝东南民族地区的民族资本家、爱国的工商业者、知识分子及科学技术人员、工人们在极端困难条件下，创造性地将桐油提炼出代汽油，在科学技术领域为抗战献出了智慧、物力和财力。

---

① 中共四川省涪陵市委党史研究室：《中共涪陵地区简史》，重庆出版社，1996年版第132页。
② 中国人民政治协商会议石柱土家族自治县委员会文史委员会编：《石柱文史资料》第16辑（内部发行），1995年11月版第12页。

5. 修建机场，有备无患

抗日战争爆发后，随着上海、南京、广州、武汉的相继失守，国民政府由南京迁都重庆。日寇大举进犯内地，国民党军队节节败退。国民政府在湘西的芷江机场已临近前线，处于战争威胁之下。国民政府军事委员会决定，在地处渝、黔、湘、鄂四省市边区接合部的重庆武陵山区深处的秀山土家族苗族自治县的县城西郊修建飞机场，以备日军继续西进时，将芷江机场飞机转移至秀山。

1940年2月开工修建机场。机场修建工程属于重庆航空委员会指挥，除重庆航空委员会出必要的经费外，其余费用均由四川省第八行政专员公署所辖的酉阳、秀山、黔江、彭水和湖南的花垣、吉首等县负责征集民工解决。当年征工人数为11 000人，其中秀山县5 000人，黔江、酉阳、彭水三县各2 000人。据机场工程处统计资料记载：秀山民工1941年3月23日达819人，到3月底增至6 800人。第二年，突击赶修，各县新征民工达18 500人。高峰期，邻近湖南省的凤凰、保靖、花垣、乾州和贵州松桃、沿河等县也派民工参加，修建的民工多达3万余人。这个占地1 375.5亩、总面积91万平方米的军用机场，从1940年3月开工到1942年5月完工，历时两年多，共计用民工工日420万个，劳务费、生活费等共计约1 200万元。由于劳动强度大，肩挑背磨，生活条件极差，不少民工伤亡或病故于修建工程中，死亡民工人数达1 000人左右。可见，秀山这个战时备用飞机场是渝、湘、黔三省市边区10多万土家、苗、瑶、汉各族群众用鲜血和汗水筑成的，是数以千计的同胞用生命换来的，他们在全民族抗战史上写下了光辉的一页。

6. 捐献钱物，支援前线

"七七事变"后，渝东南民族地区各族人民与全国人民一道，投身到轰轰烈烈的抗日救亡斗争中去。中共地下党组织动员各地各界爱国人士和人民群众，号召人们有钱出钱、有力出力，倾全力支援抗日前线。

在涪陵县，中共地下党组织发起开展"七七"献金活动的倡议，得到社会各界热烈响应。学生组成宣传队，群众组建各种抗日救亡团体，开展抗日募捐宣传活动。据不完全统计，涪陵县民众在"七七"献金活动中捐献法币3 923元，捐献军粮18 050石，捐献飞机1架，合计法币20万元。涪陵县中师生还节衣缩食，从伙食中节约出24石粮食捐献给前线抗日将士。

在石柱县，土、苗、汉等各族人民群众在抗日募捐活动中，先后给前线抗日将士写慰问鼓励信2 000余封，做鞋垫1 500多双，捐献寒衣、寒被1 200多件。

更为感人的是，县立南宾女校"儿童团"的十二、三岁的小学生，为支援前线抗日，"不仅捐出自己的零花钱，还亲自动手纺棉花条卖，集资买布；唱着《做棉衣》的歌曲，飞针走线为前方战士做了寒衣 20 余件"①，奉献出了她们一片赤诚的救亡爱国之心。

在彭水县，苗、土、汉各族人民在踊跃开展劳军捐献活动的同时，还为出川路过彭水的抗日部队筹集粮草、夫役、骡马、船只等。仅 1937 年至 1938 年一年中便"筹集大米 2 000 余石，夫役 2 000 多名，木船 80 余只，骡马 51 匹，送交湖南桃源军委后勤部（第 29 兵站）验收，计花护送费 1 000 余元"②。1939 年，全县又开展了捐献钢铁、购买爱国公债活动。全县各寺庙的钟鼎及各家各户的废钢废铁均捐献出来，集得大量钢铁上交国家。各界民众积极购买爱国公债，有的学生节衣缩食，有的儿童将买糖果的零花钱捐出来购买爱国公债，全县购买爱国公债共计 2 699 元 2 角。八年抗战中，全县"共捐钱 1.54 万元，粮 551 石，布鞋 1.45 万双"③，有力地支援了抗战。

在秀山县，当国民政府发出"捐献飞机大炮"号召后，全县士绅、工商富户及土、苗、汉等各族人民群众积极到县政府机关献金。据民国三十二年（1943 年）秀山县国民政府一年来的工作报告书反映，全县民众共募捐抗日金额达 49 550 元。

在酉阳县，于 1939 年夏天成立了"酉阳捐献军粮委员会"，全县上下万众一心，有粮的捐粮，没有粮食的小商贩和手工工人则以现金折价缴纳。小河场的一户小摊贩，自己本来生活有困难，但仍一次捐献现金 11 元。南腰界一位农民说："军队去前方打仗，无粮吃不饱，虽有勇气也不能拼，只要能打胜仗，赶走日本鬼子，老百姓能过太平日子，我们暂时吃蕨根也甘心。"④这样，在 1940 年里，全县土、苗、汉等各族群众共计捐献粮食 2 600 余石。据不完全统计，在随后全县开展的"全民献金"活动中，仅 1942 年，"酉阳就为前线购滑翔机一部，共募捐法币 57 200 元、慰劳军鞋 8 630 双"⑤，送往前线，慰劳抗日将士。

---

① 中国人民政治协商会议石柱土家族自治县委员会文史委员会编：《石柱文史资料》第 16 辑（内部发行），1995 年 11 月版第 11 页。
② 中国人民政治协商会议彭水苗族土家族自治县委员会文史资料研究委员会编：《彭水文史资料选辑》第 3 辑（内部发行），1987 年 7 月版第 7 页。
③ 彭水县志编纂委员会编纂：《彭水县志》，四川人民出版社，1998 年版第 553 页。
④ 中共酉阳土家族苗族自治县委党史研究室编：《酉阳现代风云录》，西南师范大学出版社，1999 年版第 113 页。
⑤ 中共酉阳土家族苗族自治县委党史研究室编：《酉阳现代风云录》，西南师范大学出版社，1999 年版第 113 页。

7. 搬运川盐，支援抗战

1938年，武汉、长沙失守后，长江下游航运及粤汉铁路被日军控制，抗战前线及湘鄂川黔边区数十县的海盐供应中断，国民政府被迫用四川自流井的食盐供应上述地区。运往鄂西的食盐是先顺着长江东下水运到渝东北的万县，再转运到鄂西各地的。抗战爆发后，川湘公路虽然已经通车，但因其军运任务大、汽油匮乏及车辆少、路况差等原因，民用物资的进出仍要靠乌江水运。因此，运往湘西的食盐也是通过乌江水运完成的，即从涪陵码头溯乌江而上到酉阳境内的龚滩起岸，再用人力经陆路背到酉阳境内的龙潭，然后装船顺龙潭河经酉水运至湘西里耶、沅陵等地。于是，龚滩和龙潭成了食盐转运和集散中心。然而，由于乌江水流湍急，滩多浪大，盐船由涪陵至龚滩是逆水上行，到达龚滩需要月余或数月时间；而从龚滩到龙潭这一段的陆路运盐又完全需要靠背夫背运才能完成。为了加快运盐速度，保证抗战前线军民及湘鄂川黔边区数十县百姓最低标准的食盐供应，国民党第六战区于1939年在龙潭和龚滩成立了"川东水运总队"和"川东陆运总队"。"川东水运总队"承担涪陵至龚滩的水运任务；"川东陆运总队"承担自龚滩至龙潭等地的"川盐济湘、湘粮济川"①的陆运任务。"川东水运总队"和"川东陆运总队"将纤夫、背夫们分别编成大队。当时，"川东陆运总队"下辖4个大队，秀山、彭水各组建1个大队，酉阳组建2个大队。酉阳的两个陆运大队由小河、铜鼓、先坝、板桥、石垭、龚滩等12个乡7 000多名青壮年组成。

在艰难困苦的八年抗战时期，"爬行在乌江岸边的纤夫达数千人；翻山越岭穿行于龚龙大道上的背夫达五千多人"②。他们不分春夏秋冬、严寒酷暑，日晒雨淋、忍饥挨饿，为保证抗战前线军民及湘鄂川黔边区数十县百姓的食盐供应，都默默地奉献着。水运总队的纤夫们来自涪陵、彭水、武隆、酉阳等地，吃住条件差，生活环境艰苦，劳动强度大。他们在拉滩头过纤道时，几乎是在地上爬行，手脚要同时在地上用力，船只才能逆水前进。陆运总队的5 000多名背夫们，在背盐的路上川流不息，络绎不绝。他们身背150至200斤重的盐巴，在羊肠小道、悬崖峭壁上汗流浃背、三步两打杵地艰难前行，挣扎七八天才能从龚滩走到龙潭，其辛苦程度可想而知。背盐路上，"歇气者几乎都要杵在曾被多次杵过的地方，久而久之，数年之后，路上的岩板留下了一个一个的打杵窝，有深者达1寸以

---

① 中共酉阳土家族苗族自治县委党史研究室编：《酉阳现代风云录》，西南师范大学出版社，1999年版第114页。
② 中国人民政治协商会议四川省酉阳土家族苗族自治县委员会文史资料委员会编：《酉阳文史资料》第13辑（内部发行），1991年12月版第151页。

上"①。这些数不清的打杵窝，记载着 5 000 多名背夫们的艰辛与汗水，是渝东南民族地区各族人民顾全大局、勇于担当、艰苦抗日精神的历史见证！它无声地教育和鼓舞着后来人要踏着前辈的足迹，发扬老前辈艰苦奋斗的抗战精神，在中国共产党领导下，为把祖国建设得更加美好，为中华民族的伟大复兴，为"中国梦"的早日实现而奋力前行。

抗日战争时期是渝东南民族地区红色文化资源发展时期。这一时期，渝东南民族地区各族人民在中国共产党领导下，以崇高的民族气节和大无畏的爱国主义精神，一方面从人力、物力、财力、精力上倾其所有，投身抗战；另一方面同国民党顽固派分裂倒退活动进行了坚决斗争，一次又一次地挫败了国民党顽固派的反共阴谋，保存了党的骨干，为巩固全民族抗战大后方，为争取抗战胜利作出了无私的贡献。这一时期，党领导渝东南民族地区各族人民在对外反抗日本帝国主义侵略和对内与国民党顽固派的斗争中，涌现出许多生动感人的事迹，留下众多抗战救亡遗物、遗址，在境内留下了许多物质的和精神层面的红色文化资源。

第四节　解放战争时期境内红色文化资源的丰富

抗日战争胜利后，中国社会面临着和平与内战、民主与独裁两种命运、两种前途之抉择。为了避免内战，和平建国，中国共产党从广大人民群众的根本利益出发，于1945年8月25日在对时局的宣言中明确提出"和平、民主、团结"的口号，并以极大的诚意参加重庆谈判、政治协商会议。然而，国民党却违背人民意愿，公开撕毁国共双方签订的"长期合作，坚决避免内战"之协定，于1946年6月26日，在美帝国主义支持下，调动20多万国民党军队进攻中原解放区，悍然挑起全国性的内战。中国共产党在争取和平前途无望的情况下，发动人民以自卫战争回击国民党军队的进攻，中国革命进入到人民解放战争时期。

1947年下半年，人民解放战争由战略防御转入战略进攻以后，解放军已由内线作战转入外线作战，战场已由解放区转移至国统区。中共中央根据形势的变化，要求国统区的党组织要积极地创造条件，在国统区开辟反对国民党反动派的第二条战线，并发动农民开展农村武装斗争、创建农村游击根据地，以配合解放战争。

---

① 中国人民政治协商会议四川省酉阳土家族苗族自治县委员会文史资料委员会编：《酉阳文史资料》第13辑（内部发行），1991年12月版第158页。

渝东南民族地区党组织在中共川东临委领导下，认真贯彻执行党中央这一指示精神，在恢复与发展渝东南民族地区各级党组织的基础上，动员土、苗、汉等各族人民，广泛开展人民民主运动，发动农村武装斗争，迎接解放，配合接管，为赢得解放战争的胜利作出了应有的贡献。这一时期，渝东南民族地区又新生成了一批红色文化资源。故解放战争时期是渝东南民族地区红色文化资源丰富时期。

一、渝东南民族地区党组织的恢复与建立

自1840年鸦片战争以来，中国人民饱受了外来侵略战争的蹂躏，抗日战争的胜利，雪洗了中国人民100多年来深受资本-帝国主义奴役和压迫的耻辱，振奋了中国人民自强、自信的精神。因此，中国人民渴望抗战胜利后的中国是一个和平、民主的新中国。然而，抗战胜利后，蒋介石国民党反动派坚持其一党专政、独裁统治、反共反人民的反动方针，在国统区到处逮捕、杀害地下党员和干部，使渝东南民族地区党的组织遭到严重破坏。为了恢复、发展党的组织，中共中央南方局、中共四川省委分别派人前往区内各县开展农村工作，使区内各县的党组织相继恢复和发展起来。1948年4月，中共川东临委决定将綦（江）南（川）工委与涪（陵）丰（都）特支合并，建立中共南（川）涪（陵）工委。南涪工委先后隶属于中共川东临委和中共川东特委，下辖涪陵县委、涪陵城区区委、石柱特支、武隆平桥特支等。1949年7月，为了迎接解放，根据中共川东特委决定撤销了南（川）涪（陵）工委，建立了中共綦（江）南（川）、涪陵、丰都3个中心县委。中共涪陵中心县委下辖涪陵县委和武隆两个县级特支。中共丰都中心县委下辖丰都县委、石柱县委和丰都南岸特区区委。

1. 石　柱

1944年冬，中共中央南方局青工组长张佛翔（即张黎群）派秦禄廷等人回石柱县清理党的组织。1945年4月下旬，张佛翔指定王敏、秦禄廷、王家滋等成立中共"五一"工作组，由王敏任组长，秦禄廷任副组长，王家滋为组员，到石柱一带的川鄂边区创建革命根据地，准备开展游击战争。1947年10月，中共川东临委决定成立中共石柱县特别支部，秦禄廷任书记，先后在丰都蒲家区、石柱西沱区、石（柱）利（川）万（县）边区、丰石边区、石柱南路区等地发展党员，建立起5个支部和1个联络站。1948年2月，中共下川东地委宣布成立中共川东南岸工委，唐虚谷任书记，秦禄廷任副书记兼石柱特支书记。中共石柱县特别支

部所属的5个支部改为5个区委。6月，唐虚谷被捕，秦禄廷与上级失去联系。1949年秋，中共石柱县委成立，书记秦禄廷，组织委员秦耀文，宣传委员邵容光，辖10个支部，党员有百余名。

2. 秀 山

抗战胜利后，中共中央南方局、中共四川省委、中共川东临委先后多次秘密地向秀山县派出16名党员，以秀山中学为据点，以教书为掩护，开展地下活动。1945年8月，中共中央南方局派出谢书年、刘兆丰等一批地下党员进入秀山中学开展工作。1946年1月，南方局又派从延安调回重庆的中共"七大"代表、"曾在山西省担任过县委书记并担任过游击队政委"[①]的邓照明（化名邓光宇）到秀山，以加强对地下斗争的领导。年底，刘兆丰、邓照明、谢书年、谢若英等先后被捕入狱，后在地下党组织和社会各界积极营救下获释。1947年2月至1948年5月，中共四川省委、中共川东临委先后派周文（化名周国梁）、宁育珪、姚杰（化名姚文钰）、陈家俊（化名陈敏珍）、罗广斌（化名罗退之）等到秀山中学以教书为名开展工作。1948年5月，中共秀山县特别支部成立，宁育珪任特支书记（后改由姚杰任特支书记），陈家俊任组织委员，罗广斌任宣传委员。同年夏，中共川东临委又派遣辛晓晴（化名辛国仕）到秀山中学继续开展工作。总之，解放战争时期，为了开辟酉秀黔彭游击根据地和迎接解放，中共中央南方局、中共四川省委、中共川东临委"曾先后六次派出十六名党员和几十名进步青年，来到秀山，以此为据点，以教书职业为掩护，组织发动群众"[②]，开展地下斗争，在秀山播下了革命火种。

3. 中共在黔江潘文华部建立的组织

早在抗日战争时期，中共中央南方局为了争取四川地方势力，便通过关系派党员到川军潘文华部队中去工作，建立秘密党支部。解放战争开始后，潘文华于1945年11月被蒋介石委任为川黔湘鄂绥靖公署主任，公署司令部设在黔江。当时，潘文华部队中共有20名中共地下党员。1946年8月，"中共四川省委将潘部党员的组织关系交给在秀山工作的邓照明，以便在必要时组织兵变，在川鄂湘黔

---

① 秀山土家族苗族自治县县志编纂委员会：《秀山县志》，中华书局出版2001年版第371页。
② 中国人民政治协商会议四川省秀山土家族苗族自治县委员会文史资料委员会、秀山土家族苗族自治县民族事务委员会编：《秀山文史资料》第6辑（内部发行），1991年10月版第133页。

边区建立根据地"①。1946年底，秀山县党组织暴露，邓照明当即向中共四川省委作了汇报，经批准后，地下党员分批撤离。1947年4月，潘文华部队被调往湖北驻防，党组织在黔江的活动也随潘部而转移。

4. 涪 陵

进入抗战后期，在国民党顽固派的监视、镇压下，涪陵县党的地下组织遭到严重破坏。故解放战争初期的1945年8月至1947年9月期间，涪陵县境内尚无中共地方组织活动，只有少数党员在上级党组织的领导下开始从事地下活动。1947年下半年，人民解放战争由战略防御转入战略进攻以后，国统区重庆党组织的工作重点由城市转向农村。同年10月，中共川东临时工委派刘渝明到涪陵、丰都成立中共涪（陵）丰（都）特支，刘渝明任书记。特支的主要任务是在涪陵、丰都地区发展党组织，开展农村工作，组建小型武工队，准备开展敌后游击战争。同年冬至次年春，涪陵县的李渡、鸭江、龙驹、龙潭等地相继建立起基层党组织。1947年10月至1949年9月，涪陵县境内先后建立了中共涪丰特支、中共南（川）涪（陵）工委、中共涪陵县委、中共涪陵城区区委、中共武隆（平桥）特支、中共武隆（桐梓山）特支、中共涪陵中心县委7个县级或县级以上的党组织，下属"县以下基层组织38个，党员人数由19人逐步发展到284人"②。这一时期，涪陵党组织趋于成熟，在发展组织、发动群众、建立农村小型武装、党员教育培养等方面开展得有声有色，而且组织保存完好，为巩固发展胜利成果创造了良好条件。

5. 武 隆

1949年2月，中共南（川）涪（陵）工委派由重庆来涪的张正祥到武隆平桥和平中学发展组织，成立中共武隆（平桥）特支（相当县级），书记张正祥，委员马东山、唐世昌。平桥特支初隶南涪工委。7月，张正祥调离后，平桥特支由马东山负责并改隶涪陵中心县委。1949年6至8月，中共川东特委派许智伟、郭一帆、邓致远等20多名党员及进步青年分3批由重庆到武隆开辟农村工作，其任务是以武隆为据点，组织武装，打通乌江、川湘公路沿线及涪陵至彭水之间的水路交通，为迎接解放作准备。8月，许智伟在桐梓山建立中共武隆（乌江东岸）支部。9月，邓致远与黄石声在涪陵庙垭建立中共武隆（乌江西岸）支部。下旬，东、西两岸支部合并成立了中共武隆（桐梓山）特支（相当县级），书记许智伟，

---

① 中共四川省涪陵市委党史研究室：《中共涪陵地区简史》，重庆出版社，1996年版第146页。
② 四川省涪陵市志编纂委员会编纂：《涪陵市志》，四川人民出版社，1995年版第971页。

委员郭一帆、黄石声、邓致远。特支先由中共南涪工委，不久改隶中共涪陵中心县委。

二、反饥饿、反内战、反迫害、争民主的学生运动

全面内战爆发后，国民党政府在加紧对解放区发动军事进攻的同时，还加大了对国统区人民的剥削和压迫。为了筹措内战经费，国民党政府除了对人民征收苛重的捐税以外，更无限制地发行纸币，导致恶性通货膨胀，引起物价飞涨，使人民一次又一次地遭到洗劫。广大农村饥民遍地，饿殍载道。公教人员和学生群众的生活也陷入极度的困境。国统区人民陷入水深火热之中。1947年5月20日，国民党军警特务对在南京举行大规模示威游行的6 000多来自上海、南京等地的学生代表进行残酷镇压，酿成震惊全国的"五二〇"血案。随即，由南京、上海、北平、天津首先发动，在全国掀起一场波澜壮阔的反饥饿、反内战、反迫害、争民主的学生运动。继之，在国统区，以学生运动为先导的人民民主运动便迅速地发展起来，形成配合人民解放战争、反对蒋介石反动政府的第二条战线。这场学生爱国民主运动的爆发和国统区"反蒋"第二条战线的形成，是因为国民党政府已"将全国各阶层人民放在饥饿和死亡的界线上"，"因而就迫使全国各阶层人民团结起来，同蒋介石反动政府作你死我活的斗争，并使这个斗争迅速发展下去"。①在全国蓬勃高涨的爱国民主运动影响下，在中国共产党的领导下，渝东南民族地区学生的"反饥饿、反内战、反迫害、争民主"运动也呈现出蓬勃发展之势。

1. 彭水、涪陵县师生"反饥饿、争温饱"的斗争

1947年5月，彭水县立中学师生派出代表向国民党县政府请愿，他们"提出要民主、反迫害、增加教师工资、改善师生生活等8项要求"②。然而，国民党当局不但不接受师生代表提出的8项请愿要求，反而扣押了前去请愿的师生代表，这激起了全校师生的极大愤慨，300多名学生走上街头游行示威，揭露当局种种暴行，并罢课7天，终于迫使当局妥协，接受了师生的请愿要求，释放了被扣押的师生代表。

1947年9月，在涪陵县师范任教的一部分进步教师联合县中、涪光中学、县农校等各中学1 000余名师生，在地下党员李树尧、赖卫民等领导下上街游行，

---

① 《毛泽东选集》，人民出版社，1991年版，第1225页。
② 中共四川省涪陵市委党史研究室：《中共涪陵地区简史》，重庆出版社，1996年版第149页。

发起反饥饿、反内战、反迫害的爱国民主运动，同警察展开搏斗，并捣毁了国民党涪陵县法院，打击了反动派的嚣张气焰。同年10月，涪陵城区各中心国民小学全体教师同时罢课，掀起抗议物价飞涨、反饥饿、争温饱的罢教斗争，迫使县国民党当局答应教师提出的条件，决定每月给每位公职教师发食米8市斗，改善了教师们的生活条件。1948年春，涪陵城区中小学教师在党组织的领导下，联合向国民党涪陵县参议会请愿，要求增加教师工资，改善教师生活条件，并开展罢教斗争。与此同时，涪陵县师范一些进步学生在中共涪陵县委领导下，成立了"寒啸文艺社"，创办了《寒啸壁报》，宣传反饥饿、反内战、反迫害，为罢教的教师"反饥饿、争温饱"呐喊助威。经过联合斗争，迫使国民党当局同意增加教师工资的要求。

2. 涪陵、秀山县师生"反迫害、争民主"的斗争

1946年8月，涪陵县立女子中学在易家坝广场举行盛大体操表演，各中学师生和群众前往观看，场面热烈，观众云集。一部分县警察所警察以维持秩序为名，任意毒打群众和无辜的学生，致使数十名群众和学生受伤，激起广大师生和群众的愤怒。省中、涪师、县中、益辉、涪光等校2000多名学生迅速组织起来，在县城内举行声势浩大的反迫害、反暴行的游行示威。游行的学生高呼"教育是神圣的事业，政府必须维护"、"不许警察迫害学生"，"政府要严惩肇事凶手"[①]等口号，聚集在县政府门前请愿。面对守卫在县政府大门内外荷枪实弹的反动军队，学生们不畏强暴，据理力争。县长欧阳熙见这样拖下去对他不利，只好与学生代表谈判，被迫接受了学生方面提出的"警察所长撤职查办、县长派人到各中学赔礼道歉、受伤同学由县府责令涪陵卫生院治疗、保证以后不发生类似事件"[②]4项条件。这场学生反迫害斗争的胜利，大灭了国民党县政府、县警察所的威风，鼓舞了全县师生和人民群众反迫害、争民主的斗志，配合了渝东南各地学生的爱国民主运动。

1947年上半年，在全国蓬勃高涨的爱国民主运动影响下，在中共秀山特支的组织发动下，秀山中学学生的进步组织"稚心社"利用学校地下党教师被当局逮捕、部分教师被迫撤离学校这一契机，组织全校数百名学生开展罢考斗争，并走

---

① 中国人民政治协商会议四川省涪陵市委员会文史资料研究委员会编：《涪陵文史资料选辑》第5辑（内部发行），1987年12月版第25页。
② 中共四川省涪陵市委党史研究室：《中共涪陵地区简史》，重庆出版社，1996年版第148页。

上街头，沿途高呼"我们要读书""我们要教师"①等口号，到国民党县党部请愿，与反动校方进行有理、有利、有节的斗争。经过斗争，校方不得不收回开除学生的决定，包围学校的军警也被迫撤离，取得了反迫害、争民主斗争的胜利。之后，秀山中学又于1948年、1949年"先后爆发了反对校长克扣教师工资和学生伙食费，任意辱骂学生、压制民主的两次学潮"②。反动当局出动数百名军警，抓捕10多名手无寸铁的学生，激起社会舆论的强烈谴责。中共秀山特支对学潮进行及时引导，利用社会舆论及反动当局内部的矛盾，采取恰当措施，迫使当局释放了被捕的学生。

3. 省立龙潭中学学生"争取人身安全权"的斗争

1947年秋，酉阳县龙潭镇省立龙潭中学初中部的学生辛永林（秀山人）生了重病，离家远，无钱医治，学校既无校医又对辛永林的病情不闻不问。学生会向校方借钱为辛永林治病，校方不但不借，还指责学生会"多事"。辛永林得不到及时救治，于第二天死去。全校学生无比愤怒，在进步教师支持下，学生会一面号召全校学生"为争取真正的民主、为保障人身安全而斗争"；一面草拟控告书提出10项要求，上呈酉阳县城的四川省第八行政督察专员公署及省政府，"控告学校当局贪污公款、施教不仁、草菅人命等罪行"③。控告书发出后的第三天，学生会组织高七班学生首先罢课，校内其他班级学生也做好了罢课准备。学生们一致表示：如问题得不到合理解决，坐牢杀头也要斗争到底！校方无奈，只好与学生进行谈判。经过一天谈判，达成如下协议："一、由学生会协同每月伙食总监查账封仓，管伙食者不得随意启封；二、期末结算，剩余部分，退还学生；三、总务处出售食堂大米的利润纳入伙食项目；四、设专职校医和图书管理员，不得再用学生兼任；五、辛永林安葬费由学校承担；六、高七班学生，直至毕业不得借故斥退或开除一人。"④龙潭中学学生"争取人身安全权"的斗争最终取得了胜利。

4. 酉阳县立中学学生"反贪污、求学权"的斗争

解放战争后期，渝东南民族地区国民党当局的腐败愈加严重，贪官污吏拼命

---

① 中共四川省涪陵市委党史研究室：《中共涪陵地区简史》，重庆出版社，1996年版第147页。
② 中共四川省涪陵市委党史研究室：《中共涪陵地区简史》，重庆出版社，1996年版第147页。
③ 中共酉阳土家族苗族自治县委党史研究室：《酉阳现代风云录》，西南师范大学出版社，1999年版第121页。
④ 中共酉阳土家族苗族自治县委党史研究室：《酉阳现代风云录》，西南师范大学出版社，1999年版第122页。

地搜刮民财，就连教书育人的学校也存在着贪污腐败现象。进入1948年，地处酉阳县城的酉阳县立中学学费剧增，许多学生无法继续求学和完成学业，校总务主任冉启欧搞大斗进小斗出，克扣贪污学生粮食，学生两三周吃不到一片肉，平时连蔬菜和油都吃不上。学生对此十分愤怒。1948年11月中旬，学校300多名学生在中共地下党员宁育珪等教师支持下，为反对学校当局贪污腐败和争取求学权利而举行罢课，同时向学校当局提出3项要求："一是彻底清查账目，撤销冉启欧总务主任职务；二是改善学生生活，杜绝乱收学费；三是不能暗中整参加这次斗争的学生。"①学生会代表通过与校方负责人、县教育科长、县党部书记长谈判，迫使学校当局基本接受了学生们提出的3项要求，罢课的学生恢复了上课。酉阳县立中学学生"反贪污、求学权"的斗争取得了胜利。

三、以抗丁、抗粮、抗捐为主的农民"三抗"斗争

随着解放战争的进行，人民解放军歼灭了大批国民党军队。蒋介石为了继续扩大反共反人民的内战，并为内战补充兵源、补充消耗，在国统区疯狂地拉丁、征粮和派款，国统区人民陷入水深火热之中。渝东南民族地区党组织遵照上级党的指示，开辟农村工作据点，组织农民开展以抗丁、抗粮、抗捐为主的"三抗"斗争。

1. 开展抗丁斗争

在酉阳，1946年7月，地下党员田伯谦受党组织派遣由开县回到家乡酉阳先坝乡，他以教书和经营生意为掩护，发动家乡农民开展了轰轰烈烈的抗丁、抗粮、抗捐的"三抗"斗争。他结教了许多故旧新朋，特别是乡、保人员，利用乡、保政权开展合法斗争。1946年，酉阳县国民党当局摊派给先坝乡需抓送壮丁的名额为348名，田伯谦与乡长彭九翔、副乡长陈华等研究决定"由乡长采取软拖硬抗办法，抵制国民党抓壮丁，结果先坝乡拖欠壮丁150多名"②。田伯谦组织的这次酉阳先坝乡抗丁斗争取得了初步成效。

在涪陵，1947年10月，中共涪丰特支书记刘渝明、中共涪陵白家大花园特支书记陈丹墀根据中共川东临委指示，组织开展了涪陵全县范围内的"三抗"斗争。全县4个区、22个乡（镇）先后建立各种"三抗"组织54个，成员2 300

---

① 中共酉阳土家族苗族自治县委党史研究室：《酉阳现代风云录》，西南师范大学出版社，1999年版第123页。
② 中共酉阳土家族苗族自治县委党史研究室：《酉阳现代风云录》，西南师范大学出版社，1999年版第131页。

余人。1948年夏,地下党员唐世昌去鸭江发动农村青年互助同盟社、邻丰社组织成员开展抗丁斗争,他们除设法打入乡保政权外,还将适龄青年组织起来,白天集中生产,晚上分散隐蔽。并将妇女、儿童组织起来站岗放哨,发现有人来抓壮丁立即报告,及时采取对策。1949年12月,国民党政府在鸭江、庙垭、梓里等地没有征到一兵一卒。

在石柱等地,1947年底,中共石柱特支在石柱、丰都组织成立了以抗丁为主的反丁战斗小组160多个、1600余人。

在抗丁斗争中,渝东南民族地区各县、区、乡(镇)的党组织多是以拜把结盟或组织同盟社、民众书报社、青年互助社、农友会、读书会等各种民间团体的形式,发动民众,宣传党的政治主张,开展对敌斗争。这些组织中,既有普通群众,又有思想开明的乡保人员。"他们以写匿名信的方法警告拉丁逼款的乡保人员、土豪劣绅,有的发动群众联名控告乡保长的劣迹,并利用矛盾,团结各阶层进步人士形成一股强大的'三抗'力量。"同时,他们还"利用国民党的派系斗争、宗族关系,让党员和进步人士任乡保长和乡公所文书,控制乡保政权,一旦上面有丁粮任务下来,乡政府就采用一顶、二拖、三回避、四硬抗的办法,有力地配合了'三抗'斗争"①。一顶,即顶住上面,以乡政府的名义向上打报告,陈述征丁困难的理由,要求减少征丁任务;二拖,即拖延征丁时间,到时不了了之。迫不得已时,才送一两个身体有残疾、不符合当兵条件、验收不起的去顶数;三回避,即找借口不去参加县上有关拉丁、征粮的会议。如上面来人催丁,则借故避而不见;四硬抗,即对上面摊派的征丁任务不予理睬。涪陵进步青年官灿钧(后入党)在担任两年崇兴乡乡长期间,便采取了"一顶、二拖、三回避、四硬抗"的办法,领导群众开展抗丁斗争,300多名的征丁任务,实际完成不足20人。1948年底,国民党涪陵县政府便以征丁不力为由,撤销了官灿钧的乡长职务。

2. 进行抗粮抗租斗争

全面内战爆发后的1946年,国民党酉阳专署、酉阳县政府摊派给先坝乡共计7 000石的"献粮"任务,规定秋收后一次交齐。"如有拖延阻挠,以违误戎机论处。"②甚至要求老百姓自雇民工送交县城粮库。为解除农民群众"献粮"之苦,

---

① 中共四川省涪陵市委党史研究室:《中共涪陵地区简史》,重庆出版社,1996年版第151页。
② 中共酉阳土家族苗族自治县委党史研究室:《酉阳现代风云录》,西南师范大学出版社,1999年版第131页。

地下党员田伯谦与乡长彭九翔、副乡长陈华等研究决定采取"软拖硬抗"之对策，首先由乡政府出面，组织地方知名人士前去向县政府当局反映灾情，请求当局派人来先坝乡农村核查，同时组织灾民向国民党酉阳专署、县政府请愿，说明无法纳税的理由。然后，发动社会各界人士发表公论，展开舆论攻势，揭露国民党当局通过"献粮"大发国难财之实质。后来，国民党反动派这一不得人心的"献粮"活动在全国人民抵制下被迫停止，先坝乡农民群众免除了"献粮"之苦。

1948年夏，国民党政府为了欺骗群众，缓和政府与农民群众之间日益加深的阶级矛盾，稳定四川局势，在四川全省及渝东南各地印发和张贴"二五减租"布告。中共涪陵县党组织将计就计，采取"假戏真做"之对策，动员、组织农民群众展开合法斗争。活动在庙垭乡的地下党员前去做乡长陈永文的工作，要求他按着"二五减租"布告的精神办。陈永文带头将其出租之农田减了租，庙垭乡其他的地主见乡长都减了租，也只好按布告规定减了租。在涪陵梓里乡，党组织还派进步青年刘灵枢打入梓里乡公所当干事，通过他掌握的行政权力，动员杨树铨、周儒章、刘景云、张耿光等开明士绅依照"二五减租"布告的指示精神进行了减租。同时，"对地主进行减租宣传和分化工作，发动佃户据理力争。这样，多的减10石、8石，少的减3石、5石，使农民减轻了负担"①。

1948年冬，渝东南民族地区的地下党组织派出党员和非党积极分子深入各县、乡、村、保，向群众秘密宣传全国解放战争的大好形势，发动农民采取"无灾报灾，轻灾报重灾，扩大灾情，要求减免"②等办法，不向国民党政府交公粮。国民党政府"二五减租"法规虽已颁布，但各地的不少地主对农民或以"退佃"相威胁逼迫农民交租，或采用"改换佃约"、先加租后减租、明减暗不减等伎俩，拒绝减租。对此，党组织派出党员深入县、乡、村，把农民群众发动起来，揭穿地主"先加租后减租、明减暗不减"之骗人伎俩，组织农民把收获的租谷分散隐藏起来，"一面拒绝给地主换约，拖着租谷不交；一面有计划、有重点地要求地主依法减租"③。在涪陵县的同兴乡（又名汪家庙，地处今长寿湖滨，民国时期属涪陵县四区），胡光兴等多家佃户率先找地主禹玉章谈判，迫使禹玉章同意减租，佃户胡光兴当年便少交了2石多租谷。接着，全乡各地农民纷纷要求地主按"二

---

① 中共四川省涪陵市委党史研究室：《中共涪陵地区简史》，重庆出版社，1996年版第153页。
② 中国人民政治协商会议四川省涪陵市委员会文史资料研究委员会编：《涪陵文史资料选辑》第5辑（内部发行），1987年12月版第31页。
③ 中共涪陵市委党史研究室：《解放战争时期的涪陵》（内部发行），1992年10月版第308页。

五减租"法规定减租。

1949年春,涪陵县白家乡一带的青年农民在地下党组织的领导下开始行动起来,以"老庚会""刀教会""同宗会"等民间团体之名义,组织、发动农民开展以抗丁、抗粮、抗捐为主的"三抗"斗争。鉴于"刀教会"中贫苦农民占据多数,并拥有部分武器,实力较为雄厚。中共地下党组织便以"刀教会"为后盾,发动其中的贫苦农民与地主展开"抗租"斗争。佃户夏兴平、夏顺同、韩利等以庄稼"连年歉收"为由,要求地主夏志儒减租,遭到夏志儒的拒绝。贫苦的佃户们便联合起来共同对付夏志儒,向他提出两项条件:"一、所收粮食按四六开或对半开分粮;二、按一款执行后仍交不起的租谷打欠条,认高利"[①]。总之,斗争的目的是拖着租谷不交。一直拖至渝东南解放,这些农民所欠地主之租谷才不了了之。

3. 组织抗捐税斗争

自1946年6月蒋介石撕毁停战协定发动全面内战后,军费开支越来越大。为了维持反共反人民的内战及其风雨飘摇的反动统治,国民政府在国统区除了滥发纸币,引起货币贬值、物价飞涨外,还对国统区人民征收各种苛捐杂税,激起人民强烈的反抗。

渝东南民族地区的地下党组织在领导人民开展反内战、争民主和开展抗丁、抗粮的斗争中,还发动各界民众对国民政府摊派给人民群众的苛捐杂税采取拖延、转嫁、逃避等办法进行抵制、抗交与斗争。涪陵县的抗捐税斗争是于1946年开始的。当时,在李渡地区,进步青年余合荣(后入党)在镇安乡秦家庙发动青年农民组建了抗捐小组"群力社",在镇安场上成立了抗捐分社"同德社"。1947年,余合荣等又在均田、新塘等村成立了"同兴社""群力""群协"等抗捐组织。在大柏乡,青年农民黄顶立、黄永财组建"青年联络社",组织40多青年农民开展抗捐、抗粮、抗丁斗争。1947年开始,金银、大山、文星等乡也先后建立了各种形式的抗捐税组织。这些抗捐组织成员一面开展反内战宣传,向民众揭穿国民党反动派发动内战之阴谋,号召青年农民不当兵,不为国民党反动派充当炮灰;一面动员民众,开展抗捐斗争。在庙垭乡,地下党员李一平、高枫等在中共南方局青年组的指示下,在该地区建立了"农村青年互助同盟社",宣传、教育和团结了该地区广大农村青年。党组织还通过"农村青年互助同盟社"做统战人士的工作,"对国民党县政府下达的捐税征款,通过统战人士摸清底子后,及时揭露那些以征

---

① 中共涪陵市委党史研究室:《解放战争时期的涪陵》(内部发行),1992年10月版第297页。

收捐税为名，进行敲诈勒索农民的乡保长"①。由于群众利益得到了保护，抗捐税斗争在这一地区很快开展起来。

在渝东南民族地区的其他县、乡、村，针对国民政府向人民群众强行摊派苛捐杂税之行径，地下党组织都是采取发动农民群众成立各种形式的抗捐斗争组织，采取软拖和集体硬抗之办法开展抗捐。具体做法是：党组织或动员地方知名人士前去同县长、乡长、村长、保长展开说理斗争，促使他们将捐税额度减少到最低限度；或"支持群众按田土实际占有量征税的要求，实行大户多征，贫苦农民少征或不征"；或"利用已掌握的部分乡、保政权，由乡、保长出面，只征地主的捐税，不征农民"②。

总之，渝东南民族地区各界民众开展的以抗丁、抗粮、抗捐为主的"三抗"斗争，在地下党组织的坚强领导下成效显著。通过开展"三抗"斗争，维护了农民群众的切身利益，减轻了农民的负担，打击了国民党反动派及封建地主反动势力之威风，增强了农民团结起来同地主恶霸及国民党反动派作斗争的勇气和信心，有力地配合了人民解放战争。

四、做好统战工作，瓦解敌人，壮大自己

随着内战规模的扩大和国民党一党包办的伪"国民大会"的召开，国共和谈的大门被国民党关闭，国共关系面临着全面破裂。1947年2月下旬，蒋介石命令全国各地军警宪特机关要在2月28日前，将南京、上海、重庆等地的中共公开机关人员强行集中送回延安。针对国共关系即将出现全面破裂的新形势，中共中央于2月28日发出的《关于蒋管区工作的指示》中指出，当前国统区的群众斗争，总的趋势必然会继续增高，"针对目前蒋的镇压政策，我们应扩大宣传，避免硬碰，争取中间分子，利用合法形式，力求从为生存而斗争的基础上，建立反卖国、反内战、反独裁与反特务恐怖的广大阵线"③。战斗在国统区渝东南民族地区的广大党员同志，面对国共关系急剧恶化的新形势，认真学习贯彻中共中央的指示精神，努力做好统战工作，瓦解敌人，壮大自己。在上级党组织的领导下，在全区党员的齐心努力下，渝东南民族地区的统一战线工作得以向纵深发展。

---

① 中国人民政治协商会议四川省涪陵市委员会文史资料研究委员会编：《涪陵文史资料选辑》第5辑（内部发行），1987年12月版第28页。
② 中国人民政治协商会议四川省涪陵市委员会文史资料研究委员会编：《涪陵文史资料选辑》第5辑（内部发行），1987年12月版第31页。
③ 中共重庆市委党史研究室：《中共中央南方局大事记》，重庆出版社，2004年版，第451页。

1. 采取"打进去拉出来"之办法掌控基层政权

全面内战打响后，渝东南民族地区的党组织认真落实中共中央的指示精神，积极团结、争取广大民主人士，努力开展党的统一战线工作。活动在涪陵、武隆等县的李树尧、唐世昌、蒲正明、王朴等地下党员，采取打进国民党政界搜集情报、控制国民党基层政权的办法，去瓦解敌人，壮大自己。他们在各界民主人士的支持下，通过竞选等方式先后打进国民党政界：李树尧当选为涪陵县参议会参议员；唐世昌当选为涪陵县参议会候补参议员；蒲正明当上了涪陵县龙潭乡乡长、乡民代表主席；王朴当选为武隆县参议会参议员。他们均以合法之政治身份，"在不同的地方，利用国民党地方势力之间的矛盾开展工作，多渠道广泛收集敌特机关情报向党组织报告，曾多次在关键时刻使敌人破坏党组织的计划成为泡影，使党组织转危为安"①。地下党组织还派出党员和积极分子，通过各种渠道，利用各种关系打入渝东南民族地区国民党各县的乡保政权中，掌握或控制乡保政权。在武隆县，王远恒当上庙垭乡乡长后，"首先安排统战对象邱泽安做副乡长，积极分子夏和孝做乡公所文书，进步人士张明清做乡队副，积极分子王育培等做乡自卫队员，尽力控制乡保武装。"②在川鄂边区，地下党组织通过民主人士的关系，派出党员或进步人士打入基层政权。经过地下党组织广泛的统一战线工作和中共石柱县特支领导的川鄂边游击队的游击作战，当时川鄂边各县的51个乡、310个保中，已有32个乡、199个保、15万人口为中共地下党组织所控制。通过掌握乡保政权，一方面，争取、团结一切可以利用的力量，打击地方反动势力，瓦解敌人，壮大自己；一方面，为党组织提供情报，帮助革命者脱离危险，为游击队采购和运送武器弹药，有力地支援了解放战争。

中共地下党员不仅打入渝东南民族地区国民党各县、乡、保的基层政权，还将国民党基层政权中的统战对象"拉出来"，投身革命，壮大革命武装。进入1949年，随着人民解放战争的快速发展，国民党反动政权败局已定，渝东南民族地区即将解放。为了制止敌人败退前的破坏活动，更好地保护城乡，武隆县的地下党组织指派王远恒、余世尧、王忠敉去做统战对象余洪棣的工作。经过党的统战工作，余洪棣与其弟弟余洪梧带领20余人枪加入了武隆庙垭游击队，并参加了保护机关学校和消灭国民党溃军的斗争。

---
① 中共涪陵市委党史研究室：《解放战争时期的涪陵》(内部发行)，1992年10月版第3页。
② 中共四川省涪陵市委党史研究室：《中共涪陵地区简史》，重庆出版社，1996年版第160页。

2. 对开明人士及国民党军政人员开展统战工作

解放战争时期，为了配合人民解放军的军事斗争，国统区的地下党组织对渝东南民族地区各区、县境内的开明人士及国民党军政人员开展了大量的统战工作。

在涪陵县，中共地下党组织在敌强我弱、乡保政权与封建把头融为一体、称霸一方的恶劣形势下，积极、努力地去做冷水、龙潭、鸭江、梓里、凤来等乡、保中开明人士的统战工作，争取他们为人民解放战争服务、出力。1948年，龙潭乡的地下党员通过耐心细致的统战工作，使冷水乡乡长蒲灿章由最初的同情革命转变为支持革命，多次掩护刘渝明、胡晓风、石德奎、周静淑、高枫等地下党组织负责同志脱离危险。中共涪陵县地下党组织在对乡、保政权中的开明人士及地方上的开明士绅开展争取工作的同时，还对县里国民党的党、政、参议会、学校等部门的上层人物开展统战工作。鉴于涪陵县的地方势力分高兴亚、蒲师竹两派。地下党组织便针对高兴亚、蒲师竹二人分别担任县参议会正副参议长这一实际，派李树尧打入高派，做高派的统战工作；派唐世昌、蒲正明前去做蒲派的统战工作；派王朴在涪陵、武隆两县做上层统战工作。通过工作，有些上层人士，或同情、支持人民解放战争；或为地下党提供国民党党、政、军方面的情报；或在经济上资助地下党活动。1948年下半年，当国民党重庆警备司令部涪陵办事处主任吴克定对龙潭、冷水地区进行"清乡"时，由于李树尧事先从统战人士处得到情报，才使这一地区的地下党组织和人民群众的生命财产未遭受大的损失。中共涪陵县地下党组织通过统战工作，争取了大批进步人士，瓦解、孤立了国民党地方反动势力。

在石柱县，中共石柱县委和川鄂边区党组织认真贯彻上级关于"努力做好农民工作、知识分子工作，做好民主人士、开明绅士以及一切可以团结的人的工作"①的指示精神，派出秦禄廷等党组织成员深入石柱县的西沱、大歇、临溪、沙谷、马武等地小学和乡、保政权中从事统战工作，为川鄂边游击战争的开展打下了坚实的基础。石柱县财政科出纳主任张叔尧，曾任民团头目，是名副其实的地方实力派。在地下党组织统战工作的感召下，张叔尧改变了原来的反动立场，开始从各方面支持地下党活动。1948年12月10日，丰（都）石（柱）边游击队在黄草坪取得反"围剿"斗争胜利后，张叔尧一边帮助游击队实施转移，一边跟随游击队参加战斗。国民党石柱县大柏区分部书记周杰普是中共丰（都）石（柱）边区

---

① 中共四川省涪陵市委党史研究室：《中共涪陵地区简史》，重庆出版社，1996年版第156页。

区委的统战对象。国民党石柱县政府命令他清剿大柏区的"共匪"。周杰普向国民党石柱县政府打保票道:"我大柏乡没有,若有,我早就捉了。"①使中共地下党组织在大柏乡、江池乡(原属石柱县)一带的革命活动得到了保护。另外,由中共石柱县特支领导的川鄂边游击队由于正确地运用毛泽东关于统一战线的革命理论,加强统战工作,对统战工作采取了"发展进步势力,争取中间势力,孤立顽固势力"②的总方针,历经5年的艰苦作战,游击队由小到大,由弱到强,"创建了以石柱为中心,由丰(都)忠(县)万(县)和湖北利川等5县交界区域构成,总面积15 000多平方公里,约15万人口,32个乡,199个保的游击根据地"③,并配合人民解放军胜利地完成了截击与追歼残敌、配合接管、迎接解放的任务。这支功绩卓著的川鄂边游击队在白色恐怖包围之中之所以能生存、发展下来并坚持到解放,除了其紧紧依靠人民群众、占据一片有利的游击边区和党的正确领导以及坚持武装斗争外,广泛开展深入细致的统战工作是其坚持到最后胜利的重要法宝和关键所在。

在武隆县,中共武隆平桥、桐梓山两个特支紧密依靠人民群众,通过人际关系,对社会各界人士和国民党军政人员广泛开展统战工作。中共武隆平桥特支的负责人王朴对武隆、涪陵和重庆等地的各方面人士做了大量的统战工作,他结交了武隆的王槐山、陈道恒、马天一以及涪陵、重庆的罗承烈、高兴亚、严登汉等社会知名人士,为在武隆县平桥私立和平中学建立中共武隆平桥特支及开展活动打下了坚实的基础。中共武隆平桥特支的多数同志是知识青年,他们以武隆县平桥私立和平中学为基地,以从事教学工作作掩护开展革命活动。特支的王朴、李树尧两位主要成员还根据上级指示,采取坐茶馆、打牌等形式拉关系、了解敌情,使党组织得以正常开展活动,为人民解放事业作出了应有的贡献。此外,中共武隆桐梓山特支的东岸、西岸两个支部,还分别在桐梓山、庙垭乡一带的地主、乡保人员中做统战工作,成效显著。东岸支部不仅做社会上开明人士的统战工作,还通过各种关系做国民党军政人员的统战工作。东岸支部通过做统战人士余洪棣的工作,控制了鸭江乡武装,并在乡、保武装中安插可靠人员搜集情报,掌握动态。1949年9月,当人民解放军即将进军西南,桐梓山革命形势顺利发展之时,

---

① 中共四川省涪陵市委党史研究室:《中共涪陵地区简史》,重庆出版社,1996年版第157页。
② 曾祥义等:《川鄂边游击队》,四川人民出版社,1988年版第20页。
③ 中国人民政治协商会议石柱土家族自治县委员会文史资料委员会编:《石柱文史资料》第19辑(内部发行),2004年10月版第103页。

国民党武隆县政府当局极度恐慌。9月中旬，县长胡铸坊奉国民党四川省政府之密令，派县警察中队长王槐山带兵到桐梓山、火炉一带"清剿"共产党。队伍到达沧沟，逮捕了一名农民积极分子。中共桐梓山特支东岸支部立即采取应变措施："一、派党团员立即深入各个群众据点，组织力量应付突然事变，以防不测。二、由曾持平、刘永聪等调集武装力量200多人枪，星夜赶到沧沟王槐山队伍驻地，对王形成武力钳制局面，使其惶恐不安。三、郭一凡、陈秉之立即通知统战人士杨永第、邵平阶等连夜赶到关庙王槐山住处，做王的策反工作。"①王槐山见势不妙，托杨永第向我方表明，只要不缴他的枪，他愿意放人。这样，在我方的政治攻势下，王槐山释放了农民积极分子，另捉了一名烟毒贩子回去向胡铸坊交差了事。敌人的"清剿"计划被粉碎，中共桐梓山地区的党组织转危为安。

五、开展游击活动，配合解放战争

1946年6月底，国民党军队以进攻中原解放区为起点，挑起了全面内战。中共中央针对反动派在国统区疯狂镇压革命的形势，决定动员国统区的一批党员、革命知识分子由城市到乡村去建立和发展革命武装，开展游击战争。1947年10月，中共重庆市委书记王璞从上海返回重庆，传达中共中央关于在国统区开展游击战的指示精神，"强调要配合解放战争，加强农村工作；工作重心放在农村，城市支援农村，发动游击战；农村武装斗争多搞小型游击队，一般不搞打旗号的大规模武装起义"②。根据这一指示精神，1947年底，彭咏梧领导的游击队在重庆的奉节打响了第一枪。接着，秦禄廷在丰都、石柱等地领导农民暴动。渝东南民族地区各地的中共地下党组织纷纷行动起来，在川鄂边区、南涪边区、乌江东西两岸，组织发动群众，不打旗号，不搞大规模的武装起义，通过各种渠道筹建小型、分散、隐蔽、机动灵活的各种武装组织，开展游击活动，打击、牵制敌人。革命斗争的烈火在渝东南大地熊熊燃烧起来。

1. 党领导下的小型武装遍布渝东南各地

当时，渝东南境内各县地下党组织筹建革命武装的渠道、形式基本上是大同小异的，大都是通过以下三种渠道来完成的：

一是组建农民武装。渝东南民族地区境内各地的农民武装均是以本地中共地

---

① 中共涪陵市委党史研究室：《解放战争时期的涪陵》（内部发行），1992年10月版第176页。
② 中共四川省涪陵市委党史研究室：《中共涪陵地区简史》，重庆出版社，1996年版第165页。

下党员为骨干，联系亲友和可靠的农民群众组建起来的。当时，在涪陵、武隆、酉阳、秀山、彭水、石柱等县境内活动的小型游击队、武工队即是由中共地下党组织组建并直接掌握的农民武装。如涪陵县，到1949年底，中共涪陵县地方党组织领导的小型游击队、武工队有：梓里乡武工队、庙垭地区游击队、冷水、崇兴乡、南涪武工队，龙潭、鸭江、镇安、金银、大柏树、致韩等乡武工队，这些武装的主要负责人都由共产党人担任。当时的涪陵县境内，中共地下党组织掌握的武装力量约在1 000支枪以上。在这些武装中，除南涪武工队等少数专业武工队外，多以寓兵于农的形式为主，有军事任务时迅速集中，平时大都回乡务农。

二是争取和控制乡保武装。战斗在国统区渝东南民族地区各区、县的中共地下党组织，他们通过党员和进步群众以及亲友关系做中上层人士的统战工作，直接或间接地将乡保武装控制在自己手中。他们争取和控制各乡保武装力量的途径基本上有两种：一种是直接派党员打入乡保政权中，掌握乡保武装；一种是派人做乡保政权中掌握乡保武装之人的统战工作，将其争取过来，进而控制其乡保武装。如涪陵县的龙潭乡，在中共地下党组织的努力争取下，全乡17个保中除第4、9两个保的武装外，其余各保的武装力量均控制在中共地下党组织手里。又如崇兴乡的官灿钧，龙潭乡的蒲正明，冷水乡的蒲朗若等地下党员通过担任乡长、乡队副或保长等职务，控制或掌握了一支近100多人枪的队伍。

三是改造土匪武装。解放战争时期，在渝东南境内国民党统治力量薄弱的县与县交界的边境地区，到处都有土匪武装活动。境内的中共地下党组织在建立自己的武装过程中，十分注意开展匪运工作，争取将土匪武装改造过来为解放渝东南服务。如地处涪陵与南川县交界处的冷水乡，由于这里距涪陵、南川县城均在百里之外，国民党在这里的统治比较薄弱，故在冷水乡一带活动着一支由陈国仲带领的土匪武装。鉴于这支土匪"队伍的人员多数是贫苦农民。陈国仲本人反对蒋介石国民党，他的儿子陈圣琴是涪陵师范学生，又是共产党员。"①中共涪陵县地下党组织决定把匪运工作的重点放在对冷水乡陈国仲部队及其本人的教育改造上，并于1948年上半年先后派出党员高枫、陈志明到冷水乡做陈国仲的工作。经过一段工作，将陈国仲吸收入党，并在其部队中发展了一批农民党员，建立起中共支部。1948年夏，以陈国仲部队为基础组建了南涪边区武工队。这支武工队在打击反动势力、掩护党组织活动、策应解放军进军渝东南、截击国民党溃军、制

---

① 中共涪陵市委党史研究室：《解放战争时期的涪陵》（内部发行），1992年10月版第64页。

止溃敌骚扰破坏等方面起到了积极的作用。武隆县桐梓山地处丰都、彭水、武隆三县交界的山区，在这里割据一方、占山为王的大小土匪有10多股。其中，作恶多端的惯匪是极少数，绝大多数是因生活所迫被迫入伙的贫苦农民。中共武隆桐梓山特支针对这一实际，决定对绝大多数的一般土匪做争取改造工作。经过几个月的努力，党组织相继掌握控制了凤坪、燕岩、土地、沧沟、万峰、火炉、大河坝等地的土匪武装。

2. 川鄂边区的武装游击斗争

川鄂边区由重庆市的石柱县、丰都县、忠县、万县、云阳县和湖北省利川县等6县、50多个乡镇的接壤区域构成。齐曜山、方斗山雄踞其中，境内地势险要，山高林密，素有川东、鄂西门户之称，战略地位十分重要。1947年10月底，中共石柱县特支书记秦禄廷传达了中共川东临委关于开展川鄂边区游击活动的指示精神后，川鄂边区各县先后建立了党的支部，以领导边区的游击斗争。1947年12月，在中共石（柱）、利（川）、万（县）、忠（县）边区区委领导下，川鄂边区游击队正式组建，在石柱县的西沱、临溪及利川县的太平镇、乐福店、建南等地创建游击根据地，揭开了川鄂边区武装游击斗争之序幕。

1948年2月，中共川东南岸工委正式成立，下辖石柱县、云阳县两个特支，统一指挥川鄂边区游击队。10月，国民党石柱、丰都两县县府召开联防会议，决定合力"围剿"石、丰边游击区，以剿灭石、丰两县的中共地下党组织。中共川东南岸工委和中共石柱县特支要求川鄂边区游击队要"保持清醒头脑，严惩一切来犯之敌"①，并编写《游击战纲要》，制定了"声东击西，避实就虚，以静制动，以逸待劳，不打硬仗，不攻坚强，化整为零，集零为整"和"敌进我退，敌驻我扰，敌疲我打，敌走我追"②等游击作战方针。中共川东南岸工委和中共石柱县特支还召开战前军事会议，对打响全面游击战争和反围剿作战做了具体的部署。12月4日，丰都县建国乡乡长杨巨武奉石、丰、忠3县联防主任谭少封之命，率联防中队向石柱县五龙乡游击根据地扑来。1948年12月5日，川鄂边区反"围剿"游击战争全面展开。当天，石、丰边区游击大队利用有利地形，集中优势兵力，在地势险要、两面危崖陡峭的五龙乡铁炉沟出口处的两边岩设下埋伏。两边岩一战，活捉了国民党石、丰、忠3县联防中队长杨巨武，俘敌50余人，全歼了

---

① 中共四川省涪陵市委党史研究室：《中共涪陵地区党史》，重庆出版社，1996年版第168页。
② 曾祥义等：《川鄂边游击队》，四川人民出版社，1988年版第5页。

国民党3县联防的一个整编中队，游击队两边岩反"围剿"首战告捷。紧接着，12月6日至7日，石南区游击大队连续攻克三星、都会两乡，击毙三星乡乡长秦玉茂、副乡长牟代奎等5人，缴获长短枪68支。8日，石、丰边区游击大队打下湖海乡公所。国民党石柱县县长程友民得知三星、都会、湖海等乡公所被游击队攻陷后，急拍电报向国民党重庆行辕主任朱绍良呼救。朱绍良立即命令南川、巴县、武隆、涪陵、长寿、丰都、垫江、梁平8县清剿指挥所指挥官樊龄调兵遣将前去"围剿"川鄂边区游击队。10日凌晨，8县清剿指挥官樊龄亲率丰都、石柱二县两个警察中队，八、九两专署保安队和重庆第二警察总队两个连等1 300多人的庞大兵力前来镇压，在石柱县三星乡黄草坪摆下战场。战斗从10日凌晨打响。"敌人凭借精良武器，多次向游击队发起猛烈进攻，都被英勇善战的游击健儿击退。战斗坚持了两天一夜，打死打伤敌人50余名。"①游击队在伤亡4人的情况下，因弹药不足，主动按计划实施了转移。川鄂边游击队的反"围剿"斗争自1948年10月开始至1949年1月基本结束，历时4个月，经过30多次大小战斗，粉碎了国民党军队和地方武装的合力"围剿"，游击队在战斗中得以发展壮大，由组建时的750余人迅速发展到3 000多人。

中共川东南岸工委和中共石柱县特支在领导川鄂边区游击队在近两年的反"围剿"、反"清乡"游击作战中，十分注重抓党的领导和党的建设，先后建立了中共石利万忠边区区委、蒲家区委、石南区委、石丰边区委、利川文斗区区委等5个区委，"建立基层党支部29个，党员发展到420人，培养积极分子1 100多人，基本群众27 100多人，同时组建了石利万忠边区游击大队、丰石边区游击大队、石南区游击大队，蒲江、利川文斗两个独立中队"②。因为川鄂边区游击队在整个川鄂边区的武装游击斗争中，始终坚持党的领导，注意发展、壮大、健全党的组织，当敌人发动血腥的大规模"围剿""清乡"时，党组织能形成坚强的领导核心，能有效地动员、组织军民展开反"围剿"、反"清乡"的游击战争，并取得了决定性的胜利。从1947年10月至1949年7月，在近两年时间内，游击队经历大的战斗14次，小的战斗17次，共摧毁了反动顽固的国民党乡公所6个，处决了罪恶累累的乡镇反共分子8人，消灭国民党石、丰、忠3县联防中队1个，打死打伤和俘虏敌人120多人，缴获敌人各种枪支1 600多支。沉重打击了国民

---

① 中国人民政治协商会议石柱土家族自治县委员会文史资料委员会编：《石柱文史资料》第19辑（内部发行），2004年10月版第100页。
② 中共四川省涪陵市委党史研究室：《中共涪陵地区简史》，重庆出版社，1996年版第176页。

党渝东南、鄂西的反动统治，致使其大批乡保政权濒于瘫痪。"震惊了川鄂边区，牵制了驻防在丰（都）、忠（县）、万（县）一带的孙元良、罗广文部队"①，从而有力地配合、支援了全国的解放战争。

解放战争时期的渝东南民族地区境内，除川鄂边区建立了数支党领导下的游击队与国民党军队及地方反动武装展开游击作战外，在乌江东西两岸、南涪边区、庙垭地区、李渡地区、丰涪边区等地，到处都建立了党领导下的小型武装，他们紧紧依靠人民群众开展对敌斗争。他们在为争取人民的生存与民主权利和协助人民解放军截击与追歼残敌、迎接解放、配合接管、维持治安的斗争中均发挥了重要作用。

六、迎接解放，配合接管

1949年4月，人民解放军攻占匪民政府首都南京后，华北、华东、西北、中南等地区大片国土相继解放。蒋介石不甘心失败，于8月29日在重庆西南长官公署召集胡宗南、宋希濂、罗广文、孙震等举行高级军事会议，提出"确保大西南"的方针，企图以重庆为指挥中心，以川陕之秦岭、大巴山和川鄂湘边的武陵山脉、乌江天险和长江三峡为屏障、为依托，建立"大西南防线"，固守大西南，阻挡人民解放军向西南进军。

1. 突破"大西南防线"，解放渝东南

由于蒋介石错误地认为渝东南及贵州地区"地势险要，交通不便，大兵团作战行动困难，且白崇禧集团又集结在湘桂地区，从侧翼牵制解放军入川作战，解放军一定会避开这一面而从北、东两个方面特别是北面入川"②，故其将重兵部署在秦岭、大巴山一线，以阻止人民解放军由陕西入川。为了将国民党近100余万残余部队全部歼灭在大陆，中央军委和毛泽东主席制定了避开敌人的正面防守，对西南地区国民党军队实施大迂回、大包围的战略部署，"先断敌退路，完成包围，然后回过头来歼灭敌人"③。按照中央军委和毛泽东主席关于"进军大西南，解放全中国"的命令，1949年11月１日，刘伯承、邓小平指挥人民解放军发动西南战役，在北起湖北巴东、南至贵州天柱的千里战线上，向国民党苦心构筑的"大

---

① 中国人民政治协商会议石柱土家族自治县委员会文史资料委员会编：《石柱文史资料》第19辑（内部发行），2004年10月版第101页。
② 中共重庆市委党史研究室编：《中国共产党重庆历史》第一卷（1926-1949），重庆出版社，2011年版第553页。
③ 中共重庆市委党史研究室编：《中国共产党重庆历史》第一卷（1926-1949），重庆出版社，2011年版第554页。

西南防线"发起强大攻势，出其不意地向"大西南防线"最薄弱之地区川黔边一线发起攻击。担任正面攻击任务的是第二野战军第三兵团的第 11 军、12 军和第四野战军的第 47 军（配属三兵团），他们从湘西、鄂西出发，多路挺进渝东南民族地区，拦腰截断国民党军队的所谓"湘鄂川黔边防线"，于 11 月 7 日一举解放渝东南门户秀山县城。秀山各族人民燃放鞭炮，载歌载舞，欢庆解放。秀山的解放，揭开了解放渝东南和大西南的序幕。当天，国民党湘鄂川黔边防线总司令宋希濂在鄂西来凤召开军事会议，研究抵御解放军进攻之对策，决定将主力后撤至乌江以西地区，在龚滩、黔江、彭水一带重新布防，企图凭借乌江天险，拼死抵抗。然而，人民解放军的 11 军、12 军、47 军三军健儿相互配合，穿插作战，以迅雷不及掩耳之势乘胜追歼残敌。

1949 年 11 月 10 日，12 军 36 师的先头部队沿川湘公路向酉阳急速挺进，于 11 日解放酉阳县城。接着，人民解放军兵分两路，一路沿川湘公路进击黔江；一路经龚滩直插彭水以断敌后。12 日，11 军解放黔江。占领黔江后，鉴于地方工作人员一时跟不上，"为了维持地方秩序和为西进大军筹集粮草，11 军 31 师 93 团副团长康锡迪暂留黔江，代理县长职务"①。宋希濂部原打算在乌江以西，自龚滩、彭水以西，郁山镇至保家楼一带布防，阻止解放军西进。然而，他未想到解放军进军会如此神速。就在我 11 军解放黔江的同时，我 12 军 36 师从酉阳急行军先于宋希濂部第 2 军抵达龚滩古镇，并给予其第 2 军以迎头痛击，占领了天险乌江渡口，在宋希濂构筑的"乌江防线"上撕开一个大缺口。12 军 36 师主力渡过乌江后，以日行百余里的速度经沿河县洪渡、后坪，直奔彭水。11 月 14 日，47 军 139 师与 11 军 31 师经过一天的协同穿插作战，于 15 日解放了郁山镇、保家楼。11 月 16 日，11 军 31 师解放彭水县城。"为了维护社会秩序，等待西南服务团接管政权，31 师决定留下师部民运科长张茂清代理彭水县县长。"②当 11 军、12 军、47 军协同作战，解放渝东南各地之时，11 月 17 日，四野 42 军主力奉二野前委命令进抵石柱黄水待命。18 日，四野 42 军 124 师兵分两路向桥头坝、石柱县城挺进，抵达大歇地区时与三王沟、高庙子、观音岩、高岗寺守敌孙元良 16 兵团 47 军 127 师相遇，激战 5 小时，全歼孙元良部 3 个营及石柱县民众自卫常备队 4 个中队，毙俘敌 800 余人。11 月 19 日，解放军解放石柱县城。

面对刘、邓大军横扫渝东南，连续突破国民党苦心构筑的"湘鄂川黔边防线"

---

① 中共四川省涪陵市委党史研究室：《中共涪陵地区简史》，重庆出版社，1996 年版第 184 页。
② 中共四川省涪陵市委党史研究室：《中共涪陵地区简史》，重庆出版社，1996 年版第 186 页。

和"乌江防线",蒋介石恼羞成怒,电令宋希濂、钟彬、陈克非、罗广文通力合作,加固"白马山防线"。白马山矗立于武隆县城西南,最高海拔近 2 000 米,面积 454 平方公里。其东北部悬崖下是乌江,悬崖上山势险峻,道路崎岖;其西南部峰峦叠嶂,森林密布;其腹部有长约 54 公里的川湘公路呈"之"字形盘旋而上横贯其中,战略地位十分重要。鉴于白马山是拱卫重庆的最后一道东大门,是"确保大西南,建都重庆"的屏障,蒋介石调集宋希濂集团(辖钟彬第 14 兵团、陈克非第 20 兵团)构筑"白马山防线",并急令罗广文第 15 兵团从南川驰援白马山,企图将解放军堵截于白马山以东地区。11 月 16 日至 17 日,蒋经国手持蒋介石写给宋希濂的亲笔信到武隆县江口镇督战,令宋希濂死守白马山防线,保住重庆。宋希濂无奈,烧毁武隆县城,退至乌江西岸的白马山布防。此时,二野三兵团 11 军、12 军的 5 个师主力正加速向白马山推进。11 月 21 日晚,三兵团解放武隆县城,并迅即完成对白马山的前后合围以及对乌江的封锁。白马山战役是解放重庆最为残酷的一场战斗,从 1949 年 11 月 21 日合围开始至 23 日结束,经过朝天望夹击战、大陆垭突击战、茶园袭击战、豹岩围歼战、黑大桥阻击战等战斗,共毙敌 3 000 余人,生俘 12 000 余人,缴获敌汽车 200 余辆,骡马 600 余匹,截获敌火船、粮船 20 余支,弹药库 1 座,各种火炮和枪支弹药无数,并顺势解放了蒲板、车盘、凉水、赵家、土坎、羊角、白马等 10 多个乡镇,从根本上摧毁了白马山防线,为解放涪陵、重庆乃至全川打开了通道。

白马山战役结束后,人民解放军乘胜追击,国民党军队沿千里川湘公路拼命逃窜。11 月 24 日至 26 日,11 军、12 军和 47 军协同作战,"在重庆以南的南川冷水,涪陵龙潭,巴县栋青场、天子店等地聚歼宋希濂和罗广文部队三万余人后,分三路继续前进,对重庆形成三面包围之势"①。与此同时,四野 47 军 139 师于 11 月 23 日解放白涛后,由梓里武工队做向导开进涪陵梓里、酒店乡和靖远关。当日,139 师在靖远关、望州关地区歼守敌 20 军 79 师 236 团,残部逃入涪陵城。26 日,中共涪陵城区区委书记、中共涪陵县委领导人李树尧与 139 师 417 团取得联系,向 417 团汇报了涪陵城敌人驻兵情况。11 月 28 日,417 团兵分两路向涪陵进发。"由李树尧带路,417 团参谋长钱锡候率领 3 营经沙溪沟、黄旗渡口、石谷溪、秋月门入城;另一路由团长丁振愈率领,从望州关直下进入涪陵城。"② 解放

---

① 中共重庆市委党史研究室编:《中国共产党重庆历史》第一卷(1926-1949),重庆出版社,2011 年版第 558 页。
② 中共四川省涪陵市委党史研究室:《中共涪陵地区简史》,重庆出版社,1996 年版第 190 页。

涪陵县城。29日，涪陵县地方工作委员会成立。涪陵守敌20军副军长兼79师师长杨汉烈见涪陵失守，便命所部向长寿、重庆逃窜。139师从涪陵酒店、蔺市、新妙、李渡继续追歼逃敌。415团在蔺市歼敌1个营和民众自卫中队100人，在李渡与长寿交界地区，围歼敌134师师部及1个团和涪陵"反共保民11师"两个团，毙俘敌3 000余人。12月7日，反共保民11师师长王杰成率2团和1团一部在珍溪起义。至此，涪陵县全境乃至渝东南全境解放。12月8日，中国人民解放军西南服务团五中队全体同志与涪陵地方党组织部分同志胜利会师。同日，新的中共涪陵县委成立。

2. 迎接解放，配合接管

1949年10月，人民解放军已向渝东南、四川进军，国民党军队沿川湘公路向重庆方向溃逃，沿途烧杀抢掠，破坏城乡。为了保护城乡不被西逃的国民党败军所破坏，渝东南境内各地党的地下组织和武工队"事先作了周密细致的调查工作，诸如政治状况、经济状况、仓库物资等。解放军一到，党的同志立即和部队接上头，接受任务，开展工作"①。各县党组织还分别从农村调集武工队进入县城，加强县城的社会治安和警卫工作，配合接管。

1949年11月11日酉阳解放，人民解放军进入酉阳县城时，酉阳各界群众自发地组织起来在车站、大街小巷燃放鞭炮，热烈欢迎解放军部队进城。11月12日，在酉阳地方党组织的组织、策划下，酉阳支前委员会、治安委员会成立，迎接解放，维持社会秩序，并组建了运输队、担架队为过境的解放军筹集粮草，护理伤病员。"酉阳中学、酉师借出2万余斤粮食，解决了过境部队之急需。"②

1949年11月19日，解放军解放石柱县城，地方党组织及时与部队接上头，随即成立南宾镇临时人民政府，推举社会上有名望的袍哥大爷马茂林作名誉镇长，中共党员谭逢盛任副镇长，中共党员秦培田和陈君亮分管后勤、筹集军粮等工作。南宾镇临时人民政府成立后，广泛发动群众，有效地开展了迎接解放、维持社会治安、组建运输队、担架队支前等工作。20日，"全城组织起几百居民推磨、送粮、送草，先后为解放军供应大米10多万斤、柴草30多万斤"③。在解放军进入石柱县城前，石柱县地下党组织便已印好了成立石柱县临时人民政府以及由秦

---

① 中共涪陵市委党史研究室：《解放战争时期的涪陵》（内部发行），1992年10月版第67页。
② 中共四川省涪陵市委党史研究室：《中共涪陵地区简史》，重庆出版社，1996年版第184页。
③ 中共四川省涪陵市委党史研究室：《中共涪陵地区简史》，重庆出版社，1996年版第191页。

禄廷任县长的布告。21日，中共川东南岸工委负责人秦禄廷、丰石边区区委书记佘大河与四野42军124师政委白相国、师长齐鲁共同研究了接管政权和成立石柱县临时人民政府等问题。24日，石柱县临时人民政府成立。秦禄廷任县长，部队的陈仲祥任副县长。

1949年11月21日，武隆县城解放，武隆县地下党组织会同人民解放军接管了国民党武隆县政府，成立了武隆县临时人民政府，许智伟任县长。在武隆县临时人民政府的发动组织下，全县民众在积极捐献粮草确保过境解放军粮草供应的同时，还纷纷烧茶水、杀猪宰羊慰劳解放军，并协助部队、政府保护机关、学校、工厂、仓库和敌伪档案，维护社会治安，圆满完成了迎接解放、配合接管、支援前线、保护城乡等任务。

涪陵县地下党组织领导的"迎接解放，配合接管"工作从1949年6月便已经开始了。当年6月，中共涪陵县委书记胡晓风去江津县参加完中共川东特委召开的会议后立即返回涪陵，他先后深入冷水、同乐、梓里、平桥、涪陵城等地，向各地基层党组织传达上级党组织关于"积蓄力量，等待时机，迎接解放，配合接管"的指示精神并布置了具体工作和任务。此后的几个月里，李治平、卢光特、刘渝明等中共川东临委、南涪工委、涪陵中心县委领导人先后多次深入基层检查工作，研究部署"迎接解放，配合接管"的具体准备工作。进入1949年下半年，国民党反动派的末日即将来临。当时，距离涪陵县城一百余里之外的鸭江粮库是附近几个乡的总粮库，储存有近百万斤粮食。国民党涪陵县政府深知这批粮食对国民党军队的重要性，于是不断命令通过水路把这批粮食运往城内。为了截留这批粮食以迎接解放，中共涪陵县委布置中共鸭江五乡区委的主要任务是保护这批粮食，决不能让国民党反动派把它运光。为了截留住这批粮食，中共鸭江五乡区委派出党员耐心地做船工们的思想工作，启发他们的觉悟，达到消极运粮之目的。通过动员船工们消极运粮或怠工不运，到涪陵城解放时鸭江粮库尚库存数十万斤粮食，这些库存的粮食及时地保证了过境解放军的粮食供给，有力地支援了人民解放战争。

1949年11月中旬，国民党重庆卫戍区总司令杨森派遣两个师的兵力加强对涪陵的防守，为涪陵县地下党组织"迎接解放"的工作增加了极大的困难。为配合人民解放军截击国民党宋希濂、罗广文溃军和解放涪陵，为保卫人民生命财产安全和防止国民党溃军对涪陵城乡的破坏，为动员人民群众踊跃支前，中共涪陵县委深入各地向基层党组织传达上级党的指示精神，并领导武工队四处游击。11

月25日,人民解放军逼近涪陵城时,中共涪陵县委派中共涪陵城区区委书记李树尧前往南川方向去迎接解放军。11月28日,李树尧带领四野47军139师417团一个营战士经沙溪沟绕道进入涪陵城,并为部队带路"到处去接管查封国民党政府和国民党军队的物资仓库"①。11月29日,"涪陵县地方工作委员会"成立,由139师417团政委周秩任主任,胡晓风、肖海鲲任副主任。这一临时政权机构刚成立,便发动、组织人民群众开展了轰轰烈烈的支援前线、保护城乡的工作。他们解决了过境解放军的粮、柴草等供应的问题,仅供给部队的大米就达几十万斤。解放军只留下两个排的兵力守涪陵,主力继续西进参加解放重庆的战斗。为了加强涪陵城的治安工作,地方工作委员会相继抽调梓里、鸭江、冷水、龙潭等地的农村武工队进城来担负警卫工作。

3. 接管建政,清除匪患

在人民解放军向大西南的渝东南民族地区及云、贵、川进军的同时,为了配合解放军以及西南各地的地方党组织接管国民党地方政权、建立新生的人民政权和建设大西南解决干部队伍问题,中共中央决定将华东支前司令部改建成中国人民解放军西南服务团,并在刚解放的南京、上海、杭州、苏南等地区招收大批青年学生、教师、工人及工程技术人员加入,还从苏南地区抽调了一批老区干部充实进去。1949年10月1日,中国人民解放军西南服务团由南京出发向西南进军。进入渝东南民族地区及云、贵、川后,西南服务团的各支队、大队分别跟随解放军部队到达指定地区接管国民党地方政权。1949年11月下旬至12月初,西南服务团的一团四支队数百人相继进入渝东南民族地区各县接管国民党地方政权。当时,第二野战军司令员刘伯承、政委邓小平等也随解放大军挺进渝东南境内。刘伯承、邓小平路过秀山、酉阳、黔江、彭水时,认真听取了各县临时人民政府负责人对本县情况的汇报,并对如何开展好接管建政、安定社会、支援前线、铲除国民党残余势力及剿匪等工作作了重要指示。鉴于秀山、酉阳两县极其复杂的政治、地理形势,刘伯承、邓小平两位首长决定在酉阳增设地委和专员公署。

1949年11月7日,秀山解放后立即建立了军事管制委员会,开展接管建政、筹集粮草支援前线和维护社会治安等工作。11月19日,西南服务团第一团四支队秀山中队随军进入秀山县城,开始接管建政,建立新生人民政权。11月20日,中共秀山县委、秀山县人民政府成立,县委书记于吉仁任县长,汤吉震任副县长。

---

① 中共涪陵市委党史研究室:《解放战争时期的涪陵》(内部发行),1992年10月版第67页。

1949年11月21日，酉阳县人民政府正式成立。1950年1月23日，遵照中共川东区党委和川东行署的决定，正式成立中共川东区酉阳地方委员会和川东酉阳行政专员公署，管辖酉阳、秀山、黔江3县。酉阳地委和专员公署的成立，对酉阳县各级人民政府的巩固和完善起了决定性的作用。

　　1949年11月12日，黔江解放。21日，西南服务团第一团四支队黔江中队队长王政、政委侯书堂等6人乘车抵达黔江，接替代理县长康锡迪的工作，并于当天成立中共黔江县委，侯书堂任县委副书记，主持工作。24日，西南服务团黔江中队其余人员步行到达黔江县城。25日，黔江县人民政府成立，王政任县长。随后，各区工作人员到岗工作，接管各区、乡原国民政府机构，建立各级人民政府。西南服务团黔江中队全体人员为黔江县人民政权的组建及后来各项建设事业的发展作出了不可磨灭的贡献。

　　1949年11月16日，第二野战军第三兵团第11军31师解放彭水县城后，31师师部民运科长张茂清代理彭水县县长职务，主持县人民政府工作。11月20日，公告县人民政府正式成立。12月2日，西南服务团彭水中队59人在政委叶绳、中队长叶云带领下抵达彭水县城。"第二天，正式公布叶绳为县长（兼县委书记），叶云为副县长，接管旧县政权，组建政府工作机构。"①

　　1949年11月21日，武隆县城解放。11月23日，武隆县临时人民政府成立。12月3日，贾成、王猛率领西南服务团第一团四支队武隆中队抵达县城。12月5日，武隆县人民政府成立，贾成任县长，王猛任副县长。12月7日，中共武隆县委正式成立，贾成任副书记（书记缺）。自此，中共武隆县委和县人民政府领导全县人民开展了民主建政、彻底肃清国民党武装残余势力、剿匪、巩固新生人民政权的斗争。

　　1949年12月8日，中国人民解放军西南服务团第一团四支队涪陵中队全体同志在指导员刘岳、中队长郑德民带领下与涪陵地方党组织部分同志胜利会师。当天，中共涪陵县委、涪陵县人民政府成立，刘岳任县委书记，郑德民任县长，李树尧任副县长。

　　1949年11月19日，中国人民解放军解放石柱县城。"12月1日，西南服务团四支队石柱中队51人，在政委查海波、中队长柯华山带领下到达石柱县城，"②全面接管了石柱县政权。1950年1月9日，中共石柱县委、石柱县人民政府成立，

---

① 彭水县志编纂委员会：《彭水县志》，四川人民出版社，1998年版第488页。
② 石柱县志编纂委员会：《石柱县志》，四川辞书出版社，1994年版第397页。

由查海波任县委第一副书记，秦禄廷任县委第二副书记兼石柱县人民政府县长。

1950年1月，川东区行政公署划定原国民政府四川省第八区为川东涪陵区，中共川东涪陵地方委员会、川东涪陵区行政专员公署成立，下辖酉阳、秀山、黔江、彭水、石柱、武隆、涪陵等渝东南民族地区各区县。同年1月23日，川东区行政公署又将酉阳、秀山、黔江三县划出，成立酉阳区。2月2日，中共川东酉阳地方委员会、川东酉阳区行政专员公署成立。原川东涪陵区正式分为川东涪陵、酉阳两个地区。

渝东南境内的涪陵、酉阳两个地区专员公署及各县区人民政权建立后，在各级党委、政府领导下，接管了国民政府四川省第八行政区各级旧政权，采取了一系列稳定社会的措施。正当渝东南民族地区各级人民政府刚刚建立，人民解放军主力西进会战成都、聚歼胡宗南之际，在逃的国民党四川省第八行政区督察专员庹贡廷勾结特务、土匪、地主武装、反动会道门等反革命残余势力，打出"川黔湘鄂反共救国军"旗帜，自任总司令，在各地发动反革命暴动。他们捣毁新生的区、乡人民政权，杀害干部群众，抢夺粮食物资，破坏交通设施。渝东南民族地区各县的匪情最为严重。"在秀山城，县委、县政府曾一度被迫撤离；黔江县城亦被匪围攻告急；酉阳县城呈土匪东西夹击之势；龙潭、龚滩遭土匪进攻、抢劫；彭水、垫江多次遭匪围攻。""从1950年1月上旬至2月底的50多天内，全区有80多个区、乡政府被土匪攻打。有的被占领，40多个区、乡政府机关被迫转移。"① 涪陵县参议长蒲师竹、惯匪头子谭席珍在涪陵龙潭、同乐一带暴动，杀害解放军及区、乡干部征粮人员数十人，并声称要攻打涪陵。一时间，反革命气焰甚嚣尘上。

为了铲除匪患，巩固新生的人民政权，1949年12月下旬，成都战役告捷后，西南军区和川东军区立即调二野三兵团11军、12军主力部队回师川东。除11军补训师已驻酉阳组建酉阳军分区外，又调12军36师于1950年1月进驻涪陵，组建涪陵军分区，分驻涪陵、武隆、石柱、彭水等渝东南各县。酉阳、涪陵两个军分区组建后，开始接管起义，改造旧武装，组建地方武装，维持社会治安，开展剿匪斗争。西南军区和川东军区还先后调12军36师106团、107团、108团、补训团及军直炮兵团等主力配合涪陵、酉阳军分区开展剿匪作战。渝东南民族地区各县区各级干部深入基层发动群众，宣传党和政府的各项政策，对各地土匪开展了声势浩大的政治攻势和分化瓦解工作，有力地配合了部队的剿匪作战。"从1950

---

① 中共四川省涪陵市委党史研究室：《中共涪陵地区简史》，重庆出版社，1996年版第197页。

年1月至1951年12月,近两年时间,先后经历1 141次战斗,毙伤土匪6 718人(其中毙匪1 127人),俘匪徒18 810人,瓦解、自新土匪60 566人。"①根除了渝东南民族地区长期以来的匪患,严惩了冀贡廷、杨卓之、蒲师竹、谭席珍等一批罪大恶极的首恶分子,保卫、巩固了境内新生的人民政权。在解放渝东南民族地区和迎接解放、配合接管、清除匪患的斗争中,英勇的中国人民解放军指战员、西南服务团全体成员、渝东南民族地区党员干部和群众作出了重要贡献,付出了血的代价,留下了数不尽的可歌可泣的动人故事和丰富的红色文化资源。

综上可见,渝东南民族地区的红色文化资源萌发于党的创建至大革命时期、形成于党发动的土地革命战争时期、发展于抗日战争时期、丰富于解放战争时期。新民主主义革命时期,中国共产党的革命先驱者们领导土家族、苗族、汉族等各族人民在渝东南民族地区上演了一幕幕惊心动魄、气壮山河的历史剧,孕育了境内丰厚的革命文化,谱写了一曲曲壮丽的争取民族独立、人民解放的中国革命史之歌。渝东南民族地区新民主主义革命历史发展的历程,即是境内红色文化资源萌发、形成、发展及其丰富的全过程,其间留下的革命事迹、旧址、遗迹、遗物、遗存和革命精神便是渝东南民族地区红色文化的丰富而深刻的内涵。

---

① 中共四川省涪陵市委党史研究室:《中共涪陵地区简史》,重庆出版社,1996年版第198页。

第四章

渝东南民族地区红色文化资源的分区县、分期、分类调查

渝东南民族地区红色文化资源是指在中国共产党领导下，渝东南境内各区县各族人民在新民主主义革命各个历史时期里所培育成的民族精神财富及其载体，它既包含了境内的革命历史遗址、遗迹、文物、纪念地、名人故居、烈士陵园、展览馆、纪念场馆及革命标语、诗歌、遗言、诀别信、留条、传单、布告、宣传画、文献、影像、歌曲、作品等物质形态的革命文化资源，也包含了境内各族人民在革命战争年代培育成的忠诚于党、热爱祖国、热爱人民、敢于斗争、敢于胜利、严守纪律、不怕牺牲、军民团结、艰苦奋斗、勇往直前等精神层面的资源。这些资源既是中国共产党和全中国人民宝贵的精神财富，也是重庆乃至全国各级学校实施德育与思想政治教育十分珍贵的红色乡土史教育资源。为了摸清渝东南民族地区境内红色文化资源分布现状，查找其开发与利用中存在的问题，研究其进一步开发之对策，探索其开发成果在教育教学中利用之路径，以推进全国乃至重庆大中小学德育与思想政治教育健康发展，几年来，课题组成员依据课题研究计划对渝东南民族地区境内的红色文化资源开展了全面的普查活动。

课题组在对渝东南民族地区红色文化资源进行实地普查前，为了制定科学的调查方案，首先查阅了渝东南民族地区各区、县的《区志》《县志》以及相关的党史、革命回忆录、史志、文史及文物志等文献书籍材料，并在网上搜集相关的资料信息，对渝东南民族地区境内红色文化资源自然分布现状有了初步的了解。通过查阅这些文献资料得知：

其一，渝东南民族地区地处渝鄂湘黔四省市交界的武陵山区，境内分布着石柱土家族自治县、彭水苗族土家族自治县、黔江区、酉阳土家族苗族自治县、秀山土家族苗族自治县及涪陵区、武隆县共7个区、县。据2007年统计，这7个区县的总面积为23189.57平方公里，占全市面积的28.14%，人口450.83万，占全市总人口的13.9%。境内地域辽阔，人口众多。

其二，在新民主主义革命各个历史阶段里，这里的各族人民在中国共产党领导下，为争取民族独立、人民解放，开展了轰轰烈烈的革命斗争。这里发生过许多重大革命历史事件，涌现出许多可歌可泣的革命英雄人物和英勇事迹，留下了许多革命历史文物，众多革命遗址和许多动人的革命故事和传说。境内不同历史时期波澜壮阔、跌宕起伏的革命斗争孕育了境内丰富的革命文化，谱写出一曲曲英勇悲壮而又辉煌的英雄赞歌，为后人留下了取之不尽、用之不竭的红色文化资源。

其三，渝东南民族地区红色文化资源的生成经历了一个从萌芽到形成、发展、丰富的历史过程。党的创建至大革命时期境内红色文化资源开始萌芽。土地革命战争时期，境内形成和留下了众多的革命遗址、遗物、事迹、标语、宣传画、文献、口号、歌曲等大量红色文化资源。这表明，境内物质形态及精神形态的红色文化资源在这一时期已经形成。抗日战争时期是渝东南民族地区红色文化资源发展时期。这一时期，渝东南民族地区各族人民在中国共产党领导下，以崇高的民族气节和大无畏的爱国主义精神，一方面从人力、物力、财力、精力上倾其所有，投身抗战；另一方面同国民党顽固派分裂倒退活动进行了坚决斗争，一次又一次地挫败了国民党顽固派的反共阴谋，保存了党的骨干，为巩固全民族抗战大后方，为争取抗战胜利作出了无私的贡献。这一时期，党领导渝东南民族地区各族人民在对外反抗日本帝国主义侵略和对内与国民党顽固派的斗争中，涌现出许多生动感人的事迹，留下众多抗战救亡遗物、遗址，在境内留下了许多物质的和精神层面的红色文化资源。解放战争时期，渝东南民族地区党组织在中共中央和中共川东临委领导下，在恢复与发展渝东南民族地区各级党组织的基础上，动员土、苗、汉等各族人民，广泛开展人民民主运动，发动农村武装斗争，迎接解放，配合接管，为赢得解放战争的胜利作出了应有的贡献。这一时期，渝东南民族地区又新生成了一批红色文化资源。故解放战争时期是渝东南民族地区红色文化资源丰富时期。可见，渝东南民族地区的红色文化资源萌发于党的创建至大革命时期、形成于党发动的土地革命战争时期、发展于抗日战争时期、丰富于解放战争时期。

鉴于渝东南民族地区地域如此广阔，不同历史时期的红色文化资源如此丰富，如何能在有限时间内完成课题中的调查任务，这是需要认真对待和解决的问题。经过课题组成员反复研究，从便于分区、分时期实地调查，便于分区、分时期资料搜集分类，便于分区、分时期开展研究和便于各区、县将来对其开发利用的角度出发，课题组最终决定对渝东南民族地区红色文化资源采取分区、分期、分类的调查方法。"分区"是指将渝东南民族地区红色文化资源按着境内现有的 7 个行政区、县分成 7 个资源片区,以每个资源片区(区或县)为资源普查的空间单位,制定普查计划,开展实地普查。"分期"是指将渝东南民族地区红色文化资源按其生成所经历的从萌芽到形成、发展、丰富的历史过程,将其分成党的创建至大革命时期、土地革命战争时期、抗日战争时期、解放战争时期这 4 个资源成长发展期,以每个历史时期(资源成长发展期)为资源普查的时间单位,制订普查计划,开展实地普查。"分类"是指将境内各县区、各历史时期的红色文化资源大致分成革命遗址遗迹类、革命遗物类、进步文化组织社团类、革命文献宣传品类、革命歌曲遗作遗言类、革命纪念馆地类等 6 类普查对象,分类制定普查计划,开展实地普查。

课题组对渝东南民族地区红色文化资源确定采取分区、分期、分类的调查方案后,每位课题组成员依据各自所承担的"分区、分期、分类"调查分工任务,利用课余时间及节假日开始实地调查渝东南民族地区各区、县红色文化资源自然分布状况、开发利用现状及其开发利用中所存在之问题。他们或走访各区、县的党史办、史志办、文化局、旅游开发局;或参观革命遗址、烈士故居;或深入民间,从亲戚、朋友及知情人口中采集大量的第一手资料。如今,课题组已基本摸清渝东南民族地区各区、县红色文化资源分布现状。

第一节　涪陵区各时期各类红色文化资源

一、党的创建至大革命时期区内各类红色文化资源

(一)革命遗址遗迹类红色文化资源

1. 渝东南民族地区第一个县级农民协会遗址——李家祠堂

李家祠堂位于涪陵区大顺乡大路村。祠堂坐北朝南,为四合院大木架歇山式建筑;木结构悬山式屋顶,穿斗梁架,三穿用四柱,占地 953.5 平方米,建筑面积 482.6 平方米,为一楼一底的住房,正屋 4 间,厢房 4 间,共 12 间;中央天井下,有殿角翘檐的戏楼(已拆)与正厅相对;戏楼下两边为下厅。祠堂修建于 1926 年,现为民居,未被开发与利用。1927 年 6 月 24 日,共产党员李蔚如、喻凌翔等同志在李家祠堂主持召开了涪陵县农民协会代表大会。到会代表有 1 000 多人,

南川、綦江、巴县、长寿、丰都等7县也派人前往参加。会上，涪陵县农军总指挥李蔚如致贺词，国民党（左派）四川省党部执行委员李筱亭作形势报告，徐康宁作农运报告，选举产生了涪陵县农民协会领导成员，李蔚如当选县农民协会主席。涪陵县农民协会是渝东南民族地区第一个县级农民协会，涪陵县农民运动在它的领导下如火如荼地开展起来。李家祠堂是大革命时期涪陵县农民革命运动的历史见证，原涪陵市已将涪陵县农民协会会址李家祠堂列为市级文物保护单位。

2. 弋阳桥农民运动讲习所旧址

弋阳桥农民运动讲习所旧址位于涪陵革命老区新妙乡油江河牛渡滩侧，是两幢土木结构一楼一底、坐东向西且平行排列的房屋，共12间。弋阳桥农民运动讲习所又名弋阳国民师范学校，是共产党员、重庆镇守使署参谋长、成都陆军讲武堂堂长李蔚如同志为培养农运骨干和军事人才在1927年3月创建的。李蔚如曾在这里训练农民武装骨干，开展农运，建立农民武装。1927年7月，反动派杀害了李蔚如，随后又大肆搜捕和迫害进步师生。1928年下半年，弋阳桥农民运动讲习所被迫停办。该农讲所存在的时间虽然短暂，但它培养出的农运骨干对当时当地农民运动的鼓动影响作用是不可低估的，它还为后来的中国革命培养出一批杰出人才。因此，原涪陵市人民政府于1983年将弋阳桥农民运动讲习所旧址定为市级文物保护单位。

3. 李蔚如烈士陵园及李蔚如烈士墓

李蔚如烈士陵园位于涪陵区大顺乡大顺村1组，距涪陵城48公里。陵园坐南向北，占地10亩。陵园内设有烈士墓、墓碑、陈列室、纪念堂、事迹墙、浮雕墙及烈士雕像、画像、遗物等，充分展示了李蔚如烈士光辉的一生。李蔚如烈士陵园于2009年10月被中共重庆市委、重庆市人民政府命名为重庆市爱国主义教育基地。

陵园内的李蔚如烈士墓，始建于1942年，1948年正式落成。墓原为土冢，坐南向北，长7.03米，宽3.62米，高0.68米。墓碑呈六面形，高6.22米，底面边长0.96米，自下而上逐渐缩小。碑文阴刻有楷书"革命烈士李蔚如同志之墓"。李蔚如于1883年12月6日出生在涪陵革命老区大顺乡一个地主家庭。1905年他加入孙中山领导的同盟会，之后参加了广州黄花岗起义。辛亥革命时，他为重庆蜀军政府的成立立下了汗马功劳，被委任为蜀军政府涪陵地方司令官、川军第5

师一等参谋兼重庆镇守使署参谋等职。他在一次拆开炸弹研究内部结构时，不慎引爆炸弹，他的右眼被炸瞎、右手被炸残。但在四川讨袁、护国、护法运动中，他照样上前线指挥，屡立战功，获得"独臂将军"之称。1924年，他因厌倦四川军阀混战而回到家乡涪陵，领导涪陵地方农民开展了农民革命运动。1926年，他加入中国共产党，"创建了大顺更新小学校、弋阳国民师范学校，开办农民运动讲习所，发动群众组织农民协会和八千人的农民自卫军，建立了大顺、龙潭、新妙、蔺市四镇乡农民政权"①。1927年6月，他在涪陵大顺乡主持成立了渝东南民族地区第一个县级农民协会，并领导四镇乡农民军与南川、綦江农民军配合，两次粉碎了军阀刘湘反革命"围剿"，与朱德、刘伯承领导的"顺泸起义"遥相呼应，把农民运动发展成为武装斗争，在大革命时期，被誉为"川东革命的堡垒"。同年7月，李蔚如应其学生、驻涪陵军阀郭汝栋邀请到涪陵县同乐镇参加军事会议时被诱捕，郭汝栋将其交与刘湘所部，被押解至重庆南岸黄桷垭时，被刘湘下令杀害，年仅44岁。李蔚如同志牺牲后的葬仪，按他的遗嘱办理，"用最小的棺材，穿旧衣一两件，掘坑一丈许，棺竖埋，迷信之事概不许作"。棺竖葬，意即死后也要站着，"拼将傲骨撑天地"，不能在反动势力面前屈服。李蔚如烈士墓，已被重庆市人民政府列为省级文物保护单位。每当清明时节，大顺村、完校和邻近乡村学校的师生都来此扫墓或开展团队活动，接受革命传统教育，李蔚如同志的英雄事迹为渝东南民族地区的革命史绩增添了光辉的一页。

（二）革命遗物类红色文化资源

庆祝涪陵县农民协会成立大会（原文）②

现在的安宁，是我们数年来办团换出来的成绩，是很多勇敢的同胞共同奋斗的代价，土匪敛迹了，地方秩序恢复了，可是办团的朋友也无形中变成"团阀"了。噫！我们应该认识认识罢！办团是为民众的，不是专为某一部分和某一阶级的。

民众的敌人，帝国主义、贪官污吏、劣绅土豪、团阀，他们正在张牙舞爪说什么，大施其压迫伎俩，向穷苦的朋友们宰割残杀，这几年来，弄得小资产阶级破产，农工生活苦到极点，什么"哀鸿遍野"呀，"十室九空"呀，"鬻妻卖子"呀！一片片的呼声，充满了我们的耳朵，不忍听闻的事故，震动了我们的神经，

---

① 中国人民政治协商会议重庆市涪陵区委员会文史资料委员会编：《涪陵文史资料选辑》第12辑（内部发行），2004年10月版第209页。
② "庆祝涪陵县农民协会成立大会"原文的原件收藏于涪陵市文化馆。

要不是"丧心病狂"和"麻木不仁"的人,谁也不能为他们表热烈的同情。

好了,县农民协会成立了,代表农民利益的救星诞生了。在这里,我们惟有祝你们将来必胜,恭颂你们的前途光明,我们誓作你们一支有力的友军,帮你们打倒、铲除那障碍我们利益的大敌——帝国主义、军阀、团阀、土豪劣绅……。以期早日完成中国的"国民革命"而促进世界大同!

新盛场	三合场	
同乐镇	大顺场	
龙潭乡	同乐场	
太和场	安镇堡	团练办事处同庆
明家场	冷水关	
堡子场	兴隆场	
龙潭场	新庙场	

民国十六年六月二十四日

(三)革命组织、社团类红色文化资源

1. 涪陵第一个党组织——中共罗云支部

1925年底,中共成都独立小组成员、涪陵县罗云坝①人钟善辅按照中共成都独立小组负责人刘愿庵的指示回到家乡罗云坝,在广大青年中积极传播马克思主义,组织发动群众,建立农民协会。他在回乡的黄埔军校第三期学员、中共党员罗星樵的协助下,发展了青年教师李焕堂、尹觐阳、刘伏洋、周孟礼和青年农民黄伯川、李俊卿等加入中国共产党。1926年春,涪陵县第一个党组织——中共罗云支部在罗云坝成立,由李焕堂任支部书记,支部有党员14人。最初,该支部隶属中共成都独立小组(1926年4月,成都独立小组更名为成都特支),后改属涪陵地方党团临时支部。中共罗云支部既是涪陵县第一个农村党支部,也是渝东南民族地区第一个农村党支部,它的建立为中共在罗云坝开展农民运动做好了组织准备,使罗云坝成为涪陵乃至渝东南民族地区农民革命运动的重要堡垒之一。

2. 涪陵县妇女联合会的成立及革命活动

1926年夏,在共产党员李蔚如、刘云汉等的指导下,涪陵县妇女联合会正式

---

① 罗云坝:涪陵县罗云乡的俗称。

成立，选举余俊清为负责人，成员有马学芳、黄智微、陈学贞、方兰馨等，办事机构设在涪陵女子师范校内。涪陵县妇女联合会一成立"就向全县发出呼吁，妇女在政治上享有同男子平等的权利；反对资本家对童工的残酷剥削和压迫，并要求废除童工制；提倡婚姻自由，反对父母包办，反对'纳妾蓄婢'；支持工人实行'三八'作息制和男女同工同酬"①。接着，县妇联为了发动妇女起来参加革命活动，一是在女子师范校内举办"妇女识字班"，组织青年妇女开展读书活动，如阅读《庶民的胜利》《洪水》《极乐世界》《新民报》等宣传俄国十月革命和介绍苏联进行社会主义革命和建设情况的译著及进步报刊。二是派人深入工厂开展革命宣传，发动工人姊妹为争取平等自由、提高待遇等同资本家展开斗争。县妇联还经常组织妇女参加社会上开展的反帝、反封建活动，发挥了其唤醒妇女、团结民众的积极作用。

（四）历史文献、宣传品类红色文化资源

1. 历史文献

（1）孙中山复贺龙信②。

（1922年12月）

云卿先生鉴：

周参谋持来大礼，备悉一是。边徼久戍，艰苦逾恒，而壮志不渝，忠诚自矢，此真可为干城之寄，当勉望于无穷者也。

川中久苦内战，迩来以各将领互开诚悃，共企新图，遂有开发实业计划。前各以书来陈说，文曾力赞其成，不独为弭息内争、昭苏民困之要图，而给养有恃，简练益精，一俟会计有期，建瓴而下，且可以裹成大业，幸协图之。

我驻闽各军实力充裕，稍事休息，即须出讨。驻桂之张、朱各军，现已下迫梧州，西江震动，陈逆料难久逭。切望秣厉待时，共戡大难。此复，即颂

戎绥

孙　文

---

① 中国人民政治协商会议重庆市涪陵区委员会文史资料委员会编：《涪陵文史资料》第14集（内部发行），2006年11月版第54页。
② 这封《孙中山复贺龙信》摘自中共四川省涪陵地委党史工委编《贺龙在川东南》，解放军出版社，1988年版第403～404页。

注：1922年6月16日，孙中山在广州蒙难。当时，贺龙驻防涪陵。他得知粤军将领陈炯明叛变，孙中山被迫到上海避难的消息后，立即派人携书信到上海晋见、慰问孙中山，要求讨伐陈炯明，并表示要竭尽全力支持孙中山的革命事业。身处困境中的孙中山极为感动，亲笔复函，对贺龙大加赞赏。此件系孙中山的复信。

（2）川东边防军警备旅布告①。

……四民各安其业，商店照常贸易……如有宵小之徒，或借搜索滋事，准其扭送来部，立即军法惩治。

警备司令　贺　龙
1923年4月14日

（3）日轮"宜阳丸"为吴佩孚运军火②。

汤军于阴历七月二十五日在涪陵无事沱河边，查获吴佩孚由"宜阳丸"轮与赵荣华运送六八子弹八十余万。船不受检，并先行开炮。

（载《国民公报》1923年9月）

（4）汤子模就贺龙拦截日轮事致电熊克武③。

……云青（卿）统便衣官兵十数人，装作客商搭船。及小船接近"宜阳丸"，该船乃向云青（卿）等射击。幸云青（卿）奋勇先登船，枪毙船主及其他解运官兵数人……敌人失此大批子弹，心胆俱落。本军得此大批子弹补充，士气百倍。

汤子模
1923年9月8日

（5）鞠雪芹④向团中央的报告⑤。

——援助"五卅"惨案活动和团的组织发展问题
（一九二五年六月二十四日）

（上缺）前月二十七日我进城，始知英日惨杀案（可见僻处之寡闻）。又由研

---

① 这篇《川东边防军警备旅布告》摘自中共四川省涪陵地委党史工委编《贺龙在川东南》，解放军出版社，1988年版第404页。
② 这篇关于《日轮"宜阳丸"为吴佩孚运军火》的通讯报道摘自中共四川省涪陵地委党史工委编《贺龙在川东南》，解放军出版社，1988年版第408页。
③ 这封《汤子模就贺龙拦截日轮事致电熊克武》的电报摘自中共四川省涪陵地委党史工委编《贺龙在川东南》，解放军出版社，1988年版第405页。
④ 鞠雪芹，时任社会主义青年团涪陵特别支部宣传委员。
⑤ 这篇"鞠雪芹向团中央的报告"原文摘自《四川革命历史文件汇集》甲1。

究会诸君发起组织讲演团进城（省校在北岸）讲演，后始由省四中校同学报国会正式发起组成英日惨杀案涪陵外交后援会，加入者五十余团体，采国促会①办法发散若干传单及宣言，组织讲演团天天下午过河讲演（因伊等暑天是上午上课），当会募捐，一时人心甚为奋激，自由捐者共集数十元，情势比国促会为盛。主动人为窦绩熙、刘云汉、杨鸣皋等（均研究会中重要分子）。于后四月十一日开市民大会，全体游行示威讲演会研〔刊〕出一期了，已寄来，不知接到否？反基督教同盟，他们也在极力进行，印有若干宣传物。以后中兄有信到研究会来时，可交杨鸣皋收。窦绩熙，我已将本校消息稍为揭些，彼因感经济困难，对于团费有碍难处；刘云汉，我亦稍说一二，均尚未深揭。待下期如能组织三人以上，本支又可成立。

我的通信处可交珍溪镇邮局转

鞠雪芹书于四川涪陵珍溪镇
旧历五月初四日

团中央领导同志批文：

函悉。能在研究会中吸收同志，告以团体训练，为以后各活动之主干，甚为重要。窦果经济困难，团费可免收。

2. 革命宣传品

（1）我们全涪民众将怎样？②

五卅上海南京路英人击死的同胞——是为着要求废除不平等条约，打倒帝国主义，和谋中华民族解放而死的。这种有价值的牺牲，值得吾人追悼。但是不平等条约一日不废除，帝国主义一日不打倒，中华民族一日不能独立，那就是死者的志愿未达，生者的责任未了。

所以我们今日的哀痛，一方是追忆死者，一方是勉励生者，亲爱勇敢的同胞呀！快些联合起来罢！我们抱一个"宁为救国死，不作亡国奴"的宗旨，必使死者的目的和志愿实现，因为我们高呼着

民族运动万岁！

五卅殉难烈士不死！

涪陵城区学生会

---

① 国促会，即涪陵国民会议促成会。

② 本文摘自中共涪陵市委党史研究室编《大革命时期的涪陵》（内部发行）1991 年版第 31 页，本文为 1925 年 8 月涪陵城区学生会印发的反帝爱国宣传品。

（2）十问一答①。

（问）最初将鸦片输入中国引诱我们吸食逼迫我们购买的是那国人？因为我们禁止鸦片烟，便以重兵压迫我们，强割香港九龙，并租占上海汉口广州厦门天津威海卫等口岸是那国人？

（问）我们海关永远不变的值百抽五税率，最初是那国人欺压我们定的？

（问）扬子江的利权及全国关税权是被那国霸占？

（问）五四运动在汉口禁止学生游行提议驱逐华人出界的是那国人？

（问）前年香港海员罢工，那国的罪恶最多？常时用很毒手段捕害工人的是那国人的政府？

（问）去年广东沙面对华人的种种苛例是那国人的主意？

（问）去年在四川对毫无抵抗的万县开炮，胁迫万县知事惨杀渡船工人的是那国的军舰？

（问）在四川干涉中国官厅作爱国的演说是那国的领事？

（问）在南洋拿教育条例来摧残华侨教育是那国人？

（问）此次上海汉口沪沙重庆惨杀我们同胞的是那国人？

答！是英国人

涪陵城区学生会

3. 倾向革命的报刊

（1）《新涪声报》。

《新涪声报》创刊于1925年7月，由新涪声社发行，社址位于涪陵城老街雨春茶楼隔壁，石游、宋继武为社长，鞠雪芹、周笙竺、杨宏孚等为编辑。该报为四开，石印，周报，每期发行一二百份，免费赠阅，由合作书店印刷，经费也由该书店提供，该报的"内容以商讯、时事、涪陵地方新闻为主，对社会的阴暗面多有揭露，倾向革命"②。1925年9月，该报因刊载地方头面士绅的桃色新闻而被勒令停刊。

（2）《新涪陵报》。

《新涪陵报》创刊于1926年12月，次年7月停刊。该报由中国国民党（左

---

① 本文摘自中共涪陵市委党史研究室编《大革命时期的涪陵》（内部发行）1991年版第32页，为1925年8月涪陵城区学生会印发的反帝爱国宣传品。
② 四川省涪陵市志编纂委员会编纂：《涪陵市志》，四川人民出版社，1995年版第1341页。

派）涪陵县党部发行，社址位于涪陵城西门鹅市沟，秦治敦、鞠雪芹为负责人，鞠雪芹、周笙竺等为编辑，经费由合作书店、涪陵县工会提供。内容有时事、评论、涪陵地方新闻等，倾向革命。该报为"四开，石印，周报，每期发行一二百份，免费赠送县内和丰都、长寿、重庆的一些学校，有几十人订阅"①。

4. 革命斗争口号

（1）罗云乡农民抗捐抗税斗争口号。

1926年秋，为抵制驻涪陵的军阀郭汝栋对各乡村的横征暴敛，罗云乡1 000多名农民、学生在文昌宫召开抗捐抗税大会，会后举行示威游行，高唱"工农兵联合起来向前进！""打倒列强、打倒列强！除军阀、除军阀！"等革命歌曲，高呼"打倒帝国主义！""打倒烂军阀！""打倒土豪劣绅！""打倒烂团烂甲！""取消苛捐杂税"等响亮口号。②这次抗捐抗税斗争最终取得胜利，它使罗云农民看到了联合起来的伟大力量，农民协会运动便随之开展起来了。

（2）革命者就义时的口号。

"打倒军阀！""中国共产党万岁！"……

这是共产党员李蔚如同志临刑前高呼的革命口号。1927年7月2日晚，李蔚如在同乐镇被一向伪装倾向革命的郭汝栋（国民革命军第20军5师师长）骗捕。7月8日被押解至重庆南岸黄桷垭遇害。

5. 演出"文明戏""街头剧"宣传国民大革命

（1）1925年5月，涪陵团组织发动广大团员和青年学生参加"五四""五九"反日示威游行。涪陵省四中、县高小的部分女学生还在陕西会馆（今涪陵五中）、官码头等地演出"文明戏"。这种戏的内容比较简单，无需现成剧本，几个男女同学临时编排即可完成，扮演农民的学生，头上包块白布。"《打贪官》就是这样编演的，扮演贪官的人头戴博士帽，手执文明棍；负责道具的同学找来几块篱笆，经过简单的布置搭成了一间屋子，就开始演出了。这出戏反映了人民对贪官污吏的仇恨，歌颂了群众的高大形象，揭露了旧社会的黑暗。"③这种"文明戏"生动活泼，深受群众欢迎。

---

① 四川省涪陵市志编纂委员会编纂：《涪陵市志》，四川人民出版社，1995年版第1341页。
② 冉启蕾、沈晓飞：《红色罗云》，《红岩春秋》2010年第4期第41页。
③ 中国人民政治协商会议重庆市涪陵区委员会文史资料委员会编：《涪陵文史资料》第14集（内部发行），2006年11月版第53页。

（2）早在第一次国共合作的国民大革命时期，涪陵县中学已有外国翻译话剧的排练与演出。当1926年冬至1927年上半年国民大革命进入高潮期时，涪陵民众已开始普遍运用"街头剧"（或"活报剧"）的形式宣传反帝反封建的国民大革命。当时，由中共党员张光平编写并主演的"活报剧"《美人求官》因击中时弊，曾在社会上引起强烈反响。

（五）革命歌曲、诗词、革命烈士临刑遗言类红色文化资源

1. 革命歌曲

（1）《国民革命歌》[①]：

"打倒列强，打倒列强。除军阀，除军阀。国民革命成功，国民革命成功。齐欢唱，齐欢唱。"

（2）《工农兵大联合歌》[②]：

工农兵联合起来，向前进，万众一心！工农兵联合起来，向前进，消灭敌人！我们勇敢，我们奋斗，我们团结，我们前进！杀向那帝国主义反动派的大本营，最后胜利一定属于我们工农兵！

1926年下半年，正值国民革命高潮时期，学唱《国民革命歌》《工农兵大联合歌》《国民革命军行军歌》等国民革命歌曲在涪陵社会各界非常流行，各界民众都会唱这些歌。尽管歌曲很简单，但是非常能表达出对帝国主义的仇恨和打倒列强军阀的决心。当时，共产党员李蔚如等同志为培养农运骨干和军事人才，于1927年3月在涪陵革命老区新妙乡创建了弋阳桥农民运动讲习所，在这里训练农民武装骨干、开展农运，建立农民武装。李蔚如、张俊臣、喻凌翔等亲自任教，并教唱学生《工农兵大联合歌》《国民革命歌》《国民革命军行军歌》等国民革命歌曲。

[①]《国民革命歌》又称《打倒列强》。1926年7月国民革命军誓师北伐，为鼓舞北伐军士气，动员民众，黄埔军校政治教官邝墉根据学堂乐歌中的一首儿歌，以童谣的曲调重新填词，改名为《国民革命歌》。

[②]《工农兵大联合歌》是选用一首流传很广的学堂乐歌《中国男儿》（石更作词、辛汉配曲）的曲调填配而成的，歌曲雄壮有力，带进行曲风格。

2. 革命者诗作

（1）赠留日同乡汪锦涛①。

　　　　李蔚如

学书学剑两不成，漂零湖海一身轻。
拼将傲骨撑天地，剩有灵犀照古今。
雪冷巴山人易老，春回歇浦我销魂。
何时得扫单于幕，立马燕然拟勒铭。

（2）浪淘沙·悼孙中山②。

　　　　李蔚如

国事正蜩螗，血战玄黄。长星夜落掩光芒。满地兵戈风日暗，谁扫枪？
勋业盖天王，国士无双。独怜人事转沧桑。问是谁家蒿里地，风雨白杨？

3. 革命烈士诀别书

（1）李蔚如烈士给妻子的永诀书③。

诚璧细君④：

我今日死矣，以身殉党国⑤，理得而心安。未了之事甚多，霎时间岂能详道。兹有最不能已于言者数事，惟亲爱者察之。

第一，九旬祖母，已近迟暮，望善事之，俾终天年，继母亦如是；

第二，庆国幺儿稍有天资，多送求学几年，俾有普通知识，一可效忠党国，一可自谋生活；

---

① 作者李蔚如（1883—1927），涪陵大顺乡人，无产阶级革命家，1904年赴日本留学，1907年奉孙中山之命回涪陵准备发动起义，因事泄，遭清政府通缉，1908年春流亡到上海，作此诗。首联写其早年东渡日本，学书学剑，报效祖国之事；颔联抒其愿将一身傲骨顶天立地、爱之心光耀古今之志；颈联写去冬在涪陵谋事失败，春来流亡到上海的落寞感伤；尾联化用典故，表达推翻清朝统治的决心。全诗层次井然，转承圆合，感情沉郁豪迈。

② 这首《浪淘沙·悼孙中山》词为作者李蔚如于1925年3月孙中山去世时所作。上阕抒发了作者对孙中山的无限缅怀之情。当时军阀混战，"满地兵戈"，而孙先生却如"长星夜落"。作者不禁悲叹：谁来扫除奸凶，统领山河？下阕盛赞孙中山举国无双的丰功伟绩，即使魂归大地后，他也如傲斗风雨的钻天白杨。

③ 这份李蔚如烈士给妻子的永诀书摘自中共重庆市委党史研究室编《临刑寄语——巴渝革命烈士书信选》，成都科技大学出版社，1991年版第3页。

④ 细君：妻子的别称。

⑤ 党国：指党（国民党）和国家，是国民党人的习惯用语。李蔚如是革命的老国民党人，后于1926年夏加入中国共产党，欣然投身于无产阶级革命事业，并继续以国民党左派身份公开活动，故他在这里沿袭了国民党人的用语。

第三，我尸运到后，不要放朽了臭人，用一最小棺材，穿旧衣二件，纳入其中，葬于团堡中间。掘深一丈许，紧切〔砌〕筑平，上不用垒冢，月石砌一方台，竖一丈许方碑，题曰"中国国民党党员李蔚如之墓"，一切迷信事皆不许作；

第四，义子李栋臣，可将新屋基及店租之业给之。

第五，你终身生活，勉强有的，你定要宽心，毋以我为念。本欲多书几行，行刑者督催不已。总之，有生必有死，无长久不散之筵席，你必要想宽些。

请了请了，祝你健康。

你亲爱的丈夫李蔚如永诀书
六月初十日于黄桷垭

二、土地革命战争时期区内各类红色文化资源

（一）革命遗址、故居、烈士墓类红色文化资源

1. 罗云革命根据地旧址

罗云是涪陵县的罗云乡（俗名罗云坝），是革命老区，位于涪陵城东偏北约35公里处武陵山尾脉的铜矿山脚下，地处涪陵、丰都、武隆三县交界处。罗云是古地名，明代称罗云里。据说境内有块大土形如铜锣，又有一块形如锣锤，因此得名。罗云人民有着光荣的革命传统，在土地革命战争时期的1927年至1930年间，罗云人民在中国共产党的领导下，兴办农民协会，组织农民武装，开展土地革命，成立四川二路红军游击队，以罗云乡为中心掀起一场轰轰烈烈的渝东南民族地区土地革命运动的高潮。

1926年春，共产党员钟善辅在罗云乡发展李焕堂、尹觐阳、刘伏洋、李俊卿等加入中国共产党，建立了涪陵县及渝东南民族地区第一个农村党支部——中共罗云支部。1926年秋，涪陵党组织在罗云乡组织发动了一次规模较大的农民抗捐抗税运动。1927年2月11日，罗云党支部在文昌宫召开农民大会，宣布成立罗云乡农民协会。同年10月，罗云乡农民办会更名为"罗云土地会"，土地革命运动如火如荼地开展起来。1928年6月，罗云党支部组织领导了"罗云土地会"暴动，镇压了刘范君等28名恶霸地主和土豪劣绅，威震渝东南，为在罗云建立革命根据地奠定了坚实的群众基础。1929年2月，中共涪陵县委通过做统战工作，让地下党员尹觐阳担任了罗云乡民团的团正，李焕堂任教育长，赵克伦任师爷（文书），刘伏洋任民团督练长，使罗云党支部控制了罗云乡政权，并组织了罗云乡农

民赤卫队。1930年3月17日，在中共四川省军委书记李鸣珂策划下，驻涪陵军阀郭汝栋部队的连长、共产党员赵启民带领51名士兵起义，按计划从涪陵到达罗云，与罗云400多名农民赤卫队员汇合，于1930年4月7日组建成四川红军第二路游击队（简称四川二路红军）。四川二路红军诞生后，转战于涪陵、丰都、武隆、石柱、彭水等县边区的群山峻岭之中，唤醒劳苦大众，开展土地革命，点燃工农武装割据之火，很快建立起13个乡的苏维埃政权、30多个乡镇游击区，红军队伍由原来的400余人发展到2 000多人，开创了1.6万平方公里的游击革命根据地，数次打败地方团防1 000多人的围攻，根据地一派生机盎然，人民欢欣鼓舞。后因强敌围攻，四川二路红军撤出根据地，转战于石柱县境内，在鱼池坎遭敌围攻失败。四川二路红军虽然只坚持半年左右便失败了，但它在渝东南境内的武装斗争"使下川东十余县之反革命军阀、地主豪绅为之丧胆，寝不安席"[①]。历时四年多的革命斗争，在罗云留下了许多动人的战斗故事和值得纪念的革命遗址。此外，罗云有钟善辅烈士墓、罗云红军烈士陵园（纪念碑）和土地会的几个秘密集会点。罗云是渝东南民族地区早期革命斗争的根据地之一，是四川省二路红军的诞生地，一大批仁人志士曾在革命老区罗云这片红色土地上从事革命活动，留下了文昌宫、洞老壳、跃马坑、鸡石头、马房岭、钟台子等多处革命遗址，造就了罗云丰厚的红色文化资源，罗云是现在和今后对人民进行革命传统教育的活教材。原涪陵市已将罗云坝列为市级革命文物保护单位。

2. 文昌宫革命遗址

文昌宫始建于1348年，坐落于重庆市的革命老区涪陵区罗云乡，20世纪20年代起为文昌宫小学校舍，1926年至1930年间是中共涪陵党组织开展革命活动的基地和重要会议的会址，大革命失败后是中共涪陵特别委员会的办公地。

1926年春，共产党员钟善辅在文昌宫举办青年农民夜校，发展李焕堂、尹觐阳等青年老师和农民入党，建立了涪陵县及渝东南民族地区第一个农村党支部——中共罗云支部。1927年2月11日，罗云党支部在文昌宫召开农民大会，成立了罗云乡农民协会。大革命失败后，为了贯彻落实中共中央"八七"会议精神，中共涪陵县委、罗云党支部以文昌宫为指挥部于1928年6月发动了威震渝东南的"罗云土地会"农民武装暴动。1930年4月2日，中共四川省军委书记李鸣珂从彭水赶到罗云，在文昌宫召开中共涪陵特别委员会扩大会议，决定以罗云农民赤

---

① 1942年6月3日延安《解放日报》。

卫队为基础和以起义的51名士兵为骨干组建红军游击队,四川红军第二路游击队就是在这次会议后宣告成立的。

新中国成立后,文昌宫改建成罗云小学教学楼,因年久失修于1997年作为危房被拆除。

3. 土地坡农民暴动指挥所旧址

土地坡农民暴动指挥所旧址坐落于革命老区涪陵区土地坡乡西100公里处,原系一民房。1934年2月,中共涪陵县委在这里发动了农民暴动,缴获当地地主团防长短枪二十余支,处决了副乡长何庆余。遗址占地61.2平方米,坐南向北,土木结构,面阔3间11.7米、进深1间4米、通高4.2米,悬山顶,穿逗式梁架。

4. 李焕堂烈士故居

李焕堂烈士故居位于涪陵革命老区罗云乡罗云村北1.75公里处。李焕堂于1889年出生在涪陵罗云乡一富庶家庭,于1926年加入中国共产党,他既是涪陵县及渝东南民族地区第一个农村党支部——中共罗云支部书记,又是"罗云土地会"暴动的领导人和四川二路红军游击队的副司令。李焕堂烈士故居占地123平方米,坐南朝北,木结构,面阔4间16.8米、进深4间6米、通高8.5米,悬山顶,穿逗式梁架,3穿用5柱。

5. 钟善辅烈士故居

钟善辅烈士故居位于涪陵革命老区罗云乡罗云村西1公里处。钟善辅(1889-1930),涪陵罗云乡人,是早期工人运动的领袖之一。1923年加入中国共产党,1925年他在罗云发展了涪陵第一批党员,组建了中共罗云支部。曾任成都市工会副会长,全国总工会驻川职工运动的指导专员,中共川西特委工运委员,中共丰都县委书记。1930年5月4日在丰都县城商业场街口英勇就义。故居占地696平方米,坐西北向东南,木结构。正堂面阔3间15.6米、进深9间13米、通高7.5米,素面台基高1.1米,前存石阶5级悬山顶,穿逗式梁架,7穿用11柱。厢房面阔5间20米、进深4间6米、通高5.5米,悬山式屋顶,穿逗式梁架,3穿用5柱。

6. 李焕堂烈士墓

李焕堂烈士墓位于涪陵革命老区罗云乡罗云村西北1.8公里处。1930年4月

7日四川二路红军游击队在罗云成立后，李焕堂与其他红军领导人一起，率领红军游击队转战于涪陵、丰都、石柱、武隆、忠县等地，所向披靡。由于受到军阀陈兰亭和地方反动武装的镇压，红军力量严重削弱，中共四川省委决定让四川二路红军游击队分散隐蔽，保存力量。游击队副司令李焕堂成了四川军阀刘湘通缉的"共党要犯"。1931年8月李焕堂秘密潜回罗云，不料被恶霸刘佑卿发现后雇人将其残忍杀害。李焕堂牺牲时，年仅42岁，被葬于老家附近的岩溪子。墓占地12平方米，坐北朝南，土冢，长3.2米、宽2.1米、高1.52米。新中国成立后，罗云建立红军烈士陵园，将李焕堂的遗骨移至烈士陵园内。

7. 钟善辅烈士墓

钟善辅烈士墓位于涪陵区罗云乡钟家村的游兰湾，距罗云场约5公里。钟善辅同志于1889年出生在罗云乡的贫苦农民家庭，是早期工人运动领袖之一，1923年加入中国共产党。1925年秋，他在家乡罗云发展了涪陵第一批党员，组建了中共罗云支部。后来他参加了中共"五大"，会后为灌县、邛崃、嘉定等地的工运、农运和学运作出了突出的贡献，被选为中共川西特委工运委员。之后他又先后担任中共川东军委、丰都中心县委书记。1930年4月，他先与李鸣珂一道组建四川二路红军，之后在丰都组织筹划"五一"游行大示威活动时被捕，于5月4日壮烈牺牲。钟善辅烈士墓占地31.7平方米，坐西向东。墓原为一土冢，长5米、宽3.3米、高1.6米。前有墓碑，书"钟善辅烈士墓"。钟善辅烈士墓已由涪陵区政府列为文物保护单位。

8. 郑光宗烈士墓

郑光宗烈士墓位于涪陵区堡子乡新木村东350米处。郑光宗于1928年组织农民协会，领导抗粮抗捐运动，1929年10月13日被国民党反动派枪杀于涪陵狮子坝，葬于此地。墓园长11米、宽9米，占地99平方米，坐南朝北。墓原为一土冢，长8.5米、宽5米、高2.5米。墓前有半圆形享台。1974年乡政府为其立四方体纪念塔，塔高4.5米、宽和厚各1.2米，正面书"郑光宗烈士之墓"，前有高1.7米石砌素面台基、8级垂带式石阶，南面刻"郑光宗烈士简介"。郑光宗烈士墓已由涪陵区政府列为文物保护单位。

9. 张光平烈士墓

张光平烈士墓位于涪陵区堡子镇三湾村。张光平是涪陵早期共产党员，1929

年上半年在蔺市、龙潭、同乐、新妙等四镇乡组织发动农民武装暴动。7月中旬，他发起成立涪陵县县民抗捐同盟，发布《通电》，声讨郭汝栋军横征暴敛之罪行，号召全县人民武力抗捐。同时，成立抗捐团，联合作战，成立暗杀团，惩办滥团劣绅。《通电》发出后，各地纷纷响应。8月19日，他带领1 000多人组成的抗捐军攻下蔺市并向涪陵城发起进攻。但因城内兵变未果，致攻城抗捐军受挫，抗捐斗争失败。1930年，张光平被国民党反动派杀害。张光平烈士墓原为一土冢，占地45平方米，坐西向东，长6.4米、宽2.8米、高2.1米。墓前有一享台，竖有石碑，碑为四塔形，高4米，底面见方0.85米，顶面见方0.75米，碑正面楷书"中国共产党员张光平之墓"，碑背面刻"革命烈士简介"。张光平烈士墓已由涪陵区政府列为文物保护单位。

（二）革命宣传品类红色文化资源

1.《红军日报》

《红军日报》创刊于1930年2月，同年7月停刊。该报由中共涪陵特委和中共四川二路红军游击队前委主办发行，李鸣珂等为负责人。《红军日报》"以号召农民组织起来拿起武器闹革命为主要内容。油印，不定期"。[①]

2. 老区罗云土地革命传单与标语

"共产党红军万岁！"

"工农联合起来，武装暴动！"

书写：中共罗云支部

年代：1930年3月

地点：涪陵县罗云坝

1930年3月17日，在中共四川省军委书记李鸣珂策划下，驻涪陵军阀郭汝栋部队的连长、共产党员赵启民带领51名士兵起义，到达革命根据地——罗云坝，受到了中共罗云支部和罗云人民的热烈欢迎。中共罗云支部负责人尹觐阳、刘伏洋、李焕堂等根据中共涪陵特别委员会和中共涪陵县委的指示，积极开展组建二路红军游击队。他们在罗云坝一带到处书写上述标语，狠狠打击恶霸地主。经过一段时间的努力，动员组织了700多农民与起义的51名士兵一起组建了四川二路红军游击队。

---

① 四川省涪陵市志编纂委员会编纂：《涪陵市志》，四川人民出版社，1995年版第1342页。

（三）革命遗书、遗言、诗作类红色文化资源

1. 李鸣珂烈士的三封临终遗书

（1）被难前给周恩来的信①。

恩来同志：

与你永别了！绝命书（长约四千言）已转卜克②同志，想不难得悉。日前群众革命斗争日益发展与扩大，反动的统治阶级对于领导革命的本党是要尽量摧残的！望你珍重，祝你领导中华革命早日成功！

四月十八日

（2）被难前给妻子李和鸣的信③。

和鸣：

从此与你们一家大小永别了，不要伤心，好好教育我们的孩子，准备帮我复仇！你不要回家，同五弟④住，或由敦信⑤指定你地方住，今后惟有革命，并听五弟及敦信的话，紧紧记住。

（3）最后的遗言⑥。

天愁地暗，惨雾凄凉，千万人声沸腾，来到杀场，不觉恨填胸。我心中含着许多悲愤，别了！别了！别了！许多朋友别了！许多士兵别了！许多工农及一切劳苦大众别了。我今躺在血地上，切莫为我空悲痛，但愿对准我们的敌人猛攻！猛攻！

以上3封遗书是李鸣珂烈士临终前给中共中央军委书记周恩来、中共四川省委书记刘愿庵、妻子李和鸣写下的。李鸣珂，1899年生于四川省南部县，黄埔军校第四期毕业生，在军校加入中国共产党。他是周恩来同志的亲密助手和战友，在南昌起义中担任负责保卫中央领导机构革命委员会和前敌委员会安全的中央警

---

① 这封李鸣珂烈士临终前写给中共中央军委书记周恩来同志的信摘自中共重庆市委党史研究室编《临刑寄语-巴渝革命烈士书信选》，成都科技大学出版社，1991年版第11页。
② 卜克：李卜克，疑指李觉鸣，当时是中共四川省军委秘书。
③ 这份李鸣珂烈士临终前写给妻子李和鸣的信摘自中共重庆市委党史研究室编《临刑寄语-巴渝革命烈士书信选》，成都科技大学出版社，1991年版第12页。
④ 五弟：即李觉鸣。
⑤ 敦信：指中共四川省委书记刘愿庵。
⑥ 这份李鸣珂烈士"最后的遗言"摘自中共重庆市委党史研究室编《临刑寄语——巴渝革命烈士书信选》，成都科技大学出版社，1991年版第13页，是李鸣珂烈士在被押赴刑场前写下的，是人们安葬其遗体时在其上衣口袋里发现的。

卫营营长。起义失败后，他辗转到上海，在中共中央从事特科工作。1928年夏，李鸣珂奉中共中央军委之命返川，先后担任中共川东特委军委书记和中共四川省委常委、省军委书记，一度兼任中共川东特委书记，主要从事武装斗争和党的保卫工作。他文武双全，胆识过人，曾带领锄奸队枪毙敌21军政训部主任戴弁，策划组织了涪陵军阀郭汝栋部队士兵连的起义，领导组建了四川红军第二路游击队。1930年初，中共江巴县兵士运动委员会委员易觉先叛变投敌，带领特务到处破坏党的组织，捕杀共产党人。李鸣珂决定除掉这个叛徒。4月17日，李鸣珂在重庆朝天门击毙易觉先时被敌人发现。18日，李鸣珂被捕。在狱中，李鸣珂抓紧机会"见士兵宣传士兵，见夫役宣传夫役"①，并给中共中央军委书记周恩来、中共四川省委书记刘愿庵、妻子李和鸣等写下3封遗书。19日，李鸣珂在朝天门英勇就义，年仅31岁。

2．钟善辅烈士留给妻子的革命诗句

1930年春四川红军第二路游击队成立时，时任中共丰都县委书记的钟善辅同志担任后勤、策应工作。4月下旬，他为牵制国民党当局对四川红军第二路游击队的注意力，准备于"五一"节在丰都组织学生进行游行大示威。"不料事泄，钟善辅果断决定取消游行，转移党团员骨干，以保存实力。面对险恶的处境，他镇定自若，在留给妻子的茶盘下刻下'马列能救国，共产始成业，强暴皆不惧，恶妖得消灭'的诗句。"②这首"茶托遗诗"体现了钟善辅同志对马列主义的信仰以及对共产主义必然胜利、强暴恶妖终归覆灭的坚定信心。4月30日夜，钟善辅去丰都县中学与团委书记熊达士共商下一步工作。31日晨，军警包围学校，两人同时被捕。5月4日，钟善辅与熊达士在丰都商业场街口英勇就义。

3．李仙舟烈士临刑前写给妻子的遗书③

莹璧吾爱：

我从此和你永别了，身为自由死，志达而心安，望你千万不要因此伤心。现在我有数事祝望于你：

---

① 中共重庆市委党史研究室：《临刑寄语-巴渝革命烈士书信选》，成都科技大学出版社，1991年版第9页。
② 四川省涪陵市志编纂委员会编纂：《涪陵市志》，四川人民出版社，1995年版第1486页。
③ 这份李仙舟烈士临刑前写给妻子的遗书摘自中共重庆市委党史研究室编《临刑寄语-巴渝革命烈士书信选》，成都科技大学出版社，1991年版第30页。

（一）你为我牺牲几年幸福，我当谨谢你的爱，但我不忍你整个人生的幸福为我一个人牺牲，我今以至诚劝你别求一良好伴侣，追求你未来的幸福。

（二）先□儿是我给你的唯一纪念品，由你带去，但望你爱人以德，不要使他堕落，辜负我对他的希望。

（三）到处青山可埋骨，你千万不要为我收骨，且尸体已被消灭，收上徒劳罢，此后我再不能作你一个安慰者，一切都希望你从宽处着想。请了，梦中相见吧！

你的爱　树[①]
十二月二十日　绝笔

李仙舟烈士，涪陵县大顺乡人，生于1908年，是李蔚如的五弟。1927年初就读重庆中法大学时加入中国共产党，是当时重庆学生反帝爱国运动的主要骨干之一。1927年在重庆"三·三一"惨案中脱险后返回涪陵，与其兄李蔚如一起开展革命活动。后历任涪陵县农会秘书长、中共中央组织部秘书长、中共中央长江局秘书长兼共青团中央特派员等职。1930年12月，因叛徒出卖，中共中央长江局遭到破坏，他于武昌被捕，次年1月遇难。临刑前，写下了遗书，交给当时在上海读书的侄儿转交给他的妻子。

4. 张光平烈士临刑前给妻子许怀愉的永诀言[②]

怀愉吾爱：

我为中华民族求解放，劳苦大众谋利益而死，死亦瞑目，请勿为我可惜，所惜者未亲见革命成功耳！

兹有数事托吾爱，诸希鉴察：

一、我尸体运到后，不必更换衣服，用最小棺材，埋于宅后之山顶，垒一大土坟，立一丈方碑，大书"中国共产党员张光平之墓"。

二、反对迷信，种下我致死之苗，举凡一切迷信之事，皆不可作。

三、子女应仔细抚育，年满六岁时，需省衣节食，多送读几年书，俾有普通知识，一以尽忠党国，一以自谋生活。

[①] 树：为李仙舟烈士名字的简称。李仙舟烈士，又名树修，化名袁树人。
[②] 这份张光平烈士临刑前给妻子许怀愉的永诀言摘自中共重庆市委党史研究室编《临刑寄语——巴渝革命烈士书信选》，成都科技大学出版社，1991年版第33～34页。

四、我被反革命诬陷，谓为土匪，实际我毫未为此事业，请吾爱将我过去事业，托人写出，印一小册子，供诸大众，代我申雪。

五、弟兄辈应努力将烟瘾戒脱，安分守己，从事畜牧，如牛羊之类，以度此危局。

六、我死后请你不要过于悲伤，凡事应看在子女身上，保重自己，将小孩抚养成人，即有幸福可言，人生不免此一途，早迟仅一时间关系耳！

本欲尽情写出，无如我心肝俱碎，内心如焚，不克如愿，就此搁笔，

即祝

愉快

你亲爱的丈夫张光平永诀言

民国二十年一月十七日书于涪陵狱中

张光平是涪陵县堡子镇人，1904年生，1925年加入中国共产党，1927年在涪陵协助李蔚如组织农民自卫军。1928年赴上海，"先后在华南艺术大学、中国公学读书，后被调到中共法南区委和沪西区委搞工人运动"。[1]1929年6月受党中央指派返回涪陵领导抗捐斗争，并组织抗捐军起义。后经组织派到重庆川东军委作联络工作。1930年底，上级派遣他到武汉联系工作，途中被叛徒发现而被捕，囚禁在涪陵城防司令部监狱，受尽各种酷刑而只字未供，在给大哥张伯卿和妻子许怀愉写下两封遗书后，从容就义，年仅27岁。

5. 陈古松先生抨击四川军阀混战诗作一首

仲秋感时

——1928年

八月中秋风萧萧，云暗天空木叶凋。

东园桃李尽枯条，惟有南山桂花飘。

望美人兮云之端，江山万里路迢遥。

抽弦命歌未成调，泪洒相思沾襟袍。

悲时抚世五内焦，酒入愁肠朱堪浇。

西北已将庚癸呼，东南犹闻战锋交。[2]

---

[1] 中共重庆市委党史研究室编：《临刑寄语——巴渝革命烈士书信选》，成都科技大学出版社，1991年版第31页。

[2] 作者原注：川北大旱，民饥；川东，杨森、郭汝栋大战相杀。

> 大兵所过无遗茅，肝脑涂地尽同胞。
> 哀鸿满野鸣嗷嗷，鸦啄人肠栖危巢。
> 住军苛税急剥敲，走卒催索如虎哮。
> 时入人家牵豚羔，或将小民逮狱牢。
> 青苗变卖无人要，白发枵腹乏糠糟，
> 小儿啼饥吵爹娘，爹娘泪涌如涨潮。
> 高楼广厦大官府，酒池肉林积臭腐，
> 黄金挥霍如粪土，岂顾小民情愁苦。
> 赈灾恤凶藉掳掠，择肥而噬如虓虎。
> 我为鱼肉彼刀俎，革命旗帜何日睹？
> 青天白日革命旗，插遍岷峨几多时；
> 如水益深火盖热，解除民瘼岂我欺！
> 八月凉风动高阁，瓮底空空无余囊，
> 老亲带病衣裳薄，食肉之年餍藜藿。
> 草木逢秋自零落，人遭阳九生事索。
> 草木明朝能再发，阳九之运何日脱？

陈古松（1901~1976）先生，早期中国共产党党员，涪陵县和顺乡（今武隆县和顺乡）石拱坝人，曾先后在涪陵中学、嘉陵中学、奉节中学、达县中学任教。青年时代的陈古松先生在张澜、谭卫根等进步人士思想影响下，"积极追求真理，参加进步学生运动，利用教育阵地和手中的文笔宣传马克思主义，揭露国民党反动派的丑恶嘴脸，曾遭逮捕，经受牢狱之苦"。[①]但他并没有因此而屈服，出狱后积极与党组织取得联系，继续为党工作，写下了许多忧国忧民、抨击国民党反动统治、启发学生觉悟的诗篇。这首《仲秋感时》是陈古松先生就读成都大学（四川大学的前身）中国文学系期间于 1928 年写就的忧国忧民、抨击四川军阀混战的诗作，篇末殷切地期望"岷峨插遍革命旗"，"解除民瘼"，救生民于水深火热之中。

---

① 中国人民政治协商会议重庆市涪陵区委员会文史资料委员会编：《涪陵文史资料选辑》第 11 辑（内部发行），2000 年 5 月版第 125 页。

6. 红军诀别诗

彭家模①

别了，我的故乡！

离情别恨，

莫扰乱了我的征意。

国恨乡愁，

莫羁绊我的征裳。

我要踏上妖氛弥漫的战场，

把我的热血与头颅，

献给多灾多难的党、国家与故乡！

听吧！江水呜咽，胡骑悲秋；

看呀！河山破碎，

血染巴州。

可怜我川西的无辜的民众啊！

名（山）、天（全）芦（山）暴骨无人收！

别了我的家乡！

感谢你饯行的三杯美酒，

从此长征去，

奋勇杀贼，

誓死不休。

倘若凯旋重聚首，

再握手，

勿悲切，

诀别之悠悠！

一九三六年四月二日

---

① 彭家模：涪陵籍老红军。1936年随中国工农红军第四方面军长征北上抗日，途经川西芦山县，他在红军前敌指挥部旧址内的墙壁上写下了这首诗。这首诗是作者在红四方面军撤离芦山县前夕写下的。整首诗歌感情饱满，反映出红军在极为艰苦的征途中，誓死为中国革命事业献身的情操，表达出对苦难深重的人民大众的深切关怀以及对故乡的无限眷恋之情，真挚地展示了对革命事业的必胜信念。它是红四方面军留下的极为罕见的宝贵诗篇，它是研究红四方面军长征的重要史料，已被列为四川省芦山县重点革命文物受到了保护。这首诗摘自中国人民政治协商会议重庆市涪陵区委员会文史资料委员会编《涪陵文史资料》第14集（内部发行）2006年11月版第221-222页。

(四)革命纪念场所类红色文化资源

罗云烈士陵园

罗云烈士陵园位于罗云乡罗云坝村,距涪陵城约38公里。为了纪念四川红军第二路游击队的革命斗争业绩和教育后人,1993年5月,经中共四川省委办公厅批准同意,罗云乡开始修建罗云烈士陵园和纪念碑。2001年8月1日,陵园竣工并向社会开放。2010年,陵园进行改扩建,修葺一新的陵园更加庄严肃穆。陵园由纪念碑、烈士墓、浮雕墙、陈列室四部分组成。纪念碑的高度由原来的12米增加为13.3米,碑身呈锥形,雄伟挺拔,上面"四川红军第二路游击队纪念碑"13个大字鲜艳夺目。纪念碑的背后,钟善辅、李焕堂、尹觐阳三位烈士的陵墓被人们敬献的花圈环绕。浮雕墙为新建,总长20米,高3米,墙上6位游击队领导人的头像栩栩如生,墙上记录了四川红军第二路游击队的活动图以及63名烈士的名单,展示了四川红军第二路游击队波澜壮阔的战斗历程。如今,罗云烈士陵园已被涪陵区委、区宣传部定为全区"革命传统教育基地""爱国主义教育基地""青少年教育基地"。罗云烈士陵园作为涪陵区爱国主义教育基地,除烈士陵园外,还包括土地会起义遗址"罗云老街"、中共涪陵特别行动委员会办公地"文昌宫遗址"和钟善辅烈士故居等遗址。罗云烈士陵园的建立,丰富和拓展了新时期革命传统教育之领域,为全社会开展爱国主义教育和革命传统教育搭建了一个崭新的平台。

三、抗日战争时期区内各类红色文化资源

(一)抗战条幅、对联类红色文化资源

抗战条幅、对联

冯玉祥将军的抗战条幅与对联[①]

"全国团结坚又固,民族自然就复兴"——条幅

"为国家、为人民,须先捐出自己身"——条幅

"兴亡皆有责,敌我不俱生"——对联

1939年春,爱国将领冯玉祥将军到涪陵宣传抗日,在城内腰街子(今中山路邮政局)茶馆侧的"福音堂"召开抗日募捐绅士茶话会。他在会上说:"为了争取

---

① 冯玉祥将军的上述抗战条幅与对联摘自中国人民政治协商会议重庆市涪陵区委员会文史资料委员会编《涪陵文史资料选辑》第11辑(内部发行),2000年5月版第84页。

民族的生存与自由,每个同胞都有责任参加抗战,唯一的办法是'有力出力,有钱出钱',希望大家踊跃捐献。"他还当场写下上述抗战条幅与对联进行义卖。

(二)抗战文化组织、社团类红色文化资源

1. 涪陵"抗战剧社"

抗日战争爆发后,中共涪陵特支为了团结、动员和组织群众参加抗日,于1938年1月7日创建了涪陵"抗战剧社"。邀请各方面爱好文艺的青年人参加,"其中包括大革命时期国民党左派人士,国民党军参加抗战负伤转到涪陵疗养的爱国军官,中小学教师,银行职员和社会知识青年共三四十人"[①]。涪陵"抗战剧社"的主要活动有:在城内开展抗日救亡宣传和募捐活动。剧社先后排演了《布带队》《中国的母亲》《放下你的鞭子》《流亡三部曲》《前夜》《古城的怒吼》《刑》等全国流行的大型抗日剧目,主题反映华北人民反对敌伪军、抗击日寇、反对汉奸的斗争。"抗战剧社"除在城内凯歌电影院、禹王宫和李渡小学、兰桂园等地演出外,还深入各乡镇巡回演出,并协助乡镇组织剧社和歌咏队。

2. 大柏树乡"八·一三"剧社

在抗日救亡高潮的推动下,为了团结更多的青年投入抗日宣传工作,1938年8月13日,涪陵县大柏树乡青年正式建立"八·一三"剧社。乡长董均国担任剧社社长,黄达初、黎俊流担任剧社副社长。参加剧社演过节目的成员有40多人。剧社利用广大农民赶场时进行演出。每逢赶场天,剧社便在街头要道张贴醒目的演出广告。剧社先后演出过《流亡三部曲》《复仇》《看月》《古城的怒吼》《梦游公园》《割麦起义打游击》《拜寿》《镜中人》等10多个以反映抗日救亡为内容的话剧。为了活跃气氛,有时伴以小魔术、金钱板、莲箫、莲花落、杂耍等。"这些节目抗日救亡气氛很浓,贴近现实生活,喜闻乐见,群众一看就懂,易于接受。因此,凡遇剧社演出之日,场内人山人海。几里、十几里路以外的农民扶老携幼前来观看演出。"[②]剧社除在大柏树乡为群众演出外,还到李渡镇、蔺市镇、镇安、文馨、金银、大山、义和、石沱等乡进行抗日宣传演出。"八·一三"剧社的演出对于启发民众爱国主义觉悟和唤起民众开展抗日救国斗争起到了应有的作用。

[①] 中国人民政治协商会议重庆市涪陵区委员会文史资料委员会编:《涪陵文史资料选辑》第11辑(内部发行),2000年5月版第79页。
[②] 中国人民政治协商会议重庆市涪陵区委员会文史资料委员会编:《涪陵文史资料选辑》第11辑(内部发行),2000年5月版第36页。

3. "孩子剧团"

1939年4月，隶属国民党政府第三厅厅长郭沫若领导的"孩子剧团"第一队20多人在队长林犁田的率领下到涪陵进行抗日救亡宣传。该剧团成员是由沦陷区无家可归的孩子组织起来的，年龄最大的十七八岁，最小的只有九岁。为了协助"孩子剧团"开展好宣传工作，中共涪陵特支决定由"抗战剧社"的同志为他们联系演出地点、剧务和生活等问题。"孩子剧团"演出的节目短小精练，内容扣人心弦，情节感人至深。他们还利用演出间隙举办抗日歌咏大会为涪陵灾童院的儿童募捐，并派人去灾童院协助工作。"孩子剧团"在涪陵期间受到了涪陵人民的热烈欢迎。"孩子剧团的宣传和演出，对涪陵社会震动很大，特别是年幼的孩子登台演出时，许多观众激动得热泪盈眶。"① "孩子剧团"离开涪陵前夕，中共涪陵特支为他们举行了联欢晚会。

4. "华北宣传队"

1939年5月，"华北宣传队"到涪陵进行抗日救亡宣传。这个宣传队由华北沦陷区爱国抗日青年学生组成，文化水平较高，他们以演讲和教唱抗日救亡歌曲等形式在涪陵开展抗日救亡宣传。"在华北宣传队的启发下，涪陵各中小学普遍建立了抗日歌咏队，城乡各地掀起了较长时间演唱抗日救亡歌曲的热潮，凡当时上中小学的学生，有许多抗日歌曲至今记忆犹新，并能唱得朗朗上口。"② "华北宣传队"离开涪陵之前，同涪陵各中小学歌咏队合影留念。

5. 涪陵"吭声歌咏队"

抗日战争时期，中共涪陵特支在努力发动涪陵各界民众开展抗日救亡活动的同时，还先后接待了来自重庆的"虎标永安堂宣传队""孩子剧团"和"华北宣传队"。这些抗战文化宣传组织少则几人，多则一二十人，最多的也只有三四十人，他们均以演讲、唱歌、戏剧等形式宣传抗日。他们在涪陵演出的节目"短小精悍，演技高超，扣人心弦，深得涪陵群众的喜爱"。③特别是"孩子剧团"给中共涪陵特支领导的"抗战剧社"留下了宝贵的经验。"孩子剧团"的特点是"队伍小，节

---

① 中国人民政治协商会议重庆市涪陵区委员会文史资料委员会编：《涪陵文史资料选辑》第11辑（内部发行），2000年5月版第85页。
② 中国人民政治协商会议重庆市涪陵区委员会文史资料委员会编：《涪陵文史资料选辑》第11辑（内部发行），2000年5月版第85页。
③ 中国人民政治协商会议重庆市涪陵区委员会文史资料委员会编：《涪陵文史资料选辑》第11辑（内部发行），2000年5月版第72页。

目精,演出不受场地的限制,灵活多变,能适应抗日救亡宣传工作的需要"。①涪陵"抗战剧社"看到了自己的差距,在吸取"孩子剧团"的特点、长处基础上,决定改进节目演出形式,搞文艺"轻骑",多编短小、灵活、方便的节目,于1939年4月将涪陵"抗战剧社"改建为以演唱抗日救亡歌曲为主的涪陵"吭声歌咏队",参加者既有小学教师、银行职员,也有涪陵县女子中学的学生和社会青年。"吭声歌咏队"演出的内容丰富,地点不固定,公园、大街上,哪里人多就到哪里演出,并组织城内各学校开展歌咏比赛,扩大了抗日宣传之声势,收到了动员各界民众奋起抗日之实效。

(三)抗日救亡报社、报刊、抗日剧、救亡口号类红色文化资源

1. 抗日救亡报社、报刊

(1)"铁扫帚壁报社"。

1939年秋,涪陵县中学以除汉奸卖国贼立意,主办了"铁扫帚壁报社",每周出刊一次。《铁扫帚壁板》篇幅很大,主要内容有摘抄报刊要闻,报道抗日消息,诗歌绘画创作,文艺作品选登,其中心内容是用文章和漫画宣传抗日救亡。"由于内容丰富,版面宏大,把整个北门口墙壁都遮满了,全城为之注目,吸引了众多群众",②对声援抗战起到了很好的宣传作用。

(2)"民众书报社"。

1939年12月,中国农村经济研究会长(寿)涪(陵)通讯处在涪陵县大柏树乡创办了"民众书报社",重庆战时书报供应所等单位赠送给"民众书报社"大量宣传抗日救亡的《解放》《群众》《时与潮》《大众》《新华日报》等报刊以及抗日游击战争之类的书籍和歌本,丰富了抗日救亡宣传内容。"民众书报社对外开放,深受当地读者的欢迎,每逢赶场时,借阅书报的群众络绎不绝。广大读者通过学习,增长了知识,了解了国家大事。"③"民众书报社"的创办,对于宣传教育群众,提高群众思想政治觉悟,唤起民众共同抵御日寇侵略,起到了积极的作用。

---

① 中国人民政治协商会议四川省涪陵市委员会文史资料研究委员会编:《涪陵文史资料选辑》第1辑(内部发行),1985年1月版第21页。
② 中国人民政治协商会议重庆市涪陵区委员会文史资料委员会编:《涪陵文史资料选辑》第11辑(内部发行),2000年5月版第84页。
③ 中国人民政治协商会议重庆市涪陵区委员会文史资料委员会编:《涪陵文史资料选辑》第11辑(内部发行),2000年5月版第87页。

（3）《中国学生导报》。

《中国学生导报》于1944年12月由重庆复旦大学新闻、外文、史地、政治等系学生创办，是一份在国民党统治心脏地区传播中国学生正义呼声和进步要求的学生报纸，是一张四开铅印小报，每周一期，寒暑假休刊，报社就设在复旦大学。社长、副社长和总编辑是复旦学生。四个版面用要闻、通讯、时事政治述评、专论和文艺等形式报道大学生抗日民主活动和学习、文化、体育等方面的动态内容。该报创刊后，重庆复旦大学的廖永祥、重庆中央大学的吴炳南经党组织介绍先后到涪陵县中任教，他们分别在涪陵益辉中学、涪陵县中大量发行《中国学生导报》。该报在涪陵一直发行至1946年，每期达300多份，对向涪陵各校师生及各界群众宣传抗日、反对日本侵略和国民党顽固派积极反共、消极抗日的投降主义起到了积极作用。

2. 境内民众演出的抗日剧目

抗战开始后，涪陵各界民众以中华民族利益为重，组织起浩浩荡荡的宣传大军，积极投身抗日救亡活动之中。涪陵"抗战剧社"成立后除在城内的电影院、戏院、戏台和政府礼堂演出外，还在大街上开展抗日救亡宣传和募捐活动。涪陵长江南岸南坪地区以大顺为主，学校师生逢场天到街头进行宣传，并组建文艺宣传队到明家、龙潭一带为群众演出，教唱抗日救亡歌曲。长江北岸后山地区以飞龙、包家、白家等乡为主，青年人组织起来宣传抗日。学校师生逢场天走上街头，有的贴标语，有的演讲，有的教唱抗日歌曲。在李渡、大柏树、金银、致韩、镇安、文馨等乡场，抗日救亡宣传活动也轰轰烈烈地开展起来，街头巷尾到处可见抗日救亡内容的标语，到处可见壁报及街头演讲。外地返乡知识青年也积极参加演出活动。从各地各种抗战文化宣传组织、社团、宣传队等演出的剧目上看，大同小异，主要有《流亡三部曲》《复仇》《故乡》《黄河之恋》《满江红》（岳飞词）、《布带队》《中国的母亲》《放下你的鞭子》《刑》《看月》《前夜》《古城的怒吼》《梦游公园》《割麦起义打游击》《拜寿》《镜中人》《力役和地租》等独幕剧或多幕剧。这些剧目多数是从剧本上选来的，少量是自己编排的。

《古城的怒吼》主要反映华北人民同敌伪军、日寇的斗争。

《放下你的鞭子》主要反映一个从沦陷区逃出来的两鬓皆白的老人，带着瘦骨嶙峋的孙女沿街卖艺度日的悲惨情景。当孙女饥饿劳顿，精疲力竭，不愿继续唱下去的时候，老人亦泣亦诉地说不这样又不能生存，只得用鞭子忍痛抽打孙女继续卖唱，这时一扮演工人的演员从观众席中一跃而出，捉住老人拿鞭子的手，借此机会向群众宣传，因日寇侵略中国，致使广大沦陷区的同胞妻离子散，无家可归，流亡异乡，食不果腹，衣不蔽体，挣扎在死亡线上的悲惨情景，号召人民只有团结起来共同对敌，才能拯救中华民族。同时劝说老人不要再鞭打苦命的孙女了。①这个剧目上演后，极大地激发了涪陵各界群众的爱国热忱，点燃了民众胸中的抗日烈火，增强了人民抗战到底的决心。

《割麦起义打游击》主要反映日寇在中国的残暴行为和人民群众奋起抗日的情景。剧幕开启时，"忽见一群农民扶老携幼，背包挂篮，非常惊慌地急跑，边跑边喊：'日本鬼子来了！''日本鬼子来了！'紧接着是日本兵在后面追赶农民，年老体弱未能逃脱鬼子魔掌的农民被强迫抓去，在刀枪威逼之下为日军抢割中国农民种的麦子，稍有怠慢便遭到鞭打脚踢。其中一个军官模样的日本鬼子，调戏一名中国妇女时遭到拒绝，日本军官恼羞成怒，用指挥刀将那妇女砍死，再将其不满周岁的孩子用刀劈成几块，可怜的小生命就这样和他妈妈一起命归黄泉了。为鬼子割麦子的农民见此情景，怒火冲天，再也无法忍受下去了，不约而同地群起反抗，他们用割麦的镰刀把在场的日本兵全部消灭了，背起缴获的日本武器上山打游击，誓与日本帝国主义斗争到底"！②这对台下的观众无不拍手称快，高呼"打倒日本帝国主义""把日本鬼子赶回老家去"等口号。

《镜中人》是个讽刺剧，以敌占区人民不甘忍受日寇蹂躏为背景，描述了群众采用各种不同形式与手段同敌人进行不屈不挠的斗争，如用火钳给敌人烫发，用火钩给敌人掏耳朵，表现了抗日民众之机智和敌人之"愚蠢"。

《力役和地租》是李渡地区大柏树乡的"八·一三"剧社自己编写的，反映的是广大农民在封建地主阶级的残酷剥削和压迫下，日益贫困直至破产，妻离子散、家破人亡的悲惨情景。

3. 境内民众抗日救亡口号

"打倒日本除汉奸""中国人民不作亡国奴""我们要抗战到底""打回老家去""还我河山""收复失地"等口号③。

---

① 中国人民政治协商会议重庆市涪陵区委员会文史资料委员会编：《涪陵文史资料选辑》第11辑（内部发行），2000年5月版第85页。
② 中国人民政治协商会议重庆市涪陵区委员会文史资料委员会编：《涪陵文史资料选辑》第11辑（内部发行），2000年5月版第86~87页。
③ 这些口号是1937年秋至1938年10月飞龙地区各乡小学师生、群众在抗日游行及举行抗日文艺节目调演中喊出的，它们摘目中国人民政治协商会议重庆市涪陵区委员会文史资料委员会编《涪陵文史资料选辑》第11辑（内部发行）2000年5月版第88~89页。

呼喊者：各乡小学师生、群众

年代：1937年秋至1938年10月

地点：飞龙地区

"打倒日本帝国主义，把日本鬼子赶回老家去！"等口号[①]。

呼喊者：观众

年代：1938年8月

地点：李渡地区大柏树乡

（四）抗日救亡歌曲、诗词类红色文化资源

1. 境内流行的抗日救亡歌曲

抗战爆发后，涪陵各中小学校兴起教唱抗战歌曲热潮，每天早晚升降旗仪式上唱，开饭、开会集合时唱，四处传唱，所唱的歌曲有《大刀进行曲》《义勇军进行曲》《黄河大合唱》《开路先锋》《牺牲也到最后关头》《满江红》《救亡进行曲》《流亡三部曲》《战斗在太行山上》《游击队之歌》《黄河谣》《放下你的鞭子》等几十首。人们唱着这些抗日救亡歌曲，精神振奋，意气风发，斗志昂扬，呈现一派朝气蓬勃景象。

2. 境内的抗日救亡诗词——

满江红·书愤[②]

（用岳忠武本意原韵）

文德铭

如此乾坤，暮四起妖氛莫歇，争一发安危决战，三军壮烈。劫火沸腾淞沪浪，烽烟黯淡卢沟月，痛生灵惨状又何辜，心酸切。

家国恨，耻未雪，身世感，虏未灭，莽中原忍睹，金瓯残缺。击楫愤挥豪杰泪，枕戈拚溅男儿血，请长缨，誓死缚楼兰，致京阙。

[①] 这两句口号是1938年8月"八·一三"剧社在李渡地区大柏树乡演出抗日话剧《割麦起义打游击》时台下观众振臂喊出的，摘自中国人民政治协商会议重庆市涪陵区委员会文史资料委员会编《涪陵文史资料选辑》第11辑（内部发行）2000年5月版第87页。

[②] 文德铭先生的这首《满江红·书愤》转载于民国二十六年十二月十二日重庆《商务日报·烽火》。文德铭，原涪陵市政协委员、涪陵市太平天国历史研究会会员，其生卒年及事迹不详。

四、解放战争时期区内各类红色文化资源

(一)进步文化组织、社团类红色文化资源

"寒啸文艺社"

1947年下半年,涪陵县师范学校的郭昌虞、张明德、舒伯英和杨通才等进步学生在任课教师彭自洁的大力支持下,经过几度磋商,成立了"寒啸文艺社",创办了与众不同的以"争民主、争自由"为主要内容的《寒啸文艺周刊》(墙报)。《寒啸文艺周刊》"是在一张大白纸(或牛皮纸)上两面书写文章,挂在墙上,供人自由翻阅的刊物。"① "寒啸"的"寒"即贫寒;"啸"即呐喊、呼啸。"寒啸"之寓意是"一批贫寒的学生为当今社会之不平等,为追求真理而呐喊、呼啸"②。《寒啸文艺周刊》除了刊登本刊作者和支持本刊的师生等的诗歌、散文、评论、小说、杂谈和漫画外,还按彭自洁老师的意见选登了陶行知先生的生活教育、劳动神圣等方面的诗文。因该刊内容丰富、形式新颖,在师范校内众多墙报或刊物中独树一帜,吸引了众多读者。《寒啸文艺周刊》从创刊到涪陵解放,历时两年多,共出版70多期,刊登了大量反独裁、反饥饿、反内战、反迫害和揭露国民党反动派黑暗统治、唤醒青年参加革命的文章。如杨通才的宝塔诗:"战,内战,一年半,骨肉相残,人民遭涂炭……"张行可的《黑暗过去就是黎明》:"对当时社会起到了投枪和匕首的作用。"③《寒啸文艺周刊》启发和教育了许多读者,它不同程度地动摇了国民党反动派在涪陵县的统治,鼓舞了青年学生和人民群众的革命热情。

(二)革命宣传品类红色文化资源

《龙驹通讯》的创办

1948年初至1949年底,中共涪陵龙驹乡支部响应上级党组织的号召积极做群众的思想发动工作,培养要求入党的积极分子。他们的工作对象主要是回乡知识青年和农民,向他们宣传国民党统治的腐败,号召农民群众团结起来与国民党反动派斗争,推翻蒋介石的反动统治。中共涪陵龙驹乡支部结合龙驹乡知识青年多这一实际,组织成立了"龙驹同学会"。参加"龙驹同学会"的青年近100人,

---

① 中共涪陵市委党史研究室:《解放战争时期的涪陵》(内部发行),1992年10月版第226~227页。
② 中共涪陵市委党史研究室:《解放战争时期的涪陵》(内部发行),1992年10月版第224页。
③ 中共涪陵市委党史研究室:《解放战争时期的涪陵》(内部发行),1992年10月版第229页。

甘大志当选为同学会会长。每逢寒暑假，中共龙驹乡支部都要邀请同学会的会员聚会。中共龙驹乡支部还以"龙驹同学会"的名义创办了该会会刊《龙驹通讯》，该刊为油印版，由钟荫庭负责编印。《龙驹通讯》通过及时转载、介绍国内时事政治及报道全国革命胜利形势发展形势等，向广大知识青年和农民进行时事政治教育。

（三）革命歌曲、歌谣、诗词类红色文化资源

1. 境内流行的革命歌曲

（1）《山那边有个好地方》[①]：

山那边有个好地方，一片稻田黄又黄；大家唱歌来耕地哟，万石谷子装满仓；老百姓呀好村庄，讲民主呀爱地方，年年不会闹饥荒。

山那边有个好地方，穷人富人都一样；你要吃饭得做工哟，无人为你做牛羊；大鲤鱼呀满池塘，织青布呀做衣裳，家家快活喜洋洋。

流传地区：涪陵地区

演唱者：乡村学校师生、群众

时间：1948年至1949年

（2）其他进步歌曲

解放战争时期，在涪陵县各乡镇村人民群众中普遍传唱的进步歌曲有《山那边有个好地方》《小二郎》《雪花飘飘梅花开》《团结就是力量》《古怪歌》《苗家小调》等。

2. 境内革命歌谣

天上星星跟月亮[②]

（山歌）

天上星星跟月亮，

地下孩儿跟爹娘，

农民跟着共产党，

扬眉吐气得解放。

[①] 这首歌原名《解放区是个好地方》，地下革命者将其改为《山那边有个好地方》后在国统区悄悄传唱开来。

[②] 中国歌谣集成四川卷编辑委员会：《中国歌谣集成·四川卷》（上册），中国ISBN中心出版，2004年北京第1版第111页。

流传地区：涪陵地区
演唱者：代占清
采录者：陈大富、夏纯
采录地点：涪陵区增福乡
采录时间：1986年11月

3. 境内革命诗词作品

和《沁园春·雪》
1945年秋

山笼繁云，地卷北风，凝雨纷飘。看乾坤机妙，浩然苍莽；银铺六合，寰海震滔。蛇走常山，龙跃天门，数点寒鸦敢比高。腾万马，吆漳沱水合，神彩妖娆。

低吟孟德诗娇，上羊肠诘曲椠横腰。……何若周文，覆仁天下，咏发来思不用雕。寒甚矣，愿一轮红日，暖放明朝。①

1945年秋，抗战胜利，毛泽东主席到重庆与国民党和谈期间，其《沁园春·雪》一词在重庆发表，省立涪陵中学师生竞相为此词酬和。这首《和〈沁园春·雪〉》便是涪陵县人、早期中国共产党党员、当时在省立涪陵中学从事国文课教学的陈古松先生写就的。上阙是欢呼共产党在东北、华北取得军事胜利，下阙表达了作者期盼人民早日获得解放之心情。这首词在校内一时纷纷传诵，对启发学生之觉醒起到了一定的作用。

（四）革命纪念场所类红色文化资源

1. 大顺乡解放军烈士纪念碑

大顺乡解放军烈士纪念碑位于更新小学附近100米处，墓地占地3亩，有解放军革命烈士纪念碑、解放军革命烈士简介，纪念场地300平方米。墓地周围松柏苍翠，将整个墓地包围其中。为了解放大西南，中国人民解放军300余名战士于1950年1月18日奉命到涪陵、丰都、石柱一带开展征粮工作，一中队40余人分成三个分队，同年1月23日赴大顺、明家、增福、三合等乡开展征粮宣传活动，在宣传征粮的过程中，以谭席珍为首的反革命组织采取强迫欺骗的手段，组织

---

① 据陶懋勋《回忆省立涪陵中学》，原载中国人民政治协商会议四川省涪陵市委员会文史资料研究委员会编《涪陵文史资料选辑》第4辑（内部发行）1987年5月版第56页。删节处原缺。

10 000余名土匪发动暴动，疯狂对我军战士进行围攻袭击，经过昼夜激战，大部分解放军战士英勇牺牲。由于当时处在战乱，征粮队员由各师抽调组成，相处时间短，没有记载牺牲烈士的姓名，所以遇难的23位同志成了无名烈士，特建这座墓以奠英烈。

2. 涪陵专区烈士纪念塔

涪陵专区烈士纪念塔位于涪陵城区敦仁街道东北350米处，为涪陵区级文物保护单位，于1951年12月上旬修建，是为纪念解放战争中在涪陵地区牺牲的烈士而建的。纪念塔坐南向北，为六角形，通高8.1米。塔座每面宽1.25米、高1.8米，有六面如意石阶10级。塔身每面宽1米、高6.3米，塔顶为攒尖式，上塑红五星。塔身正面题刻"涪陵专区烈士纪念塔"，背面和西南面题刻塔文，其余四面刻有672位烈士姓名。该纪念塔毁于1993年。

3. 涪陵烈士陵园

涪陵烈士陵园位于涪陵区靖黔乡大坪村西150米处，为涪陵区级文物保护单位，于1952年修建，是为纪念解放涪陵市区时牺牲的人民解放军指战员和在征粮、剿匪、镇压反革命运动中牺牲的烈士而建的，共有139位烈士。陵园占地6300平方米，坐西向东，呈半圆形。灵位分四层台阶设置，中间整齐的石阶将灵位分成左右两边。每个灵位均高0.52米、宽0.37米。灵位石碑上刻楷书4行，介绍烈士生平简历。从陵园大门至上有垂带式石阶286级。

4. 涪陵革命烈士陵园

涪陵革命烈士陵园的前身是1951年建成的涪陵专区烈士纪念塔。1989年，中共涪陵地委、涪陵市政府决定将涪陵专区烈士纪念塔迁建到涪陵堡子城，并改名为"涪陵革命烈士陵园"，于同年11月开工修建，1991年7月建成，工程占地面积12亩。陵园内有革命烈士事迹陈列馆一间，面积约200平方米，陈列着讲述李蔚如、钟善铺、付朝璋、杨克明、陈忠权等16名革命烈士在新民主主义革命时期和社会主义建设时期的英勇事迹的文字介绍和先烈们用过的部分遗物。陵园内还建有25平方米大型浮雕群二组，上面雕刻有民主革命时期和社会主义革命时期先烈的塑像。陵园内又建有一座34米高、由三把步枪组成的"涪陵革命烈士纪念塔"和一座烈士塑像，烈士塑像右手拿着枪冲锋陷阵，象征着革命先烈们在战争年代英勇顽强、不怕牺牲的英雄气概。在烈士塑像的底部建有一座30平方米的革命烈士墓，墓内存放着143个革命烈士骨灰盒。涪陵革命烈士陵园是涪陵城区唯一的一座革命烈士纪念建筑物，自建成开放以来接待了数以百万计的青少年和各界群众，充分发挥了烈士陵园褒扬烈士、启迪后人接受爱国主义教育的功能和辐射作用，成为重庆市爱国主义教育、国防教育、青少年教育基地，并成为重庆市第一批市级烈士纪念建筑物保护单位。

涪陵区的红色文化资源除上述所列内容之外，还有涪陵革命烈士纪念塔、安镇的革命纪念碑、新村乡的革命者纪念碑以及位于涪陵城西南60公里处的龙潭烈士墓等。

第二节　武隆县各时期各类红色文化资源

一、党的创建至大革命时期县内红色文化资源

贺龙在江口除暴安良的故事[①]

1922年春，孙中山命令石青阳到四川整顿部队，贺龙率部随石青阳入川。1923年4月，时任川东边防军警备旅旅长的贺龙，奉调前往重庆一带攻打杨森部队。他途经武隆县江口镇（时为彭水县遗爱乡），在此进行短暂的休整。一天早上，贺旅长深入江口镇附近农村，走访农民，倾听老百姓对驻军的意见。他将群众的反映记录在簿，回部后，立即召集军官训话，检查军风、整顿军纪。对作风好、守纪律的官兵进行表扬，对少数做错事的官兵进行批评教育；对部队损坏百姓的东西，派人登门照价赔偿，因而深得老百姓的拥护和支持。

有一次，一个叫罗胡文的农民惶恐不安地跑来跪在贺旅长面前，连声哀求救命。贺旅长疑惑不解，以为自己部队官兵欺压良民，便亲自将罗扶起细细询问。原来是遗爱乡团练长张欣轩仗势欺人，敲罗胡文的竹杠，致使罗卖尽牲畜也凑不足勒索款项。接着张又强迫罗用全家赖以生存的土地作抵押。就在罗面临倾家荡产的时候，贺旅长屯兵江口镇，罗听说贺旅长除恶济贫、匡扶正义，便大胆前来请求贺旅长替他作主。贺旅长非常同情罗的遭遇，当即表示一定清查处理。贺旅长通过深入调查，了解到张欣轩一贯敲诈勒索，是一个横行乡里的"土霸王"。贺

[①] 中国人民政治协商会议武隆县委员会文史资料委员会编：《武隆文史资料》第1辑（内部发行），1989年9月版第15~16页。

旅长当机立断，决定为民作主。立即派兵将张欣轩捉拿归案，亲自审问。在人证、物证面前，张欣轩对敲诈勒索的事实供认不讳。贺旅长勒令张欣轩限期退清敲诈的钱财且不准报复，否则，严加惩处。同时，又函告彭水县长和县团防局长，责令他们撤销了张的乡团练长职务，为江口百姓除了一害。对此，人们无不拍手称快，称颂贺旅长除暴安良、为民作主的正义行为。至今，武隆县江口镇人民特别是一些老年人对贺旅长的爱民壮举仍然记忆犹新，赞不绝口。

二、土地革命战争时期县内各类红色文化资源

（一）革命遗址遗迹类红色文化资源

1. 武隆县第一个农民协会遗址

武隆县第一个农民协会遗址现位于武隆县火炉镇岩峰村邵家坝小组（小名邵家坝）。1928年2月，中共涪陵县委作出火炉铺暴动决议后，派遣共产党员邵平阶回到家乡火炉铺发动群众，在万峰村建立了武隆县第一个农民协会——万峰农民协会，并开始筹建农民自卫军。

2. 四川二路红军司令部驻地旧址

四川二路红军司令部驻地旧址位于武隆县双河乡街上村北80米处。1930年4月7日，四川省第二路红军从涪陵县罗云坝转移至武隆县双河乡，并把司令部设于此地，积极组织"农民协会"，开展"打富济贫"活动。该旧址占地216.9平方米，为一民居建筑，坐北向南。前堂木结构，面阔3间15米、进深3间11.5米、通高6.6米，单檐悬山顶，穿逗式梁架。厢房1间5.5米、进深4间8米。为了加强对全县干部群众、青少年进行爱国主义和革命传统教育，1983年6月，武隆县政府将该旧址列为武隆县重点文物保护单位，1984年10月双河乡政府在旧址立碑纪念。

3. 四川二路红军政治部驻地旧址

四川二路红军政治部驻地旧址位于武隆县双河乡街上村北50米处。四川省第二路红军于1930年4月7日成立后准备挺进仙女山区开辟游击区创建桐梓山革命根据地。4月初，四川二路红军在苟良歌、周晓东、赵启民等人带领下由涪陵县罗云坝转移至武隆县双河乡，并把政治部设于此。该旧址占地150平方米，原为单间木结构民用瓦房，坐北向南，面阔1间5.3米、进深8间8米，有楼层。

1983年6月，武隆县政府将该旧址列为武隆县重点文物保护单位。1987年3月此建筑被焚，现仅存遗址。

4. 四川二路红军司令部、政治部及农民协会驻地旧址

四川二路红军司令部、政治部及农民协会驻地旧址位于武隆县双河乡坨田村。1930年4月中旬，四川二路红军由武隆县双河乡街上村转移至双河乡坨田村，在此设立司令部、政治部。4月20日，组织农民在坨田村坨田院子成立"农民协会"，在双河、木根、清水、长坡、羊角发动贫苦农民，联合地方农民武装，打击团防和地主武装，"打款灭税"，开仓济贫。该旧址占地1 355平方米，坐东向西，四合院布局，现存有前堂、中堂、后堂和厢房。后堂为木石结构，面阔6间49米、进深5间4.9米、通高6.5米，悬山顶，穿逗式梁架，3穿用7柱。中堂面阔3间30米、进深6间5.5米，屋顶、梁架形制与后堂相似。厢房面阔2间8.4米、进深2间9.5米。四川二路红军在武隆县境内转战3个多月，遍及十余个乡镇，开辟了仙女山游击区和桐梓山革命根据地，在武隆传播了革命思想，唤起了武隆人民之觉醒，培养了大批农民革命骨干力量。

5. 坨田红军战斗遗址

坨田红军战斗遗址位于武隆县双河乡以北约8公里处的三重堂，此地为双河乡通往丰都厢坝和涪陵白涛、清溪咽喉。1930年四川二路红军司令部、政治部等领导机关驻扎于此。同年4月下旬，红军在此与前来围剿的民团武装激战两小时，敌溃败，红军战士许绍虞牺牲，葬于附近。现为县级重点文物保护单位。

6. 后坪坝苏维埃政府遗址

后坪坝苏维埃政府遗址已列为武隆县级重点文物保护单位，位于武隆县桐梓区后坪乡文风村北500米处的高峰槽文庙内。1930年6月2日四川二路红军400余人在红军总指挥王岳森、纵队长赵启民、政治部主任周晓东、教导队队长邓止戈等同志率领下进驻武隆县桐梓区后坪坝，设立农民协会办事处，成立后坪坝苏维埃政府。赵月明担任苏维埃政府主席，罗吉普为副主席，办公地点设在高峰槽文庙，并挂出了"后坪坝苏维埃政府"的木牌。高峰槽文庙建于清代，坐北向南，砖木结构，由山门、正殿、下殿、后殿、戏楼、厢房、天井组成。1970年以后拆毁，现仅存石阶与庙基。

（二）革命遗物类红色文化资源

刻有"杀尽贪官土劣"六个大字的红军刀

1930年4月，四川二路红军挺进武隆县双河乡，开辟了涪陵、武隆、丰都、石柱、彭水、忠县交界处的仙女山区革命根据地。当时，活跃在双河一带的一支农民武装——"神兵"，在党的政策感召下，接受了四川二路红军的领导，正式改编为四川二路红军农民赤卫队。在欢迎"神兵"入队的欢迎大会上，"神兵"首领秦兴隆向红军司令员尹觐阳赠送了一把刻有"奉天承命、宝座龙朝"字样的宝剑，尹觐阳也回赠给秦兴隆一把刻有"杀尽贪官土劣"六个大字的红军刀。经四川二路红军前委会研究决定，委任秦兴隆为二路红军农民赤卫队副司令，协助二路红军发动群众，组织农民协会，开展打富济贫活动。

坨田激战后，二路红军开往梨子寨，决定由秦兴隆率领赤卫队回师双河，继续开展革命斗争。秦兴隆携带这把红军刀率部回到双河，打土豪，抗捐税，粉碎了敌人的多次清剿。1930年冬，国民党纠集3个团的兵力对仙女山区革命根据地进行反扑，秦兴隆挥舞这把红军刀同敌人进行浴血奋战，终因寡不敌众，赤卫队不得不"化整为零"转入深山老林，开展地下斗争。"后来由于与党失掉联系，秦只得改名换姓，藏好红军刀，以卖药为掩护，活动于彭水及贵州沿河一带，历时二十多年。"①

1949年冬，解放军解放了武隆县，当年二路红军农民赤卫队副司令秦兴隆带着这把功勋卓著的红军刀回到了阔别二十多年的故乡——双河。1957年，秦兴隆把这把刻有"杀尽贪官土劣"六个大字的红军刀献给了政府，同年在成都展出，后由北京军事博物馆收藏，现陈列于北京军事博物馆。

此外，重庆市博物馆收藏有四川二路红军战士的藤包，武隆县文化馆收藏有四川二路红军使用过的青花瓷盘、茶碗等。

（三）革命组织、社团类红色文化资源

1. 武隆县第一个农民协会②

武隆县第一个农民协会——万峰农民协会的遗址位于武隆县火炉镇岩峰村邵

---

① 中国人民政治协商会议武隆县委员会文史资料委员会编：《武隆文史资料》第1辑（内部发行），1989年9月版第46页。
② 史志档案网：http://www.wlwh.cn/4/6/1018.html.

家坝小组（小地名邵家坝）。1928年2月，中共涪陵县委作出火炉铺暴动决议后，便派遣共产党员邵平阶回到家乡火炉铺直接领导暴动工作。邵平阶回到火炉万峰老家后，利用自己的家族关系在火炉万峰一带开展革命宣传，广泛发动群众，很快在万峰村建立了武隆县第一个农民协会——万峰农民协会。吸收了邵清柏、黄金山、田德军、邵汉章、邵征先、邵益阳、邵建成、邵文烈、邵征荣、邵征国、田珍荣等会员30多人。在建立农民协会的基础上，开始筹建农民自卫军。4月，中共涪陵县委又增派涪陵农协会秘书长李仙舟前往火炉铺加强对暴动的领导。他们利用封建袍哥组织关系，借来罗正兴的部分枪支，通过邵平阶家族邵楚侯的关系说服土匪头目杨畅时调集200多人参与火炉铺暴动，暴动的目标主要是攻打国民党火炉区署。1928年7月4日晚，农民暴动人员兵分两路，一路由李仙舟、邵平阶率领30余名农协会员攻打万峰天子坟（今火炉镇保峰村），解除驻在邵儒宾家催粮逼款的区队武装，共缴获长短枪3支，处决了作恶多端的区队长张涛光和两个区丁；另一路由杨畅时带领所部200余人直抵火炉铺街上，攻打国民党区署，共缴获长短枪30余支。火炉铺第一次农民暴动胜利。

2. 后坪坝苏维埃政府

后坪坝苏维埃政府遗址位于武隆县后坪乡文风村高峰槽文庙内。武隆县后坪乡，位于彭水、武隆、丰都三县交界处，属武陵山脉，海拔1 200余米，距县城97公里。这里的国民党统治力量薄弱，是武装割据的理想之地。1930年6月2日，按照上级指示精神，四川二路红军游击队挺进武隆扩大革命根据地。当时，二路红军游击队主力在总指挥王岳森、前敌总指挥赵启民、前委书记苟良歌、政治部主任周晓东、党代表陈静的带领下，经农民罗吉普、赵月明、龚海成带路，在与陈子光、陈子清领导的桐梓山游击队取得联系后开赴武隆县桐梓山后坪坝开辟革命根据地。

红军游击队来到后坪坝后，广泛发动群众，积极开展革命宣传，向农民散发《中国共产党十大纲领》《中国共产党土地政纲》等宣传资料。不久，在后坪坝设立了农民协会办事处，发动农民参加农民协会，先后成立了文风庙农民协会，主任赵月明；寺院堡农民协会，主任李世平；沙茶农民协会，主任黄义清；中岭农民协会，主任张子善；牌坊庙农民协会，主任陈帮孝。接着，二路红军游击队指挥部又组织成立了后坪坝农民协会，由赵月明任主席，罗吉普任副主席，下设组织、宣传工作组。这些组织的建立，使各项工作得到迅速开展，农民的革命积极性不断提高。

1930年6月13日，后坪坝苏维埃政府正式宣告成立，赵月明、罗吉普当选为正、副主席，后坪坝苏维埃政府的办公地点设在高峰槽寺庙（后坪乡政府以北1公里处），并挂出了"后坪坝苏维埃政府"的木牌。后坪坝苏维埃政府成立后，"在军事上，发动广大青壮年报名参军，壮大红军队伍，同时还成立了500余人的农民赤卫队，由罗吉普任赤卫队队长，红军派教导队队长邓止戈对赤卫队进行军事训练，以便提高队员的军事素质，增强赤卫队的战斗力；在政治上，开展了打富济贫斗争，批斗了土豪许干清和地主罗连山、赵宗四、黄幺姑等人，开仓分粮，广济贫苦百姓。召开群众大会，没收了地主的地契和借约，并按《土地政纲》宣布土地为谁种谁有，谁种谁收，推行'耕者有其田'的土地革命政策，农民纷纷烧约毁契，不再向地主交租和偿还债务"①。一时间，后坪坝的土地革命搞得轰轰烈烈。

为了解决红军和农民赤卫队的武器装备和给养问题，后坪坝苏维埃政府在后坪坝场上成立了外贸部，收购当地农民的山货和药材运往涪陵、丰都等地出售，购买回二路红军游击队和农民赤卫队所需的枪支弹药、药品、粮食、生活用品等。

1930年8月，后坪坝苏维埃政府成立仅2个月，二路红军游击队总指挥王岳森便推行"城市中心论"的极"左"路线，奉命率领二路红军游击队向北，向忠县、丰都沿江地带转移了。二路红军游击队从武隆县撤离后，后坪坝苏维埃的旗帜并没有因此而倒下，被点燃的革命烈火还在继续燃烧，他们紧紧依靠广大农民和农民协会，带领赤卫队继续开展打土豪、分田地的革命斗争。

革命斗争如火如荼向前发展，国民党当局对此恨之入骨，1931年5月下旬，"涪陵县政府派县团防督练长汪勤生带兵到后坪围剿，后坪苏维埃政府赤卫队进行了顽强抵抗，终因孤立无援，势单力薄而失利，主席赵月明战斗负伤，侥幸脱险，不久病逝，副主席兼赤卫队长罗吉普不幸被捕，在火炉铺英勇就义"②。后坪坝苏维埃政府从1930年6月建立到1931年5月失败，前后坚持革命斗争达10个月之久，在武隆县乃至渝东南民族地区新民主主义革命斗争历史上写下了光辉的一页。

---

① 中国人民政治协商会议武隆县委员会文史资料委员会编：《武隆文史资料》第1辑（内部发行），1989年9月版第18~19页。
② 中国人民政治协商会议武隆县委员会文史资料委员会编：《武隆文史资料》第1辑（内部发行），1989年9月版第19页。

（四）革命宣传品类红色文化资源

境内四川二路红军传单与标语

"穷朋友，大家撑起来，打倒贪官污吏，杀尽土豪劣绅！"

"打倒地主恶霸及其走狗！"

"到如今只有两条路，一条是生路，一条是死路。只有跟着共产党才有生路！"

"穷人跟着红军走，不交租，不纳粮，有吃有穿！"

"红军官兵一律平等！"

书写：四川二路红军宣传队

年代：1930年4月

地点：武隆县双河乡

1930年4月上旬，四川二路红军从涪陵县罗云坝转移至武隆县双河乡街上村，把司令部设于此。然后，红军指挥部派出大量宣传队伍，以口头宣传或散发、张贴上述传单及标语等形式发动群众，并发出安民告示，讲明红军政策、纪律。四川二路红军在武隆县境内张贴的部分传单及标语现收藏于四川省博物馆。

（五）革命歌曲、歌谣类红色文化资源

1. 境内四川二路红军歌曲

"春风草，开红花，一开开在穷人家，穷人家要翻身，世道才像话！……穷人家要翻身，打倒土豪把田分！"

1930年4月上旬，四川二路红军到达武隆县双河乡后派出大量宣传队，一边散发、张贴传单、标语发动群众，一边编排许多生动形象的文艺节目在坨田、木根、双河、梅子垭、桐梓、后坪等地演出，上述这首歌曲即是四川二路红军宣传队在各地教群众演唱的革命歌曲，流传至今。

2. 境内土地革命歌谣

"仙女山、仙女山，穷人天天泪不干，富人催租又逼债，倾家荡产喊皇天，自从红军进后山，干人个个笑开颜，打土豪、分谷米，帮助穷人把身翻。"

1930年4月中下旬，武隆县双河乡"烂坝子农民协会"和"坨田农民协会"相继成立。在四川二路红军领导下，烂坝子农民协会带领当地农民打开烂坝子和坳上的地主粮仓，除一部分用于红军游击队给养外，其余全部分给生活困难的穷

人。坨田农民协会领导农民打击那些民愤极大、罪恶多端的土豪劣绅。坨田农民协会还召开群众大会，当众烧毁了地主契约，把土地分给农民。上述这首歌谣即是当时在当地农民中广为流传的一首歌谣，它唱出了贫苦农民热烈欢迎红军游击队和坚决拥护土地革命的真挚心声。

（六）革命先烈故事类资源

"两顶博士帽"的故事

1929年10月，青同村堡上赵思成在嵌口拾得两顶博士帽，上面印有"贺龙"二字，他急报国民党民团，民团派箐口曾世昌送往国民党涪陵县政府讨赏，国民党于是派特务到后坪秘密调查贺龙行踪，此事惊动了中共四川省委，省委急令当时在武汉实习所学习的陈光清（丰都人）、陈子光（武隆桐梓人）到后坪，提醒川东地区地下党提高警惕。原来，这两顶博士帽是武隆地下党故意放在那里的，是借贺龙的军威震慑国民党的一个举动。

（七）革命纪念场所类红色文化资源

1. 红军许绍虞之墓

红军许绍虞墓位于武隆县双河乡坨田村北50米处。许绍虞，涪陵县罗云乡兴隆村人，1930年4月7日参加四川二路红军，任炊事员，于同年4月下旬在武隆县双河乡坨田村与国民党军队作战时牺牲，葬于此地。其墓坐东向西，用不规则的石头砌成，为土冢墓，呈长方形，长2.9米、宽1.7米、高1.8米。墓前立一石碑，高0.97米、宽0.67米，上刻"四川省二路红军炊事员许绍虞同志之墓，一九三〇年"。红军许绍虞之墓为武隆县县级文物保护单位。

2. "空欢喜"地名的得来

1930年，因四川二路红军在武隆后坪坝领导农民运动时曾用稻草人扮"红军"让敌人空欢喜一场，从此形成"空欢喜"这一地名故事。

四川二路红军在武隆后坪领导农民运动，声势越来越大，威望越来越高，国民党十分恐慌。1930年6月，国民党派特务潜入后坪，摸清了二路红军的情况，随后，国民党派军队前来，纠集桐梓区区长刘礼章，组织1 000多人的民团前来围剿二路红军。二路红军得知消息后，决定立即按从老梁子到羊子池经丰都的路线撤退，但由于时间紧迫，为了拖住敌人，红军在后坪老梁子以下100米处一平坦地带，扎了无数草人，穿上军服，戴上军帽，手持木枪站在战壕里向敌人瞄准。当刘礼章的先遣部队到达时，见红军早有准备，不敢贸然冲锋，待后续部队到达后，民团向"红军"发起了猛烈攻击，经过一阵猛烈扫射，将红军全部"消灭"，敌人呐喊着冲上去，发现原来"红军"全是草人，红军已早走得不知踪影，才知道上了当。刘礼章当场气大了头，对天狂呼"空欢喜一场！空欢喜一场！""空欢喜"的地名由此得来。

三、抗日战争时期县内各类红色文化资源

（一）抗日标语类红色文化资源

江口镇四坪村抗日标语

1942年，黄埔军校学员"战团4总队15队"途经武隆县江口镇，在江口镇四坪村东南300米处一民房的左侧山墙上，用土红色写下两幅抗日标语，一幅为"中苏两大民族的团结□□万岁"，字径0.95米，字距0.7米，另一幅为"服从领袖□□战到底"。

（二）革命先烈事迹类资源

"断头将军"——武隆抗日英雄王超奎的事迹

王超奎（1907年-1941年），出生于武隆庙垭场农民家庭。少年时，父亲早逝，家境贫寒。在庙垭小学读书期间，他在老师的教诲下懂得了祖国贫弱的原因，崇敬英雄，立志报国。1931年"九一八"事变发生后，为了抗日救国，他毅然参军入伍，并由班长逐级升任排长、连长，直至营长。"七七事变"爆发后，他随国民革命军第20军出川作战，转战湖南、湖北。

1941年12月太平洋战争爆发后，日寇从武汉调出大批兵力企图攻占长沙。在第三次长沙会战中，王超奎所在的133师398团奉命在岳阳新墙河一线布防迎敌，执行阻击任务，掩护战区主力部队在长沙附近集结。1941年12月23日下午，日寇以4万兵力向新墙河一线发起进攻，当时担任398团第2营营长的王超奎仅率500余士兵在相公岭与日寇展开生死大战，战斗异常惨烈，满目焦土，硝烟弥漫。与日寇鏖战了两昼夜，数次打退日寇进攻，日寇未能前进一步。而王超奎的部队也几乎损失殆尽，仅存30余人。最后终因寡不敌众被敌人包围，日寇冲进了阵地，面对穷凶极恶的敌人，王超奎大吼一声，率部跃出战壕与日寇拼刺刀，因

他身高力大，与他拼刺刀的日寇非死即伤。日寇端起机枪向他扫射，王超奎身中数弹壮烈殉国。日寇军官面对如此英勇顽强的王超奎恼羞成怒，竟残忍地将他的头颅割下，使之身首异处。王超奎所在的133师以自己的重大牺牲延缓了日寇的进攻步伐，为战区主力部队的集结赢得了宝贵的时间。1942年1月4日夜，在指定位置集结完毕的国民革命军各集团军对日寇发起围攻歼灭战。日军第3、第6师团伤亡惨重，几乎被国民革命军全歼。此次会战，我方毙敌33 941名、重伤敌22 003名。古城长沙巍然屹立，成为日寇入侵中国以来第一座没有被攻下的城市。1942年4月19日，宋美龄在《纽约日报》上撰文："过去三年来，中国人民目睹西洋军队处处对敌屈降，但中国军人却在顽强抵抗。如在湖南新墙河，王超奎营被日军包围，五百余人全部战死。中国只有断头将军，没有投降将军。"从此，"断头将军"王超奎的抗日英名及事迹，传遍国内外。战后，国民政府军委会追赠王超奎为陆军中校。蒋介石、林森、冯玉祥、李宗仁等国民政府军政首脑先后题词褒奖。周恩来、宋庆龄在国民政府颁发给王超奎的《抚恤证书》上题词："王超奎为国捐躯的爱国精神，永远值得敬佩和学习！"为缅怀王超奎在保卫长沙的岳阳新墙河阻击战中奋死杀敌、以身殉国的英勇战绩，国民政府将岳阳县新墙乡更名为超奎乡，将王超奎浴血镇守的相公岭更名为王公岭，并在岳阳为其建塔纪念。王超奎的抗日英雄事迹将永载史册，光耀千秋！

四、解放战争时期县内各类红色文化资源

（一）革命遗址遗迹类红色文化资源

1. 中共武隆（平桥）特支旧址

中共武隆（平桥）特支旧址（又名"和平中学"旧址）位于武隆县平桥镇乌杨村小河口小组的文庙（即平桥"和平中学"）院内，这座文庙"建于清朝同治十年，坐南向北，四合院布局，建筑面积98.61平方米"[①]，现为武隆县重点文物保护单位。旧址东侧为平桥镇人民政府，北侧6米为平桥粮站，西侧10米为袁小平民居及平桥政府宿舍楼，旧址后为平桥广场。1949年2月，经中共南涪工委批准，中共武隆（平桥）特支在此成立，由张正祥任书记，唐世昌、马东山为委员，隶属中共南涪工委，由刘渝明直接领导，辖和平中学直属两个党小组（支部）和中共"五乡"边区区委。

---

① 四川省武隆县志编纂委员会：《武隆县志》，四川人民出版社，1994年版第616页。

2. 白马山战斗遗址

白马山位于武隆县城西南面的乌江南岸，为历代军事战略要塞，面积454平方公里，海拔1 578米。东北面山路崎岖、悬崖峭壁，下有乌江天险。西南面崇山峻岭、森林密布、人烟稀少。1949年9月29日，蒋介石在重庆召开高级军事会议，部署"确保大西南，建都重庆"的军事计划。将陈克非、钟彬两个兵团调给宋希濂指挥，加强川湘鄂边区防线。

1949年11月初，刘、邓大军南下揭开了解放四川和大西南的序幕。11月17日，蒋经国给盘踞在武隆县白马山一带的宋希濂等部"慰劳"打气，策划坚守白马山阵地。11月21日，白马山战斗打响。经过朝天望夹击战、大陆垭突击战、茶园袭击战、豹崖围歼战、黑大桥阻击战等5次大的激战，人民解放军冲破了国民党军队的5道防线，并于23日攻下敌军在白马山的最后防线，蒋介石在川东南白马山构筑的防线被彻底摧毁，人民解放军取得了白马山战斗的胜利，为解放重庆及全川打开了通道。

（二）革命遗物类红色文化资源

《农民识字课本》

1949年9月，中共武隆（桐梓山）特别支部成立后立即深入桐梓山区组织和发动群众，对贫苦农民进行阶级教育、革命形势教育，并组织农民学唱革命歌曲等。支部委员郭一凡和谢毅然还合编了一本《农民识字课本》，他们利用晚上时间，通过教农民识字，向农民讲解革命道理。这本《农民识字课本》内容深入浅出，在提高农民思想政治觉悟、号召农民参加革命斗争和迎接解放方面，起到了较好的宣传教育作用。

（三）革命组织类红色文化资源

中共武隆平桥特支[①]

中共武隆平桥特支旧址现位于武隆县平桥镇乌杨村小河口小组。1948年8月，华蓥山地区武装起义相继失败，川东临委书记王璞、委员彭咏梧在起义中牺牲，委员涂万鹏、刘国定被捕叛变。川东地下党组织除川南工委、南涪工委和铜梁、长寿、荣昌、石柱等少数县党组织保持完整外，大部分党组织遭到破坏，川东临

[①] 史志档案网：http://www.wlwh.cn/4/6/1021.html.

委只剩肖泽宽一人。后经肖泽宽与川东工委书记邓照明分别在农村和重庆市内清理、整顿党的组织，才恢复了联系。1948年12月，邓照明去香港与钱瑛取得联系后，成立川东特委，由肖泽宽任书记、邓照明任副书记。

1948年8月底，张正祥在华蓥山起义失败后，由李治平介绍将党组织关系转移到涪陵。1949年2月，刘渝明派张正祥等人到武隆平桥和平中学筹建中共武隆（平桥）特支，代号"中三区"。

平桥和平私立中学，地处涪陵、武隆、南川三县交界处。1946年秋，王朴与李树尧将国民党贪官、武隆县县长游泽培因贪污被撤职时退赃的800万元（旧币）作为办校经费共同建立此校。和平中学建立后，由王朴任校长。

1948年10月，王朴经李树尧介绍加入中国共产党，王朴入党后，党组织利用他参议员的特殊身份，安排他在涪陵、武隆两地搞上层统战工作，为党组织筹集活动经费。12月，中共南涪工委决定在平桥建立中共武隆（平桥）特支。为了避免国民党对王朴的注意，党组织决定让王朴辞去平桥和平中学校长职务，以一个实业家的身份到涪陵筹建"武原轮船公司"，同时，他还以和平中学校"董事会成员"身份，负责学校教师的聘请和为学校筹集办学经费等。这样，党组织通过王朴的关系，顺利地安排组织同志到和平中学任教。1949年2月初，刘渝明先后派张正祥、陶旭、张怡痕（女）、兰道福（又名兰中林）、韦觉立等人到和平中学筹建中共武隆（平桥）特支。

1949年2月底，经中共南涪工委批准，在平桥和平中学正式成立中共武隆（平桥）特支，由张正祥任书记，唐世昌、马东山为委员，隶属中共南涪工委，由刘渝明直接领导，辖和平中学直属两个党小组（支部）和中共"五乡"边区区委。

（四）革命文献、宣传品类红色文化资源

1. 武隆县剿匪指挥部布告

武隆县剿匪指挥部布告

总　字　　　号

奉

川东军区司令部、政治部电令内开：

"为坚决彻底剿匪肃特，以安定社会秩序，保护人民生命财产，决定各县成

立剿匪指挥部，并任命宋崇魁为武隆县指挥长，王猛为副指挥长，贾成为政治委员，蒋科为副政治委员"。

等因奉此，本部遵于三月十日成立，成等亦于该日就职视事。除令所属积极挺进清剿外，令行布告通知并仰我全县人民协助军队，共同清剿，以期早日肃清匪特，使人民赖以安居乐业，进行春耕生产之幸。

此布

（摘自武隆县档案馆）

2. 为剿匪生产征粮告全县同胞书

全县同胞们：

我县解放有三个多月了，你们在解放后，表现了极大的热忱，庆贺自己的解放。反动派打倒了，云雾拨开了，江山是永远属于我们人民了。你们在解放后贡献了财力、物力、人力，来支援解放军。尤其是在征粮开始后，踊跃交粮，成群集队，敲锣打鼓，送粮入仓，是多么的倾心爱护祖国，爱护人民政府的啊！

可是国民党反动派勾结恶霸、土匪和溃兵以及少数会门地痞，他们纠集在一起……武装反抗政府的征粮和其他民主实施，抢劫仓库，袭击政府，杀害干部，破坏交通，妨害生产，造谣惑众，抢劫掳掠人民财物，屠杀人民，抽丁抢粮……搞得社会秩序不安，人民受的祸害不浅。……有些对大局认识不清的同胞，好像又打入闷葫芦里去了。"人民的江山坐得住吗？""人民的胜利巩固得住吗？""人民的解放有把握吗？""闹得何时才能安静呢？"……心中发出了忧愁与怀疑。

同胞们，我们应该看到大西南的解放不是很快吗？国民党的反动军队……有的被消灭，有的起义，有的投降，我们一下子就接收了国民党的队伍90万，公教人员30万，使大的战争很快结束。但是，我们应该明白，反动派……要作垂死的挣扎与反抗，西南各地土匪不是一致喊什么"拥护蒋总裁"，"繁殖游击战争"，"坚持到第三次世界大战"，"打外省口音的人，不打四川人"吗？土匪特务暴乱活动是由于人民政府征粮而引起的吗？决不是的！征粮是这批余孽借题发挥罢了。

我们还应该看到，以蒋介石为首的国民党反动派统治了全国大部省份，依靠美帝国主义支持，拥有430多万反动武装，拥有了近代化的武器，掌握了近代的交通工具，仍是被人民解放军在三个年头内就打败了、消灭了。我们有强大的解放军，我们有丰富的肃清特务土匪斗争的经验，加上全国胜利形势和人民支持，捉拿这批妖魔鬼怪是有绝对把握的。

当前，摆在我人民与人民政府和解放军面前的重大担子是什么呢？就是要团结一致完成剿匪、生产、征粮的三大任务，因此我们就要：

第一，必须共同努力，彻底肃清土匪特务武装。我县剿匪指挥部已奉令成立，除令所属武装积极挺进清剿外，仰我全体人民，配合协助我军、带路送信、探听情报、通知消息，检举告发当地匪特。对被迫胁从分子，劝其改邪归正，脱离匪伙。在军民一致努力下，促使地方安宁，人民安居乐业。

第二，惊蛰已到，春耕在即，我全体人民在国民党长期统治下，人民经济相当薄弱，耕牛、农具、种子、肥料，甚至口粮都很缺乏。解决这些困难，主要靠生产自救，互相帮助，互通有无。在此，我们宣布借贷自由，提倡种早收的洋芋、四季豆、春荞、蔬菜、苞谷等农作物，必要时政府可拨出部分公粮，作为农业贷款，以帮助贫苦农民生产。

为使不影响整个农业生产起见，西南军政委员会，公布了减租条例规定：

甲、禁止地主、富农出卖土地，或以典当抵押赠送等方式分散土地。凡地主、富农在1949年12月以后，以上述方式分散土地者，均作无效。但农民之间土地买卖不在禁止之列。

乙、禁止荒废土地。如有荒废者，人民政府要予以处分，并将其分派给他人耕种。

丙、保护耕牛，严禁宰杀；保护森林、苗圃，严禁砍伐桐、桑、果木及其一切经济林木，违者，政府与农会均得给予惩处。

丁、保障佃权。禁止地主富农夺佃，并禁止浪费和破坏生产资料等行为。

戊、严禁种植或吸食鸦片，未种地区绝对禁种；已种地区，应自铲除，补种其他粮食作物，如不听劝阻仍办种者，政府则处以罚金。吸食鸦片者，要迅速戒绝。

这个指示，我们将在剿匪中求得实现，希望全体人民应加紧春耕生产。

第三，严格执行合理负担政策，继续完成征粮任务。1949年度公粮，由于任务较重，情况不熟，干部少，单利用大批旧乡保人员征粮，难免发生些畸轻畸重现象，但这种不合理现象，是一时的，今年秋收，我们当然根据实际产量，及各阶层负担能力，定出合理负担的标准。现令我工作人员，依据政策，坚决纠正缺点，并规定粮民，除交粮谷外，并可以人民币、桐油、贝子等抵交公粮。其贫苦农民，可以工代粮；特殊困难者，可分期交粮；但须经群众讨论、政府批准。我们号召：谁乡谁保完粮最好、最快，并能完成总任务七十到八十者，得享受公粮贷款优先权，其所未交之部分确有困难者，可至夏收时缴纳。

同胞们，这就是我们党政军民当前三大任务，我们要团结起来，行动起来，同患难，共甘苦，为肃清匪特而奋斗，为积极春耕生产而奋斗，为继续完成征粮而奋斗。

武隆县人民政府、剿匪指挥部启
（摘自武隆县档案馆）

3.《农民报》的创办

1949年下半年，国民政府在重庆的反动统治濒临绝境。中共武隆（桐梓山）特别支部深入桐梓山区广泛发动群众，开展革命斗争，迎接解放。当时，在支部领导下，曾持平、何良、徐希明等努力克服了纸张和印刷工具缺乏的困难，办起了一张八开油印的《农民报》，刊登阶级教育、思想政治教育材料，及时报道全国革命胜利形势的发展态势及前线人民解放军传来的胜利捷报等。《农民报》主要是供做群众工作的同志向广大农民进行宣传和开展时事政治教育使用的材料。

4. 墙报——《大家看》

1949年9月，中共武隆（桐梓山）特别支部成立后派出支部委员深入桐梓山区，组织和发动农民群众参加革命斗争，迎接解放。在地下党组织的宣传教育下，青年农民及青年知识分子的思想觉悟不断提高。桐梓山小学教师张绍北在飞速发展的革命形势鼓舞下，组织师生办起了墙报——《大家看》，用以刊登全国解放形势地图，把解放了的地区插上红旗，鲜明突出，既教育了校内广大师生，又教育了前来观看的周围广大群众，起到了较好的宣传教育作用。

5. 迎接解放、配合接管的标语

1949年11月21日，武隆县城解放，人民解放军会同党的地下组织接管了武隆县政府，成立了武隆县临时人民政府，指定许智伟为县长。武隆县临时人民政府在全体党团员和人民群众齐心协力的支持下，完成了配合接管的光荣任务。解放军所到之处，都受到了热烈欢迎，许多地方张贴出"中国共产党万岁""毛主席万岁""中国人民解放军万岁""打倒蒋介石反动政府"等内容的标语。武隆人民获得了新生，武隆县城一派生机盎然。

(五)革命歌曲类红色文化资源

革命歌曲

1949年4月人民解放军占领南京后，全国解放在望。这时，中共川东特委获悉敌人准备对重庆中共地下组织和革命群众进行疯狂镇压的消息后，立即决定疏散转移部分同志去农村广泛发动群众，开展革命斗争，迎接解放，配合接管。1949年6月，第一批党员许智伟、郭一凡、邓致远、曾持平及部分团员离开重庆抵达武隆桐梓山。9月，中共武隆（桐梓山）特别支部成立，许智伟担任书记，郭一凡、邓致远、黄石声任委员。中共武隆（桐梓山）特别支部成立后，立即派出党团员深入桐梓山区组织和发动群众，做贫苦农民的宣传教育工作。其一是通过与农民摆家常，引导农民挖穷根，进行阶级教育。其二是开展革命形势教育。他们"把小学教科书上的中国地图剪下来，在地图上标明全国有哪些地方解放了，消灭了国民党部队多少，起义部队有多少，国民党军队打败仗的原因，解放军能够取得胜利的道理"①。他们广泛地向农民宣讲，以增强农民斗争的勇气和胜利的信心。其三是利用晚上农民集中剥苞谷的机会，教农民学唱《农民四季苦》《山那边好地方》《团结就是力量》等革命歌曲。教唱革命歌曲，既使农民获得了娱乐，又使他们接受了教育。

(六)革命纪念场所类红色文化资源

1949年11月，解放军从彭水县进入武隆县，先后解放了桐梓山、火炉铺、江口镇、白马镇等，又经白马山战斗解放了武隆全境。为了纪念为解放武隆和建设武隆献出宝贵生命的革命先烈，武隆县政府修建了白马烈士陵园、江口烈士塔园、火炉人民英雄纪念碑、武隆县城烈士墓、桐梓烈士陵园等烈士纪念建筑物，现均为武隆县重点文物保护单位。

1. 白马烈士陵园②

白马烈士陵园位于白马镇场镇郊区。1949年11月上旬，中国人民解放军入川后，长驱直入所向披靡。中国人民解放军四野47军139师根据二野司令部电示，走小路、取捷径，从彭水县进入桐梓山，11月21日，抢占白涛渡口控制乌江。

---

① 中共涪陵市委党史研究室：《解放战争时期的涪陵》（内部发行），1992年10月版第173页。
② 史志档案网：http://www.wlwh.cn/4/6/1012.html.

四野 47 军 141 师由彭水县沿乌江东岸西进,从牛牵铺进武隆沧沟、龙坝。11 月 20 日,进占火炉铺,再由白果铺、小岩门下土坎,横渡乌江,攻打白马山。二野三兵团 11、12 军主力沿川湘公路迂回进击,猛追川湘公路的国民党军队。21 日凌晨攻克江口,傍晚,解放了被宋希濂部烧成灰烬的武隆县城。随后向白马山挺进,与四野 47 军 141 师共同围歼白马山守敌。

白马山战斗,由四野 47 军 141 师在白马山腹部打响,分段截击,经过了朝天望夹击战、大陆垭突击战、茶园袭击战、豹崖围歼战、黑大桥阻击战五次大的激战。至此,武隆白马山战斗胜利结束。

1979 年 6 月,武隆县人民政府为了纪念在白马山战役中牺牲的金振山等 21 位烈士,在白马场的山堡上修建了白马烈士陵园。为进一步加强对革命烈士纪念设施的维护管理,2009 年 10 月,将白马烈士陵园重新迁建于白马镇六方坪山堡上。1988 年 4 月,武隆县人民政府命名白马烈士陵园为"武隆县烈士纪念建筑物保护单位"。现县民政局正在推荐武隆县成为"爱国主义教育基地"。

2. 江口烈士塔园[①]

江口烈士塔园位于武隆县江口镇罗州坝。1949 年 10 月 1 日新中国成立后,中国人民解放军第二野战主力部队,在第一、四野战军的配合下,在川黔边境一举突破国民党宋希濂部队防线,相继解放了秀山、酉阳、黔江、彭水。随后从彭水兵分两路跨进武隆县境。以二野三兵团 11、12 军为主力的人民解放军,猛追川湘公路之敌,于 11 月 20 日凌晨攻克江口镇,经过一小时激战,敌大部被歼,11 军 32 师 94 团一举抢占了江口镇。

为了纪念为民族独立和解放事业献出宝贵生命的革命先烈,武隆县人民政府于 1976 年 7 月在江口镇农贸市场旁修建了江口烈士陵园,在这里安葬着革命烈士 58 名,其中包括在解放战争中牺牲的无名烈士 47 名。2008 年 10 月武隆县人民政府将江口烈士陵园迁建于江口镇罗州坝,并更名为江口烈士塔园,这里布局合理,环境舒适,交通便利,有利于开展爱国主义教育和革命传统教育。1988 年江口烈士陵园被武隆县人民政府列为武隆县革命烈士纪念建筑物保护单位。目前武隆县民政局正在推荐其为武隆县爱国主义教育基地。

---

① 史志档案网:http://www.wlwh.cn/4/6/1013.html。

3. 火炉人民英雄纪念碑①

火炉人民英雄纪念碑位于武隆县火炉镇向前村寨子堡。1949年10月1日新中国成立后，中国人民解放军第二野战主力部队，在第一、第四野战军的配合下，在川黔边境一举突破国民党宋希濂部队防线，相继解放了秀山、酉阳、黔江、彭水。随后从彭水兵分两路跨进武隆县境，四野47军从乌江北岸进击，于11月18日、20日先后解放了桐梓山、火炉铺（今火炉镇）。

1976年10月，武隆县人民政府在火炉镇先前村寨子堡修建了火炉人民英雄纪念碑，碑顶有一特大的铜制红五星，纪念碑后面为烈士墓，墓内安葬有史勋益、徐远文、王维敏、张仕才、罗中武、王连长（有姓无名）、文强华、吴景仁、张文川和在解放战争中牺牲的10位无名烈士等共19名烈士的遗体。每年清明节，火炉镇的机关干部、中小学生和社会各界群众都会到这里缅怀先烈、祭扫烈士墓，学习烈士光辉思想和英勇事迹，接受革命传统和爱国主义教育。

4. 武隆县城烈士墓②

武隆县城烈士墓位于武隆中学后面小山堡上。1949年11月1日，解放大西南战役的部队发起全面进攻，18日彭水县解放。1949年11月18日，四野47军139师由彭水县首先进入武隆县的桐梓山，后翻越南天门，经丰都的厢坝迂回解放了双河场，进而攻占木根铺，歼敌两个营。21日，解放军抢占白涛，封锁了乌江。

11月19日，第四野战军47军141师由彭水县沿乌江东岸西进，从沧沟进入武隆境内，在龙坝黄荆树遇敌交战。国民党军退至火炉木水槽、土地坳一带布防负隅顽抗。20日晨，解放军解放火炉铺，随即追击国民党残兵，在木水槽战斗中取得胜利。四野47军141师部分解放军又西进白果，翻越小岩门，下土坎，配合二野三兵团主力攻打国民党军在白马山布设的防线。以二野三兵团11、12军为主力的人民解放军，猛追川湘公路之敌，于11月20日打响了萝卜垭战斗，21日县城解放。随后向白马山挺进，与四野47军141师共同围歼白马山守敌。白马山战斗，由四野47军141师在白马山腹部打响，分段截击敌人，经过了朝天望夹击战、大陆垭突击战、茶园袭击战、豹崖围歼战、黑大桥阻击战五次大的激战。白马山战斗结束不久，武隆全境解放。

---

① 史志档案网：http://www.wlwh.cn/4/6/1014.html。
② 史志档案网：http://www.wlwh.cn/4/6/1015.html。

为了纪念为武隆县城解放和社会主义建设献出宝贵生命的革命先烈，武隆县人民政府于1973年6月在武隆中学后面的小山堡上修建了武隆烈士墓，2000年重新对其进行修缮，面积达999平方米。墓内有纪念碑，碑高10米，碑下安葬有张玉书、于鸿志、胡明礼、单光龙、王占义、刘福文、郑勇、陈书华、曹万顺、杜家华、陈建国、王波和11位在解放战争中牺牲的无名烈士等25位烈士的遗体。目前武隆县民政局正在推荐以烈士墓为武隆县爱国主义教育基地。

5. 桐梓山烈士墓

桐梓山烈士墓位于桐梓镇桐梓村300米处的现桐梓镇中学附近，是1950年为纪念建国初期在桐梓山剿匪战斗中牺牲的许智伟、郭一帆、谢毅然等5位革命烈士而修建的。该墓坐东向西，石结构，墓基边长2米。纪念碑为正方体，下大上小，碑边宽1.8米、高7.57米。碑的正面阴刻楷书"桐梓山烈士墓"，碑座为二层，上刻5位烈士生平简历，左右侧书"革命烈士永垂不朽""烈士英名永存千古"。

1949年11月，武隆县解放后，国民党残余势力、土豪劣绅互相勾结，先后在各地组织武装暴动。以桐梓山恶霸地主吴鸿哲、唐云武等为首的"川鄂边区第八行政公署支队"等反革命武装组织，攻打区乡人民政府，杀害政府工作人员及农民积极分子，妄图推翻人民政府。中共武隆县委派出许智伟、郭一帆、谢毅然等人到桐梓山与区武装队配合，执行剿匪征粮任务。1950年2月8日晚上，许智伟、郭一帆、谢毅然和区武装队被众匪包围抓捕。2月9日上午，"桐梓山北风怒号，雨雪交加，匪徒将许智伟、郭一帆、谢毅然绑在桐梓山下场口的三棵树上，把他们的衣服剥光，只留下短裤，……匪徒彭先刚、王安政、陈维举一边辱骂一边举起了屠刀，向烈士的头砍去，向烈士的肚子捅去，然后又是一阵乱枪。三位烈士滴尽了鲜血，染红了积雪的土地"[①]，壮烈牺牲。

为了纪念在桐梓山平息匪乱中英勇牺牲的烈士，武隆县人民政府于1978年7月在现桐梓镇中学附近修建了桐梓5烈士碑，并于2005年2月重新修缮，将其更名为桐梓烈士陵园，陵园内有纪念碑，碑下安葬着在桐梓山平息匪乱中英勇牺牲的许智伟、郭一帆、谢毅然等5位革命烈士。1982年7月30日，桐梓山烈士墓被武隆县人民政府命名为"武隆县重点文物保护单位"，现为武隆县爱国主义教育基地。

---

① 政协四川省武隆县文史资料委员会编：《武隆文史资料》第5辑（内部发行），1996年5月版第55～56页。

第三节　石柱土家族自治县各时期各类红色文化资源

一、党的创建至大革命时期县内各类红色文化资源

（一）革命遗址类红色文化资源

"八德会"遗址

"八德会"遗址位于石柱土家族自治县临溪镇黎家村黎家坝，总面积约4百万平方米。"八德会"是一支由清末"落地"秀才冉广儒领导的农民武装组织。1923年，清末"落地"秀才冉广儒召集冉氏家族部分成员及"培缘会"骨干李南宾、杨南槐、杨青成等数十人，在石柱县黎家坝八圣宫起义，以"五伦"（学、智、勇、刚、俭）"八德"（忠、孝、仁、爱、礼、义、廉、耻）之意，改原"培缘会"为"八德会"，打起了"抗暴保家、抗捐保民"的大旗，提出了"抗款、抗粮、交正粮、反对附加"的起义口号。自起义始，"八德会"在黎家坝一带坚持斗争，取得了抗粮、抗款和抗击官兵、团防、地主武装的胜利，势力范围扩展至临溪、双河、悦来、黄水和湖北利川县的福店、建南、鱼泉口等地，控制地域方圆达30余公里。1928年秋，张东碧、刘平、刘岱池、廖连方等共产党员先后接受组织派遣到"八德会"做争取和改造工作，引导其走上革命道路。1930年8月，途经石柱县王家乡西乐坪的四川第三路红军游击队，突遭国民党反动武装"围剿"，损失严重。危急时刻，"八德会"数百人赶来击溃敌人，并将部分三路红军指战员营救到黎家坝休整后分期分批转移至外地。同年12月，部分已接受革命思想的"八德会"成员投奔了红二军团。1931年9月，坚持了8年武装斗争的"八德会"在国民党反动派的血腥镇压下终告失败。"八德会"自1923年起义后坚持在黎家坝一带开展抗粮、抗款和抗击官兵、团防、地主武装的革命斗争。它虽然失败了，但它对石柱人民的解放事业作出了重要贡献。

（二）革命歌曲、遗作、遗言类红色文化资源

石柱革命民谣

（1）长毛三根顶天立[①]
　　大狼（郎）归坝[②]，
　　小狼（郎）归池[③]，

要想河（活）面（命）④，

难逃抓壁（逼）⑤，

漩水磨刀⑥，

砍断金竹北（百）瘠（节）⑦，

显出长毛三根⑧，

顶天立！

作者：张承燕（1907—1929），石柱县原三根树乡（今属下路镇）甘树坝人。1926年冬，他受外来党员曹成武（曹天禄）的革命思想启迪，偕同杨绍康、李干之等人，利用当地人名、地名谐音写成此民谣张贴在三根树街上，因此遭到追查。1927年，他加入中国共产党后，以民团大队长为掩护，发动群众组织农民协会，任农民协会会长。

提供人：张承爵（系张承燕的胞弟）

流传地区：石柱县原三根树乡（今属下路镇）及丰都县长坡乡等地。

搜集整理人：向超（原石柱县党史办退休干部）

搜集时间：1983年1月6日

注释：

① 1926年冬，张承燕等学生作此民谣，张贴在三根树街上，以此唤醒民众，鼓励人们起来革命。团总谭兴发开始追查，矛头指向曹成武。为保护学生，曹成武被迫离走。

② "大狼"指丰都县属第六区副区团长郎瑞丰，盘踞丰都县大月坝。

③ "小狼"指伪石柱县团练局长郎子贤，盘踞石柱县江池乡（现属丰都县）。

④ "河面"当时是石柱县辖长坡乡（现属丰都县）的一个地方，被地主杨光月占据。

⑤ "抓壁"是当时长坡乡一个叫抓壁岩的地方，被退伍军官唐直斋占据。唐直斋在那里欺压百姓，无恶不作。

⑥ "漩水磨刀"指当时石柱县三根树乡的漩石沟和丰都县属崇德乡的磨刀洞两个地方，被地主秦守立、安洪元等人占据，百姓倍受欺凌，忍无可忍，开始磨刀起来反抗。

⑦ "砍断金竹北（百）瘠（节）"，表达了当时人民群众要把称霸于丰（都）石（柱）两县毗邻的陡坎子、金竹、北瘠山等地的地主郎瑞丰、郎子贤、杨光月、唐直斋、秦守立、安洪元等人砍成百节的雄心。

⑧ "长毛三根"意指当时长坡岭、毛坪、三根树三个地方的人民要在中国共产党领导下,开展一场顶天立地的革命斗争。

二、土地革命战争时期县内各类红色文化资源

(一) 革命遗址、墓地类红色文化资源

1. 熊福田旧居——"庆仁堂"遗址

"庆仁堂"遗址位于石柱土家族自治县西沱古镇云梯街中段的129号,与张飞庙、西沱小学一墙之隔,房屋为土木结构,中有天井,还有宽阔的后院,是一幢常见的土家吊脚楼,它是老同盟会会员、民国大律师、共产党的朋友熊福田先生的故居和出生地。"庆仁堂"始建于清代,坐南向北,为"前店后堂"的天井式院落,土木混合结构,穿斗式梁架,悬山屋顶,一楼一底,通长19.8米,通宽10.55米,建筑占地面积194.4 m²,建筑面积283.49 m²。由前店、右厢房、后厅和古水井组成,为木板墙、夹壁墙、砖墙并用,木板门,格子窗,雕花驼峰等装饰。该故居为国家历史文化名镇西沱镇云梯街的重要组成部分,已列入西沱云梯街民居建筑群,2009年重庆市政府公布其为市级文物保护单位。

熊福田(1887—1964年),生于西界沱世医之家,幼年丧父,十岁入私塾,熟读经史子集。1909年加入中国同盟会,后留学日本。熊福田回国后,先后在四川省司法界、教育界、政界任职。1928年10月1日,中共四川省委和团省委机关遭敌破坏,代理省委书记张秀熟等23名共产党人先后被捕。1929年5月24日,"熊福田先生在国民党的法庭上,为被捕的中共四川省委代理书记张秀熟等23名共产党人进行免费辩护,粉碎了国民党妄图以'农民暴动组织者''最大危害国民罪'的罪名对23人处以极刑的阴谋。在熊福田先生的正义辩护下,国民党法庭最后宣布张秀熟等人无罪或轻判"①。事后,中共四川省委地下党组织为了表达对熊福田先生的敬意,特赠送他一块刻有"于法有光"四个大字的银盾,盾面由张秀熟撰文。新中国成立后,熊福田出任万县地区人民法院院长、万县专员公署参事室参事。1964年因高血压逝世,享年75岁。

2. 四川二路红军激战鱼池坝遗址

四川二路红军激战鱼池坝遗址位于石柱县鱼池镇鱼池村龙门组。遗址现已

---

① 黄钰财:《红色律师熊福田旧居——庆仁堂》,《重庆日报》(农村版),2010年8月13日第13版。

成为农田、树林、公路及现代民房，仅存一间红三军借宿民房，总分布面积约35亩。

1930年4月，四川二路红军在涪陵罗云坝成立后，在涪陵、武隆、彭水、石柱等地与反动军阀、团防武装开展游击战。1930年7月中旬，为贯彻党中央"饮马长江，会师武汉"的"左"倾指示，放弃太平坝等革命根据地，向武汉出发。总指挥王岳生、苟良歌带领二路红军一部约300人于7月22日下午抵达石柱县鱼池坝，驻扎于鱼池坝六门垭、宝店顶、白垭林、河坝等几家大院中。二路红军一面向当地群众宣传红军消灭军阀、团阀，打富济贫，分田废债的政治主张及不侵民、不扰民等纪律，打消了群众顾虑；一面袭击鱼池团防队，将团首汪衍之和恶霸地主毛达成的家产没收并当众烧毁搜出的契约，得到当地群众的大力支持和拥护。7月24日凌晨，当地军阀、团防武装共千余人包围了二路红军驻地。由于敌人占据有利地形、人多势众，加之武器精良，二路红军陷入重围中，总指挥员王岳生召集党团员组成"敢死队"杀出一条血路，安全转移至茶店。后党代表苟良歌传达中共四川省委指示，二路红军就地解散，部分干部参加了四川红军第三路游击队。

3. 红军井遗址

红军井遗址位于石柱县南宾镇红井社区后河组猫圈坡，石质，呈长方形，由井眼、内井台、石碑、外井台和屏风壁照组成。井眼为圆形，直径1.06米；井口高出地面0.5米，井眼已被密封。出水为井台外地坎上。井前为一石碑，座长1.20米，宽0.58米，碑宽0.85米，高1.26米；内井台宽3.00米，深4.32米，四周由栏杆围成。正前中一级踏道；外井台宽4.92米，长7.88米，有栏杆围成，正前中为4级踏道；后有一屏风壁照，宽4.98米，高2.50米，总占地面积为45平方米。1984年被公布为县级文物保护单位。

1934年1月10日，贺龙率领红三军军部及红九师入川，抵达石柱县城郊沙谷乡（后为灯盏乡，今属南宾镇）的猫圈坡扎营休整。时值冬旱严重，接连40多天无雨，猫圈坡一带井水干涸，群众饮用水十分困难，不少人家因缺水只得到"牛滚凼"中取水饮用。贺龙得知后，派卫生员向群众宣传卫生饮水知识，并亲自带领红军干部战士到处寻找水源，终于在下院子里发现一处浸水洼地，便集中力量日夜挖掘，很快挖出了一口水质清洁的井，从此解决了当地群众饮水难的问题。红三军离开后，此井长年满水，无枯涸，成为当地居民的生活用水保障，群众称之为"仙井""龙井"。为铭记红军的恩情，1982年12月，石柱县人民政府将此井命名为"红军井"，加盖，并在井上立一石碑。2007年，又添建大理石碑、井台及后屏风墙壁。

4. 红三军休整地遗址

红三军休整地遗址位于石柱县南宾镇红井社区后河组猫圈坡一带，遗址总分布面积约15亩。土地革命战争时期，贺龙曾率领红三军转战在渝东南的酉阳、秀山、黔江、彭水和石柱等县地区。1933年11月，红三军为开辟"酉秀黔彭"新苏区，在黔江、利川、咸丰等地与国民党21军展开了一系列的军事斗争。1934年1月10日，贺龙率领红三军军部及红九师入川，抵达石柱县城郊沙谷乡（后为灯盏乡，今属南宾镇）的猫圈坡一带扎营休整。休整期间，贺龙率领红军官兵深入各村落访贫问苦，宣传中国共产党的革命宗旨、中共六大《十大政纲》和土地革命政策，宣传红军的任务和纪律，并积极帮助群众解决生活困难问题，如冒着严寒上山打柴并送到群众家中；亲自带人寻找水源，挖出一口水质清洁的井，解决了当地群众饮水难的问题；带领战士上山采药，治好了一贫苦农民家3岁小孩的病等。红三军在猫圈坡休整7天后，于1934年1月17日向川鄂边进发。

5. 川鄂边红军游击总队遗址

川鄂边红军游击总队遗址位于石柱县金铃乡银杏村街上组金铃坝、赶场岭（湖北省利川县文斗乡三湾箐）。遗址以金铃坝为中心，总分布面积约17亩。

川鄂边红军游击总队的前身是川鄂边红军游击队，而川鄂边红军游击队又由石柱金铃坝"神兵"队改编而成。1930年冬，金铃乡农民朱清武等人在金铃坝假借神旨，组建"神兵"队，举起"抗款、灭税、打官兵"的义旗。"朱清武'神兵'以金铃坝为中心，迅速向川鄂边发展，威震川鄂边地区，国民党政府三年多来不敢到金铃坝一带催收捐税。"[①]1934年1月，在猫圈坡休整的红三军领导人贺龙获得朱清武这支"神兵"队伍的消息后，不久便派驻湖北利川县小河的红7师21团干部傅忠海前去金铃坝改造"神兵"队伍。3月，"神兵"队伍被改编成"川鄂边红军游击队"。1934年5月，川鄂边红军游击队，湖北利川县小河一带王怀廷、牟来松领导的游击队和张大善领导的农民武装在利川县山弯箐会合后，按贺龙指示，正式成立川鄂边红军游击总队，下辖7个大队，共1000多人，由朱清武任

---

① 鄂川边红军游击总队遗址[EB/OL].（2010-12-02）[2014-08-10]. http://www.zgsz.gov.cn/sz_topic08/2010-12/02/content_1029775.htm

总队长，傅忠海任政委，向天阳任书记官。川鄂边红军游击总队在游击战争中不断发展壮大，后来归入红二军团，参加了举世闻名的二万五千里长征。

6. 张承燕烈士墓

张承燕烈士墓位于石柱土家族自治县三星乡三树村三树组。张承燕，男，1907年出生于石柱县三根树（今三星乡）甘树坝一农民家庭。1926年加入中国共产党，成为石柱县第一个在本地入党的党员。1927年冬，三根树农民协会成立，张承燕任会长。1928年春，重建三根树党支部，张承燕任支部书记。中共"八七"会议后，张承燕打入国民党地方武装，任湖海团总兼民团大队长。1928年，三根树苏维埃政府成立，张承燕任主席，苏维埃政府组织了农民赤卫队，张承燕任赤卫队大队长。1929年2月19日，张承燕在去下路做统战工作返回三根树的途中，被国民党顽固分子王昆山纠集反动势力设伏暗杀，壮烈牺牲，时年22岁。

张承燕烈士墓依山而修，坐东向西，由拜台、封土和碑组成，总占地面积150平方米。墓冢为圆形封土，直径4米，高1.5米；墓塚前立大理石墓碑，上书"中国革命老区项目 张承燕烈士之墓"，碑座刻墓志铭；墓葬四周有栏杆围起，前有一拜台。张承燕烈士墓现为全县青少年爱国主义教育重要场地。

（二）革命标语、口号、顺口溜类红色文化资源

1. 1928年由三根树党支部和农民赤卫队提出，当时贴在马家坝、三根树一带的标语、口号

（1）农民协会万岁！

（2）打倒军阀团绅！

（3）打倒洋人强盗！

（4）打倒军阀部队！

（5）打倒烂团烂甲！

（6）苏维埃政府万岁！

（7）坚决打击反动军团！

（8）坚决惩治反动的土豪劣绅！

（9）中国共产党是人民的救星！

（10）实行平均土地，让耕者有其田！

（11）坚决保护农民的组织——农民协会！

（12）反对苛捐杂税，把抗粮、抗款斗争坚持到底！

2. 1930 年 8 月，四川第三路红军游击队进入王家乡西乐坪，在长五间和老鹰院子等地的石头及墙壁上用石灰水刷上的标语和口号

（1）打倒军阀！

（2）打倒团阀！

（3）打倒帝国主义！

（4）打倒土豪劣绅！

（5）实行分田废债！

（6）长官不打士兵！

（7）战士不打穷人！

（8）中国共产党万岁！

（9）实行耕者有其田！

（10）穷人不还富人债！

（11）红军爱护人民，不拿群众一针一线！

（12）没收土豪劣绅的田地，分给农民耕种！

（13）红军是人民的军队，坚决保护人民的利益！

3. 1934 年 1 月，贺龙率领红三军九师一部第二次进入石柱县在县境内写下的标语

（1）路经悦来古城坝时书写在马家祠堂外墙壁上的两幅：

① 穷人要翻身，拿起刀枪杀劣绅！

② 红军是穷人的队伍，红军和穷人是一家！

（2）书写在县城附近沙谷乡（现灯盏乡）猫圈坡陈英爵家墙上的一幅：

"铲除汉奸，保护工农！"

（3）书写在石柱县蚕溪乡乡政府墙上的一幅：

"工农团结一条心，打倒土豪把田分！"

（4）在沙谷乡（现灯盏乡）猫圈坡发动群众时提出的口号：

"穷人不还富人债，佃户不交地课（租）"等口号①

1934 年 1 月 8 日，贺龙率领红三军九师一部从湖北利川进入石柱，于 1 月 10 日抵达石柱县城附近沙谷乡（现灯盏乡）的猫圈坡。红三军在进行部队休整的

---

① 中共石柱土家族自治县委党史研究室：《石柱人民革命斗争简史》（内部编印），2004 年版第 74 页。

同时，积极发动群众，宣传红军土地政策，提出"穷人不还富人债，佃户不交地课（租）"等口号，深得当地群众的支持和拥护。

（5）在猫圈坡等地书写的其他标语和口号：

① 穷人不还富人债！
② 穷人不上地课（租）!
③ 红军打富济贫为干人！
④ 红军为老百姓求解放！
⑤ 打倒军阀，打倒国民党反动派！
⑥ 红军是工农的队伍，不欺负老百姓！
⑦ 红军保护来往行商！
⑧ 红军是工人农民的军队！
⑨ 保护来往经商！

4. 1934年5月，红军川鄂边游击总队在石柱金铃坝、香水、新场（现新乐乡）、水田（现金竹乡）、栗新、冷水等地打富济贫时书写的标语和口号

（1）红军万岁！
（2）打富济贫
（3）打倒蒋介石！
（4）打倒反动军阀！
（5）打倒帝国主义！
（6）打倒土豪劣绅！
（7）打倒烂团烂保
（8）中国共产党万岁！
（9）实行耕者有其田！
（10）活捉反动乡、保长！
（11）红军爱护人民，保护人民！
（12）坚决贯彻土地革命十大纲领！
（13）欢迎贫苦兄弟姐妹参加红军！
（14）没收土豪劣绅田地分给贫苦农民！
（15）红军是人民的子弟兵、工农的队伍！
（16）红军不调戏妇女，待妇女、姑娘似亲姐妹！
（17）红军坚决保卫工农的政权——苏维埃政府！
（18）红军没收土豪劣绅的财产，一律交公分给干人享受！

5. 红军川鄂边游击总队发动群众的顺口溜

大家来跟红军干

清早起来凉风吹，

富人还在睡瞌睡，

农民半夜下田干，

辛苦一年啥，

过年还吃不上团年饭。

穷人的苦处说不完，

吃的是观音土，

住的是破草屋，

要想有出路啥，

大家来跟红军干。

年代：1934年5月下旬

作者：向天阳（红军川鄂边游击总队书记官兼第六大队政委）

地点：石柱县

背景：1934年5月下旬，红军川鄂边游击总队在石柱县栗沙、金铃、洗新等乡发动群众、扩充红军时，红军川鄂边游击总队书记官兼六大队政委向天阳同志编写了这首通俗易懂、群众易记的顺口溜。

（三）革命歌曲、歌谣、对联类红色文化资源

1. 红军川鄂边游击总队发动群众歌曲[①]

共产党来闹革命，

建立红军夺政权，

先惩富豪后杀官，

不把穷人来惊绊，

哪个要是来捣蛋，

谨防子弹背心钻……

年代：1934年6月上旬

作者：向天阳（红军川鄂边游击总队书记官兼第六大队政委）

[①] 中国人民政治协商会议重庆市石柱土家族自治县委员会文史资料委员会编：《石柱文史资料》第18辑（内部资料），1999年11月版第59页。

地点：石柱县新场（现新乐乡）

背景：1934年6月上旬，红军川鄂边游击总队在石柱县新场（现新乐乡）发动群众、打富济贫、扩充红军时，为了宣传革命精神、教育群众，红军川鄂边游击总队书记官兼六大队政委向天阳同志编写了这首革命歌曲，并热心地向农民群众教唱这首歌曲。

2. 石柱老区革命歌谣

（1）摘蜜桃恋红军[①]。

战士负伤卧土墩，口干渴难忍，
走来一老人，巍巍颠颠鬓如银。
躬身抚战士，捧桃敬亲人，
战士吃鲜桃，香喷喷，好沁心。
桃核紧握手，含笑诀世尘。
郁郁葱葱山丘顶，屹立一新坟。
翌年春，坟头长出桃树苗，
一株新苗多娇嫩，年年红军传喜讯，
岁岁桃桃长成林。
赏桃花，思贺龙，
摘蜜桃，恋红军。

流传地区：石柱县

演唱人：佚名

搜集人：佚名

（2）爬山兰[②]。

爬山兰，藤藤长，爬岩爬坎找爹娘。
要找爹娘不怕苦，跋山涉水去井冈。
爬山兰，藤藤长，爬岩爬坎找爹娘。
爹娘就是共产党，泪花泉涌诉衷肠。

---

① 这首《摘蜜桃恋红军》摘自湘鄂川黔苏区革命文化史料汇编编辑组编《湘鄂川黔苏区革命文化史料汇编》，中国书籍出版社，1995年版第264页。

② 这首《爬山兰》摘自湘鄂川黔苏区革命文化史料汇编编辑组编《湘鄂川黔苏区革命文化史料汇编》，中国书籍出版社，1995年版第308页。

爬山兰，藤藤长，爬岩爬坎不觉累。

跟着共产党闹革命，子孙万代幸福长。

桐子开花碗碗红，湖北过来一条龙。

神威吓倒双枪将，孤胆震死边毛虫。

提供人：唐先彩（原川鄂边红军游击队战士）

流传地区：石柱县金铃乡、新乐乡等地

讲唱人：朱清武（鄂川边游击队长）

搜集时间：1983年7月23日

搜集人：向超、邱进民等

（3）不求天来不求神①。

青岩坡，青岩洞，爬上青岩望鹤峰；

不求天，不求神，只求红军与贺龙。

流传地区：石柱县金铃乡、新乐乡等地

讲唱人：唐先彩（原川鄂边红军游击队战士）

搜集人：向超、邱进民等

注释：① 青岩，地名，在今湖北利川市与鹤峰县之间。

② 鹤峰，即鹤峰县。当时鹤峰县是贺龙率领红军活动的重要地域之一。

（4）贺龙红军到青岩②。

五更天亮喜讯来，贺龙红军到青岩；

土豪劣绅都跑尽，穷人个个乐开怀。

流传地区：石柱县沙子、金铃和原栗新乡

讲唱人：唐先彩（原川鄂边红军游击队战士）

搜集时间：1983年6月24日

搜集人：向超、邱进民等

---

① 这首《不求天来不求神》摘自湘鄂川黔苏区革命文化史料汇编编辑组编《湘鄂川黔苏区革命文化史料汇编》，中国书籍出版社，1995年版第313页。

② 这首《贺龙红军到青岩》摘自湘鄂川黔苏区革命文化史料汇编编辑组编《湘鄂川黔苏区革命文化史料汇编》，中国书籍出版社，1995年版第326页。

（5）要吃要穿跟着干①。

棒老二、棒老三，我是老二你老三，
你我穷人是一家，红军不把干人绊。
棒老二、棒老三，我是老二你老三，
红军对准大绅粮，为了穷人把身翻。
棒老二、棒老三，顿顿吃的苦蒿饭，
没吃没穿借开碗，大斗刮得惊叫唤。
你不嫌我棒老二，我不嫌你棒老三，
扁担挑水平肩人，要吃要穿跟着干。

作者：不详

流传地区：石柱县沙子乡（今沙子镇）

讲唱人：向天珍（石柱县沙子乡人）

搜集时间：1982年6月28日

搜集人：向超等

注释：① "棒老二"即称土匪，相传很早以前，有人因生活无着落，便三五人邀一起，每人拿一根木棒，去行人过路地方行劫，被称"棒老二"。
② 绊，为石柱方言，包含"镇压""抢劫"等意思。

（6）红军本姓天②。

红军本姓天，养伤在岩阡，
敌人要知道，除非问神仙。

作者：不详

流传地区：石柱县金铃乡等地

讲唱人：陈明亮（原红军战士）

搜集人：向超、邱进民等

注释：① 岩阡，方言，即深山老林里的岩洞。

---

① 这首《要吃要穿跟着干》摘自湘鄂川黔苏区革命文化史料汇编编辑组编《湘鄂川黔苏区革命文化史料汇编》，中国书籍出版社，1995年版第411页。
② 这首《红军本姓天》摘自湘鄂川黔苏区革命文化史料汇编编辑组编《湘鄂川黔苏区革命文化史料汇编》，中国书籍出版社，1995年版第411～412页。

（7）石柱人民天要明①。

　　浑水长流终要清，十月苦瓜要断根；
　　贺龙打从湖南来，石柱人民天要明。

（注：最后一句也有唱成"川东人民天要明"的）

作者：不详

提供人：任顺祥，1908年4月出生，新场乡（今新乐乡）街上人，1946年被拉壮丁入国军，1948年加入人民解放军，不久加入中国共产党，1952年转业，1983年病逝。此歌谣系1934年红军在新场劫富济贫后，任顺祥听大人唱的。

流传地区：石柱县新乐、金铃等乡

搜集时间：1982年8月1日

搜集整理人：向超等

（8）革命紧紧跟贺龙②。

　　太阳出来满天红，革命紧紧跟贺龙；
　　跟着贺龙一辈子，砍掉脑壳不回头。

（9）拿起刀枪跟贺龙③。

　　太阳出来红又红，拿起刀枪跟贺龙；
　　跟着红军干革命，不获全胜不收兵。

作者：（8）、（9）两首歌谣的作者为向天阳（红军川鄂边游击总队书记官兼第六大队政委）

提供人：这两首歌谣的提供人为邓远太。邓远太，1910年4月10日出生，原水田乡（今金竹乡）人。1931年参加朱清武"神兵"队，1934年2月为川鄂边红军游击队战士。

流传地区：石柱县金竹、金铃、新乐等乡

搜集时间：1983年7月20日

搜集整理人：向超等

---

① 这首《石柱人民天要明》摘自中国人民政治协商会议重庆石柱土家族自治县委员会文史资料委员会编《石柱文史资料》，第20辑（内部资料），2009年9月版第8页。
② 这首《革命紧紧跟贺龙》摘自中国人民政治协商会议重庆石柱土家族自治县委员会文史资料委员会编《石柱文史资料》，第20辑（内部资料），2009年9月版第48页。
③ 这首《拿起刀枪跟贺龙》摘自中国人民政治协商会议重庆石柱土家族自治县委员会文史资料委员会编《石柱文史资料》，第20辑（内部资料），2009年9月版第48页。

（10）怕死不要当红军①。

怕火不是真黄金，怕死不要当红军；

断头台上色不变，枪林弹雨心不惊。

作者：向天阳（红军川鄂边游击总队书记官兼第六大队政委）

提供人：谭友熬，1905年出身于农民家庭，原水田乡（今金竹乡）人，系红军川鄂边游击总队第六大队副大队长谭友鸾的胞弟，是向天阳的同学，以教私塾为生。

流传地区：原新场乡（现新乐乡）、原水田乡（现金竹乡）等地

搜集时间：1983年7月11日

注释：向天阳于1934年6月攻打竹子营失利后，因掩护红军大部队突围负伤被俘，关押于石柱县城。临刑前，提供人的胞弟谭友鸾也被处以死刑，提供人前去探监。向天阳在托他带给家人的信中写了这首词。

（11）贺龙川边播火种。

三月开遍映山红，贺龙川边播火种；

点燃穷人心中火，天也红来地也红。

（12）要当红军不怕杀。

要吃海椒不怕辣，要当红军不怕杀；

刀儿架在颈脖上，要砍脑壳眼不眨。

（13）农民头上三把刀。

农民头上三把刀，壮丁粮款逼到要；

苛捐杂税似牛毛，征得百姓不开交。

反动政府梳子梳，乡保走狗篦子篦；

土豪劣绅刀刀剃，剥去农民千层皮。

（14）哪里谈得上民主。

劳动人民真辛苦，吃的红苕与苞谷；

裤子烂了没布补，哪里谈得上民主。

注释：上述《贺龙川边播火种》《要当红军不怕杀》《农民头上三把刀》《哪里谈得上民主》4首民间革命歌谣流传于石柱县沙子、金竹、金铃、新乐等乡，由石柱县党史办公室向超同志采集。

---

① 这首《怕死不要当红军》摘自中国人民政治协商会议重庆石柱土家族自治县委员会文史资料委员会编《石柱文史资料》，第20辑（内部资料），2009年9月版第56页。

3. 石柱老区群众感怀、想念红三军的歌谣

（1）"龙"水流进锅里头①。

昔日吃水贵如油，下山挑水就发愁；

自从贺龙挖了井，"龙"水流进锅里头。

作者：不详

提供人：田应良（历任解放军某部连队文书、石柱县广电局副局长等职）

流传地区：石柱县灯盏乡（今属南宾镇）

讲唱人：马安芝（女，农民）

搜集人：向超等

搜集时间：1985年6月24日

注释：1934年1月10日，贺龙率领红三军一部入川，抵达石柱县城郊沙谷乡（后为灯盏乡，今属南宾镇）的猫圈坡扎营休整。时值冬旱严重，接连40多天无雨，猫圈坡一带井水干涸，群众饮用水十分困难，不少人家因缺水只得到"牛滚凼"中取水饮用。贺龙得知后，派卫生员向群众宣传卫生饮水知识，并亲自带领红军干部战士到处寻找水源，终于在下院子里发现了一处浸水洼地，便集中力量日夜挖掘，很快挖出了一口水质清洁的井，从此解决了当地群众饮水难的问题。红军离开后，这口井长年不干，取水不尽，群众称之为"仙井""龙井"。当地人民为感谢、怀念、铭记贺龙和红军的恩情，编出了"昔日吃水贵如油，下山挑水就发愁；自从贺龙挖了井，'龙'水流进锅里头。"这首山歌。

（2）石柱老区《想红军》歌谣及其来历②。

想红军

太阳落土黄又黄，

弯弯月亮快上梁；

犀牛抬头望月亮，

儿想红军爸哟！

妈想红军郎。

---

① 这首《"龙"水流进锅里头》摘自湘鄂川黔苏区革命文化史料汇编编辑组编《湘鄂川黔苏区革命文化史料汇编》，中国书籍出版社，1995年版第368页。

② 此"石柱老区《盼红军》歌谣来历"（作者：冉从贤）一文摘自"重庆老区网"（网址：http://www.cqlqw.com/newsshow.asp?newsort=64&typeclass=10&id=983&aname=老区史话&pname=石柱老区《盼红军》歌谣来历）

这首名为《想红军》的民歌，在石柱蚕溪乡一带流传至今，已有七十多年的历史。然而，人们不知道的是，这首民歌来源于一段感人至深的故事：

七十年前，有一个年过花甲的恶霸李三，看上了天生丽质的土家姑娘山菊，要娶山菊做六姨太。勤劳善良的山菊，与司寨的土家小伙石头青梅竹马，早已私订终身，自然不会往火坑里跳。

山菊不从，打破了恶霸李三的美梦。

腊月二十九日，雪花飘飘，山菊与父亲在家忙着推豆腐，准备过年，石头上山为山菊家砍柴。不料这天，恶霸李三带着一伙袍哥团丁，撞进山菊家，打昏山菊的父亲，抢走了山菊。

山菊被关进李家大院，求生不能，求死不得。

时过晌午，石头砍柴回家，看到血泊中的岳父大人，立即扶起，得知是李三行凶，抢走了山菊。勇敢的石头操起柴刀，不顾一切，向李家大院冲去。

半路上，石头遇到了行军路过的红军队伍，向红军诉说了山菊家的不幸遭遇。红军张连长当即命令部队停止前进，解救山菊。

李三要在当晚成亲，贺喜的客人络绎不绝。于是，红军扮作客人，神不知鬼不觉地进了李家大院。酒席上，李三醉酒作乐，就在这时，不料红军的枪口抵上了他的脑袋。

山菊被解救了。红军在李家大院召开群众大会，枪决了罪大恶极的恶霸李三，解散了袍哥组织。

这天晚上，红军队伍住在老百姓的屋檐下，张连长住进山寨对面的山洞里，以便观察周围的动静。山菊担心张连长夜里受冻，让石头把家里仅有的一床新棉被给张连长送去。石头将棉被送进山洞后，向张连长提出要当红军。因为当红军才能保护山菊。

张连长告诉石头，红军为穷人打天下，不能只为自己的小家，要为天下穷人着想；红军打仗随时都有牺牲，当红军要不怕牺牲。石头连连点头。张连长批准了石头的请求，命令他当晚回家成亲，明天出发。

第二天，石头随着红军队伍出发了，山菊和乡亲们送到村口，深情地望着远去的队伍翻过山头！

第二年秋天，山菊生下一个儿子，她想念石头，将儿子取名盼盼。

石头一去没有回来，盼盼一天天长大，山菊思念石头，想念红军，她领着儿子盼盼，来到山口，期待红军归来！

一天又一天，一年又一年，于是，勤劳聪慧的山菊编唱了《想红军》的歌谣："太阳落土黄又黄，弯弯月亮快上梁；犀牛抬头望月亮，儿想红军爸哟！妈想红军郎。"每到太阳下山，山菊就和儿子深情地唱起歌谣，表达对远方亲人的思念！

几年后，山菊收到一封来信，信中告诉她，当年石头跟随队伍到了华北抗日前线，作战非常勇敢，多次立功受奖，不料在一次战斗中，为了保护张团长，也就是当年的张连长，他用身子挡住敌人的刺刀，光荣牺牲了！

石头和红军再也没有回来，民歌《想红军》却在民间一代一代传了下来。

4. 石柱老区革命对联

（1）看谁过得长[①]。

上联：富人过年鸡鸭鱼肉酒饭臭

下联：穷人过年蒿菜萝卜稀粥香

作者：向天阳（红军川鄂边游击总队书记官兼第六大队政委）

提供人：邹学华，1916年2月11日出生于农民家庭，石柱县新场乡（今新乐乡）人，以务农为生。

流传地区：石柱县新乐、金铃等乡

搜集时间：1984年6月7日

注释：1928年，作者在金铃坝教私塾，与金铃坝（现金铃乡）财主余贵元的二女儿相恋结婚，遭到岳父及襟兄弟李明杰的奚落后，于过年时作，并引起一场反目成仇的风波。

（2）三十字长联[②]。

今年好祸事少不得打官司煮酒缸缸好醋坛坛酸肥猪大如山耗子要死完。

作者：周林，1911年出生于农民家庭，石柱县黄鹤乡大坝场人。少读私塾，是当地的"小举子"。1930年冬在湖北鹤峰加入红二军团，任宣传员、宣传干事、红七师宣传科长等职，1935年8月在湖北板栗园战斗中牺牲。

提供人：周朝庆，1916年出生，石柱县黄鹤乡大坝场人，1949年当过3个月保长。

流传地区：石柱县黄鹤乡

搜集时间：1987年4月11日

[①] 这副《看谁过得长》对联摘自中国人民政治协商会议重庆石柱土家族自治县委员会文史资料委员会编《石柱文史资料》，第20辑（内部资料），2009年9月版第227页。

[②] 这副《三十字长联》摘自中国人民政治协商会议重庆石柱土家族自治县委员会文史资料委员会编《石柱文史资料》，第20辑（内部资料），2009年9月版第228页。

注释：1928年春节，大地主周树屏请周林撰写春联。周树屏为富不仁，周林早已对其产生不满，故撰写不用标点的此联。周树屏高兴地贴出去，当天晚上周林点了标点，对联便成为"今年好祸事，少不得打官司，煮酒缸缸好醋，坛坛酸，肥猪大如山耗子，要死完"。气得周树屏大骂一通，后设计报复。

（3）都会咬人[①]。

上联：乡长保长甲长

下联：臭虫跳蚤蚊虫

作者：谭岳生，出生于清光绪年间（不详），石柱县都会溪人（现属南宾镇）。为人正直，以教书为生，曾任县教育科员，多才多艺，能书画，是县城社会名流之一，36岁时病逝。

提供人：陈善官，1917年出生，石柱县南宾镇三居委（下街）人。

流传地区：石柱县南宾镇

搜集时间：1987年5月12日

注释：1936年国民政府改乡镇制为保甲制后，层层剥削群众，人民生活在水深火热之中，作者利用春节写上述对联贴门上，予以讽刺。

（四）革命先烈事迹类资源

宁死不屈的红军游击队政委向天阳

向天阳，1906年6月出生于石柱县新乐乡（原新场）一个农民家庭。他从小喜读诗书，写得一手好字，能吟诗作对，有山里的"小才子"之美誉。为谋生计，他从18岁起在私塾教书。20岁时，与金铃坝（现金铃乡）财主余贵元的二女儿相恋结婚。1931年春节，他带妻儿去岳父家拜年。因岳父母嫌其贫穷，"席间备受奚落不欢而散，当晚便离家出走，去湘西投奔贺龙领导的红军。寻找了一个多月，未能如愿，只好怏怏不快地返回老家"[②]。不久，他在金铃坝参加了朱清武领导的神兵队伍。朱清武的神兵"抗捐、灭税、打官兵、惩治恶人"，先后袭击了李明节、余贵元、何二老爷等富户，占据金铃坝，开仓济贫，与官府抗衡，深得民众拥护。这支"神兵"队伍越战越强，声震川鄂边。

[①] 这副《都会咬人》对联摘自中国人民政治协商会议重庆石柱土家族自治县委员会文史资料委员会编《石柱文史资料》，第20辑（内部资料），2009年9月版第229页。

[②] 中国人民政治协商会议重庆市石柱土家族自治县委员会文史资料委员会编：《石柱文史资料》，第18辑（内部资料），1999年11月版第57页。

1934年1月初，贺龙获得朱清武这支"神兵"队伍的消息后，即刻派驻湖北利川县小河的红7师21团干部傅忠海前去做教育争取工作。向天阳首先要求参加红军。在他的促成下，朱清武的思想逐渐转化，于是成立了"川鄂边红军游击队"，朱清武任队长，傅忠海任政委，向天阳任书记官。不久，向天阳加入了中国共产党。1934年5月下旬，川鄂边几支游击队在利川县山弯箐会合后，按贺龙指示，正式成立中国工农红军川鄂边游击总队，下辖7个大队，共1 000多人。向天阳被任命为总队书记官兼第六大队政委。红军游击总队每到一地，向天阳都通过书写张贴标语与口号、编写通俗易懂的顺口溜和易记易唱的歌曲，发动群众，宣传党的政策。

1934年6月13日，红军游击总队前去攻打湖镇镇长张世华设在太平坛槽三圣宫的团防队以及团防杨盛梁的老巢竹子营。奔袭途中，因第7大队队长王德明投敌，张世华提前撤离，导致红军游击总队扑空。14日拂晓，红军游击总队在峡谷中遭遇张世华、杨盛梁等团防1 000余人的重围。突围中，红军游击总队损失严重。为保存实力，向天阳组织敢死队狙击敌人，吸引敌人火力，使总队政委傅忠海、总队长朱清武各带领100多人突出重围。而向天阳在与强敌激战中负伤，被包围在竹林里。他们打光子弹后，砸断枪支，用刀矛与敌拼杀，终因寡不敌众，向天阳等13人被俘。敌人知向天阳是重要人物怕他逃跑，用铁丝穿透其锁骨押送至石柱监狱。敌人严刑逼供，梦想从向天阳口中得到红军游击总队的情况，但他坚贞不屈，守口如瓶。敌人又相继施展劝降、对其"联名保释"等手段，均被向天阳严词拒绝。

1934年10月12日，向天阳、牟来松、何成林等9名红军干部、战士，被石柱县长孙醉白以"赤匪"罪判处死刑。临刑时，向天阳正气凛然，写下绝命诗一首，同战友们高唱红军战歌，走向刑场，英勇就义，时年29岁。

三、抗日战争时期县内各类红色文化资源

（一）革命遗址类红色文化资源

1. 中共石柱第一任县委遗址

中共石柱第一任县委遗址位于石柱县龙河下路镇马落洞处。1937年"七七"事变爆发后，出生于坡口乡的早期共产党员谭逢盛接受组织安排，返回石柱以开办南宾书店为掩护，开展党的工作，建立或恢复了女校、工人、农职中、西沱乡

等党支部。他们在第二次国共合作和举国上下一致抗日的背景下，开展了声势浩大的抗日救亡活动。在他们的努力推动下，"抗日救国会""抗日宣讲团""抗敌后援会""七七抗日剧社"等抗日组织相继成立，党组织从中培养了一批积极分子，发展了党员。1938年12月，经中共丰石中心县委批准，在龙河下路镇马落洞处的一条船上，建立了中共石柱第一任县委，谭逢盛任书记，陈彦、樊晋弦任组织、宣传委员。

2."和成字号"旧址

"和成字号"旧址位于西沱镇云梯街下端，是西沱镇地下党组织为筹集活动经费和利用其作掩护，在中共石柱县委领导下于1940年冬创办的商号（地下钱庄）。从1940年"和成字号"创办到1949年解放，在长达9年的地下斗争中，"和成字号"从最初的"和成棉庄"逐步发展到后来的"和成商号"和"和成字号""永成字号"，先后为党筹集活动经费近10万银元，同时为迎接解放、掩护同志、发展革命骨干等做了大量工作，"和成字号"成为党在西沱镇从事地下活动的坚强堡垒和秘密联络站，为人民解放事业作出了突出贡献。1949年夏，中共石柱县特支奉上级指示，要求"和成""永成"两商号尽量储备粮、油、食盐等物资，迎接解放。在党组织的安排下，商号立即购买和储藏了100石大米（约5万斤）、100多包食盐（约2万斤）和2万余斤木柴。1949年11月22日，西沱解放后，西沱党支部立即将上述物资送交解放军，完成了上级党组织布置的任务，"和成字号"也完成了红色地下钱庄的历史使命。①"和成字号"旧址现为县级文物保护单位。

（二）进步文化组织、社团类红色文化资源

1. 宣传抗日救国的前沿阵地——石柱南宾书店

1937年10月，位于石柱县城新开路（今南宾镇小学大门左侧）的南宾书店开业了。南宾书店的老板是一个刚过而立之年的年轻人，名叫谭逢盛，是石柱县西界沱坡口乡人，于1927年加入中国共产党。

南宾书店与其他以经营古旧图书为主的私人书店不同，以出售《新华日报》《解放》《中国青年》《中国妇女》等刊物和《共产党宣言》《资本论》《帝国主义》《马克思资本主义入门》《毛泽东抗战言论》等马列著作为主，以出售《中央日报》

---

① 西沱古镇革命遗址[EB/OL].（2013-01-05）[2014-08-14]. http://blog.sina.com.cn/s/blog_534b10510102edjv.html

《川报》《济川公报》《万州日报》等国民党办的刊物和少量的古典书籍为辅。南宾书店经营进步书刊使读者耳目一新，备受广大读者特别是青年学生的欢迎。为激发学生和群众的抗战热情，书店门前墙壁上的宣传栏还经常张贴手抄的抗战新闻、抗日歌曲等宣传品。南宾书店出售进步书刊和进行抗日救亡宣传，引起石柱国民党当局的惊恐和恼怒，他们以各种卑劣手段对书店进行监视和恐吓。

谭逢盛通过办南宾书店，认识、团结了陈彦、金明惠、樊汝琴、刘贤波、黎永万等一批爱国青年。按照地下党组织"大量发展党员"的指示，他一面对这些青年做教育培养工作，一面派他们到抗日宣传第一线接受锻炼和考验。谭逢盛在得到支持抗日救亡活动的新任县长邓虎章的同意后，发起成立了"抗日宣讲教育团"，并于1938年7月将"抗日宣讲教育团"改为"七七抗日剧社"。1938年11月，经中共丰都中心县委批准，中共石柱县委成立，谭逢盛任书记。为推动抗日宣传向深入发展，中共石柱县委决定由农职校党支部以学生自治会的名义创办《血汗》周刊，由南宾书店印刷厂承印。1939年冬，书店印刷厂承印石柱《县政月刊》，中共地下县委为了鼓动群众，在周刊上加了一句"石柱群众怒吼起来吧！"的口号，国民党县党部书记长熊楚材、新任县长刘永镛认为这是"共党煽动群众"的标语，立即将谭逢盛抓捕入狱。后经党组织营救，谭逢盛被释放。此后，国民党当局加紧了对南宾书店的监视和控制，曾经两次查封书店。经过地下党组织团结各界人士开展合法斗争，南宾书店才保留下来。

1941年1月皖南事变发生后，为保存革命力量，中共石柱县委遵照南方局和四川省委的意见，将一批已经暴露的党的骨干撤离石柱县，党的地下活动和抗日宣传被迫停止。新任石柱县长苏知沉秉承上级旨意，查封了南宾书店。

2. 中共石柱地下党领导的"七七抗日剧社"

"七七抗日剧社"成立于1938年下半年，它是"以（石柱）县城农职校、女子小学、南宾中心小学为基地，以地下党员为骨干，逐步发展到有进步师生、各阶层爱国人士数百人参加的庞大的抗日宣传队伍"[①]。为使剧社活动能合法化而又不脱离党的领导，决定聘任国民党县党部书记长熊楚材、县长刘永镛为剧社的名誉社长，由赖世平、赵玉峰、陈彦任正副社长，陈彦兼任剧务部主任。剧社成立后，在农职校、女子小学、南宾中心小学选拔了70多名师生参加剧社，先后排

---

① 中国人民政治协商会议石柱土家族自治县委员会文史资料工作委员会编《石柱文史资料》，第12辑（内部发行），1990年11月版第19页。

演了《前夜》《中国妇人》《卢沟桥》《战斗》《放下你的鞭子》《三江好》《国旗飘扬》《中华儿女》《流亡三部曲》《铁扫把》《抗日英雄苗可秀》等20多个歌剧、话剧，还利用活报剧、双簧、相声、评书等多种文艺形式，广泛开展抗日救国宣传，颇受群众欢迎。

1939年"双十节"（辛亥革命纪念日）时，在中共石柱地下县委领导下，由县"抗敌后援会"出面，以"七七抗日剧社"为中坚，在县城举行了万人的声势浩大的声讨大汉奸汪精卫通敌叛国的游行，极大地震慑了公开的和暗藏的汉奸卖国贼。1940年6月15日，由县"抗敌后援会"出面，召开爱国统战人士和各界代表会议，决定由剧社组成合唱队，县城的农职校、女子小学、南宾中心小学各组织一个歌咏队和晨呼队，各保里的青年各自组织一个晨操队。每天早晨5点钟，以县府门前三声铁炮为号，开始晨操和晨呼活动。各保的晨操队齐集广场进行晨操。歌咏队每周一、三、五早晨6时及下午5时在广场歌唱各种抗日救国歌曲。剧社中的热血青年总是走在宣传抗日救国队伍的最前面：农职校师生奔赴悦来宣传；南宾中心小学师生去下路演出；女子小学师生在县城内卖花果、募捐筹款，到沙谷乡慰问抗日军烈属，步行到丰都抗日第二伤病院慰劳抗日受伤将士。"全县各阶层人士有钱出钱，有力出力，县长太太捐了款，各社团送了慰劳品，连小学生也将自己的零用钱捐献出来以表爱国之心。"①剧社将义演所得交给县"抗敌后援会"缝制了一批棉衣送给前线抗日将士。

在近3年的抗日宣传活动中，中共石柱地下党领导的"七七抗日剧社"在县城定期或不定期宣传或演出，或到区、乡（镇）巡回宣传、演出，真正发挥了"团结人民，教育人民，打击敌人，消灭敌人"的作用。

（三）抗日报刊、歌剧、标语、口号类红色文化资源

1. 石柱县《血汗周刊》的创办

1939年3月，中共石柱县委为了及时传播中国共产党抗日救亡的政策、主张和及时报道国共两党合作抗日的时局、战况，唤醒民众，推动全民族抗战，同时也为了传授农业科技知识，以石柱县农职中学生会的名义，由农职中党支部具体筹办，正式创办了《血汗周刊》。

---

① 中国人民政治协商会议石柱土家族自治县委员会文史资料工作委员会编：《石柱文史资料》第12辑（内部发行），1990年11月版第22页。

《血汗周刊》创刊后,由农职中党支部书记、农职中学生自治会主席黎永万任编辑,党支部宣委、宣传股长刘贤波负责组稿,共产党员谭宁衡负责印刷和发行工作。《血汗周刊》创刊后很快在抗日救亡宣传活动中发挥出其唤醒民众之作用,它的每一篇报道、社论犹如冲锋号,催人奋进;它的每一篇短文、短评均"犹如锋利的匕首,戳穿少数投降派的丑恶嘴脸,也使一些麻木不仁的人为之警醒"[①],在很大程度上促进了抗日民族统一战线的发展。

《血汗周刊》是在战争中创办并在十分艰难及反复斗争中坚持办下去的。1939年4月,《血汗周刊》创刊不久,正值国民党四川省政府发布《严密防止异党活动》训令。同时,四川省主席王赞绪又发出《团体出版、投稿训令》称:"查团体组织及其出版刊物,均有一定手续,如或违反规定,应予以严厉制裁……其不合法者,一律勒令解散,倘不服从,除以组织依法办理外,机关学校负责人,亦应同受处分……"[②]新任石柱县长刘永庸曾派人审查《血汗周刊》的办刊手续和每期刊物上的内容,企图抓住"把柄"予以取缔,但一无所获。他不死心,于是散布谣言说《血汗周刊》是共产党的喉舌刊物,命令停刊。他还以南宾书店印刷厂擅自扩大刊物印数为借口,说"《血汗周刊》名曰宣传抗战,实则借此传播共党言论,蛊惑人心,扩大'奸党'在群众中的影响"[③],借此将南宾书店老板谭逢盛收监审查。

在国民党当局一再强令停刊的压力下,《血汗周刊》于1939年10月被迫改为《壁报》,"印刷由铅印改作油印,每周出一中版,印刷数量减到30份,只分贴城内及城附近要道和各区所在小学校"[④]。《壁报》内容调整为以农业常识、地方农事通讯、农情报告为主,以抗战漫画、时事述评、文艺等为辅。1940年夏季,由于党员学生毕业离校,《壁报》停办。到此,《血汗周刊》由创办到停刊历时一年半而宣告结束。

2. 石柱县民众演出的抗日剧

抗日战争爆发后,在中共石柱地下县委(特支)的参与、领导下,石柱县"抗

---

① 中国人民政治协商会议石柱土家族自治县委员会文史资料委员会编:《石柱文史资料》第14辑(内部发行),1993年9月版第60页。
② 中国人民政治协商会议石柱土家族自治县委员会文史资料委员会编:《石柱文史资料》第14辑(内部发行),1993年9月版第62页。
③ 中国人民政治协商会议石柱土家族自治县委员会文史资料委员会编:《石柱文史资料》第14辑(内部发行),1993年9月版第62页。
④ 中国人民政治协商会议石柱土家族自治县委员会文史资料委员会编:《石柱文史资料》第14辑(内部发行),1993年9月版第63页。

日救国会""抗敌后援会""抗日宣讲团"先后成立。这些组织的成员们深入城镇、乡村、机关、学校，以各种形式揭露日寇侵华罪行，介绍八百壮士、义勇军、八路军、十九路军等前线抗日将士浴血奋战、英勇杀敌的动人事迹，号召大后方人民要踊跃支前，有钱出钱，有力出力，宣传抗日的重大意义。他们或举办抗战诗歌朗诵会，或组织抗日歌曲比赛活动，通过朗诵诗歌、演唱歌曲来教育、动员人民群众起来抗日；或将口头宣传抗日道理穿插在快板、相声、舞蹈、活报剧等文艺表演之中。如石柱女校的学生便在大街小巷演出过《黄花曲》《放下你的鞭子》《捉汉奸》《狼和七只小山羊》《妻子送郎上战场》《敌人打退了》等抗日剧目。

3. 石柱县民众打出的抗日标语

在抗日战争的不同时段里，石柱县抗日救亡组织和各界民众都根据抗日战争形势发展的需要制定出不同阶段的抗日标语、口号和布告。他们或用各种彩纸写成标语张贴在集会场所、交通要道和大街小巷；或用土红、石灰将标语、口号刷写在墙壁、岩壁上。如卢沟桥事变爆发后，石柱县抗日救亡组织和各界民众张贴出的抗日标语、口号有："国共两党合作，一致抗日到底！""武装捍卫平津！""武装保卫华北！""坚决支持国军打到底！""坚决反对投降卖国！""不让日本帝国主义占领我国一寸土！""为保卫祖国流最后一滴血！""驱逐日寇出中国！""中华民族解放万岁！"[①]等。

1939年10月10日"双十节"（武昌起义纪念日），石柱县各界民众举行了声势浩大的反汪（指汪精卫）大游行，"总指挥是进步教师陈孟吉、谭宁泗。游行队伍以女校、农职校、南小为主体……城里各机关、团体、居民等都参加，城附近的农村每家也派代表参加游行，凡参加游行的人，都拿一三角旗"[②]，上面书写以下抗日标语：

（1）坚决不买日货！

（2）反对日货冲击市场！

（3）打倒日本帝国主义！

（4）反对妥协，坚持抗战！

[①] 中国人民政治协商会议石柱土家族自治县委员会文史委员会编：《石柱文史资料》第16辑（内部发行），1995年11月版第7页。

[②] 中国人民政治协商会议石柱土家族自治县委员会文史工作委员会编：《石柱文史资料》第10辑（内部发行），1989年8月版第96页。

（5）反对卖国，抗战到底！

（6）国家有难，匹夫有责！

（7）全国人民大团结万岁！

（8）打倒汉奸卖国贼汪精卫！

（9）有钱的出钱，有人的出人！

（10）谁穿日货就是汉奸卖国贼！

（11）主张抗日到底，反对和谈！

（12）国共两党团结一致抗日到底！

（13）坚决把日本鬼子赶出中国去！

（14）我们要自由，坚决不做亡国奴！

（15）坚决拥护共产党提出的团结抗日主张！

（16）我们争取民族的自由，决不做汉奸走狗！

（17）全国各族人民团结起来，为民族自由而奋斗！

（18）全国各族人民团结起来，把日本鬼子赶出中国去！

4. 石柱县民众喊出的抗日口号

（1）县城南宾镇"晨操队""歌咏队"呼喊的抗日口号。

为了使抗日宣传活动能长期持久地开展下去，在区长樊晋弦（中共石柱地下县委宣委）领导下，县城南宾镇的各保和各学校纷纷组织"晨操队""歌咏队"，"每日清晨县政府的3声黎明炮响后，各校、各保按指定路线在城内几条街道进行晨呼：'团结一致抗战到底！''打倒日本帝国主义！''中华民族解放万岁！'等口号"[①]。

（2）石柱女校学生喊出的抗日口号。

抗日战争爆发后，石柱女校学生每逢节假日和场期（石柱县城赶一、四、七）便上街开展抗日救亡宣传活动。他们或进行抗日文艺表演，或宣讲抗日道理，其间还高呼"打倒日本帝国主义！""中国的领土一寸也不能失守！""保卫家乡、保卫中华！""全民动员起来，抗战到底！""打倒卖国贼汪精卫！""打倒民族败类汪精卫、陈璧君！""打倒汉奸走狗！""汉奸是心腹大患！""有钱出钱，有力出力！""把日本鬼子赶出中国去！"等抗日口号。

---

① 中国人民政治协商会议石柱土家族自治县委员会文史委员会编：《石柱文史资料》第16辑（内部发行），1995年11月版第9页。

（四）抗日歌曲、朗诵词、顺口溜、诀别信类红色文化资源

1. 石柱县民众所唱的抗日救亡歌曲

抗日战争爆发以前，石柱县的歌唱活动多在学校里举行。抗战爆发后，石柱县的歌唱活动开始走出校门，融入社会抗日救亡洪流之中。当时，从机关到学校，从县城到乡村，纷纷开展抗日救亡歌曲演唱比赛活动，特别是县城的农职校、县立女校、南宾小学，还有一些私立小学，抗日歌曲演唱比赛活动开展得有声有色。他们演唱《儿童团歌》《毕业歌》《新女性》《义勇军进行曲》《打东洋》《打回老家去》《松花江上》《救亡军歌》《巷战歌》《大刀进行曲》《到敌人后方去》《游击队之歌》《孩子剧团歌》《日本强占我的家》《八百壮士》等抗日救亡歌曲。有的区、乡（镇）中心小学甚至把这些抗日救亡歌曲作为音乐课来上。1938年，中共党员陈彦等人组织县城各校师生深入乡村，演唱、教唱《义勇军进行曲》《大刀进行曲》《松花江上》《游击队之歌》等抗日歌曲，召唤民众抗日救国。

（1）声讨汪精卫歌曲。

1939年10月10日"双十节"（武昌起义纪念日），在中共石柱地下县委领导下，在石柱县"抗敌后援会""七七抗日剧社"的组织发动下，声势浩大的万人声讨大汉奸汪精卫通敌叛国的大游行在县城南宾镇举行。游行队伍一边高呼"打倒汉奸汪精卫！"的口号，一边高唱声讨汪精卫的歌曲："打杀汉奸、打杀汉奸，汉奸是心腹大患，不肃清自己的阵线，怎救得当前的国难！大汉奸卖国通敌，小汉奸卖身做狗，准汉奸妥协投降！"①歌声、口号声此起彼伏，声震田野山河，极大地震慑了公开的和暗藏的汉奸卖国贼，使汉奸卖国贼们闻声丧胆。

（2）抗日救亡歌曲。

1940年6月，县城的农职校、女子小学、南宾中心小学各自组建了一个歌咏队。歌咏队每周一、三、五早晨6时及下午5时在广场（现体育馆处）集合，以各队为单位，放声歌唱"工农兵学商，一齐来救亡，拿起我们的武器刀枪，走出工厂、田庄、课堂，到前线去吧！走上民族救亡的战场""我们要建设大众的国防，大家武装起来，打倒汉奸走狗，枪口朝外向！要收复失地，打倒日本帝国主义，把旧世界的强盗杀光！""听吧！母亲叫儿打东洋，妻子送郎上战场""我们要用自己的血和肉去拼掉敌人的头！""亡国的条件，我们决不能接受，中国的领土，一

---

① 中国人民政治协商会议石柱土家族自治县委员会文史资料工作委员会编：《石柱文史资料》第12辑（内部发行），1990年11月版第20页。

寸也不能失守！""我们要战斗，战斗，战斗到胜利属于我们的时候！"①等各种抗日救国歌曲。

（3）抗战民歌三首。

① 哪知沿海进虎狼

八月里来谷子黄，家家户户秋收忙；

只说今天收成好，哪知沿海进虎狼。

② 拿起刀枪上战场

东洋飞机丢炸弹，我国人民大遭殃；

全国农民把锄放，拿起刀枪上战场。

③ 打成钢枪战东洋

叮叮当，叮叮当，

早打铁，晚炼钢，

做成镰刀好割麦，

打成钢枪战东洋。

作者：不详

提供人：谭荣鑫，女，1926年出生，石柱县南宾镇人。1938年在石柱县南宾女校读书，受到抗日爱国教育，1939年任儿童生活服务团团长，1940年加入抗日民族先锋队。新中国成立后参加工作，在涪陵乌江航运公司离休。

流传地区：石柱县南宾镇及附近乡镇

搜集时间：1982年6月25日

搜集整理人：向超等

（4）抗战儿歌二首。

① 月亮歌②

大月亮，二月亮，哥哥半夜打铁忙；

打把梭镖上战场，站岗放哨保国防；

日本鬼子来侵犯，梭镖捅它见阎王。

大月亮，二月亮，嫂嫂半夜蒸糯米；

---

① 中国人民政治协商会议石柱土家族自治县委员会文史资料工作委员会编：《石柱文史资料》第12辑（内部发行），1990年11月版第21页。
② 这首《月亮歌》摘自中国人民政治协商会议石柱土家族自治县委员会文史资料委员会编《石柱文史资料》第19辑（内部发行），2004年10月版第120页。

糯米蒸得喷喷香，打成糍粑做干粮；
要送哥哥前方吃，多杀鬼子打胜仗。

② 打铁谣[①]

说打铁就打铁，

打把镰刀送姐姐，

姐姐拿去割大麦，

大麦没有黄，

日本强盗狠心肠，

甩下炸弹给炸光，

姐姐哭断肠。

说打铁就打铁，

打把梭标送哥哥，

哥哥拿去上战场，

保卫祖国保家乡，

日夜守位不离岗，

强盗胆敢来侵犯，

杀得鬼子叫爹娘。

作者：不详

提供人：樊汝琴

流传地区：石柱县南宾镇

搜集时间：1982年6月19日

搜集整理人：向超等

（5）临溪小学抗日校歌[②]。

怒潮澎湃，红旗飞舞，这是临溪的学府。主义需贯彻，纪律共放松，领导各族齐奋斗！领导被压迫民众，携着手，向前进，打日本，救生存。亲爱精诚，永远向前，发扬吾校精神，发扬吾校精神！

---

① 这首《打铁谣》摘自中国人民政治协商会议重庆石柱土家族自治县委员会文史资料委员会编《石柱文史资料》第20辑（内部资料），2009年9月版第125页。

② 这首《临溪小学抗日校歌》摘自中国人民政治协商会议重庆石柱土家族自治县委员会文史资料委员会编《石柱文史资料》第20辑（内部资料），2009年9月版第114~115页。

作者：余代森、黎星怀。余代森，四川省开县（现属重庆市）人，北大肄业生。1938年被石柱县长邓虎章（抗日主战派）聘任为临溪小学校长，积极宣传抗日，遭到地方反动势力反对，被崔会甫等人暗杀。黎星怀，四川省开县人，北大肄业生。1938年春与余代森一同受聘担任临溪小学教务主任，是宣传抗日的骨干。因作此校歌触动了当地反动势力，被列为"异党"分子。期末回家途中，被崔会甫等人暗杀。

提供人：黎万川，1924年7月19日出生，石柱县王家乡人，1938年在临溪小学读书，接受抗日爱国教育，1945年4月加入中国共产党。1985年6月离休，享受副厅级待遇。

（6）慰问抗日伤员歌[①]。

（说白）：恭喜！恭喜！各位先生，各位勇士！今天是旧历的新年，你们家里的人，都盼望着你们回家，看望你年老的爹娘，年轻的太太，抱抱可爱的小宝宝、小姑娘，他们哪里知道？（唱）你们正在为着我们老百姓，为着千百万妇女儿童，受了伤，躺在病卧的床上。帝国主义为着逃脱经济的恐慌，他们是这样的疯狂，自从占领了我们的北方，又进攻到我们的长江，以及我们所有的边疆，他们要把中国当作一个屠场，任他们杀，任他们抢！听啊！（唱）：飞机还在不断的丢炸弹，大炮还在隆隆的响，我们拼着最后一滴血，守住我们的家乡！（反复说白）：对呀，守住我们的家乡，把日本鬼子赶出中国去。

祝勇士们早日康复！

作者：中共石柱第二届县委

提供人：金明惠，女，1916年出生，石柱县南宾镇人。1938年7月加入中国共产党，曾任中共石柱县南宾女校党支部组织委员。

流传地区：石柱县南宾镇、丰都县城等地

搜集时间：1982年5月16日

搜集整理人：向超等

注释：1939年旧历春节，中共石柱县委派樊汝琴和金明惠带20多名"儿童生活服务团"小演员徒步到丰都县，第二次慰问前线转到丰都县治伤、养病的抗日勇士。故作这首词，并谱成歌演唱。

---

① 这首《慰问抗日伤员歌》摘自中国人民政治协商会议重庆石柱土家族自治县委员会文史资料委员会编《石柱文史资料》第20辑（内部资料），2009年9月版第115页。

（7）抗战山歌[①]。

（男女对唱）

男：好男要当兵，好铁才打钉，
　　年轻男儿们，要培养这精神，
　　快快投身抗日去，保国又保民。

女：古言说得好，有国才有家，
　　好男儿上前线，一心把敌杀，
　　杀敌保国家，杀敌保父老。

合：抗日保国家，人人都有份，
　　好男好女上前线，好老好少搞生产，
　　前方多杀敌，后方多生产，
　　杀敌生产赛一场，杀敌生产齐胜利！

作者：金玉凡，1909年出生，石柱县西沱乡（今西沱镇）人，1928年加入中国共产党，任西沱党支部宣传委员，1930年参加共产军，任警卫营政委，后以教书为掩护从事地下工作。

提供人：金明惠，女，1916年出生，石柱县南宾镇人。1938年7月加入中国共产党，曾任中共石柱县南宾女校党支部组织委员。

流传地区：石柱县南宾镇及附近地区

注释：这首《抗战山歌》是作者于1938年冬为"七七"剧社编的节目之一。

（8）送郎抗日歌[②]。

（根据黄花曲改编，由甲、乙二人对唱）

合：三月里来好风光，野花朵朵遍地香。

甲：你也没心赏。

乙：我也没心赏。

合：咱俩歇在大树底下躺一躺。

甲：嘿！你看那前面来了一个男子汉。

乙：呀！你看那后面还跟着一个大姑娘。

甲：你看那小伙子身材个儿多健壮。

[①] 这首《抗战山歌》摘自中国人民政治协商会议重庆石柱土家族自治县委员会文史资料委员会编《石柱文史资料》第20辑（内部资料），2009年9月版第110～111页。

[②] 这首《送郎歌》摘自中国人民政治协商会议重庆石柱土家族自治县委员会文史资料委员会编的《石柱文史资料》第20辑（内部资料），2009年9月版第113～114页。

乙：你看那大姑娘含泪送情郎。

合：你也别声张，我也别声张。

甲：送郎送到大路旁，小妹心里好凄凉。
今日你将从军去，何时才能回家乡？

乙：叫声妹妹别悲伤，我去投军打东洋，
要把鬼子打回去，看他龟儿敢猖狂！

甲：送郎送到灯盏窝①，叫声哥哥听我说，
此去打走日本鬼，别让鬼子过黄河。

乙：叫声妹妹你放心，我去当兵打日本，
要把鬼子赶出去，决不让他过黄河。

甲：送郎送到横梁子②，叫声哥哥记在心，
一路食宿要注意，早晚留心冬加衣。

乙：叫声妹妹听我言，你的话儿记在心，
衣食住行定注意，妹妹你别多担心。

甲：送郎送到长江边③，手拉手儿不舍分，
哥要乘船上前线，前去赶走日本鬼，
早日胜利早日回。

乙：太阳已落方斗山④，我去上船你快回，
妹在家里多打粮，救国不分男和女，
前方后方团结干。

合：太阳已落方斗山，哥妹暂时要分离，
同心打败日本鬼，团圆相会自有期。

作者：中共石柱女校党支部

提供人：陈彦、金明惠。陈彦，女，1912年9月18日出生，石柱县南宾镇人，1938年9月加入中国共产党，以教书为掩护从事革命工作，历任中共石柱县委组织、妇女、统战委员。

流传地区：石柱县南宾镇及附近乡镇

搜集时间：1982年5月16日

搜集整理人：向超等

注释：这首《送郎歌》是中共石柱女校党支部于1939年为"七七"剧社演出而改编的。

① 灯盏窝，为当时灯盏乡的一个地名，是石柱通往长江口岸的必经之地。
② 横梁子，地处丰都石柱两县接壤地的交通要道上。
③ 长江边，地处丰都县高家镇，是石柱进入长江的必经口岸。
④ 方斗山为丰都石柱两县接壤的山脉。

（9）石柱女校学生唱出的抗日歌曲。

①《义卖歌》

抗日战争时期，为了慰问前线抗日将士，石柱女校学生借助当地民间风俗，在春节期间通过登门给人送门神、送对联、送财、送宝、送童子、送吉祥等形式开展抗日募捐活动。她们还利用柚树结果、梅花盛开季节，分组拿着柚子或梅花登门送给捐款人，每到一家先向主人敬礼。接着齐唱《义卖歌》，歌词全文为："先生买一朵花吧！先生买一朵花吧！这是自由之花呀！这是解放之花呀！买了花呀，救了国家。先生买一朵花吧！先生买一朵花吧！不是要你爱花呀！不是要你赏花呀！买了花呀！救了国家。"①她们一边唱一边宣传抗日募捐的重要意义。那些开明的先生和太太们，听完她们所唱的《义卖歌》和所做的抗日募捐宣传后，纷纷捐出银元、铜元或钞票，以表爱国之心。

②《战袍歌》

1938年下半年，石柱女校学生全员开展为前线抗日将士缝棉衣、缝棉背心、缝慰问袋、慰问手巾、慰问包、慰问针线包和做棉鞋活动。他们或利用白天课外活动时间，或利用晚上时间做这些针线活。全校师生一边做针线活，一边齐唱《战袍歌》，歌词全文为："中华民族生存的战争在开战，中华男儿勇敢地上前线，东北的山高、风大、雪厚、冰坚，战袍啊战袍，要结实、轻暖，中华儿女们全体动员起来赶、赶裁、赶缝线。"②

2. 抗日救亡朗诵词

长枪烈马冲向前①

（朗诵词）

是男儿救国不计年，日寇已侵入中原，

从戎快马祖生鞭，长枪烈马冲向前！

---

① 中国人民政治协商会议石柱土家族自治县委员会文史工作委员会编：《石柱文史资料》第10辑（内部发行），1989年8月版第92页。
② 中国人民政治协商会议石柱土家族自治县委员会文史工作委员会编：《石柱文史资料》第10辑（内部发行），1989年8月版第95页。

谁强谁健？谁胜谁先？

功名休说上凌烟②，待克敌归来，

重画桑渔田③。

作者：陈文楷，1922年出生于一个富裕家庭，石柱县马武乡（今马武镇）人。1937年入县立农职读书，1938年10月加入中国共产党，毕业后以教书为掩护进行革命活动，1946年因病去世。

提供单位：石柱县档案馆

流传地区：石柱县南宾镇

搜集时间：1986年8月25日

注释：

① 这首《长枪烈马冲向前》（朗诵词）是作者于1939年2月为《石柱血汗周刊》所写的稿，后用作毕业誓词。

② 凌烟，即凌烟阁，本为唐朝皇宫一面小楼，唐太宗李世民为怀念一起打天下的24名功臣，命画家阎立本将这些功臣像画在凌烟阁上面，由书法家褚遂良题字。后世以"上凌烟"作为博取功名的代称。

③ 渔田，即捕鱼耕田。

3. 抗日救亡顺口溜

血战台儿庄①

（顺口溜）

台儿庄在北方，日本倭寇发了狂，

飞机大炮乱轰炸，妄图强占台儿庄。

中国军民有骨气，不忘抗战的主张，

团结一心打鬼子，不怕流尽最后一滴血，

誓死保卫台儿庄。

前方后方团结紧，军民扭成一根绳，

不怕流血和牺牲，保住领土台儿庄。

作者：金玉凡，1909年出生，石柱县西沱乡（今西沱镇）人，1928年加入中国共产党，任西沱党支部宣传委员，1930年参加共产军，任警卫营政委，后以教书为掩护从事地下工作。

---

① 这首《血战台儿庄》（顺口溜）摘自中国人民政治协商会议重庆石柱土家族自治县委员会文史资料委员会编《石柱文史资料》第20辑（内部资料），2009年9月版第109页。

提供人：金明惠，女，1916年出生，石柱县南宾镇人。1938年7月加入中国共产党，曾任中共石柱县南宾女校党支部组织委员。

流传地区：石柱县南宾镇等地

搜集时间：1985年6月20日

注释：1938年5月28日，作者在地下党办抗战宣传专栏第一期报道台儿庄战况时，编成这首顺口溜并刊出。

4. 抗日勇士胡永绩两封慷慨激昂的诀别信

胡永绩，石柱县桥头乡人，曾在石柱县农职校读书。抗日战争爆发后，面对日寇大举入侵中国，为挽救国家和民族的危亡，他主动请缨成为义勇壮丁，奔赴前线杀敌。面对穷凶极恶的日寇，他表现出"宁为战死鬼，不做亡国奴"的大无畏英雄气概，与日寇展开殊死的斗争。以下两封诀别信是抗日勇士胡永绩于1939年写给父母和弟妹的。这两封诀别信的影印件由石柱县政协文史委收藏。

（1）致父母。

最亲爱的父母亲：

不孝的儿子于伟大的抗日战争爆发后，就与你们分别，到今天已是两年多了。不孝的儿子是为了挽救国家的危亡，谋中华大国各民众的生存，才与你们分别，走上抗敌的大道，参加救亡团体。现在是国家至上，民族至上，要先有国，而后才有家。亲爱的父母亲，不孝儿子到今天决心与你们长别了。请不要留念你这个无用的不孝儿子永绩。父母亲，不孝的儿子死了是很光荣的，是为了打日本鬼子，才与你们分别来到这杀日本鬼子的团体。儿子死了，请你们不要留恋，因为你儿子是为了杀敌而出来的。父母亲，你们看鬼子的飞机，天天来到我国轰炸，我国大后方同胞，有许多还没有看见日本鬼子是个什么样子，就被那惨无人道的炸弹炸死了。被炸死的青年老少同胞，不知有多少！父母亲，你看自抗战以来，很多有钱的，有本事的，有学问的青年人死了，无用的儿子去战死了，你一点也不要留恋，还要请你们叫二弟参加抗敌团体，不要死读书了，快快来拿起枪杆与鬼子拼命，继续不孝儿子的打日本鬼子的精神志气，将来把国家复兴起来，能在世界独立生存，我国民族能在世界得到平等的地位。那时，你无用的儿子虽死了，但我也能安心地作为一个不孝鬼。亲爱的父母，一个人生在社会，死是常事，请你们不要留恋，我明天就要到战场去，决心与敌人拼死，这封信是你儿子来的最末一封信，请你们好好保存，作将来把日本打退了时的纪念。

父母亲，你们责任可算是完全尽到了的，已把你的儿子养大了的。你的儿子是为国家死了的，请不要留恋。父母亲，你们安心吧，安心吧，不孝的儿子别了，别了，长别了！父母亲，请你安心，安心，安心吧！不孝的儿子是宁为战死鬼，不做亡国奴的！好了，好了，二世再与亲爱的父母当儿子，再报抚育之恩。

别了，你儿子是安心的去死了。

敬祝

安心，不要留恋！

不孝的儿子永绩抄于九月二十日

（2）致弟弟妹妹。

最亲爱的弟弟妹妹们：

你哥哥自从参军以来，已是两年多了。可说是为了求国家的独立自由、求民族的平等，才参加这伟大的为世界和平的中日战争。你们看那无人道的日本鬼子，强占了我们多少土地，惨杀了多少同胞，但鬼子终究是要被我们消灭的，最后胜利总归我们的。你的哥哥今决心与可爱的弟弟妹妹们长别了，请弟弟妹妹不要留恋了，你的亲哥哥是为了国家民族而死的。兄死后，望你们快快地把本领学好，加入抗敌的最前线，来见你哥哥的灵魂吧！弟弟妹妹们，决要你们继续你哥哥杀敌的志向，把鬼子打出中国去，使中国能永久独立于世界，以后子子孙孙不受外人的压迫，那时，你哥哥虽死在阴间，也能安心瞑目的。弟弟妹妹们，决请你们不要留恋吧！你哥哥死后不安心的，就是怕你们不继续杀敌，把日本鬼子打出中国去。弟弟妹妹们，请你们告知父母同二叔二娘，决请他们不要留恋。……弟弟妹妹们，想你们早知道国家至上民族至上，我死后还有你们来继续杀敌。

弟弟妹妹们，请你们永远记着你的哥哥是民国二十六年阳历9月18日（即古历八月十六日）的晚上，带了本区义勇壮丁50余名到县府参加抗敌团体，中日战争是在二十六年的七月七日卢沟桥发生的，弟弟妹妹，请你们永远记着吧！哥哥死后还有不安心的，就是把本区的壮丁同志带出来后，没有与他们同死在一处。自万县分别后，也不知他们在哪个部队，只我一个人在这里，死了是个单独的战死鬼。

弟弟妹妹们，哥哥最后托你们一事，我死后，请你们时时安慰父母及二叔二娘，尤其是祖父母更要常常安慰。

亲爱的弟弟妹妹们，别了，别了，长别了，二世再做同胞兄妹吧，哥马上上沙场了！请不要留恋。

胞兄永绩亲抄
九月二十日 西安

抗日勇士胡永绩这两封慷慨激昂的决别信一直由勇士胡永绩的胞弟胡永贵收藏。70多年过去了，今天我们再读他的这两封决别信，仍能深深地被打动。这两封决别信，特别是勇士胡永绩在决别信中请求父母"叫二弟参加抗敌团体，不要死读书了，快快来拿起枪杆与鬼子拼命，继续不孝儿子的打日本鬼子的精神志气，将来把国家复兴起来，能在世界独立生存，我国民族能在世界得到平等的地位"以及对弟妹"你们快快地把本领学好，加入抗敌的最前线""继续你哥哥杀敌的志向，把鬼子打出中国去""哥哥死后不安心的，就是怕你们不继续杀敌"等悲壮激烈的发自内心的临终嘱托言辞，是启迪当今国人继承勇士遗志、齐心振兴中华的珍贵资料。

四、解放战争时期县内各类红色文化资源

（一）革命遗址、烈士墓、陵园类红色文化资源

1. 黄草坪战斗遗址及烈士墓

黄草坪战斗遗址及烈士墓位于石柱县三星乡观音村黄草坪，为纪念黄草坪大战及革命烈士而建的战斗纪念碑及烈士墓。它由纪念碑、烈士墓、石坝和战斗遗址组成，其中纪念碑、烈士墓及石坝通长19.35米，宽10.08米，墓葬坐东向西，石围圆形封土，封土直径2.85米，高1.30米，总占地面积100平方米；烈士墓四周绿树环绕，岗林合抱，为游击队与国民党战斗之地，面积约有20亩。

1948年10月，国民党石柱、丰都两县县府召开联防会议，决定合力"围剿"石、丰边游击区，以剿灭石、丰两县的中共地下党组织。中共川东南岸工委和中共石柱县特支召开战前军事会议，对打响全面游击战争和反围剿作战做了具体部署。1948年12月5日，川鄂边区反"围剿"游击战争全面展开。当天，石、丰边区游击大队在地势险要的两边岩设伏，首战告捷。12月6日至7日，石南区游击大队连续攻克三星、都会两乡。8日，石、丰边区游击大队打下湖海乡公所。石柱县长程友民向重庆行辕主任朱绍良呼救。朱绍良命令南川、巴县、武隆、涪陵、长寿、丰都、垫江、梁平8县清剿指挥所指挥官樊龄调兵遣将前去"围剿"川鄂边区游击队。10日凌晨，樊龄亲率丰都、石柱二县两个警察中队，八、九两个专署保安队和重庆第二警察总队两个连等1 300多人扑向石柱县三星乡黄草坪，在黄草坪布下战场。战斗从10日凌晨打响，"敌人凭借精良武器，多次向游击队发起猛烈进攻，都被英勇善战的游击健儿击退。战斗坚持了两天一夜，打死

打伤敌人 50 余名"①，取得了辉煌战绩。游击队在伤亡 4 人的情况下，因弹药不足，主动按计划实施了转移。

2. 平息桥头土匪暴乱遗址

平息桥头土匪暴乱遗址位于石柱县桥头镇桥头村和马鹿村高丫组敬老院。老桥头场已淹没，遗址总分布面积约 15 000 平方米。现烈士墓搬迁于桥头镇马鹿村高丫组敬老院。1950 年 2 月 15 日（农历腊月二十九日）凌晨五时许，潜伏的国民党残余制造了震惊川东的桥头"腊二九"土匪暴乱。

在原国民党区长佘德瑜和中统特务陈益寿的精心策划下，土匪头子谭绍奎、王成炳、毛世玉、余万富等率匪众 800 余人，包围了桥头区公所，向桥头发起进攻。区公所 38 名干部战士和县大队一中队与土匪展开激战，解放军战士左汉春、刘福元、刘洪恩及征粮队员马宽德、一中队战士谭正兴英勇牺牲。2 月 16 日凌晨，解放军 108 团两个连及炮兵、县大队一个中队，火速抵达桥头剿匪，土匪被击溃。在强大的军事追剿和政治攻势下，土匪纷纷缴械自新，匪患得以平息。

3. 石柱县革命烈士陵园②

石柱县革命烈士陵园位于石柱县城南宾路东侧狮子堡上，建于 1984 年，总面积为 2.2 万平方米，其中墓区面积为 673 平方米。屹立堡顶的烈士纪念碑高 14 米，碑座为正方形青石平台，前后嵌有大理石，上刻纪念碑序和建造日期。碑身为钢筋混凝土结构，水磨石面。碑面为黑色大理石，前后刻有四川省人民代表大会常务委员会副主任马识途手书的"革命烈士纪念碑"和"革命烈士永垂不朽"15 个大字。碑后半坡处为革命烈士公墓。园内建有革命烈士事迹陈列馆和两座古式亭阁。

（二）革命标语、口号类红色文化资源

1. 1948—1949 年在石柱县及丰都等县由地下工作者书写或张贴的标语及口号

（1）开仓济贫！

（2）男女平等！

---

① 中国人民政治协商会议石柱土家族自治县委员会文史资料委员会编：《石柱文史资料》第 19 辑（内部发行），2004 年 10 月版第 100 页。
② 此目内容摘自石柱县志编纂委员会编：《石柱县志》，四川辞书出版社，1994 年版第 535 页。

（3）民族平等！

（4）保卫华侨！

（5）保护外侨！

（6）中国万岁！

（7）人人有饭吃！

（8）人人有房住！

（9）人人有书读！

（10）人人有事做！

（11）国民党必亡！

（12）共产党必胜！

（13）毛主席万岁！

（14）废除苛捐杂税！

（15）改善职工生活！

（16）不怕日本侵略！

（17）否认卖国外交！

（18）废除中美商约！

（19）中华民族万岁！

（20）保护正当工商业！

（21）美军撤出中国去！

（22）中国共产党万岁！

（23）准许坏人戴罪立功！

（24）打倒独裁者蒋介石！

（25）共产党是代表人民的！

（26）中国人民解放军万岁！

（27）打倒反革命的蒋介石！

（28）打倒蒋介石才有饭吃！

（29）打倒蒋介石才有衣穿！

（30）打倒蒋介石才有屋住！

（31）打倒蒋介石才能和平！

（32）打倒蒋介石才有独立！

（33）打倒内战祸首蒋介石！

（34）打倒横征暴敛的蒋介石！

（35）打倒屠杀人民的蒋介石！

（36）解放区是人民的总后方！

（37）实行三大纪律八项注意！

（38）解放军不拿人民一针一线！

（39）打倒贪官污吏及土豪劣绅！

（40）打倒蒋介石，建立新中国！

（41）打到南京去！活捉蒋介石！

（42）打倒背叛政协决议的蒋介石！

（43）打倒破坏停战协定的蒋介石！

（44）毛泽东是中国人民的大救星！

（45）蒋介石是代表贪官土豪劣绅的！

（46）打倒美帝国主义的走狗蒋介石！

（47）审判战争罪犯，赔偿人民损失！

（48）消灭特务机关拿钱杀人的凶手！

（49）打倒蒋宋孔陈，没收官僚资本！

（50）知识分子联合起来为人民服务！

（51）种地者有地种，耕田者有田耕！

（52）国民党士兵不要替贪污士绅打仗！

（53）国民党士兵分田废债，耕者有其田！

（54）国民党员脱离孙中山的叛徒蒋介石！

（55）彻底、干净、全部消灭蒋介石匪军！

（56）中国人民联合起来反对美帝国主义！

（57）人人有集会、集社、言论、出版的自由！

（58）国民党统治区的人民武装起来分田废债！

（59）东亚人民联合起来反对美帝国主义侵略！

（60）联合世界上以平等待我之人民共同奋斗！

（61）工农商学兵联合起来，建立反蒋的统一战线！

（62）解放军是人民的军队！人民需要翻身参加解放军！

（63）解放区实行土地改革，增加生产，厉行节约，支援前线！

（64）各人民团体，各民主党派联合起来，组成民主联合政府！

作者：上述标语及口号系 1948 年 7 月由中共南方局统一印发和传达

提供人：秦光顺，1927 年农历 5 月 18 日出生，忠县蒲家乡人。1946 年参加地下革命活动，1948 年 2 月加入中国共产党，任蒲家区委交通员、独立中队副队长。

流传地区：石柱县及丰都等县有地下工作者活动的地方

2. 解放军在石柱县悦来镇古城坝砖屋墙壁上书写的"毛主席万岁！"标语

古城坝"毛主席万岁"标语位于石柱县悦来镇新城村古城组古城坝村民陈发兵的砖屋墙壁上，为石灰横向书写"毛主席万岁 唐山支队宣"字样，宋体，标语通长 2.59 米，宽 0.7 米，其中大字 0.6×0.5 米，距地高 2.21 米，标语字迹模糊部分脱落。所在的农房面阔四间 18.5 米，进深两间 13.7 米，建筑占地面积 253.45 平方米。此标语为中国人民解放军唐山部队（即第四野战军 42 军 124 师）解放石柱经过古城坝砖屋时书写的。1949 年 11 月 17 日唐山部队从湖北利川出发，当日解放黄水，当天下午，解放军先遣部队抵达悦来场宿营。18 日解放军大部队从黄水前来攻占悦来场，部队途径古城坝向当地群众进行革命宣传时书写此标语。

3. 新中国成立之初石柱县境内剿匪标语、口号①

（1）庆祝西南解放，庆祝人民胜利！

（2）彻底消灭国民党反动残余匪帮！

（3）剿灭特务土匪，巩固人民的胜利！

（4）坚决剿灭土匪武装，为民除害！

（5）剿灭特务土匪，才能安居乐业！

（6）剿灭特务土匪，才能发展生产！

（7）安定社会秩序是人民的最大利益！

（8）搞乱社会秩序者是人民的公敌！

（9）协助政府剿匪，人人有责！

（10）不让土匪裹走一条枪！

（11）不让土匪抢走一颗粮！

（12）坚决剿灭土匪，保卫人民的食量！

（13）乡保武装要保卫地方治安，为民立功！

---

① 这些剿匪标语、口号摘自中共石柱土家族自治县委党史研究室、政协石柱土家族自治县委文史委员会编：《石柱文史资料》第 11 辑（内部发行），1989 年 11 月版第 61~62 页。

(14)当土匪是死路一条！

(15)严惩罪大恶极的反革命分子！

(16)执迷不悟的特务匪首，必须缉拿归案法办！

(17)允许胁从分子悔过自新，戴罪立功！

(18)拖枪投诚者奖！

(19)报告匪情者奖！

(20)捉拿匪首归案者奖！

(21)向剿匪部队致敬！

(22)向剿匪死难烈士及其家属致敬！

(23)为被害人民复仇！

(24)中华人民共和国万岁！

(25)中国人民胜利万岁！

(26)中国人民领袖毛主席万岁！

(27)中国共产党万岁！

以上剿匪标语、口号是由中共川东区党委宣传部统一拟定的，在石柱县境内各处张贴，在各种活动中宣传、使用。

(三)革命歌曲、歌谣、先烈遗诗、斗争对联类红色文化资源

1. 革命歌曲、歌谣

1946年，石柱县立中学音乐教师、地下党员兰河同志在学生中教唱《不要打了》《古怪歌》《流水怨》和《五块钱的钞票》等进步歌曲，抨击国民党统治的腐败。"兰河还通过采风创作了《民主花儿开》和《太阳出来喜洋洋》等民歌。民国三十六年（1947年）元旦，在县民众教育馆举办的音乐晚会上，兰河夫妇以青年农民夫妇的角色演唱《农村对唱》，揭露国民党发动反人民内战"①的罪行。

解放战争开始后，国民党政府通过向人民群众征收繁重的苛捐杂税来维持反共反人民的内战，不断加重对人民的盘剥，甚至强拉壮丁，逼得百姓妻离子散，家破人亡。1947年10月，中共石柱地下县委为充分激发群众的斗争热情，发动群众开展"抗丁、抗粮、抗捐"和"反美反蒋"斗争，他们用通俗的语言，为群众编写、教唱"抗丁歌""抗粮歌""抗捐歌""农家苦""分田歌""打老蒋""好消息"等革命歌曲、歌谣。

---

① 石柱县志编纂委员会：《石柱县志》，四川辞书出版社，1994年版第524页。

1948年11月，中共川东南岸工委副书记秦禄廷贯彻落实上级指示精神，在石柱县境内、川鄂边区广泛发动群众，组建游击队，建立游击根据地。他通过向人民群众教唱《抗丁歌》《秋风儿》，自编自谱《一同打倒蒋介石》《分田废债花鼓词》等歌谣的方式，鼓舞人民群众起来开展武装抗丁，投身"三抗"斗争。

总之，解放战争时期，石柱县境内流行的有代表性的革命歌曲、进步歌曲及歌谣有：

（1）抗丁抗粮抗捐歌曲、歌谣。

① 农民头上三把刀[①]

（抗丁抗粮抗捐歌谣）

农民头上三把刀，壮丁粮款逼倒要。
苛捐杂税多如毛，整得农民难撑腰。

作者：不详

流传地区：石柱县三根树乡等地

② 夫妻对唱[②]

（抗丁歌）

妻：为啥子，你整天不快活？一个人愁眉苦脸，一句话也不说，家事你不管，庄稼也不做，饭不吃，茶不喝，夜晚睡不着，究竟是为哪个？快快对我说。

夫：这几天，我心头实在难得过，打内战，抽壮丁，保长说抽中了我。当兵打内战，我实在不愿意，孩儿他妈，想想我，怎么不着急？田地无人耕，还要去杀自己人。

妻：你说的话，真是有道理，打日本，当兵去，打死我愿意。不知啥道理，要自己打自己？孩儿他爹，不能去！硬是不能去！一家人吃和穿，完全指望你。

夫：穷苦人，何时才能止？八年来，打日本，出尽钱和米。听说胜利了，心里多欢喜。哪知道内战起，又要当兵去，一家人自残杀，实在没道理。

合：穷人们，别受骗，快快擦亮眼睛，看清楚本质。蒋介石要独裁，内战的根源在这里。官僚和地主，他们是一家子，狼狈勾结在一起，专把百姓剐。穷苦老百姓，快快组织起，齐心打倒反动派，我们自然得安宁。

[①] 这首《农民头上三把刀》歌谣摘自曾祥义等编《川鄂边游击队》，四川人民出版社，1988年版第483页。

[②] 这首《夫妻对唱》摘自中国人民政治协商会议重庆石柱土家族自治县委员会文史资料委员会编《石柱文史资料》第20辑（内部资料），2009年9月版第129~130页。

③ 秋风儿①

（抗丁抗粮抗捐歌）

听吧！一个青年妇女在人静的秋夜，倚门望着沉沉的远方悲伤的倾诉：

秋风儿呀，凉又凉啊，一风吹进我的房，

房内冷清清，我郎被拉丁，

丢下公婆儿女们，无人来照应，饥寒逼死人。

汪保长呀，黑良心啊，抓我丈夫去当兵，

丢下庄稼无人种，田地没人耕，

一日两顿吃不饱，锅灶冷冰冰，何时吃三顿？

王乡长呀，心毒狠啊，抓丁逼款又拉夫，

苛捐多如毛，杂税乱似麻，千年理不伸，

人人难逃生。

张县长呀，似阎王啊，搜刮民财又抢粮，

狼狈勾结土劣绅，宠起土匪抢百姓，

坐地分赃抽上份，穷人难活命！

穷人们呀，莫悲伤啊，救星就是共产党，

领导人民闹革命，反丁又抗粮，

打倒蒋介石，人民得翻身，大家喜洋洋。

作者：不详

提供人：李志彦，1927年12月3日出生，丰都县崇实乡人，现居于石柱县南宾镇。抗战时期曾任丰（都）石（柱）边区游击大队第四中队长，1947年12月加入中国共产党。新中国成立后历任县大队一中队长、西沱区区长等职。

流传地区：石柱县原大柏和三根树乡（今均属下路镇）等地

搜集时间：1986年10月18日

搜集整理人：向超等

注释：以上《夫妻对唱》《秋风儿》两首抗丁抗粮抗捐歌曲均为地下党和游击队发动群众时所教唱之歌。

---

① 这首《秋风儿》摘自中国人民政治协商会议重庆石柱土家族自治县委员会文史资料委员会编《石柱文史资料》第20辑（内部资料），2009年9月版第130~131页。

④ 拉丁啷个办

　　（抗丁歌谣）

听说要拉丁，逢人就说信。

壮丁躲进门，大家都欢迎。

凡是年轻人，不要坏良心。

随时防备住，赶场用女人。

果真来捉丁，比点脚杆劲。

万一跑不赢，假装满赞成。

官长把话训，不要信为真。

当面表现好，有机就逃跑。

开去打内战，趁投解放军。

作者：邵容光，1918年1月出生于贵州省思南县。1939年1月加入中国共产党后在贵州、重庆石柱等地从事地下革命斗争，曾任中共石柱县特支宣传部长。

流传地区：石柱县临溪乡（今临溪镇）等地

⑤ 大家一齐来抗丁

　　（抗丁民谣）

穷人当兵打内战，绳索捆绑去当丁。

爹娘妻儿哭相送，壮丁心里似刀刺。

哪有心思去作战，日夜都想回家园。

打内战来害百姓，大家一齐来抗丁。

作者：不详

提供人：罗德顺，1918年出生，石柱县下路乡（今下路镇）人。1940年加入中国共产党，解放战争时期曾任中共三星乡支部负责人、石南游击大队副大队长等职。

流传地区：石柱县三星乡、下路乡等地

搜集时间：1983年9月20日

搜集整理人：向超等

注释：这首《大家一齐来抗丁》（民谣）是地下党用来发动群众的歌谣之一。

⑥ 派款啷个办①

（抗捐歌谣）

开会摊派款，一定要到场。

款子有多少，浮派不认黄。

凡是大款子，应该找绅粮。

绅粮遭不起，联合扯一趟。

有人来催款，做些假过场。

逼得太紧了，把住几回挡。

手续要清楚，防止算倒帐。

保长是绅粮，出款要一样。

作者：不详

流传地区：石柱县三根树乡、下路乡、三星乡等地

⑦ 杀老蒋②

（抗丁抗粮抗捐歌谣）

蒋介石你太混账，卖国独裁打内仗，

拉丁拉夫派军粮，银钱谷米被刮光，整得百姓饿断肠。

毛主席呀共产党，办法主张真正强，

领导人民反老蒋，江北一带都解放，快要建立新中国。

老百姓呀快起来，拿起刀枪上战场，去杀老蒋！

杀！杀！杀！舍出生命干，干！干！干！

把这世道来扭转，打倒蒋介石，中国事情人民办。

作者：不详

流传地区：石柱县

（2）揭露、抨击时弊歌谣。

① 黄泥路上③

黄泥路上没牛羊，黄泥路旁田地荒。

---

① 这首《派款啷个办》歌谣摘自曾祥义等编《川鄂边游击队》，四川人民出版社，1988年版第492页。

② 这首《杀老蒋》歌谣摘自曾祥义等编《川鄂边游击队》，四川人民出版社，1988年版第495~496页。

③ 这首《黄泥路上》歌谣摘自曾祥义等编《川鄂边游击队》，四川人民出版社，1988年版第488~489页。

老母望儿嫌日短，妻子望郎悔恨长。

孩子们呀，夜夜在床头哭，只哭得空喊爸爸苦叫娘。

苦呀苦呀，听说是鬼子兵已经投降，为什么还要拉丁去打仗？

只许官家享清福，啊依呀嗬，不让百姓得安康。

穷人们呀，只有团结起来，叫那些贪官污吏没有好下场。

穷人们呀，只有团结起来，叫那些贪官污吏没有好下场！

作者：不详

流传地区：石柱县

② 薪水是大活宝①

薪水是大活宝，想和物价来赛跑，

物价一天涨一天啊，薪水半年赶不到，

公教人员啷开交哟，看他怎么活得了？

年老爹娘要活命，幼小的孩儿要喝饱，

自己偶然生了病，哪有能力来照料？

活不了呀活不了！富人还在哈哈笑，

可恨可恨真可恨！这样的日子快改变，

这个世道必改造，好的日子才来到。

作者：不详

提供人：郎林山，1925年出生，石柱县三星乡人。1947年2月参加地下革命活动，任石南游击大队队员，1949年4月加入中国共产党。

流传地区：石柱县三星、金彰等乡

搜集时间：1985年6月14日

搜集整理人：向超等

注释：这首《薪水是大活宝》是地下党、游击队用来发动群众的歌谣。

③ 菜里少放一点盐②

（啰儿调）

今年不能舍（此处及下文，"舍"皆为语气助词），比往年哟喂，

---

① 这首《薪水是大活宝》歌谣摘自中国人民政治协商会议重庆石柱土家族自治县委员会文史资料委员会编《石柱文史资料》第20辑（内部资料），2009年9月版第164~165页。

② 这首《菜里少放一点盐》歌谣摘自中国人民政治协商会议重庆石柱土家族自治县委员会文史资料委员会编《石柱文史资料》第20辑（内部资料），2009年9月版第168~169页。

■ 渝东南民族地区红色文化资源的调查、开发与利用研究

菜里少放吗啰儿啰，一点盐哟喂。

生活好比舍，过刀山哟喂。

一步不稳吗啰儿啰，碰刀尖哟喂。

一两盐来舍，一两金哟喂，

少放盐来吗啰儿啰，少花钱哟喂。

菜里无盐舍，不要紧哟喂，

只要能下吗啰儿啰，糙米饭哟喂。

糙米饭菜舍，味道淡哟喂，

再淡也比吗啰儿啰，生活咸哟喂。

我的天爷舍，发了狂哟喂，

天天还要吗啰儿啰，打内战哟喂。

大家一齐舍，来反对哟喂，

快快停战吗啰儿啰，民安宁哟喂。

④ 锅儿早已冷起了[①]

（啰儿调）

这个年头舍，不得了哟喂，

百姓天天吗啰儿啰，吃野蒿哟喂。

粮款还要舍，逼到要哟喂，

锅儿早已吗啰儿啰，冷起了哟喂。

板凳上儿舍，打一捶哟喂，

家家户户吗啰儿啰，断了凳（顿）哟喂。

谷子包谷舍，借不到哟喂，

生活无着吗啰儿啰，啷开交哟喂。

心焦又有舍，什么用哟喂，

大家快快吗啰儿啰，起来搞哟喂。

打富济贫舍，反"清乡"哟喂，

穷人才会吗啰儿啰，活得了哟喂。

[①] 这首《锅儿早已冷起了》歌谣摘自中国人民政治协商会议重庆石柱土家族自治县委员会文史资料委员会编《石柱文史资料》第 20 辑（内部资料），2009 年 9 月版第 170~171 页。

作者：上述两首"啰儿调"的作者不详

提供人：余大河，1918年3月8日出生，石柱县大柏乡（今下路镇）人。1940年4月加入中国共产党，曾任丰（都）石（柱）边区区委书记兼游击大队长。

流传地区：石柱县原大柏乡、三星乡及丰都县江池等乡镇

搜集时间：1985年4月15日

搜集整理人：向超等

⑤ 活不了①

要吃饭吃不起，要穿衣穿不起，

要点灯点不起，要住房子呀住不起。

要生娃儿喂不起，死人棺材买不起，

要做庄稼做不起，一句话呀活不起。

一季大春交老板，二季小春还账去，

剩点豌豆和小麦，是顾穿还是顾吃？

生活像涨水呀，一浪高过一浪啊，

活不了呀活不了，拿来啷啊啷开交。

活路有一条呀，只有大家起来搞，

拿刀枪，搞革命，打垮老蒋才会活得了！

作者：不详

提供人：秦泽远，1928年12月29日出生，石柱县原华丰乡（今属南宾镇）人。1948年2月加入中国共产党，任中共三星党支部委员、石南游击大队中队长。

流传地区：石柱县三星、临溪等地

搜集时间：1985年7月13日

搜集整理人：向超等

⑥ 苗家苦②

太阳出来红啊，月亮出来黄，

苗家要出头，摆脱苦和愁，

好比月亮赶太阳，一年赶不上……

---

① 这首《活不了》歌谣摘自中国人民政治协商会议重庆石柱土家族自治县委员会文史资料委员会编《石柱文史资料》第20辑（内部资料），2009年9月版第142页。

② 这首《苗家苦》歌谣摘自曾祥义等编《川鄂边游击队》，四川人民出版社，1988年版第485页。

好比月亮赶太阳，越赶越赶不下场！

忙得腰酸骨头痛，到头来没有一颗粮。

苗家要自由，苗家要解放，

我们当了兵，我们出了粮，

为什么别人来享受，把我们丢一旁，

为啥子国家事，不让我们讲……

作者：不详

流传地区：石柱县三星乡、临溪及原栗新乡等地

⑦ 农民真辛苦

劳动人民真辛苦，吃的红苕和包谷。

裤子烂了没布补，哪里谈得上民主和幸福。

作者：不详

流传地区：石柱县

（3）地下党、游击队发动群众歌谣。

① 山那边好地方[①]

山那边好地方，一片稻田黄又黄，你耕田来我织布，屋里谷子堆满仓。

大鲤鱼满池塘，织新布做衣裳，年年不会闹饥荒。

山那边好地方，穷人富人都一样，你要吃饭得做工，没人与你当牛羊。

老百姓管村庄，讲民主爱地方，大家快乐喜洋洋。

作者：不详

提供人：岑正川，1930 年出生，丰都县长坡乡人，以务农为生。

流传地区：石柱县原金彰和三根树乡、丰都县长坡乡等地

搜集时间：1983 年 7 月 15 日

搜集整理人：向超等

注释：这首《山那边好地方》是 1948 年-1949 年间地下党领导的丰（都）石（柱）边区游击大队用来宣传、发动群众的歌谣之一。山那边，当时是指解放区。

[①] 这首《山那边好地方》歌谣摘自中国人民政治协商会议重庆石柱土家族自治县委员会文史资料委员会编《石柱文史资料》第 20 辑（内部资料），2009 年 9 月版第 189 页。

② 打垮那老蒋[1]

想起庄稼佬，没呀没得祥。
吃穿都没有，日子实在苦，
寒风吹进屋，身上冷起霜。
捉去把兵当，前方打内仗，
为的是哪样？大家团结起，
打垮那老蒋，人民才安康。

作者：不详

提供人：谭仁珍，1921年出生于农民家庭，石柱县六塘乡人。1948年12月加入石南游击大队第六中队当战士，1949年5月参加攻打洗新乡政府，新中国成立后以务农为生。

流传地区：石柱县六塘乡、原栗新乡（今属沙子镇）

搜集时间：1982年6月27日

搜集整理人：向超等

注释：这首《打垮那老蒋》是地下党、游击队用来宣传、发动群众的歌谣之一。

③ 拿起刀枪来反抗[2]

秋风凉，秋风凉，冷风吹进我的房，
房内冷清清，事事引心伤。
可恨那老蒋，抓我丈夫打内仗，
留下我女娘，田地没人耕。
老板来退佃，公婆没人养，
生活无着去讨口，饿死在路旁。
女儿难养卖他乡，骨肉分离哭断肠。
丈夫一去无音讯，死活谁人知？
妻子没法活下去，只好上吊寻短见。
这样死去不值得，眼下出路有一条，

---

[1] 这首《打垮那老蒋》歌谣摘自中国人民政治协商会议重庆石柱土家族自治县委员会文史资料委员会编《石柱文史资料》第20辑（内部资料），2009年9月版第201页。

[2] 这首《拿起刀枪来反抗》歌谣摘自中国人民政治协商会议重庆石柱土家族自治县委员会文史资料委员会编《石柱文史资料》第20辑（内部资料），2009年9月版第202页。

要想不当丁，大家捆一团，

拿起刀枪来反抗。

作者：林吉安，又名林成泰，1908年出生于农民家庭，石柱县原栗新乡（今属沙子镇）人，1948年参加革命，1949年3月加入中国共产党，任石南游击大队第四中队长。

提供人：林永仁，1929年出生于农民家庭，石柱县卷店乡（今属沙子镇）人，1948年6月加入石南游击大队第四中队任队员。

流传地区：石柱县原栗新乡（今沙子镇）、洗新乡等地

搜集时间：1983年2月29日

搜集整理人：向超等

注释：这首《拿起刀枪来反抗》是1948年-1949年间作者为发动群众而作。

④ 游击队冲锋歌[1]

冲！冲！冲！向前冲！

我们是游击队战士，打仗要英勇。

不怕敌人飞机炸弹火力猛，

不管敌人的一切武器占上风，

我们只管冲，往前冲！

我们只管往前攻，消灭蒋匪配合总反攻，

战犯特务一个不留。

为人民，为我们民族求解放，

谁说我们游击队不是英雄！

作者：秦玥廷，1920年7月26日出生，石柱县三星乡人。1940年1月加入中国共产党，以教书或打入国民党乡政府任职为掩护，从事地下工作。历任中共三星乡党支部书记、石南区委书记兼游击大队长。

提供人：周万才，1920年出生，石柱县金彰乡人。1947年参加地下工作，为石南游击大队战士。

流传地区：石柱县三星乡及原金彰、原栗新乡等地

搜集时间：1984年3月12日

搜集整理人：向超等

---

[1] 这首《游击队冲锋歌》摘自中国人民政治协商会议重庆石柱土家族自治县委员会文史资料委员会编《石柱文史资料》第20辑（内部资料），2009年9月版第217页。

注释：这首《游击队冲锋歌》是作者于1948年春为鼓舞游击队而作。

⑤ 讽刺王陵基[①]

解放军，真能干，打进四川大巴山。
王陵基，心头酸，各部官兵涼了胆。
这时老蒋又不管，要想抵抗难上难。
看看四川要完蛋，没有办法跑台湾。
跑台湾，去逃难，想保生命和财产。
蒋老大，不耐烦，痛骂混蛋王灵官。
一天只是吃长饭，好似造粪机一般。
四川被你葬送还，这里哪能把身安。

作者：不详

流传地区：石柱县三根树乡等地

2. 革命先烈遗诗

（1）自作牛马罪难容

满街鹰犬闹哄哄，问人何故不随从；
受人欺骗情可原，自作牛马罪难容。

（2）生是共产党的人

生是共产党的人，死是共产党的魂；
枪毙怕什么？只要主义真！

作者：秦耀文，壮族，1919年10月3日出生，广西阳朔县人。1945年参加革命，1947年2月由中共南方局派到石柱县开展革命工作，是年11月加入中国共产党，历任中共石柱县特支、石柱县委组织部长，1949年11月29日在丰都县被敌人杀害。

提供人：秦禄廷、秦淑惠（女）。秦禄廷，化名秦家漠，1912年6月8日出生，石柱县三星乡人。1938年12月加入中国共产党，以江池小学为掩护从事地下工作，先后任中共石柱县委候补委员、川东南岸工委副书记、中共石柱县特支书记等职。秦淑惠，女，1931年出生，忠县蒲家乡人。1947年参加地下革命工作，任蒲家区联络站联络员。

[①] 这首《讽刺王陵基》歌谣摘自曾祥义等编《川鄂边游击队》，四川人民出版社，1988年版第493页。

流传地区：石柱县三星、临溪及丰都县城、忠县蒲家乡等地

搜集时间：1983年3月25日

搜集整理人：向超等

注释：

①《自作牛马罪难容》的写作背景：这首遗诗是秦耀文于1947年3月在湖北利川县太平镇以教书作掩护从事革命活动中，见少数人随从国民政府辱骂地下党时，而作此诗来教育人的。

②《生是共产党的人》的写作背景：1949年临近解放时，秦耀文在蒲家乡场被捕，在丰都县城关押时，经受住严刑拷打，严守组织秘密，被枪杀前写下这首遗诗。

3. 对敌斗争对联

（1）清白传家①

上联：爸买醋缸，兴创帷庭，阎王召见，悲呼悲呼，先死他杂种；

下联：妈卖咸菜，丕振家声，和尚幽会，幸哉幸哉，才生我龟儿。

作者：谭登炳等人。谭登炳，1921年10月出生，石柱县南宾镇人。1938年10月加入中国共产党，以后以教书为掩护从事革命工作。

提供人：李平渊，1919年12月出生，石柱县南宾镇人。1938年6月加入中国共产党，以教书和打入伪政府任科员为掩护从事革命活动。

流传地区：石柱县南宾镇

搜集时间：1987年2月15日

注释：1946年春节，由作者等人模仿中统特务马培国笔迹写成此副对联，贴在自卫总队副总队长黎道湘大门上，挑起敌人内部矛盾，引发一场"狗咬狗"的枪战。

（2）告老还乡②

上联：无福居官都缘懒——客气；

下联：立身处事不要钱——赌咒。

作者：谭登炳、李平渊等人

---

① 这副《清白传家》对联摘自中国人民政治协商会议重庆石柱土家族自治县委员会文史资料委员会编《石柱文史资料》第20辑（内部资料），2009年9月版第233页。

② 这副《告老还乡》对联摘自中国人民政治协商会议重庆石柱土家族自治县委员会文史资料委员会编《石柱文史资料》第20辑（内部资料），2009年9月版第234页。

提供人：秦尔增，1920年出生，石柱县南宾镇人。1938年11月加入中国共产党，以教书为掩护从事革命工作。

流传地区：石柱县南宾镇

搜集时间：1987年2月25日

注释：1946年，作者在写"清白传家"对联的同时，又模仿黎道湘的笔迹撰写此对联贴在与中统特务、建设科长陈益寿关系密切的何某家门上，从而挑起一场狗打狗的枪战，最终造成一死一伤。

第四节 彭水苗族土家族自治县各时期各类红色文化资源

一、党的创建至大革命时期县内各类红色文化资源

（一）革命纪念地类红色文化资源

贺龙同志德政碑及怀龙亭

贺龙同志德政碑原立于彭水县郁山镇栅子门前左侧的怀龙亭内，占地40平方米。碑为石质长方形，高1.83米，宽0.99米，厚0.14米；碑座高0.33米，长1.10米，宽0.50米。碑上有5行碑文，上款为"恭颂国民革命军陆军第一百六十九旅长贺公云卿之德政"，下款为"彭水县上八乡民众恭立，中华民国十三（1924）年菊月中浣"，中书"德媲宗韩"4个大字，字径长各0.30米，为颜体阴刻，有唐人古风。

贺龙同志于1922年5月至1924年7月率领国民革命军陆军第一百六十九旅驻防彭水县郁山镇期间，治军极严。其亲表弟、连长阎俊臣因强奸民女、偷捕民鸡2只，被贺龙当众正法；黔军团长周曰庠割据县城，强娶民女为妾，敲诈勒索民财，无恶不作，被贺龙逮捕枪决。贺龙还不遗余力地关注地方生产建设及青少年之成长。彭水县上八乡民众不忘贺龙同志德政，于1924年9月立碑于郁山镇栅子门。但其碑于1939年被国民党的别动队所毁。彭水县政府根据群众要求，按原碑风貌及字体对其复制还原，于1984年春移树于郁山镇文化站内。

（二）革命领袖事迹类资源

1. 贺龙大义灭亲

20世纪20年代初，四川军阀混战不止，盗匪猖獗，民不聊生。为救民于水火，孙中山于1922年春派石青阳由湘西入四川组织军队与北洋军阀作战，贺龙便率领剿匪部队跟随石青阳入川，任川东边防军警备旅旅长。此后，贺龙率部转战、驻防渝东南民族地区的涪陵、彭水、黔江、酉阳、秀山等地。1923年夏，贺龙率部在彭水郁山镇驻防。

一天，贺龙命所部一连连长、其亲表弟阎俊臣率全连士兵去彭水长滩乡的二峰关协助当地民团剿匪。阎俊臣骁勇善战，很快剿灭了匪患。阎俊臣率所部返回郁山镇途中，宿营寒棚坳，连部驻扎在饶朋轩家中。当晚，阎俊臣不守军纪，持手枪登楼强奸了饶家年轻貌美、尚未出阁的闺女。"饶闻知阎是贺龙部下的一个连长，忍气吞声，自认倒霉，但心里总感到委屈。他到彭水县城，同亲戚、团练局长童雨时叙说此事。童即日返回郁山，去旅部拜访贺龙。"①贺龙从童雨时处得知表弟阎俊臣强奸民女一事后，异常气愤，立即令阎俊臣前来查证、核实。阎俊臣在事实面前无法抵赖，只好如实招供。经核实无误后，贺龙即刻请来郁山镇各界人士，当众宣布阎俊臣之罪行，毫不犹豫地向传令兵发出"吹号集合，枪毙阎俊臣"②之命令，阎俊臣吓得魂不附体，不停地磕头求饶。贺龙对阎俊臣说："我只认军法，不徇私情，你违犯了我军的纪律，罪有应得！"③全军集合完毕后，贺龙一声令下，阎俊臣被绑赴龙王庙山门外的郁江河畔当众正法。

贺龙处决表弟阎俊臣一事很快传遍彭水各地，彭水县境无处不传颂贺龙旅长以民为重、治军严明、大义灭亲的故事。

2. 贺龙捐资兴办彭水"城北女子学堂"

1922年夏，贺龙从涪陵率川东边防军警备旅移师驻防彭水县城，旅部住在城内的清代建筑摩云书院。当时，彭水地区歧视妇女的现象特别严重，县城仅有的两所学堂都是男校，女子不能入学。为了改变这种状况，贺龙常到县府谈论此事，建议筹办女子学堂，解决女子入学问题。但当时的县知事和教育局长都强调有客观原因，议而不决，贺龙的愿望和意见未能实现。

---

① 中共四川省涪陵地委党史工委编：《贺龙在川东南》，解放军出版社，1988年版第259页。
② 中共四川省涪陵地委党史工委编：《贺龙在川东南》，解放军出版社，1988年版第259页。
③ 中共四川省涪陵地委党史工委编：《贺龙在川东南》，解放军出版社，1988年版第259页。

1924年夏的一天，贺龙找到时任彭水县的县知事徐子和、县教育局长秦晓湄等人再次建议在县城办个女子学堂，并表示如果经费困难，"我来个抛砖引玉，先捐400元（银元），你们去筹办，好吗"①。徐子和、秦晓湄两位国民党官员拍手赞成，并与贺龙同志一起研究决定将摩云书院作校址，建立一所女子学堂。贺龙十分高兴，当即提笔写了一张"捐赠400元大洋作专门兴办女子学堂之用"的捐款凭条，责成秦晓湄局长去贺龙的旅部军需处支取。

在贺龙的亲切关怀和支持下，在彭水各界开明人士的监督、援助下，彭水历史上第一所女子学校"城北女子学堂"于1925年春在摩云书院正式开学，第一任校长为孙子云（又名孙汝翌）。此时，贺龙已率部移军湖南。秦晓湄、孙子云二人及时将"城北女子学堂"建成招生的喜讯函告了贺龙，并代表女校全体师生对贺龙旅长的关怀和资助表示衷心感谢。1934年，贺龙同志率领红三军路过彭水时，曾专门到"城北女子学堂"参观，并给学生作报告，还在女校操场上召开了群众大会。

二、土地革命战争时期县内各类红色文化资源

（一）革命遗址、烈士陵墓类红色文化资源

1. 红三军司令部汉葭遗址

红三军司令部汉葭遗址位于彭水县城汉葭镇十字街东200米处。遗址为一座具有民族风格的清代建筑，一楼一底，全木结构，坐南朝北，为四合院格局，四周为砖石围墙，占地1 080平方米，现存正殿、前殿、厢房、前过厅。整个建筑布局紧凑、严谨而又玲珑明亮，至今尚保留着原来之格局。1934年5月，贺龙、关向应等同志率领红三军攻克彭水县城后，司令部即设在此处。红三军在彭水期间，镇压反动官吏，开仓济贫，砸县牢，释放无辜受害群众，遣散被红军俘虏的白军士兵，印制《红三军告湘、鄂、川、黔人民书》等宣传品，开展了打土豪分田地等革命活动。新中国成立后，此遗址划为公房，由县中药材公司使用至今。当年红三军在县城及周边10余个乡境内留下了众多革命遗址及革命文物，可惜其大部分没有保存下来，唯独县城汉葭镇的红三军司令部遗址得以完整幸存，实属不易。1983年3月，彭水县人民政府将"红三军司令部汉葭旧址"列为县级重点

---

① 中国人民政治协商会议彭水苗族土家族自治县委员会文史资料研究委员会编：《彭水文史资料选辑》第1辑（内部发行），1985年12月版第13页。

文物保护单位。1984年2月，全国人大常务委员会副委员长廖汉生同志亲笔题写了"红三军司令部旧址"8个大字。

2. 绿荫轩和南渡沱红军渡口旧址

绿荫轩旧址位于彭水县城南端。据旧《彭水县志》记载，绿荫轩为北宋诗人黄庭坚谪居黔州（治在汉葭镇）（公元1095—1098年）时所首建。此轩坐落在乌江东岸峭壁之巅，与摩围诸峰隔江相望。原建筑为四出飞檐，雕花门楹，有矮栏可倚凭。门棚悬黄庭坚手书"绿阴轩·山谷题"楷体匾额一方。轩下摩崖刻石计有黄庭坚手书"绿阴轩·山谷题"六字，楷体阴刻，保存较完好。1934年5月，贺龙同志率领红三军从黔江县长途奔袭彭水，在这里全歼守敌刘湘之川军21军达奉刚旅下属鲜少华营，夺取绿荫轩，打开进入县城的交通要道，一举攻克彭水县城。

绿荫轩下面的乌江渡口名曰南渡沱，1934年5月，贺龙率领红三军攻克彭水县城后，于此强渡乌江去黔东开辟革命根据地，群众便称之为"红军渡口"。该渡口位于乌江东崖，在渡口处乌江东岸的峭壁上镌有清代咸丰年间彭水县正堂题留的"兴设义渡，利济行人，往来过渡，不取分文"字样。1949年11月，刘、邓大军摧毁国民党军宋希濂部构筑的"乌江防线"后，在此渡江向重庆进军。离绿荫轩不远处，有保存完好的当年刘伯承、邓小平同志下榻的旧居，可供瞻仰。1983年3月，彭水县人民政府将"绿荫轩""南渡沱红军渡口旧址"列为县级重点文物保护单位。1984年，刘全初手书的竖排阴刻行书"红军渡"3字刻于渡口东岸巨石上，字径长0.8米。

3. 烈士陵墓

（1）彭济民烈士墓。

彭济民烈士墓位于彭水县靛水乡张家坝村梅家岩北1公里处。该墓坐北朝南，长方形封土，占地25平方米，墓长2.9米，宽1.5米，高1.7米。台基高1.2米，宽4.3米。彭济民（1902—1928），男，原名昭泽，靛水乡何家沟茶蜡湾人，早年就读于川东师范学校，1923年加入社会主义青年团，1923年任教于涪陵第四中学，1925年回到彭水县立高等小学任教，担任中共彭水县委第一任书记，领导农运、军运工作。1928年9月，被黔军团长宋醒杀害，葬于此地。1984年，彭济民烈士墓迁葬于彭水县城汉葭镇烈士陵园。

（2）刘伯容烈士墓。

刘伯容烈士墓位于彭水县砂石乡方红村香树坝。该墓坐西向东，长3.04米，宽1.8米，高1.95米，用不规则石块砌成，占地50平方米。刘伯容（1902—1932），男，又名刘世禄，彭水县砂石乡（今普子镇）马家营人，1926年在川东联立师范学校读书时加入中国共产党。1927年春，刘伯容从重庆返回彭水，经地下党员彭济民推荐，在彭水县"城南校"以教书作掩护秘密从事革命工作，是中共彭水党组织创立人之一。1930年3月，他参与筹划对国民党22军第5师（向时俊部）的策反工作，因敌军头目反水告密，策反工作失败，霍恂、向希平等中共彭水县委主要负责人均被敌人杀害，他幸免于难。此后，他在本县普子坝重建中共彭水县委，任县委书记，并在龙射、太原乡等地组织和发动武装斗争。1932年9月，他在从事革命活动时，不幸在龙射场被敌军包围逮捕，惨遭杀害。1984年10月，彭水县人民政府将其遗骸迁入县烈士陵园，并立碑彰显其英雄事迹。

（二）革命刊物、布告、传单、标语、口号类红色文化资源

1. 中共彭水地下党组织创办的油印刊物《连珠炮》

第一次国共合作中后期，在彭水出现了由熊寿征（彭水团务局长）、阴朗仙（曾任县知事）、罗汝觉（县财政科长）、孙琴舫、王子林、王石友（曾任县知事）、徐明钦（县教育局长）、王绍尧（清末秀才）组成的"八人团"反动劣绅团伙。"八人团"成员一贯依附于军阀、官僚，在彭水呼风唤雨，势力很大，他们从不承担缴纳捐款的任务，反而将军阀、官僚应承担的重捐、烟款全部强加在劳苦大众身上。1927年秋，彭水地下党组织决定采用口诛笔伐的方式与"八人团"展开斗争，于是创办了彭水抗捐抗款、宣传进步思想的刊物《连珠炮》。《连珠炮》是一份油印刊物，由霍恂、彭济民、刘伯容等中共地下党员组稿和执笔，以艾定九为主编，不定期出刊。共产党人纷纷撰稿，揭露军阀、官僚及土豪劣绅的阴暗、腐朽和罪恶。《连珠炮》相继刊登霍恂、彭济民、刘伯容等人撰写的文章，针对"八人团"剥削人民大众的劣迹，不断进行揭露和斗争，《连珠炮》显示了强大的舆论威力，提高了广大彭水人民的政治觉悟和革命热情。1928年秋，因形势恶化，《连珠炮》被迫停刊。

2. 红三军在彭水印制的布告

中国工农红军第三军司令部布告——宣传苏维埃要点①

（1934 年 5 月 8 日）

红军的任务是在川、黔、湘、鄂一带创办苏维埃区域，实现中华苏维埃共和国，向宪法而斗争，兹将苏维埃要点慎重宣布如下：

一、推翻帝国主义，驱逐帝国主义出中国，争取中国民族独立。

二、打倒卖国、祸国殃民的地主资产阶级的国民党政权。消灭剥削和压迫民众的保甲制度。

三、建立工、农、兵代表会议的苏维埃政权。

四、没收地主阶级及大财产（主）的土地，为贫农、中农平均分配。

五、取消国民党一切苛捐杂税。

六、增加工人工资，实行八小时工作制。

七、保护商店和往来行商。

八、分给士兵的土地和发给回家的路资。

九、解散敲诈民众、剥削民众的团防武装。

这份红三军司令部的布告，是 1934 年 5 月 8 日红三军于彭水县德昌元石印铺印制的。

3. 红三军在彭水印发的传单

中国工农红军的任务和纪律②

（1934 年 5 月 11 日）

我们中国工农红军就是苏维埃的军队，也就是工人、农民自己的军队。红军的任务就是为推翻帝国主义、国民党政权而战斗，为了土地归农民而战斗。因此，红军完全拥护工人、农民的利益。

军队的纪律：第一，不拉夫，不扣船，请人带路，雇船过河，均应给工钱。第二，不筹款，不派捐，不收税，不要群众办招待。第三，除了没收豪绅地主粮食财产，发给群众和供应外，红军不拿群众一针一线。坚决反对白匪军和土匪领袖焚烧房屋和抢劫民众财产的做法。第四，借了门板、稻草、锅、碗要还原处，

---

① 这份红三军司令部的布告内容摘自中共四川省涪陵地委党史工委编：《贺龙在川东南》，解放军出版社，1988 年版第 370 页。

② 这份红三军传单的内容摘自彭水县志编纂委员会编纂：《彭水县志》，四川人民出版社，1998 年版第 682~683 页。

损失了要赔偿。我们驻军的人家，老百姓吃我们的饭。第五，不准进人家内屋，坚决反对白军调戏妇女和强奸妇女的现象。第六，保护商人营业，保护商船和行商，买卖照等价。第七，保护学校教员、学生及一切文化机关与庙宇祠堂。第八，保护邮电局和局差的安全。第九，不乱杀人，除了为群众所深恶痛绝的官吏豪绅，绝对不准逮捕和杀戮工农民众。第十，解除了武装的白军，发给路费回家，并且保护军阀部队中下级军官及士兵的家属财产。

中国工农红军第三军政治部印发
五月十一日

按：红军到上岩西乡是在1934年5月10日（即保存此件文物的社员李基全回忆中说的阴历三月二十七日），红军侦察员在这以前就把这张传单给了李家。传单上印的这个时间，指的是上年的5月11日，还是1934年翻印时有意把时间推后，待查。

1934年5月，红三军准备离开彭水县城向贵州方向进发前，已提前派出红军侦察员沿途侦察。1934年4月下旬，一名红军侦察员路过彭水贲家坝上岩西乡岩嘴村在村民李基全家借宿时，向李基全介绍红军是革命的队伍、是人民的子弟兵，向他讲解革命道理，并送给他这张《中国工农红军的任务和纪律》传单。不久，红三军到了黄家坝，李基全耳闻目睹到红三军爱民亲民、秋毫无犯之实情，对红三军十分敬仰，于是将这份传单放入专装契约和生辰八字的小木箱里珍藏下来，直到1975年才献给彭水县红军文物征集组。这是一份以红三军政治部名义印发的传单，是红三军在彭水县城德昌元石印铺印制的。原件是用16开青皮纸和红油墨油印而成，竖排楷书，字迹工整清晰，文字周围饰有花边，标题为"中国工农红军的任务和纪律"。原件存于四川省博物馆。

这张传单以通俗易懂的文字阐明了红军的性质、宗旨，详细颁布了红三军的10条纪律，它再现了当年红三军与广大人民群众之间的鱼水之情，是一份难得的人民军队早期革命历史文物。

4. 红三军在彭水县城书写张贴的标语、口号

1934年5月6日，贺龙、关向应率领4 000多名红三军指战员从黔江县马喇湖出发，渡过阿蓬江，连夜奔向彭水县桑柘坪。8日，红三军先头部队攻破彭水县周边守敌之防御，进军至彭水县城统境关附近。接着，红七师直扑县城，全歼守敌鲜少华营，俘敌近400人。红三军攻占彭水县城后，搜捕地方反动官吏，打开监狱，释放无辜群众。当日，贺龙在接待彭水县商会主席等商界代表时说："你们是知道我的，我们同工商界人士是朋友。红军的政策是保护工商业的，不但不没收你们的东西，还要保护你们哩！即使我们需要买什么东西，也会照价付钱的，绝不会损害你们的利益。"①贺龙希望他们照常开店营业。代表们都说红军政策英明。

为了宣传红军的政策，红三军印发了《告湘鄂川黔人民书》和《中国工农红军的任务和纪律》，并组织红军宣传队的战士提着石灰桶，在街道两旁的房屋板壁上书写、张贴以下革命标语、口号：

（1）"打倒蒋介石卖国贼！"

（2）"打倒刘湘！"

（3）"打倒贪官污吏！"

（4）"打倒买办阶级！"

（5）"打土豪分田地！"

（6）"红军是干人的队伍！"

（7）"红军不拉夫，不派款！"

（8）"红军爱护老百姓！"

（9）"穷人不还富人钱！"

（10）"保护来往经商！"

（11）"保护商业贸易！"

（12）"保护学校！"

（13）"红军优待俘虏，不搜包，不打骂，倒包盘缠送回家！"

（14）"工人农民团结起来！"

（15）"解放中国工农民众！"

（16）"拥护苏维埃政权！"

（17）"打倒帝国主义！"

（18）"欢迎白军士卒参加红军！"

通过上述宣传活动，向彭水老百姓表明共产党的政策和工农红军的性质、任务和纪律，进而赢得了民心。

---

① 重庆市老区建设促进会：《重庆革命老区》（内部编印），重庆市老区建设促进会组织编撰，2009年版第337页。

5.《红色中华》对红三军占领彭水婺川綦江正安等县的报道

红二军团占领彭水婺川綦江正安等县

上海来电：我红二军团自占领彭水后，继续在南川綦江一带活动。另一部则向黔边发展，已进至正安、后坪等县。上海日报载，婺川均被我军占领。又据天津大公报息，綦江及黔边之正安、后坪，被我二军团占领，声势浩大。而富顺、江安、宜宾各地之工农群众，纷纷起来活动，响应红军。

（载《红色中华》1934年6月12日）

注：

① 《红色中华》是中华苏维埃临时中央政府的机关报，于1931年12月11日创刊。

② 此时（1934年6月）红二军团的番号早已改为红三军。1931年3月，根据中共湘鄂西特委的决议，贺龙率领的红二军团的番号改为红三军，下设红七师、红八师、红九师，由贺龙任军长、周逸群任政委。

（三）革命歌谣、留言条类红色文化资源

1. 彭水革命老区红色歌谣

1934年5月8日，红三军攻占彭水县城后，人民群众欢喜无比，纷纷编写歌谣，传唱至今。这些歌谣既表达了彭水人民群众的欢喜之情，也记录了他们对贺龙和红三军广大指战员的深切怀念。

（1）贺龙来打彭水县①。

五月八日这一天，贺龙来打彭水县。

白军营长鲜少华，逃葬乌江鱼腹间。

流传地区：彭水县

讲唱人：佚名

收集人：佚名

（2）谁知红军这样好②。

硬说红军来了不得了，

---

① 这首《贺龙来打彭水县》摘自湘鄂川黔苏区革命文化史料汇编编辑组编《湘鄂川黔苏区革命文化史料汇编》，中国书籍出版社，1995年版第338~339页。

② 这首《谁知红军这样好》摘自湘鄂川黔苏区革命文化史料汇编编辑组编《湘鄂川黔苏区革命文化史料汇编》，中国书籍出版社，1995年版第339页。

谁知红军来了这样好。

早知是这样，我才不该跑。

流传地区：彭水县

讲唱人：佚名

收集人：佚名

（3）红军攻进彭水县①。

红军攻进彭水县，拨开乌云现青天。

活捉团练宁建城，穷苦千人笑开颜。

流传地区：彭水县

讲唱人：佚名

收集人：佚名

（4）贺龙红军真正好②。

贺龙红军真正好，为民撑腰打土豪，

分田分地又济贫，子子孙孙忘不了。

流传地区：彭水县

讲唱人：佚名

收集人：佚名

（5）建设新中华。

马列入华夏，湘赣开红花；

红花会井冈，越开花更壮；

穷人笑呵呵，豪绅最害怕；

围也围不住，花种四处发；

开遍全神州，百花朵朵拔；

消灭蒋介石，建设新中华。

流传地区：彭水县

讲唱人：佚名

收集人：佚名

---

① 这首《红军攻进彭水县》摘自湘鄂川黔苏区革命文化史料汇编编辑组编《湘鄂川黔苏区革命文化史料汇编》，中国书籍出版社，1995年版第339页。

② 这首《贺龙红军真正好》摘自湘鄂川黔苏区革命文化史料汇编编辑组编《湘鄂川黔苏区革命文化史料汇编》，中国书籍出版社，1995年版第373页。

2. 红三军红七师机炮连一排给苗族老人黄学珍的留言条

在北京中国革命军事博物馆里，陈列着一张红三军红七师机炮连一排给苗族老人黄学珍的留言条，上面写着：

老板：

我们吃了你半坛咸菜，几根大葱，烧了几根柴。共补你黄豆六升。

红七师机炮连一排条

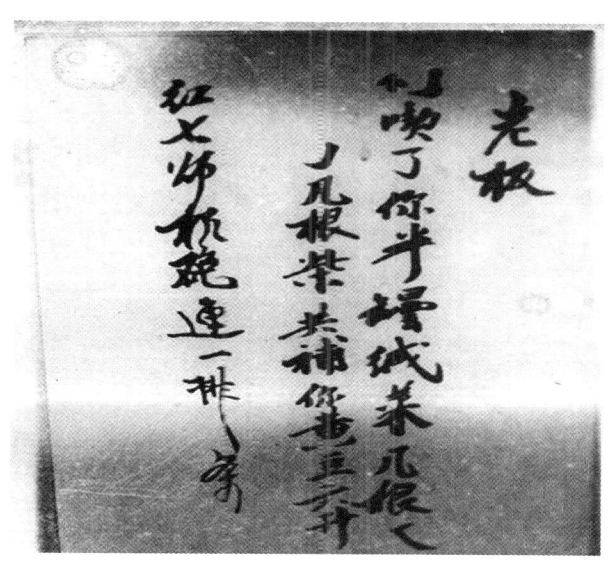

图 1　红三军留言条①

这件珍贵的革命文物，是当年红三军严格执行军纪，保护人民群众利益的历史见证。1934年5月，贺龙、关向应率领红三军攻克彭水县城后西渡乌江，向黄家坝（现彭水县黄家镇）挺进。黄家坝一带的人民群众因误信国民党的反动宣传，多逃进深山躲避起来。红三军在黄家坝休整5天后继续向贵州方向进军，外逃的老乡才相继返回家中。只见红军住过的地方，房前屋后均打扫得干干净净，缸里挑满了水，圈里喂饱了猪。红军将所吃的粮菜、烧掉的柴火都折成大洋或实物，附上留言条子，放在民房醒目的地方。苗族老人黄学珍（曾误为黄堂珍）返回家后看到了红军放在咸菜坛子上的这张留言条，非常感动，便将此留言条珍藏在门神后面。此后，每逢新年都由老人黄学珍亲手来换门神。这样，年复一年，这张红三军留言条便完好无损地保存下来。原件现存于北京中国革命军事博物馆。

---

① 这张"红三军留言条"照片来源：重庆党史网 http://www.redsa.com.cn/html/2009-03/24/content_4005525.htm

三、抗日战争时期县内各类红色文化资源

(一) 革命遗址类红色文化资源

中共中央南方局彭水郁山镇天华炼油厂联络处遗址

中共中央南方局彭水郁山镇天华炼油厂联络处遗址位于彭水县郁山镇阎家坪。遗址占地1 440平方米，长180米，宽80米，现存部分台基。

全面抗战开始后，为了解决汽油、煤油、柴油短缺之难题，1941年初，渝东南民族地区的党组织引进渝东北万县大华炼油总厂之工艺，利用渝东南民族地区盛产桐油这一有利条件，相继兴办了大华炼油总厂的石柱分厂、彭水天华炼油厂、涪陵新华炼油厂。这些炼油厂是在周恩来直接指示下、由党的地下组织创建的。天华炼油厂的厂址在彭水县郁山镇阎家坪，于1940年11月动工兴建，1941年初正式投产，厂长范新度（又名范伯川）、工程技术人员郑石型均是地下党员，这里自然便成为中共中央南方局的一个地下联络处。"天华"等渝东南各地的炼油厂作为中共中央南方局的地下联络处、经济据点，不仅为党组织提供了资金，同时也为地下党组织的发展开拓了更多的活动地区，它们安排、隐蔽、保护了陈道远（即陈野萍）和刘大震等大批党内同志，生产出了抗战急需的代汽油，对于发展后方交通运输、支援抗战作出了应有的贡献。

(二) 抗日阵亡将士纪念碑类红色文化资源

彭水县郁山镇"抗日阵亡将士纪念碑"

1940年冬，彭水县郁山镇人民群众开展了热火朝天的为前方抗日将士捐送寒衣的募捐活动。募捐委员会从募集的捐款中抽出数百元（银元）开始在郁山镇状元堡修建"抗日阵亡将士纪念碑"。1941年元旦，郁山镇状元堡"抗日阵亡将士纪念碑"正式落成。纪念碑的碑文由郁山镇县二小（郁山小学）教师焦本群撰写。碑的正面为"抗日阵亡将士纪念碑"9个大字，落款为"国军一一八师××团团长李敬先题"。碑的其他三面分别为一一八师政训室题的"永垂不朽"、黔彭联中校长于右生题的"还我河山"以及163后方医院院长张定谋所题的字。此碑在"文化大革命"中被毁。

(三) 抗日社团、文化组织类红色文化资源

1. "彭水抗日义勇军敢死队"

"九一八"事变后，日寇得寸进尺，于1932年初大举进攻上海，"一·二八"

事变爆发。在这国家有难、民族危亡时刻，彭水苗族土家族自治县的热血男儿纷纷向县政府、国民党县党部报名，一致要求到东北、到上海前线去抗日杀敌。在群众要求抗日的呼声中，1932年4月，在县长何树乔、彭水驻军团长石照益等筹备、协助下，数日间，自愿报名参加义勇军者达40多人。作为国民党彭水县党部领导人之一的郭林舫也踊跃报名加入义勇军并直接参加组织挑选工作。凡是有家庭负担、身体有疾病或为独生子者均被郭林舫耐心说服后留下，最后组建成了一支25人的"彭水抗日义勇军敢死队"，郭林舫被选为队长。

"彭水抗日义勇军敢死队"成立后，彭山县城各机关、各民众团体和不少士绅、巨商及群众自动为"敢死队"捐赠路费，共捐路费达650余元大洋。敢死队离彭前夕，彭水各界人士召开了盛大欢送大会，并设宴饯行。在欢送大会上，各界人士代表发言高度赞扬"敢死队"25位勇士的爱国行动与壮举。郭林舫则代表"敢死队"讲话说："我们参加义勇军敢死队，是为了捍卫祖国，收复失地……此去，我们要以身报国，成功光荣，死、伤也光荣。……愿祖国富强、昌盛。"①彭水人民还赠送给"敢死队"一面黄底红字的队旗，大旗上书写着"彭水义勇军敢死队"8个大字。"敢死队"临行之前，彭水"县政府还派专人对25人的亲属进行慰勉，登记，准备日后抚恤工作"②。"彭水抗日义勇军敢死队"的爱国壮举得到了彭水人民的赞扬和崇敬。此后，彭水县抗日救亡运动日渐高涨起来。

2. "彭水抗日童子军"

1938年，彭水的城南校、城北校分别建立了"彭水抗日童子军"，简称"彭水童子军"，直属中国童子军总会。城南校童子军的番号是"中国童子军3627团"，团长为孙恩泽，副团长为张贵清。城北校（即女校）童子军的番号是"中国童子军3628团"，团长为过曾望（安徽合肥人）。童子军的组织、训练均有军事性质，其成员为小学生和初中生，学习内容有纪律、礼节、操法、旗语、结绳、侦察、救护、炊事、露营等。彭水童子军参加集会与集体活动时，必须身穿童子军服，手执童子军棍，携带童子军绳等规定物品。童子军的活动与教学均以抗日为中心，如开展抗日宣传、演出抗日节目、参与抗日募捐、进行防空宣传、维持校内及周

---

① 中国人民政治协商会议彭水苗族土家族自治县委员会文史资料研究委员会编：《彭水文史资料选辑》第1辑（内部发行），1985年12月版第37页。

② 中国人民政治协商会议彭水苗族土家族自治县委员会文史资料研究委员会编：《彭水文史资料选辑》第3辑（内部发行），1987年7月版第2页。

边地区社会秩序等。童子军还在课外活动中开展了队列训练，练习打旗语，学习侦察、结绳、救护、露营等与抗日密切相关的军事活动。

"彭水抗日童子军"除平时操练外，每天清晨都列队进行通城跑步体能训练，沿途高喊"一二三四！""打倒日本！"等短语，归来时齐唱"抗日进行曲"穿城而过。他们的活动对唤醒彭水民众起来参加抗日救亡起到了激励、推动作用。1940年，彭水的城南校、城北校合并成为一所学校后，城北校的"中国童子军 3628 团"的番号便被取消了。此后，"彭水抗日童子军"仍沿用城南校"中国童子军 3627 团"的番号，直至抗日战争胜利。

3."武汉华北学生抗日救亡宣传队"

"武汉华北学生抗日救亡宣传队"（简称"华北宣传队"）隶属于国民政府第三厅，是郭沫若同志领导下的一支抗日宣传队。1938年春，由队长张平化率领的"武汉华北学生抗日救亡宣传队"的一个小分队，按原计划是开赴国民政府第八行政区所辖的酉阳、黔江、秀山一带开展抗日宣传。"当宣传队准备到达黔江县时，第六战区黔江办事处不许前往并指使当地土豪劣绅刁难阻挡，造谣说是共产党派来搞赤化的，不许他们前进，这个小分队只好返回彭水，在彭水开展抗日救国宣传活动。"[①]这支小分队由华北沦陷区的 21 位年轻学生组成，他们在彭水活动了 9 个月。这期间，他们一面在彭水县城江口镇、郁山镇、保家楼等地演出《赵家楼》《放下你的鞭子》《打回老家去》《东北之一角》《古城在怒吼》《亡国奴的牛马生活》《北京失陷》《私斗》等抗日话剧，轰动城乡；一面在县城组织"民众歌咏队"，在郁山组织"青年歌咏队"，并到各学校组织学生宣传队深入乡村开展抗日宣传和募捐。为了给前线抗日将士募集寒衣，这支小分队中的男女队员到码头当搬运工人，在街头巷尾擦皮鞋，将全部收入捐出用作寒衣捐款。"在他们的行动感召下，彭水人民有钱出钱，有力出力，团结一致，为抗日作了不少贡献。"[②]这支小分队还于1938 年秋主办了《彭水日报》，刊登抗战消息。这支"武汉华北学生抗日救亡宣传队"在彭水播下了抗日火种，他们离开彭水后，由他们帮助组建的彭水"民众歌咏队""青年歌咏队""学生剧团"等团体继续开展抗日宣传活动。可见，"武汉

---

① 中国人民政治协商会议彭水苗族土家族自治县委员会文史资料研究委员会编：《彭水文史资料选辑》第 1 辑（内部发行），1985 年 12 月版第 30 页。

② 中国人民政治协商会议彭水苗族土家族自治县委员会文史资料研究委员会编：《彭水文史资料选辑》第 1 辑（内部发行），1985 年 12 月版第 31 页。

华北学生抗日救亡宣传队"在彭水的宣传活动，真正起到了唤醒民众、齐心抗日的作用。

4."彭水学生抗日后方宣传队"

"彭水学生抗日后方宣传队"成立于1939年暑假，由黔彭联中王衡、王渠、王太洲、刘从本、刘从卓、王继胜、李治贤等20多名学生组成。这支"学生抗日后方宣传队"从郁山镇出发，徒步下乡，自己解决食宿，到平天坝、保家楼、羊头铺、白溪、土塘坝等乡场开展抗日救亡宣传。他们在各乡场演出《放下你的鞭子》《当兵去》《送郎参军》《打杀汉奸》等街头抗日剧，演唱《义勇军进行曲》《游击队之歌》《好男要当兵》《大刀进行曲》《流亡三部曲》等抗日爱国歌曲，并向人民群众进行抗日演讲。他们的抗日救亡宣传活动，对唤醒乡村民众起来支援前线抗战起到了积极的推动作用。

（四）抗日报刊、戏剧、漫画、标语、口号类红色文化资源

1.彭水县境内宣传抗日救亡的报刊

（1）国民党县党部创办的《彭水周刊》。

《彭水周刊》约创刊于抗战爆发后的1938年春季，是由国民党彭水县党部书记长吴纵言、委员杨芳等人发起创办的。① 自1942年1月起，《彭水周刊》先后由国民党彭水县党部书记长李启圣、杨桂馨、艾定九主办。《彭水周刊》作为国民党彭水县党部的机关刊物，它既宣传国民党的党务、政纲、政策，也及时地宣传、报道全国军民抗战救亡的新闻消息、抗战事迹、时事短评等。《彭水周刊》的稿件以转载国民党《中央日报》《大公报》上的新闻为主，也刊登一些彭水县地方新闻、彭水地方时事短评之类的稿件。因当时彭水没有铅印条件，国民党彭水县党部便将《彭水周刊》委托给"德昌元"石印出版。"初为旬刊，后改为周刊，四开八版。开始出刊印数较少，后略有增加，均为赠阅性质，没有出售发行，因而发行范围不广。"②

随着《彭水周刊》在县城机关、学校以及各区乡间的广为发行、赠阅，人们

---

① 中国人民政治协商会议彭水苗族土家族自治县委员会文史资料研究委员会编：《彭水文史资料选辑》第3辑（内部发行），1987年7月版第25页。
② 中国人民政治协商会议彭水苗族土家族自治县委员会文史资料研究委员会编：《彭水文史资料选辑》第3辑（内部发行），1987年7月版第25页。

的视野不断开阔,彭水人民了解到了抗日前线、抗战大后方的时局、现状。县内"有的小学还从《彭水周刊》上摘录新闻消息和抗战故事做编辑墙报的内容,作为向小学生进行爱国主义教育材料的依据,一时成了大众喜爱的读物"[1]。《彭水周刊》成为宣传抗战、号召人们起来救亡的有力武器。

1944年5月,《彭水周刊》更名为《新彭水报》,仍由"德昌元"石印出版,每期发行300份。《彭水周刊》更名为《新彭水报》后,加大了对西南地区知识青年踊跃从军抗日等事迹、消息的宣传和报道力度,大大地激发了彭水知识青年从军抗日的热情。《新彭水报》还派专人到彭水县知识青年从军报名处进行采访,"凡当时彭水青年报名后,都作详尽报道,还作个别采访报道,也报道从军青年家长支持儿子,送子从军的新闻"[2]。在《新彭水报》的宣传、鼓舞下,一批批彭水有志青年报名参军抗日,在彭水县掀起了一场知识青年踊跃参军抗日的热潮。第一批报名从军的知识青年很快达到150人左右。1944年冬,第二批报名从军的知识青年达到50人左右,当时在酉阳专区名列第一位。这与《新彭水报》的宣传、鼓舞是密不可分的。1945年8月,日本战败投降后,《新彭水报》完成了它宣传抗日的使命。

(2)"武汉华北学生抗日救亡宣传队"创办的《彭水日报》。

"武汉华北学生抗日救亡宣传队"是于1938年春抵达彭水县的。同年秋,为了号召、动员人们起来抗日救亡,"武汉华北学生抗日救亡宣传队"在彭水创办了以宣传抗日救亡为主要内容的《彭水日报》。《彭水日报》为油印4开,以刊登抗战消息、抗日事迹、抗日故事为主。刊出8期后,移交国民党彭水县政府接办,随即停刊。

2. 彭水县境内宣传抗日救亡的戏剧

彭水县上演抗日救亡戏剧是从"武汉华北学生抗日救亡宣传队"进入彭水境内从事抗日宣传、演出开始的。1938年春,一支由华北沦陷区21名年轻学生组成的"武汉华北学生抗日救亡宣传队"的小分队抵达彭水,在彭水开展了近9个月的抗日宣传、演讲、演出和抗日募捐等活动。这期间,他们或在街头巷尾演出

---

[1] 中国人民政治协商会议彭水苗族土家族自治县委员会文史资料研究委员会编:《彭水文史资料选辑》第3辑(内部发行),1987年7月版第25页。

[2] 中国人民政治协商会议彭水苗族土家族自治县委员会文史资料研究委员会编:《彭水文史资料选辑》第3辑(内部发行),1987年7月版第26页。

街头抗日剧，或在彭水县城江西会馆（现彭水文化馆）戏楼以及郁山镇万寿宫新星大戏院演出大型抗日话剧，不收门票，观众多，影响大。

"武汉华北学生抗日救亡宣传队"小分队在彭水期间，相继演出了《赵家楼》《放下你的鞭子》《打回老家去》《东北之一角》《古城在怒吼》《亡国奴的牛马生活》《流亡三部曲》《北京失陷》《私斗》等抗日话剧，不仅剧目多，内容也丰富多彩。其一是反映日寇在东北犯下"烧光、杀光、抢光"、奸淫掳掠等暴行及其对我东北同胞实施奴化教育方面的剧目。如话剧《东北之一角》淋漓尽致地再现了东北沦陷区在日寇铁蹄下的悲惨境遇，内容丰富，形象逼真。其二是反映东北人民奋起抵抗、英勇抗日等方面的剧目。其三是反映大后方人民开展抗日救亡活动的剧目。如《放下你的鞭子》，剧情是描写一个卖唱的小姑娘，当唱到东北三省被日寇攻陷时，小姑娘悲痛欲绝、义愤填膺，不愿当亡国奴，再也唱不下去了，大人要她继续唱并用鞭子抽打她，观众被激怒了，纷纷指责那"大人"说："放下你的鞭子！"其四是小分队成员通过深入彭水社会作调查，以彭水人民抗日救亡活动事例为素材，编演有关彭水人民如何觉醒、如何参加抗日救亡等方面的剧目。如小分队根据彭水县存在乡民之间相互仇杀这一案例素材，集体编演了《私斗》这幕话剧，通过剧情启发、教育人民，只有加强国内各民族、各阶层人民之间的团结，才能夺取抗日战争的最后胜利。

在"武汉华北学生抗日救亡宣传队"小分队的带动、影响下，彭水县政府职员及彭水县一校、彭水县女校师生于1938年5月在县城组建了"醒民剧社"，去重庆购买回道具，举办了多次抗日剧公演。他们在"武汉华北学生抗日救亡宣传队"小分队的传授和指导下，编演的抗日话剧《帮助我们的军队》在彭水人民心目中留下了深刻的印象。此后，彭水县的中学和部分小学校便利用毕业、周末或节假日演出抗日话剧，唤醒民众，支援抗战。

3. 彭水县境内的抗日救亡漫画

（1）漫画《工农兵学商一齐来救亡》[①]。

内容：画的是工、农、兵、学、商纷纷拿起锄头、斧头、步枪、钢笔、算盘作武器，打杀日本鬼子的场面。

---

① 中国人民政治协商会议彭水苗族土家族自治县委员会文史资料研究委员会编：《彭水文史资料选辑》第1辑（内部发行），1985年12月版第33页。

画者：武汉华北学生抗日救亡宣传队

年代：1938年春末夏初

地点：郁山镇街头巷尾的墙壁上、学校或庙宇的墙壁上

（2）漫画《抗战到底》①。

内容：画的是中国人民在中国土地上（包括台湾）手持武器，高举胜利旗帜，日本鬼子跪在日本三岛上举着降旗……

画者：武汉华北学生抗日救亡宣传队

年代：1938年春末夏初

地点：郁山镇街头巷尾的墙壁上、学校或庙宇的墙壁上

4. 彭水县境内抗日救亡标语、口号

（1）彭水县境内抗日救亡标语。

①"抗战必胜，建国必成！"②

书写：郁山镇县二小（郁山小学）教师焦本群

年代：抗日战争初期

地点：郁山镇县二小（郁山小学）校门前墙壁上

②"还我河山！""打回老家去！""不做亡国奴，要做自由人！""驱逐倭寇，收复失地！""打倒日本帝国主义！""好男要当兵，好铁要打钉！"③

书写：武汉华北学生抗日救亡宣传队

年代：1938年春末夏初

地点：郁山镇街头巷尾的墙壁上、学校或庙宇的墙壁上

③"团结抗战，争取胜利！""有钱出钱，有力出力！"④

这16个字组成的宣传抗日巨幅标语被刷写在郁山镇太平桥的桥墩上，每个字有两公尺长，一个桥墩上写4个字，十分醒目。

---

① 中国人民政治协商会议彭水苗族土家族自治县委员会文史资料研究委员会编：《彭水文史资料选辑》第1辑（内部发行），1985年12月版第33页。

② 中国人民政治协商会议彭水苗族土家族自治县委员会文史资料研究委员会编：《彭水文史资料选辑》第3辑（内部发行），1987年7月版第60页。

③ 中国人民政治协商会议彭水苗族土家族自治县委员会文史资料研究委员会编：《彭水文史资料选辑》第1辑（内部发行），1985年12月版第32~33页。

④ 中国人民政治协商会议彭水苗族土家族自治县委员会文史资料研究委员会编：《彭水文史资料选辑》第1辑（内部发行），1985年12月版第33页。

书写：武汉华北学生抗日救亡宣传队

年代：1938年春末夏初

地点：郁山镇太平桥的桥墩上。

（2）彭水县境内抗日救亡口号。

①"打倒日本帝国主义！""我们不做亡国奴！""收复失地！""誓死不当亡国奴！"①

这几句抗日爱国口号是武汉华北学生抗日救亡宣传队在彭水县城演出时观众喊出的。

年代：1938年春季

地点：彭水县城江西会馆（今彭水文化馆）戏楼

呼喊者：彭水观众

②"有钱出钱，有力出力！""打倒日本帝国主义！""还我河山！""不做亡国奴！"等口号②

这几句抗日救亡爱国口号是武汉华北学生抗日救亡宣传队在彭水县郁山镇万寿宫演出时观众喊出的。

年代：1938年春末夏初

地点：彭水县郁山镇万寿宫（又名新星大戏院）

呼喊者：彭水观众

③"打倒日本！""团结抗日！""还我河山！"等口号③

这几句抗日爱国口号是彭水县中小学校学生在1938年"双十节"（辛亥革命爆发纪念节日）举行的"提灯游行晚会"中喊出的。

年代：1938年10月10日

地点：彭水县郁山镇

呼喊者：游行的学生、群众

---

① 中国人民政治协商会议彭水苗族土家族自治县委员会文史资料研究委员会编：《彭水文史资料选辑》第1辑（内部发行），1985年12月版第31页。

② 中国人民政治协商会议彭水苗族土家族自治县委员会文史资料研究委员会编：《彭水文史资料选辑》第1辑（内部发行），1985年12月版第32页。

③ 中国人民政治协商会议彭水苗族土家族自治县委员会文史资料研究委员会编：《彭水文史资料选辑》第3辑（内部发行），1987年7月版第74页。

④"打倒日本帝国主义!""中国不会亡!""还我河山!""抗战到底!"等口号①

1940年暑假,在彭水县城读书的长滩乡学生李治贤、李安贤、任树平、阮国贤等回到长滩乡何家沟创办了两个暑期识字班,共计80多名学生学习简单汉字、常用数学,识字班也开设了常识课。暑期识字班结束前,师生们在长滩乡土塘坝乡场举行抗日文艺节目、抗日歌曲、抗日短剧公演,观众达千人以上。这几句抗日救亡口号就是在演出现场由观众、学生共同喊出的。

年代:1940年暑假

地点:彭水县长滩乡土塘坝乡场

呼喊者:长滩乡群众、长滩乡暑期识字班师生

(五)抗日救亡歌曲类红色文化资源

1. 彭水县境内抗日救亡歌曲

(1)彭水县城"城南校"学生在麻油口、靛水坝等乡场演唱的抗日救亡歌曲。

《秋风起》

秋风起,秋风凉,前方将士薄衣裳,我们在后方,多做几件棉衣裳,支援他们打胜仗。②

年代:1940年秋

地点:彭水县麻油口、靛水坝等乡场

演唱者:彭水县城"城南校"学生

(2)彭水县其他地区流行的抗日救亡歌曲。

抗日战争时期,彭水各界民众纷纷投入抗日救亡洪流之中。在郁山、石峡子、蔡家坝、走马岭等地,人们到处传唱着《军民合作》《义勇军进行曲》《游击队之歌》《好男要当兵》《我们在太行山上》《大刀进行曲》《流亡三部曲》等抗日爱国歌曲。

---

① 中国人民政治协商会议彭水苗族土家族自治县委员会文史资料研究委员会编:《彭水文史资料选辑》第3辑(内部发行),1987年7月版第24页。

② 中国人民政治协商会议彭水苗族土家族自治县委员会文史资料研究委员会编:《彭水文史资料选辑》第3辑(内部发行),1987年7月版第23页。

四、解放战争时期县内各类红色文化资源

烈士陵园、陵墓类红色文化资源[①]

（1）汉葭镇烈士陵园。

汉葭镇烈士陵园位于彭水县汉葭镇东山（东门坡）山谷公园内。占地2325平方米，建筑面积452平方米，1967年5月建成。彭济民、崔福堂、袁兴成等27位烈士安葬于此，墓前石碑上刻有烈士姓名及生平事迹。园中有高12.30米五级正方体的烈士纪念馆，底层刻有碑文及134位烈士英名。

（2）郁山镇烈士墓。

郁山镇烈士墓坐落在彭水县郁山镇龙井街，前为319国道，后倚郁（山）走（马）公路，占地66平方米。1950年2月12日，为击退占据郁山镇的匪首张朝阁部而牺牲的解放军某部班长方培德、副班长祁振民、战士田经六安葬于此。同月29日，战士洪小弟病故，亦葬于此。1968年重建时，仅存洪小弟及另一无名烈士墓。两墓前有石碑，刻有碑文。墓前有烈士纪念塔，高4.50米。

（3）石柳乡烈士墓。

石柳乡烈士墓地处彭水县石柳乡石砾村五组，占地48平方米，1953年8月建成。1950年7月20日，在冷竹箐剿匪战斗中负伤而牺牲的解放军某部战士杨克廷、廖义勋葬于此。两墓前有石碑，刻有碑文。竖有烈士纪念塔，高4.80米。

（4）龙溪乡板坊坪烈士墓。

龙溪乡板坊坪烈士墓位于彭水县龙溪乡板坊村，是1950年夏在板坊坪剿匪战斗中牺牲的40多位烈士的合葬墓。占地66平方米，1967年5月建成。

（5）走马乡烈士墓。

走马乡烈士墓位于彭水县走马乡的走马岭，是1950年春夏之交在茶园盖剿匪战斗中牺牲的王传友等5位烈士的合葬墓，墓前有石碑。占地99.60平方米，1976年8月建成。

（6）龙射乡烈士墓。

龙射乡烈士墓位于彭水县张家坝，为1950年1月28日与攻打第二区人民政

[①] 这里7处烈士陵园及烈士墓的数据资料均摘自彭水县志编纂委员会编纂：《彭水县志》，四川人民出版社，1998年版第692～693页。

府的土匪作战中牺牲的薛启俊、周荣兴、周荣华3位烈士的墓，占地39平方米，1984年4月建成。

（7）棣棠乡烈士墓。

棣棠乡烈士墓位于彭水县棣棠乡的花棣棠，占地20平方米，1951年建成。1950年1月28日被土匪杀害的中共彭水第二区区委书记刘祝山、区队长王凤飞、副队长唐继才葬于此。3墓横排，坐南向北，石砌土封，树有石碑。

第五节 黔江区各时期各类红色文化资源

一、党的创建至大革命时期区内各类红色文化资源

歌谣、诗词类红色文化资源

1. 土家族苗族生活歌谣——抓壮丁[①]

（小调）

正月是新春，爹妈把儿生，生下儿子是苦命，长大当壮丁。
鼓打二三更，耳听外面在敲门，必是拉壮丁。
急忙起了床，打开窗子望，手拿棕绳一丈长，来了几杆枪。
开开后门跑，几边来捉到，拖的拖来拉的拉，怎么也跑不掉。
捉到就捆绑，到堂把话讲，千军万马把兵来当，送你到前方。
送到堂屋门，背上背索索，三岁孩子都看我，把当犯人捉。
送到堂屋门，爹娘来讲情，又讲好话又讲情，绳子两边分。
送到大门口，妻子叫住手，牵的牵来抽的抽，抽得血花流。
送到街沿上，儿女哭一场，叫声儿女快长大，为父打前方。
送到田家沟，撞到亲舅舅，亲舅舅你回去莫担忧，衣食各自求。
送到濯河坝，撞到亲戚家，亲戚帮我说好话，还是不放他。
妻子哭哀哀，手里提双鞋，你去当兵永不来，叫我怎下台？
贤妻你请坐，听我把话说，我去当兵受磋磨，你回去要听说。
要由黔江过，背上背索索，乡亲们莫哭我，人人躲不脱。

[①] 中国歌谣集成四川卷编辑委员会：《中国歌谣集成·四川卷》（上册），（北京）中国ISBN中心出版，2004年版第385~386页。

演唱者：胡新山

采录者：肖望洲、田茂发

采录时间：1985年6月

采录地点：黔江区鹅池乡

2. 大革命时期黔江革命诗词

《春兴》一首[①]

谈作霖

国民革命冀成功，旌飐青天白日中。

酒饮黄龙张北伐，火烧赤壁起东风。

柳营战鼓声威壮，花驿征袍血溅红。

天下兴亡皆有责，安危须仗三人翁。

注：谈作霖，黔江石会乡人，中国同盟会会员，曾参加黔江庚戌起义（1911年1月，同盟会员温朝钟在黔江县白石乡凤池山率众起义，攻克县城，史称黔江庚戌起义），后任黔江县教育局长、县参议会副议长。

二、土地革命战争时期区内各类红色文化资源

（一）烈士故居、革命遗址、纪念地、烈士墓类红色文化资源

1. 万涛烈士故居

万涛烈士故居位于黔江冯家坝镇桂花村，距县城22公里处的川湘公路西侧。该故居建于清光绪年间，是一座坐北朝南的四合院，院子四周为砖土结构的围墙。院内分正房、转角、厢房和前厅，中有一天井，总建筑面积1 100平方米，共有房23间，正房东侧第一间为万涛诞生地。故居"后院有一大竹林和果园，四季常绿。故居门前，地势平坦，田连阡陌，放居门口及院中，原各有一株大桂花树，故地名称桂花树"[②]。

万涛（1904—1932），原名万诗楷，号铁民，化名王德，土家族，黔江冯家坝镇桂花村人，是黔江历史上加入中国共产党的第一人，是洪湖革命根据地和湘

[①] 这首《春兴》诗摘自重庆市黔江土家族苗族自治县政协文史资料委员会编《黔江诗词选》（黔江文史资料第11辑）（内部发行），1998年10月版第116页。

[②] 四川省黔江土家族苗族自治县县志编纂委员会编《黔江县志》，中国社会出版社，1994年版第524页。

鄂西革命根据地创始人之一,是红三军政治委员,曾与王明"左"倾机会主义路线作坚决斗争。1932年秋在洪湖地区"肃反"扩大化中壮烈牺牲。

2. 红军革命遗址

(1) 红三军第九师师部遗址。

红三军第九师师部遗址位于今黔江联合镇东门居委会东150米处,原为吴姓住宅。1933年12月,红三军第九师在军长贺龙的率领下,由湖北活龙坪进驻黔江县城,红九师师部及军长贺龙、政委关向应住此7天。遗址坐南向北,呈四合院布局,为青瓦、木结构,单檐悬山式屋顶,穿逗式梁架。遗址占地768.68平方米,建筑面积719.95平方米,有前厅、后堂及素面台基,窗户有浅雕花纹。此遗址为清代建筑,保存完好,现为县级文物保护单位。

(2) "红军树"及水车坪红军革命遗址。

"红军树"位于黔江区水市乡水市村水车坪老街背后的山坡上,是一株200余年的皂角树。水车坪曾为川黔要道上的集镇,是有名的牲畜市场集散地,贺龙曾两次到此买马,将马拴在这棵皂角树上。1934年5月6日,贺龙率领红三军攻打彭水县城,途经水车坪,宿营水市,贺龙又将马拴在这棵皂角树上,并在这棵皂角树下召开誓师动员大会,部署战斗,宣传红军"打富济贫""除暴安良"的革命道理,号召百姓参加红军。次日凌晨,贺龙骑马向皂角树及乡亲们告别。水车坪红军革命遗址南北长40米、东西宽20米;皂角树高10.74米、径长0.92米,覆盖面积达110平方米。1977年8月1日,为了纪念红三军及贺龙同志的光辉业绩,中共黔江县委决定在这棵皂角树下竖碑一座,此碑呈长方形,通高1.81米,素面碑座长1.83米、高0.38米,碑身高1.43米、宽1米。上端横排刻魏体"红军革命纪念地(水车坪)",下端刻碑文简述贺龙、关向应同志率领红三军在此打击土豪劣绅,赈济贫苦农民,宣传革命道理,播下红色革命种子的事迹。同年8月1日,当地村民及学校师生出于对贺龙同志的怀念,捐资为贺龙同志竖立了一座"永垂不朽"的石碑,并正式将这棵皂角树更名为"红军树"。此碑为长方形,通高2.06米,素面碑座长1.4米、高0.26米,碑身高1.8米、宽1米。碑文记述贺龙、关向应率领红三军曾在此地扎营,开展革命宣传活动的经过。1982年11月,经黔江县人民政府批准,"红军树"被列为县级重点革命文物保护单位。1997年8月1日,黔江土家族苗族自治县为"红军树"砌了条石围墙,增厚了土层,在树下竖立了"水车坪红军革命纪念地"碑。

（3）红三军奇袭大路坝遗址。

红三军奇袭大路坝遗址位于黔江南海乡大路村东南500米处的山梁上，遗址东西长15米，南北宽10米。1933年12月22日拂晓，贺龙率领红三军从湖北咸丰县活龙坪出发，在渝东南的黔江与湖北咸丰交界的偏僻小镇大路坝与国民党军展开激战，歼敌一个营。红三军奇袭大路坝首战告捷，这是红三军挺进渝东南打响的第一仗。接着，红三军兵分三路于当日傍晚时分攻进黔江县城。1977年8月1日，中共黔江县委在红三军奇袭大路坝时打响第一枪的大路村东南500米处的山梁上建立了一座"红军革命纪念地"碑。此碑通高2.2米，座高0.72米。碑身高1.48米、宽0.62米、厚0.25米。前面及左右以石围成垣。碑首镌刻"红军革命纪念地"7个大字，阴刻隶书，横排。刻有碑文13行："1933年，中国工农红军第三军在贺龙、关向应率领下，从湖北咸丰水坝出发，抵达大路坝，一举歼灭盘踞在此地的白匪军一个营，为当时攻克黔江城打响了第一仗。"

3. 红军革命纪念地

（1）阿蓬江黄泥坨渡口红军革命纪念地。

阿蓬江黄泥坨渡口红军纪念地位于濯水镇新桥村北1公里处。1934年5月6日清晨，贺龙根据鄂西利川十字路会议决定，率领红三军从黔江马喇湖出发，翻过北溪盖，急行军来到濯河坝，准备渡过阿蓬江去攻打彭水县城。红三军到达濯河坝后，军纪严明，秋毫无犯，并在濯河坝街上打了龚聘卿、龚明礼和一个叫李八老爷的土豪，把这些土豪粮仓里的粮食分给了贫苦农民。农民群众热烈欢迎红三军，组织了50多名船工、17条木船，帮助红三军顺利渡过了阿蓬江。1977年8月1日，中共黔江县委在阿蓬江边黄泥坨渡口处立碑纪念红三军曾在此渡江。此碑高1.43米，宽1米，素面基座，占地9平方米。碑首横刻魏体"红军革命纪念地"7个大字。该纪念地为县级文物保护单位。

（2）马喇湖红军革命纪念地。

马喇湖红军革命纪念地位于黔江马喇镇杉树村西北1公里处，为县（区）级文物保护单位。1933年至1934年，贺龙率领红三军四进马喇湖，打击土豪劣绅，解放贫苦百姓。1977年8月1日，中共黔江县委在马喇镇杉树村西北1公里处，用条石砌成正方形基垣，在其中建立了一座拱形纪念碑。此碑通高2.51米，座高1.08米，碑身宽0.98米。碑首横刻"红军革命纪念地"，下刻碑文"红军第三军在贺龙、关向应同志的率领下，由洪湖苏区来到鄂川边境，开展游击活动，转战于恩施、利川、黔江、酉阳一带，是年十二月二十二日一举攻克黔江城，1934年3-5月间先后四次经过马喇湖，所到之处，狠狠打击土豪劣绅，赈济贫苦农民，宣传革命道理，播下了红色革命种子，故特树碑铭记，永志不忘"。

4. 黄丁山烈士墓

黄丁山烈士墓位于黔江中塘乡中塘村西南300米处，为县（区）级文物保护单位。黄丁山，湖北建始人，由农民武装"神兵"改编入红三军。1933年12月22日，贺龙率领红三军从湖北咸丰县活龙坪出发攻打黔江县城，黄丁山任红军排长，跟随前卫团打先锋，在今黔江区南海乡大路坝与国民党军队激战，黄丁山受伤，在中塘医治无效而牺牲，当时葬于杨家山田埂旁。1977年8月1日，中共黔江县委、县政府将黄丁山遗骸迁葬于今址，其墓占地12平方米，坐西向东，块石砌成长方形封土堆，长3.5米、宽2米、高1.6米。墓前立有一碑，高1.3米、宽0.7米，阴刻"红军烈士之墓"（后改为"黄丁山烈士墓"）。碑文叙述了黄丁山烈士于1933年12月22日跟随贺龙从湖北咸丰县活龙坪出发攻打黔江，在今黔江区南海乡大路坝与国民党军队激战而牺牲的情形。

（二）革命遗物、纪念碑、纪念亭类红色文化资源

1. 黔江境内发现的"川陕苏维埃布币"[①]

这张"川陕苏维埃布币"系1933年布钞"叁串"券，是从黔江文化馆旧图书中拣出来的，票面长16厘米，宽8.4厘米，正面印有"全世界无产阶级联合起来""川陕苏维埃政府工农银行"，背面印有"增加工农生产，发展社会经济"字样。

2. 黔江文化馆馆藏红军遗物

黔江文化馆藏有关于红三军转战黔江时留下的革命遗物，包括瓷盆、陶坛、铜钱、灯盏、羊皮钱箱，还有红军烈士黄丁山墓出土的白色瓷扣5枚。

3. 三元宫"红军革命纪念碑"

三元宫"红军革命纪念碑"位于黔江联合镇城东村西北1.5公里处，为县（区）级文物保护单位。1933年至1934年，红三军在黔江境内活动期间，近千名黔江热血青年参加红三军，走上革命道路。为了铭记当年红三军在黔江境内如火如荼

[①] 四川省黔江土家族苗族自治县县志编纂委员会编《黔江县志》，中国社会出版社，1994年版第533页。

的革命斗争和永葆红军精神代代相传，中共黔江县委和黔江县人民政府于1977年8月1日在联合镇城东村西北1.5公里处的三元宫革命烈士陵园前建立了一座"红军革命纪念碑"。此碑占地80平方米，坐东向西。碑为石质、柱状、四方体，通高4.6米，由火炬、冠、碑身、素面碑座4部分组成。碑座高1.3米、宽1.38米；碑身高2米、宽0.6米；冠高0.9米，火炬高0.4米。碑文均为阴刻魏体，碑的正面为"红军革命纪念碑"7个大字。碑的背面阴刻着贺龙率领红三军于1933年12月至1934年5月进入黔江开辟革命根据地的史实、大事记。碑的左右两侧分别刻有毛主席诗词七律《到韶山》和《长征》。碑的四周有条石栏杆，碑前有台阶6级，碑后有革命烈士纪念馆。

4. 宋盘铭烈士纪念亭

宋盘铭烈士纪念亭位于黔江河滨公园，1984年建立。该纪念亭"高5米，绿色圆形亭顶，黄色屋脊，万字格花窗"①。纪念亭内建有一座长方体石碑，碑高1.4米，宽0.6米，碑的两侧雕有苍松和花竹。碑的正面镌刻有"宋盘铭烈士纪念碑"8个大字，碑的背面镌刻着碑文，记录着宋盘铭从事革命活动的大事记。宋盘铭（1909—1933），又名宋潘民，河南鄢城县人，大革命时期加入中国共产党，1929年春被党组织派往苏联莫斯科中山大学学习。1931年5月回国后，到湘鄂西革命根据地工作，曾任中共中央代表、湘鄂西中央分局委员、军委分会主席团委员、共青团湘鄂西中央分局书记及红三军七师、九师政委等职。1933年5月，红三军"肃反"时，宋盘铭坚持真理，仗义执言，为万涛辩污，反对夏曦解散党组织，坚定地站在贺龙的正确立场上，抵制夏曦推行"左"倾机会主义路线，被夏曦以"改组派"之罪名逮捕。同年7月上旬，湘鄂西"中央分局烧巴岩会议后，夏曦、贺龙分率七、九师展开活动，贺龙将宋释放。12月上旬，七、九师在鹤峰石灰窑会合后，夏曦重新逮捕宋盘铭"②。1933年12月29日，红三军撤离黔江时，夏曦以"改组派"和"改组派省委书记"之罪名将宋盘铭错杀于黔江县城北门马石角。新中国成立后，根据贺龙元帅、许光达将军之建议，追认宋盘铭同志为革命烈士，中共黔江土家族苗族自治县委员会、县政府在县城河滨公园修建了"宋盘铭烈士纪念碑"和"宋盘铭烈士纪念亭"。

---

① 四川省黔江土家族苗族自治县县志编纂委员会编《黔江县志》，中国社会出版社，1994年版第524~525页。
② 四川省黔江土家族苗族自治县县志编纂委员会编《黔江县志》，中国社会出版社，1994年版第525页。

（三）革命文献、布告、宣传品、标语类红色文化资源

1. 红三军政治部在黔江印发的文献

《中国工农红军的任务和纪律》

1933年12月，红三军攻占黔江县城后，为严肃军纪，密切军民关系，由政治部向全军印发了《中国工农红军的任务和纪律》，要求部队严格执行。全文如下：

中国工农红军的任务和纪律

（1933年12月）

我们中国工农红军，就是苏维埃政府的军队，也就是工人、农民自己的军队。红军的任务就是为推翻帝国主义、国民党政权而战争，为了土地归农民而战争。因此，红军完全拥护工人、农民自己的利益。

军队的纪律：第一，不拉夫，不扣船，请人带路，雇船过河，均应给工钱。第二，不筹款，不派捐，不收税，不要群众办招待。第三，除了没收豪绅地主粮食财产，发给群众和供应外，红军不拿群众一针一线。坚决反对白匪军和土匪领袖烧房屋和抢劫民众财产的办法。第四，借了门板、稻草、锅、碗要还原处，损失了要赔偿。我们驻军的人家，老百姓吃我们的饭。第五，不准进人家内屋，坚决反对白军调戏妇女和强奸妇女的现象。第六，保护商人营业，保护商船和行商，买卖照等价。第七，保护学校教员、学生及一切文化机关与庙宇祠堂。第八，保护邮电局和局差的安全。第九，不乱杀人，除了为群众所深恶痛绝的官吏豪绅，绝对不准逮捕和杀戮工农民众。第十，解除了武装的白军，发给路费回家，并且保护军阀部队中下级军官及士兵的家属财产。

中国工农红军第三军政治部印发
一九三三年十二月

2. 红三军在黔江张贴的布告

《告酉、秀、黔、彭父老兄弟姊妹书》

1931年1月，中共六届四中全会后，王明"左"倾机会主义路线在党中央占了统治地位。由于中共湘鄂西中央分局领导人夏曦"忠实地"执行王明错误路线，政治上把党内斗争扩大化，悍然发动湘鄂西苏区的"肃反"运动，军事上坚持把红三军主力撤出洪湖，去包围武汉，夺取大城市，使转战于湘鄂西一带由贺龙领导的红三军遭受重大挫折，部队由3万多人锐减到3千多人，周逸群、贺龙、万

涛、段德昌等苦心经营的洪湖根据地于1932年几乎丧失殆尽。为了粉碎蒋介石向湘鄂西苏区发动的第五次"围剿",摆脱夏曦推行王明"左"倾路线给红三军和苏区所造成的困境,贺龙、关向应等率领红三军于1933年12月离开鄂西向渝东南民族地区实施战略转移,以图在渝东南的酉阳、秀山、黔江、彭水一带建立新苏区和创建川鄂湘黔边区革命根据地。

1933年12月22日拂晓,贺龙率领红三军从湖北咸丰县活龙坪出发,在渝东南的黔江县与湖北咸丰县交界的偏僻小镇大路坝击溃在这里布防的敌保安团3个中队。红三军奇袭大路坝首战告捷,这是红三军挺进渝东南打响的第一仗。接着,红三军兵分三路于当日傍晚时分攻进黔江县城,敌团长周化成与伪县长殷鉴等逃往彭水郁山镇。

红三军在黔江县城驻扎7天的时间里,开展了如火如荼的革命斗争:红军一面逮捕、枪决了血债累累的大恶霸、黔江县城伪警察局局长庞继凡,查抄了伪县政府,打开监狱,释放无辜受害群众,在城内墙壁上书写革命标语、口号;一面"打击土豪,开仓放粮,赈济贫苦农民"[1],将国民党政府粮仓里1万多斤粮食分给当地贫苦农民。军长贺龙还派出红军战士到城内"黔江华文石印社"赶印红三军《告酉、秀、黔、彭父老兄弟姊妹书》布告。布告全文如下:

告酉、秀、黔、彭父老兄弟姊妹书[2]

(布 告)

酉、秀、黔、彭父老兄弟姊妹们:

我们红三军是共产党领导的部队,是为劳苦大众打天下的队伍。我们红三军入川是为了在酉、秀、黔、彭建立革命根据地,推翻国民党反动派的统治,打倒土豪劣绅,使酉、秀、黔、彭人民过上好日子。国民党军阀和土豪劣绅是穷人的死对头。他们敲诈勒索,奸淫掳掠,无所不为。他们欺压穷人,把老百姓整得无衣穿,无饭吃,过着牛马不如的生活。我们红三军的宗旨,是维护工农群众的利益,解除帝国主义、国民党军阀和土豪劣绅对穷人的压迫剥削,建立工农兵苏维埃政府。我们红军不拉夫,不派款,保护商店和行商……希望一切不愿做牛马、当奴隶的人们积极行动起来,参加红军,组织游击队,在中国共产党领导

---

[1] 四川省黔江土家族苗族自治县县志编纂委员会编《黔江县志》,中国社会出版社,1994年版第218页。

[2] 这篇红三军《告酉、秀、黔、彭父老兄弟姊妹书》布告的全文内容摘自四川省黔江土家族苗族自治县县志编纂委员会编《黔江县志》,中国社会出版社,1994年版第700页。

下，共同创建酉、秀、黔、彭革命根据地，推翻国民党反动派统治，谋求永远解放和自由。

中国工农红军第三军军长贺龙
一九三三年十二月二十二日

当时，"黔江华文石印社"工人肖众卿、肖健田、宁育贤、徐淮青等奋战通宵，为红三军赶印出400多份《告酉、秀、黔、彭父老兄弟姊妹书》布告，在周围乡镇广为散发和张贴。红军战士非常感谢工人们的辛勤劳动，问工人们需要多少工本费。工人们说："红军为我们工人谋利益，我们给自己的子弟兵帮忙，不收钱。"①红军战士只好强行留下 10 多块大洋。由于红三军纪律严明，秋毫无犯，且帮助群众及时抢修被国民党驻军烧毁的房屋，打扫街道，维护纪律，处处为群众所想，深得黔江穷苦百姓的拥戴。黔江"各族群众热烈欢迎和大力支持红军，主动给红军让房、带路、探敌情、护理伤病员"②。红三军攻克黔江，极大地震慑了川东之敌。刘湘忙派其第 5 师向黔江反扑。12 月 29 日，红三军在撤离黔江时，有 200 多名土家、苗、汉青年报名参加了红军队伍，壮大了红三军的力量。

3.《红色中华》对红三军攻占黔江的报道

（1）红二军团攻占黔江城。

一月五日天津电：本埠大公报：红二军团已于上月底占领了黔江县城（在四川省东部），因此破坏了川匪刘湘本来准备大军向宣绥红四方面军进攻的计划，使他现在不得不分大部分军力集中于石柱方面向红二军团进攻了。

（载《红色中华》1934 年 1 月 16 日）

注：

①《红色中华》是中华苏维埃临时中央政府的机关报，于 1931 年 12 月 11 日创刊。

② 此时（1934 年 1 月）红二军团的番号早已改为红三军。1931 年 3 月，根据中共湘鄂西特委的决议，贺龙率领的红二军团的番号改为红三军，下设红七师、红八师、红九师，由贺龙任军长、周逸群任政委。同年 5 月，周逸群在洞庭湖壮烈牺牲，9 月，万涛任红三军政委。

---

① 中共四川省涪陵地委党史工委编《贺龙在川东南》，解放军出版社，1988 年版第 90 页。
② 四川省黔江土家族苗族自治县县志编纂委员会编《黔江县志》，中国社会出版社，1994 年版第 218 页。

(2)红二军团击溃黔江守敌。

四川电：我红军二军团日前又占领匹川之黔江，将守城驻军全部击溃，并缴获军用品甚多。四川军阀的首领刘湘闻耗后大惊，现向重庆调兵准备抵御我红二军团的发展。

（载《红色中华》1934年3月3日）

4. 红三军在黔江留下的标语

（1）红三军在黔江县城居民板壁上留下的标语。

①"保护学校！"

②"保护商业！"

③"打富济贫，打倒土豪劣绅！"

红三军写

年代：1933年12月

地点：黔江县城居民板壁上

（2）红三军在黔江县联合镇墙上留下的标语。

①"打富济贫！"

红三军写

年代：1933年12月

地点：黔江县联合镇墙上

（3）红三军在黔江县城及沙子场街上留下的标语。

①"穷人不还富人钱！"

红三军写

年代：1934年

地点：黔江县城及沙子场街上

（4）红三军在黔江马喇湖留下的标语。

①"红军不奸淫妇女！"

②"不交租，不纳税！"

③"红军不要民众办招待！"

红三军写

年代：1934年4月

地点：黔江马喇湖

(5）红三军在黔江县濯河坝街上及阿蓬江边黄泥坨渡口两岸书写的标语[①]。

① "红军是穷人的队伍！"

② "打倒土豪劣绅！"

③ "穷人不还富人钱！"

④ "打土豪，分田地！"

⑤ "穷人起来坐天下！"

注：1934年5月6日清晨，贺龙率领红三军从马喇湖出发，翻过北溪盖，急行军来到濯河坝，准备渡过阿蓬江去攻打彭水县城。在等待渡江的时间里，红三军在濯河坝街上打了龚聘卿、龚明礼和一个叫李八老爷的土豪，把这些土豪粮仓里的粮食分给了贫苦农民，并派出宣传队在濯河坝街上及阿蓬江边黄泥坨渡口两岸的田埂上书写了上述标语。

（6）红三军在黔江县城内外书写的标语

① "工人农民自动起来组织苏维埃！"。

② "红军是穷人的军队！"

③ "红军不拉夫、不扰民！"

④ "参加红军干革命、打倒土豪把田分！"

⑤ "拥护工农红军！"

⑥ "打倒团防首领！"

⑦ "打倒土豪劣绅！"

⑧ "不交租！不纳税！"

⑨ "红军是工人和农民的军队！"

⑩ "红军不拿工人和农民一针一线！"

（四）革命歌谣、民谣、诗词类红色文化资源

1. 黔江老区革命歌谣

黔江是土家族、苗族等少数民族聚居地区。1933年12月至1934年上半年期间里，贺龙率领红三军多次转战黔江境内，每到一个地方，贺龙都再三强调部队要尊重少数民族习惯，保护少数民族利益，"规定（部队）不得进入群众的内房，不在早上说不吉利的话，尊重老年人，爱护儿童"。"贺龙也经常头戴斗笠，脚穿

---

① 这5条红三军标语摘自重庆市老区建设促进会编：《重庆革命老区》（内部版），2009年版第189页。

草鞋，深入群众访贫问苦。"①由于红三军军纪严明，所到之处秋毫无犯，因而深得黔江土家族、苗族和汉族广大民众的爱戴与支持。当年在黔江境内流传的以下歌谣，便生动地表达了黔江各族人民对红三军的拥护与爱戴之情。

（1）红军来了穷人欢②。

红军来，穷人欢，

地主吓得打孬窜，

大老爷急忙钻床脚，

二老爷赶紧钻牛圈。

不是装着长工样，

性命早完蛋。

流传地区：黔江

讲唱人：殷海堂等（农民）

收集人：黄宗福、李代宣

（2）百姓爱的是红军③。

月亮爱的是星星，斑鸠爱的是竹林，

贪官爱的是财宝，百姓爱的是红军。

流传地区：黔江

讲唱人：殷海堂

收集人：黄宗福、李代宣

（3）红军像从天上来④。

一阵狂飙乌云开，红军像从天上来，

打得"狗子"哇哇叫，吓得土豪跑掉鞋。

流传地区：黔江

讲唱人：殷海堂等

收集人：黄宗福、李代宣

---

① 中共四川省涪陵地委党史工委编：《贺龙在川东南》，解放军出版社，1988年版第22页。
② 这首《红军来了穷人欢》摘自湘鄂川黔苏区革命文化史料汇编编辑组编《湘鄂川黔苏区革命文化史料汇编》，中国书籍出版社，1995年版第331页。
③ 这首《百姓爱的是红军》摘自湘鄂川黔苏区革命文化史料汇编编辑组编《湘鄂川黔苏区革命文化史料汇编》，中国书籍出版社，1995年版第334页。
④ 这首《红军像从天上来》摘自湘鄂川黔苏区革命文化史料汇编编辑组编《湘鄂川黔苏区革命文化史料汇编》，中国书籍出版社，1995年版第342页。

（4）举起马刀跟贺龙①。

种田哥儿肚儿空，织布嫂子身受冻，

干人要有出头日，举起马刀跟贺龙。

流传地区：黔江

讲唱人：冉崇钖

收集人：王鹏、肖田等

（5）投奔红军能出头②。

胆大骑龙又骑虎，胆小只得抱鸡母。

投奔红军能出头，工农当家要作主。

流传地区：黔江

讲唱人：冉崇钖

收集人：王鹏、肖田等

（6）一心革命不怕死③。

骑虎不怕虎上山，骑龙不怕龙下滩。

一心革命不怕死，死为革命也心甘。

流传地区：黔江

讲唱人：冉崇钖

收集人：王鹏、肖田等

（7）梅花朵朵今又开④。

梅花朵朵今又开，红军为啥不回来？

妈已补好旧衣服，我已打好新草鞋。

流传地区：黔江

讲唱人：冉崇钖

收集人：王鹏、肖田等

---

① 这首《举起马刀跟贺龙》摘自湘鄂川黔苏区革命文化史料汇编编辑组编《湘鄂川黔苏区革命文化史料汇编》，中国书籍出版社，1995年版第391~392页。
② 这首《投奔红军能出头》摘自湘鄂川黔苏区革命文化史料汇编编辑组编《湘鄂川黔苏区革命文化史料汇编》，中国书籍出版社，1995年版第405页。
③ 这首《一心革命不怕死》摘自湘鄂川黔苏区革命文化史料汇编编辑组编《湘鄂川黔苏区革命文化史料汇编》，中国书籍出版社，1995年版第405页。
④ 这首《梅花朵朵今又开》摘自湘鄂川黔苏区革命文化史料汇编编辑组编《湘鄂川黔苏区革命文化史料汇编》，中国书籍出版社，1995年版第427页。

（8）桃花恋。

战士负伤卧土墩，口干渴难忍。

走来一老人，颤颤颠颠鬓如银。

躬身抚战士，捧桃敬亲人。

战士吃鲜桃，香喷喷，好沁心；

桃核紧握手，含笑诀世尘。

郁郁葱葱山丘顶，屹立一新坟。

翌年春，坟头长出桃树苗，一株新苗多娇嫩。

年年红军传喜讯，岁岁桃树长成林。

赏桃花，思贺龙，

摘蜜桃，恋红军。

流传地区：黔江

（9）干人热爱咱红军①。

一碗凉水清又清，干人热爱咱红军。

红军打仗为哪个，为的干人得翻身。

东方不亮西方亮，黑了南方有北方。

要想翻身得解放，跟着贺龙举刀枪。

流传地区：黔江

（10）黔江马喇湖一带民谣一首。

马喇湖，大山下，万顷田，莫家霸；

莫耀堂，完蛋了，穷苦人，笑哈哈。

注：马喇湖，今黔江区马喇镇政府所在地。20世纪30年代初，这里住着一家土豪劣绅莫耀堂。莫耀堂"霸占良田沃土达二千四百多挑，各种枪六七十支，除家眷二十余人外，还有长工和持枪家丁二十多人"②。莫耀堂与其侄儿称霸乡里，鱼肉百姓，人民受难。1934年4月5日，贺龙率领红三军在湖南慈利江垭作战后，执行湘鄂西中央分局关于红三军要宣返渝东南民族地区创建新苏区之决定，挥师由酉阳县兴隆坪、木叶等地来到马喇湖。红三军在当地土家农民的带领下占

---

① 这首《干人热爱咱红军》歌谣摘自四川省黔江土家族苗族自治县县志编纂委员会编《黔江县志》，中国社会出版社，1994年版第489页。注："干人"即穷人。

② 黔江土家族苗族自治县政协文史资料委员会编：《黔江文史资料选辑》第1辑（内部发行），1986年5月版第12页。

领了莫家大院,"在莫家抄出了大量的银元和其他物资,打开了莫家的粮仓,将粮食分给当地群众,并用包单将粮食包好,分别送到一些有顾虑的群众家里"①。红三军在马喇湖一带打土豪、济穷人、为民除害的故事长期在当地民间流传,当年马喇湖一带流传的上述这首民谣就是有力的证明。

2. 土地革命战争时期无名诗人咏黔江诗

征兵叹②

到处征兵待反攻,妇啼吏怒耳将聋。
员司一味蛮横里,原则三平毁荡中。
估捉犹同猫捕鼠,强拉浑似蚁抬虫。
当兹四境农桑急,十室何堪任九空。

(五)革命先烈事迹类资源

1. 红三军政委万涛烈士革命事迹

万涛(1904—1932)原名万诗楷,号铁民,化名王德,土家族,出生在黔江区冯家坝镇桂花村一个比较富裕的家庭。他是黔江历史上加入共产党的第一人,是湘鄂西革命根据地的创建人之一,红军高级将领,红三军政委。万涛自幼勤奋、读书刻苦。1923年7月,万涛告别新婚妻子到重庆求学,并考入重庆川东师范学校,在校期间受到萧楚女主笔的《新蜀报》等革命书刊的影响,深受马列主义、五四运动新文化新思想的启迪。他与重庆学联负责人张锡俦(畴)一起,从事重庆的学生运动、青年运动,于1924年加入社会主义青年团,不久后加入中国共产党,是重庆最早的一批党员。此后,他辗转重庆、上海、武汉、鄂西等地从事革命活动。1927年,万涛作为中央巡视员,到湖北贯彻"八七"会议精神,指导农民运动。1928年1月,鄂西特委在宜昌成立,周逸群任书记,万涛任副书记兼组织部长。在敌人大肆"清乡"捕杀共产党人的白色恐怖下,他不顾个人安危,加紧清理和重建各县中共组织,制定了把工作重点由城市转入农村、发动农村游击战争等一系列正确措施,使鄂西革命形势出现了转机。他在华容巡视指导工作时,不幸被捕,后经组织营救出狱。1929年3月,任中共鄂西特委副书记兼宣传委员,

---

① 黔江土家族苗族自治县政协文史资料委员会编:《黔江文史资料选辑》第1辑(内部发行),1986年5月版第13页。
② 这首咏黔江诗《征兵叹》摘自重庆市黔江土家族苗族自治县政协文史资料委员会编《黔江诗词选》(黔江文史资料第11辑)(内部发行)1998年10月版第89页。

参加了建立洪湖革命根据地以及湘鄂边苏区的工作。1930年初被派往湘鄂边革命根据地，兼任红四军第二路党代表，与贺龙一起率领红四军东进，并于7月与红六军胜利会师，组成红二军团，万涛任军团政治部主任，初步形成以洪湖为中心的湘鄂西根据地。1931年3月，湘鄂西中央分局成立，万涛任湘鄂西中央分局军委委员、湘鄂西临时省委常委和省革命军事委员会主席团委员。与此同时，红二军团改编为红三军，万涛任政委，与贺龙一起巩固发展了湘鄂西革命根据地。夏曦到苏区后，执行王明路线，窃取湘鄂西中央分局书记及军委主席团主席职务，全盘否定苏区建设，攻击周逸群、万涛领导的洪湖苏区是"右派保守主义""富农路线"等，撤销了万涛红三军政委的职务，改派万涛到湘鄂西临时省委任宣传部长。万涛不计个人得失，身处逆境，仍积极工作。同时，坚持真理，在《洪湖日报》上撰文批评李立三、王明的"左"倾错误，抵制夏曦等人要将红三军"主力撤出洪湖，去包围武汉，夺取大城市"的"左"倾盲动主义。然而，在夏曦把持下，湘鄂西党内开展了残酷、无情的批判万涛"右倾机会主义"的斗争。1932年夏秋时节，正当蒋介石调集10万大军对湘鄂西发动第四次"围剿"之时，夏曦却在苏区发动"肃反"运动，万涛被戴上"托派""反革命高级坐探""改组派首领"等帽子，被杀害于洪湖根据地监利县瞿家湾青龙庙，年仅28岁。

1957年12月，国务院拟定的《湘鄂西革命烈士纪念碑碑文》中列进了万涛的名字。1984年9月，国家民政部门向万涛遗孀冉启秀颁发了万涛同志《革命烈士证明书》，万涛的革命功绩得到肯定，数十载沉冤终得昭雪。

万涛的一生是为人民解放事业奋斗不息的一生，其短暂的革命生涯中闪耀着光明磊落、百折不挠、坚持和捍卫真理，并为真理而献身的伟大光辉，表现了一名共产党员的高尚品质。

图2　万涛[①]

2. 黔江红军游击大队长龚昌荣烈士革命事迹

龚昌荣（1895—1935），苗族，1895年2月23日出生在黔江土家族苗族自治县板夹溪马鹿池（今黔江区小南海镇新建村）一个农民家庭。他从小就敢于仗义执言，见义勇为，爱打抱不平。民国年间，兵患匪祸不断，天灾人祸不绝，苛捐

---

① 万涛烈士的照片来源：http://baike.baidu.com/link?url=yejY65nLJ3isgxD8POMB3JhoUGCvDDexkK-MAVngNZclcbaMA39o4145LY8EzC0FJy4i-t5Z5wrmobN6lpZYSK

杂税繁重，龚昌荣全家终年劳动，总是入不敷出。龚昌荣被逼得走投无路，忽闻鄂西大闹"神兵"①，他便想通过组建"神兵"来抗捐、抗税，反对军阀压迫。1927年，龚昌荣从鄂西请来"神兵"首领乾善统在板夹溪、大路坝、两会坝、册山等地立"神坛"，练"神兵"，龚昌荣任代教，以此来组织和动员群众打土豪、抗租抗税，抗击地主及国民党反动派武装。1931年龚昌荣等率"神兵"数千人，攻占黔江县城，国民党驻军被打得溃不成军。1933年夏，红三军流动游击于川鄂边之时，正遇龚昌荣率领的黔江"神兵"被国民党反动派所打败，龚昌荣毅然决定投奔红军。同年秋，龚昌荣与鄂西"神兵"首领黄丁山在湖北宣恩找到红军，要求参加红军，贺龙接见了他们，欢迎他们动员"神兵"参加红军。接着，"龚昌荣回黔江，在板夹溪、小南海等地动员了侯汉清、周绍云等三十多个'神兵'，连夜经咸丰活龙坪至利川沙溪投奔红军"②，并与黄丁山的"神兵"合编为红三军第二特科大队，龚昌荣为大队长，黄丁山为副大队长。1933年12月22日，红三军攻打黔江县城，"龚昌荣领导的特科大队担任前锋，利用地熟、人熟的优势，冲锋在前，勇猛善战，为红军顺利攻占县城立下战功"③。12月29日，龚昌荣率第二特科大队，随红三军撤离黔江，到川鄂边开展游击活动。

1934年4月，第二特科大队在湖北咸丰县活龙坪与红三军分开活动，红三军"由活龙坪经沙子场、马喇湖、官庄等地去酉阳县境内活动"⑤。而第二特科大队则在活龙坪改称为黔江红军游击大队，龚昌荣任大队长，由活龙坪进军至后坝，在黔江境内坚持游击

图3　龚昌荣④

---

① "神兵"是民国年间湘鄂川黔边区一种以"迷信"为统治的民众自发的武装组织，他们以神堂为单位，人数从几十到数百不等，互不隶属，自成系统，没有统一领导。会众平时为民，战时为兵，他们迷信刀枪不入，作战时又唱又跳，勇敢顽强。"神兵"抗捐、抗税，矛头直指地主、豪绅、军阀、国民党反动派，深得群众拥护，官、匪闻之丧胆，所到之处望风披靡。
② 中共四川省委党史工作委员会主编：《土地革命战争时期四川党领导的武装斗争》（下集），成都：四川大学出版社，1987年版第202页。
③ 四川省黔江土家族苗族自治县县志编纂委员会编：《黔江县志》，中国社会出版社，1994年版第664页。
④ 龚昌荣烈士的照片来源：http://www.baidu.com/s?word=%E9%BE%9A%E6%98%8C%E8%8D%A3&tn=sitehao123&ie=utf-8
⑤ 中共四川省委党史工作委员会主编：《土地革命战争时期四川党领导的武装斗争》（下集），成都：四川大学出版社，1987年版第203页。

战争。当时，龚昌荣领导的黔江红军游击大队有队员80多人，70多支枪，在板夹溪、两会坝、西泡一带打土豪，没收地主粮食分给贫苦农民，取消租课和高利贷，抗捐抗税。同时，还平定川鄂边范海清、杨棒客等匪患，保护人民生命财产，"关心照顾红军和游击队家属，养护红军撤走时留下的40多名伤员，使他们及时归队，坚决打击向红军家属和群众进行反攻倒算的敌人"①。龚昌荣与游击队员同甘共苦，红军游击大队纪律严明，深得群众拥护，不到一年，发展到200多人。

1935年春，黔江国民党驻军和反动民团共1 000多人，在虎家垭（今属西泡乡）向红军游击大队发起进攻，经过一天激战，游击队撤至黄泥垭（今属沙坝乡），敌人尾追不放，龚昌荣腿负重伤，被抢救离开火线。由于缺医少药，龚昌荣腿部伤口化脓，疼痛不能走路。这时，伪黔江县政府又四处悬赏捉拿龚昌荣。1935年8月19日，龚昌荣在鸡泡寨（今属小南海镇新建村）被捕。他毫无惧色，神态自若，视死如归。敌人怕他在押送黔江途中跑掉，用钱收买痞子李绍兴将其杀害，时年40岁。此时，白色恐怖笼罩黔江，游击队员被迫分散隐蔽。龚昌荣为革命从容就义了，他的革命精神和光辉事迹给黔江人民和渝东南民族地区各族人民留下了不可磨灭的印象，是一笔极为宝贵的精神财富。

三、抗日战争时期区内红色文化资源

抗日爱国诗篇类红色文化资源

1. 孙壶东诗三首②

一九四〇年在重庆稽查处狱中
长年卧囹室，夜语溱溱来。
四壁寒光尽，两廊冤鬼哀。
青天高莫睹，白日去难回。
席冷无佳梦，惟思尬未摧。

---

① 四川省黔江土家族苗族自治县县志编纂委员会编：《黔江县志》，中国社会出版社，1994年版第664页。
② 孙壶东这三首写于抗战时期的诗篇摘自重庆市黔江土家族苗族自治县政协文史资料委员会编《黔江诗词选》（黔江文史资料第11辑）（内部发行），1998年10月版第120页、122页。

一九四五年在息烽狱中

悼张露萍①

壮志未成人已终，桃花马上一贞雄，
阳朗入夜鬼声起，恨气何时去蜀中。

一九四五年在息烽牢中

文君①受杖刑，痛澈我肝心，
若有龙渊剑，当诛此特人②。

注：① 文君指陈磐，四川合江县人，渣滓洞烈士。
② 特人指特务。

作者：孙壶东（1901—1986），黔江联合镇人，是黔江一位传奇人物，他并不是共产党员，却被国民党特务认定为"共党"。据《黔江县志》载："1926年，孙壶东法政大学毕业后，在吴玉章、陈毅的授意下，从事军运活动，开展反对军阀的斗争。在策动黔军罗靓光部反戈过程中，结识了朱德、贺龙等革命军人。"1940年，孙壶东被国民党特务密捕监禁，长达7年，其夫人徐宝芝也随同入狱。1949年春，孙壶东在西安参加了中国人民解放军，新中国成立后任川西行署委员兼民政厅长、四川省人民政府参事、省政协常务委员。

2．马识途诗一首

我来自海之角兮天之涯，
浪迹江湖兮四海为家，
韬光养晦兮莫我识，
风云际会兮待时发。

注：马识途（1915—），重庆忠县人，1938年加入中国共产党，中国现代著名作家，四川省人大常委会副主任、省文联主席、省作协主席。这首诗是马识途于1940年在川鄂边区从事党的地下工作时题写在黔江小南海朝阳寺墙壁上的。

---

① 张露萍，1921年出生于四川省崇庆县（今崇州市）。原名余薇娜、余家英，化名余慧琳、黎琳。1939年，叶剑英派张露萍打入国民党军统局的电讯总台，获取了大量绝密情报。1945年张露萍不幸遇害。

四、解放战争时期区内各类红色文化资源

（一）革命遗址类红色文化资源

芭蕉洞解放军剿匪遗址

芭蕉洞解放军剿匪遗址位于黔江渗坝乡院子村北1.5公里处。原为天然溶洞，位于石家河东，海拔600米，面积约300平方米。洞中有主洞、导洞、耳洞。洞口筑土墙，长10米，高4米，厚0.6米。洞的后面山上有一条小径可直抵洞口。"洞口下为绝壁，高约80米，绝壁下为芭蕉沟峡谷，洞的对面为板长山。"①此洞系国民党第八行政督察区"反共救国军"巢穴之一。1950年夏，盘踞在此洞的土匪头目谢建安等负隅顽抗，解放军107团在此与土匪激战3次，将土匪全歼。洞口外的土墙上枪眼密布，至今清晰可见。解放军107团在洞口外的石壁上凿刻石碑1方，碑上阴刻有"为民除害的革命英雄永垂不朽！"13个大字和解放军107团在此次剿匪作战中牺牲的烈士的姓名。

（二）革命诗篇类红色文化资源

1. 孙壶东诗四首②

一九四六年八月在重庆渣滓洞狱中
　　悼罗世文、车耀先二君
　　　（步宋绮云君原韵）

蔓草连丘未见坟，吞声忍泪喷残云，
半生各怀千般恨，六载同瀛一束文。
易水高歌难觅伴，滇池倡义苦无群，
中原战鼓频频起，那原馨香谨拜闻。

注：

其一，罗世文（1904—1946），四川威远人，渣滓洞烈士。车耀先（1894—1946），四川大邑县人，渣滓洞烈士。1946年8月18日，罗世文和车耀先一同被敌人杀害于重庆歌乐山松林坡。宋绮云（1904—1949），中共党员。1929年由党

---

① 四川省黔江土家族苗族自治县县志编纂委员会编《黔江县志》，中国社会出版社，1994年版第526页。
② 孙壶东这四首写于解放战争时期的诗篇摘自重庆市黔江土家族苗族自治县政协文史资料委员会编《黔江诗词选》（黔江文史资料第11辑）（内部发行）1998年10月版第124～125页。

组织派到杨虎城军部工作，任中共西北特支委员、《西北文化日报》社长兼总编辑。西安事变前后对杨虎城部作了大量的统战工作，为宣传党的抗日民族统一战线政策作出了积极贡献。1949年9月6日，被杀害于重庆歌乐山松林坡戴笠警卫室。

其二，作者：孙壶东（1901—1986），黔江联合镇人，是黔江的一位传奇人物，他并不是共产党员，却被国民党特务认定为"共党"。1940年，孙壶东被国民党特务密捕监禁，长达7年，其夫人徐宝芝也随同入狱。1949年春，孙壶东在西安加入了中国人民解放军，新中国成立后任川西行署委员兼民政厅长、四川省人民政府参事、省政协常务委员。

一九四六年冬在白公馆狱中
赠文光甫（地下党员）兄二首

（一）

一别渝郊已六年，秋松郁郁色尤鲜，
灯前眺景忧长夜。日下攻书胜恶筵。
囹圄难忘鲍叔义，思齐特佩文翁贤，
与君此后成知友，共结人间万古缘。

（二）

四海漂流常自嘻，相逢又在坎坷时，
无端苦辱多如梦，不尽风云渐入诗。
壮士皆行尊季布，英雄哪惧作钟仪，
明年九月黄花节，卧醉南山望莫迟。

注：文光甫原系国民党左派领袖邓演达的秘书、农工民主党（第三党）成都市负责人，他在邓演达被杀后被捕。文光甫在狱中对国民党的倒行逆施深为不满，对中国共产党的政策深表赞同。

一九四七年春在白公馆牢中
悼饶天达兄

噩耗飞来痛似烹，孤鸿自此倍哀鸣，
帏中尚作黄金梦，弹下谁怜白玉茎。
只恨苍天无德泽，更称翠柏独坚贞，
唯将遗族视亲育，藉报年年助我情。

2. 刘春如诗一首

冯家坝大桥炸毁感言[①]
刘春如[②]

长桥波卧未云龙，浩荡难名不世工。
路接川湘如掣电，入通黔酉似乘风。
兵家胜败蚁常似，物质摧残鼠技穷。
遗碛巨立江水泣，拟将惨案诉天翁。

（三）烈士陵园类红色文化资源

黔江烈士陵园

黔江有一座烈士陵园，1959年初建，1967年再度修缮。这座烈士陵园里不仅掩埋着从黔江境内各地移迁而来的多位革命烈士的骨骸，也展览着属于黔江籍但牺牲在外地的英雄志士的生平事迹及其遗物。在这些革命烈士中，既有20世纪30年代贺龙领导红三军在酉阳（黔江的相邻县）建立南腰界苏区革命根据地时牺牲在黔江境内的红军烈士，也有在社会主义革命和建设年代里殉难的烈士。1977年8月1日，中共黔江县委在陵园的正前面竖起一块"红军烈士纪念碑"。碑文详细记叙了1933年至1934年贺龙率领红三军在黔江境内从事革命活动的情况。

第六节　秀山土家族苗族自治县各时期各类红色文化资源

一、党的创建至大革命时期县内各类红色文化资源

（一）革命纪念物类红色文化资源

1. 20世纪20年代秀山县境内的"贺龙德政碑"

"贺龙德政碑"位于秀山邑梅（今梅江）乡邑中村三拱桥头南侧，坐北向南，大理石质，通高2.16米。其中碑座长1.3米，宽0.64米，高0.36米；碑身高1.8

[①] 新中国成立前夕，国民党宋希濂部败退黔二时，为阻止解放军的追击，烧毁和炸毁了架在黔江境内阿蓬江上的冯家坝大桥。

[②] 刘春如，黔江县濯水镇人，塾师。

米，宽1.1米，厚0.15米。上刻有碑文4行，楷体阴刻，右款为"恭颂贺公云卿大人德政"，左款为"秀山县邑梅里绅商士民敬立。中华民国十四年冬"，中书"威震南夷"4个苍劲有力的大字，每个字的径长达0.3米。这座修建于1925年冬的"贺龙德政碑"向人民昭示着由广州孙中山大元帅府任命的"建国川军"第1师师长贺龙于1925年至1926年率部驻防秀山期间爱国爱民的光辉事迹和不朽功德，并表示人民将永远铭记贺龙的德政。

贺龙（1896—1969），原名贺文常，字云卿，湖南省桑植县人，是中国人民解放军的创建人之一、中国人民解放军元帅。当年，贺龙所部未进驻秀山之前，秀山境内土匪众多，人民不能安居乐业。1925年至1926年间，贺龙被广州孙中山大元帅府任命为"建国川军"第1师师长后率部从湖南澧州来到秀山邑梅（今梅江）地区驻防。贺龙率部驻防秀山期间，指挥部队追剿土匪，治理匪患，除暴安良，除恶护善，并维修邑梅三拱桥，整顿邑梅市容，赈济灾民，军纪严明，秋毫无犯，社会秩序井然，深受城乡人民拥戴。为了让世代不忘贺龙德政，邑梅里绅商士民在邑梅（今梅江）地区三拱桥头南侧修建了这座"贺龙德政碑"。

"文化大革命"期间，贺龙元帅遭到"四人帮"迫害，这座"贺龙德政碑"也于那时毁于"造反派"之手。"四人帮"被粉碎后，在秀山广大人民群众的强烈要求下，秀山土家族苗族自治县人民政府于1987年6月重新修复了这座"贺龙德政碑"，背面阴刻楷书竖排复修碑文。

2. 20世纪80年代秀山县境内"贺龙德政碑"重建记（碑文）[①]

碑文如下：

贺云卿即贺龙同志，早年曾任建国川军第一师师长。一九二五年至一九二六年春，率部驻防秀山。除暴安民，正气凛然；开仓施粥，民免饥寒；军纪严明，秋毫无犯；修桥铺路；功德无量。民众恭颂贺龙德政，在邑梅万寿桥头竖有《威震南夷》青石碑一座，以示敬仰。六十年代后期，此碑被毁，各族人民痛惜万分，怀念贺帅逾切。今值盛世，仿原碑采大理石重建之。是记。

秀山土家族苗族自治县梅江区公所
一九八七年六月九日

[①] 此"贺龙德政碑"重建记（碑文）摘自中国人民政治协商会议四川省秀山土家族苗族自治县委员会文史资料委员会编：《秀山文史资料》第4辑（内部发行），1988年9月版第1页。

（二）安民布告类红色文化资源

20 世纪 20 年代贺龙驻防秀山时贴出的安民布告

1925 年至 1926 年间，贺龙被广州孙中山大元帅府任命为"建国川军"第 1 师师长，率部从湖南澧州来到秀山驻防。贺龙部队驻防秀山期间曾在官庄街上张贴安民布告，据秀山曾子清老人口述回忆，该布告的内容如下：

田匪猖獗，扰乱地方；狼游鼠窜，出没无常；杀人劫货，隔属观阳；所有秩序，殆尽挫伤。戡乱剿匪，除暴安良；辗转数省，名闻我扬；我军到此，济民安康。①

注：口述回忆者曾说："最后两句记忆不清，大意如此。"

二、土地革命战争时期县内各类红色文化资源

（一）革命遗址、纪念地、烈士墓类红色文化资源

1. 秀山境内红三军活动遗址

（1）红三军倒马坎战斗遗址。

倒马坎战斗遗址位于秀山县城西南 28 公里的峻岭乡坝芒村南 1 公里处。该遗址东至平所，西迄坝芒，长 7.3 公里；北起老营盘，南到屯堡，宽 5 公里。倒马坎，是秀山峻岭乡通往贵州甘龙口西大路上的关口，是川黔边区秀山、酉阳、松桃、沿河诸县间的交通古道，道路从悬崖峭壁上通过，下面是悬崖深沟，地势极为险要。"传说清贵州提督花连布在镇压乾嘉苗民起义时，骑马经过这里，因马惊而坠入深涧跌死，故而得名（倒马坎）。"②

1934 年 6 月，贺龙率领红三军在川黔边创建黔东特区革命根据地。秀山县反动武装保安团头子杨卓之拼凑了 1 000 余人的地主武装，以倒马坎为中心，从马尿洞至隔蛇，挖掘了一条长达 40 华里的交通壕和防御工事，称之为"固若金汤"的"万里长城"，企图阻止红三军进入秀山西南地区。为了拓展黔东特区革命根据地，贺龙决定选择倒马坎为突破口，进入秀山西南地区，在这里建立苏维埃政权，开展土地革命。

1934 年 8 月 30 日，贺龙命令红七师主力 700 余人从贵州火烧桥出发，以迅

---

① 中国人民政治协商会议秀山土家族苗族自治县委员会文史资料工作委员会编：《秀山文史资料》第 2 辑（内部发行），1985 年 12 月版第 11 页。
② 中国人民政治协商会议四川省秀山土家族苗族自治县委员会文史资料委员会、秀山土家族苗族自治县民族事务委员会编：《秀山文史资料》第 6 辑（内部发行），1991 年 10 月版第 135 页。

雷不及掩耳之势向固守倒马坎的秀山西路团防头子、原国民党82师团长杨卓之及土匪头子拼凑的1 000多人的反共"精选队"发起进攻，一举摧毁了敌人精心构筑的倒马坎防线。倒马坎之役，是黔东特区革命根据地斗争史中著名的战斗之一，它彻底动摇了秀山国民党的反动统治，从而开辟了秀山西南地区的革命根据地。该遗址在1984年被确定为县级文物保护单位。1985年，秀山土家族苗族自治县人民政府在此建立"中国工农红军第三军倒马坎战斗纪念碑"，全国人大常委会副委员长廖汉生为纪念碑题字。2009年，红三军倒马坎战斗遗址被重庆市委、市政府命名为"重庆市爱国主义教育基地"。

（2）巴盘村廖家祠堂苏维埃政权遗址。

巴盘村廖家祠堂苏维埃政权遗址位于秀山县三合乡巴盘村西1公里处，为县级文物保护单位。原为廖姓祠堂，清代建筑。该遗址占地约580平方米，原祠堂坐东朝西，长27.9米，宽19米，原有正壁、厢房、戏楼，于1964年被拆毁。

1934年秋，贺龙派遣红三军独立团营长黄治安（三合乡巴盘村人）带领战士廖胜前、黄子荣等人回乡组建了巴盘红军游击队，黄治安任队长，队员有廖胜前、黄子荣、廖怀忠、卢显富、吴世安、廖楦、刘国芳、谭云清等20余人，有长短枪10余支。巴盘红军游击队在胆识过人的黄治安领导下，在距离秀山县城仅10余里地的平坝地区，对外以防匪、防盗、维护社会治安为掩护，巧妙地开展了抗丁、抗捐、打富济贫等革命活动。同年9月，成立了巴盘乡苏维埃政府，主席黄治安，副主席卢显富，委员廖胜前等。巴盘乡苏维埃政府辖巴盘、刘院、小石、沙坝、三合场5个村。1935年秋，盛大的农民协会代表大会在巴盘村廖家祠堂召开，参会代表达数百人之多。巴盘乡苏维埃政府和巴盘红军游击队团结当地穷苦人民，与秀山西路团防头子杨卓之进行了3年艰苦卓绝的斗争。

（3）百岁村二道龙门红三军司令部驻地遗址。

二道龙门红三军司令部驻地遗址位于秀山县隘口镇峻岭乡百岁村彭家寨组二道龙门，原为清代建筑，为县级文物保护单位。遗址占地693.2平方米，坐西向东，复四合院布局，东西长27.36米，南北宽25.3米，四周有土筑围墙。遗址单体建筑均为木结构，单檐悬山顶，穿逗式梁架。其中一道门面阔2间2.4米，进深2间1.56米，通高3.3米。二道门面阔3间6.54米，进深2间2.4米，通高3.5米。正屋面阔5间21.7米，进深3间6.5米，通高5米。此外，前院有左、右厢房，后院只有右厢房。1934年10月1日，贺龙率领红三军（红七师、红九师）3 000余人离开酉阳南腰界，绕道秀山西部地区南下去迎接西征来南腰界会师的红六军团。10月5日至6日，红三军进驻峻岭乡的新民、百岁村一带。贺龙及红三军司令部便住在百岁村彭家寨组二道龙门。红三军在这里书写张贴革命标语，宣传党和红军的政策，帮助坝芒游击队和苏维埃政府巩固、壮大革命根据地。

（4）塘坳乡枷档河红军桥。

枷档河红军桥位于秀山县城西北塘坳乡清溪场镇坝麻村交溪场组枷档河上，为县级文物保护单位。塘坳乡，东邻清溪场镇司城村，西与贵州省松桃县瓦溪乡接壤，南与隘口镇隘口村相连，北与膏田乡桐梓村毗邻。

图 4　红军桥原貌[①]

红军桥原名枷档河桥，建于1932年。起初，桥下为双孔石墩，桥上为四重檐长廊，亭廊为木结构平桥式建筑，长22.2米，宽7.5米，高7.45米。离桥5米处有当年红军种下的三棵柏树。1934年10月初，贺龙率领红三军去接应红六军团来黔东会师，在由膏田乡进入到塘坳乡时曾路经此桥，并在桥上召开了军事会议，研究成立枷档河乡苏维埃政府及部署隔蛇战斗等事宜。这座红军桥是土地革命战争时期中国共产党领导红二、六军团开辟湘鄂川黔革命根据地的历史见证。1996年，原木质桥楼被洪水冲毁。2002年乡政府在原桥墩上用水泥铺成平板人行桥。

（5）中溪乡云隘村红三军军部遗址。

中溪乡云隘村红三军军部遗址位于秀山县中溪乡云隘村西100米处，为县级文物保护单位。遗址占地200平方米，坐西向东，三合院布局。正屋为木结构，面阔5间27.3米，进深4间6.5米，通高5.63米，单檐悬山顶，穿逗式梁架，4穿用5柱。两厢房为吊脚楼，面阔2间8米，进深2间4.02米，通高6.93米，3穿用3柱。

---

① 图4红军桥原貌照片来源：http://tieba.baidu.com/p/2708799830

1934年10月8日，贺龙、关向应率领红三军（红七师、红九师）离开酉阳南腰界，绕道秀山西部地区南下去迎接西征来南腰界会师的红六军团途中，曾驻于此。

（6）红二、六军团黔东独立师川河盖战斗遗址。

红二、六军团黔东独立师川河盖战斗遗址位于秀山县川河乡楠木村。川河盖上"终年四季云遮雾障，山影缥缈。四道石门洞，门洞相对，洞洞皆通。其间阴河穿流，钟乳倒挂，千姿百态，蔚为壮观"[①]。1934年10月，红二、六军团在南腰界会师后，为了配合中央红军长征，进一步开辟湘鄂川黔革命根据地，红二、六军团主力于28日向湘西转移。为了牵制敌人，掩护二、六军团主力东征湘西，黔东独立师师长王光泽、政委段苏全指挥3个团于29日由南腰界向西南方向进军，在沿河、印江、德江一带周旋了20多天，牵制了敌军10多个团的兵力。黔东独立师完成了配合主力东征的任务后，于11月25日撤离黔东革命根据地进入秀山，在邑梅（今梅江）街上与国民党县中队杨志明部发生激战，师政委段苏全负重伤昏迷难行，被农民李木富背进山洞掩藏治疗。师长王光泽、团长秦贞全带领3个团剩下的300余人继续东进，于11月27日行至川河盖大板场时，突遭秀山民团文代章、王西之、王尊禄等部伏击，独立师仓促应战，损失惨重，大部被冲散。只有团长秦贞全所带几十人辗转迁回进入湘西。师长王光泽在化装前往湖南途中不幸被俘，在酉阳龙潭惨遭杀害，壮烈牺牲。

川河盖战斗遗址以"四道石门洞"为中心，包括楠木坳、堰田、川河、东凤4个村，面积约30平方公里。该遗址在1984年被确定为县级文物保护单位。1985年，秀山土家族苗族自治县人民政府在该遗址建立纪念碑1座，此碑通高11米，宽1.58米，厚0.63米，其中，碑座长2.07米，宽1.08米，高1.14米。碑名为"红二六军团黔东独立师川河盖战斗纪念碑"，由原黔东特委书记兼黔东独立师政委段苏全所题。碑座上有碑文101字，落款为"一九八五年十一月立"。

（7）雅江红军洞遗址。

雅江红军洞遗址位于秀山县雅江乡车田村东北1公里处，为县级文物保护单位。1934年10月下旬，红二、六军团在南腰界会师后于28日向湘西转移。11月下旬，黔东独立师在完成掩护红二、六军团主力向湘西转移的任务后，奉命东

---

① 中国人民政治协商会议四川省秀山土家族苗族自治县委员会文史资料委员会、秀山土家族苗族自治县民族事务委员会编：《秀山文史资料》第6辑（内部发行），1991年10月版第136页。

进湘西与主力会合。11月25日，黔东独立师撤出黔东革命根据地进入秀山，在邑梅（今梅江）遭到国民党县中队伏击，师政委段苏全左踝骨中弹受伤，26日行至雅江附近又遭遇敌人伏击，段苏全与部队失散，因伤势过重昏倒在雅江乡车田村苏家坡田塝上，生命垂危。27日晨，土家族农民李木富闻讯赶至苏家坡，将段苏全背进此山洞掩藏治疗。李木富夫妻不顾个人安危，每日为段苏全求医送药，当地乡邻皆守口如瓶，使段苏全得以在此山洞中治疗月余，伤愈后重返前线。为鼓励后人继承和发扬革命传统，当地民众和政府部门特将此山洞命名为"红军洞"。此山洞为自然石洞，高1.36米，宽1.1米，深8.5米，面积约8平方米。

图5 雅江红军洞遗址①

2. 秀山境内红军烈士墓

（1）巴盘村黄治安烈士墓。

巴盘村黄治安烈士墓位于秀山县三合乡巴盘村西500米处。黄治安（1906—1937），秀山县三合乡巴盘村人，红三军战士，曾任排长、连长、川黔边独立团营长。1934年秋，受贺龙派遣回乡组建了巴盘红军游击队，在距离秀山县城仅10余里地的平坝地区，对外以防匪、防盗、维护社会治安为掩护，巧妙地开展了抗丁、抗捐、打富济贫等革命活动。同年9月，成立了巴盘乡苏维埃政府，黄治安任主席。1936年，黄治安在巴盘村廖家祠堂主持召开了盛大的农民协会代表大会，参会代表达数百人之多。巴盘乡苏维埃政府和巴盘红军游击队团结当地穷苦人民，与秀山西路团防头子杨卓之进行了3年艰苦卓绝的斗争。1937年冬月18日，黄治安在清溪场被杨卓之手下暗杀。该墓为土墓，占地20平方米，坐东朝西，封土呈圆形，直径2.2米，高1.95米。

---

① 图5雅江红军洞遗址照片来源：http://www.redsa.com.cn/html/2009-06/05/content_4225660.htm

（2）川河村李志民烈士墓。

川河村李志民烈士墓位于秀山县涌洞乡川河村川河组乱坟寨。1934年10月下旬，红二、六军团在南腰界会师后于28日向湘西转移。11月下旬，红军黔东独立师在完成掩护红二、六军团主力向湘西转移的任务后，奉命东进湘西与主力会合。11月25日，黔东独立师撤出黔东革命根据地进入秀山县。11月27日，黔东独立师行至川河盖大板场时，突遭秀山民团文代章、王西之、王尊禄等部伏击，战士李志民壮烈牺牲，后葬于此。其墓为土墓，占地12平方米，坐北向南，封土呈圆形，直径3米，高1.25米。石质墓碑高1米，宽0.62米，厚0.11米，上刻"1977年7月立"。

（3）川河村无名红军烈士墓。

川河村无名红军烈士墓位于秀山县涌洞乡川河村川河组乱坟寨。1934年10月下旬，红二、六军团在南腰界会师后向湘西转移。11月下旬，红军黔东独立师在完成掩护红二、六军团主力向湘西转移的任务后，奉命东进湘西与主力会合。11月25日，黔东独立师撤出黔东革命根据地进入秀山县。11月27日，黔东独立师行至川河盖大板场时，突遭秀山民团武装联合伏击，一名红军战士在战斗中牺牲，葬于此地。其墓为土冢墓，占地12平方米，坐北向南，封土呈圆形，直径3米，高1.1米。墓前有石质墓碑，高1.05米，宽0.64米，厚0.12米，上刻"1977年7月立"。无墓主人姓名。

（二）红三军遗物、纪念碑类红色文化资源

1. 秀山境内红三军的"留条"

秀山既是革命老区，也是土家族、苗族等少数民族聚居地区。1934年，贺龙率领红三军多次转战秀山境内，每到一地，贺龙都再三嘱咐部队要尊重当地少数民族习惯，维护少数民族利益，规定部队不得进入群众的内房，不拿群众一针一线，严格遵守红军纪律。1934年秋天，红三军征战路过秀山县中溪乡云隘村，多数村民因受到国民党地方当局的反面宣传都躲到山上去了。红三军在村民家借宿生火做饭时，有位战士不慎打破了村民田景安家的锅子，当面照价赔偿。还有几位战士"挖了秦世安家的二十多兜芋头和吃了一个冬瓜，也写张纸条，放上一包谷子，作为买价，表示感谢"[①]。塘坳乡大竹园杨正培老人回忆说："红军来那天，

---

① 中国人民政治协商会议秀山土家族苗族自治县委员会文史资料工作委员会编：《秀山文史资料》第3辑（内部发行），1986年10月版第39页。

我们都跑了,红军走后,第二天我回家见门上贴有一张纸条,写道:'杨老板!红三军在你家吃了鸡蛋九个、海椒七撮、油三两、盐四两,还你谷子一箩,放在灶背后。'我进屋一看,果然有一箩谷子。那年天干,我家缺吃,正好就得这箩谷子,渡过了难关,叫我怎么不感谢红军!"有几位红军战士借宿在峻岭乡坝芒村民王春和家里,因主人不在家,战士们吃了他家的干谷子后,将湿谷子还给他家,并在一张纸条上写着:"老乡!吃了你家的干谷子一箩,还两箩湿谷子,多还你一些。"① 村民王春和已将这两只箩兜作为革命文物献出。

2. 红三军在秀山留下的"木瓢"

秀山县中溪乡下寨村村民陈先之听其母亲生前回忆说,红三军进村那天,他父亲刚去世,棺材停放在堂屋里。由于多年来饱受"兵匪一家"的折磨,加之国民党反动势力关于"红军要把男人抓去当夫子,女人抓去当妻子,老的丢坑,小的熬油"②之类的欺骗宣传,不明真相的村民在红三军进村之前,已纷纷逃入山里躲避,只有她母亲一个人守灵未走。红军见她家穷,同情她,就用大木瓢端了满满一瓢大米送给她,有十八九斤。红军走后,这木瓢留了下来。他妈妈指着木瓢说:"这是红军的恩情,你们要永远记住!"③陈先之已将保存下来的这把木瓢献给了秀山县文史馆,作为红三军遗物展出。

红三军在秀山境内转战时间虽只有一年,但他们军纪严明,所到之处秋毫无犯,因而深得秀山土家族、苗族和汉族人民群众的爱戴与支持。他们留下的遵纪爱民、艰苦奋斗、可歌可泣的革命斗争事迹,长期在土家苗汉各族人民群众中□□相传。

3. 秀山境内红军、革命政权纪念碑及其碑文

(1)红三军倒马坎战斗纪念碑及其碑文。

1934年8月30日,贺龙指挥红三军红七师主力700余人在秀山县城西南28公里的峻岭乡坝芒村南1公里处的倒马坎,一举击溃秀山西路民团1 000余人。

---

① 中国人民政治协商会议秀山土家族苗族自治县委员会文史资料工作委员会编:《秀山文史资料》第3辑(内部发行),1986年10月版第39页。
② 中国人民政治协商会议四川省酉阳县委员会、酉阳县县志编修委员会编:《酉阳文史资料选辑》第1辑(内部发行),1983年5月版第57页。
③ 中国人民政治协商会议秀山土家族苗族自治县委员会文史资料工作委员会编:《秀山文史资料》第3辑(内部发行),1986年10月版第39页。

倒马坎战斗是黔东特区革命根据地著名的三大战斗之一，它开辟了秀山西部游击根据地。1984年12月，秀山土家族苗族自治县人民政府在倒马坎战斗遗址上立碑1座。此碑为混凝土塔式碑，坐北朝南，通高17.4米。碑座长4.8米，宽4.4米，高3.7米；碑身长2.5米，宽2米，高13.7米。碑名"中国工农红军第三军倒马坎战斗纪念碑"，由全国人大常委会副委员长廖汉生所题。碑文铭于碑座，落款为"一九八四年十二月"。碑文如下：

一九三四年夏，贺龙同志率红三军在川黔边创建了黔东特区革命根据地，秀山地方反动武装杨卓之部所属一千余人，以倒马坎为中心、南北四十里地段构筑工事，并分别在坝芒、气坑坡和清溪场设置前哨指挥所、前线指挥部和总指挥部，组成一道号称"万里长城"的反革命防线，企图阻止我红军东进发展革命根据地。

八月三十日清晨，贺龙同志于松桃火烧桥派红十二团围困南腰界敌团防据点。下午，又亲率红七师主力分兵两路割裂敌防御体系，对倒马坎实行钳形攻击，一举将其攻克，终使所谓"万里长城"全线崩溃。红军乘胜追击，于次日直捣杨卓之老巢平所。

这次战斗打击了反革命气焰，壮大了红军声威，为我县革命根据地的建立奠定了基础，进而为整个黔东革命根据地的巩固和发展做出了不可磨灭的贡献。倒马坎之战，是红三军在黔东根据地进行的著名战斗之一，在红军的战史上写下了光辉的一页。

山河有幸，倒马坎因红三军业绩载入史册；

日月同辉，红三军英名与倒马坎群山共存！

秀山土家族苗族自治县人民政府
公元一九八五年十一月　立

（2）红二、六军团黔东独立师川河盖战斗纪念碑及其碑文。

1934年11月下旬，红二、六军团黔东独立师完成了配合主力东征任务后，于11月28日撤离黔东革命根据地进入秀山，行至川河盖遭秀山民团伏击，与敌展开气壮山河的一战。独立师损失惨重。为缅怀川河盖战斗中牺牲的红军将士，秀山土家族苗族自治县人民政府于1985年在川河盖战斗遗址内建立纪念碑1座，此碑通高11米，宽1.58米，厚0.63米，其中，碑座长2.07米，宽1.08米，高1.14米。碑名为"红二六军团黔东独立师川河盖战斗纪念碑"，由原黔东特委书记兼黔东独立师政委段苏全所题。碑座上有碑文101字，落款为"一九八五年十一月立"。碑文如下：

一九三四年夏，贺龙同志率红三军在川黔边区的酉阳、秀山、松桃、沿河、德江、印江等县创建了黔东特区革命根据地。同年十月，红三军与红六军团会师组成红二、六军团，东征湖南发展根据地，为此，特建立黔东独立师坚持根据地斗争，牵制敌人，掩护主力。

独立师与敌三十个团周旋近一月胜利完成任务后奉命东进奔向主力。十一月二十八日晨，独立师所属三百余人，途经川河盖，遭敌伏击，是时盖上大雾弥漫，红军将士不避险恶，英勇奋战，终因弹尽粮绝而失利，二十多人壮烈牺牲，队伍大部失散，师长王光泽身陷囹圄，被害于龙潭邬家坡。

川河盖战斗英勇悲壮，可歌可泣，为缅怀先烈，激励后人，特树碑以志其事。

红军浩气长存，烈士永垂不朽！

秀山土家族苗族自治县人民政府
一九八五年十一月　立

（3）雅江红军洞纪念碑及其碑文。

雅江红军洞遗址位于秀山县雅江乡车田村东北1公里处。1934年11月下旬，黔东独立师奉命东进湘西与主力会合，在秀山邑梅（今梅江）遭敌伏击，师政委段苏全因伤势过重昏倒在雅江乡车田村苏家坡田埂上。土家族农民李木富闻讯赶至苏家坡，不顾个人安危，将段苏全背进此山洞掩藏治疗月余，段苏全伤愈后重返前线。为鼓励后人继承和发扬革命传统，当地民众和政府部门特将此山洞命名为"红军洞"。1985年7月，秀山土家族苗族自治县人民政府在洞旁立碑1座。碑文如下：

一九三四年十一月，红军黔东独立师在掩护二、六军团东征湖南后，奉命东进湘西与主力会合。二十五日，在邑梅遭敌伏击，政委段苏全左踝骨中弹受伤，次日行至雅江附近又遭敌袭，段与部队失散，因伤势过重晕倒于车田村苏家坡田埂脚，生命垂危。二十七日晨，洞前土家族农民李木富闻讯赶至苏家坡，将段背至屋前灵官庙救治。两日后为安全计又趁夜将他藏于此洞。李木富夫妻不顾个人安危，每日为段求医送药，此地乡邻皆守口如瓶并于多方关照，使段得以安全养伤一月有余，康复归队。红军与人民群众之血肉联系由此可见。这正是中国共产党及其所领导的革命队伍力量之所在。为使此事千古流传，以鼓励后人继承和发扬革命传统，特将此洞命名为"红军洞"，并立碑以志其事。

秀山土家族苗族自治县人民政府
公元一九八五年七月　立

（4）巴盘苏维埃红色政权纪念碑碑文：

一九三四年三月，贺龙派红军战士黄治安回乡组建巴盘游击队，黄治安任队长，队员有廖怀忠、卢显富、吴世安、廖胜前等20多人，拥有长短枪10多支。这支游击队以防盗、防匪、维护社会治安为掩护，进行抗丁、抗捐、打富济贫，巧妙地在距县城仅八公里的平坝地区进行战斗。当年八月，成立了巴盘乡苏维埃，黄治安任主席，卢显富任副主席，委员有廖胜前等。一九三五年秋，盛大的农协代表大会在廖家祠堂召开，贵州、湖南等省也派代表参加了会议。巴盘苏维埃和游击队与当地穷苦人民一道，与秀山西路团防头子杨卓之进行了三年艰苦卓绝的斗争。

（三）苏维埃政权类红色文化资源

1. 巴盘苏维埃政府

1933年，贺龙率领红三军来到渝东南民族地区，发动土家、苗、汉各族人民建立苏维埃政权，实行土地革命，创建革命根据地。1934年秋，中共中央湘鄂西分局决定：扩大红军武装，巩固以南腰界为中心的川黔边区革命根据地。抽调红三军部分官兵组成武工队，深入川黔湘鄂边区，建立苏维埃政权。红三军独立团营长黄治安（三合乡巴盘村人）受贺龙派遣，带领战士廖胜前、黄子荣等人回乡组建了巴盘红军游击队，黄治安任队长，队员有廖胜前、黄子荣、廖怀忠、卢显富、吴世安、廖楦、刘国芳、谭云清等20余人，拥有长短枪10余支。巴盘红军游击队在胆识过人的黄治安领导下，在距离秀山县城仅10余里地的平坝地区，对外以防匪、防盗、维护社会治安为掩护，巧妙地开展了抗丁、抗捐、打富济贫等革命活动。同年八月，成立了巴盘乡苏维埃政府，黄治安任主席，卢显富任副主席，委员有廖胜前等。巴盘乡苏维埃政府辖巴盘、刘院、小石、沙坝、三合场5个村。1935年秋，黄治安在巴盘村廖家祠堂组织召开了盛大的农民协会代表大会，参会代表达数百人之多。"仅周边贵州、湖南、酉阳的代表就有几十人。会期4天，每天鸣放铁炮，震惊了国民党秀山县政府。"①巴盘苏维埃政府还在清溪场建立了"川黔旅馆"联络点，与坝芒、枷档河及贵州甘龙口的游击队保持联系。巴盘乡苏维埃政府和巴盘红军游击队团结当地穷苦人民，与秀山县西路团防头子杨卓之进行了3年艰苦卓绝的斗争。1937年农历冬月18日，巴盘乡苏维埃政府主席兼巴盘红军游击队队长黄治安在清溪场被杨卓之手下暗杀，巴盘苏维埃政权及

---

① 重庆市老区建设促进会：《重庆革命老区》（内部编印），重庆市老区建设促进会组织编撰，2009年版第284页。

游击队的活动被迫停止，这是秀山县坚持斗争时间最长的苏维埃政权。黄治安及其领导的巴盘苏维埃政权，为川黔湘鄂边区广大劳苦大众翻身求解放播撒下了革命火种，他们点燃的革命星星之火燎原在渝东南民族地区的土家苗寨。

2. 黔东革命根据地和境内苏维埃红色政权

土地革命战争时期，贺龙、夏曦、关向应率领红三军于1934年在秀山西南边区创建了渝、黔、湘、鄂边区革命根据地——黔东革命根据地，辖有秀山县境内清溪、龙凤、高秀、峻岭、钟灵、兰桥、九江、梅江、兴隆、雅江、平马、大板、永兴、里仁、地坝（莲花）、膏田、石堤等乡。红军所到之处，游击队、自卫队如雨后春笋般地建立起来，同时建立了县境内枷档河（今属塘坳乡）、坝芒（今属峻岭乡）、巴盘（今属三合场乡）3个乡苏维埃红色政权。在此基础上，黔东革命根据地组建了红三军黔东独立师，枷档河、坝芒、巴盘3个乡苏维埃政府分别组建了自己的红军游击队，他们勇敢地担负起夺取政权和保卫苏维埃政权的重任，成为黔东革命根据地和3个乡苏维埃红色政权的坚强柱石。黔东革命根据地及枷档河、坝芒、巴盘3个乡苏维埃政府在各自的辖区内开展了轰轰烈烈的打土豪分田地的土地革命运动，废除了千百年来的封建土地所有制，实现了土地归农民所有。各级苏维埃政权又根据《中华苏维埃共和国土地法》，分别制定了没收土地和分配土地的条例，将没收的土地分给无地和少地的农民。

黔东革命根据地的建立，结束了红三军自1932年9月退出洪湖根据地时起所处的流动游击无后方依靠的被动局面，使部队有了可靠的后方作依托，红军伤员得以安置，部队疲劳之时得以休整，物资消耗后得以补给。红三军在黔东根据地时期，补充了近2 000名新战士，队伍得以发展壮大。黔东革命根据地的建立，也为后来红二、六军团会师提供了落脚点。因此，虽然黔东革命根据地在规模和巩固程度上都远不能与过去的洪湖、湘鄂边等根据地相比，但它建立的意义却是重大而深远的。

（四）土地革命战争时期秀山境内进步报刊、革命文献、宣传品类红色文化资源

1. 秀山境内进步报刊

（1）《澎湃》小报。

1934年，秀山县民众教育图书馆管理员顾学彬创办了《澎湃》小报。这份报

纸的内容主要是揭露当时社会的阴暗面,仅刊出两期就被秀山县国民党当局勒令停刊,顾学彬被指控为"赤化分子"遭到逮捕。

（2）《秀山教育半月刊》副刊《腐草》。

1930年5月,秀山县立中学、高小两所学校学生自治会联合创办了《秀山教育半月刊》副刊《腐草》。《腐草》曾刊发过《迷信与盲从》《婚姻不自由的弊端》《秀山妇女应有之觉悟》等进步文章,出刊9期停刊。

2. 红三军在秀山的文献、宣传品

（1）中国工农红军第三军司令部布告（宣传苏维埃要点）[①]

第三军司令部（1934年5月8日）

红军的任务是在川、黔、湘、鄂一带创办苏维埃区域,实现中华苏维埃共和国,向宪法而斗争,兹将苏维埃要点慎重宣布如下:

一、推翻帝国主义,驱逐帝国主义出中国,争取中国民族独立。

二、打倒卖国、祸国殃民的地主资产阶级的国民党政权。消灭剥削和压迫民众的保甲制度。

三、建立工、农、兵代表会议的苏维埃政权。

四、没收地主阶级及大财产（主）的土地,为贫农,中农平均分配。

五、取消国民党一切苛捐杂税。

六、增加工人工资,实行八小时工作制。

七、保护商店和往来行商。

八、分给士兵土地和发给回家的路资。

九、解散敲诈民众、剥削民众的团防武装。

（2）中国工农红军的任务和纪律[②]

（1934年5月11日）

我们中国工农红军,就是苏维埃政府的军队,也就是工人、农民自己的军队。红军的任务,就是为推翻帝国主义、国民党政权而战争,为了土地归农民而战争。因此,红军完全拥护工人、农民自己的利益。

---

① 这张红三军司令部布告摘自秀山土家族苗族自治县老区建设促进会编《历史的丰碑——红军在秀山》（内部印刷）,2005年10月版第109~110页。

② 红三军政治部颁发的这份《中国工农红军的任务和纪律》的原文摘自秀山土家族苗族自治县老区建设促进会编《历史的丰碑-红军在秀山》（内部印刷）,2005年10月版第112~113页。

红军的纪律：第一、不拉夫，不扣船。请人带路，雇船渡河，均重给工资。第二、不筹饷，不派捐，不收税，不要民众办招待。第三、除了没收豪绅地主粮食、财产发给群众和供给军用外，红军不拿工人、农民的一针一线，坚决反对白军和土匪焚烧房屋抢劫民众财物的做法。第四、借了门板、稻草、锅碗要还原处，损失了要赔偿；我们驻军的人家，老百姓吃我们饭。第五、不进人家的内房，坚决反对白军中调戏和强奸妇女的现象。第六、保护商人营业，保护商船和行商，买卖按照时价。第七、保护学校教员、学生及一切文化机关与祠堂庙宇。第八、保护邮政局和邮差的安全。第九、不乱杀人，除了为群众所深恶痛绝的官吏、豪绅外，绝对不逮捕和杀戮工农群众。第十、解除了武装的白军的官兵，发给路费回家。并且保护军阀军队中下级军官及士兵的家属财产。

中国工农红军第三军政治部

（3）中国共产党十大政纲①

一、推翻帝国主义的统治；

二、没收外国资本主义的企业和银行；

三、统一中国，承认民族自决权；

四、推翻军阀国民党的政府；

五、建立工农兵代表会议政府；

六、实行八小时工作制，增加工资、失业救济与社会保险等；

七、没收一切地主阶级的土地，耕地归农民；

八、改善士兵生活，给士兵以土地和工作；

九、取消一切苛捐杂税，实行统一的累进税；

十、联合世界无产阶级和苏联。

红三军　宣

（4）湘鄂川黔边革命军事委员会布告②

（一九三四年）

没收地主豪绅的粮食财产之条例：

一、以红军经过或占领地方，对于地主豪绅粮食财产可以没收，但是中农、贫农的财产绝对保护。

---

① 摘自秀山土家族苗族自治县老区建设促进会编《历史的丰碑——红军在秀山》（内部印刷），2005年10月版第113~114页。

② 摘自秀山土家族苗族自治县老区建设促进会编《历史的丰碑——红军在秀山》（内部印刷），2005年10月版第119页。

二、对于商店和行商的货物财产不没收。

三、地主经营商业的，除他粮食可以没收外，对于他商店的货物不没收。

四、凡官田、学田及教堂的粮食财产可以没收。

五、没收的东西做两部分，一部分给群众，一部分发给红军需用。

湘鄂川黔革命军事委员会

（5）湘鄂川黔边革命军事委员会给黔东特区革命委员会并转各区各乡苏维埃各独立团各游击队的指示①

（一九三四年九月四日）

黔东特区革命委员会并转各区各乡苏维埃各独立团各游击队：

动员工农群众参加保卫黔东苏区的红三军，这一工作，你们完全没有开始。这是我们工作中最严重的缺点！

第一、你们应将"保卫黔东苏区""不准敌人蹂躏苏区一寸土地""组织消灭贵州军阀王家烈的革命战争"的口号的重要意义，向群众深入宣传。今天只有加倍的扩大红军，动员一切力量准备大规模的革命战争，才能保证土地革命的胜利，才能保证永远不纳苛捐杂税。

第二、你们实际地开展优待红军的运动，最要紧的就是目前秋收的时候，帮助红军家属割谷！在分配土地的当中，红军及红军家属实际地得到好的土地。

第三、现在红三军还是枪多于人的现象，望你们在最短的时候，动员三百人参加红三军（每乡十人以上）以增加和扩大我们的力量。

第四、庆祝第二次全国苏维埃代表大会的运动，你们要有计划地去进行。首先是土地湾、枫香溪、爱沙塘、沙子坡、喻家岩、刀坝、干溪、淇滩这几个区进行。将这一个庆祝运动与征求红军运动联贯起来。在这个运动中，主要是宣传中央苏区的工农生活，中央苏区红军的胜利（这是我们胜利的榜样）和扩大红三军巩固黔东苏区的意义。依据征求参加红军战士的成绩，来考查我们每个乡每个区革命委员会的群众工作。

同志们！到前线去！争取巩固发展黔东苏区的光荣的伟大的胜利！

湘鄂川黔边革命军事委员会　启

---

① 摘自秀山土家族苗族自治县老区建设促进会编《历史的丰碑——红军在秀山》（内部印刷），2005年10月版第119~120页。

3. 《红色中华》对红三军进军秀山的报道

红军向四川发展连获胜利

一、鄂红军一部五千余人，向秀山、酉阳、彭水县，迭次为红军所占四川发展，连获胜利。川东之黔江占领，石柱、丰都亦在威胁中。下川东所住的白军四五千人，恐慌万分。红军到处皆得工农劳苦群众积极拥护。现红军已由五千人扩大到二万余人，声势异常浩大，四川全省反动统治动摇。

（载《红色中华》1932年12月19日）

注：《红色中华》是中华苏维埃临时中央政府的机关报，于1931年12月11日创刊。

4. 红三军在秀山境内留下的标语

从1934年3月贺龙率领红三军进入秀山境内开展游击战争，至1935年1月黔东独立师撤出秀山，前后近一年时间里，红军足迹遍及秀山境内的茅坡、高田、塘坳、峻岭、龙凤、三合、清溪、中溪、中灵、兰桥、梅江、巴家、晏龙、雅江、平马、川河、干川、涌洞、龙池、宋农、里仁、保安、石堤、大溪等24个乡镇，占全县49个乡镇的一半。红三军所到之处，书写和张贴出许多动员农民群众起来开展土地革命的标语和口号：

（1）红三军在秀山峻岭乡百岁村留下的标语。

① "白军好比一条狗，红军牵着到处走！"

② "打倒卖国贼蒋介石！"

③ "蒋介石是帝国主义的走狗！"

红三军写

年代：1934年9月

地点：秀山县峻岭乡百岁村一带

（2）红三军在秀山县其他地区留下的标语[①]。

"红军不拿工人农民一针一线！"

"打倒土豪把田分！"

"红军打富济贫！"

---

① 这24条标语摘自秀山土家族苗族自治县老区建设促进会编《历史的丰碑——红军在秀山》（内部印刷），2005年10月版第96~97页。

"打倒卖国贼蒋介石!"

"蒋介石是帝国主义的走狗!"

"欢迎白军参加红军!"

"红军是穷人的军队!"

"红军为消灭地主阶级土地归还农民而战!"

"打倒土豪分田地!"

"共产党是穷人的大救星!"

"中华苏维埃万岁!"

"只有苏维埃能够救中国!"

"工人农民动员起来组织苏维埃!"

"苏维埃政权万岁!"

"红军万岁!"

"红军不拉夫,不筹饷!"

"工农团结一条心,打倒土豪把田分!"

"穷人起来打土豪!"

"穷人不还富人钱!"

"打倒反动派!"

"打倒土豪劣绅!"

"红军保护来往行商!"

"红军爱护老百姓!"

"红军与百姓鱼水情深!"

(五)革命歌谣、山歌类红色文化资源

1. 秀山老区革命歌谣

(1)跟着红军打江山[①]。

不怨地来不怨天,只怨手中没有权。

要把世道颠倒转,跟着红军打江山。

---

① 这首《跟着红军打江山》摘自湘鄂川黔苏区革命文化史料汇编编辑组编《湘鄂川黔苏区革命文化史料汇编》,中国书籍出版社,1995年版第311页。

流传地区：秀山县

讲唱人：张志顺（农民）

收集人：喻再华、余世仁

（2）无题①。

上等之人两手闲，不纺棉纱不种田，

穿的绫罗和绸缎，肉里困来酒里眠。

下等之人当长年，家中无米又无盐，

鼎罐巴到板壁上，东家舅子不照闲。

流传地区：秀山县

讲唱人：张志顺

收集人：喻再华、余世仁

（3）地上干人靠红军②。

天上小星挨大星，地上干人③靠红军。

父母伯叔亲兄弟，不及红军情意深。

流传地区：秀山县

讲唱人：张老红军等

收集人：喻再华等

（4）干人爱的是红军④。

蜜蜂爱花鸟爱春，干人爱的是红军。

红军对我情义好，吃颗芝麻平半分。

流传地区：秀山县

讲唱人：杨再红（原游击队员）

收集人：喻再华

---

① 这首《无题》摘自湘鄂川黔苏区革命文化史料汇编编辑组编《湘鄂川黔苏区革命文化史料汇编》，中国书籍出版社，1995年版第316页。

② 这首《地上干人靠红军》摘自湘鄂川黔苏区革命文化史料汇编编辑组编《湘鄂川黔苏区革命文化史料汇编》，中国书籍出版社，1995年版第328页。

③ 干人，即穷人。

④ 这首《干人爱的是红军》摘自湘鄂川黔苏区革命文化史料汇编编辑组编《湘鄂川黔苏区革命文化史料汇编》，中国书籍出版社，1995年版第329页。

（5）高山顶上云套云①。

高山顶上云套云，山中金竹根连根。

河里鱼儿不离水，红军和我心连心。

流传地区：秀山县

讲唱人：石维国

收集人：喻再华

（6）浑水长流有日清②。

浑水长流有日清，十月苦瓜要断根。

贺龙打从湖南来，川黔边区要天明。

朝看日头夜看星，干人天天盼红军。

翻过九岭十八湾，端起甜酒等亲人。

流传地区：秀山县

讲唱人：杨再红

收集人：喻再华

（7）红军威风像条龙③。

红军威风像条龙，白匪背时像条虫。

乌江边上打一仗，杀得白匪满江红。

流传地区：秀山县

讲唱人：杨再红

收集人：喻再华

（8）只想郎哥当红军④。

不想金来不想银，不想海味和山珍。

自从来了贺老总，只想郎哥当红军。

---

① 这首《高山顶上云套云》摘自湘鄂川黔苏区革命文化史料汇编编辑组编《湘鄂川黔苏区革命文化史料汇编》，中国书籍出版社，1995年版第335页。

② 这首《浑水长流有日清》摘自湘鄂川黔苏区革命文化史料汇编编辑组编《湘鄂川黔苏区革命文化史料汇编》，中国书籍出版社，1995年版第363页。

③ 这首《红军威风像条龙》摘自湘鄂川黔苏区革命文化史料汇编编辑组编《湘鄂川黔苏区革命文化史料汇编》，中国书籍出版社，1995年版第364页。

④ 这首《只想郎哥当红军》摘自湘鄂川黔苏区革命文化史料汇编编辑组编《湘鄂川黔苏区革命文化史料汇编》，中国书籍出版社，1995年版第398页。

流传地区：秀山县

讲唱人：杨再红

收集人：喻再华

（9）高山建屋不怕风[①]。

高山建屋不怕风，大河撑船不怕龙。

一心要把红军当，哪怕刀枪架喉咙。

流传地区：秀山县

讲唱人：杨再红

收集人：喻再华

（10）革命不怕砍脑壳[②]。

行船不怕旋水涡，打铁不怕火烫脚。

生死要跟红军走，革命不怕砍脑壳。

流传地区：秀山县

讲唱人：张老红军

收集人：喻再华

2．秀山革命老区红军山歌（13首）[③]

（1）赶快去投贺军长。

进山打猎要用枪，下河打鱼要用网。

报仇就要当红军，赶快去投贺军长。

红军队伍势力壮，官兵都是一个样。

吞下石头硬了心，坚决跟着共产党。

（2）苗汉团结跟贺龙。

毒蛇出洞要下雨，乌云出来要起风。

白匪杀进苗家寨，猪羊捉尽竹楼空。

杜鹃全靠太阳红，红军来了不受穷。

共产党就是铁靠山，苗汉团结跟贺龙。

---

① 这首《高山建屋不怕风》摘自湘鄂川黔苏区革命文化史料汇编编辑组编《湘鄂川黔苏区革命文化史料汇编》，中国书籍出版社，1995年版第405～406页。

② 这首《革命不怕砍脑壳》摘自湘鄂川黔苏区革命文化史料汇编编辑组编《湘鄂川黔苏区革命文化史料汇编》，中国书籍出版社，1995年版第406页。

③ 这13首红军山歌摘自中国歌谣集成四川卷编辑委员会编《中国歌谣集成·四川卷》（上册），（北京）中国ISBN中心出版，2004年版第135～136页。

(3) 红军一来苦变甜。

钥匙不到锁不开，鲜花不开蜂不来。
春天不到燕不归，红军不到门不开。
太阳一出乌云散，铜锣一打响得宽。
山歌一唱心头爽，红军一来苦变甜。

(4) 世上最好数红军。

天上最亮启明星，河里只有沙难平。
山中最青松树叶，世上最好数红军。

(5) 银圆放在水缸盖。

红军同志我家来，煮饭烧了几捆柴。
天亮起来人不在，银圆放在水缸盖。

(6) 泥鳅休想变成龙。

泥鳅休想变成龙，猫儿休想变成虎。
白匪要想胜红军，除非岩头[①]煮成肉。

(7) 拿起刀枪找贺龙。

向阳桃子颗颗红，背阴桃子颗颗空。
要想干人吃饱饭，拿起刀枪找贺龙。

(8) 真心诚意当红军。

真心诚意当红军，勇和阎王把命拼。
砍头只当风吹帽，剥皮只当脱衣襟。

(9) 红军来了财主怕。

火烧竹子两边炸，红军来了财主怕。
走起路来脚转筋，脸上愁起鸡疙瘩。

(10) 红军北上打日本。

月亮有缺又有圆，花儿有谢又有开。
红军北上打日本，总有一天要回来。

(11) 有心革命革到底。

有心拉坡拉登巅，有心下河下登潭。
有心革命革到底，莫学阳雀叫半年。

---

① 岩头：方言，指岩石上面部分。

（12）红军望天天要晴。

红军进山山转青，红军望天天要晴。

红军喝了路边水，路边凉水点得灯。

（13）天下要归苏维埃。

葵花籽籽向阳开，江河流水归大海。

自从来了共产党，天下要归苏维埃。

注：上述13首秀山县境内红军山歌的演唱者是喻再华，1988年11月由其本人记录于秀山与贵州松桃交界处。

3. 秀山境内流传的红军歌谣（16首）[①]

（1）萧克会贺龙。

十月里来枫叶红，萧克川边会贺龙，

南腰界上红旗展，千军万马逞英雄。

（2）苗乡建起苏维埃。

三月里来百花开，苗乡建起苏维埃，

打倒土豪惩恶霸，苗汉干人把头抬。

（3）莫忘红军恩情多。

阿哥阿妹在唱歌，情歌悠悠满山坡，

改日相会喝喜酒，莫忘红军恩情多。

（4）送郎当红军。

送郎送到五里坡，我郎去当红军哥，

跟着贺龙闹革命，再送五里不闲多。

（5）红军最爱穷苦人。

凤凰最爱梧桐树，斑鸠最爱刺芭林，

鱼儿最爱长江水，红军最爱穷苦人。

（6）红军最爱穷人家。

鱼爱深水蜂爱花，鸟爱树林儿爱妈，

蚕爱桑叶牛爱草，红军最爱穷人家。

[①] 这16首红军歌谣摘自秀山土家族苗族自治县老区建设促进会编《历史的丰碑——红军在秀山》（内部印刷），2005年10月版第97~104页。

(7)是死是活跟红军。

天下穷人一条心,是死是活跟红军,
要像田中四叶草,四瓣叶儿共条心。

(8)千人万人跟上来。

马桑树,发嫩苔,砍一根,长满崖;
一个红军倒下去,千人万人跟上来。

(9)红军好象山顶松。

红军好像山顶松,又经雨来又经风,
雷打火烧都不怕,能打能杀又能冲。

(10)跟着红军干革命。

刀砍竹子不死根,火烧芭蕉不死心,
只要还有一口气,也要跟着当红军。

(11)穷人一心向红军。

青松万枝本同根,世上穷人本同心,
葵花朵朵向太阳,穷人一心向红军。

(12)穷人日子有盼头。

二月里,龙抬头,穷人日子有盼头,
红军帮我分田地,今后吃穿不用愁。

(13)红军好比爹娘亲。

盼红军,迎红军,红军好比爹娘亲,
打土豪,分田地,穷苦农民大翻身。

(14)红军来了大不同。

太阳出来满山红,红军来了大不同,
到处建起苏维埃,穷人掌权真光荣。

(15)红军来了歌更多。

姑娘生来爱唱歌,唱起山歌会情哥,
早晨唱到月亮起,红军来了歌更多。

(16)送郎当红军。

正月里来是新春,我送我郎当红军,
荷包挂在胸口上,家里有我莫担心。

三月里来是清明，红军里头有能人，
　　我郎去把红军投，送了一程又一程。
　　五月里来是端阳，吃了粽粑送情郎，
　　跟定贺龙当红军，威威武武上战场。
　　八月里来桂花开，贺龙队伍过山来，
　　送郎去把红军当，杀敌立功是人才。
　　腊月里来飘雪花，郎当红军戴红花，
　　紧跟贺龙闹革命，立功喜报寄回家。

三、抗日战争时期秀山县各类红色文化资源

（一）抗战遗址类红色文化资源

秀山抗战军用飞机场遗址

　　秀山抗战军用飞机场遗址位于秀山县城中和镇西门外。该机场占地1 375.5亩，总面积91万平方米，长1 300米，两端宽400~1 000米。抗日战争爆发后，随着上海、南京、广州、武汉的相继失守，国民政府由南京迁都重庆。日寇大举进犯内地，国民党军队节节败退。国民政府在湘西的芷江机场已临近前线，处于战争威胁之下。国民政府军事委员会决定，在地处渝、黔、湘、鄂四省市边区结合部的重庆武陵山区深处的秀山土家族苗族自治县的县城西郊修建飞机场，以备日军继续西进时，将芷江机场飞机转移至秀山。机场从1940年2月开工修建到1942年5月完工，历时两年多，共计用民工工日420万个，劳务费、生活费等共计约1 200万元。由于劳动强度大，需要肩挑背磨，加上生活条件极差，不少民工伤亡或病故于修建工程中，死亡民工人数达1 000人左右。可见，秀山这个战时备用飞机场是渝、湘、黔三省市边区10多万土家、苗、瑶、汉各族群众用鲜血和汗水筑成的，是数以千计的同胞用生命换来的，他们为全民族抗战写下了光辉的一页。

（二）抗日阵亡将士纪念碑类红色文化资源

1. 1940年建立的秀山"抗日阵亡将士纪念碑"

　　抗日阵亡将士纪念碑位于秀山县城南门校场坝中山纪念堂右侧（现体育场主席台右侧）。1940年秋，为纪念抗日战争中牺牲的将士，表彰先驱者，激励后来

人，提高国人觉悟，促进民族兴旺，秀山县政府在中山纪念堂右侧建立了一座石质纪念碑，并将其竖立在宽敞平坦的广场上，与中山纪念堂并立。"纪念碑基脚石五台梯六角形，青石柱子三米高，四十厘米正方形，柱子顶端呈锥形，左右后三面光滑。"①碑的正面镌刻"抗日阵亡将士纪念碑"9个红底大字，碑文由时任县长凌承鉴所题。那时，每逢节日，县城的学生、员工便集体结队到"抗日阵亡将士纪念碑"前悼念，并吟诵郭沫若的词句："阵亡的将士，死难的同胞，你们壮烈的牺牲，是国家民族的光耀，你们享受着千秋俎豆，你们万古名标。"②

2. 1995年迁建的秀山"抗日阵亡将士纪念碑"及其碑文

1995年迁建的秀山"抗日阵亡将士纪念碑"位于秀山县乌杨街道乌杨社区居委会城西飞机场市政园林局苗圃西南角，为县级文物保护单位。碑占地2平方米，坐南向北，通高3米，宽0.37米，厚0.37米。碑文为："一九三一年，日寇悍然策动'九一八'事变，烧杀抢掠，罄竹难书，一九三九年十月，偏乡僻壤之秀山也遭日机轰炸，秀山仁人志士同国人一道，拼死报国，为缅怀阵亡将士，于一九四〇年秋在南门广场建抗日阵亡将士纪念碑一座。其碑于一九六七年被推倒，仅存碑体，值抗日战争胜利五十周年之际（1995年），为勿忘国耻，开创未来，修复于此，以示后人。秀山土家族苗族自治县人民政府、公元一九九五年秋。"

（三）抗战社团文艺宣传类红色文化资源

秀山"抗敌救亡工作团"及其文艺宣传活动

1937年秋，21岁的爱国青年杨通惠从重庆回到秀山文庙小学任教，他邀约从上海回秀山的女青年王孝益（原国民党"立法委员会"委员王宏实之女）一道，联络秀山中学、国立八中的李万霖、颜学曾、伍升猷、戚琼芳、施云珍等30多人，成立了"抗敌救亡工作团"。他们带头身穿土布衣服，发动群众抵制日货。编排了反映沦陷区人民悲惨生活和奋起抗日的《放下你的鞭子》《在铁蹄下》《沈阳之夜》《保卫卢沟桥》和《黄河大合唱》《大刀进行曲》《流亡三部曲》《游击队之歌》《义勇军进行曲》等话剧、歌曲，在校园、机关、街头演唱。他们还组成宣传队深入

---

① 中国人民政治协商会议秀山土家族苗族自治县委员会文史资料工作委员会编：《秀山文史资料》第2辑（内部发行），1985年12月版第8页。
② 中国人民政治协商会议秀山土家族苗族自治县委员会文史资料工作委员会编：《秀山文史资料》第2辑（内部发行），1985年12月版第8页。

到官庄、平凯、石耶、清溪、梅江、洪安等集镇和边远的村寨，开展抗日救亡宣传。"抗日救亡工作团"还利用秀山仅有的一台收音机收听前线"首战平型关""台儿庄大捷""保卫大武汉"等抗战胜利新闻，并及时油印成传单在大街小巷广泛散发；组织女学生绣手绢、扎纸扇、做布鞋，开展义卖募捐活动，筹集抗日经费；发动城镇街道、村寨广大妇女义务做军鞋、绣荷包；派出慰问演出队到驻秀山的第九后方医院，为抗日受伤的将士慰问演出，送去大批募捐款和慰劳品。

（四）抗日进步刊物、救亡标语类红色文化资源

1. 秀山抗日进步刊物《晨曦》

1937年，曾参加过"五四"运动的北大学生、秀山县民众教育图书馆馆长刘兆鳞同进步人士颜学曾、王伯弼共同创办了《晨曦》文艺月刊，刘兆鳞担任主编。《晨曦》以宣传抗日救亡为主，经常刊载一些青年师生思想进步、鼓动抗日的文章。如秀山一中女学生邹家森在学校停办时，为了投身抗日、走向社会，给父亲写了一封要求男女平等的信，《晨曦》便以《女性的呼声——一封给爸爸的信》为题将其刊登出来，在社会上引起强烈反响。不少女学生以邹家森为榜样，冲破封建礼教家庭的束缚，纷纷投入抗日救亡活动之中。《晨曦》还为学校提供了许多有关抗战的音乐、歌曲、戏剧及揭露国民党黑暗统治的作品，这对当时秀山县抗日救亡运动起到了积极的推动作用。然而，随着发行范围的扩大、影响力的加深，《晨曦》逐渐遭到国民党秀山县政府的百般刁难，最终被迫停刊。

2. 秀山民众抗日救亡标语

1937年全面抗战爆发后，蒋介石被迫接受了共产党提出的"共同抗日"主张，国共结束了十年内战，开始联合抗日，这极大地激发了秀山土家苗寨抗日救亡运动的生机与活力，秀山抗日救亡活动随之活跃起来，县城的中和镇尤为突出。广大城乡居民、爱国人士、知识分子、学校师生等各阶层人员纷纷走上街头游行示威，并在大街小巷张贴以下各种抗日救亡标语：

（1）"打倒日本帝国主义！"

（2）"收复失地！"

（3）"打杀汉奸！"

（4）"工农兵学商一起来救亡！"

（5）"有钱出线、有力出力！"

四、解放战争时期秀山县各类红色文化资源

(一) 革命遗址、烈士墓、烈士陵园类红色文化资源

1. 秀山境内革命活动遗址

(1) 云隘村黔东纵队联络站遗址。

云隘村黔东纵队联络站遗址位于秀山县中溪乡云隘村东北3公里处。1946年至1949年,中共川东临委、黔东纵队办事机构曾在此设立联络站,并以此地为中心活动于贵州、松桃、秀山一带。遗址占地约320平方米,坐东向西,为三合院布局。其中正屋面阔3间12.6米,进深3间8.2米,通高7米,为悬山顶,穿逗式梁架,4穿用3柱。左右厢房对称,面阔2间8米,进深2间5米,通高5.3米。

(2) 洪茶渡口及解放军二野司令部洪安遗址。

洪茶渡口及解放军二野司令部洪安遗址位于渝湘黔三省(市)交界处的秀山县城东55公里的洪安镇,是解放战争时期刘邓大军入川的第一站。1949年11月初,刘邓大军挥师入川,揭开了解放大西南战役的序幕。11月6日,解放军第二野战军第12军先头部队先于其他部队抵达位于今洪安镇边城居委会洪安居民组洪安码头的洪茶渡口的对岸,由于渡口附近的大桥被敌人纵火烧毁,解放军便从洪茶渡口对岸的湖南茶峒镇向对面洪茶渡口架设浮桥,两岸群众纷纷献出自家的木船,架起了一座浮桥,使解放军得以强渡130米宽的花垣河,经洪茶渡口一举攻克洪安,挺进四川。洪茶渡口便成为解放军进军大西南的重要突破口,在解放战争历史上有着重要的历史地位,成为解放军进军大西南围歼国民党部队的重要纪念地。当时,刘伯承、邓小平、张际春、李达等领导人及二野司令部便住在洪安街上一座号称"封火桶子"的复兴银行(今洪安营业所)里,这是他们入川后的第一个驻地。11月7日,解放军进入县城,一举解放了渝东南的门户秀山。秀山便成为刘邓大军进入渝东南、挺进四川的第一站。

秀山洪安古镇位于渝湘黔交界处,地处武陵山腹地,这里有一座6000余平方米的孤岛,名叫"三不管岛"。于是,洪安这座古镇、边城便因"三不管岛"、《边城》、刘邓大军入川第一站等历史文化及其区位优势闻名于世。当年刘邓大军从这里入川那气势磅礴、振奋人心的恢宏场面,至今仍激励着渝湘黔三省(市)边区土家苗汉各族人民为建设自己和谐、美好家园而团结奋斗。如今,解放军二野司令部洪安遗址已被中共重庆市委、重庆市政府命名为"重庆市爱国主义教育基地"。

图6 洪茶渡口①

（3）解放军二野司令部凤鸣书院遗址。

解放军二野司令部凤鸣书院遗址位于秀山县城南门外，始建于清嘉庆二十三年（1818），称为凤台书院，道光时改称为凤鸣书院，是一古色古香、木石结构庭院式建筑，新中国成立前后均为县级中学，为新民主主义革命时期川东地下党秀山特别支部秘密活动据点和解放军进军大西南时二野前委及其司令部驻地遗址。1945—1949年，周恩来领导的中共中央南方局和中共四川省委为创建渝东南游击根据地，在此建立了中共秀山特支，用以开展学运、军运斗争，此地成为了渝湘黔边党的地下工作据点。1949年11月，第二野战军进军大西南。12月1日凌晨，二野司令员刘伯承、政委邓小平及参谋长李达等率二野前委和二野司令部直属机关从洪安镇、洪茶渡口移驻于秀山县城南门外的凤鸣书院，在这里指挥了璧山战役和各路大军入川，建立了以刘伯承为主席的西南军政委员会，任命三兵团司令员陈锡联为重庆市市长，曹荻秋为副市长，组建了重庆军管会，并部署了著名的成都战役，直至12月4日离开这里。因此，凤鸣书院是第二野战军解放大西南的重要纪念地，现为省级重点文物保护单位。

凤鸣书院，坐东向西，呈四进四横七天井的四合院结构布局，通面阔114米，通进深108米，占地面积1.23万平方米，总建筑面积2478平方米，为穿逗式一楼一底木结构。其中，后院左厢房为木结构，面阔7间30.35米，进深4间6.8米，通高6米，为悬山式屋顶，结构为穿逗式梁架，5穿用5柱。北段正屋为木结构，面阔2间8.2米，进深1间7.8米，通高5米，悬山式屋顶，抬梁式梁架。

---

① 图6洪茶渡口照片来源：http://www.mzb.com.cn/html/Home/report/318365-1.htm

后院右厢房为悬山式屋顶，木结构穿逗式梁架，5穿用5柱，面阔7间30.6米，进深4间9米，通高7米。凤鸣书院遗址现为民族中学，除其原后花园部分木房、孔圣殿、讲堂现已被拆除翻修外，其余基本保存完好。

图7　凤鸣书院[①]（现民族中学），曾是解放军第二野战军司令部

（4）解放军第二野战军前委遗址。

解放军第二野战军前委遗址位于秀山县城东55公里的洪安镇，为县级文物保护单位。1949年11月7日，解放军第二野战军解放洪安。12月30日解放重庆时，刘伯承、邓小平率领的第二野战军前委进驻此地。遗址坐南朝北，为四合院布局，砖木结构楼房，硬山式屋顶。前屋面阔3间12.7米，进深2间11.65米，通高9.1米。后屋面阔3间12.7米，进深2间8.8米，通高7.2米。

2．秀山境内革命烈士墓及革命烈士陵园

（1）平马村解放军战士芦生华烈士墓。

解放军战士芦生华烈士墓位于秀山县洪安镇平马村街西侧50米的场头坡上。芦生华（？-1950），中国人民解放军战士，1950年在剿匪作战中不幸牺牲，葬于此地。此墓为土冢墓，占地10平方米，封土呈长方形，长4.5米，宽2.6米，高1.5米。墓碑石质，高0.70米，宽0.3米，厚0.11米。题刻"一九五〇年立"。

（2）邑中村解放军烈士墓群。

邑中村解放军烈士墓群位于秀山县梅江乡邑中村西北200米处，1950年解放梅江时牺牲的解放军战士被葬于此地。此墓群为土冢墓，3座，占地68平方米，

---

① 图7凤鸣书院照片来源：http：//www.zgcqxs.net/default/picshow-721-14734.shtml

南北长13.6米,东西宽12.2米,坐西向东,封土呈长方形,3座墓均有石质墓碑,墓地用砖石砌成围墙。其中一墓长5米,宽2.9米,高1.24米;墓碑高0.96米,宽0.64米,厚0.1米。题刻"伟大的中国人民解放军战士,一九五〇年剿匪光荣牺牲。一九七一年十二月立"。

（3）中和镇七星村烈士陵园。

七星村烈士陵园位于秀山县中和镇七星村北2公里处,为县级文物保护单位。1950年至1951年间,在秀山境内剿匪作战中不幸牺牲的解放军战士由各地迁葬于此,共34座土冢墓,其中2座是新中国成立后逝世的红军战士墓。该陵园占地7 160平方米,坐北向南,有围墙和大门。

（4）秀山县革命烈士陵园[①]。

秀山县革命烈士陵园位于秀山县官庄镇乜敖村。原革命烈士陵园位于县城东郊七星村,始建于1954年3月,占地面积5 109平方米,陵园中建有烈士纪念碑一座,有在革命战争年代、清匪反霸斗争、抗美援朝战争、保卫祖国边防、社会主义事业建设中牺牲的烈士的墓46座以及纪念馆陈列室等。陵园虽于1963年、1971年、1982年、1983年四次整修扩建,但仍显窄小,难以满足群众瞻仰、祭悼先烈的愿望。为了更好地开展爱国主义教育和革命传统教育,2004年1月,县政府在官庄镇乜敖村重新修建革命烈士陵园,并于次年清明竣工。新建的革命烈士陵园占地面积30.5亩,主体工程有迁至的烈士墓和革命烈士纪念碑,碑高24.1米,梯步台阶自公路至山顶碑体平台217步,碑体下建有169平方米的展厅和陈列室。

（二）地方人民政权类红色文化资源

渝东南第一个人民政权的诞生

1949年11月1日,刘、邓大军打响西南战役,从湘西、鄂西出发,多路挺进渝东南民族地区,拦腰截断国民党军队的所谓"湘鄂川黔边防线",于11月7日一举解放了渝东南门户秀山县城。秀山各族人民燃放鞭炮,载歌载舞,欢庆解放。秀山的解放,揭开了解放渝东南和大西南的序幕。秀山解放的当天,军事管制委员会即建立起来,开展了接管建政、筹集粮草支援前线和维护社会治安等工作。11月19日,西南服务团第一团四支队秀山中队随军进入秀山县城,开始接管建政,建立新生人民政权。11月20日,中国人民解放军第二野战军政治部电

[①] 杨山山:《秀山县革命历史遗址遗迹掠影》,《红岩春秋》2009年第3期第78页。

令：任命县委书记于吉仁为秀山县县长、汤吉震为秀山县副县长。秀山县人民政府宣告成立，这标志着渝东南民族地区乃至当时全四川第一个人民政权诞生了。11月21日，秀山县人民政府成立的布告贴出，人民政府正式接管了原秀山国民党县政权。杨通惠移交了国民党县党部和县参议会全部档案。22日，秀山县人民政府向全县6个区派出正副区长。

（三）县人民政府布告、宣传品类红色文化资源

1. 秀山县人民政府布告[①]

秘字第一号

奉

中国人民解放军第二野战军政治部电令内开：

"兹任命于吉仁为秀山县县长、汤吉震为秀山县副县长。除呈报中央人民政府核准任命外，仰该员先行到职视事为要。"

等因奉此吉仁、吉震遵于1949年11月20日到职视事，特此布告周知。

此　　布

县　长　于吉仁
副县长　汤吉震
公元1949年11月20日

2. 秀山县人民政府率领剿匪大军返回秀山告同胞书[②]

亲爱的秀山父老兄弟诸姑姊妹们：

秀山县人民政府成立以来，是昼夜不懈为秀山人民幸福着想，忠实执行中国人民解放军和中央人民政府一切政令政策，为建设新秀山而努力。在秀山人民的协助下，使广大人民恢复和发展生产，安居乐业，秀山人民政府和广大人民共同奋斗，这目标正在进行着。但我秀山少数封建势力当权者，进行谣言宣传，迷惑和强迫群众，勾结惯匪流氓分子，进行造反，反抗人民政府。初则暗杀我区干，

---

① 本布告内容摘自中国人民政治协商会议四川省秀山土家族苗族自治县委员会文史资料委员会、中共秀山土家族苗族自治县委员会党史研究室、秀山土家族苗族自治县县志编纂委员会办公室编：《秀山文史资料》第5辑（内部发行），1989年12月版第179页。

② 这份《秀山县人民政府率领剿匪大军返回秀山告同胞书》摘自中国人民政治协商会议四川省秀山土家族苗族自治县委员会文史资料委员会、中共秀山土家族苗族自治县委员会党史研究室、秀山土家族苗族自治县县志编纂委员会办公室编：《秀山文史资料》第5辑（内部发行），1989年12月版第180~181页。

进一步利用不坚定的伪中队长蒙蔽战士，反抗人民，里应外合，企图残杀秀山人民政府政工人员。在1月30日，四面八方包围歼灭秀山人民政府，少数封建势力当权派和惯匪，明目张胆，反抗人民和政府。

我秀山人民政府，为了秀山人民长远利益作想，在万难之中不得不暂时撤开亲爱的同胞们，离开了秀山，这是有计划有目的的消灭造反土匪之有效措施。

同胞们！政府离开了你们，虽然时间不久，但不免的遭受一些痛苦和损失，这都是匪首给我们造成的灾难，今天政府率我前方消灭蒋匪主力有功部队归来秀山，与同胞们重新见面，携起手来团结一致，万众一心剿灭土匪，得到安居乐业。

同胞们：挺起胸膛来，认清局势，不顾一切，依靠人民政府，协助人民解放军剿灭匪患，本着涪陵地区专署、军分区剿匪布告办事，坚决干脆彻底的消灭土匪。本府本着宽大政策，进行剿匪，首恶必办，胁从不问，立功受奖之原则来处置，使土匪生与死两条路选择，时机已到，望我全秀山人民，深入教育被迫被骗的胁从分子，早日回头，到政府登记，交枪投降，改过自新，保证生命财产安全，这是生路一条。凡持枪顽强反抗者，其生命财产不保，是死路一条。凡能持枪杀死匪首者，立功赎罪，政府按其立功大小奖赏，这是立功良机。

同胞们：努力吧！为了三十四万人民之安居乐业，有一分力量尽一分力量，和人民政府站在一条线上，协助人民解放军剿匪，断绝匪患，恢复生产，过太平日子。

此致

敬礼！

秀山县人民政府　启
1950年2月17日

（四）革命文艺类红色文化资源

解放军收复秀山时创作的"快板"

张明惠

说一番，道一番，当表解放军打秀山。
庚寅正月初一天，"柳支"挥兵剿凶顽，
深夜包围秀山城，敌人还在打噗鼾。
拂晓发出总攻令，首先攻打城北关。
城北有个土碉堡，十来个土匪在里边。
强攻这个制高点，四连战士齐争先，

>　　轰隆几个手榴弹，里头的土匪全炸翻。
>　　城里敌人吓破胆，慌慌张张到处窜，
>　　一批跑到飞机场，友邻部队已占先，
>　　机枪大炮齐发言，霎时送进鬼门关。
>　　矮子老沙跑得快，灰不溜秋逃湖南。

注：此"快板"的作者为张明惠，原为中国人民解放军第二野战军"柳支队"第4连连长，他在解放军收复秀山时担任攻城前卫指挥，这个"快板"是他的战地作品，曾在剿匪部队中广为流传。

第七节　酉阳土家族苗族自治县各时期各类红色文化资源

一、党的创建至大革命时期县内各类红色文化资源

（一）故居、遗址类红色文化资源

1. 龙潭镇赵世炎烈士故居

赵世炎烈士故居，旧称赵家庄屋，位于酉阳县龙潭镇龙东乡八一村，为清代砖木结构的四合院，布局完整，素雅别致。建筑面积721平方米，占地面积1 605平方米，共有瓦房32间。正房坐北向南，为木结构，硬山式屋顶。进门为八字朝门，左右门壁刻"福""禄"二字，字如盆大，苍劲有力，门檐上悬"琴鹤世家"匾额。正门围墙上为松鹤壁画。院内有小天井2个，室内明亮宽敞。堂屋面阔5间21.41米，进深6间12.02米，通高7.8米，檐柱高4.4米，穿逗式梁架，7穿用7柱。堂屋右边2间木房是赵世炎的卧室，南墙边是赵世炎的书房。堂屋左边是其父母的卧室，其余为其哥嫂、姐妹的卧室。1982年11月，邓小平题"赵世炎烈士故居"七字，制成鎏金匾额，悬于"故居"大门之上。"故居"大院外建有赵世炎烈士陈列馆，存放了烈士及家属的部分文物，并以详实的图片及文字资料，介绍了赵世炎烈士革命事迹。目前，赵世炎烈士故居已是国家重点文物保护单位、全国爱国主义教育基地和国家AAAA级旅游点（挂牌）。

2. 贺龙驻军的龙潭古镇万寿宫遗址

万寿宫地处渝东南酉阳县龙潭古镇，是这座古镇上最大的建筑，也是国内古镇保存比较完好的标志性建筑之一。万寿宫为清代建筑，修建于1738年，它临水而建，为单独的院落，正门临江，后门靠街。万寿宫占地面积3 600多平方米，

实际建筑面积为 2 400 平方米，宫内六井三院，分为上清殿、御清殿、太清殿。其建造结构与北京颐和园后宫基本一致，门不相对，两墙作屏，中堂龙位与戏楼遥相呼应。宫内还存有各种木雕石刻工艺品，其中有 10 架上百年的土家八柱古床，200 余副花窗、花板，雕刻着不同的图案，把土家族农耕文化带到一个神话般的境界，保持了巴渝独特的建筑风格。万寿宫既具有当地巴人建筑风格之遗风，又吸纳了湖广、江浙等地区的文化意蕴。它既是早年贺龙率军驻防之地，也是"刘邓大军"解放大西南进入渝东南酉阳县龙潭镇苦竹的第一站。1922 年 6 月，为了声援孙中山讨伐曹锟、吴佩孚的北伐战争，贺龙率领川东边防军一个团来到龙潭镇驻防一年，当年他就住在万寿宫。驻军期间，贺龙为部队制定了"不抽鸦片、不搞赌博、不奸淫妇女、不派款抓丁"的"四不准军令状"。

3. 刘仁同志故居

刘仁（1909—1973），原名段永鹜，酉阳苦竹坝人，1924 年入华北大学附属中学，1927 年加入中国共产党，长期在北京、天津、上海、武汉等地从事党的地下工作，领导工人运动。新中国成立后先后担任中共北京市委副书记、市委第二书记、中共中央华北局书记处书记。在党的第八次全国代表大会上当选为候补中央委员。"文化大革命"期间，遭到林彪、"四人帮"的迫害，于 1973 年 10 月在北京含冤逝世。1979 年中共中央为其平反昭雪。

刘仁同志的故居位于酉阳县龙潭镇苦竹乡五育村北 400 米处，与"赵世炎烈士故居"相距 1 公里，刘仁童年时代居住于此。故居为清代建筑，占地面积 400 平方米，坐西向东，为木结构，面阔 5 间 23.3 米，进深 4 间 7.2 米，通高 6.5 米，檐高 3.75 米，素面台基高 0.95 米，存石阶 5 级，单檐悬山顶，穿逗式梁架，2 穿用 5 柱。青石院坝，正房右为厨房，左为两间厢房，一置碓磨，一为仓房。故居于 1983 年 7 月被酉阳县人民政府命名为县级文物保护单位，政府拨款将其修葺一新。刘仁同志生前活动图片、实物陈列于专设陈列室，陈列室对外开放，每年接待大量游客，全国人大常务委员会前委员长彭真为刘仁故居题写了"刘仁同志故居"匾额。1989 年 7 月，刘仁同志故居被酉阳土家族苗族自治县人民政府公布为县级重点文物保护单位，2009 年 10 月被中共重庆市委、重庆市人民政府命名为"重庆市爱国主义教育基地"，2009 年 12 月被重庆市人民政府公布为重庆市文物保护单位。

（二）革命先烈诗作类红色文化资源

赵世炎烈士的诗作

远望莫斯科

赵世炎

我们站立在巴黎铁塔顶上，
高处不胜寒①，一片茫苍苍②。
翘首远望，遥指北方③，
万千风光，令人神往！
听呵！列宁在演讲，人民群众在拍掌，
《国际歌》响震云霄，欢呼口号声若狂。
看呵！满天大雪，无数红旗飘扬；
工农武装，打倒了沙皇，赶走了豺狼，
让我们齐声高呼：共产主义万寿无疆。

注释：
① 高处不胜寒：借用苏轼《水调歌头》词中句。
② 茫苍苍：指旷远迷蒙，不很分明。
③ 北方：指苏联。

此诗作于1922年底至1923年初。当时正在法国参加勤工俭学的赵世炎、王若飞、陈延年等12人受党中央的委派将前往莫斯科东方大学学习。临行前，他们相约来到巴黎的最高建筑埃菲尔铁塔登高游览。

（三）革命先烈事迹类红色文化资源

赵世炎烈士革命事迹

赵世炎（1901—1927），重庆市酉阳土家族苗族自治县龙潭镇人，号国富，又名琴荪，化名乐生，笔名施英，是中国共产党早期杰出的无产阶级革命家、著名的工人运动领袖。1915年考入北京高等师范学校附属中学学习。1919年经李大钊介绍加入中国少年学会，组织领导附中学生参加五四运动。1920年5月赴法国勤工俭学。1921年春，与张申府、刘清扬、周恩来等发起成立旅法中国共产党早期组织"巴黎共产主义小组"，成为中国共产党党员。中国共产党成立后被委派为中共中央驻巴黎通讯员。1922年，与周恩来等人发起成立共青团性质的旅欧中国少年共产党，被选为书记。同年秋任中共旅欧总支部委员和中共法国组书记。旅欧期间积极组织华工运动，领导留法勤工俭学学生的求学运动。1923年赴莫斯科东方大学学习，被选为中共旅莫支部委员。1924年7月，应李大钊要求回国工作，历任中共北京地委书记、中共北方区执行委员会宣传部长兼职工运动委员会主任，协助李大钊领导北方各省的反帝反封建斗争，是李大钊最得力的助手。在北方工作期间，对党的思想、组织建设和工人运动做出了卓越贡献。1926年3月，出席在广州召开的第三次全国劳动代表大会，被选为主席团主席。会后调任中共江浙区委组织部长兼上海总工会党团书记，其后又兼任中共江浙区委军委书记。指挥了上海工人纪念五卅周年游行示威，组织领导上海工人经济大罢工和上海工人三次武装起义，成为上海工人最爱戴的一位领袖。1927年蒋介石发动"四一二"反革命政变后，赵世炎坚持地下斗争，于同年5月出席在武汉召开的中共五大，当选为中央委员，6月任中共江苏省委书记。由于叛徒出卖，1927年7月2日，赵世炎不幸被捕入狱。他受尽严刑拷打，宁死不屈。7月19日，敌人将其押赴刑场，面对死亡，他从容不迫，高呼"工农联合起来打倒新军阀蒋介石！""中国共产党万岁！"口号，在上海枫林桥畔英勇就义，年仅27岁。

赵世炎的一生是短暂的、光辉的一生，他将自己的青春年华和满腔热血全部献给了中国人民的解放事业，在中国革命史上留下了不朽的一页。今天，在赵世炎的故乡酉阳土家族苗族自治县龙潭镇还建有赵世炎故居和烈士纪念馆，供游人怀念、凭吊这位中国伟大的共产主义运动的先驱者、工人运动的杰出领袖。

二、土地革命战争时期县内各类红色文化资源

（一）革命遗址、遗迹、烈士墓类红色文化资源

1. 酉阳境内红三军及苏维埃革命活动遗址

（1）南腰界红三军司令部遗址。

红三军司令部遗址位于酉阳县南腰界乡。南腰界乡位于酉阳县东南部，距县城99公里，是红三军创建的川黔湘鄂革命根据地。这里曾是红三军司令部和中共中央湘鄂西分局的旧址，也是红二、六军团会师的遗址。1934年6月，贺龙、关

向应率领红三军进驻南腰界，开辟以南腰界乡为中心的川黔革命根据地，在南腰界、唐家溪、大坪盖、龙池4个地方相继成立苏维埃政权，红三军司令部便设在南腰界乡余家桶子大院里。余家桶子建于清咸丰年间，原系清末秀才、后任地方总镇的余兰城的私宅，俗称余家桶子。该遗址占地面积450平方米，建筑面积400平方米，坐西向东，为四合院布局。屋前用火砖砌成一字形照壁，高2.8米，长25米，墙内正中书一巨型"福"字，字高0.8米，宽0.7米。红三军住进余宅后，在房屋四周用条石、火砖砌成高2.8米、长278米的围墙。墙外尚有红三军政治部书写的"活捉冉瑞庭，替为革命而牺牲的工农群众报仇！""消灭冉匪武装，武装工农自己！"的大幅标语。屋左右是火砖砌成的封火墙，墙高16米，长8米，院内用青石板铺地，右侧有贺龙亲手种植的花红树一棵，至今仍开花结果。院后有1968年建的红军烈士墓和烈士纪念碑一座。院前八字朝门檐下悬有"中国工农红军第三军司令部旧址"匾额一块，为全国人大常委会副委员长廖汉生所书。正堂为砖木结构，单檐硬山式屋顶，面阔5间23.3米，进深5间8米，通高6.63米，台基高0.97米，阶梯踏道5级，左右吊脚楼厢房对峙，面阔13.2米，进深5米，通高7.6米。中堂为中共湘鄂西中央分局会议室，中堂左右分别为贺龙、关向应的办公室兼寝室，左厢房是夏曦及保卫局的办公室兼寝室，右厢房是南腰界苏维埃政府办公室，其余为参谋及警卫人员的寝室。

  1980年7月7日，四川省人民政府将该遗址定为省级文物保护单位。遗址内现陈列着桌椅、床被、马灯、图片、地图、决议文件（复印件）等红三军的文物，供游人瞻仰。1986年，酉阳县政府拨款修复了红三军司令部遗址和红二、六军团会师纪念亭。曾跟随贺龙一起创建南腰界革命根据地的廖汉生将军为南腰界纪念馆题词并写了"中国工农红军第三军司令部旧址"的馆名，萧克将军也为会师纪念亭题了字。南腰界是重庆市唯一的革命老根据地，境内目前仍完好保存着红军政治部旧址、红军大学、红军医院、十大政纲等56处革命文物景点。南腰界革命根据地已成为全国革命老区100个系列景区（点）之一，被纳入全国红色旅游经典景区。南腰界乡红军街入列文化部"中国传统村落"，红三军司令部遗址相继被列为省级爱国主义教育基地、革命传统教育基地、青少年教育基地和国防教育基地、省级重点文物保护单位、第七批全国重点文物保护单位。

图 8 南腰界红三军司令部旧址①

（2）红三军政治部遗址。

红三军政治部遗址位于酉阳县南腰界乡南木村西 200 米处，为县级重点文物保护单位。1934 年 6 月，贺龙率领红三军来到南腰界后，红三军政治部便设于此处。此建筑坐东向西，为四合院布局，由前堂、后堂、厢房组成，总建筑面积为 460 平方米。前堂为木结构，面阔 5 间 20.5 米，进深 4 间 6.4 米，通高 5.6 米，悬山式屋顶，穿逗式梁架，5 穿用 5 柱。后堂结构与前堂相同。左、右厢房各 2 间，面阔 7 米，进深 2 间 2.3 米，通高 4.7 米。

（3）南腰界区苏维埃政府成立大会遗址。

南腰界区苏维埃政府成立大会遗址位于酉阳县南腰界乡南腰界村东 300 米处的翘尾巴山腰上的一片占地近 3 000 平方米的坡地（小地名曰"茅草坪"）上。1934 年 8 月 1 日，红三军在这里隆重召开了"八一"军民联欢的万人大会，因而这里也是"中国工农红军第三军八一军民大会会址"。在这次大会上，正式成立了南腰界最高地方政权——南腰界区苏维埃政府，陈显朝当选为主席，陈元富当选为副主席，池宽成、罗汝中、邹庭湘当选为委员。南腰界区苏维埃政府下辖南腰界、唐家溪、大坪盖、龙池、田坝等乡苏维埃政府。南腰界区苏维埃政府办公室附设在红三军司令部余家桶子大院里。1982 年，酉阳县人民政府将其定为县级重点文物保护单位，树碑纪念。

---

① 图 8 南腰界红三军司令部旧址照片来源：http://www.tianzhilou.com/yxg/jdzysj/2012-05/11/content_1333688.htm

（4）红三军大坝场冉家祠堂战斗遗址。

红三军大坝场冉家祠堂战斗遗址位于酉阳县南腰界乡大坝村南 300 米处的冉家祠堂。冉家祠堂建于明洪武四年（公元 1371 年），坐北朝南，建筑面积 220 平方米，属砖木结构四合院，由正堂、过厅、左右厢房组成。正堂 5 穿用 5 柱，面阔 18 米，进深 7 米，通高 6 米；过厅 3 穿用 4 柱，面阔 13 米，进深 4.5 米，通高 6 米；左右厢房 2 间，面阔 4.5 米，进深 4 米，通高 5.5 米；四周用条石块砌成围墙，高 3 米，厚 0.75 米，长 110 米。

1934 年 8 月初，贺龙率领红三军主力到黔东北印江县、淇滩镇迎击来犯之敌时，躲在深山老林中的南腰界恶霸地主、伪团总冉瑞庭和儿子冉崇侯，趁机带领团防武装窜回南腰界，残杀红军留守人员、伤病员和游击队员。贺龙闻讯后，指挥红十二团、黔东纵队连夜返回南腰界，在南腰界游击队配合下，分三路包围了冉瑞廷的老窝冉家祠堂。冉瑞廷逃入深山老林，打游击策应其子，并向县城急信求援。来不及逃走的冉崇侯挟持 100 多名乡亲退入冉家祠堂。祠堂的墙全部用坚固的条石砌成，四角还设有坚固的碉楼，配有轻重火器，易守难攻。红三军"围敌打援"，只围不攻，断其粮草和水源，团丁们最终被迫放出挟持的乡亲。9 月 12 日晚，红三军用土炮轰塌了祠堂石墙，突击队员冲入院内，冉崇侯被击毙，全歼了冉瑞庭的团防武装。1980 年 8 月，酉阳县人民政府将大坝场冉家祠堂战斗遗址定为县级文物保护单位。

图 9 大坝场冉家祠堂战斗遗址[①]

---

① 图 9 大坝场冉家祠堂战斗遗址照片来源：http://blog.sina.com.cn/s/blog_7cbc17480101m4iy.html

（5）南腰界红军大学遗址。

南腰界红军大学遗址位于酉阳县南腰界乡南腰界村东南20米处。1934年6月，红三军进驻南腰界后，在此处的胡佐梅家宅院和忠烈祠堂设立了培训班性质的红军大学。红军大学共办3期，每期学员100多人，学习期为3个月。这所红军大学给部队培训了大批既能指挥打仗，又能做地方工作的骨干人员。该校址占地面积300多平方米，坐东向西，为木结构，面阔3间13.4米，进深7.2米，通高6米，单檐悬山顶小青瓦，穿逗式梁架，5穿用5柱，撮箕口吊脚楼格局。左右耳房各2间，面阔6米，进深4米，通高5米。该遗址为县级重点文物保护单位，保存完好。

（6）红三军保卫科驻地遗址。

红三军保卫科驻地遗址位于酉阳县南腰界乡南木村西200米处。1934年6月，红三军进入南腰界后，军中专门负责清匪、剿匪工作的保卫科设于此处。遗址占地面积250平方米，坐南向北，木结构，面阔3间13.6米，进深7.6米，通高5.5米，单檐悬山顶，穿逗式梁架，3穿用5柱。左右耳房各2间，面阔7.4米，进深5.5米，通高4.6米。该遗址为县级重点文物保护单位。

（7）红三军独立团驻地遗址。

红三军独立团驻地遗址位于酉阳县南腰界乡南腰界村东30米处。1934年6月，红三军进驻南腰界后，军部直属的独立团驻扎在此处。独立团驻地建筑坐东向西，为木结构，占地面积100平方米，面阔3间13.5米，进深7.6米，通高6米，存石阶2级，长1.3米，宽0.6米，单檐悬山式屋顶，穿逗式梁架，3穿用5柱。该遗址为县级重点文物保护单位。

（8）红三军宣传队驻地遗址。

红三军宣传队驻地遗址位于酉阳县南腰界乡南腰界村南25米处。1934年6月，红三军恢复了曾被撤销的政治机构，军师各级均组建了宣传队。红三军进入南腰界后，军部直属的宣传队驻扎在此处。宣传队专作地方工作，每到一地便在群众中开展宣传组织工作，通过集会、张贴标语口号、发布文告等形式向群众宣传党的政策和红军的任务。宣传队还参与发动群众打土豪、分田地，建立雇农工会和贫农团，成立苏维埃和地方武装等工作。宣传队在"团结人民，打击敌人"方面发挥了重要作用。红三军宣传队的住址，坐东向西，属木结构，占地面积65平方米，面阔2间7.7米，进深8.4米，通高6米，单檐悬山式屋顶，穿逗式梁架，5穿用5柱。该遗址现为县级文物保护单位，保护完好。

（9）红三军修械所遗址。

红三军修械所遗址位于酉阳县南腰界乡南木村西200米处，为县级重点文物保护单位。1934年6月，红三军进驻南腰界后，为解决军用物资，在此处办起了修械所，组织50多名工人为红三军修理枪支，为游击队制作大刀、土炸弹、手榴弹以及其他简单的军用器械。该遗址建筑坐南向北，属木结构，占地面积200平方米，面阔3间13.2米，进深7.75米，通高6.3米，单檐悬山式屋顶，穿逗式梁架，3穿用5柱。

（10）红三军没收委员会遗址。

红三军没收委员会遗址位于酉阳县南腰界乡南腰界村南30米处，为县级重点文物保护单位。1934年6月，红三军进驻南腰界后，为了加强根据地建设，红三军在此处设立没收委员会，专门负责南腰界"打土豪、分田地"中"没收和分配土地、没收和分配土豪劣绅财产"的工作。没收委员会的建筑坐北向南，为木结构，占地面积80平方米，面阔2间8米，进深6.4米，通高6米，单檐悬山式屋顶，穿逗式梁架，5穿用5柱。

（11）龙溪村苏维埃政府成立处遗址。

龙溪村苏维埃政府成立处遗址位于酉阳县南龙乡龙溪村南300米处，为县级重点文物保护单位。1934年6月，红三军进入南腰界后，在此处成立龙溪村苏维埃政府，罗汝仲任主席，王芝明任副主席。在南腰界区苏维埃政府领导下，龙溪村苏维埃政府组建了赤卫队、游击队，圆满完成了本乡土地改革和向红三军输送兵源等工作。该遗址建筑坐西向东，为木结构，占地面积160平方米，面阔4间19.6米，进深8米，通高6.5米，石阶2级，单檐悬山式屋顶，穿逗式梁架，5穿用5柱。

（12）大坪盖乡苏维埃政府成立处遗址。

大坪盖乡苏维埃政府成立处遗址位于酉阳县南龙乡向溪村北1公里处，为县级重点文物保护单位。1934年6月，红三军进入南腰界后，在此处成立大坪盖乡苏维埃政府。成立处建筑坐南向北，为木结构，占地面积120平方米，面阔3间13米，进深9米，通高5.5米，单檐悬山式屋顶，穿逗式梁架，5穿用5柱。

（13）南腰界红三军油印室遗址。

1934年6月，红三军进驻南腰界后，在余家桶子附近的陈必亨家宅院建立了油印室，由樊哲祥、谭友林、任永光等分别担任编辑、刻写、印刷和保管工作，刻印散发了标语、报告、文件、布告、命令、传单等10多种宣传材料。该油印室遗址为5穿用5柱，面阔7间共37米，进深7.2米，通高8米，至今室内板壁上仍存留有当年油印蜡纸粘贴过的痕迹。1982年，酉阳县人民政府将其定为县级文物保护单位，现保护完好。

（14）红二、六军团会师大会遗址。

红二、六军团会师大会遗址位于酉阳县南腰界乡南腰界村南60米处的猫洞大田。1934年10月26日，任弼时、萧克、王震、李达等人领导的红六军团经过长途征战，来到黔东北的木黄、石梁、水田坝一带，红三军侦察部队将其迎接到南腰界。10月27日，红三军与红六军团的指战员在南腰界猫洞大田举行了庄严热烈的会师大会。任弼时同志宣读了党中央发来的贺电，经中央批准，部队进行整编，红三军恢复红二军团番号，贺龙任军团长，任弼时任政委，关向应任副政委，共4000余人；红六军团由萧克任军团长，王震任政委，共3000余人。通过整编，形成以任、贺、关为核心的领导集体，统一指挥红二、六军团的武装斗争。10月28日，为策应中央红军长征和扩大川黔湘鄂革命根据地，红二、六军团从南腰界出发，直入湘西对敌作战，两军由此走上了紧密团结、联合作战的胜利发展阶段。红二、六军团的会师是胜利的会师、团结的会师、模范的会师，在中国工农红军发展史上写下了光辉的一页。会师大会遗址猫洞大田为两山之间的一片空旷地带，呈长方形，占地面积3600平方米。猫洞大田北侧有一天然小土台，为当时红二、六军团会师大会的主席台。1982年，酉阳县人民政府将其定为县级文物保护单位，树碑立亭纪念。

2. 南腰界土地庙墙壁上留下的中共《十大政治纲领》遗迹

中共"六大"提出的党的《十大政治纲领》遗迹，现保留在酉阳县南腰界场东轩门口土地庙石灰粉壁墙上。南腰界土地庙位于酉阳县南腰界乡场东轩门口处，始建于民国初年。该土地庙为正方形建筑，分上下两层，上层高1.4米，宽1.6米；下层高1.8米，宽1.6米，两层均由块石垒砌而成。上层盖有青瓦，且用石灰将土地神位的四周粉刷得洁白。1932年8月，当地民众集资在这两层土地庙顶上又增修了一座正方形的小水晶宫庙，其高1.6米，宽1.2米。1934年6月，红三军进驻南腰界后，红三军政治部宣传队队长樊哲祥（新中国成立后曾任北京炮兵学校校长）用毛笔将中共"六大"制定的中国共产党《十大政治纲领》的内容书写在小水晶宫庙下面的土地庙东侧石灰粉壁墙上，其字体宽6～7公分左右，近二百字，下面还有"红三军宣"的落款。至今这面墙上的文字墨迹仍清晰完整，十分珍贵。1982年，酉阳县人民政府将其定为县级文物保护单位。时隔80年，墙上这些珍贵的字迹是怎样保存下来的呢？据南腰界村里的老人讲，红二、六军团在南腰界会师后，为策应中央红军长征和扩大川黔湘鄂革命根据地，于1934年10月28日离开南腰界东进湘西。村民为把墙上这些标语文字遮掩起来，有意在墙下炸油香米粑，让油烟弥散覆盖墙上的文字。新中国成立后，当年南腰界村苏维埃政府委员冉隆昌老人用小刀小心翼翼地刮去字迹外面的油垢，毛笔墨迹才得以重现。1980年8月1日，酉阳县人民政府将其定为县级重点文物保护单位。

南腰界场东轩门口土地庙石灰粉壁墙上中国共产党《十大政治纲领》的内容如下：

一、推翻帝国主义的统治；

二、没收外国资本主义的企业和银行；

三、统一中国，承认民族自决权；

四、推翻军阀国民党的政府；

五、建立工农兵代表会议政府；

六、实行八小时工作制，增加工资、失业救济与社会保险等；

七、没收一切地主阶级的土地，耕地归农民；

八、改善士兵生活，给士兵以土地和工作；

九、取消一切苛捐杂税，实行统一的累进税；

十、联合世界无产阶级和苏联。

红三军　宣

图10　南腰界土地庙墙壁上《十大政治纲领》遗迹①

---

① 图10 南腰界土地庙墙壁上的中共《十大政治纲领》遗迹照片来源：http://blog.sina.com.cn/s/blog_4daf0c0a0100e8wm.html

3．酉阳境内红军烈士墓

（1）红军黔东独立师师长王光泽烈士墓。

王光泽（1903—1934），湖南衡山人。1926年参加农民运动，1930年加入中国共产党。曾任乡赤卫队长、区警卫连长、茶陵独立团团长、红六军团十八师五十三团团长。1934年随红六军团到湘西创建川黔湘鄂革命根据地，任黔东独立师师长。红二、六军团于1934年10月27日在南腰界会师后，为了牵制敌人，策应中央红军长征，于28日离开南腰界东进湘西，留下黔东独立师掩护红二、六军团转移并坚持黔东特区的武装斗争。黔东独立师在完成掩护红二、六军团东征湘西任务后，奉命东进湘西与主力会合。独立师所属300余人于11月28日撤离黔东革命根据地进入秀山，行至川河盖时遭秀山民团伏击，队伍大部失散，师长王光泽不幸被俘，被押至酉阳。刘湘奉蒋介石手令，命酉阳龙潭驻军田冠五将其"就地处决"。1934年12月21日，田冠五谎称将王光泽押送至重庆，用绳索将其捆在椅上，脚上钉上死镣，用滑竿抬至酉阳龙潭镇外4里处的邬家坡荒山上，用枪杀害了王光泽。临刑时，王光泽高呼："共产党万岁！""工农红军万岁！"。当地群众含泪掩埋了烈士尸体。酉阳县人民政府从1949年起多次组织人员寻找王光泽烈士的遗骸，终于在1982年4月第一次文物普查时在离龙潭镇4里地的邬家坡将其找到，铁镣仍套在烈士的踝骨上，其状惨不忍睹，这更彰显出烈士视死如归的英雄气概。至今酉阳县文管所仍存有王光泽遇害时的脚镣，烈士遗骨已移至酉阳县革命烈士墓。1983年11月，酉阳县人民政府将烈士迁葬于龙潭镇西北400米处的烈士陵园，建塔立碑，永远纪念。

王光泽烈士墓坐西向东，占地面积15平方米，水泥条石结构，墓长3.08米，宽2.62米，高1.8米。墓碑的碑座为须弥座，碑高2.3米，宽0.77米，碑面正中阴刻"中国工农红军二、六军团黔东独立师师长王光泽烈士墓"。墓碑左侧铭文记叙了王光泽烈士于1934年壮烈牺牲的事迹，墓碑右侧落款为"酉阳县人民政府一九八三年十一月十一日"。

（2）红军川黔边独立团副团长陈良玉烈士墓。

红军川黔边独立团副团长陈良玉烈士墓位于酉阳县南龙乡白溪村南2公里处，为县级文物保护单位。其墓为乱石围成的土冢墓，坐东向西，呈长方形，长3.5米，宽2米，高1.2米。陈良玉（1895—1935），又名玉成号，酉阳自治县南腰界乡大坪盖人。1928年，为反抗反动民团的欺压，他与其家人一起卖掉田土家业，买回毛瑟枪和刀，组织农民武装与国民党反动派展开斗争。1934年6月，他带领的队伍接受红三军的收编，成立了南腰界大坪盖红军游击大队，他任大队长，并参与了攻打大坝祠堂、倒马坎、木黄等数十次战斗。同年9月，陈良玉带领的红军游击大队编入贺炳炎任师长的黔东独立师，川黔边独立团。同年10月，红二、六军团在南腰界会师后，他又被编入王光泽任师长的黔东独立师，任该师下属川黔边独立团副团长。红二、六军团撤离南腰界进军湘西后，陈良玉率川黔边独立团在川黔边区袭击、牵制敌军，掩护红军主力东进。11月，陈良玉率领的川黔边独立团被敌军打散，他冲出敌军包围潜回酉阳南腰界乡家中，不久被国民党当局逮捕。"他面对敌人的屠刀，破口大骂反动派，高呼'打铁不怕火烫脚，革命不怕砍脑壳'，敌人割掉他的舌头，采取'五马分尸'的残酷手段将他杀害于酉阳龙池河畔。"①

（3）红军川黔边独立团副团长符功荣烈士墓。

红军川黔边独立团副团长符功荣烈士墓位于酉阳县南部李溪镇思泉村北500米处，为县级文物保护单位。其墓占地面积6平方米，坐东向西，封土长3.5米，宽1.6米，高1.4米。

符功荣（1897—1935），酉阳自治县李溪镇思泉村人。1934年6月，他参加南腰界大坪盖红军游击大队的筹建工作，并担任游击大队副队长，之后编入红军川黔边独立团。同年10月，红二、六军团在南腰界会师后，挥师湘西，川黔边独立团编入黔东独立师，符功荣被提升为川黔边独立团副团长，留守黔东特区坚持游击战，以掩护红军主力转移。后来，黔东独立师在敌人四面夹击下被打散，符功荣掉队，与主力部队失去联系。南腰界红军游击大队也在恶霸团阀冉瑞廷和川军田冠五部的夹击下惨遭失败。符功荣回家卖掉自己的几亩田，购买枪支弹药，到周围村寨发动群众，组织游击队，在南腰界、天山、思泉等地给冉瑞庭、饶裕德等地主、土匪武装以沉重打击。1935年1月23日，冉瑞廷、饶裕德带领地主、土匪武装100多人袭击符功荣的游击队。符功荣带领部队奋力抗击，后被敌人围困在庙湾岩洞中，敌人用烈火和毒烟向洞内熏烧，符功荣等6位游击队员全部壮烈牺牲。

---

① 中共酉阳土家族苗族自治县委党史研究室：《酉阳现代风云录》，西南师范大学出版社，1999年版第97页。

（二）革命遗物类红色文化资源

1934年10月28日，红二、六军团撤离南腰界东征湘西后，酉阳县国民党反动军阀及还乡团等强迫当地群众铲除红军标语，交出并销毁红军用过的物品，企图以此来消除红三军对当地人民群众的影响。南腰界人民冒着生命危险，以极大的革命热情，机智、巧妙地与敌人进行周旋与斗争，收藏保存了"《中国工农红军的任务和纪律》《革命委员会政治纲领及组织法草案》《苏维埃》《农民协会的纲领及章程》《工农自卫队的任务及章程》等一大批珍贵革命文物"[①]。楠木村游击队员冉隆昌，在南腰界游击大队成立时，亲手接过贺龙军长授予的一把刻有"将革命进行到底"的钢刀和一面绣有镰刀铁锤的红旗，并向贺龙军长表示要将革命进行到底。红军转移后，冉隆昌将钢刀和红旗用几层油纸包好，分别珍藏在家中柱头的夹缝中和南腰界土地庙顶阁里。直到新中国成立，他才取出红旗和钢刀，交给人民政府，现珍藏在贵州遵义纪念馆。南腰界群众罗秀代一直珍藏着红军送给他的那个药瓷瓶。罗碧英在饥寒交迫中，也舍不得花掉红军买她酸红苕酒治痢疾病的那块银元。游击队员王春和至今仍珍藏着红军送给他的那把铜茶壶。黔东独立师班长刘应学至今也还随身带着当年红军时用的那把大刀。[②] 由于南腰界人民的热情收藏，使得"蒋介石是帝国主义走狗"等珍贵的宣传画得以保留至今。

1. 贺龙用过的《中华字典》

今天，在南腰界红三军司令部纪念馆的玻璃橱窗里，陈列着一本《中华字典》，这本字典宽13厘米，长19厘米，纸张呈深黄色，略有残损，但内容完好。1934年10月28日，红二、六军团要离开南腰界东进湘西时，贺龙把这本《中华字典》送给冉茂溶老师，冉老师保存了41年，至1975年将这本字典献出来。因这本字典已集犬部的66页上盖有"谷志标印"的篆章一枚，经谷志标本人认定，确为红三军时贺龙军长使用过的遗物，故这本《中华字典》被当时四川省文物鉴定组定为三级文物。

---

① 中共酉阳土家族苗族自治县委党史研究室：《酉阳现代风云录》，西南师范大学出版社，1999年版第99页。
② 中共酉阳土家族苗族自治县委党史研究室：《酉阳现代风云录》，西南师范大学出版社，1999年版第99页。

2. 南腰界根据地红三军用过的武器、衣服、帽子和日用品

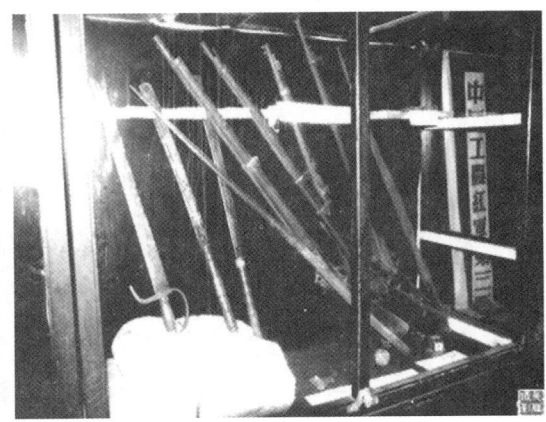

图 11　南腰界根据地红三军用过的武器、衣服、帽子和日用品①

（三）革命文献、布告、传单、电报、报刊、宣传画、标语、口号类红色文化资源

土地革命战争时期，渝东南民族地区的土家、苗、汉各族人民对工农红军、共产党怀有坚定必胜之信念，他们想尽各种方法，千方百计地保留、收藏红三军的宣传、纪念物品。酉阳南腰界各族人民至今还收藏、保留着《湘鄂川黔边特区革命委员会纲领》《中国工农红军的任务和纪律》《中国工农红军第三军司令部布告》《苏维埃》《湘鄂川黔边特区革命委员会组织法草案》《工农自卫队的任务及章程》《农民协会的纲领及章程草案》等大批珍贵文献。

---

① 图 11 南腰界根据地红三军用过的武器、衣服、帽子和日用品照片来源：http://blog.sina.com.cn/s/blog_4daf0c0a0100e8wm.html

1. 中国工农红军的任务和纪律①

（一九三四年五月十一日）

我们中国工农红军，就是苏维埃政府的军队，也就是工人、农民自己的军队。红军的任务，就是为推翻帝国主义、国民党政权而战争，为了土地归农民而战争。因此，红军完全拥护工人、农民自己的利益。

红军的纪律：第一、不拉夫，不扣船。请人带路，雇船渡河，均重给工资。第二、不筹饷，不派捐，不收税，不要民众办招待。第三、除了没收豪绅地主粮食、财产发给群众和供给军用外，红军不拿工人、农民的一针一线，坚决反对白军和土匪焚烧房屋抢劫民众财物的做法。第四、借了门板、稻草、锅碗要还原处，损失了要赔偿；我们驻军的人家，老百姓吃我们饭。第五、不进人家的内房，坚决反对白军中调戏和强奸妇女的现象。第六、保护商人营业，保护商船和行商，买卖按照时价。第七、保护学校教员、学生及一切文化机关与祠堂庙宇。第八、保护邮政局和邮差的安全。第九、不乱杀人，除了为群众所深恶痛绝的官吏、豪绅外，绝对不逮捕和杀戮工农群众。第十、解除了武装的白军的官兵，发给路费回家。并且保护军阀军队中下级军官及士兵的家属财产。

中国工农红军第三军政治部

2. 中国工农红军第三军司令部布告

——宣传苏维埃要点②

（一九三四年五月）③

红军的任务是在川、黔、湘、鄂一带划办苏维埃区域，实现中华苏维埃共和国，向宪法而斗争，兹将苏维埃要点慎重宣布如下：

推翻帝国主义，驱逐帝国主义出中国，争取中国民族独立。

---

① 红三军政治部颁发的这份《中国工农红军的任务和纪律》摘自秀山土家族苗族自治县老区建设促进会编《历史的丰碑——红军在秀山》（内部印刷），2005年10月版第112~113页。

② 这张红三军司令部布告的内容摘自湖南、湖北、四川、贵州四省档案馆和湘西土家族苗族自治州党史办公室合编：《湘鄂川黔革命根据地历史文献汇集》（1934—1936）（内部编印），1984年版第3~4页。

③ 这张红三军司令部布告颁发的时间系编者判定

二、打倒卖国、祸国殃民的地主资产阶级的国民党政权。消灭剥削和压迫民众的保甲制度。

三、建立工、农、兵代表会议的苏维埃政权。

四、没收地主阶级及大财产（主）的土地，为贫农，中农平均分配。

五、取消国民党一切苛捐杂税。

六、增加工人工资，实行八小时工作制。

七、保护商店和往来行商。

八、分给士兵土地和发给回家的路资。

九、解散敲诈民众、剥削民众的团防武装。

3．农民协会的纲领及章程草案①

（一九三四年六月十八日）

（一）总则；（二）斗争纲领；（三）会员；（四）组织系统；（五）自卫队；（六）农民协会的纪律；（七）经费；（八）与其他革命团体的关系

第一章　总　则

第一条　我们务农为生的农民，为了保护我们自己的利益，反对地主及豪绅、官吏、军阀、国民党政权的压迫，要组织一个团体，这个团体，叫做农民协会。

第二条　农民协会，是雇农（专门做长工的人）、苦力贫农（种田不够吃，还要帮人做工的人）、中农（不请长工不收租稞，年成好还有余钱剩米的农民）的一个大联合。不要地主、富农（请长工或兼收稞的人）参加。

第三条　农民协会是保护我们雇农、贫农、中农利益的一个团体，我们完全依靠我们自己的力量，不同反动政府军队、豪绅、地主妥协。

第四条　农民协会，保护我们农民、雇工的日常利益；一直到得到土地和政权为目的。

第二章　斗争纲领

第五条　我们农民协会，为了我们自己的利益，要同地主、豪绅作斗争。我们斗争的纲领如下：

---

① 此《农民协会的纲领及章程草案》内容摘自湖南、湖北、四川、贵州四省档案馆和湘西土家族苗族自治州党史办公室合编：《湘鄂川黔革命根据地历史文献汇集》（1934—1936）（内部编印），1984年版第5～9页。

1. 不还地主租稞。

2. 不还富人的债，取消高利借贷。

3. 反抗一切苛捐杂税（门牌捐、月捐、鸦片捐、屠宰税、枪捐等……），取消收税机关。

4. 没收地主、富农的粮食、财物（产）、衣物，分给贫苦的农民。

5. 要求增加工资，改良待遇，减少工作时间。

6. 释放被官府捕去的农民。

7. 逮捕和惩办一切官吏、豪绅（区长、保董）及收税人员。

8. 组织农民自卫队，武装自己，保护身家。

第三章　会　员

第六条　农民协会的会员，并不是个个农民都要加入。加入农民协会，要有下列几个条件，并且要是志愿的。

（第四章、第五章的第七条至十二条缺——编者注）

第十三条　农民自卫队，在夜晚或暇时须学习军事技术及遵守纪律。

第六章　农民协会的纪律

第十四条　农民协会，为了要使大家齐心合意，坚持到底，规定纪律五条，大家遵守，如有违犯，任凭大众公意处罚。

1. 不准反心、泄漏秘密、投降敌人。

2. 下级服从上级。

3. 打土豪，要平分，并不准拿工人、农民的一针一线。

4. 不准仇杀工人、农民。

5. 不准奸淫放火。

第七章　会　费

第十五条　协会收入分为下列两种：

1. 会费，每人每月纳会费十文（无力支付者可不出）。

2. 公积金，从没收地主、土豪之财物中，抽出百分之五为公积金。

第十六条　协会经费之掌管和支出：

1. 经费集中到乡农民协会管理。

2. 村农民协会经费，由会费开支，不足请乡农民协会补助。

3. 区县农协从他的下级（区乡）抽取经费百分之十至二十开支。

4. 各级开支，均须有一定预算、决算，每月公布一次。

第八章　与其他革命团体的关系

第十七条　因为农民协会是一个革命的团体，凡是反帝国主义、军阀、国民党，拥护工农利益之革命的团体，我们都与联合。

第十八条　因为国民党已经叛变群众，我们完全拥护苏维埃政府和红军。

第十九条　雇农工会，可以整个加入农民协会，在村协会之下，组织雇农小组。

第二十条　士兵是武装了的农民，应该欢迎他们加入，并且组织士兵小组。

第二十一条　我们主张信教自由，凡是信神的、不信神的、信教的、不信教的农民，均可加入协会。

中国工农红军第三军政治部印

4. 工农自卫队的任务及章程①

（一九三四年六月二十三日印发）

一、总　则

（一）工农自卫队，是工人、农民保护身家性命的自卫的军事组织。

（二）工农自卫队是工人和农民的阶级武装，不容许地主、富农参加。

（三）工农自卫队系自愿的组织，但经当地工农群众大会自己决议，可以决定从十六岁至四十岁之男子均须参加。

（四）工农自卫队只在本乡服务、防御、消灭敌人的进攻，及保护革命区域，并不抽调强迫参加红军。服务、放哨、守卡、操练，均以不妨碍农时，不耽搁做活为原则。

二、任　务

（五）工农自卫队之任务区分如下：

1. 配合红军进攻反革命军队，消灭敌人。

---

① 此《工农自卫队的任务及章程》摘自湖南、湖北、四川、贵州四省档案馆和湘西土家族苗族自治州党史办公室合编：《湘鄂川黔革命根据地历史文献汇集》（1934—1936）（内部编印），1984年版第14~16页。

2. 防守要道要卡。

3. 盘查行人，严防奸细。

4. 断绝敌人粮食及交通。

5. 建筑碉堡工事。

三、组织系统

（六）组织系统分为——班——分队——中队——大队——区队——支队——纵队。各级列等如下：

（七）每乡设一中队部——中队分三个分队，分队分三个班，每班五人至十人。每中队共五十至一百人。三个中队设一大队部，辖一百五十人至三百人，归区队部管辖。

（八）每区设一区队，辖三个以上的大队，共五百人至一千人；三个大队以上设一支队部，辖一千五百人至三千人，归县总队部管辖。

（九）每县设一总队部，管三个以上支队，辖五千至一万人。

四、纪　律

（十）自卫队是军事组织，应该训练军事的纪律。兹规定纪律如下，如有违犯纪律大家公议处罚。

1. 服从命令。

2. 不准勾结敌人。

3. 打火线，不准临阵退却。

4. 打土豪要平分，不准拿工人、农民的一针一线。

5. 不准仇杀工人、农民。

6. 不准奸淫放火。

五、附　则

（十一）自卫队必需用费，由革命委员会开支。

（十二）自卫队服务守则、训练计划，另行规定公布。

湘鄂川黔边特区革命委员会印

5. 湘鄂川黔边特区革命委员会组织法草案①

（一九三四年六月二十三日）

一、总　则

（一）在某一地方，工农群众斗争已经发展到武装的阶段，即可建立革命委员会为革命斗争的领导机关。

（二）革命委员会是革命的政权机关，不容许国民党官吏、区长、乡长、豪绅混入。

（三）革命委员会是工农民主专政的政权，不容许地主、富农参加。

（四）革命委员会是民主的机关，各委员要由工农群众大会或代表大会公举。如果委员不为自己的工人、农民阶级谋利益，群众随时可以撤消他的职务。

（五）革命委员会要为实行中华苏维埃共和国宪法、土地法、劳动法、经济政策等法令而斗争，规定当地斗争的具体行动纲领。

（六）革命委员会可直接组织红军、游击队及自卫队和政治保卫队。

（七）县、区革命委员会应组织监狱及保卫队，有处决反革命分子之权。乡革命委员会可逮捕豪绅反革命分子，经过工农群众大会，亦有处决反革命罪犯之权。

（八）革命委员会之产生方法分两种：

1. 由当地的共产党、青年团、工会、农协各团体开会选举出来。
2. 由当地工农群众开大会选举出来。

二、组织系统

（九）革命委员会分乡、区、县、特区等级。

（十）乡革命委员会选举委员七人至十一人，内设主席一人，自卫队队长一人。

（十一）区革命委员会选举委员九人至十一人，内设主席一人，副主席二人。设土地部、肃反部、自卫队区队部。设政治保卫队十人至十五人。

（十二）县革命委员会选举委员二十一人至三十人，内设主席一人，副主席二人。土地部、劳动部、经济财政部、肃反部、文化宣传部、军事部、秘书处各部。设政治保卫队三十人。

---

① 此《湘鄂川黔边特区革命委员会组织法草案》摘自湖南、湖北、四川、贵州四省档案馆和湘西土家族苗族自治州党史办公室合编：《湘鄂川黔革命根据地历史文献汇集》（1934-1936）（内部编印），1984年版第17～20页。

三、任　期

（十三）革命委员会是临时的政权机关。负筹备组织苏维埃之责。从其成立日起，乡革委至多不得超过一个月，区革委不得过两个月，县革委不得过三个月。

四、纪　律

（十四）为巩固革命的政权，特规定纪律如下：

1. 不准反心、泄漏秘密、勾结敌人，如犯者处死刑。
2. 不准抢掠工人、农民的财产，如犯者处死刑。
3. 不准借公报私，仇杀工人、农民，如犯者重罪。
4. 不准强奸妇女和放火，犯者重罪。
5. 不准侵吞公款，犯者重罪。

五、经　费

（十五）经费的收入和支出：

1. 不准派工人、农民的款，不准征收粮食油盐。
2. 经费从没收地主豪绅财产中，开支一部分。
3. 每月要有决算公布。

（十六）各级革委会之责任、权限及办事细则，另行规定。

湘鄂川黔边特区革命军事委员会秘书处
一九三四年六月二十三日印发

6. 湘鄂川黔边特区革命委员会纲领①

（一九三四年六月二十三日）

某某县某某区某某乡工农兵群众，因为受不了帝国主义、军阀、官僚、豪绅、地主的压迫，我们要实行工农民主的苏维埃革命。因此于某月某日开工农兵群众大会，选举□□人组织革命委员会，并决议斗争的行动纲领十二条，以求得我们工人、农民初步的利益与解放。兹将斗争纲领列下：

（一）分田。没收地主阶级一切土地，由雇农、贫农、中农平均分配，永远不纳租粮。

（二）分粮。没收地主的粮食，分给没有饭吃的人吃。

---

① 该《湘鄂川黔边特区革命委员会纲领》的全文摘自湖南、湖北、四川、贵州四省档案馆和湘西土家族苗族自治州党史办公室合编：《湘鄂川黔革命根据地历史文献汇集》（1934—1936）（内部编印），1984年版第21～22页。

（三）取消捐税。取消一切苛捐杂税，解散收税机关，惩办收税人员。

（四）抗债。取消一切高利借贷，穷人不还富人钱，焚毁借据契约。

（五）肃反。逮捕和惩办土豪劣绅官吏及破坏工农革命之反革命分子。

（六）增加工资。增加工人工资，改良工人和学徒待遇。

（七）释放犯人。释放被国民党政府拘捕的一切犯人。

（八）武装自己。组织工农自卫队，保护身家，组织红军，消灭敌人。

（九）优待红军。优待红军及其家属。

（十）联络士兵。联络国民党军队士兵，举行兵士暴动，参加苏维埃革命。

（十一）组织群众。保护工人农民集会、结社、言论、出版、信教之自由，帮助雇农工会、农民协会之发展。

（十二）组织苏维埃政府。准备召集工农兵大会或代表会议，成立工农民众之民众政权。

7. 进入酉阳的红二、六军团与中革军委的往来电报

（1）二、六军团领导人在进往南腰界途中给中革军委的电报[①]。

（1934年10月25日）

甲，二、六军团昨日在印江之石良（注：应为松桃之石梁），明日进至酉、秀、印间南腰界，离苏区四十多里，拟在该地休息一短期。

乙，贵州苏区在印江、沿河间，正在（乌江）东岸，北岸无苏区，以枫香溪、惟（谯家）铺、云（铅）厂坝为中心，南北一百里，东西六七十里，人口七万，西靠乌江，东南北均系徒涉场很少的小河。粮食很缺乏。地方武装有独立师约千余人。两个独立团约七百余人，五（个）游击队三百余人。数日前黔敌三团进至不及（？）中心，现未退。

丙，六军团现只有五十二团八百余人未到，其余已集中编为三团，总数约三千（无以后统计）。二军团为七、九两师，总数约三千二百，粮食充足，但子弹缺乏。

丁，腾（任）与夏贺会（商）议，二军团以下七、九两师编为三个团，独立

[①] 这份电报原文摘自中共四川省涪陵地委党史工委编：《贺龙在川东南》，解放军出版社，1988年版第377~378页。

师编一个团，共四个团。六军团暂编三匝，两军的行动由二军团统一指挥。六军团政治部及保卫局编入二军团。任肖随二军团，想（夏）王李随十七师。

戊，围绕苏区附近某处（敌）十二三（个）团，内陈渠珍三团，×李各敌不明其何日行动。

己，湘西之敌陈渠珍本身□□□团，此外杨其昌、廖怀中、雷鸣九共计四团，保安四团分驻凤凰、乾城、桑植、龙山、麻阳、永顺、辰溪等县。

庚，以目前敌情及二、六军团力量，两个军团应集中行动。我们决定加强苏区党和武装的领导，开展游击战争，巩固发展原有苏区，主力由松桃、秀山间伸出乾、松、凤地区活动，建立新的根据地。

望即复

1934.10.25

（2）二、六军团不应合并为一个单位及一起行动的指示①。

（1934年10月26日）

任肖王：

1、二、六军团合成一个单位及一起行动，是绝对错误的。二、六军团应单独的依中央及军委指示的活动地域发展，各直受中央及军委直接指挥。

2、六军团应速依军委累次电令，向规定地域行动，勿在（再）延误。六军团所携的两个电台，如能修好，并配好材料，望留一个及译电人员给二军团。电本可抄暴吉衔密本给他们。

军 委

26日

注："任肖王"分别指中央代表任弼时，红六军团军团长萧克、政治委员王震。

（3）建议撤销夏曦同志中共中央分局书记及分革军委会主席，并提议贺龙同志为分革军委会主席，肖、任副之②。

（1934年10月27日）

---

① 这是中央革命军事委员会发给红二、六军团领导人的指示电报。这份电报原文摘自中共四川省涪陵地委党史工委编：《贺龙在川东南》，解放军出版社，1988年版第378~379页。

② 这份向中央《建议撤销夏曦同志中共中央分局书记及分革军委会主席，并提议贺龙同志为分革军委会主席，萧、任副之》的请示电报原文摘自中共四川省涪陵地委党史工委编：《贺龙在川东南》，解放军出版社，1988年版第379~380页。

中央书记处、中央军委：

夏曦同志领导中央分局，所以离开湘鄂西苏区时，是执行了退却逃跑的机会主义路线，曾使党遭到先后取消党团、取消红军中政治组织和苏维埃及群众组织的取消主义。在军委，三军只有二百多党员，个别连无支部，连指导员及军政治部（最近调整齐和建立起来）。在肃反中十分之九的连以上军事、政治干部，当反革命拘捕了。因他的错误领导，使湘鄂西苏区受到损失。在逃出湘鄂西苏区后（当时夏曦领导部队逃出，对后方武装和地方工作毫无布置），每日忙于逃命，完全没有创造新的苏维埃根据地的决心。在湘鄂边，如按敌情和群众条件，均有利于粉碎敌人五次围剿的任务。直到现在还是继续实行退却逃跑路线。敌人据〔？〕一方面进攻黔东苏区时，不去领导红军第三军及地方武装，动员群众各方面去打击敌人，在三军力量不够的机会主义错误之下，决定红军退出苏区，引退敌人，立即放弃打击和消灭敌人的机会，引起群众不满。最近三军到白区配合和迎接六军团时，敌进入苏区。夏曦领导独立师脱离苏区逃命，以致这块新苏区缩小到现南北只有六七十里（东西只有三十里），人口三万余。二十个区缩小到十二个区；地方武装扩大的三千多新战士，缩小了一半；地方党的工作由于夏曦取消主义的错误，所派干部有一部自首及消极分子，以致经过了几个月的工作，苏区党员还只有五十，团员二十。苏维埃和群众工作没有真正建立。□□□发动群众的□□决是由上而下的分配。分局关向应、贺龙动作是相当了解，过去工作路线错误，且推了许多错误实质，他只商量，对夏的领导早已不满。但国内战争经过会议，始终没有承认他政治路线的错误。因此，我们认为他不能继续领导，建议中央撤销他中央分局书记及分革军委会主席，分会请另列名单。并提议贺龙为分革军委会的主席，萧、任副之。

萧、任、王

二十七日十六时

（4）东进湘西给中革军委的电报①。

（1934年10月27日）

朱、周：

一、我二、六军团明日向龙潭前进，到酉阳、龙山、永顺、保靖、永绥间；

---

① 这份《东进湘西给中革军委的电报》原文摘自中共四川省涪陵地委党史工委编：《贺龙在川东南》，解放军出版社，1988年版第381页。

用□秀山附近民众根据地，且向凤凰、乾城发展。

二、我们不直接向乾城、凤凰有〔击〕于〔下列〕原因：A，凤凰、乾城、松桃大半系苗吃〔？〕子孙，粮、武装多且极强，经常可动员万人，系受陈渠珍节制。B，廖、李三十一和二十七F即进到乌罗司，分□开我们，如□向凤凰、乾城，有被敌侧击之虑。

萧、王、贺、关
1934年10月27日22时

（5）关于加强二军团政治工作的请示电报①。

（1934年11月1日）

任王关张致周：

甲、二军团在长期艰苦奋斗中，表现了战士的英勇，与为苏维埃政权而奋斗的决心。但因长期与中央断绝关系，在夏曦同志的右倾取消主义领导之下，使政治工作受到很大损失。解散了整个党的组织，取消了政治机关和一切政治组织，直到最近才开始恢复，部队中的党团员还不到十分之一。在连队还没有党的支部，有的两个连队成立一个支部，多数支部只有几个党团员，也没有划分小组，只有一个支部书记。师、团政委都是新提拔的，工作能力很弱，指导员缺少，一大部分政治工作系统还未建立，部队中肃反的恐惧仍然存在。中央指示信与（六届）五中全会决议到达后，并未在部队中开展广泛的讨论与思想斗争。师、团参谋长还有是最近俘虏来的，成分在军事干部多不是党团员。

乙、我们决定以原六军团政治部为二军团政治部，六军团另成立政治部。已调原五十二团政委方理明任四师政委，袁任远任六师政委，原五十三团政委廖聚群、五十一团政委□恒汉各任团政委。另从六军团调一批同志和四个总支书，设法建立两个师政治部，迅速的普及的建立支部，并准备在最近几天期间召集大的会议，传达（六届）五中全会与全国苏维埃代表大会决议，展开思想斗争。

丙、关于目前政治工作，请求电示。

一九三四年十一月一日

---

① 这份《关于加强二军团政治工作的请示电报》原文摘自中共四川省涪陵地委党史工委编：《贺龙在川东南》，解放军出版社，1988年版第382~383页。

8. 红三军及湘鄂川黔边革命军事委员会布告

（1）红三军在酉阳县南腰界土地庙墙壁上留下的布告。

中国共产党《十大政治纲领》[①]

一、推翻帝国主义的统治；

二、没收外国资本主义的企业和银行；

三、统一中国，承认民族自决权；

四、推翻军阀国民党的政府；

五、建立工农兵代表会议政府；

六、实行八小时工作制，增加工资、失业救济与社会保险等；

七、没收一切地主阶级的土地，耕地归农民；

八、改善士兵生活，给士兵以土地和工作；

九、取消一切苛捐杂税，实行统一的累进税；

十、联合世界无产阶级和苏联。

红三军宣

书写：红三军

年代：1934 年 6 月

地点：酉阳县南腰界街头墙壁上

（2）湘鄂川黔边革命军事委员会布告[②]。

没收地主豪绅之粮食、财产之条例

（一九三四年七月）*

一、在红军经过或占领的地方，对地主豪绅粮食、财产予以没收。但是中农、贫农的财产绝对保护。

二、对于商店和行商的货物财产不没收。

三、地主经营商业的，除他粮食予以没收外，对于他商店的货物不没收。

[①] 这是 1934 年 6 月红三军在南腰界街头土地庙墙壁上写下的中国共产党《十大政治纲领》。现保存在酉阳县南腰界土地庙原处。1928 年，中共六大通过的政治决议案提出了中国革命在现阶段的这十大政治纲领。

[②] 该《湘鄂川黔边革命军事委员会布告》的全文摘自湖南、湖北、四川、贵州四省档案馆和湘西土家族苗族自治州党史办公室合编：《湘鄂川黔革命根据地历史文献汇集》（1934—1936）（内部编印），1984 年版第 41 页。

四、凡官田、学田及教堂的粮食财产不没收。

五、没收的东西分两部分，一部分给群众，一部分发给军需用。

湘鄂川黔边革命军事委员会

9. 红三军出版的报纸

《红星》报

红三军在进入渝东南创建湘鄂川黔革命根据地的过程中，曾利用简陋的印刷条件出版过报纸，把原来在湘鄂西根据地创办的《战士的话》改名为《红星》报，继续在湘鄂川黔革命根据地印刷出版。遗憾的是至今未见到这份报纸的实物，除知其是散页、单张的形式外，有关其创刊、终刊的具体时间、报纸的具体内容等都一无所知。但有一点可以推测，这份报纸油印的可能性较大，因为红三军自湘鄂西根据地撤出后，流动性相当大，而且基本上是在山区活动的。

10. 中共湘鄂川黔省革命委员会印发的告农民小传单①

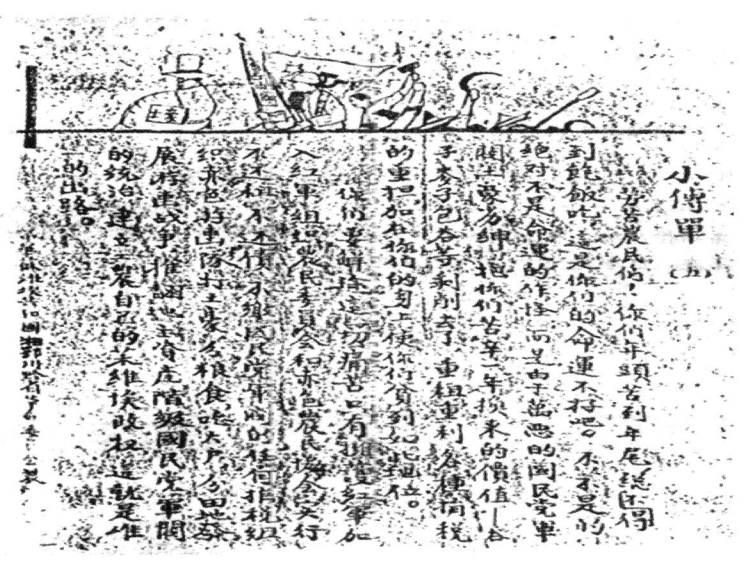

图12　中共湘鄂川黔省革命委员会印发的告农民小传单②

（张贴时间：1934年12月；张贴地点：湘鄂川黔根据地内）

---

① 这份《中共湘鄂川黔省革命委员会印发的告农民小传单》的全文摘自湖南、湖北、四川、贵州四省档案馆和湘西土家族苗族自治州党史办公室合编：《湘鄂川黔革命根据地历史文献汇集》（1934—1936）（内部编印，1984年版第208页。

② 此传单影印件摘自湘鄂川黔苏区革命文化史料汇编编辑组《湘鄂川黔苏区革命文化史料汇编》，中国书籍出版社，1995年版第121页。

（一九三四年十二月）

穷苦农民们！农民年头苦到年尾，总得不到饱饭吃。这是你们的命运不好吧？不，不是的，绝对不是命运的作怪，而是由于万恶的国民党、军阀、土豪劣绅把你们辛苦一年换来的价值——谷子、麦子、包谷等剥削去了，重租、重利、各种捐税的重担加在你们的身上，使你们贫到如此地位。

你们要解除这一切痛苦，只有拥护红军，加入红军，组织农民委员会和赤色农民协会。实行不还租，不还债，不缴国民党军阀的任何捐税。组织赤色游击队，打土豪，分粮食，吃大户，分田地，发展游击战争。推翻地主资产阶级国民党军阀的统治，建立工农自己的苏维埃政权，这就是唯一的出路。

11．南腰界根据地红三军的宣传画

红三军在渝东南民族地区时，凡经过、驻扎某地，或召开会议，都要分别用黑墨、石灰、土红、烟灰在土墙、板壁、门枋及野外的山石上和会场里，绘制大量的宣传画，刷写大量的标语。红军和苏维埃政府用标语、绘画向群众宣传，鼓舞士气。

（1）"无题"（宣传画）。

绘制单位：红三军

绘制年代：1934年

地点：酉阳县南腰界胡佐梅家板壁上

（2）"帝国主义牵中国蒋介石走狗"（宣传画）。

绘制单位：红三军

绘制年代：1934年

地点：酉阳县南腰界胡佐梅家板壁上

（3）"蒋介石走狗"（宣传画）。

绘制单位：红三军

绘制年代：1934年

地点：酉阳县南腰界胡佐梅家板壁上

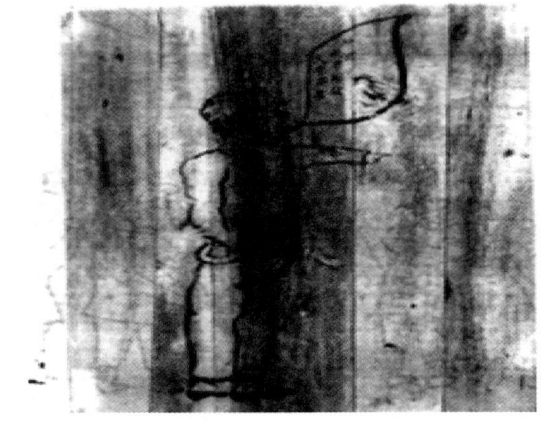

图13 红三军"无题"宣传画[①]

---

① 这幅南腰界红三军"无题"宣传画影印件摘自湘鄂川黔苏区革命文化史料汇编编辑组编《湘鄂川黔苏区革命文化史料汇编》，中国书籍出版社，1995年版第79页。

图14 "帝国主义牵中国蒋介石走狗"①

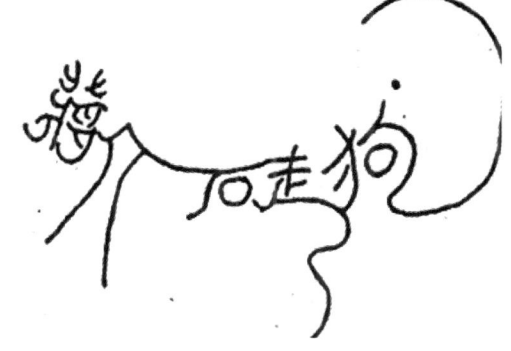
图15 "蒋介石走狗"②

12. 红三军在酉阳县境内留下的标语

1934年10月28日，红二、六军团撤离南腰界东征湘西后，渝东南各县的国民党反动军阀及还乡团等强迫当地群众铲涂红军标语，交出并销毁红军用过的物品，企图以此来消除红三军对当地人民群众的影响。在酉阳县，土家、苗、汉各族人民群众为保护红军标语，机智、巧妙地与敌人进行周旋与斗争。有的用盐巴与石灰和水涂抹标语后，再用黄泥巴覆盖一层，有的用炭灰、草木灰、锅烟灰和烟墨直接涂抹标语，在敌人眼皮子底下保护了大批红军标语。

（1）红三军在酉阳南腰界留下的标语③。

"红军不拉夫、不筹款！"

"取消国民党的一切苛捐杂税！"

书写：红三军

年代：1934年

地点：酉阳县南腰界香田坝

"红军保护来往行商！"

"组织游击队，铲除豪绅军阀，保护商家！"

书写：红三军

---

① 这幅南腰界红三军"帝国主义牵中国蒋介石走狗"宣传画影印件摘自湘鄂川黔苏区革命文化史料汇编编辑组编《湘鄂川黔苏区革命文化史料汇编》，中国书籍出版社，1995年版第83页。
② 这幅南腰界红三军"蒋介石走狗"宣传画影印件摘自湘鄂川黔苏区革命文化史料汇编编辑组编《湘鄂川黔苏区革命文化史料汇编》，中国书籍出版社，1995年版第86页。
③ 红三军在酉阳南腰界留下的这45条标语摘自湘鄂川黔苏区革命文化史料汇编编辑组编：《湘鄂川黔苏区革命文化史料汇编》，中国书籍出版社，1995年版第100～105页。

年代：1934年

地点：酉阳县南腰界石板街

"佃户不交地主课！"

"穷人不跟富人跑！"

书写：红三军

年代：1934年

地点：酉阳县南腰界红三军司令部住址内

"红军是为干人①除害作主的队伍！"

书写：红三军

年代：1934年

地点：酉阳县南腰界白家村

"打土豪，杀贪官，要为群众把身翻！"②

书写：红三军

年代：1934年5月4日

地点：酉阳县大坝

注：1934年5月4日，红三军由酉阳的八穴经鸦闹、摩尔湖，宿营于大坝场。红三军在这里写下"打土豪，杀贪官，要为群众把身翻！"等革命标语，并打开地主李氏三兄弟的粮仓，把谷子送到穷乡亲家里。

"红军为穷人得到土地、粮食、太平而战！"

"红军是穷人的军队！川黔边独立团政治处"

年代：1934年

地点：酉阳县南腰界龙池村陈家围墙上

"打倒国民党政府才能太平！川黔边独立团政治处"

年代：1934年

地点：酉阳县南腰界唐家溪桅杆堡

"打倒贵州军阀王家烈！"

"打倒官僚资本！"

"解放中国民众！"

---

① 干人，即穷人。

② 中国人民政治协商会议四川省酉阳县委员会、酉阳县县志编修委员会编：《酉阳文史资料选辑》第1辑（内部发行），1983年5月版第52页。

书写：红三军

年代：1934年

地点：酉阳县南腰界大坪盖村

"红军买卖公平！"

书写：红三军

年代：1934年

地点：酉阳县南腰界白家村

"增加工人工资，实行八小时工作制！"

"没收地主阶级的土地和财产！"

书写：红三军

年代：1934年

地点：酉阳县南腰界后木村

"维护学校正常的教学秩序！"

书写：红三军

年代：1934年

地点：酉阳县南腰界学校墙上

"红军主张信教自由，保护神坛和信神者的自由！"

书写：红三军

年代：1934年

地点：酉阳县南腰界高石村

"红军和穷人是一家！"

"红军是工人农民的军队！"

书写：红三军

年代：1934年7月

地点：酉阳县南腰界街上

"红军为消灭地主阶级、土地归农民而战！"

"只有共产党能够救中国！"

"共产党是穷苦人的大救星！"

"扩大红军，巩固苏维埃政权！"

书写：红三军

年代：1934年

地点：酉阳县南腰界白溪口

"只有苏维埃能够救中国!"

书写:红三军

年代:1934年7月

地点:酉阳县南腰界白杨坳

"联合世界无产阶级和苏联!"

"推翻帝国主义,争取中国民族独立!"

"黔东特区第一次苏维埃代表大会万岁!"

书写:红三军

年代:1934年7月

地点:酉阳县香田坝乡

"苏维埃政权和红军万岁!"

"中国工农红军万岁!"

书写:红三军

年代:1934年

地点:酉阳县南腰界街上

"苏维埃革命是彻底反对帝国主义和国民党军阀!"

"解除敲磕民众的团防武装!"

"苏维埃革命是彻底反对地主、资产阶级、维护工人农民自己的利益!"

"打倒卖国祸国殃民的地主资产阶级的国民党政府,消灭剥削和压迫民众的保甲制度!"

"成立工农民众之民众政权!"

"欢迎白军参加红军!"

书写:红三军

年代:1934年8月

地点:酉阳县南腰界唐家溪

"铲除封建团匪,打倒土豪劣绅!"

"穷人不跟富人跑!"

书写:红三军

年代:1934年8月

地点:酉阳县南腰界大坝

"冉瑞廷两爷子死得成！"

"活捉冉瑞廷，替为革命而牺牲的工农群众复仇！"

"消灭冉匪武装，武装工农自己！"

书写：红三军

年代：1934年6月至10月

地点：酉阳县南腰界余家桶子红三军司令部住房外墙上

图16　余家桶子红三军司令部住房外墙上的标语①

"庆祝红六军团与红二军团会合！"

"两军团团结起来，去争取新的胜利！"

"向红二军团学习！红六军团"

年代：1934年10月

地点：酉阳县南腰界

（2）红三军在酉阳其他地区留下的标语。

"中国共产党万岁！"

"苏维埃万岁！"

"中国工农红军万岁！"

"红军是工人农民自己的队伍！"

"扩大红军队伍、保障工农利益！"

"活捉冉瑞廷，替为革命而牺牲的工农群众复仇！消灭土匪武装，武装工农自己！"

---

① 图16余家桶子红三军司令部住房外墙上的标语照片来源：http://blog.sina.com.cn/s/blog_4daf0c0a0100e8wm.html

"打倒土豪和贪官，要为穷人把身翻！"

"打土豪，分田地！"

"打倒小坝七大富！"

"铲除催收月税的团匪！"

"穷人起来打土豪！"

"工农群众不要跟冉瑞廷跑！"

"打倒冉瑞廷！"

"取消高利贷！"

"准许商人自由经商！"

"打倒围剿红军的蒋介石！"

"向红二军团学习！"

"向红六军团学习！"

"团结互助、互相学习、争取新的胜利！"

"红军为土地为农民而战！"

13. 中共湘鄂川黔省委关于粉碎敌人大举进攻湘鄂川黔的标语口号[①]

（1934年12月）

各县委、区委和支部及红军政治机关：

由于我二、六军团最近伟大胜利，掀起了湘鄂川黔边苏维埃革命剧烈的火焰，帝国主义国民党军阀现正从进攻西方军和湘鄂赣苏区抽调兵力，组织对我二、六军团及新苏区的大举进攻。为着动员新区千百万群众以一切牺牲为着决战胜利，特制定下列鼓动的标语。除送石印以后分发外，你们必须根据这些标语和省委宣言，一方面在群众中进行广泛的口头宣传鼓动，同时要写成纸标语贴在壁上，或用石灰和红、绿、黑等颜料涂在写在容易看见的壁上。要把这些标语的内容很普遍深入的传达到每乡、每村、每屋场的群众中去，成为战争动员有力的宣传品。

粉碎敌人对湘鄂川黔新苏区大举进攻的标语口号：

（1）工农群众们！我们要巩固和发展新建立的苏维埃区域，就要一致起来配合红军，粉碎敌人的"围剿"！

---

① 中共湘鄂川黔省委关于粉碎敌人大举进攻湘鄂川黔新苏区的22条标语口号内容摘自湘鄂川黔苏区革命文化史料汇编编辑组编：《湘鄂川黔苏区革命文化史料汇编》，中国书籍出版社，1995年版第56~58页。

（2）我们要保持分得的粮食、衣服和财产不让地主豪绅抢回去，就要粉碎国民党军阀对我们新区的进攻！

（3）要保障分得的田地不被地主豪绅抢回去，要保持一家人有吃、有穿、有屋住，不冻、不饿，就要配合红军消灭敌人！

（4）我们不让周矮子、朱疤子、陈渠珍等国民党军阀再来剥削压迫、奸淫抢掠，屠杀工农群众，就应当用一切力量粉碎敌人对我们的大举进攻！

（5）国民党军阀政府投降帝国主义，出卖了东三省和热河，现正帮助帝国主义瓜分整个中国。我们不愿做亡国奴，只有粉碎敌人的"围剿"，推翻国民党政府，建立苏维埃政权，把帝国主义驱逐出去！

（6）日本和其他帝国主义努力在瓜分中国、国民党军阀不派兵去打帝国主义，拿全国十分之七的军队，对真正反帝的苏区和红军进行第五次"围剿"。彻底粉碎五次"围剿"，就是保障中国独立自由的重要步骤！

（7）各乡、各村、各区赶快把赤卫军、少年先锋队和模范赤少队普遍建立起来。每人背一根武器，加强军事政治训练，随时动员来配合红军作战！

（8）赤卫军、少先队日夜要放哨，加紧赤色戒严，查问行人，不让敌人一个侦探混进我们苏区里面来探消息！

（9）捕杀敌人的侦探。谁帮白军做探子，捉起来交群众，公审枪决！

（10）不要替白军带路、当夫子、起炮台、修马路，谁甘心情愿去帮助白军的，他便是我们工农的敌人！

（11）红军打仗要大批粮食，以后没收地主豪绅的谷子，贫苦群众分一部分外，应当留一部分充裕红军的给养！

（12）要接二连三打大胜仗，彻底粉碎国民党军阀的"围剿"。工农群众应当踊跃的加入红军，大家努力扩大我们自己的军队——红军！

（13）只有工农贫苦劳动群众才有资格当红军，不让一个地主富农资本家混进红军。大家当红军去，迅速完成共产党扩大一万二千新战士的号召。

（14）当红军最光荣，红军家属应受到优待。大家帮红军家属耕田、种菜、砍柴、挑水、没收地主豪绅的米面，要多分些给红军家属。

（15）红军打了仗，我们大家要努力去搬胜利品，抬伤兵。这是每个工农应尽的一份责任。只有这样，红军更能够迅速移动地方、消灭别方面的敌人。

（16）赤少队每五个人做好一副担架，没编好赤少队的几家人共做一副。听到红军打仗，就自动拿担架去帮红军搬运战利品和伤兵。

（17）赶快把田分好，彻底消灭地主阶级，使土地革命的果实，完全落在贫农、雇农、中农的身上，免得豪绅地主利用这些财产来接济敌人。

（18）被我们推翻了统治、没收了土地财产的豪绅地主、军阀官僚和其家属，大家要严格监视他们的行动。他们如果勾引白军，替白军带路、送信、办粮食，就立即把他捆起来枪毙。

（19）白军士兵们！你们是工农出身，你们不要替卖国的国民党军阀打自己的弟兄。暴动起来拖枪过来当红军，一同去打帝国主义、国民党军阀！

（20）白军士兵们！不要听你们官长欺骗威吓你们的鬼话。苏区农民分得田；工人加了工钱；红军优待俘虏，这难道不是事实么？把枪口向着你们的官长，同红军一起去打倒帝国主义、国民党！

（21）白军士兵们！国民党政府不让你们打帝国主义，强迫你们打红军。蒋介石说："侈言抗日者杀！"。你们不情愿做亡国奴，就要勇敢的来当红军，去打倒帝国主义，消灭国民党、军阀！

（22）白军士兵们！红军是工农的军队，是为中国和工农自己谋解放的武装。红军里没有打骂，生活平等。当红军的家属受优待。打倒打骂你们、克扣你们薪饷的长官，拖枪过来当红军！

中共湘鄂川黔省委

14.《红色中华》对红三军进军酉阳的报道

（1）红二军团三路向四川进攻。

上海专电：上海报载贺龙部红军之一部，于十月二十一日再陷桑植，现又分三路向四川进攻，一部千余人由百福司千郦阳（达酉阳），一部两千余由白家河达黔江，另有三四千人则在沙道沟李家河等处，贺龙同志亲自在牟家坪指挥。

（载《红色中华》1933年10月27日）

注：

①《红色中华》是中华苏维埃临时中央政府的机关报，于1931年12月11日创刊。

② 此时（1933年10月）红二军团的番号早已改为红三军。1931年3月，根据中共湘鄂西特委的决议，要贺龙率领的红二军团改为红三军番号，下设红七师、红八师、红九师，由贺龙任军长、周逸群任政委。同年5月，周逸群在洞庭湖壮烈牺牲，9月，万涛任红三军政委。

（2）红二军团攻入四川。

二军团来电：我二军团攻入四川时，在大路坝缴获川军步枪三百余支，机枪五挺，迫击炮三门。占领利川后，一部向酉阳方面挺进。

（载《红色中华》1934年1月26日）

（四）革命歌曲、歌谣、小调、曲艺类红色文化资源

1933年12月，湘鄂西中央分局召开了湖北大村会议后，红三军挺进渝东南，在酉阳、秀山、黔江、彭水、石柱等地开拓游击根据地，建立了苏维埃政权，开展了轰轰烈烈的土地革命斗争。在渝东南民族地区历时两年多的革命斗争中，红三军所到之处，都留下了许多内容丰富、形式多样的歌曲、歌谣、小调，宣传了党的性质、纲领、革命任务、革命对象和革命前途，宣传了工农红军的宗旨、任务和纪律，宣传了党的民族政策和统一战线。1934年6月，红三军进驻酉阳南腰界后，酉阳土家、苗、汉各族人民奋起投身革命，积极参加红军和游击队，于是富有革命性的歌曲、歌谣、山歌便如雨后春笋般破土而生。不管是根据地，还是红三军所到之处，都留下了大批内容丰富、形式多样的歌曲、歌谣、山歌、小调，它们集中地表达了酉阳劳苦大众"太阳出来满天红，扛起梭镖跟贺龙，星星要跟月亮走，穷人翻身不再穷"的强烈愿望。这些歌曲、歌谣、山歌、小调等红色文化资源，是对广大人民群众和青少年进行革命传统教育、爱党爱国教育、社会主义核心价值观教育十分难得的好教材、好素材。

1. 酉阳老区的革命歌曲、歌谣、小调

（1）酉阳境内流传至今的红三军歌曲。

服从革命命令

2/4

注：□表示原歌词遗忘。

流传地区：酉阳县

演唱人：冉崇锡（原赤卫队员）

收集人：蒋邦锋

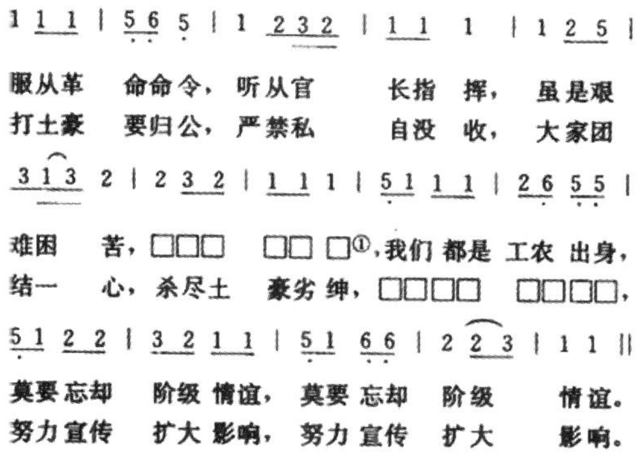

图17 红三军歌曲《服从革命命令》影印件①

---

① 这首红军《服从革命命令》歌曲的词、谱影印件摘自湘鄂川黔苏区革命文化史料汇编编辑组编《湘鄂川黔苏区革命文化史料汇编》，中国书籍出版社，1995年版第132页。

■ 渝东南民族地区红色文化资源的调查、开发与利用研究

（2）尚有会演唱者、讲唱者的革命歌曲、歌谣、小调。

拖过枪来投红军[①]

祠堂里的白兵们，唱支歌儿给你听，

冉匪拉丁又派款，不把你们当作人。

兄弟们，我们都是穷苦人，

你们不要打我们，我们也不打你们，拖过枪来投红军。

白军兄弟们，你们要知情，

你们为谁在卖命，家里的老婆孩子在盼你们。

流传地区：酉阳南腰界

演唱者：冉明瑞（农民）

收集人：王明友等

打草鞋歌[②]

桐子灯下打草鞋，一圈一圈打起来。

翻山越岭穿上它，砸烂黑暗旧世界。

桐子灯下打草鞋，麻线耳子红布带。

穷哥要想得翻身，齐心建立苏维埃。

流传地区：酉阳县南腰界

演唱人：汤成功（老红军）

收集人：向同伦、黄沛鹄

云开太阳照[③]

云开太阳照，

官绅财佬嗷嗷叫，

贺龙红军专门打土豪。

---

① 这是1934年9月红三军围攻南腰界大坝祠堂时对敌宣传的歌词。大坝祠堂攻坚战是红三军战史上的一次著名战斗。这首歌词摘自湘鄂川黔苏区革命文化史料汇编编辑组编《湘鄂川黔苏区革命文化史料汇编》，中国书籍出版社，1995年版第242页。

② 这是南腰界红军大学学员们自编常唱的《打草鞋歌》歌词，汤成功当时为红军大学学员，后任红三军七师十团政委。这首《打草鞋歌》摘自湘鄂川黔苏区革命文化史料汇编编辑组编《湘鄂川黔苏区革命文化史料汇编》，中国书籍出版社，1995年版第241页。

③ 这首《云开太阳照》摘自湘鄂川黔苏区革命文化史料汇编编辑组编《湘鄂川黔苏区革命文化史料汇编》，中国书籍出版社，1995年版第323～324页。

云开太阳照，

鬼魔无处逃，

风扫妖雾清。

苗家吹起芦笙把舞跳，

贺龙红军最爱我苗胞。

流传地区：酉阳县

讲唱人：冉明瑞

收集人：王明友

地上要数红军亲①

天上要数北斗明，地上要数红军亲。

北斗黑夜指方向，红军来了人欢心。

流传地区：酉阳县

讲唱人：冉明瑞

收集人：王鹏、肖田等

贺老总和人民心连心②

这山看去那山平，园中竹子根连根。

河里鱼儿不离水，贺老总和人民心连心。

流传地区：酉阳县

讲唱人：冉明瑞

收集人：王明友等

南界会师谱新篇③

红军千里来转战，铁脚踏破万重山，

湘鄂川黔播火种，南界会师谱新篇。

流传地区：酉阳县

讲唱人：冉明瑞

收集人：王明友

---

① 这首《地上要数红军亲》摘自湘鄂川黔苏区革命文化史料汇编编辑组编《湘鄂川黔苏区革命文化史料汇编》，中国书籍出版社，1995年版第333～334页。

② 这首《贺老总和人民心连心》摘自湘鄂川黔苏区革命文化史料汇编编辑组编《湘鄂川黔苏区革命文化史料汇编》，中国书籍出版社，1995年版第335页。

③ 这首《南界会师谱新篇》摘自湘鄂川黔苏区革命文化史料汇编编辑组编《湘鄂川黔苏区革命文化史料汇编》，中国书籍出版社，1995年版第341页。

贺龙来了喜事多[1]

贺龙来了喜事多，队伍开进山窝窝，
抓到保董周辉伯，活捉乡长姚祖学。

流传地区：酉阳县

讲唱人：冉明瑞

收集人：王明友

红军果[2]

红军果，开鲜花，一开开到穷人家，
天下穷人要翻身，打倒土豪把田分。

流传地区：酉阳县

讲唱人：冉明瑞

收集人：王明权等

今日穷人天要明[3]

红军来到兴隆坪，打富济贫为穷人。
消灭土豪和劣绅，今日穷人天要明。

流传地区：酉阳县

讲唱人：冉明瑞

收集人：王明友等

扛起梭镖跟贺龙[4]

太阳出来满天红，扛起梭镖跟贺龙。
星星跟着月亮走，穷苦人民不受穷。

流传地区：酉阳县

讲唱人：冉明瑞

收集人：王明友等

---

[1] 这首《贺龙来了喜事多》摘自湘鄂川黔苏区革命文化史料汇编编辑组编《湘鄂川黔苏区革命文化史料汇编》，中国书籍出版社，1995年版第367页。

[2] 这首《红军果》摘自湘鄂川黔苏区革命文化史料汇编编辑组编《湘鄂川黔苏区革命文化史料汇编》，中国书籍出版社，1995年版第374页。

[3] 这首《今日穷人天要明》摘自湘鄂川黔苏区革命文化史料汇编编辑组编《湘鄂川黔苏区革命文化史料汇编》，中国书籍出版社，1995年版第374页。

[4] 这首《扛起梭镖跟贺龙》摘自湘鄂川黔苏区革命文化史料汇编编辑组编《湘鄂川黔苏区革命文化史料汇编》，中国书籍出版社，1995年版第392页。

放下锄头当红军①

十七十八穷哥们，放下锄头当红军。
打倒土豪分田地，穷苦人民得翻身。

流传地区：酉阳县
讲唱人：冉明瑞
收集人：王明友等

怕死不来当红军②

怕火不是真黄金，怕死不来当红军。
断头台上色不变，枪林弹雨心不惊。

流传地区：酉阳县
讲唱人：冉明瑞
收集人：王鹏、肖田等

何时盼得红军转③

红军走了白军来，没吃没穿又无盐。
何时盼得红军转，幸福生活万年甜。

流传地区：酉阳县
讲唱人：冉明瑞
收集人：王明友等

（3）未寻找到有人会讲唱的革命歌曲、歌谣、小调。

红绿标语贴满墙

四月里来工正忙，贺龙来到南界场。
干人成立游击队，红绿标语贴满墙。

流传地区：酉阳县
讲唱人：佚名
收集人：佚名

---

① 这首《放下锄头当红军》摘自湘鄂川黔苏区革命文化史料汇编编辑组编《湘鄂川黔苏区革命文化史料汇编》，中国书籍出版社，1995年版第392页。
② 这首《怕死不来当红军》摘自湘鄂川黔苏区革命文化史料汇编编辑组编《湘鄂川黔苏区革命文化史料汇编》，中国书籍出版社，1995年版第404页。
③ 这首《何时盼得红军转》摘自湘鄂川黔苏区革命文化史料汇编编辑组编《湘鄂川黔苏区革命文化史料汇编》，中国书籍出版社，1995年版第423页。

土家人民盼红军

六月天干望起云，穷兄穷弟盼天明；
口渴想喝井中水，土家人民盼红军。

流传地区：酉阳县
讲唱人：佚名
收集人：佚名

川东地区天要明

浑水长流终要清，十月苦瓜要断根。
贺龙打从湖南来，川东地区天要明。

流传地区：酉阳县
讲唱人：佚名
收集人：佚名

贺龙来打大坝场

八月里来谷正黄，贺龙来打大坝场，
围得敌人哇哇叫，九月十三破祠堂。

流传地区：酉阳县
讲唱人：佚名
收集人：佚名

谁知红军来了这样好

硬说红军来啦不得了，谁知红军来啦这样好，
早知是这样，我才不该跑。

流传地区：酉阳县
讲唱人：佚名
收集人：佚名

贺龙开上南界场

甲戌之年好时光，贺龙开上南腰界场，
领导穷人闹革命，游击队伍遍全乡。
打倒土豪神祖牌，工农齐建苏维埃，

英雄好汉当红军,红旗滚滚遍南腰界。
南腰界上红旗扬,红军办起大学堂,
校长就是关向应,培养红军好儿郎。
川黔盛开团结花,万人集会翘尾巴,
交流革命好经验,军民联欢乐哈哈。
九月天气渐渐凉,红军包围大坝场,
消灭川黔老匪首,贺龙除害又安良。

流传地区：酉阳县

讲唱人：佚名

收集人：佚名

世代不忘红军情

打倒团总冉瑞庭,为咱穷人除祸根,
分田分土又分粮,世代不忘红军情。

流传地区：酉阳县

讲唱人：佚名

收集人：佚名

胆大骑龙又骑虎

胆大骑龙又骑虎,胆小只得抱鸡母,
投奔红军能出头,工农当家要作主。
骑虎不怕虎上山,骑龙不怕龙下滩,
一心革命不怕死,死为人民也心甘。

流传地区：酉阳县

讲唱人：佚名

收集人：佚名

红军办起大学堂

南腰界上红旗扬,红军办起大学堂,
校长就是关向应,培养红军好儿郎。

流传地区：酉阳县

讲唱人：佚名

收集人：佚名

红军纪律歌

服从革命命令,听从官长指挥,
虽是饥寒交迫,革命意志坚定。
严守革命纪律,保护工农利益,
虽是艰难困苦,不要扰害贫农。

流传地区:酉阳县

讲唱人:佚名

收集人:佚名

切莫忘记纪律

打土豪要归公,严禁私自没收,
兼顾团体利益,切莫忘记纪律。

流传地区:酉阳县

讲唱人:佚名

收集人:佚名

生死都要跟贺龙

穷人志气大不同,生死都要跟贺龙;
跟着贺龙闹革命,就是死了心也红。

流传地区:酉阳县

讲唱人:佚名

收集人:佚名

要当红军不怕杀

要吃海椒不怕辣,要当红军不怕杀,
刀子架在颈脖上,眉毛不皱眼不眨。

流传地区:酉阳县

讲唱人:佚名

收集人:佚名

冲上前去保弟兄

冲!冲!冲!冲上前去保弟兄。
怕什么机枪大炮,把我们勇气提起来,向前冲。

杀！杀！杀！杀尽反动派。
怕什么国民党狗奴才，把我们勇气提起来，保卫苏维埃。
流传地区：酉阳县
讲唱人：佚名
收集人：佚名

2. 酉阳老区的革命曲艺

（1）南腰界来了红三军①。

（花灯词）

正月里来正月正，南腰界来了红三军，
一来建立苏维埃，二来建立游击队。
二月里来百花香，红军精神四处扬，
穷人翻身当了家，幸福生活有希望。
三月里来三月三，贺龙军长来四川，
四川有个酉阳县，军部驻在南腰界。
四月里来是立夏，红军队伍又扩大，
土豪劣绅赶走了，穷苦百姓不再怕。
五月里来是端阳，红军又到大坝场，
冉匪阴谋诡计多，骗取群众进祠堂。
六月里来暖洋洋，祠堂里面无口粮，
红军组织宣传队，劝得白军器断肠。
七月里来是月半，游击队员力强干，
赴汤蹈火我不怕，爹娘养我不在算。
八月里来是中秋，冉匪祠堂把命丢，
白军投靠来发誓，哪个龟儿再上钩。
九月里来是重阳，二军会师南界场，
贺肖首长来开会，军民团结斗争强。
十月里来种小春，红军队伍要转身，
说不完的知心话，真是难舍又难分。

---

① 这首花灯词《南腰界来了红三军》摘自湘鄂川黔苏区革命文化史料汇编编辑组编《湘鄂川黔苏区革命文化史料汇编》，中国书籍出版社，1995年版第255~256页。

冬月里来雪花落,川黔敌军又来了,
贫民百姓又遭殃,深仇大恨向谁说。
腊月里来完一年,一年大事记心怀。
恩人红军多保重,但愿你们早归来。

流传地区：酉阳县南腰界

演唱人：冉崇锡

收集人：王明友等

（2）唱红军[①]。

（月月红调）

正月里来是新年,红军队伍到四川,
万杆红旗万杆枪,能人好汉万万千。
二月里来百草生,贺龙红军大将军,
不拿穷人一针线,专打土豪有钱人。
三月里来是清明,贺龙队伍为穷人,
山遥地远来得快,一夜打下沿河城。
四月里来活路忙,红军来到南界场,
买卖公平人和气,红绿标语贴满墙。
五月里来是端阳,刀对刀来枪对枪,
到处成立游击队,工农群众得武装。
六月里来太阳红,"茅草大会"[②]掌声动,
区乡成立苏维埃,扛起梭镖跟贺龙。
七月里来天气热,红军打仗不停歇,
各乡召开"谷担会"[③],要分土地划阶级。
八月里来谷正黄,红军来打大坝场,
包围祠堂半个月,冉匪民团一扫光。
九月里来是重阳,白军开来打木黄,

---

① 这首《唱红军》摘自湘鄂川黔苏区革命文化史料汇编编辑组编《湘鄂川黔苏区革命文化史料汇编》,中国书籍出版社,1995年版第249~250页。
② 茅草大会：即南腰界区苏维埃政府成立大会,大会在翘尾巴山上举行,因山上茅草繁茂,故称此名。
③ 谷担会,即为弄清阶级成分而召集的财产摸底座谈会。

贺龙指挥反"围剿",杀得白军喊爹娘。
十月里来枫叶红,萧克南界会贺龙,
两军会师来研究,统一部队往北方。
冬月里来风雨寒,冉瑞廷带来还乡团,
到处搜查游击队,红区人民遭祸殃。
腊月里来腊梅香,红军抗日上前方,
南界人民望红军,打败日寇转回乡。

流传地区:酉阳南腰界一带

演唱人:冉崇锡

收集人:王明友等

(3)红军在酉阳①。

(灯调)

三月里来百花开,红军开到酉阳来;
打倒土豪和恶霸,穷人欢笑把头抬。
四月里来是清明,红军几度酉阳行;
兴隆木叶经细沙,毛坝腴地红旗迎。
五月里来是端阳,红军势力好威望,
四处组织游击队,工农武装满山乡。
六月里来六月六,男腰界干人分田土。
千年铁树开鲜花,倒转乾坤红日出。
七月里来天渐凉,红军打仗不停歇。
流血牺牲为哪个?为了工农新中国。
八月里来桂花香,红军围攻大坝场,
步步为营步步逼,冉匪民团一扫光。
九月里来是中秋,红军号召保秋收;
木黄秀山打胜仗,军民同饮庆功酒。
十月里来枫叶红,萧克王震寻贺龙;
两军会师南腰界,猫洞大田聚英雄。

---

① 这首《红军在酉阳》(灯调)摘自中国歌谣集成四川卷编辑委员会编:《中国歌谣集成·四川卷》(下册),(北京)中国ISBN中心出版,2004年版第1059页。

聚英雄来聚英雄,聚起英雄立新功;
"根据地在脚板上",万里长征立新功。

注:南腰界,地名,位于酉阳南部。干人,为当地穷苦百姓的自称。冉匪,指当地土豪冉瑞庭。

流传地区:酉阳县
演唱者:田应学
采录者:祁天运
采录地点:酉阳县南龙乡
采录时间:1987年4月

(4)栳起大刀跟贺龙[①]。

(灯调)

要吃海椒不怕辣,要当红军不怕杀,
刀子搁在颈子上,眉毛不动眼不眨。
太阳出来满天红,栳起大刀跟贺龙,
贺龙跟着共产党,打富济贫到川东。
吃菜要吃白菜心,当兵就要当红军,
穷人跟着共产党,有吃有穿不怕穷。
郎跟贺龙当红军,我带娃娃把产生,
十年不回不要紧,只要穷人得翻身。
想红军,盼红军,红军到了我们村,
大路不平红军铲,扬眉吐气把冤伸。
红军同志好辛苦,半夜三更到我屋,
恶霸土豪吓跑了,我们百姓才归屋。
红军哥哥听我说:抱柴热水你洗脚,
今晚就在我家歇,明日再把土豪捉。
红军同志我家来,煮饭烧了几捆柴,
天亮起来开拔走,轻言细语把钱开。
送郎当红军,闯南又东征,

[①] 这首《抢起大刀跟贺龙》(灯调)摘自中国歌谣集成四川卷编辑委员会编:《中国歌谣集成·四川卷》(下册),(北京)中国ISBN中心出版,2004年版第1059~1060页。

贺龙就是领头人，专为穷人闹翻身。
送郎当红军，闽南又征东，
跟着救星共产党，永远革命向前方。
千年仇万年的恨，祖祖辈辈苦难深，
贺龙领头挖苦根，穷苦百姓笑盈盈。
红军同志上了坡，百姓个个眼泪落，
阶级兄妹怎舍得，盼望以后再会合。

流传地区：酉阳县
演唱者：符志义、刘应学、冉崇锡
采录者：胡长辉
采录地点：酉阳县南腰界
采录时间：1979年4月

（5）贺龙来到南腰界。

（灯调）

（一）

一九三四年，贺龙将军到，
千军万马红旗飘，来到南腰界。
红军汤师长，率队上战场，
恶霸听见枪声响，滚下乱岩匡。
师长卢东升，带领穷苦人，
刀矛杆子去上阵，百战百胜军。
土豪冉瑞庭，封建伪团总，
怕我红军打得猛，逃跑躲狗命！
恶霸欧松廷，瘦猴鸦片鬼，
霸占一方逞威风，今日得报应！
红军一来到，穷人高兴了，
土豪劣绅伪乡政，吓得魂魄飞！
红军爱人民，亲如一家人，
促膝谈心问寒暖，情谊似海深。
组织游击队，建立苏维埃，
打倒土豪分田地，穷人掌政权。

（二）

贺龙来到南腰界，穷苦人民笑颜开，

铁树开花牛打滚，哑巴说了话，鸡毛飞上天。

贺龙率领红三军，打富济贫为穷人，

不拉夫来不派款，帮助了穷人，建立苏维埃。

山高总有人开路，水深自有渡舟人，

共产党来把路开，贺军长撑船，百姓来摇橹。

流传地区：酉阳县

演唱者：符志义、刘应学、冉崇锡

采录者：胡长辉

采录地点：酉阳县南腰界

采录时间：1979 年 4 月

（五）革命先烈故事类资源

1. 一盘和棋①

1934 年古历四月廿四日，红三军参谋谷志标兴高采烈地去到南腰界小学，约冉茂溶老师玩耍。这时，冉老师正准备与学生肖言善一道去红军司令部感谢贺龙军长对学校的关怀，恰巧在校门口遇上谷参谋，三人便一道说说笑笑地朝红军司令部——余家桶子走去。经谷参谋介绍，冉茂溶老师见到了贺龙军长。

冉老师紧紧握住贺军长的手，好半天才说出："感谢！感谢……军长对学校的关怀！……"贺军长热情地笑着说："那算什么，保护学校是我们的责任。我们打扰了你们，是我们的不是，你倒反来感谢呀！好，今天你来了，我们下盘棋玩玩，好吗？"冉老师很不过意地答道："贺军长，我不会呀！"贺军长又邀请肖言善，肖言善也说："我也不会！"冉老师插话说："言善，你在学校和同学都下过嘛！"谷参谋听冉老师这么一说，便把肖言善拉来坐在正位上，说："你们都别客气了，军民是一家嘛！"贺军长也边说边在对面坐了下来："来，来，来，不是外人！"说着动手摆好了棋子。

说走就走，肖言善拿着棋子就走了个当头炮。冉老师在旁边眨眼睛，歪嘴巴，暗示学生要讲礼貌，把棋子收回，让贺军长开棋。学生聚精会神看着棋子，没理

---

① 本故事全文摘自湘鄂川黔苏区革命文化史料汇编编辑组编：《湘鄂川黔苏区革命文化史料汇编》，中国书籍出版社，1995 年版第 435～436 页。

会冉老师的暗示。冉老师急了,从旁边伸出手去把当头炮收回原位,说:"你莫走炮,可上一相嘛,把车马空出来!"但学生还没懂得冉老师收回炮是挽回他无礼的举动,仍执意地把炮又走在当头。冉老师再次伸手去收回,学生又安在当头。贺军长才忙招呼说:"没关系,我们不忌讳的,他怎么走都行!"……

学生和军长下棋,对弈不到十几步,学生的"将"就被擒了,肖言善很不好意思地站起来让位。贺军长忙说:"不要紧嘛。冉先生,来,你别客气了!"谷参谋走过来,推着冉老师坐到正位上,说:"你和军长走,必要时,我和刘师爷(秘书)来帮你的忙!"冉茂溶不好再推辞了,便坐在位子上边摆棋子边说:"我初学,走不好,军长见笑啦!"二人对弈,举手无悔。贺军长高兴地说:"先生还是先生呀,几步就把车亮出河坎了……哈!……痛快!"走着走着,冉茂溶心情紧张,渐渐招架不住,忙求援道:"谷参谋,请你快来助战呀!"谷参谋和刘秘书急忙来到冉茂溶旁边,聚精会神地帮助老师出点子,周旋了好一阵,下成一盘和棋结局。贺军长站起来哈哈大笑,说:"好呀!军和民就是要'和'啰!"

流传地区:南腰界

讲述人:冉茂溶

收集人:胡长辉

2."十大政纲"抹不掉[①]

1934年6月22日,贺龙军长率领红三军来到南腰界时,人民群众由于受到国民党反动派的谣言迷惑,怕红军"共产、共妻、乱杀人",纷纷逃进深山老林去躲藏,不敢回家。红军当即派出宣传队,拿着笔墨到处写标语。在南腰界场口土地庙墙壁上,写了一幅"共产党十大政纲"。宣传共产党闹革命的目的,解除群众的顾虑。在红军写政纲时候,下面逐渐围了一些老百姓,红军宣传员站在板凳上,边写边向大家解释。大家听了,高兴极了。恶霸、伪团总冉瑞庭的狗腿子冉瑞太混在人群中,等红军宣传员把十条写完,他慌慌张张地跑回去,把"十大政纲"内容报告给团总大儿子冉崇侯,特别把其中第七条逐字逐句地报告出来,"大少爷,那、那中间写的是'没收地主阶级的一切土地,耕地归民'呀!大少爷,里头还写得有……厉害得很!"冉崇侯听了火冒三丈,暴跳如雷,吼道:"去,去,去!铲掉它!"

[①] 本故事全文摘自湘鄂川黔苏区革命文化史料汇编编辑组编:《湘鄂川黔苏区革命文化史料汇编》,中国书籍出版社,1995年版第436~437页。

晚上三更时分，走狗冉瑞太和刽子手孙德兴带着几个团丁，偷偷窜到土地庙，拿着锅灰、刷子，想抹掉"十大政纲"的字迹。突然，土地庙旁边红军饲养班养的军马发出了"突突突……"的呼吸声，冉瑞太、孙德兴等团丁以为是红军来了，吓得浑身发抖，扔掉锅灰、刷子，跪在地上连声说："土地菩萨保佑，我们不涂啦！"这时，军马棚里发出了马蹄敲打在地上的"打打打……"的响声，团丁们吓得面如土色，抱头鼠窜，跑回团防部时已是上气不接下气了。

10月间，红军东进湘西以后，逃进深山老林的土豪劣绅、伪团总冉瑞庭，带着他的团防队伍返回南腰界，向人民群众进行反攻倒算，并对红军写的标语、传单进行了大清理、大搜查。土地庙墙上的"十大政纲"被漆黑的锅灰涂掉了。

1953年春天，阳光普照，万众欢腾。贵州遵义文物征集工作队来到南腰界，游击队长冉隆昌把红军宣传"共产党十大政纲"的情况向他们讲述后，领着大家来到土地庙，七手八脚，用刷子刷、清水洗，"共产党十大政纲"字迹闪闪呈现，大家欢呼雀跃地说："丑恶是掩盖不住真理的，谣言是迷惑不了人民的。"

流传地区：南腰界

讲述人：符志义（原游击队员）

收集人：胡长辉

（六）革命纪念亭类红色文化资源

1. 中国工农红军二、六军团会师大会纪念亭

中国工农红军二、六军团会师大会纪念亭坐落于红三军司令部旧址南腰界余家桶子斜对面。1987年，为纪念1934年10月27日红二、六军团在南腰界街前山坡下的猫洞大田胜利会师，缅怀革命先烈，酉阳县人民政府在离当年红二、六军团会师大会主席台50米处建立了这座重檐八角攒尖式纪念亭。纪念亭为钢筋水泥、条石结构，为七脊六坡水的重檐琉璃瓦八角亭，飞檐翘角，建筑面积47平方米，高21.8米，对称的四面均有6级石梯踏入亭内，亭内刻有红二、六军团会师图案及毛泽东诗词。亭中央耸立一块高2.1米，宽1.2米的石碑。正面镌刻着原红六军团军团长、全国政协副主席萧克上将于1985年10月手书的"中国工农红军二、六军团南腰界会师大会纪念亭"大字，背面是原红三军红七师党委书记、红九师政治委员、时任全国人常委会大副委员长廖汉生将军于1987年8月1日撰写的"中国工农红军二、六军团南腰界会师大会纪念亭记"，全文约千字，记述了会师经过和会师大会概况。

2. 中国工农红军二、六军团南腰界会师大会纪念亭记[①]

廖汉生[②]

一九三四年春，中国工农红军第三军在中共湘鄂西中央分局书记夏曦、军长贺龙、政委关向应率领下，为创造湘鄂川黔新苏区，挺进川黔边境。大军旌头所向，克黔江，入酉阳，袭彭水，捣沿河，敌军望之披靡，工农随之奋起。至七月间正式建立了含酉阳南腰界在内的黔东特区游击根据地，为与红六军团会师提供了立脚点。

是年八月，中国工农红军第六军团作为长征先遣队，由党中央代表任弼时、军团长萧克、政委王震率领，从江西遂川突围西征，经二月余艰苦转战，冲破重重堵截围追，于十月间进入黔东。

红三军领导人贺龙等在南腰界小学从国民党报纸获知萧克部队消息后，即率部前往寻找、接应。十月十五日在沿河水田坝与红六军团参谋长李达所率一部相会，二十三日在梵净山下找到郭鹏团长所率红五十团，二十四日在印江木黄与任弼时、萧克、王震所率红六军团三力会合，当晚到松桃石梁宿营，次日向酉阳南腰界进发，二十六日抵达。

十月二十七日，两支兄弟红军齐集南腰界猫洞大田，隆重举行红二、六军团会师大会。任弼时同志宣读了党中央发来的贺电，宣布红三军恢复红二军团番号及整编部队等项决定，并阐明红二、六军团会师意义及今后任务。贺龙同志分析了形势后指出，可靠的根据地还在我们的脚板上，我们要再接再厉，去创造更大更可靠的根据地。关向应、萧克、王震等同志亦相继讲话，两军将士同叙手足之情，共享会师喜悦。至夕阳西下，大会在雄壮的军号声中胜利结束。

十月二十八日，红二、六军团从南腰界出发，直入湘西，两军紧密团结，并肩战斗，为策应中央红军北上和扩大湘鄂川黔革命根据地作出卓越贡献。红二、六军团由此走上胜利发展的新阶段，成为中国工农红军三大主力之一。

红二、六军团的会师是胜利的会师，团结的会师，模范的会师，在中国工农红军发展史上写下光辉的一页。

[①] 廖汉生将军这篇《中国工农红军二、六军团南腰界会师大会纪念亭记》全文摘自中国人民政治协商会议酉阳土家族苗族自治县委员会、酉阳土家族苗族自治县县志编纂委员会编：《酉阳文史资料选辑》第11辑（内部发行），1988年9月版第1~2页。

[②] 廖汉生，在南腰界时期任红三军红七师党委书记、红九师政治委员，新中国成立后曾任第一兵团军政治委员、国防部副部长、军事学院院长、全国人大常委会副委员长等职，1955年被授予中将军衔。

今天，中共酉阳土家族苗族自治县委员会暨县人民政府，为永远缅怀红二、六军团会师这一盛举，特在南腰界会师大会会址建立纪念亭，兹简述当年会师概况如上，以志不忘。

1987 年 8 月 1 日于北京

三、抗日战争时期县内各类红色文化资源

（一）抗战阵亡将士纪念碑类红色文化资源

酉阳抗战建国阵亡将士纪念碑

酉阳抗战建国阵亡将士纪念碑位于酉阳县龙潭镇西南 300 米处的万寿宫旁。1939 年，国民党陆军第二军 103 师师长何绍周率部驻防酉阳龙潭镇整编时，为了纪念孙中山先生领导的辛亥革命和在"血战台儿庄"中阵亡的将士及勇猛川军，师长何绍周与龙潭各界人士集资修建了"抗战建国阵亡将士纪念碑"。该纪念碑占地面积为 16 平方米，石结构，碑身呈梯形，边宽 0.64 米，四棱锥顶，通高 3.8 米。周围四面分别有 3 级石阶。碑身的南、北、西三面分别自上而下阴刻楷书"抗战建国阵亡将士纪念碑"，字高 0.13 米，宽 0.15 米，字距 0.08 米。题记为"中华民国廿八年（1939）八月"。碑座四面题词 4 首。碑座前面题词"万古昭垂"，左侧为 103 师师长何绍周的题词："惟我将士，民族之先，牺牲热血，固我金汤，勒石纪勋，百世勿忘。"这座纪念碑是目前国内仅存的当年为纪念"台儿庄战役"而设立的纪念碑。该碑作为国民党执政时代遗存下来的历史文物，十分珍贵。如今它已是全国仅存的三座国民党原始"抗战纪念碑"之一。

（二）抗战文化组织、社团类红色文化资源

"滩涛青年歌剧团"的抗日演出活动

抗日战争爆发后，酉阳自治县龚滩镇爱国青年纷纷参加抗日救亡运动。1939 年秋，在龚滩盐务支局爱国职工曾祥林组织发动下，在龚滩"三教寺"成立了"滩涛青年歌剧团"，推举罗运淮、田维铭为负责人。歌剧团共计 29 人，下设编导组、戏剧组、歌咏组、宣传组、布景组、化妆组和保管组。剧团成立时，经费紧张，罗运淮、田维铭等负责人便向龚滩各家商号广泛宣传抗日救国有钱出钱、有力出力的意义。承盐号经理杨舜钦鼎力支持并带头慷慨捐资，各家商号及社会各界人士纷纷捐助，几天内就集资 1 000 余元。剧团开始购置各种舞台道具，由杨世云

绘画内外台布景等，宣传材料由曾祥林供给，买不到剧本，则由罗子南自编并兼作导演。剧团"以打倒日本帝国主义、活捉汉奸、组织游击队及讽刺社会的黑暗和揭露政府无能为中心内容，先后编了《抓本钱》《醋毒》《烟毒》《最后一封信》《姊妹英雄》等爱国剧二十余本"①，于1940年春节连续演出三个晚上，受到当地群众的热烈欢迎。此后，逢年过节或纪念日，剧团还将《新女性》《大路歌》《流亡三部曲》《牺牲已到最后关头》等抗日爱国歌曲改编成歌剧演出。1940年7月，在纪念"七七"抗战爆发三周年之际，剧团演出了自编话剧《流浪恨》，"当台上出现一家逃难的难民，拖儿带女，正处在饥寒交迫、无家可归、走投无路的悲惨遭遇中，却被汉奸带着两个鬼子军官，将年未及笄的长女拖走时，台下观众淌下了同情而又愤恨的爱国热泪；当演到突然出现游击队，活捉了汉奸和倭寇，将大姑娘还给母亲时，全场奋起，不约而同地举手高呼'消灭汉奸''打倒日本帝国主义'等口号，爱国热情洋溢着，震荡了全场观众的爱国之心"②。1941年4月，歌剧团成员自筹伙食，肩负道具，顶着炎炎烈日，步行30多里地到沿岩演出《放下你的鞭子》等街头剧，并于当天夜晚搭台子演出《醋毒》《乡风》《国魂》《智擒倭寇》等抗战话剧，深受群众欢迎。

"滩涛青年歌剧团"成立的两年时间里，以舞台表演、街头活报剧和下乡巡回演出等形式进行演出。两年中"卖票所得的钱，除演出开支外，剩余部分积累起来，凑少成多，两年共演出二十余次，积累了七八千元，捐献给国家买飞机、大炮"③，支援抗日战争。

（三）抗日报刊、戏剧、标语、口号类红色文化资源

1. 抗日报刊类文化资源

1938年，酉阳县政府根据抗日救亡运动的需要，在县城明代建筑"飞来峰"成立了"酉阳县民众教育馆"，由教育科长杨汝芹具体负责，每天以黑板报和简报的方式，刊登全国抗日战争形势方面的文章，报道前线抗战消息。《简报》曾发表过告读者的一封信，信中说："台儿庄大捷充分说明，皇军是能够战胜的，要求政

---

① 中国人民政治协商会议酉阳土家族苗族自治县委员会、酉阳土家族苗族自治县县志编纂委员会编《酉阳文史资料选辑》第6辑（内部发行），1985年12月版第168页。
② 中共酉阳土家族苗族自治县委党史研究室编《酉阳现代风云录》，西南师范大学出版社，1999年版第109页。
③ 中国人民政治协商会议酉阳土家族苗族自治县委员会、酉阳土家族苗族自治县县志编纂委员会编《酉阳文史资料选辑》第6辑（内部发行），1985年12月版第167~168页。

府和全中国民众立刻行动起来，铲除汉奸，发动全面抗战，开展群众运动，以保障抗战的最后胜利。"①1941年，《简报》还间接地报道了国民党反动派制造"皖南事变"的相关实况，促进了国统区人民之觉醒。

酉阳县政府成立"酉阳县民众教育馆"后，还于1941年恢复了国民党酉阳县党部机关刊物《酉阳县党政周刊》，由国民党酉阳县党部干事王伯辟、助理干事陈子如负责编辑工作。该刊重点宣传抗日战争时期的方针政策，号召全民"精诚团结，共赴国难"，树立"抗战必胜"的信心，指出"谁破坏抗日，谁就是民族的败类，国家的罪人"等。因阶级与历史的局限性，《酉阳县党政周刊》存在着为国民党及其政府歌功颂德的一面，甚至还散布些"反共"言论，但它在宣传坚持抗战、鼓励民众抗日救亡等方面起到了一定的积极作用。

2. 抗日戏剧类文化资源

1938年春，当台儿庄战役中阵亡的川军师长王铭章的灵柩被护送返籍途经酉阳时，数万人自发地列队在川湘公路两旁向抗日忠烈默哀致敬。酉阳各界人士还举行了隆重的追悼大会。随后，酉阳各界人士、各社会团体组织了各种不同形式的宣传队，编演了《上火线》等抗日剧，还以歌咏、舞蹈、戏曲等形式开展抗日宣传演出活动。酉阳籍的段永鹅、李葛民、陈述辉、陈志章、甘兀立等编演了短小精悍、富有战斗风格的街头剧、广场剧、活报剧、茶馆剧等，极大地鼓舞了酉阳军民的抗日激情。从沦陷区迁到龙潭定居的难民们还自发"组织了同乡会，筹集资金，邀请龙潭或外来的戏班子，分别在江西会馆、辰府会馆、湖广会馆、福建会馆以及其他会馆演唱'抗日会战'，激励怀念故乡、渴望收复失地的感情"②。

日寇发动全面侵华战争后，酉阳土家族苗族自治县的广大教师无不义愤填膺，积极投入到抗日救亡洪流之中。1939年，酉阳简易师范学校王季直老师在校长张廷晖的支持下，与教师陈相廷、余日永、陈师鸾以及学生邱国华、陈懋素等编排了较高水平的抗日话剧《鸡鸣》《八个鬼子》，快板剧《鸡公山》，童话剧《玩具抗日》，歌舞剧《小小锄奸队》《打汉奸》以及活报剧《放下你的鞭子》，神话歌

---

① 中共酉阳土家族苗族自治县委党史研究室编《酉阳现代风云录》，西南师范大学出版社，1999年版第106页。
② 中共酉阳土家族苗族自治县委党史研究室编《酉阳现代风云录》，西南师范大学出版社，1999年版第108页。

舞剧《魔笛》等，并在全县巡回演出。1939年10月，秀山县城遭到日军飞机轰炸。酉阳自治县龙潭镇的中小学生组成400多人的慰问团，步行47公里到秀山进行慰问，在秀山县城为灾民演出了《塞上风云》《中华民族的子孙》《加大理发店》等抗日话剧。

1940年春节期间，"滩涛青年歌剧团"为龚滩镇民众编演了《抓本钱》《醋毒》《烟毒》《最后一封信》《姊妹英雄》等爱国抗日剧，受到当地群众的热烈欢迎。此后，逢年过节或纪念日，剧团还将《新女性》《大路歌》《流亡三部曲》《牺牲已到最后关头》等抗日爱国歌曲改编成歌剧演出。1940年7月，在纪念"七七"抗战爆发三周年之际，剧团演出了自编话剧《流浪恨》。

1942年7月，在纪念"七七"抗战爆发五周年之际，国民党第六战区的京剧宣传队与酉阳县龙潭镇抗日宣传队在军区礼堂为军民演出了戚继光、郑成功等民族英雄的英勇事迹和《九一八》《送郎参军》《黄河大合唱》《万里寻兄》《青年进行曲》及《小红鸟》等抗战节目。

3. 抗日标语类文化资源

（1）"打倒日本帝国主义！""血债要用血来还！""日本帝国主义从中国滚出去！""全国人民大团结，收复失地，还我河山！"等

1937年7月7日全国抗战爆发后，酉阳土家族、苗族自治县各族人民掀起了抗日救亡运动的新高潮。所有中小学校师生员工和广大民众一致奋起，响应"救亡图存，支援抗战，有钱出钱，有力出力"的号召，组成各种不同形式的宣传队、歌咏队宣传抗战。街头巷尾到处贴满了上述抗日救亡标语。

（2）"唤起民众，一致抗日！"

1939年，酉阳简易师范学校王季直老师利用假期带领学生到铜鼓、两河、板溪等地进行街头抗日宣传，他们打着"唤起民众，一致抗日！"的横幅标语，向民众宣传抗日救国的道理，揭露日寇侵略中国的暴行。

（3）"打倒日本帝国主义！""日本帝国主义从中国滚出去！""全国人民团结起来，一致抗日！""收复失地，还我河山！"等。

1942年7月，国民党第六战区罗广文军185师的官兵与酉阳县龙潭镇中小学校师生及广大民众在龙潭大操场举行"七七"抗战爆发五周年纪念大会，会场到处贴满了上述抗日标语。

4. 抗日口号类文化资源

（1）"打倒日本帝国主义！"

（2）"血债要用血来还！"

（3）"日本帝国主义从中国滚出去！"

（4）"全国人民团结起来，收复失地，还我河山！"

1939年10月，秀山县城遭到日军飞机轰炸。酉阳自治县龙潭镇的中小学生组成400多人的慰问团，步行47公里到秀山进行慰问，他们沿途张贴标语、画漫画、发传单，并高呼上述抗日爱国口号。

（四）抗日歌曲、诗歌类红色文化资源

1. 抗日歌曲类文化资源

（1）《龙舟进行曲》。①

歌词：

蓝天高，红日照，乘风破浪荡兰桡，誓把鬼子消，方算胆气豪。同胞，你听那乌江的银浪，却变作怒涛，唤醒着我们，持着那钢刀，你和我，我和你，直到东京捣贼巢，踏平那扶桑三岛！难道我们能坐视那侵略强盗，任意横豪，任意横豪。誓死消灭倭寇，紧紧团结我们的同胞，点燃我们满腔杀敌的怒火，把兰桡当作杀敌的钢刀，战斗向前，向前战斗！争取最后胜利，杀灭跳梁小丑，收复我们的失地，振兴我们的民族。

1941年的阴历五月五日，是我国传统的"端午节"，为了纪念古代爱国诗人屈原，龚滩镇的广大青年举行龙舟竞赛，私塾老师杨胜碧与罗成之用一首爱国歌子（屈歌名）填写了这首豪迈奔放的《龙舟进行曲》，青年们边划龙舟，边唱《龙舟进行曲》，两岸的观众无不群情激昂，有的高呼："划到东京去捣毁贼巢"的口号。

（2）《救亡进行曲》。②

1942年5月，"滩涛青年歌剧团"24人应酉阳县清溪乡（现清泉乡）乡长陈

---

① 这首《龙舟进行曲》的歌词摘自中国人民政治协商会议酉阳土家族苗族自治县委员会、酉阳土家族苗族自治县县志编纂委员会编《酉阳文史资料选辑》第6辑（内部发行），1985年12月版第169~170页。

② 这首《救亡进行曲》的歌词摘自中国人民政治协商会议酉阳土家族苗族自治县委员会、酉阳土家族苗族自治县县志编纂委员会编《酉阳文史资料选辑》第6辑（内部发行），1985年12月版第170页。

昆林邀请，前往清溪乡宣传演出。歌剧匪到达清溪乡时，沿街民众夹道欢迎。歌剧团成员齐声高唱着《救亡进行曲》，在民众的欢呼声和鞭炮锣鼓声中进入乡公所，受到热烈欢迎。他们在清溪乡演出了三天三夜，极大地鼓舞了民众的抗日热情。歌剧团成员齐声高唱的《救亡进行曲》的歌词如下：

工农兵学商，一起来救亡，

拿起我们的铁锤刀枪，走出工厂、田庄、课堂，

到前线去吧，走上民族解放的战场！

脚步跟着脚步，臂膀靠着臂膀，我们的队伍广大强壮，

全世界被压迫民族的斗争，朝着一个方向。

千万人的声音，高呼着反抗，

千万人的歌声，为革命斗争而歌唱。

我们要建设大众的国防，

大家起来武装，打倒汉奸走狗，枪口朝外向！

要收复失地，打倒日本帝国主义，把旧世界的强盗杀光！

（3）《前进，中国的青年》。①

1939年，酉阳简易师范学校王季直老师利用假期带领学生到铜鼓、两河、板溪等地进行街头抗日宣传，唱抗日爱国歌曲。其中《前进，中国的青年》的歌词是：

前进，中国的青年，挺进，中国的青年，中国恰像暴风雨中的破船，我们要认识今日的危险，尽一切力量争取胜利的明天，我们要以一当十，百以为千，我们不能后退，只有向前，向前！救国的责任，落在我们的两肩，落在我们的两肩。

（4）其他抗日歌曲

1939年，酉阳简易师范学校王季直老师与教师陈相廷、余日永、陈师鸾以及学生邱国华、陈懋素等到县内各地教唱《流亡三部曲》《大刀进行曲》《太行山上》等抗日歌曲。王季直老师还利用假期带领酉阳简易师范学校学生到铜鼓、两河、板溪等地进行街头抗日宣传，唱抗日歌曲。同年10月，秀山县城被日军飞机轰炸，龙潭中小学组成400多人的慰问团，步行47公里到秀山进行慰问，在秀山县城为灾民演唱《义勇军进行曲》《送郎参军》《大刀进行曲》《到敌人后方去》《黄河大合唱》《延水谣》等抗日歌曲和《枪口对外》《神枪手》等抗日小调。

---

① 这首《前进，中国的青年》的歌词摘自中共酉阳土家族苗族自治县委党史研究室编《酉阳现代风云录》，西南师范大学出版社，1999年版第107页。

2. 抗日诗歌类文化资源

在抗日战争中，国民党陆军第72军中将军长、酉阳人傅冀将军参与指挥了武宁、上高、长衡、醴陵、赣南以及三次长沙会战和收复常德等战役。他于1943年率部由平江渡汨罗和1945年踏雪过井冈山时分别吟下了"平城战骑跃，千军渡汨罗，泽畔吊屈子，离骚谱战歌。旌旗耀日月，风雷动山河，精兵统十万，生擒洞庭鳖"和"井冈高万丈，漫天雪花飘，茅檐生玉烛，悬岩铸银镖，冰凝铠甲厚，雪拥马蹄高，抗日军令重，未敢脱战袍"的诗句。这些豪迈壮丽的诗句，充分表达了他在国难当头之际勇于率领川军抗击日寇、奋勇杀敌的爱国热情。傅冀将军因在抗战中战功卓著，他领导的川军被国民党军事委员会授予"川军能打"的荣誉称号。

四、解放战争时期县内各类红色文化资源

烈士墓、陵园类红色文化资源

1. 田均平烈士墓

田均平（1898—1949），重庆酉阳人，别字有耕，又名伯谦。1928年秋入黄埔军校第五期政治系学习。1929年在黄埔军校由吴玉章介绍加入中国共产党。1930年从军校毕业到上海，任国民党上海市政府秘书厅科长，从事党的地下工作。不久被国民党反动派逮捕，监禁3个月后释放。1931年，到贺龙领导的湘鄂西革命根据地红军队伍中工作，任副师长。1935年夏，他奉党的指示回到酉阳县，以清乡委员会委员长名义，掩护川黔湘鄂边区的地下武装活动。1936年夏在酉阳被国民党反动派再次逮捕开被判长期徒刑。1938年初，他逃出监狱，奔赴抗日前线，担任八路军独立团团长，参加对日作战。1940年奉党的指示，由陕北到长江下游一带做瓦解伪政府的统战工作。1942年，他在涪陵县被敌人第三次逮捕，监禁4个月后释放。此后，他在邻水、开江、梁山等地小学教书，或混入伪乡镇作小职员，以此为掩护开展党的地下工作。1946年8月，他回到酉阳县官清乡农村，以务农、教书和做买卖为掩护从事党的地下工作。1949年7月6日，他在秀山县桂涂乡被国民党反动派第四次逮捕，被押回酉阳。任敌人残酷拷打，他宁死不屈。1949年7月14日，田均平被国民党反动派杀害。新中国成立后，被追认为革命烈士。田均平烈士墓位于酉阳县官清乡井宁河村南80米处，为长方形土冢墓，坐东向西，长4米，宽2.1米，高2.1米。坟前立有墓碑，高2.2米，宽0.65米，厚0.3米。新中国成立后酉阳县第一任县长张觉曾题"精神不死"4字。

2. 酉阳县革命烈士陵园

酉阳县革命烈士陵园位于酉阳土家族苗族自治县桃花源镇（原钟多镇）西山路10号。1977年1月，酉阳县政府决定修建酉阳县革命烈士陵园，将县城兴隆叉马路、攀家湾等处以及龙潭、涂市、小河等乡镇的烈士迁入此地安葬。到1998年，共安葬有大革命时期、土地革命战争时期、解放战争时期及新中国成立后牺牲的革命烈士34名。1987年，由四川省政府、酉阳县政府投资30万元，酉阳县直机关、企事业单位及各界人士集资12万元，铜鼓、龙潭水泥厂无偿提供水泥，环城路修建工程提供石料，对烈士陵园进行了扩建、修缮，并于1990年11月建成开园。酉阳县革命烈士陵园占地27亩，约1.8万平方米，主体建筑有陈列馆、纪念馆、世炎亭等纪念性建筑物以及个人墓、集体墓等，其中有主纪念塔1座、纪念碑序1座、个人纪念碑数座（田伯谦、韩发孔、汤化赞、冉隆发、帅本立、杨晟、蔡涛、石帮架、王光泽等烈士简介）、英名录5座（刻有英名录484人，全县共有英名录615人）、个人坟墓6座（王光泽、田伯谦、汤化赞、谷成林、谢太全、李延雄）、集体大墓1座，共25块墓碑。酉阳县革命烈士陵园于1988年2月被酉阳土家族苗族自治县人民政府公布为酉阳土家族苗族自治县重点文物保护单位，1997年11月被中共重庆市委、重庆市人民政府命名为"重庆市爱国主义教育基地"。

2013年，酉阳县革命烈士陵园整体搬迁、重建至龙潭镇，占地40亩，陵区由烈士遗物陈列馆、悼念广场、墓区、浮雕墙等组成。其中，长68米、高3.2米的浮雕景观墙包括了赵世炎领导工人运动、红军南腰界会师、解放酉阳等8组红色历史雕像；墓区则由80座有名烈士墓和1处无名烈士墓组成，安葬的烈士分别从以前的酉阳烈士陵园、楠木、官清、南腰界以及龙潭等地搬迁而来，数量较搬迁前有所增加。

第五章
渝东南民族地区红色文化资源的开发与利用研究

第一节　对渝东南民族地区中、小学开发利用境内红色文化资源的调研

一、对涪陵区中、小学开发利用境内老区红色文化资源的调研

涪陵区是通往渝东南之门户，是重庆市革命老区。由于涪陵区的大顺乡、新妙镇和罗云乡三大革命老区都创建于土地革命战争时期，所以涪陵境内老区的红色文化资源多局限于大革命时期和土地革命战争时期，其资源形态既包括当时境内留下来的革命旧址、旧居、遗物、文献、书画、出版物等物质文化遗存（即物质形态资源），又包括当时境内产生且在民间口头流传的革命理论、革命先烈事迹、革命精神等非物质文化遗存（即精神形态资源）。几年来，为充分开发利用涪陵境内老区红色文化资源，深入推进涪陵区中小学革命传统、爱国主义、集体主义和社会主义核心价值观教育活动的开展，笔者对涪陵境内老区红色文化资源进行了全面的调查和研究。

（一）涪陵老区有着丰富的红色文化资源

1. 境内早期革命活动和老区根据地的创建

（1）早期中共组织及团组织活动。1921年至1924年，巴县青年童庸生和涪陵青年钟善辅、张锡俦等人分别在重庆、成都等地加入中国社会主义青年团和中国共产党。1924年8月，社会主义青年团团员童庸生到涪陵省立第四中学任教，在学校创立了"社会问题研究会"，并在会员中发展了鞠雪芹等6名团员，建立了社会主义青年团涪陵支部。1926年春，中共重庆地委、国民党（左派）四川省临时党部派遣喻凌翔、尹肇舟、秦治敦等中共党员到涪陵开展党团工作。年底，涪陵城乡各地分别建立了党团支部。1927年2月，涪陵县第一个县级党组织"中共涪陵城区区委"成立，尹肇舟任书记。大革命失败后，驻涪军阀加紧逮捕共产党

员和共青团员，党团活动被迫转入地下。1930年以后，四川军阀刘湘、郭汝栋反共、清共，涪陵党团组织遭受破坏，被迫停止活动。土地革命战争前期，涪陵地方党组织有了很大发展，"党员人数最多时有120余人，分属县委以下的7个区委和13个支部"①。

（2）境内农民运动的兴起。大革命时期，在国民党左派省、县党部发动下，特别是在起中坚作用的中共地方组织和共青团组织的领导下，涪陵农民运动自1926年下半年蓬勃兴起，至1927年6月达到高潮，"四镇乡范围（约1 200平方公里，占当时涪陵县总面积的五分之二强）内20余场基本上建立起农民协会，四镇乡范围以外的罗云、清溪、永安、双河、百汇、中心、丛林、马鞍、大山及华中、云集（今属长寿区）、鹤游坪地区均有农民协会"②。共产党员李蔚如任总指挥的涪陵四镇乡（新盛镇〈今新妙镇〉、同乐镇〈今同乐乡〉、君子镇〈今蔺市镇〉、龙潭乡〈今龙潭镇〉）农民自卫军已壮大至8 000余人，全县有农民军2万余人，全县农会会员至少20万人以上（当时全县总人口约100万人）。1927年7月，国共合作破裂。7月3日，涪陵农民运动领导人、全县农民军总指挥李蔚如被杨森部驻涪陵师长郭汝栋诱捕杀害，涪陵农民运动转入低潮。

（3）农民武装起义风起云涌。因大革命时期涪陵农民运动基础好，加上驻涪军队内有中共党员，故涪陵被中共四川"省临委"列为土地革命战争时期川东农民武装斗争的重点区域和起义县之一。涪陵农民群众在中共中央"八七"会议确定的开展土地革命和武装反抗国民党反动统治的总方针指引下，在中共四川省委、涪陵县委领导下，仅1928年内就举行了5次起义：一是4月的"庙垭乡（当时属涪陵县，今属武隆县）农民起义"，二是5月下旬的天宝寺农民武装起义，三是6月中旬的罗云坝"土地会"农民武装起义，四是7月4日的火炉铺起义，五是9月14日的金银场起义。其中罗云坝起义威震川东，为后来在罗云建立革命根据地奠定了基础。1929年有李渡兵运斗争、长江北岸土地会农民武装斗争和全涪陵抗捐军大起义。1930年至1934年先后有罗云坝第二次起义、共产党员陶正领导的中心场花垣子除霸斗争和土地坡起义，其中罗云坝第二次起义建立起四川二路红军，坚持斗争近半年。土地革命战争时期，涪陵爆发了大小10余次农民武装起义，特别是四川二路红军的建立，在川东和全川产生了巨大影响。

---

① 重庆市老区建设促进会：《重庆革命老区》（内部编印），重庆市老区建设促进会组织编撰，2009年版第117页。
② 重庆市老区建设促进会：《重庆革命老区》（内部编印），重庆市老区建设促进会组织编撰，2009年版第117页。

（4）四川二路红军成立与罗云革命根据地的建立。1930年4月7日，中共四川省军委书记李鸣珂在罗云乡（俗名罗云坝）以三四百人的罗云赤卫队为基础，以51名起义士兵为骨干，亲自担任总指挥，组建四川二路红军游击队。四川二路红军在仙女山区广泛宣传中国共产党的革命宗旨、中共六大《十大政纲》和土地革命政策，开展了打土豪、烧契约、分田地等革命活动，吸引周边各地革命武装前来汇合，队伍迅速发展到2 000多人。红军政工人员还组成若干小分队分赴丰都、武隆、石柱等地，建立农会，开展土地革命，很快建立起以罗云为中心的13个乡苏维埃政权、30多个乡镇游击区、面积达1.6万平方公里的红色革命根据地，数次打败地方团防1 000多人的围攻，根据地一派生机盎然，人民欢欣鼓舞，"使下川东十余县之反革命军阀、地主豪绅为之丧胆，寝不安席"①。

2. 境内老区革命先烈

（1）涪陵农民自卫军总指挥——李蔚如。1883年12月6日，李蔚如出生在涪陵的革命老区大顺乡。早年加入同盟会，亲历辛亥革命，领导和参加了四川讨袁、护国、护法之役。1924年，因厌倦军阀混战离开川军熊克武部，只身返回家乡涪陵县大顺乡。1926年加入中国共产党。1927年6月，"他在涪陵大顺乡主持成立了四川省第一个县级农民协会，并领导四镇乡农民军与南川、綦江农民军配合，两次粉碎了军阀刘湘反革命围剿，与朱德、刘伯承领导的顺泸起义遥相呼应，把农民运动发展成为武装斗争"②。同年7月，被军阀郭汝栋诱捕，就义于重庆南岸黄桷垭。

（2）中共早期优秀军事指挥员——李鸣珂。李鸣珂，1899年生，四川省南部县人。1924年参加川军。1925年到广州入熊克武创办的建国联军军事学校学习，同年加入中国共产党，并转入黄埔军校第4期步兵科学习。1927年8月，他参加了南昌起义，任中共前敌委员会警卫营营长，担负保持周恩来、叶挺等领导人安全的重任。后到上海在中共中央军事部和中央特科工作，保卫中央机关的安全，被誉为"隐蔽战线上的一把尖刀"。1928年夏，由中共中央军委书记周恩来派往重庆，担任中共四川省军委书记，发动和领导川东起义和涪陵罗云坝起义，组建四川二路红军游击队。1930年4月，在奉命赴洪湖区就任红六军军长前夕，亲自

---

① 重庆市老区建设促进会：《重庆革命老区》（内部编印），重庆市老区建设促进会组织编撰，2009年版第128页。
② 项福库、何丽：《渝东南红色旅游资源的开发与利用》，《重庆社会科学》2010年第4期第68页。

执行惩处叛徒易觉先的任务，行动中被捕，19日在重庆朝天门英勇就义。他在遗书中要妻子"好好教育孩子，准备给我复仇……你今后唯有革命"，劝告同志们："切莫为我空悲痛，愿对准我们的敌人猛攻！猛攻！"

（3）涪陵工人运动先驱——钟善辅。钟善辅，1889年出生在涪陵的革命老区罗云乡，是渝东南、也是重庆早期工人运动领袖之一。1923年加入中国共产党，先后担任成都市工会副会长、中华全国总工会驻川特派专员。1925年秋在家乡罗云发展了涪陵第一批党员，组建了渝东南民族地区第一个农村党支部中共罗云支部。1927年4、5月间到武汉出席中共"五大"，会后返川，任中共川西特委工运委员，后又先后担任中共川东军委、丰都县委书记。1930年春，四川二路红军游击队成立，他负责后勤、策应工作。4月下旬，他在丰都组织筹划"五·一"游行大示威活动时被捕牺牲。

涪陵境内大革命时期和土地革命战争时期的革命先烈，除上述几位外，较为著名的还有红军烈士杨克明、罗云乡农民办会主席李焕堂、党的忠诚战士李仙舟及共青团涪陵县委书记张德荣等。他们是当时渝东南民族地区成千上万革命者的杰出代表，经受了那个时代血与火的考验他们的事迹是当今大中小学开展革命传统、爱国主义、社会主义核心价值观教育极为宝贵的精神财富，是十分难得的红色文化资源。

3. 境内老区分布的丰富的革命遗址遗迹

（1）社会主义青年团涪陵支部旧址。坐落于涪陵区长江北岸风景名胜"点易园"东侧的原"四川省立第四中学"，现为涪陵区第十三中学。学校南临滚滚长江，与涪陵城隔江相望，背靠北山坪。1924年8月重庆地方团组织负责人童庸生（又名童鲁）经杨闇公介绍到此任国文教师。他在学校创立了"社会问题研究会"，出版社会问题研究《专刊》，在会员中发展团员，建立了涪陵第一个青年团组织"社会主义青年团涪陵支部"。之后，团涪陵支部贯彻团中央全国代表会议精神，把团组织扩大至涪陵其他中学，并创办团的机关报《新涪陵报》。团涪陵支部的建立为涪陵大革命和土地革命培养了干部，在涪陵播下了马克思主义火种。

（2）四川二路红军诞生地——涪陵罗云乡罗云村罗云坝。位于涪陵城东偏北约35公里的铜矿山脚下，地处涪陵、丰都、武隆三区、县交界处。在罗云坝，1925年秋建立了涪陵第一个农村党支部——中共罗云支部，1927年成立了乡农协，1928年发动了渝东南著名的"土地会"暴动，1929年建立了乡农民赤卫队，1930年4

月成立了四川二路红军游击队，曾留下文昌宫、洞老壳、跃马坑、鸡石尖、马房岭、钟台子等多处革命遗址，是区级革命文物保护单位。

（3）渝东南民族地区第一个县级农民协会旧址——李家祠堂。是涪陵区级革命文物保护单位，位于大顺乡大路村西1公里。祠堂为大木架歇山式建筑，面积500平方米，为一楼一底的住房，共12间，中央天井下，有殿角翘檐的戏楼（已拆）。祠堂现为民居，未被开发利用。1927年6月24日，共产党员李蔚如等在这里主持召开了涪陵县农民代表大会，县农民协会由此诞生。涪陵县农民协会是渝东南民族地区、也是重庆市第一个县级农民协会，它的成立是渝东南民族地区农民革命运动走向高潮的重要标志。

（4）弋阳农民运动讲习所旧址——又名弋阳国民师范学校旧址。是涪陵区级革命文物保护单位，位于涪陵的革命老区新妙镇弋阳村油江河牛渡滩侧，是土木结构的两幢平行排列楼房，每幢面阔7间38米，是共产党员李蔚如为培养农运骨干和军事人才于1927年3月建成的。同年7月，反动派杀害了李蔚如，又大肆搜捕和迫害进步师生。1928年下半年，农讲所被迫停办。农讲所存在的时间虽然短暂，但它为涪陵、渝东南乃至重庆培养出大批农运骨干，也为后来的中国革命培养出一批杰出人才。

此外还有土地坡农民暴动指挥所旧址、李焕堂烈士故居、李焕堂烈士墓、钟善辅烈士故居、钟善辅烈士墓、李蔚如烈士墓、郑光宗烈士墓、张光平烈士墓、罗云红军烈士陵园等遗址遗迹。

调查得知，涪陵的三大革命老区大顺乡、新妙镇和罗云乡在大革命时期和土地革命战争时期涌现出许多革命先烈，留下了丰富的革命事迹、革命遗址和文物，是涪陵区珍贵的红色乡土文化资源，是中小学开展社会主义核心价值观教育的活教材。

（二）涪陵区中、小学对境内老区红色文化资源开发利用之现状

近几年来，随着红色文化的升温和构建社会主义核心价值体系活动的开展，人们越来越意识到红色文化资源、红色乡土资源的教育意义和价值，对其的关注程度也越来越高。在这种趋势下，涪陵区中小学对境内三大革命老区大顺乡、新妙镇和罗云乡的红色文化资源也进行了一定程度的开发和利用，开发利用的形式如下：

1. 利用节假日开展缅怀境内老区革命先烈的主题性教育活动

笔者在走访、调查中了解到，涪陵区的中、小学校大都利用每年的清明节、五一国际劳动节、七一建党纪念日、八一建军节、十一国庆节等具有特殊纪念意义的日子组织学生到区内的烈士陵园、烈士墓、革命遗址、博物馆等地开展凭吊、扫墓、参观活动，通过这些活动使学生了解家乡红色历史文化，对学生进行爱国主义和革命传统教育。如涪陵四中于 2011 年 4 月 2 日组织学生到涪陵区烈士陵园开展了以"发扬中华民族优良传统，弘扬英雄奉献精神"为主题的祭奠革命先烈活动；涪陵十七中团组织于 2011 年 4 月 1 日组织了 100 多名团员到原新村乡烈士陵园扫墓，并在烈士墓前宣读入团誓词，表达自己向革命先烈学习的决心；大顺中学于 2011 年 3 月 31 日组织全校学生到本乡李蔚如烈士陵园敬献花圈，聆听了烈士的光荣事迹；石沱中学全校师生于 2011 年 4 月 1 日到石沱烈士墓前开展了以"踏先烈足迹，寻革命精神，扬社会主义荣辱观"为主题的瞻仰活动；蔺市堡子中学、涪陵城一校、涪陵城三校等也分别在清明节前后开展了缅怀革命先烈的主题性教育活动。可见，涪陵区的中小学校大都利用节假日开展了缅怀境内老区革命先烈的主题性教育活动，也取得了一些思想教育成效和好的经验、做法，这是应予以肯定和发扬的。但从走访、调查中也发现这种利用节假日开展缅怀境内老区革命先烈的主题性教育活动尚存在一些不足和需要改进的地方，如还有部分学校，特别是一些小学几乎没有开展类似的主题性教育活动，其主要原因是担心学生安全问题。另外，大部分学校在开展缅怀境内老区革命先烈的主题性教育活动中只组织了小部分学生参加，缺乏全局性，没有让全体学生接受家乡红色文化熏陶和革命传统教育。

2. 利用各种纪念日举办红歌比赛，激发学生爱党爱乡爱国热情

当今这个时代，社会文化多元，流行音乐盛行，一些革命歌曲、红色旋律不仅在各界民众中在被渐渐地遗忘，在中小学学生中也鲜为人知。因而各中小学组织学生在各种纪念日举办红歌会是一种寓教于乐的好方式，对中小学校学生来说有着积极的教育意义。在这方面，涪陵区一些中小学校进行了尝试与探索，它们利用节假日举行了各种形式的红歌比赛，在一定程度上填补了当今中、小学校学生一些精神上的缺失，使学生们在欢歌笑语中得到了一次次精神上的洗礼。如李渡小学于2009年4月15日开展了"清明杯"诗歌朗诵比赛；蔺市小学于2009年9月28日举办了"迎国庆·唱红歌"独唱比赛；长江师范学院附属中学、涪陵十七中、涪陵十八中等学校也分别以不同形式举办了纪念"12·9"红歌会；2011年9月28日下午，涪陵高级中学校在运动场上举行了"迎国庆·唱红歌"活动，以表达对祖国的美好祝愿；2011年11月11日晚，涪陵十四中在易家坝广场举行了欢快的"广场周末·红歌会"活动，受众多，反响热烈；2011年12月17日，罗云中学、罗云中心校在罗云乡红军烈士陵园隆重举行了"红色经典·唱响新年"文艺汇演活动，以缅怀革命先烈、喜迎新年。另外，各小学在"六一"儿童节期间举办的文艺汇演中也伴有红色歌曲的演唱。各中小学的上述演出活动，不仅展示了学生们的青春活力和风采，给观众带来了欢乐和精神上的喜悦，更激发了学生们爱党、爱家乡、爱祖国的热情。

3. 在历史课教学中穿插介绍境内老区红色文化史

走访、调查得知，涪陵区一些中学教师在历史课教学中少量穿插介绍了境内老区红色文化史，使学生了解到了一些家乡的红色文化。如涪陵高级中学的历史教师在讲到"五四运动""中国共产党成立""北伐战争""土地革命战争"等章节时，会适当地给学生讲述一些发生在当时境内老区的革命故事；大顺中学的历史教师在讲述"国民大革命及土地革命战争时期"这段历史时，会穿插介绍有关李蔚如烈士的光辉事迹；罗云中学、罗云中心校的教师在历史课教学中也适当地讲述了关于四川二路红军的史实。但是，由于大部分学校明确要求教师在教学中要严格依据教材讲授，不能"东拉西扯"，这就极大地限制了教师对境内老区红色文化资源的挖掘、开发与利用。而各小学由于没有开设历史课程，所以教师在教学中对境内老区红色文化资源提及甚少。

红色文化是中国特色社会主义先进文化的重要组成部分，它对全国人民爱国情感的升华、民族凝聚力的增强、社会主义核心价值观的培育都具有重要的引领作用。不可否认，多年来涪陵区中小学对境内三大革命老区大顺乡、新妙镇和罗云乡的红色文化资源进行了初步的开发利用并取得了一些成绩，对学生树立正确的人生观、社会主义核心价值观，继承和弘扬优良革命传统起到了积极作用。但不难看出，对境内老区红色文化资源的开发与利用，仍存在着教育行政部门忽视、学校重视不够、开发利用力度有限、资源有待深入开发等诸多问题。

（三）涪陵区中、小学在对境内老区红色文化资源开发、利用中存在的问题

1. 教育行政部门长期忽视境内老区红色文化资源在学校教育教学中的重要作用

涪陵区各级教育行政管理部门忽视境内老区红色文化资源在学校教育教学中的重要作用主要表现在两个方面：

其一，思想上不够重视。首先，没有认识到境内老区红色文化资源在教书育人上的巨大作用，没有在区内各中、小学校营造浓厚的红色文化氛围；其次，没有对区内各中、小学校利用境内老区红色文化资源进行教育评价、教学评估，未能使各学校的领导、老师认识到对学生开展红色文化教育的重要性、可行性。

其二，行动上执行不够。首先，没有制定、颁布各种鼓励区内各中、小学校开发、利用境内老区红色文化资源开展教育、教学的具体措施及具体要求，未能帮助各中、小学校制定出有针对性的开发与利用方案；其次，没有组织区内各中、小学校的领导、教师对境内老区红色文化资源进行集体学习培训，加上各校教师对境内老区红色文化资源掌握的信息量有限，导致境内老区红色文化资源无法在学校教育教学工作中得到充分的开发与利用；再次，没有为各中、小学校开发、利用境内老区红色文化资源提供有利、方便的条件。涪陵区虽然有记载境内老区丰富红色文化资源的《涪陵市志》《涪陵地区简志》《涪陵地区文物志》《大革命时期的涪陵》《中共涪陵地区简史》《解放战争时期的涪陵》《涪陵文史资料选辑》等文献、书籍，但它们在各中、小学教师中普及的程度十分有限，各中、小学图书馆也基本没有此类文献、书籍，境内老区红色文化资源难以凭借这些文献、书籍在校园内得到广泛的传播。

2. 各学校对境内老区红色文化资源开发、利用的力度不够

涪陵境内三大革命老区丰富的红色文化资源为全区中、小学对学生开展爱党、爱国、爱社会主义和革命传统教育提供了得天独厚的条件。然而，各学校并没有对其进行充分地开发与利用，没有在校园内营造浓厚的老区红色文化学习氛围。各学校挖掘、开发、利用境内老区红色文化资源对学生进行红色文化教育的力度远远不够，未能将境内老区红色文化理论知识根植于学生的脑海之中，使学生从中吸取营养，提高教书育人实效。走访、调查得知，涪陵区各中、小学尚未充分利用校园广播、板报、网络等宣传媒介和载体传播境内老区红色文化资源。在全区小学中，除荔枝希望小学有专门的校园网外，其他小学均没有专门的校园

网，而各中学虽基本上都有专门的校园网，但其校园网及校园广播、板报中极少提及境内老区红色文化资源。有些学校虽然也组织学生开展学唱战争年代的革命歌曲、学讲革命故事等活动，但并未融入境内老区红色文化资源。

3. 教师有所利用，局限于历史课中

调查得知，全区中、小学教师自觉开发利用境内老区红色文化资源的为数甚少，虽然有部分中学历史教师偶尔在课堂中穿插介绍一些老区革命史，但也只局限于历史课教学中，而且其涉及面及深度十分有限。其他学科教师认为这些资源与其课程毫无关联，故教学中根本没有触及。各小学因未开设历史课，故小学教师在教学中利用境内老区红色文化资源的几率更少。总之，多数中、小学教师之所以没有自觉开发利用境内老区红色文化资源，原因之一是他们没有认识到这些资源对学生教育的重要作用，错误认为升学考试并不考察这部分知识，讲述这些内容会浪费时间，增加教学负担，因而在教学中干脆放弃了对这些资源的开发利用，原因之二是部分教师本人对境内老区红色文化资源了解甚少，教学中无法灵活自如地对其加以利用，加上多数学校面临升学压力，明令教师要严格根据教材讲授，这就极大地限制了教师对境内老区红色文化资源的讲授。

（四）涪陵区中、小学开发利用境内老区红色文化资源应采取的对策

发现问题是为了更好地解决问题，在对涪陵老区红色文化资源开发、利用现状及存在问题进行调研、剖析的基础上，笔者提出了以下涪陵区中、小学开发与利用境内老区红色文化资源的具体措施，希望引起重视。

1. 各级教育行政部门引起重视，加大对境内老区红色文化资源开发的力度

区、乡、镇各级教育行政部门要加大对境内老区红色文化资源的宣传推广力度，制订具体的要求中、小学开发利用境内老区红色文化资源的文件与措施，组织专门人员搜集、整理、编写及出版境内老区红色文化资源系列文献资料，供中、小学使用。首先，提炼《大革命时期的涪陵》《中共涪陵地区简史》《涪陵文史资料选辑》《重庆革命老区》《中国共产党重庆历史》《重庆英模传》《涪陵市志》《涪陵区志》《涪陵地区简史》《涪陵地区文物志》等著述中有关境内老区红色文化素材，既可编写适合中、小学生阅读的普及老区红色文化知识的教材，又可撰写《"独臂将军"李蔚如》《中共早期优秀军事指挥员李鸣珂》《涪陵工人运动先驱钟善辅》《"钢铁战士"潘昌义》等境内老区英雄人物传记，供学生阅读。其次，将遍布境

内三大老区的革命遗址及涪陵区博物馆里的文物拍成图片，附上详细说明，出版一本关于境内老区红色遗址遗存的图书是必要的，也是可行的。这些文献资料的出版，可为全区中、小学师生全面深入了解境内老区红色文化资源提供方便。

2. 各中小学校要高度重视，加大对境内老区红色文化资源利用的力度

各中、小学校要认真贯彻落实教育行政部门的文件精神，全面启动开发利用境内老区红色文化资源工程。

（1）以校园网为载体，充分发挥网络在开发利用境内老区红色文化资源中的渗透功能。校园网具有信息传播速度快、范围广等特点，各中、小学校应尽快建立、完善校园网，设立境内老区红色文化资源专栏，占领网络阵地，充分发挥网络在开发利用境内老区红色文化资源中的渗透功能，充分发挥境内老区红色文化资源在校园文化建设中的育人实效。

（2）以广播、板报、手抄报为阵地，扩大境内老区红色文化资源的影响。如校园广播可增加境内老区红色文化专栏，学校还可以定期举办以宣传境内老区红色文化为主题的板报、手抄报。在老区红色文化和老区精神熏陶下营造努力向上、积极进取、团结和谐的校园文化氛围。

（3）以第二课堂为平台，开展丰富多彩的传播境内老区红色文化资源的课外活动。组织学生开展丰富多彩的境内老区红色文化主题班会、团会活动；观看反映境内老区红色文化资源的影视剧；举办境内老区红色文化资源专题报告会、讨论会和故事演讲会；邀请老红军、专家学者作境内老区红色文化史专题报告；利用节假日参观涪陵区历史博物馆及老区遗址遗存等。

通过开展丰富多彩的课外活动，感受境内老区红色文化，感受老区革命先烈为国家、为人民不怕流血牺牲的奉献精神，体悟中国共产党人救国救民的伟大理想信念，充分认识中国革命斗争的艰辛和今天幸福生活的来之不易，引起学生情感共鸣，从中接受革命传统、爱国主义、社会主义核心价值观教育。

3. 中小学教师在教学中应充分利用境内老区红色文化资源

全区中、小学教师应积极、主动地将境内老区红色文化资源在日常教学之中利用起来。家乡是学生生长的地方，学生对家乡都有着一份特殊的情怀，教学中把家乡老区红色文化资源有选择、有计划地穿插进去，使学生由了解乡情入手到认识国情，由爱家乡进而热爱祖国。这种由具体到抽象、由局部到整体、从感性到理性的认识过程，是符合中小学生年龄特点及其认识过程基本规律的。无论是语文、历史、政治、地理等与境内老区红色文化资源有直接关联的课程，还是数学、英语、体育等看似与境内老区红色文化资源无关的课程，教师都可在导言中、课文教学中、课堂探究活动中根据教学内容的需要，随机、适当、巧妙地穿插一些发生在学生家乡老区的红色文化史、革命先烈奇闻逸事等知识。这既能丰富教学内容，调动学生学习积极性，又能激发学生对家乡的自豪感，激起学生热爱家乡、热爱祖国之情。

涪陵三大革命老区在土地革命战争年代留下了丰富的红色文化资源，它们是涪陵区、渝东南民族地区乃至重庆市各级学校开展德育与思想政治教育取之不尽、用之不竭的宝贵精神财富和难得的乡土教材，拥有巨大开发与利用潜力。笔者坚信，在涪陵区乡镇村各级教育行政主管部门、各中小学校及广大教师共同努力下，境内老区红色文化资源必将发挥其应有的教育价值，成为唤醒学生爱国主义意识、指导学生树立正确人生观和社会主义核心价值观的航标灯塔。

二、对武隆县中小学开发利用县境内红色文化资源状况的调研

地处渝东南民族地区的武隆县，境内遗存有大量的属于新民主主义革命时期的红色文化资源，其资源形态既包括革命的旧址、旧居、遗物等物质形态文化资源，又包括革命先烈事迹、革命精神、革命歌谣等非物质形态文化资源。它们是全社会宝贵的精神财富，对教育大、中、小学校学生弘扬革命传统，坚定中国特色社会主义道路自信、理论自信和制度自信，具有非常重要的意义。近年来，为充分开发利用武隆县红色文化资源，深入推进渝东南民族地区中小学革命传统和社会主义核心价值体系教育活动的开展，笔者对武隆县红色文化资源分布状况及武隆县中小学对境内红色文化资源开发利用的现状进行了全面地调查和研究。

（一）武隆县中小学对县境内红色文化资源开发利用之现状

1. 武隆县境内红色文化资源分布现状

（1）革命历史遗址。

武隆县第一个农民协会遗址。1928年2月，中共涪陵县委作出火炉铺暴动决议后，派遣共产党员邵平阶回到家乡火炉铺发动群众，在万峰村建立了武隆县第

一个农民协会——万峰农民协会，并开始筹建农民自卫军。7月，他组织农民暴动，一路打下万峰天子坟，另一路打下火炉铺国民党区署，取得了火炉铺第一次农民暴动的胜利。

坨田红军战斗遗址。遗址在武隆县双河乡场以北约8公里的三重堂，1930年，四川二路红军司令部、政治部等领导机关驻扎于此。同年3月15日，红军在此与前来围剿的民团激战两小时，敌溃败，红军战士许绍虞牺牲，墓葬于附近。现为县级重点文物保护单位。

四川二路红军司令部、政治部双河场旧址。1930年4月7日，四川省第二路红军从涪陵县罗云坝挺进武隆县仙女山区创建革命根据地时，曾把司令部、政治部等领导机关设在武隆县城以北约70公里的双河场上的两幢木楼里。这两幢木楼现为民房，仍完好如初。现为武隆县重点文物保护单位。

后坪坝苏维埃政府遗址。1930年6月，四川二路红军游击队开赴武隆桐梓山后坪坝开辟革命根据地，6月13日，成立后坪坝苏维埃政府，组建农民赤卫队，发动人民群众开展土地革命。后坪坝苏维埃政府的部分建筑尚存，已列为县级重点文物保护单位。

中共平桥特支旧址。位于武隆县平桥镇乌杨村小河口小组。1948年8月，华蓥山地区武装起义失败，川东地下党组织大部分遭到破坏。华蓥山起义失败后，张正祥受党组织派遣到武隆平桥筹建党组织。1949年2月底，经中共南涪工委批准，在平桥和平中学正式成立了中共武隆（平桥）特支，由张正祥任书记。

白马山战斗遗址。白马山位于武隆县城西的乌江南岸，为历代军事战略要塞。1949年11月初，刘、邓大军南下揭开了解放四川和大西南的序幕。17日，蒋经国向盘踞在武隆县白马山一带的宋希濂等部"慰劳"打气，策划坚守白马山阵地。23日，解放军攻下敌军在白马山的最后防线。蒋介石在川东南白马山构筑的防线，被彻底摧毁。[①]

（2）革命先烈事迹。

武隆县有许多革命先烈事迹，如1923年贺龙率川东边防军在江口除暴安良的故事；[②]1929年10月，武隆地下党借贺龙的军威震慑国民党而形成"两顶博士

[①] 项福库、何丽：《渝东南红色旅游资源的开发与利用》，《重庆社会科学》2010年第4期第69~70页。

[②] 中国人民政治协商会议武隆县委员会文史资料委员会编：《武隆文史资料》（第1辑，内刊）1989年版第15~16页。

帽"的故事；1930年四川二路红军在后坪坝领导农民运动时用稻草人扮"红军"让敌人空欢喜一场而形成"空欢喜"这一地名的故事；在浩口村红军渡发生的诸多历史故事；1942年武隆抗日英雄王超奎在保卫武汉的战场上，带领一营士兵与日寇血战英勇捐躯的事迹传遍国内外，等等。

（3）烈士纪念建筑物。

1949年11月，解放军从彭水县进入武隆县，先后解放了桐梓山、火炉铺、江口镇、白马镇等，又经白马山战斗解放了武隆全境。为了纪念为解放武隆和建设武隆献出宝贵生命的革命先烈，武隆县政府修建了白马烈士陵园、江口烈士塔园、火炉人民英雄纪念碑、武隆县城烈士墓、桐梓烈士陵园等烈士纪念建筑物，现均为武隆县重点文物保护单位。

2. 武隆县中小学在清明节开展缅怀县境内革命先烈扫墓活动

笔者调查得知，为了让中、小学校学生铭记革命先烈，弘扬革命传统，加强德育与思想政治教育，武隆县大部分中、小学每年都在清明节组织学生参加缅怀境内革命先烈的扫墓活动。如2012年3月31日，长坝镇中心校开展了"缅怀革命先烈，争做文明学生"清明节主题教育活动，全校师生到长坝镇烈士陵园，对为解放家乡、建设家乡而牺牲的革命先烈表示了沉痛哀悼。纪念碑前，同学们聆听了长坝镇革命先烈们的英雄事迹，并举行了庄严的宣誓仪式。同年4月1日，桐梓中学校组织该校一千多名师生到桐梓山烈士陵园开展扫墓活动，并向革命烈士敬献花圈，校团委向烈士献辞，全体学生举行了声势浩大的宣誓仪式，立志铭记历史、展望未来、报效祖国。当天，实验中学也开展了"缅怀革命先烈"清明节主题扫墓活动，新团员代表发言并带领全体同学在纪念碑前郑重宣誓。

通过在纪念碑前重温革命先烈先进事迹并庄严宣誓，确实能使学生接受到革命传统教育和心灵的洗礼，使他们深刻认识到今天的幸福生活来之不易，应坚定中国特色社会主义理想信念，艰苦奋斗。

3. 武隆县中小学在课堂教学中穿插介绍县境内红色文化资源

笔者走访中得知，武隆县部分中、小学老教师能在历史、思想品德、语文课中少量地穿插介绍境内红色文化资源。如接龙小学某品德与社会课教师在讲"家乡的美景、家乡的人"时，介绍了武隆县火炉镇起义英雄邵平阶、武隆抗日英雄王超奎等的英雄事迹；某语文教师讲《千里挺进大别山》一课时介绍了白马山战斗中刘邓大军击溃宋希濂20万大军的赫赫战功；桐梓中学某历史教师在"新民主主义革命的兴起"教学中讲述了桐梓山游击队的故事；武隆中学某历史教师在"土地革命"教学中讲解了四川二路红军在后坪坝建立农会、成立苏维埃政府、开展土地革命等史实。此外，武隆县中、小学还利用其他形式对境内红色文化资源进行了开发利用，如接龙乡中心校开展了慰问当地抗美援朝老战士的活动；武隆实验小学开展了"民族英雄说一说"的革命故事宣传活动，在班队课上以小品、小合唱、演讲、诗歌朗诵等形式宣讲革命故事。

总之，武隆县中、小学对境内红色文化资源进行了一定程度的开发利用，对帮助学生树立正确的人生观和价值观、继承革命传统起到了一定作用。但是，各中、小学对境内红色文化重视、宣传的力度不够，开发利用的广度、深度、效度不够，各校园红色文化氛围不浓。

（二）武隆县中小学对县境内红色文化资源开发利用中存在的问题

笔者采取抽样调查法，对武隆县的"接龙""后坪""仙女镇""火炉"4所小学及"桐梓""白马""长坝""武隆"4所中学的128名教师进行了问卷调查，对部分教师进行了访谈。从调查、访谈的结果看，武隆县中、小学在对境内红色文化资源开发利用中存在着以下三个亟待解决的问题。

1. 校园文化建设中没有充分宣传县境内红色文化资源

武隆县丰富的红色文化资源是境内中、小学校园文化建设十分难得而鲜活的教育资源，开发利用好这些资源，能够丰富学生的精神世界，能以其特有的感染力和感召力，为学生的健康成长提供不可缺少的精神食粮，对学生社会主义核心价值观的培育、形成具有陶冶和导向功能。这些红色文化资源只有通过宣传，才能让学生了解；只有开发利用了，才能发挥其育人功能。然而，在被调查者中，有49%的中、小学教师认为其所在学校的校园文化建设中根本没有触及到县境内红色文化资源。多数中、小学没有利用校园广播、校园网络和班级墙报等校园媒体传播县境内红色文化资源，也很少利用其他活动形式让师生了解和感受县境内红色文化。课外活动中，除了清明节扫墓时向学生介绍一点革命烈士相关事迹外，其他开发利用县境内红色文化资源的情况少之又少。即使是地处革命老区的学校，校园中也感受不到红色文化的气息。

2. 课堂教学中未能系统介绍县境内红色文化资源

调查显示，武隆县中、小学仅有35.5%的教师认为县境内红色文化资源对学校教育教学有帮助，但在课堂教学中却很少涉及。究其原因，一是学校对县境内红色文化资源重视、宣传、挖掘不够，年轻教师对县境内红色文化资源知之甚少。调查显示，仅有39.5%的教师知道2处以上县境内革命遗址；武隆县本地的年轻教师中仅有0.08%的人知道2处以上县境内革命遗址；大部分来自县境外的教师只知道1~2处县境内革命遗址。二是教学时间紧、升学任务重，绝大多数中、小学教师都以应付考试为目的，只重视书本上的知识，无暇顾及对县境内红色文化资源的介绍与普及。其实，课堂中恰当地利用县境内红色文化资源既可调动学生的学习兴趣、营造活跃的课堂氛围，又可达到教书育人的目的。然而，被调查的51.6%的中、小学教师在课堂教学中几乎没有利用过县境内红色文化资源，少数教师在课堂中偶尔提及，也基本上是一笔带过，并没有发挥红色文化育人的作用。

3. 乡土教材中尚未编入县境内红色文化资源内容

2001年6月《国务院关于基础教育改革与发展的决定》指出"学校可开发或选用适合本校特点的课程"，即各学校可根据本地实际情况充分挖掘地方教育资源，开设校本课程，尽可能满足不同学校教育教学的需要。开设校本课程必须要编写相应的乡土教材。乡土教材能丰富和延伸统编教材的内容，既能激发学生的学习积极性，又能向学生普及乡土文化知识，增强学生的爱乡之情。近年来，重庆市统编了一些乡土教材供各中小学使用，如初中乡土教材《重庆地理》《重庆历史》及武隆县九年义务教育乡土教材《小学生德育读本》等，但是这些教材均没有将武隆县境内的红色文化资源内容编入其中。迄今为止，武隆县各中、小学均没有制订有关家乡红色文化资源的乡土教材编写计划，小学的"品德与社会"课教师在课堂上只是穿插介绍零散的武隆旅游资源，各中学也由于升学压力大，根本没有通过开设专门校本课程向学生普及境内红色文化资源。

（三）武隆县中小学开发利用县境内红色文化资源应采取的对策

武隆县中、小学只有努力做好推进县境内红色文化资源进校园、进课堂、进教材、进课外活动中的"四进"工作，才能充分发挥红色文化资源的育人功能，实现其资源优势向育人优势的转化。

1. 积极推进县境内红色文化资源"进校园"

首先，将县境内红色文化资源融入校园媒体传播中。校园媒体是校园文化的重要组成部分，"是社会大众传媒在校园环境中的小众版实践，是促进校园内部充分互动的权威组织"[①]。校园网络、校园广播、宣传橱窗、宣传条幅、班级墙报、手抄报等是校园文化建设的重要媒体，学校应充分利用这些校园媒介，如通过校园广播向师生解读历史上的今天在武隆发生了什么样的革命故事与人物事迹；通过黑板报创办红色文化专栏，展出学生搜集的境内红色文化资料；组织学生绘制境内红色文化资源手抄报；特别是要充分发挥校园网络平台的作用，扩大对县境内红色文化资源的宣传力度，使校园网络成为县境内红色文化资源开发利用的新载体。

其次，将县境内红色文化资源融入校园文化活动中。各中小学可利用每年的重大节日、纪念日及入学、入队、入团等时机举办各种校园文化活动，如邀请老红军讲革命故事，欣赏红色文化宣传片，举办县境内红色文化知识竞赛，宣讲武隆县境内革命故事等。鼓励师生将县境内红色文化资源融入校园文化活动中，把传播县境内红色文化与知识性、趣味性有机结合起来，以学生喜闻乐见的方式传播境内红色文化，使学生深刻领会红色文化所孕育的精神内涵，陶冶情操，接受教育。

2. 积极推进县境内红色文化资源"进课堂"

各中小学教师应主动运用"穿插式"教学法，在课堂教学中的适当时机引入具有典型性的红色文化资源。可拟定《县内红色文化资源穿插教学进度计划》，避免盲目性，使县境内红色文化资源进课堂能有序进行。如在导言设计、情境创设及课文讲授等环节中，均可根据计划适当引入县境内的红色文化资源。鉴于新课改坚持以学生为本、回归生活之教学理念，而创设教学情境可使学生身临其境地进行体验和感受，因而建议教师可精选县境内红色文化资源为背景创设相应的教学情境，使课堂教学贴近生活、贴近实际、贴近学生，从而激发学生的学习兴趣，更好地理解课堂教学内容。另外，在各教学环节穿插普及县境内红色文化资源时，要适度可行，不能牵强附会、喧宾夺主，应选择适合学生年龄特征、符合教学大纲要求、又是学生熟悉而典型的县境内红色文化资源。

---

① 刘萍：《论校园媒介传播对校园文化构建的积极促动》，《黑龙江教育》（高教研究与评估）2009年第1~2期第41页。

3. 积极推进县境内红色文化资源"进教材"

县教育行政部门应组织人力对境内红色文化资源进行搜集和整理，成立中、小学红色文化乡土教材编写机构，启动编写工作。红色文化乡土教材的编写应根据不同年级学生的认知水平和身心发展需要，以不同的方式进行编写。例如，针对小学中、低年级学生，可编写乡土漫画教材，图文并茂，让学生在欣赏漫画中了解县境内红色文化资源；对于小学高年级和初中学生，可编写乡土历史故事教材，讲述发生在武隆县境内真实的革命故事，让学生在故事情节中感受英雄人物的革命精神；对于高中生，可编写章节体的红色文化乡土教材，更高层次地传播县境内红色文化资源。此外，各中小学应组织教师编写县境内红色文化专题讲义，以供教师在课堂教学中灵活运用。

4. 积极推进县境内红色文化资源"进课外活动中"

其一，组织参观县境内红色文化遗址。武隆县境内众多的红色文化遗址"蕴含着丰富的革命精神和厚重的革命文化内涵，天然地具有无产阶级意识形态的本质特征和社会主义理想信念的导向功能"[1]。学生对家乡都怀有深厚的感情，参观家乡红色文化遗址对他们有着巨大的吸引力，是普及县境内红色文化资源的重要途径。各中小学应组织学生参观县境内农民协会、坨田红军战斗、后坪坝苏维埃政府等众多红色文化遗址。通过参观，使学生身临其境地体会到革命前辈不怕牺牲、艰苦奋斗的革命精神，在潜移默化中受到教育和熏陶。

其二，开展县境内红色文化探究活动。探究活动是课堂教学的延伸和补充，可培养学生自主学习、团结协作的能力。各中、小学可借助县境内红色文化资源，引导学生进行课外探究，通过搜集阅读文史资料、调查红色文化遗存、祭扫烈士陵园、拜访革命志士等形式解决相关探究问题。通过探究，既丰富了学生县境内红色文化知识，又培养了学生多方面的能力，是推进学校素质教育的极好方式。

其三，利用班、团、队活动普及县境内红色文化资源。班主任为解决学生中存在的学习不努力、不遵守日常行为规范等问题，可以县境内相关红色文化资源为主题，召开主题性班会、团会和队会，让学生围绕主题进行探讨，追忆那些为民族独立和人民解放献出宝贵生命的英雄，启发学生从中汲取积极向上的精神力量，克服错误，战胜惰性，奋发向上，提高自身的思想道德素养。

---

[1] 李康平、李正兴：《论红色资源在高校思想政治理论课中的运用》，《教育学术月刊》2008年第8期第27页。

三、对酉阳县中小学开发利用县境内红色文化资源现状的调研

渝东南民族地区酉阳县在新民主主义革命时期形成了丰富的红色文化资源，这些资源既具有革命战争年代丰富的物质内容，更蕴含有老一辈无产阶级革命家、共产党人、革命志士、红军将士们永恒的精神内涵。这些红色文化资源是全社会开展革命传统、社会主义核心价值观教育极为宝贵的精神财富，也是渝东南民族地区、重庆市乃至全国中、小学实施德育与思想政治教育取之不尽、用之不竭的教育资源。那么，酉阳县红色文化资源的分布怎样？酉阳县中小学是怎样开发利用这些红色文化资源去实施德育与思想政治教育的呢？

（一）酉阳县有着丰富的乡土红色文化资源

酉阳土家族苗族自治县是重庆市革命老区，县内遗留有新民主主义革命时期丰富的红色文化资源。在这些资源中，既有名人故居、革命遗址、烈士陵园、陈列馆、纪念碑、纪念塔、革命人物塑像、文献等物质形态的文化资源，又有境内土家、苗、汉各族人民在革命战争年代形成的忠于党、热爱祖国、不怕牺牲、艰苦奋斗等精神层面的文化资源。

1. 革命遗址类资源

据不完全统计，全县红色文化遗址、遗存七八十处，有中共早期无产阶级革命家、工人运动著名领袖、中国共产党创始人之一赵世炎和无产阶级教育家赵君陶的故居；有原中共中央华北局书记处书记、中共北京市委第二书记刘仁的故居；有无产阶级革命家瞿秋白的夫人王剑虹的故居；有抗战建国阵亡将士纪念碑；还有无名烈士合葬墓——酉阳烈士陵园。其中赵世炎烈士故居是国家重点文物保护单位、全国爱国主义教育基地和国家AAAA级旅游景区（点）。县内重庆市唯一的革命老根据地南腰界乡，至今仍遗存有中共中央湘鄂西分局、红三军司令部、红军大学、红军医院、红二、六军团会师地及数十处红军战斗遗址。南腰界乡已成为全国革命老区100个系列景区（点）之一，被纳入全国红色旅游经典景区。南腰界乡红军街入列文化部"中国传统村落"，红三军司令部遗址相继被列为省级爱国主义教育基地、革命传统教育基地、青少年教育基地和国防教育基地、省级重点文物保护单位、第七批全国重点文物保护单位。

2. 革命先烈精神事迹类资源

革命战争年代，酉阳这块红土地上涌现出了中共早期杰出的无产阶级革命家、著名工人运动领袖赵世炎，著名的无产阶级教育家赵君陶，中国妇女运动先驱者、出色的党的工作者赵世兰，以及刘仁、王勃山、张朝宜、王剑虹等革命志士，他们的革命经历、革命精神和感人事迹给后人留下了宝贵的精神财富。在酉阳南腰界革命根据地，贺龙、关向应等无产阶级革命家领导土家、苗、汉各族人民打土豪、分田地，开辟了湘鄂川黔革命根据地，与国民党军队及地主豪强武装进行了无数次英勇顽强的作战，为推翻国民党反动统治作出了重要贡献。在解放战争中，有10名解放军连排级干部、135名战士为酉阳的解放献出了宝贵的生命，他们的精神事迹类资源非常丰富，十分有教育意义。

3. 红三军标语、歌谣及遗物类资源

贺龙率领红三军在酉阳进行战斗的两年时间里，不仅在各地大街小巷的墙体、板壁、石崖上写下了"打土豪，杀贪官，要为群众把身翻！""活捉冉瑞廷，替为革命而牺牲的工农群众复仇！""消灭冉匪武装，武装工农自己！""红军和穷人是一家！""苏维埃政权和红军万岁！"等革命标语，军民大众还创作了《十唱红军在酉阳》《贺龙来到南腰界》《土家人民盼红军》《谁知红军来了这样好》《世代不忘红军情》《红军纪律歌》等近百首革命歌谣。除此之外，还有许多红三军的器物、用品、兵器、图书、字画等遗物类资源流传了下来。这些红军标语、歌谣、遗物类资源以各种方式呈现在今人面前，是对广大青少年进行革命传统教育、爱国主义教育的宝贵资源。

（二）酉阳县中小学开发利用境内红色文化资源之现状

1. 酉阳县中小学对境内红色文化资源进行了初步利用

为了摸清酉阳县中、小学利用境内红色文化资源的现状，笔者对酉阳县495所中小学（包括1所师范学校）的147 261名学生、7 439名教职工采取抽样问卷调查及访谈的方式，对红色文化资源地附近的酉阳一中、酉州中学、南腰界中学、酉阳师范学校、龙潭希望小学5所学校以及离红色文化资源地较远的黑水中学、浪坪小学、苍岭小学、天管小学4所学校的120名教师、200名学生展开问卷调查，并对10名教师进行了访谈。最终收回106份对教师的调查问卷和150份对学

生的调查问卷。通过问卷调查及访谈得知，酉阳县中、小学对境内红色文化资源进行了初步利用：

（1）开展缅怀境内革命先烈活动。调研得知，酉阳县64%的中、小学每年都会在清明节、国庆节等法定节日，或在家乡革命历史英烈人物诞辰日和祭日，组织学生到各烈士陵园、陈列馆、革命遗址等地进行参观，对学生进行爱国主义教育。据龙潭中学团委书记介绍，龙潭中学在每年清明节、重阳节等节日前后都会带领学生到赵世炎烈士故居缅怀；每年发展新团员时，校团委都会带领新、老团员到赵世炎烈士故居宣誓，重温革命事迹。据赵世炎故居陈列馆工作人员介绍，2012年3月30日，酉阳县李溪镇天山小学学生在校长的带领下，乘坐两个多小时的汽车来到赵世炎故居聆听、学习革命烈士的感人事迹，引导学生从小树立远大志向，养成艰苦奋斗、勤俭好学的良好品质。2012年4月4日，酉州中学校团委组织学生会干部到酉阳县烈士陵园开展"继承先烈精神，珍爱和谐生活"为主题的活动，瞻仰烈士风采。2012年清明节，南腰界乡大坝小学组织全校师生到南腰界革命烈士纪念馆参观，为革命烈士扫墓，以此进行革命传统教育。在被调查的150名学生中，87%的学生愿意参加缅怀革命先烈活动，90%的学生为家乡拥有丰富的红色文化资源感到自豪。

（2）举办各种红色文化宣传活动。走访中得知：2012年12月，在全县中、小学纪念"一二九"运动活动中，苍岭中学举行了"铭记历史，热爱祖国"的红色经典诗歌朗诵比赛；李溪镇中心校举行了"复兴中华，从我做起"文艺汇演；浪坪乡浪坪小学通过组织"在国旗下讲话"、办黑板报、校园广播专栏以及举办校园演讲、红歌演唱、作文竞赛等形式，宣传家乡红色文化，加深学生对家乡革命历史的了解，激发学生勤奋学习、热爱家乡、报效祖国的热情，使学生在潜移默化中受到红色文化感染，接受爱党、爱国、爱人民的革命传统教育。

（3）将境内红色文化资源引入教学中。走访中得知，酉阳县部分中、小学教师在思想品德、语文、历史、音乐、社会课教学中零星地讲授了一些境内红色文化知识。如酉阳一中某历史老师在讲到中国共产党的建立、"四一二"政变时，会适时地介绍赵世炎的革命经历；讲"土地革命"一课时会向学生讲解贺龙率领红三军成立南腰界区苏维埃政权，带领当地人民群众打土豪、分田地的史实。酉州中学音乐教师还教学生唱《缅怀赵世炎烈士》《缅怀刘仁同志》等革命歌曲。苍岭小学"品德与社会"课教师在讲"家乡的美景、家乡的人"时，会向学生讲述"南腰界人民冒生命危险收藏红军文物""酉阳抗日儿女""地下党员宁育珪在酉阳"等革命故事。

总之，酉阳县中、小学对县境内红色文化资源进行了初步利用，取得了一定成效。然而，调查走访中也发现他们对县境内红色文化资源的开发利用尚存在诸多问题和不足。

2. 酉阳县中小学开发利用县境内红色文化资源中出现的问题

（1）学校利用县境内红色文化资源的方式单一。其一，多数中、小学对县境内红色文化资源的利用只停留在对革命遗址、名人故居的参观上。加上酉阳县红色文化教育基地集中分布于县城、龙潭镇和南腰界乡3地，其他43%边远地区的中、小学因路途远及担心学生安全等原因，无机会组织学生到这3地的教育基地参观，这些基地的教育资源未能得到充分利用。其二，各中、小学校园广播、板报、网络等在宣传县境内红色文化知识上没有得到充分开发与利用。92%中、小学校园广播内容未涉及县境内红色文化资源，只有36%中、小学的板报中传播了县境内红色文化知识，在校园网领域中宣传县境内红色文化的极少。改革开放以来，《酉阳现代风云录》《少年赵世炎》《酉水东流》《赵世炎传》《缅怀赵世炎》《赵世炎与夏之栩》《血染的爱河》《永不消散的彩虹》《赵君陶教育思想论文集》等爱国主义教育读本相继出版发行，《赵世炎》《红军在酉阳》《红军在重庆》《武陵山剿匪记》等影视剧相继拍摄公映，然而90%的中小学没有引进这些红色读本、红色影视剧。

（2）教师利用县境内红色文化资源的能力不足。被调查的106名教师中，87%的教师是想利用县境内红色文化资源开展课堂教学和实施思想品德教育的，但因缺乏县境内红色文化知识而未能付诸教育教学实践。调查显示，仅有8%的教师对县境内红色文化资源比较了解，58%的教师对县境内红色文化资源知之甚少，教师利用县境内红色文化资源的能力普遍不足，极大地制约了县境内红色文化资源在教育教学中的开发与利用。即使有少数教师在课堂教学中偶尔讲述一些乡土红色文化史，但基本停留在零散知识的讲授上，开发利用资源的深度与广度不够，不能满足学生对县境内红色文化史的求知欲，很难把县境内红色文化资源中的精神内涵传达给学生。可见，酉阳县中、小学在利用县境内红色文化资源上正面临着挑战，应采取相应措施，丰富教师县境内红色文化理论知识，提升教师在教育教学中利用县境内红色文化资源的能力。

（3）学校利用县境内红色文化资源的保障机制尚未建立。第一，学校未出台相应的方案、制度。调查走访发现，虽然酉阳县各中、小学倡导教师利用县境内红色文化资源开展育人工作，但尚未有学校出台相关的方案、制度作保障，也没有提供相关培训，利用县境内红色文化资源根本得不到落实。酉州中学工会黎主席说："现在我校几位老师在收集境内红色文化资源，准备编制成红色教材，但是由于时间、人力、财力不足，又缺乏系统的行动方案，没有人指导，尽管存有想法和行动，但过于零散，导致实施十分困难。"第二，学校未建立相应的考评机制。各中小学为了应付上级教育行政部门的规定，曾要求教师在课堂教学、课外活动和对学生进行思想政治教育活动中融入县境内红色文化资源，但因各校均未建立相应的考评机制，且多数教师认为这与升学考试无关，所以利用县境内红色文化资源大多流于形式。

（三）对酉阳县中小学进一步开发利用县境内红色文化资源的建议

1. 拓宽中小学校开发利用县境内红色文化资源的渠道

（1）开发利用于"教材编写"中。建议酉阳县中、小学在县教委统一组织下，调查、整理、提炼全县红色文化资源，以弘扬南腰界精神、老区精神、抗战精神为主旨，以酉阳新民主主义革命史为线索，以革命先烈突出事迹为主要内容，以激励中、小学生为建设家乡、报效祖国而努力学习为目的，集体编写全县中、小学乡土红色文化校本教材。通过教学，向学生普及乡土红色文化知识。

（2）开发利用于"课堂教学"中。中、小学课堂教学引进县境内红色文化资源，并不只局限于历史课和思想政治课，语文、地理、音乐、美术等课程"都可以而且应当贯穿红色资源教育的内容，或者与课程教学内容有机结合，或者安排红色资源教育的专题教学"①。如美术课通过带领学生到革命遗址地去写生，既提高了学生感受美、鉴赏美之能力，又把艺术实践与革命传统教育有机地结合起来。

（3）开发利用于"课外活动"中。各校可利用班会、团会、队会活动或在入学、入党、成人宣誓等特殊日子里，开展丰富多彩的普及县境内红色文化资源的课外活动。或组织学生观看《赵世炎》《红军在酉阳》《武陵山剿匪记》等家乡题

---

① 李康平、李正兴：《论红色资源在高校思想政治理论课中的运用》，《教育学术月刊》2008年第8期第45页。

材的影视剧；或组织学生阅读《少年赵世炎》《缅怀赵世炎》《血染的爱河》《永不消散的彩虹》等家乡题材的红色书籍；或邀请红军后代、专家学者为师生讲革命故事、作县境内红色文化专题讲座。通过活动，增强学生爱国主义情怀，促进其思想道德的升华。

（4）开发利用于"基地参观"中。酉阳土家族苗族自治县是重庆市7个革命老区之一，县内有赵世炎烈士故居、红三军司令部遗址等6处国家级、省级爱国主义教育基地，为本地学生接受爱国主义、革命传统、社会主义核心价值观教育提供了便利。学生都热爱自己的家乡，参观县境内爱国主义教育基地对其有着巨大的吸引力，是普及县境内红色文化资源的重要途径。各校应组织学生到这些基地去，通过扫墓、观看、聆听、体验、宣誓等活动，使学生切身感受革命历史，"身临其境地体会到革命前辈不怕牺牲、艰苦奋斗的革命精神，在潜移默化中受到教育和感染"[①]。进而产生弘扬革命传统的内在动力。

2. 提升中小学教师开发利用县境内红色文化资源的能力

学校开发利用县境内红色文化资源成效之优劣在很大程度上取决于教师的素养。教师是学校开发利用县境内红色文化资源的设计者、操作者，不但要有相应的专业教育素养，更要具有广博的县境内革命史知识。针对酉阳县中、小学教师在开发利用县境内红色文化资源中能力方面存在的不足，笔者建议，各中、小学应在以下两方面提升教师开发利用县境内红色文化资源的能力：

（1）加强对教师的培训。各中小学应有计划地对新老教师在怎样将县境内红色文化资源进教材、进课堂、进课外活动进行多批次地培训，这是提升教师开发利用县境内红色文化资源能力的有效途径。通过培训，使教师真正认识到县境内红色文化资源进教材、进课堂、进课外活动的现实意义，弄清楚县境内红色文化课程开发的价值、方法及途径，学习国内中、小学在乡土红色文化资源开发方面优秀的案例，从深度、广度上拓展教师县境内红色文化资源方面的理论知识，使他们深入了解、掌握本县红色文化历史。

（2）鼓励教师相互学习。鼓励教师相互学习开发利用县境内红色文化资源方面好的方法、经验，鼓励教师向专家请教县境内红色文化课程开发的方式、方法，定期召开学习交流讨论会，为教师搭建县境内红色文化资源开发利用之共享交流

---

① 项福库、朱小琴：《老区中小学利用家乡红色文化资源的现状分析》，《思想政治课教学》2014第7期第89页。

平台。学校还可以组织团队到其他学校学习先进成果，鼓励教师积极应用县境内红色文化资源挖掘、开发出的新成果，并对开发利用县境内红色文化资源取得成效者予以物质及精神上的奖励。

3. 建立中小学校开发利用县境内红色文化资源的保障机制

（1）制定中小学校开发利用县境内红色文化资源的方案、制度。为在教育教学中切实地将县境内红色文化资源开发利用起来，各校要建立专门的县境内红色文化资源开发利用机构，依据学校、师生实际制定切实可行的实施方案、管理制度，对教师实施、应用情况进行监督、检查和考核，确保将县境内红色文化资源进教材、进课堂、进课外活动的工作落到实处。要逐步完善实施方案、管理制度、教学计划，加强教学管理，提升教师开发利用县境内红色文化资源的能力。

（2）建立中小学校开发利用县境内红色文化资源的考评机制。为调动教师积极性，保证县境内红色文化资源能在各学校得到有效开发与利用，各校应建立由学生、教师、校长、课程组、家长等构成的多元化考核评价机制，从量与质上对教师开发利用县境内红色文化资源的效果及学生参与程度、接受程度进行考核评价，使开发利用县境内红色文化资源的教学活动在学校完善的保障机制下得以积极、健康、持续地进行。

第二节　渝东南民族地区红军遗址资源的调查、开发与利用研究

渝东南民族地区分布着酉阳土家族苗族自治县、秀山土家族苗族自治县、黔江区、彭水苗族土家族自治县、石柱土家族自治县、武隆县和涪陵区，它们是重庆市土地革命战争时期的革命老区。渝东南民族地区在土地革命战争年代留下了丰富的红军遗址资源，重庆的红军遗址资源主要分布在这里。近年来，为充分挖掘和利用渝东南民族地区红军遗址资源，推进重庆乃至全国社会主义核心价值体系建设，笔者对这些区县境内的红军遗址资源进行了全面的调查。

■ 渝东南民族地区红色文化资源的调查、开发与利用研究

一、渝东南民族地区红军遗址资源现状

1. 四川二路红军遗址

（1）四川二路红军诞生地罗云坝遗址。位于涪陵区城东偏北约 35 公里的铜矿山脚下，地处涪陵区、丰都县、武隆县三区、县交界处，是涪陵区级革命文物保护单位。1930 年 4 月 7 日，"在中共四川省委和省军委的直接领导下，以农民赤卫队为基础，以驻涪陵的国民革命军二十军赵启明起义连为军事骨干的四川省第二路红军游击队（简称四川二路红军），经过一年的组织筹备在罗云乡（俗名罗云坝）成立"①。梁戈任党代表，李鸣珂任总指挥，周晓东为政治部主任。四川二路红军成立后，转战于涪陵、武隆、丰都、石柱、彭水等县边区的群山峻岭之中，唤醒土家、苗、汉各族人民劳苦大众，点燃工农武装割据之火，开展了轰轰烈烈的土地革命斗争。罗云是四川二路红军的诞生地，是渝东南土地革命战争时期的根据地之一，这里留下了许多红军战斗故事和文昌宫、洞老壳、跃马坑、鸡石尖、马房岭、钟台子、钟善辅烈士墓、红军烈士陵园等许多值得纪念的革命遗址。

（2）四川二路红军司令部、政治部双河场遗址。1930 年 4 月 7 日，四川二路红军从涪陵罗云坝挺进仙女山区创建革命根据地，曾把司令部、政治部等领导机关设在武隆县双河场的两幢木楼里。4 月 9 日在双河场召开群众大会，成立了双河场农民协会。双河场坐落在武隆县城以北约 70 公里的高山上，四川二路红军司令部就设在双河场西端一幢坐南向北九柱三间一楼一底木结构的瓦房内。这幢楼房现为民宅，保存完好。政治部设在司令部旧址右下侧 30 米处，为单间木结构瓦房，现为民房，仍完好如初。现为武隆县重点文物保护单位。

（3）四川二路红军坨田战斗遗址。位于武隆县双河场以北约 8 公里的三重堂。1930 年 4 月 7 日四川二路红军进驻仙女山区后，这里的地主豪绅纷纷逃窜。4 月 23 日晨，涪陵白涛伪乡长、清溪伪镇长纠集地主武装 400 多人向仙女山根据地进犯。红军在双河场以北的坨田与前来"围剿"的地主武装激战两小时，打败了敌人，敌人丢下十余具尸体和部分武器溃逃。红军战士许绍虞壮烈牺牲，葬于附近。现为县级重点文物保护单位。

四川二路红军在仙女山区广泛宣传中国共产党的革命宗旨、中共六大《十大

---

① 项福库、何丽：《渝东南红色旅游资源的开发与利用》，《重庆社会科学》2010 年第 4 期第 68 页。

政纲》和土地革命政策，开展打土豪、烧契约、分田地等革命活动，吸引周边各地革命武装前来汇合，队伍很快由三四百人发展到2 000多人。红军政工人员还组成若干小分队分赴丰都、彭水、石柱等地，建立农会，开展土地革命，很快建立起以涪陵罗云为中心的13个乡苏维埃政权、30多个乡镇游击区、面积达1.6万平方公里的红色革命根据地，数次打败地方团防1 000多人的围攻，根据地一派生机盎然，土家、苗、汉各族人民欢欣鼓舞。四川二路红军虽然只坚持了半年左右便失败了，但它在渝东南境内的武装斗争"使下川东十余县之反革命军阀、地主豪绅为之丧胆，寝不安席"①。

2．红三军遗址

（1）南海红军纪念地。位于黔江区南海乡大路村东南500米，是区级文物保护单位。1933年12月，红三军第九师在军长贺龙率领下，从湖北咸丰水坝出发，进军黔江，抵达大路坝，一举歼灭盘踞于此地的白匪军一个营，打响了攻克黔江城的第一仗。

（2）红九师师部遗址。位于黔江区联合镇东门东150米处。1933年12月，红九师攻克黔江城后，师部驻此7天。旧址占地768平方米，坐北朝南，四合院布局，木结构。为区级文物保护单位。

（3）猫圈坡红军井遗址。位于石柱土家族自治县南宾镇北郊2公里处猫圈坡山坳中。井壁用不规则的石板镶嵌而成。1934年1月，贺龙率领红三军抵达石柱土家族自治县城郊猫圈坡（现灯盏公社）扎营休整。时值冬旱，土家族群众吃水困难。为了给群众排忧解难，红军干部战士到处寻找水源，终于在下院子里发现一处浸水洼地，便集中力量日夜挖掘，很快打好了一口井，从此解决了当地土家族群众饮水难的问题。1982年，石柱县人民代表大会将其命名为"红军井"，列为县重点文物保护单位。

（4）马喇湖红军革命纪念地。位于黔江区马喇乡杉树西北1公里处。1934年3~5月间，贺龙率领红三军四进黔江马喇湖，开展游击活动。所到之处，便打击土豪劣绅，解放土家、苗各族贫苦百姓，赈济贫苦农民，宣传革命道理，播撒革命火种。此纪念地为区级文物保护单位。

（5）黄泥坨渡口遗址。位于黔江区灌水镇新桥村北1公里处。1934年5月6

---

① 重庆市老区建设促进会编：《重庆革命老区》，重庆：渝内字（2009）82号，2009年版第128页。

日，贺龙根据利川十字路会议决定，率领红三军由黔江马喇湖出发，奔袭彭水县城。途经濯河坝时，受到当地人民热烈欢迎，并组织50多名船工、17条木船，帮助红军从黄泥坨渡口顺利渡过阿蓬江。此遗址已列为黔江区文物保护单位。

（6）水车坪红军纪念地。位于黔江区水市乡水市村东南2公里处。1934年5月7日，红三军向彭水进发途中，路经此地，宿营水车坪场上，并在场上的皂角树下召开土家族苗族群众大会，宣讲红军纪律，动员百姓参加红军。此后，村民便称此树为"红军树"。此纪念地为区级文物保护单位。

（7）绿荫轩遗址。位于彭水苗族土家族自治县县城南端，为宋人黄庭坚所建。1934年5月8日，红三军进军彭水途中，在这里痛歼守敌刘湘之川军二十一军鲜少华营，夺取绿荫轩，打开进入县城的交通要道，一举攻克了彭水县城。红三军入城后，镇压了团练局长、征收局长伪乡长，释放无辜群众，遣返战俘，召开苗族土家族群众大会，并赶印了《红三军告湘鄂川黔人民书》。绿荫轩遗址是彭水县重点文物保护单位。

（8）红三军司令部汉葭遗址。遗址位于彭水苗族土家族自治县县城汉葭镇中部，为一座具有民族风格的清代建筑，一楼一底，全木结构，为四合院格局。1934年5月8日，贺龙、关向应同志率领红三军攻克彭水县城后，司令部设在此处。1949年后，旧址划为公房，由县中药材公司使用至今。该遗址已列为县级重点文物保护单位。

（9）南渡沱红军渡口遗址。彭水苗族土家族自治县重点文物保护单位。彭水县城南端的绿荫轩下面有一乌江渡口又名南渡沱，是当年红三军西渡乌江之处，当地苗族土家族群众称之为红军渡口。1934年5月8日贺龙同志等率领红三军攻克彭水县城后，为开辟黔东革命根据地，于10日晨由南渡沱西渡乌江，向贵州进军。

（10）万涛烈士故居遗址。万涛烈士故居遗址位于黔江冯家坝镇桂花村，距县城22公里处的川湘公路西侧。该故居建于清光绪年间，是一坐北朝南的四合院，院子四周为砖土结构的围墙。院内分正房、转角、厢房和前厅，中有一天井，总建筑面积1 100平方米，共有房23间，正房东侧第一间为万涛诞生地。故居"后院有一大竹林和果园，四季常绿。故居门前，地势平坦，田连阡陌，放居门口及院中，原各有一株大桂花树，故地名称桂花树"①。

---

① 四川省黔江土家族苗族自治县县志编纂委员会编《黔江县志》，中国社会出版社，1994年版第524页。

万涛（1904—1932），原名万诗楷，号铁民，化名王德，土家族，黔江冯家坝镇桂花村人，是黔江历史上加入中国共产党的第一人，是洪湖革命根据地和湘鄂西革命根据地创始人之一，也是红三军政治委员，曾与王明"左"倾机会主义路线作坚决斗争。1932年秋在洪湖地区"肃反"扩大化中壮烈牺牲。

（11）南腰界红三军司令部遗址。位于酉阳土家族苗族自治县东南部南腰界乡余家桶子。旧址原系清代秀才、后任总镇的余兴成私宅。1934年6月4日，贺龙、关向应率领红三军进驻南腰界，在此设立红三军司令部。贺龙办公室和寝室也设于此地。旧址占地450平方米，坐西向东，为四合院格局。旧址外墙上写有落款红三军的两幅标语："活捉冉瑞廷替为革命而牺牲的工农群众复仇！""消灭冉匪武装，武装工农自己！"

（12）南腰界苏维埃政府遗址。位于南腰界乡南腰界村南220米。1934年8月1日，红三军在此设立南腰界苏维埃政府，主席杨通科、副主席冉从各、田化南。苏维埃政府领导红三军与当地土家、苗、汉各族人民开展了土地改革，建立游击队、赤卫队等工作。其旧址占地130平方米，坐东向西，为木结构。

（13）红三军倒马坎战斗遗址。倒马坎位于秀山土家族苗族自治县县城西南25公里的峻岭乡坝芒。1934年8月30日，贺龙命令红七师主力700余人向固守倒马坎的秀山西路团防头子、原国民党82师团长杨卓之及土匪头子拼凑的1 000多人发起进攻，彻底摧毁了敌人精心构筑的倒马坎防线，从而开辟了秀山西部的游击根据地。

3. 红二、六军团南腰界会师大会遗址

1934年10月26日，红三军与红六军团在南腰界乡南腰界村西50米处的猫洞大田召开庆祝会师暨出征誓师大会。经中央批准，部队进行整编，红三军恢复红二军团番号，贺龙任军团长，任弼时任政委，关向应任副政委，共4 000余人；红六军团由萧克任军团长，王震任政委，共3 000余人。会上组成了红二、六军团总指挥部，并作了挺进湘西、开展湘西攻势的动员。

南腰界乡是红三军创建的湘鄂川黔革命根据地，境内不仅有红三军司令部和中共中央湘鄂西分局旧址，还完好保存有红三军的八一军民大会、政治部、谷担会议、红军大学、红军医院、保卫科、独立团、宣传队、修械所、没收委员会等旧址，数十处红军战斗遗址、红军烈士墓、中共六大《十大政纲》题刻及红二、六军团会师大会会址等56处文物景点。故南腰界被列为省级重点文物保护单位、革命传统教育基地（挂牌）。

调查始知：

第一，自1930年4月至1934年10月，历时4年半，先后有四川二路红军、红三军及红二、六军团转战在渝东南民族地区各区县，沉重打击了境内反动势力，解救了受压迫的土家、苗、汉各族人民劳苦大众，宣传了中国共产党的政治主张和革命道理，点燃了武装反抗国民党反动派的熊熊烈火。

第二，渝东南民族地区红军遗址资源是十分丰富的。据不完全统计，该地区红军遗址达79处，其中全国重点文物保护单位1处（酉阳县南腰界红三军司令部旧址）、市级重点文物保护单位3处（酉阳县南腰界红三军司令部旧址、四川红军第二路游击队罗云烈士陵园、黔江区万涛烈士故居）、区县级重点文物保护单位17处、全国爱国主义教育基地1处（红三军司令部旧址）、市级爱国主义教育基地和市级革命传统教育基地3处（南腰界红三军司令部旧址、四川红军第二路游击队罗云烈士陵园、黔江万涛烈士故居）、区县级爱国主义教育基地14处。境内众多的红军遗址资源和红军事迹是当今开展革命传统、爱国主义、社会主义核心价值观教育极为宝贵的精神财富，是十分难得的红色文化资源。

通过调查，笔者对渝东南民族地区红军遗址资源的分布现状及开发利用情况有了比较清楚的认识。渝东南民族地区境内有着丰富的红军遗址资源，开发潜力是巨大的，各地在开发利用红军遗址资源中好的做法和成功的经验是值得肯定的。但是笔者在走访调查中也发现各地在开发利用红军遗址资源中还存在一些需要解决的问题。

二、渝东南民族地区红军遗址资源开发、利用中存在的问题

1. 对渝东南民族地区红军遗址资源开发利用重视的程度不够

渝东南民族地区星罗棋布的红军遗址资源得天独厚，是开展社会主义核心价值体系建设十分难得而宝贵的教育资源，开发好利用好这些资源对推进社会主义核心价值体系建设意义重大。然而，近年来有些区县乡镇只注重追逐经济利益，只重视对自然生态旅游资源、人文旅游资源的开发利用，对开发利用红军遗址资源推进社会主义核心价值体系建设的重要性认识不足，重视程度不够，宣传不够，开发利用的氛围不浓。仅以武隆县为例，坐落于武隆县双河乡坨田村的两幢木质结构瓦房，建筑风格独特，原为四川二路红军司令部、政治部旧址，红军领导人尹觐阳、梁戈、赵启民等曾以此为中心发动群众开展武装斗争。然而这两处遗址现仍为民宅，未被保护和开发利用。人民群众身处革命老区却对家乡红色历史文

化知之甚少，感受不到老区的红色文化气息，有些红军遗址资源即使有了开发利用也处于起步阶段，其资源未得到充分利用，其教育功能未得到有效发挥。

2. 对渝东南民族地区红军遗址资源保护、开发利用投入的资金不足

渝东南民族地区是重庆红军遗址资源的主要分布地，重庆市7个革命老区中有6个分布在这里。土地革命战争时期这里相继上演过四川二路红军发动土家、苗、汉各族人民打土豪、烧契约、分田地，点燃工农武装割据之火，贺龙率领红三军创建川黔湘鄂革命根据地，红二、六军团在这里胜利会师等一幕幕英勇悲壮而感人的历史剧，为后人留下了丰富的红军遗址资源。然而，这里地处偏僻的湘鄂渝黔4省市交界处的武陵山区，道路崎岖，交通不便。其中彭水、黔江、酉阳、秀山、石柱等区县都是国家级贫困区县，是老少边穷山区，经济发展水平低，地方财政除勉强维持行政人员开支及保证农业重点建设投入外，基本上再没有资金可投入到红军遗址资源的保护开发利用上来。因资金短缺，境内众多红军遗址和纪念地景点年久失修。有的地方对红军遗址资源保护意识不强，大量文物或散落民间，或遭受自然侵蚀和人为损坏。有的地方在旅游业开发中热衷修建各种人造景点，不尊重红军历史遗存，违背文物不可再生规律，将其乱拆乱建或改作他用，破坏了红军遗址的整体风貌。

3. 对渝东南民族地区红军遗址资源开发与整合的力度不够

渝东南民族地区红军遗址资源非常丰富，在其6个革命老区的79处红军遗址资源地中，有全国重点文物保护单位1处、市级重点文物保护单位3处、区县级重点文物保护单位17处、全国爱国主义教育基地1处、市级爱国主义教育基地和市级革命传统教育基地3处、区县级爱国主义教育基地14处。然而，这些红军遗址资源多数处于尚未开发或初步开发阶段。这些资源分布在各区县乡镇，零零星星，不集中，既不便于总体开发，又不利于整合利用。更重要的是，各地缺乏对红军遗址资源全局开发意识，对这些资源开发与整合的力度不够，多数局限于文化馆、博物馆、党史文献研究室、旅游局等单位参与的单一开发层面上，尚未建立政府指导下的相关部门联合开发机制，以致各资源景区由当地宣传、民政、文物、旅游等部门多头管理，条块分割，各地红军遗址资源的内在联系被人为地割裂开来，各地红军遗址资源在开发利用中难以发挥出其整体优势，弱化了红军遗址资源开发利用在推进社会主义核心价值体系建设中的育人功能。

4. 对渝东南民族地区红军遗址资源开发利用的效度不够

许多区县乡镇开发利用红军遗址资源时只注重对遗址、遗物、纪念场馆、实物图片、烈士陵园等资源进行简单展示，却忽视对资源思想内涵、精神价值的挖掘和提炼，展陈的方式单一、内涵空乏、技术手段落后、多为文字加图片式的平面介绍，受教育者看到的只是静态的物质展陈形式，体验不出其中蕴含的崇高理想信念、革命精神和高尚品德。如有的游人参观了酉阳土家族苗族自治县南腰界红三军司令部及红军数十处战斗生活遗址后认为，红军在战争年代培育成的艰苦奋斗精神虽然可敬可学，但如今我们已不再需要过那种艰难困苦生活了，进而得出"艰苦奋斗精神已经过时了"的错误结论。他们没有体悟到南腰界红军遗址资源所蕴含的红军将士在战争年代培育成的艰苦奋斗精神的内涵所在，导游员也缺乏对游人进行社会主义核心价值体系教育方面的引导，未及时向游人宣讲艰苦奋斗精神是党和红军在战争年代培育成的优良传统，"是我们治党治国的传家宝，任何时候都丢不得，丢了要吃大亏"[①]的道理。由于对红军遗址资源开发利用的效度不够，其蕴涵的社会主义核心价值体系教育功能未能得到充分发挥。

三、对进一步开发利用渝东南民族地区红军遗址资源的对策建议

1. 加大宣传推广力度，充分发挥红军遗址资源在推进社会主义核心价值体系建设中的育人功能

渝东南民族地区交通闭塞，可进入性差。要把这里的红军遗址资源介绍出去，各地必须加大宣传力度。建议各区、县、乡、镇以报纸书刊、广播电视、互联网、移动通讯、音像制品等为媒介，开辟专栏、专题、网页，搭建红色文化资源宣传平台，构建开发利用公益服务体系，让红色文化走进千家万户，把境内红军遗址资源及其文化产品推向全国。各资源景区应与新闻媒体单位加强合作，通过新闻报道、专题片、纪录片及电视剧等形式加大对景区、景点的宣传力度，或编制图文并茂的宣传册、光盘，或利用互联网等媒体，或利用巡回展、文艺演出等方式进行宣传。鉴于2015年是中国共产党成立94周年、红军长征胜利79周年，建议各地要充分挖掘红军遗址资源中有助于社会主义核心价值体系建设的典型案例，结合纪念庆祝活动搞好宣传，吸引更多游人到境内红色景区接受教育，充分发挥红军遗址资源开发利用在推进社会主义核心价值体系建设中的育人功能。

---

① 中共中央文献研究室编：《十四大以来重要文献选编》（中），北京：人民出版社，1997年版第1192页。

2. 加大资金投入力度，增强对红军遗址资源保护意识，构建全社会多元化投资开发新体系

建议各地党政机关增强对红军遗址资源的保护意识，制定扶持红军遗址资源开发利用的相关政策；加大对红军遗址景点、纪念地、爱国主义教育基地的保护修缮和开发利用力度；加大对红军遗址资源开发利用上的资金投入，搞好各资源地基础设施、道路交通、接待条件等软硬件建设；加大对各资源地主要红军人物及重大历史事件的研究力度，在人物传记、影视剧作品创作上多出精品力作；加强红军遗址资源开发领域中影视、音像、书刊作品的制作、发行和出版工作。在募集投入资金方面，建议实行国家投入与市场运作相结合，可建立资金投入机制，设立资源开发基金，构建以政府投入为主，各类企业、社会组织共同参与的全社会多元化投资开发新体系，广泛吸纳社会资金，拓宽资金来源渠道，解决开发中的资金短缺问题。这样，既可发挥出红军遗址资源的教育优势，又可使其转变为经济优势，带动并促进红色文化旅游等相关产业发展，达到"开发一方红土，净化、致富一方人民"的目的，促进社会经济文化和谐发展。

3. 加大开发整合力度，对渝东南各地红军遗址资源坚持整合化、系统化的开发原则

渝东南民族地区红军遗址资源虽过于分散，不够集中，但其蕴含之精神内核却是相同的，它们具有一脉相承的整体性、系统性。因而建议重庆市委、市政府应依据渝东南各地红军遗址资源的类型、价值品味、交通区位等因素制定渝东南红军遗址资源开发利用总体规划，坚持整合化、系统化的开发原则，加大开发整合力度，发挥整体效用。如可把武隆县四川二路红军司令部、坨田红军战斗遗址、政治部双河场旧址、解放军白马山战斗遗址、后坪坝苏维埃政府遗址与武隆芙蓉洞绿色生态旅游进行整合；酉阳县南腰界红三军司令部旧址、县城烈士陵园、龙潭赵世炎烈士故居与酉阳民俗风情旅游进行整合等，从而形成优势互补，打造综合品牌，产生叠加吸引效应。为实现境内红军遗址资源的整合化、系统化，境内各地方政府和相关部门不仅要在思想上统一认识，顾全大局，而且要坚决破除地方保护主义，不能因局部利益而影响整体开发。只有合作开发，才能资源共享。可将各地红军遗址资源依据其类型、价值品味、交通区位等因素进行统一规划，将其合理地分成区、线、点，按照轻重缓急，分步开发与整合。这既可减少资源破坏和资金浪费，又可避免和克服无序开发、重复建设，同时也能避免对生态环境的破坏。

4. 加大开发利用效度，对红军遗址资源确立立体化、动态化的展陈开发新思路

调查中笔者发现，酉阳土家族苗族自治县南腰界境内的红三军司令部旧址、中共中央湘鄂西分局旧址、红二、六军团会师大会遗址及武隆县四川二路红军司令部、政治部双河场旧址是重庆市著名的红军遗址资源景地，其中的南腰界红三军司令部旧址既是全国重点文物保护单位，又是全国爱国主义教育基地，它们在整个重庆市红色文化资源开发利用中都占有举足轻重的地位。然而，这些知名景点目前仍处于初步开发阶段，文物陈列多属单一静态的平面展陈方式，缺少立体开发。因此，建议这些景区应将红色旅游与社会主义核心价值体系建设紧密结合起来，各景区要加大红军遗址资源开发利用的效度，在资源载体中植入核心价值体系教育内容。应在保证思想性、教育性前提下，从挖掘核心价值体系教育内涵、改革展陈方式及表现手段入手，运用现代传媒、高科技手段，变单一静态的平面展陈方式为立体化、动态化与表演、体验多种形式相结合的展陈方式，使参观者身临其境，既见物、见景、见人，又见思想、见精神，进而增强红军遗址资源对游人的感染力、说服力，最大限度地发挥红军遗址资源开发利用在推进社会主义核心价值体系建设中的育人功能。

第三节　渝东南民族地区红色文化资源的开发与利用研究

一、渝东南民族地区红色文化资源开发与利用之意义

1. 理论意义

文化是民族的血脉，是人民的精神家园。当今世界，文化地位和作用更加凸显，越来越成为民族凝聚力和创造力的重要源泉，越来越成为综合国力竞争的重要因素，越来越成为经济社会发展的重要支撑，丰富精神文化生活越来越成为我国人民的热切愿望。当前，渝东南民族地区文化领域正在发生广泛而深刻的变革，推动本地区文化大发展大繁荣既具备许多有利条件，也面临一系列新情况新问题。我国经济持续快速发展、综合国力日益增强，为渝东南民族地区文化建设奠定了坚实的物质基础；中国特色社会主义理论和实践的丰硕成果，为渝东南民族地区文化建设提供了宝贵的精神文化资源；全社会重视、参与文化建设的热情日益高

涨，为渝东南民族地区文化建设营造了良好的社会氛围；人民群众快速增长的精神文化需求，为渝东南民族地区文化发展拓展了巨大空间；我国的国际地位和影响力显著提高，为渝东南民族地区红色文化走出去提供了重要契机。特别是胡锦涛同志在十八大报告中发出了"文化是民族的血脉，是人民的精神家园。全面建成小康社会，实现中华民族伟大复兴，必须推动社会主义文化大发展大繁荣，兴起社会主义文化建设新高潮，提高国家文化软实力，发挥文化引领风尚、教育人民、服务社会、推动发展的作用"的伟大号召，这更为渝东南民族地区文化改革发展提供了难得的历史机遇。同时，该地区文化发展的质量和水平还不高，文化建设的布局和结构不尽合理，制约该地区文化科学发展的体制机制障碍尚未完全破除。面对人民群众精神文化需求快速增长的新形势，渝东南民族地区的文化产品无论是数量还是质量，都还不能很好满足人民群众多方面、多层次、多样化的精神文化需求，进一步解放和发展文化生产力、提高文化产品和服务供给能力的任务更加紧迫。面对经济发展方式加快转变、社会结构深刻调整的新形势，推动全民族文明素质提高，发挥文化引领风尚、教育人民、服务社会、推动发展的任务更加紧迫。面对现代信息科技和传播手段快速发展的新形势，加快建立文化创新体系、推进民族地区文化创新的任务更加紧迫。面对世界范围内各种思想文化交流交融交锋更加明显、斗争尖锐复杂的新形势，增强民族地区文化整体实力和国际竞争力，抵御国际敌对势力的文化渗透，维护国家文化安全的任务更加紧迫。

渝东南民族地区红色文化资源是指在中国共产党领导下境内土家、苗、汉各族人民在新民主主义革命时期所培育成的民族精神财富及其物质文化载体，它既包含了境内的革命历史遗址、文物、纪念地、名人故居、烈士陵园、展览馆、纪念场馆及革命标语、诗歌、文献、影像、歌曲、作品等物质形态的资源，也包含了境内各族人民在革命战争年代培育成的忠诚于党、热爱祖国、热爱人民、敢于斗争、敢于胜利、严守纪律、不怕牺牲、军民团结、无私奉献、艰苦奋斗、勇往直前等精神层面的资源。这些资源既是中国共产党和全中国人民宝贵的精神财富，也是国家实施德育与思想政治教育取之不尽、用之不竭的宝贵精神财富和难得的红色文化资源。然而，近年来，该地区只注重对自然生态旅游、人文旅游及红色旅游资源的开发与利用，对红色文化资源的开发与利用重视的程度还显得不够，即使有了开发与利用，也处在初步阶段。因而，开展本项目研究，充分挖掘和利用渝东南民族地区红色文化资源、传承民族精神血脉、坚持不懈地推进社会主义核心价值体系建设，是认真贯彻落实胡锦涛同志在十八大报告中提出的"实现中华民族伟大复兴，必须推动社会主义文化大发展大繁荣，兴起社会主义文化建设新高潮，提高国家文化软实力，发挥文化引领风尚、教育人民、服务社会、推动发展的作用"的指示精神，认真贯彻落实2009年11月中宣部部长刘云山在重庆调研时关于"重庆要注重发挥革命历史资源的独特作用，深入挖掘红色乡土史资源，努力把红色乡土史资源优势转化为推进社会主义核心价值体系建设的政治优势、精神优势"讲话精神的重要举措，对于加强和改进重庆乃至全国爱国主义和革命传统教育，都具有十分重要的理论意义。

2. 实践意义

调查好、保护好、开发好、利用好、发展好、建设好红色文化资源，是关系巩固党的执政地位的政治工程，是关系建设社会主义核心价值体系的文化工程，是关系提高人民生活水平的富民工程，是当代共产党人和全体中华儿女义不容辞的责任。本课题的研究成果应用前景可观，它蕴藏着长远的德育、思想政治教育价值和社会效益：

（1）渝东南民族地区红色文化资源的调查、开发与利用研究，是维护和巩固党的执政地位的政治工程。首先，红色文化具有丰富的物质内容和永恒的精神内涵，它作为一种特殊的文化意识形态，是党将马克思主义同中国实际相结合成长、发展的印记，是党夺取政权和巩固政权的精神支柱，是中国特色社会主义先进文化的重要组成部分，是党代表先进文化方向的象征。通过深入挖掘、开发、利用渝东南民族地区红色文化资源，不断提炼出其时代意义和精神价值，能有效地增强党执政的合法性，为巩固党的执政地位提供历史和现实的借鉴；能有效提高党的执政能力，永葆党的先进性，促进社会主义和谐社会的构建。其次，党的十八大报告中指出"社会主义核心价值体系是兴国之魂，决定着中国特色社会主义发展方向。要深入开展社会主义核心价值体系学习教育，用社会主义核心价值体系引领社会思潮、凝聚社会共识。推进马克思主义中国化时代化大众化，坚持不懈用中国特色社会主义理论体系武装全党、教育人民"。那么，本课题研究成果便可直接应用于重庆市乃至全国开展的社会主义核心价值体系建设和构建社会主义和谐社会的伟大事业中去，把红色文化资源优势转化为推进社会主义核心价值体系建设和构建社会主义和谐社会的政治优势和精神优势，推动中国特色社会主义理论体系教材进课堂进头脑。渝东南民族地区红色文化资源的调查、开发与利用研究，可为党员干部开展重温入党誓词、坚定理想信念教育提供新基地；可为青少年开展德育和思想政治教育拓展新的教育场所；可为全社会开展社会主义核心价值观教育提供优质的教育资源。总之，这项研究将有助于对人民开展理想信念教育，大力弘扬民族精神和时代精神，深入开展爱国主义、集体主义、社会主义教育，丰富人民精神世界，增强人民精神力量。它对加强和改进全社会爱国主义和革命传统教育将产生长远的影响。

（2）渝东南民族地区红色文化资源的调查、开发与利用研究，是开展社会主义核心价值观教育的文化工程。该地区红色文化资源由物质文化层（如革命遗址、旧址等）、制度文化层（如革命纲领、路线等）和精神文化层（如革命精神、革命理想道德传统等）构成。多层次的红色文化资源开发与利用，有利于巩固马克思主义的指导地位，引领多样化的社会思潮；有利于坚持走中国特色社会主义文化发展道路，坚持百花齐放、百家争鸣的方针；有利于贴近实际、贴近生活、贴近群众，推动社会主义精神文明和物质文明全面发展；有利于坚定中国特色社会主义共同理想，激励人们为之奋斗；有利于培育和弘扬以爱国主义为核心的民族精神和以改革创新为核心的时代精神，为中华民族崛起复兴提供精神支撑；有利于倡导富强、民主、文明、和谐，倡导自由、平等、公正、法治，倡导爱国、敬业、诚信、友善，积极培育社会主义荣辱观，形成良好的社会风尚。

（3）渝东南民族地区红色文化资源的调查、开发与利用研究，是提高人民生活水平的富民工程。党的十八大明确指出，要积极发展公益性文化事业，大力发展文化产业，激发全民族文化创造活力，更加自觉、主动地推动文化事业的大发展和大繁荣。"文化实力和竞争力是国家富强、民族振兴的重要标志。要坚持把社会效益放在首位、社会效益和经济效益相统一，推动文化事业全面繁荣、文化产业快速发展。"将"渝东南民族地区红色文化资源的开发与利用"应用于提高人民生活水平，最主要的途径就是推动本地区红色文化建设的产业化。也就是说，本地区红色文化建设要充分利用旅游资源、广播电视、影视事业、互联网、音像制品等媒介，提升红色文化资源的经济价值。通过本项目研究，为重庆市乃至国家制订渝东南民族地区红色文化资源开发与利用总体规划提供合理化对策建议，为渝东南少数民族地区深度开发与利用这些资源提供智力支持，加强和改进大中小学的德育与思想政治教育，把红色文化资源优势转变为经济优势，带动重庆乃至全国相关产业的发展，促进重庆社会政治经济文化和谐发展。

二、渝东南民族地区红色文化资源开发与利用之现状

1. 渝东南民族地区红色文化资源开发与利用已取得初步成效

红色文化资源的开发与利用是一项系统工程，它要运用相应的科学技术手段，充分发挥人的创造力和智力资源，将各种现实和潜在的资源先后有序、科学合理地组合利用和有效保护，使其能被持久永续地利用，实现经济效益、社会效益和生态效益协调发展。①红色文化资源的开发与利用是多层次、多层面的，如果开发得不得法，违背科学地去开发利用，红色文化资源的原貌及内涵就会遭到破坏，其蕴含的政治、经济和文化价值就会降低，其育人功能就会减弱。

渝东南民族地区红色文化资源的开发与利用是伴随着20世纪80年代后中国红色文化热现象的出现而开始的。自90年代中后期以来，从江泽民同志提出"三讲"（讲学习、讲政治、讲正气）教育，到"三个代表"重要思想的提出和践行；从胡锦涛同志提出"科学发展观"和倡导开展的保持共产党员先进性教育活动再到习近平同志提出实现中华民族伟大复兴的"中国梦"，都为渝东南民族地区红色文化资源的开发与利用提供了难得的历史机遇，使渝东南民族地区红色文化资源的开发利用呈现出逐步发展壮大的势头。特别是2005年被确定为"中国红色文化年"后，渝东南民族地区红色文化热现象再度升温。从《江姐》《周恩来在重庆》等电视剧的走红，到各种民间红歌会的火爆，再到红色旅游热、红色经典热、红色短信热，渝东南民族地区红色文化热潮一浪高过一浪。自2005年被确定为"中国红色文化年"后，渝东南民族地区的各区、县相继制定了各自区、县的红色文化旅游发展规划，加大了对各自红色景区、景点的基础设施建设力度，以国家AAAA级旅游景区、全国红色旅游经典景区酉阳县龙潭古镇的赵世炎烈士故居和全国重点文物保护单位酉阳县南腰界红三军司令部旧址为代表的渝东南民族地区重点红色旅游景区的接待量大幅度增长，经济效益、社会效益明显提高。

几年来，为了提高渝东南民族地区红色文化旅游资源的竞争力，重庆市委、市政府加大了对渝东南民族地区红色文化旅游资源的宣传力度，"加强了与广安、遵义、贵阳周边三地的合作力度；着手编辑《重庆、广安、遵义、贵阳红色旅游精品景区导游词专集》，统一开展导游培训并举办四城市红色旅游景区导游员（讲解员）大赛；打造重庆、广安、遵义、贵阳红色旅游无障碍旅游区；到主要客源

---

① 王亚娟：《红色旅游开发研究——兼论河北省红色旅游开发》，华侨大学2006届硕士学位论文，第18页。

地进行市场促销"①。因此，大大拓展了渝东南民族地区红色文化旅游客源市场。这样，在中共重庆市委、市政府的大力推动和渝东南民族地区地方政府的努力下，渝东南民族地区红色文化资源的开发与利用已取得了初步成效。

2. 渝东南民族地区红色文化资源开发与利用中存在的问题

通过调查得知，渝东南民族地区红色文化资源是极其丰富的，具有得天独厚的德育与思想政治教育资源优势和教育价值，开发潜力是巨大的。然而，笔者在走访、调查中发现，这里的红色文化资源虽然有了一定程度的开发，各区、县、乡、镇及当地大中小学校在开发与利用境内红色文化资源中也有一些好的作法和成功经验，但总体上看，各地政府及教育部门对这里的红色文化资源开发与利用的力度不够，其政治、经济和文化教育等社会价值、功能没有得到充分地发掘与有效地利用，存在一些急需解决的问题。

（1）渝东南民族地区红色文化资源开发与利用面临着资金短缺、交通不便和基础设施建设滞后的难题。

第一，资金短缺。渝东南民族地区是重庆市唯一的少数民族聚居区，地处渝鄂湘黔四省市交界处的武陵山区。该地区少数民族人口多，加之属于典型的喀斯特地貌，境内农业经济、综合经济薄弱，区域经济实力不强，人民生活水平和社会事业发展缓慢，至今仍然是重庆市改革发展相对落后的地区。如境内的黔江、酉阳、秀山、彭水、石柱五个区县，都是国家级贫困区、县，属于国家支持的老、少、边、穷山区，经济发展水平低，各区、县的地方财政除勉强维持行政人员开支及保证农业重点建设投入以外，基本上再没有资金可投入到红色文化资源开发与利用上来。

第二，交通不便。渝东南民族地区红色文化旅游资源地、旅游景区大多集中在境内偏远的山村或革命老区，那里不仅经济比较落后，而且交通建设滞后，公路等级及密度低、"断头路"多、交通衔接及路网结构不合理，道路崎岖，交通不便。如渝东南的中心城市黔江区，虽然距离重庆市区只有约400公里，但现今从黔江去重庆仍然需要4~5小时的车程。境内虽然有历史悠久的乌江航道，但因乌江航道长期未得到清淤治理，致使这条古老的航道一直未发挥其应有的水运作用，况且乌江只经过彭水和龚滩镇。

---

① 李婷婷：《渝东南民族地区红色旅游资源整合开发研究》，《丝绸之路》2011年第4期第47页。

第三，旅游基础设施建设滞后。渝东南民族地区红色文化资源开发与利用除了面临资金短缺、交通不便等问题外，各红色文化旅游资源地、旅游景区所在地的水、电、环保、安全救援等旅游基础配套设施建设也比较滞后，保障度低，接待服务能力亟待加强。然而，其自我发展能力低，旅游基础设施建设投入严重不足。不可否认，重庆市自1997年升格为直辖市以来，渝东南民族地区各区、县的基础设施环境有了一定程度的改善，但与当前全国经济发展速度及其他地区经济发展水平相比，还有较大的差距。各"区、县内部交通体系尚未形成，现有公路等级低，部分县际公路依然不畅，特别是通乡、通村公路建设严重滞后"①。如秀山、酉阳两县境内虽然有着丰富的红色文化资源，但其长期以来交通不畅、信息滞后，基础设施建设与配套服务达不到需要，致使其在重庆及全国红色文化旅游市场竞争中长期处于相对劣势地位。

（2）境内各区、县对红色文化资源的保护意识不够。

新中国成立以来，特别是改革开放以来，渝东南民族地区各区、县在城镇化建设、工农业生产、工程建设等生产活动中，由于对红色文化资源的保护意识不够，一些缺乏整体规划的生产建设活动严重破坏了各区、县境内的红色文化资源。主要表现为革命纪念地、遗址在旧城改造、拆迁中遭到损坏。有的地方违背文物不可再生的规律，不尊重历史遗存，将其乱拆、乱建或改作他用。如秀山县的二野司令部旧址凤鸣书院，是始建于清嘉庆年间的四合院式建筑，如今其后花园部分木房和孔圣殿已被拆除，书院现为秀山县中和中学。涪陵区大顺乡的李家祠堂原为四川省第一个县级农民协会诞生地旧址，如今虽然已经被列为涪陵区文物保护单位，但仍为民居，未被开发利用，而且对祠堂中央天井下的殿角翘檐式戏楼也没有保护好，现已被拆除。武隆县双河乡场的一幢木结构瓦房原为四川二路红军司令部旧址，现为民宅，也未被开发利用。这就使相当一部分红色文化资源的社会教育价值与旅游功能未得到发挥或未充分发挥出来，其资源未得到充分利用。

（3）境内各区、县对红色文化资源开发利用的力度、深度不够。

笔者在对渝东南民族地区100多处红色文化资源地的调查统计中看到，其中多数资源地尚处在初步开发与利用阶段。各区、县虽然已经开始认识到要保护、整理红色文化资源，但缺乏对资源所蕴含的教育价值进行深度挖掘与提炼。这里

---

① 廖春红：《渝东南民族地区经济社会发展问题分析及对策建议》，《重庆经济》2008年第4期第39页。

的红色文化资源分布在不同的区县乡镇，零零星星，不够集中，过于分散，这既不便于总体保护与开发，也不利于整体利用。另外，各区、县、乡、镇缺乏全局统筹开发意识，各自为政的分部门归口管理体制，形成多头管理和相互掣肘。这种分区、县"画地为牢"的条块分割管理体制，一是导致各区、县"各种红色资源的内在联系被人为地割裂开来，各地的红色资源利用和运用难以发挥整体效应"①。二是导致区、县之间同类资源的近距离重复开发建设现象的出现。再者，各区、县对于红色文化资源的开发与利用仅仅局限于文化馆、文物管理站、旅游局等单位参与的单一开发与利用层面上，尚未建立政府指导下的相关部门联合开发机制，开发的力度不够。从现状看，各区、县许多已经开发的红色文化资源缺乏吸引力，一方面是因为多数资源景地、景点规模不大，精致度偏弱，震撼力不强。大多数红色文化旅游产品单调，展陈内容同构性、雷同现象突出，低水平、近距离重复开发建设现象时有发生。另一方面是部分资源景地、景点的项目局限于以参观游览为主，参与性项目开发极少。景地、景点资源内涵空乏，展陈方式单一，多为"一个房间、一张桌子、一把椅子、一张照片"的展陈模式。表现手段落后，多为文字加图片的平面介绍，认为只要有个纪念馆，有个标志物，甚至有个故事就可以了。游客看了"此处资源地"便知"彼处资源地"是何样子。没有引入声、光、电等现代展陈手段，缺乏个性特色和足够吸引力，产品开发深度不够，开发利用率低，大大影响了客源。这种单一的开发利用方式势必会使游客、参观者感到枯燥乏味，使资源所蕴含的思想、精神教育价值大打折扣。表面上看，渝东南民族地区的红色文化资源在全国没有突出的地位，其实如酉阳县的赵世炎烈士故居、红三军司令部旧址，秀山县的二野司令部旧址及四川二路红军诞生地涪陵罗云坝等处红色文化旅游资源的内涵却都是具有独到之处的，只不过是当地在对这些资源开发中仅注重了对其物质形态的开发与保护，而忽视了对其精神文化层面的开发与利用罢了。因此，渝东南民族地区有许多区、县、乡、镇的红色文化资源在开发利用上未达到应有的深度，上规模和档次，对其教育内涵与价值的挖掘是不够的。

（4）重庆一些大、中、小学对渝东南民族地区红色文化资源开发利用的效度不够。

第一，重庆一些大、中、小学对渝东南民族地区红色文化资源的开发利用，

---

① 李康平、李正兴：《论大学德育中红色资源的有效运用》，《中国高等教育》2006年第23期第44页。

只偏重于参观遗址、文物、纪念地、名人故居、烈士陵园、展览馆、纪念场馆等形式上,不注重对这些文化资源之精神内涵及现实意义进行挖掘、提炼与升华,"学生看到的也只能是物态的表现形式,却难以体悟到其真正的教育价值所在,难以收到德育的实效"①。如有的学生参观了酉阳县南腰界红三军司令部(遗址)这个全国重点文物保护单位、全国爱国主义教育基地和重庆市唯一的老革命根据地南腰界的红军数十处战斗生活遗址后认为,红军在战争年代培育成的艰苦奋斗精神虽然可敬可学,但如今我们已不再需要过那种艰难困苦的生活了,甚至得出了"艰苦奋斗的精神已经过时了"的错误结论。他们没有认识到,南腰界这些红色文化资源既包含了红三军战斗生活遗址、文物等物质形态,更重要的是包含了其中所蕴含的中国共产党人与红军战士在革命战争年代培育成的艰苦奋斗等革命传统。带队教师应及时抓住这一时机对学生进行革命传统教育,一是要告诉同学们艰苦奋斗精神是红军先烈留给我们的宝贵精神财富,是我们党在长期革命和建设中培育成的优良传统,它"是我们的政治优势,是我们治党治国的传家宝,任何时候都丢不得,丢了要吃大亏"②。二是要向同学们阐明,南腰界红色文化资源中所展现出的红军艰苦奋斗的精神"是民族精神与时代精神相结合的产物,具有与时俱进、价值永恒的特点"③。我们发扬艰苦奋斗精神也是要与时俱进的,不是要求同学们重新过"吃红米饭、喝南瓜汤"那种清贫生活,而是要与时代相对接,赋予其新的时代内容。在改革开放、振兴中华民族的今天,对于大、中、小学的学生来说,艰苦奋斗就是要培养自己自尊、自信、不怕吃苦、自强不息、励志成才的学习态度,磨炼自己艰苦创业、勇于拼搏、走向成功的坚强意志。

第二,重庆一些大、中、小学对渝东南民族地区红色文化资源的开发利用,仅局限于课堂教学与参观教育基地层面上,没有将其纳入到校园文化建设之中,没有渗透到学校教育教学的日常活动之中。长期以来,由于重庆大、中、小学对渝东南民族地区红色文化资源的教育价值没有予以应有的重视,使得这些红色文化资源在学校教育教学中并未得到充分的挖掘与利用,即使利用了,也仅仅是停留在外在的形式层面上,尚未对其内在的精神内涵进行科学的提炼与升华,这势

---

① 李康平、李正兴:《论大学德育中红色资源的有效运用》,《中国高等教育》2006年第23期第44页。
② 中共中央文献研究室:《十四大以来重要文献选编》(中),北京:人民出版社,1997年版,第1192页。
③ 刘虹、陈世润:《红色资源:当代思想政治教育的有效资源》,《教育评论》2008年第3期第9页。

必会弱化这些资源的教育功能、教育价值，同时也制约了学校德育与思想政治教育工作的有效开展。

那么，怎样进一步深入开发与利用渝东南民族地区红色文化资源呢？

三、进一步开发与利用渝东南民族地区红色文化资源的对策及有效途径

发展红色文化旅游是开发利用渝东南民族地区红色文化资源的主要途径。那么，如何做大、做强渝东南民族地区红色文化旅游业，进而开发利用渝东南民族地区红色文化资源？

1. 构建全社会多元化投资开发新体系

渝东南民族地区在战争年代留下了许多革命遗址和红色文化资源，这既是宝贵的精神财富，也是全社会开展德育与思想政治教育的重要资源。然而，多年来，境内红色文化资源的开发仅局限于单一的政府或区域性开发模式，投入的人力、物力、财力十分有限，形不成规模，制约了境内红色文化旅游资源的充分开发与利用。为此，建议中共重庆市委、市政府着手整合所有力量，构建全社会多元化投资开发新体系。

（1）制订渝东南民族地区红色文化旅游资源总体开发规划。在中共重庆市委、市政府领导下，由市委宣传部、市文化局、市旅游局牵头，成立有渝东南民族地区各区、县政府领导参加的渝东南红色文化旅游资源开发、利用与协调领导机构，负责渝东南境内红色文化旅游资源的规划、开发、利用、指导、协调等工作。坚持"政府主导、文旅联姻、企业经营、市场运作"[①]的方针，精心做好渝东南民族地区红色文化旅游的规划与包装，搞好各区、县、乡、镇红色文化资源地的基础设施、道路交通、接待条件等软硬件的建设规划。

（2）加大政府投入，整合相关部门资金资源。首先，重庆市、区、县各级人民政府要抢抓国家高度关注"三农"和建设武陵山区经济高地、民俗生态旅游带和扶贫开发示范区等战略机遇期，切实把渝东南民族地区红色文化旅游业作为培育的支柱产业列入政府投资计划，加大政府投入，安排专项资金，并强化各级政府对红色文化旅游业的导向性投入。其次，整合相关部门资金资源，在各区、县

---

① 任江河：《以秀山为例探索渝东南民族地区如何加快发展》，《决策导刊》2011年第4期第40页。

各种基础设施建设项目的申报、审批中,要优先考虑与红色文化旅游业发展密切结合的项目,并争取财政给予贷款贴息。对各区、县重点红色文化景区的公益性基础设施建设,争取纳入各区、县财政的城市维护费中统筹安排。

(3)转换机制,积极吸纳社会资本。重庆市、区、县各级人民政府要加大对内对外招商引资的力度,抓住国家西部大开发、关注"三农"和建设武陵山区经济高地等战略机遇期,搭建好各区、县对内对外招商引资的平台,吸引国内外大的旅游商家到渝东南民族地区投资红色文化旅游开发。出台优惠政策,支持渝东南民族地区红色文化旅游业进入资本市场进行融资,拓宽境内红色文化旅游业的融资渠道。大力发展民营旅游经济,积极吸纳社会闲散资金投入到渝东南民族地区红色文化旅游资源的开发利用之中。

(4)构建全社会多元化投资开发新体系。重庆市、区、县各级人民政府可考虑建立开发利用渝东南民族地区红色文化旅游资源的资金投入机制,设立渝东南民族地区红色文化旅游资源开发基金,构建以政府投入为主,企业、学校、社会共同参与的全社会多元化投资开发新体系。鼓励集体、个人、外资兴办开发项目,解决开发建设中的资金短缺问题。这样,既可发挥出这些资源的教育优势,又可使其转变为经济优势,带动并促进渝东南民族地区相关产业的发展。进而达到"开发一方红土,净化、致富一方人民",促进本区社会经济文化和谐发展。

2. 坚持整合化、系统化的开发原则

从渝东南民族地区二区五县整体角度看,虽然境内的红色文化资源物质形态各异,分布过于分散,但其蕴含之精神内核却是相同的,它们具有一脉相承的整体性、系统性。因而,开发中要通盘考虑、相互兼顾,进行大区域资源整合,注意对散布于各区、县、乡、镇的资源进行科学的系统化的挖掘与整合。在中共重庆市委、市政府的主导下,消除区域内各区、县、乡、镇行政区划及管理体制壁垒,在资源景区建设及项目开发、旅游线路推介及市场拓展、主题形象宣传及品牌塑造等方面开展实质性合作。如可把武隆县四川二路红军司令部、政治部双河场旧址、坨田红军战斗遗址、后坪坝苏维埃政府遗址、解放军白马山战斗遗址与武隆芙蓉洞绿色生态旅游进行整合;四川二路红军诞生地罗云坝及四川第一个县级农民协会诞生地李家祠堂、弋阳桥农民运动讲习所旧址、涪陵革命烈士墓可与涪陵区"古代水文站"白鹤梁、小田溪巴人墓群、点易西汉墓群、北岩钩深堂及点易洞等历史文化旅游进行整合;丰都县恩来亭、良缘亭、贺龙阁、刘伯承护国战斗遗址可与丰都鬼城及三峡库区旅游进行整合；酉阳县南腰界红三军司令部旧址、龙潭赵世炎烈士故居、县城烈士陵园可与酉阳民俗风情旅游进行整合等等，从而形成优势互补，打造综合性产品，产生叠加吸引效应。这样，既丰富了体验者的活动内容，又增强了"红色资源"的吸引力。为实现境内红色文化资源的整合化、系统化，境内各地方政府要在思想上统一认识，顾全大局，坚决破除地方保护主义，不能因局部利益而影响到整体开发。只有合作开发，才能资源共享。可将各地红色文化旅游资源依据其类型、价值品味、交通区位等因素进行统一规划，将其合理地分成区、线、点，按照轻重缓急，分步开发。这既可减少资源破坏和资金浪费，避免和克服无序开发、重复建设，又可避免对生态环境的破坏。

3. 确立立体化、动态化的展陈新思路

渝东南民族地区红色文化旅游资源的开发利用要按照国家等级旅游区的建设标准，科学论证、精心策划，开发建设一批资源品位高、配套条件好、市场潜力大、组合能力强、带动作用显著的重点项目，全力打造具有国内知名度和影响力的精品景区和拳头产品。笔者在调查中发现，酉阳县的南腰界红三军司令部旧址、龙潭古镇赵世炎烈士故居；涪陵区四川二路红军诞生地罗云坝；秀山县二野司令部旧址凤鸣书院；丰都县刘伯承同志护国战斗遗址及武隆县四川二路红军司令部、政治部双河场旧址等红色文化旅游资源，在渝东南、重庆市乃至全国都占有举足轻重的地位。如赵世炎烈士故居既是全国爱国主义教育基地，又是全国重点文物保护单位和国家AAAA级旅游景区。南腰界红三军司令部旧址和二野司令部旧址凤鸣书院，既是国家级、市级重点文物保护单位，又是国家级、市级爱国主义教育基地。我们有必要将它们打造成红色文化旅游教育精品，丰富其内涵，提升其知名度，增强其吸引力和教育感染力。至于怎样实现这一目标，建议各资源景区、景点在保证思想性的前提下，根据当代大、中、小学生及旅游者的审美观念和消费心理，从挖掘思想内涵、改革展陈方式及表现手段入手，进行一番大胆的探索和创新。打破以往单一的开发思路，运用现代传媒、高科技手段，变传统的、单一的、静态的平面展陈方式为立体化、动态化及表演、体验多种形式相结合的方式来体现"红色资源"的内容，变平面的、静态的红色资源"产品"为立体化、动态化的网站、网页、电视、音像、文学艺术等宣传教育"产品"，使参观者身临其境，既见物、见景，又见人、见思想、见精神，提高观赏性、趣味性和可参与性，进而达到全方位的教育效果。鉴于酉阳是当年红军在重庆创建的唯

一老革命根据地，旅游部门完全可以在酉阳县的南腰界红三军司令部旧址、中共中央湘鄂西分局旧址、红二、六军团会师旧址策划"当一天红军"的体验系列活动，参观者穿红军军服、住红军屋、吃红军饭、唱红军歌、听红军故事、祭红军烈士墓、模仿红军练兵等。这样，可使参观者身临其境，增加趣味性和可参与性。

4. 加大宣传推广力度，突出德育与思想政治教育功能

渝东南民族地区基本上是老、少、边、穷地区，加之交通闭塞，可进入性较差，导致外面的人们很少知道这里的红色文化旅游资源。要想把这块市场做强、做大，并推向市外，推向全国，就必须增强市场竞争意识，多形式、多渠道、多层次地搞好宣传推广。各区、县的资源景区、景点应与新闻媒体单位加强宣传合作，通过新闻报道、历史专题片、纪录片及历史电视剧等形式加大宣传力度。或编制一些图文并茂的宣传册、光盘，利用多种媒体或互联网扩大宣传，或利用巡回展、文艺演出等方式进行宣传。2015年是红军长征胜利79周年，也是中国共产党成立94周年，更应结合这一庆祝活动搞好宣传，扩大渝东南民族地区红色文化资源的影响力，提高其知名度，吸引更多的学生和群众到这里接受教育，把红色文化资源优势转化为推进社会主义核心价值体系建设的政治优势和精神优势。开发渝东南民族地区红色文化资源，要突出其德育与思想政治教育功能，突出其"红色"特质，保持其革命文化的真实性、思想性和严肃性，不能像搞其他旅游项目那样，随意"小题大做"，甚至"无中生有"，要使参观者不虚此行，既陶冶了道德情操，又接受了革命传统教育和爱党、爱国、爱社会主义的教育，进而达到"瞻仰一次圣地"便"净化一次灵魂"的目的。各区、县、乡、镇要以本地红色文化资源为依托，拓展社会主义核心价值体系宣传教育载体，打造特色鲜明的教育品牌，使红色文化旅游景区、景点成为社会主义精神文明建设的重要基地。

5. 精心开发红色文化旅游系列产品

按照红色文化旅游产品建设要求，围绕国内红色旅游目的地总体定位，加快开发渝东南民族地区红色文化旅游系列产品。积极开展渝东南民族地区红色革命历史文物的收集、整理和研究，加强各区、县红色革命遗址和革命纪念馆的保护、修缮和展陈。重点推进解放军二野司令部旧址、赵世炎故居、贺龙将军戍守屯兵遗址、南腰界红三军司令部旧址、万涛故居等红色文化旅游景区、景点的开发和建设，丰富红色文化旅游产品内容，促进渝东南民族地区红色文化旅游业快速发展。

四、重庆市大、中、小学开发利用渝东南民族地区红色文化资源之路径

1. 利用于大、中、小学相关课程的教育教学之中

重庆市大、中、小学应把渝东南民族地区红色文化资源的开发成果作为德育与思想政治教育的重要内容,以穿插讲授的方式纳入学校相关课程教育教学之中,制定切实可行的实施方案,实现红色文化资源进课堂、进教材、进头脑。高校应在"中国近现代史纲要""毛泽东思想和中国特色社会主义理论体系概论"等思政课程教学中穿插介绍渝东南民族地区典型红色文化乡土史。各级各类学校可根据本地实际安排渝东南民族地区红色文化史专题讲座,或开设相关选修课程,或将渝东南境内红军战斗、伟人成长、英模拼搏的事迹编写成具有地方特色的红色文化资源辅导读物,作为学生德育与思想政治教育的辅助教材并纳入教学计划,帮助学生获得本地红色文化资源的历史知识与理论知识,了解家乡人民在新民主主义革命时期艰苦奋斗的历史,并从中汲取精神力量。

2. 利用于大、中、小学校园文化建设之中

重庆市大、中、小学应努力营造校园渝东南民族地区红色文化传播与教育之氛围,充分发挥渝东南红色文化资源在校园文化建设中的育人功能。如邀请渝东南各区、县红色文化资源地的展览馆、文物管理及历史遗迹单位来校举办展览会、展示会等专题活动;邀请当地的老红军、老战士或老红军后代来校举办座谈会、报告会;将渝东南民族地区各红色文化资源景区、景点的经典图片和资料上传至校园网中的"红色网站",构筑传播渝东南民族地区红色文化的校园网络阵地;举办以渝东南民族地区红色文化史为内容的红色党课;开展以渝东南民族地区红色文化资源为内容的"唱、读、讲、传"活动;利用学校的校报、学报、广播、电视加强对渝东南民族地区红色文化资源的广泛宣传与教育等,使渝东南民族地区红色文化资源在校园文化建设中随处可见,使学生在潜移默化中接受革命传统、理想信念的熏陶与教育。

3. 利用于大、中、小学教育教学实践基地建设之中

渝东南民族地区红色文化资源开发成果的利用"重点在于实践,优势也在于实践。因此,必须对已开发出的红色资源教育成果进行专门性的推广与应用研究"[①],

---

① 李康平:《红色资源研究与高校思想政治教育》,《高校理论战线》2007年第6期第45页。

使之转化成大、中、小学德育与思想政治教育教学实践基地的内容。几年来，渝东南民族地区各区、县围绕经济建设都对本地红色文化资源进行了一定程度的开发与利用，并取得了明显成效。但应注意，不应将红色文化资源的开发狭义地局限于红色旅游的开发。从学校实施德育与思想政治教育意义上讲，其教育价值的开发与利用应显得更为重要。各区、县、乡、镇的红色文化资源景区、景点、教育基地应主动与大、中、小学校加强联系，对学生集体参观实行免票，个人参观实行半票，为学生接受教育打开"绿色通道"。重庆市文明委、市教委应联合发文，规定城镇每所大中小学必须确定一至两个爱国主义教育基地，小学三年级以上的学生每两年必须到基地参加一次活动。各校在利用红色文化资源时应本着"重在建设"的原则，可与学校附近的"红色文化资源"景区共建教育教学实践基地，聘请校外教育兼职教师，有计划地对学生进行爱国主义和革命传统教育。各级政府部门对爱国主义教育基地建设要明确任务，提出具体要求，要舍得投入人力、物力和财力，充分发挥"基地教育"的作用。各大、中、小学校应与"共建基地"建立长期稳定的合作关系，在实践基地引导学生把革命历史与现实结合起来，把优良传统与时代精神结合起来，坚定大、中、小学校学生的中国特色社会主义理想信念，培养学生的民族责任感，引导他们树立远大理想，养成他们吃苦耐劳、奋发向上、只争朝夕的良好习惯。

4. 利用于大、中、小学学生实践活动之中

重庆市大、中、小学在利用渝东南民族地区红色文化资源开展德育与思想政治教育时，应坚持贴近实际、贴近生活的原则。因为"思想道德教育是教育与实践相结合的过程，是潜移默化的过程，是以实践体验为基本途径，使受教育者在实践体验中，产生心灵上的共鸣，从而有效地把外在的教育内容内化为自己的思想道德品质，达到道德境界的升华"[①]。所以，各大、中、小学校利用渝东南民族地区红色文化资源开展德育与思想政治教育的最佳方式是身临其境式的实践体验方式。各校应把本校红色文化资源教育从课堂教学延伸到学生的日常生活实践中，"要特别重视和利用社会实践的形式，按照实践育人的要求，积极开展各种实践性、情景式、体验式的教育活动"[②]。如利用渝东南民族地区重大革命历史事件纪念日，老一辈无产阶级革命家、革命先烈诞辰和逝世纪念日，建党、建军、

[①] 王员、曾绍东：《论红色资源在思想道德教育中的运用》，《党史文苑》（学术版）2005年第2期第76页。

[②] 李康平、李正兴：《论大学德育中红色资源的有效运用》，《中国高等教育》2006年第23期第28页。

建国纪念日,以及入学、入队、入团、入党、成人宣誓等有特殊意义的日子,组织大、中、小学校学生开展丰富多彩的主题班会、队会、党团活动,举行各种庆祝、纪念活动。活动中要以体验教育为主,要特别重视利用教育教学实践基地来开展各种实践活动,组织大、中、小学校学生入基地到现场,到本地重大革命历史事件发生地开展参观、凭吊、宣誓等特色体验教育活动,营造庄严肃穆、身临其境式的教育氛围,使学生在自觉参与中思想感情得到熏陶、精神生活得到充实、政治觉悟得到提高、道德境界得到升华,使遍布渝东南民族地区各地的红色文化资源景区、景点、基地成为大、中、小学校学生接受爱国主义和革命传统教育的重要载体。

在革命战争年代,渝东南地区的无数革命先烈用鲜血和生命谱写了一部气壮山河的英雄史诗,为后人留下了一大笔永远值得学习和传承的伟大精神财富,也为大、中、小学开展德育与思想政治教育提供了得天独厚的资源条件,开发与利用的潜力很大。相信,在党中央、国务院及重庆市委、市政府的重视和领导下,随着渝东南民族地区红色文化资源的深度开发与利用,必将进一步加强和改进新时期大、中、小学的德育与思想政治教育,并促进渝东南民族地区社会经济文化和谐发展。

五、开发利用渝东南民族地区红色文化资源开展大学生思想政治教育存在的问题及解决途径

在当前国家大力推进大学生思想政治教育中,只有从理论上认清渝东南民族地区红色文化资源开发利用对开展大学生思想政治教育的重大意义,找准其开发利用中存在的问题,探寻有效的解决路径,才能推进大学生思想政治教育向纵深发展。

(一)开发利用渝东南民族地区红色文化资源对开展大学生思想政治教育意义重大

1. 渝东南民族地区红色文化资源开发利用为开展大学生思想政治教育奠定了先进的文化根基

渝东南民族地区红色文化资源"继承了中华民族的优良文化传统,融汇了中国共产党成立以来逐渐凝聚而成的以社会主义、集体主义、共产主义理想为核心

的先进文化"①，反映了境内革命和建设时期中国共产党人及人民群众的精神风貌和价值取向，因而它具有先进的文化特质，是一笔丰厚而系统的集理想信念教育、革命传统教育、爱国主义教育、思想品德教育于一体的思想政治教育的优质资源。开展大学生思想政治教育是要有先进文化作支撑的。由于渝东南民族地区红色文化资源具有先进的文化特质和潜移默化的育人功能，其先进性"既被红色革命历史所印证，又被中国革命胜利的实践所检验，还被时代所认同和接纳。它的内涵特质、历史地位、精神价值"②与大学生思想政治教育内涵在本源上达到了有机统一，所以渝东南民族地区红色文化资源开发利用便为大学生思想政治教育奠定了先进的文化根基。

2. 渝东南民族地区红色文化资源开发利用为开展大学生思想政治教育提供了鲜活而生动的教育素材

渝东南民族地区红色文化资源中关于开展马克思主义信仰、理想信念、民族精神和行为规范教育方面真实、有说服力的事例很多。1941年，重庆地下党员肖林受中共中央南方局书记周恩来指派"下海"做生意，为党筹措经费。他当"老板"期间，虽屡遭同事、朋友误解，却忍辱负重、不计个人得失，源源不断地将经费送到组织手中，曾一次提供3.2亿法币支援上海工人运动。他在手握巨额财富、无人监督的情况下，从未染指1分组织经费。新中国成立后，这位"红色老板"上交党中央12万两黄金，自己仅留下3枚银元作纪念。20世纪80年代，他连这3枚银元也捐赠给了重庆市博物馆。挖掘、提炼肖林"白手起家为党筹措经费，虽成百万富翁却两袖清风"这样的红色文化资源，为大学生思想政治教育提供了鲜活且有感染力、说服力的教育素材，可引导大学生在让其信服的事实面前亲自去感知、理解、体验，对社会主义核心价值观"产生情感认同、实践认同，真信、真用"③，从而增强大学生思想政治教育实效。

3. 渝东南民族地区红色文化资源开发利用为开展大学生思想政治教育引领了正确的政治方向

红色文化资源是理想信念教育的优质资源，其挖掘利用对引领大学生坚持马

---

① 肖发生：《红色资源在高校思想政治教育中的价值与运用》，《井冈山大学学报》（社会科学版）2010年第2期第29页。
② 李康平：《论红色资源在国防生军人核心价值观教育的运用》，《教育研究》2010年第2期第74页。
③ 刘志军、严淑华：《社会主义核心价值体系融入国民教育的路径》，《光明日报》2012年7月14日。

克思主义指导思想、坚持中国特色社会主义共同理想、坚持社会主义荣辱观具有导向功能。"理想信念，是一个政党治国理政的旗帜，是一个民族奋力前行的向导。"[1]大革命失败后，中国共产党人之所以没有被国民党反动派的疯狂屠杀政策所吓倒、所征服，靠的就是他们胸怀"中国革命必然胜利，共产主义必然实现"这一共同的理想信念。抗日战争爆发后，周恩来同志率领中共中央南方局的共产党人，远离延安大本营，在国统区复杂危险的情况下独当一面地开展工作。皖南事变后，他坚守重庆阵地，争取时局好转。面对生死考验，他要求大家"遇着黑暗不灰心丧气。只要大家坚守信念，不顾艰难向前奋斗，并且在黑暗中显示英勇卓绝的战斗精神，胜利是会到来的"。这是多么坚定的"遇着黑暗不灰心丧气"的理想信念。深入挖掘、提炼这些红色文化资源，对于引领大学生用马克思主义指导思想去认清日益多样多元化社会思潮中的主流与支流，在错综复杂的社会现象中看清本质、明确方向，具有独特的导向功能。

（二）开发利用渝东南民族地区红色文化资源开展大学生思想政治教育尚存在的问题

1. 对开发利用渝东南民族地区红色文化资源开展大学生思想政治教育重视的程度不够

渝东南民族地区各区、县星罗棋布的红色文化资源得天独厚，是开展大学生思想政治教育十分难得的优质而宝贵的教育资源，开发利用好这些资源对推进大学生思想政治教育意义重大。然而，近年来有些地方、单位、高校只注重追逐经济利益，只重视对自然生态旅游资源、人文旅游资源的开发利用，对开发利用红色文化资源推进大学生思想政治教育的重要性认识不足，重视程度不够，宣传不够，开发利用的氛围不浓。有些大学生身处革命老区却对家乡红色历史文化知之甚少，感受不到老区的红色文化气息。有的高校对渝东南民族地区红色文化资源即使有了开发利用也处于起步阶段，其教育功能尚未得到有效发挥。

2. 对开发利用渝东南民族地区红色文化资源开展大学生思想政治教育的投入不够

渝东南民族地区的涪陵、石柱、武隆、彭水、黔江、酉阳、秀山等区县是重庆红色文化资源主要分布地，重庆市7个革命老区有6个分布在这里。革命战争

---

[1] 中共中央文献研究室：《十六大以来重要文献选编》（中），北京：中央文献出版社，2006年版第178页。

年代这里曾上演过贺龙率领红三军创建川黔湘鄂革命根据地,红二、六军团在这里胜利会师,刘邓大军途经这里解放秀山,打响人民解放军解放大西南战役等一幕幕英勇悲壮而感人的历史剧,为后人留下了丰厚的红色文化资源。然而,这里地处偏僻的湘鄂渝黔4省市交界处的武陵山区,道路崎岖,交通不便。其中的彭水、黔江、酉阳、秀山、石柱等区县都是国家级贫困区县,是老少边穷山区,经济发展水平低,地方财政除勉强维持行政人员开支及保证农业重点建设投入外,基本上再没有资金可投入到红色文化资源开发利用上来。因资金短缺,境内众多红色文化遗址和纪念地年久失修。有的高校在开发利用渝东南民族地区红色文化资源开展大学生思想政治教育上舍不得投入人力、物力和财力。

3. 高校与地方各区、县对渝东南民族地区红色文化资源开发与整合的力度不够

渝东南民族地区红色文化资源非常丰富,在其6个革命老区的100多处红色文化资源地中,有全国重点文物保护单位2处、省级重点文物保护单位11处、县级重点文物保护单位35处、全国爱国主义教育基地2处、国家AAAA级红色旅游景区1处、省级爱国主义教育基地8处、区县级爱国主义教育基地24处。然而,这些红色文化资源分布在各区、县、乡、镇,不集中,多数只局限于文化馆、博物馆、党史文献研究室、旅游局等单位单一开发与利用层面上,尚未建立政府指导下的高校与各地相关部门联合开发、利用机制,开发与整合的力度不够,以致各资源景区、景点由当地宣传、民政、文物、旅游等部门多头管理,条块分割,各地"各种红色资源的内在联系被人为地割裂开来,各地的红色资源利用和运用难以发挥整体效应"[①],这就弱化了渝东南民族地区红色文化资源在大学生思想政治教育中的育人功能。

4. 高校与地方各区、县对渝东南民族地区红色文化资源开发与利用的效度不够

许多高校与地方各区、县红色文化资源地在对大学生开展思想政治教育时只注重对革命历史遗址、文物、故居、纪念场馆、实物图片、烈士陵园等红色文化资源进行简单地展示,忽视了对这些资源思想内涵、精神价值的挖掘和提炼,导游员也缺乏对大学生进行社会主义核心价值体系教育方面的引导,未及时向大学

---

① 李康平、李正兴:《论大学德育中红色资源的有效运用》,《中国高等教育》2006年第23期第44页。

生宣讲艰苦奋斗精神是党和红军在战争年代培育成的优良传统,"是我们治党治国的传家宝,任何时候都丢不得,丢了要吃大亏"①的道理。由于对渝东南民族地区红色文化资源开发利用的效度不够,其蕴涵的思想政治教育功能未能得到充分发挥。

(三)针对渝东南民族地区红色文化资源开发利用中存在的问题高校与地方应采取的对策

1. 加大宣传推广力度,充分发挥渝东南民族地区红色文化资源在大学生思想政治教育中的育人功能

渝东南民族地区交通闭塞,可进入性差。要把这里的红色文化资源介绍出去,各高校与各区、县必须加大宣传力度。建议高校与各区、县、乡、镇以校园广播、网络、板报、校本读物、报纸、书刊、电视、移动通讯、音像制品等为媒介,开辟专栏、专题、网页,搭建渝东南民族地区红色文化资源宣传平台,构建开发与利用公益服务体系,让红色文化走进千家万户,把境内红色文化资源及其文化产品推向全国。各高校与资源景区应与新闻媒体单位加强合作,通过新闻报道、专题片、纪录片及电视剧等形式加大对景区、景点宣传力度,或编制图文并茂的教材、读物、宣传册、光盘,或利用互联网等媒体,或利用巡回展、文艺演出等方式进行宣传。鉴于2015年是中国共产党成立94周年、红军长征胜利79周年,建议各高校及各区、县要充分挖掘本地红色文化资源中有助于大学生思想政治教育的典型案例,结合纪念庆祝活动搞好宣传,吸引更多大学生到境内红色文化资源景区接受教育,充分发挥渝东南民族地区红色文化资源在大学生思想政治教育中的育人功能。

2. 加大资金投入力度,增强渝东南民族地区红色文化资源保护意识,构建高校与地方联合开发新体系

建议各高校与各区、县增强对渝东南民族地区红色文化资源的保护意识,制定鼓励各区、县开发利用境内红色文化资源的相关政策;加大对革命旧址、遗址和纪念地、爱国主义教育基地、红色旅游景点的保护修缮和开发利用力度;加大对各区、县红色文化资源开发利用上的资金投入,搞好各资源地基础设施、道路交通、接待条件等软硬件建设;加大对主要党史人物及重大历史事件的研究力度,

---

① 中共中央文献研究室:《十四大以来重要文献选编》(中),北京:人民出版社,1997年版第1192页。

在人物传记、影视剧作品创作上多出精品力作；加强对渝东南民族地区红色文化资源方面校本读物、影视、音像、书刊作品的制作、发行和出版工作。在募集投入资金方面，建议实行国家投入与市场运作相结合，可建立资金投入机制，设立资源开发基金，构建以政府投入为主，各高校、各类企业、社会组织共同参与的全社会多元化投资开发新体系，广泛吸纳社会资金，拓宽资金来源渠道，解决开发中的资金短缺问题。这样，既可发挥出渝东南民族地区红色文化资源在大学生思想政治教育中的教育优势，又可使其转变为经济优势，带动并促进境内红色文化旅游等相关产业发展，达到"开发一方红土，净化、致富一方人民"的目的，促进渝东南民族地区社会经济文化和谐发展。

3. 加大开发与整合的力度，对渝东南民族地区各区、县红色文化资源坚持整合化、系统化的开发原则

开发、利用渝东南民族地区红色文化资源来开展大学生思想政治教育是一项长期而系统的政治工程、文化工程，对重庆乃至全国来说具有全局性，对渝东南民族地区各区、县、乡、镇来说它又具有具体性和特殊性。建议中共重庆市委、市政府、市教委等相关部门应依据渝东南民族地区各区、县、乡、镇红色文化资源的类型、价值品味、交通区位等因素制定渝东南民族地区红色文化资源调查、挖掘、开发与利用总体规划，对各资源地坚持整合化、系统化的开发利用原则，加大开发、利用与整合的力度，发挥整体教育功效。建议各高校及各区、县、乡、镇在中共重庆市委、市政府的领导下，成立由各高校相关部门及各区、县文化、广电、社科、党史、财政、民政、旅游等部门参加的渝东南民族地区红色文化资源开发利用领导机构，定期召开联席会议，建立协调机制，加强对渝东南民族地区红色文化资源开发利用的管理与指导。渝东南民族地区红色文化资源是非常丰富的，但各地自发且无序的点状开发对实现全市红色文化资源可持续开发利用是极为不利的。为实现渝东南各地红色文化资源挖掘利用的整合化、系统化，渝东南民族地区各区、县要从全市整体规划出发，顾全大局，坚决破除地方保护主义，不能因局部利益而影响整体开发利用，只有整合、开发与利用，才能实现资源共享。

4. 加大开发与利用的效度，对渝东南民族地区红色文化资源确立立体化、动态化的展陈开发新思路

众所周知，酉阳土家族苗族自治县龙潭镇赵世炎烈士故居既是全国重点文物保护单位、全国爱国主义教育基地，又是国家AAAA级旅游景区；酉阳境内南腰界红三军司令部旧址既是全国重点文物保护单位，又是省级爱国主义教育基地、青少年教育基地和国防教育基地；秀山土家族苗族自治县的二野司令部旧址凤鸣书院既是省级爱国主义教育基地，又是省级重点文物保护单位；武隆县四川二路红军司令部及政治部双河场旧址是渝东南乃至重庆市著名的红色文化资源景地。然而，这些知名红色资源景点至今仍处于初步开发阶段，文物陈列多属单一静态的平面展陈方式，缺少立体式与参与式开发。因此，建议各高校与这些景区紧密合作，将各景区红色文化资源的开发利用、各景区的红色旅游与大学生思想政治教育紧密结合起来，各高校与各景区联合攻关，提升各景区红色文化资源开发利用的效度，在资源载体中植入大学生思想政治教育的内容。应在保证思想性、教育性前提下，从挖掘思想政治教育内涵、改革展陈方式及表现手段入手，运用现代传媒、高科技手段，变单一静态的平面展陈方式为立体化、动态化与表演、体验、参与多种形式相结合的展陈方式，使大学生身临其境，既见物、见景、见人，又见思想、见精神，进而增强红色文化旅游产品对大学生的感染力、说服力，最大限度地发挥渝东南民族地区红色文化资源在大学生思想政治教育中的育人功能。

参考文献及资料

一、历史文献

[1] 中共中央党史研究室著：《中国共产党历史》(第一卷)，中共党史出版社 2002 年版。

[2] 中央档案馆编：《中共中央文件选集》第 2~7 册，中共中央党校出版社 1983 年版。

[3] 中央档案馆编：《中共中央文件选集》第 8 册，中共中央党校出版社 1985 年版。

[4] 中央档案馆编：《中共中央文件选集》第 12~13 册，中共中央党校出版社 1991 年版。

[5] 1942 年 6 月 3 日延安《解放日报》。

[6] 毛泽东：《毛泽东选集》，人民出版社 1968 年版。

[7] 中央档案馆、四川省档案馆：《四川革命历史文件汇集（群团文件·1922~1925 年）》(内部编印)，1986 年版。

[8] 中央档案馆、四川省档案馆编：《四川革命历史文件汇集（省委文件·1926~1927 年）》(内部编印)，1985 年版。

[9] 中共四川省委党史工作委员会编：《土地革命战争时期四川党领导的武装斗争》(上集)，四川大学出版社 1987 年版。

[10] 中共四川省委党史工作委员会编：《土地革命战争时期四川党领导的武装斗争》(下集)，四川大学出版社 1987 年版。

[11] 中共重庆市委研究室编：《重庆市情》，重庆出版社 1985 年版。

[12] 中共重庆市委党史研究室：《临刑寄语——巴渝革命烈士书信选》，成都科技大学出版社 1991 年版。

[13] 中共四川省委党史研究室：《川东红军游击队》，四川大学出版社 1993 年版。

[14] 中共四川省委党史工作委员会：《解放战争时期四川地方武装斗争》，四川大学出版社 1993 年版。

[15] 中国人民解放军历史资料丛书编审委员会：《土地革命战争时期各地武

装起义·川滇黔地区》，解放军出版社 1996 年版。

[16] 中共四川省委党史研究室：《四川老区概览》，成都科技大学出版社 1995 年版。

[17] 中共中央文献研究室：《十四大以来重要文献选编》（中），北京：人民出版社 1997 年版。

[18] 中共重庆市委党史研究室编：《中共中央南方局大事记》（修订本），重庆出版社 2004 年版。

[19] 中共重庆市委党史研究室著：《中国共产党重庆地方简史》，重庆出版社 2006 年版。

[20] 中共重庆市委党史研究室编：《中共中央南方局史》，中共党史出版社 2009 年版。

[21] 中共重庆市委党史研究室编：《中国共产党重庆历史》第一卷（1926—1949），重庆出版社 2011 年版。

[22] 中国人民政治协商会议四川省重庆市委员会文史资料研究委员会编：《重庆抗战纪事（1937—1945）》，重庆出版社 1985 年版。

[23] 中国人民政治协商会议四川省重庆市委员会文史资料研究委员会编：《重庆抗战纪事（续编）》，重庆出版社 1991 年版。

[24] 中国工农红军第四方面军战史编委会：《中国工农红军第四方面军战史》，解放军出版社 1989 年版。

[25] 中国工农红军第二方面军战史编委会：《中国工农红军第二方面军战史》，解放军出版社 1992 年版。

[26] 重庆抗战丛书编纂委员会编：《抗战时期重庆的经济》，重庆出版社 1995 年版。

[27] 重庆抗战调研课题组编：《重庆市抗战时期人口伤亡和财产损失》，中共党史出版社 2011 年版。

[28] 重庆《新华日报》

[29] 重庆《中央日报》

[30] 重庆《大公报》

[31] 《近代史资料》

[32] 《近代史研究》

[33] 《民国档案》

[34] 《红岩春秋》

[35] 《重庆党史研究资料》（内刊）

[36] 《四川党史研究资料》（内刊）

[37] 中共四川省涪陵地委党史工委：《贺龙在川东南》，解放军出版社1988年版。

[38] 中共酉阳土家族苗族自治县委党史研究室：《酉阳现代风云录》，西南师范大学出版社1999年版。

[39] 中共秀山土家族苗族自治县委党史研究室著：《中国共产党重庆历史秀山县卷》，重庆出版社2011年版。

[40] 秀山土家族苗族自治县委党史研究室：《无法忘却的记忆——日机轰炸秀山的暴行与秀山各界的抗日救亡活动》，《红岩春秋》2010年第3期。

[41] 中共黔江土家族苗族自治县党史委办公室：《黔江革命斗争记略》（内部编印），1984年版。

[42] 中共武隆县委党史研究室编：《民主革命时期的武隆》，重庆出版社1995年版。

[43] 中共涪陵市委党史研究室编：《大革命时期的涪陵》（内部发行），1991年版。

[44] 中共涪陵市委党史研究室编：《解放战争时期的涪陵》（内部发行），1992年10月版。

[45] 中共四川省涪陵市委党史研究室编：《中共涪陵地区简史》，重庆出版社1997年版。

[46] 中共石柱土家族自治县委党史研究室：《石柱人民革命斗争简史》（内部编印），2004年版。

[47] 酉阳自治县委党研室：《中共酉阳自治县简史》，重庆出版社，2012年版。

[48] 中共河南省委党史研究室：《河南省红色旅游发展研究》，中共党史出版社2007年版。

[49] 重庆年鉴社编辑：《重庆年鉴》（2008年卷），重庆人民出版社2008年版。

[50] 湖南、湖北、四川、贵州四省档案馆和湘西土家族苗族自治州党史办公室合编：《湘鄂川黔革命根据地历史文献汇集》（1934—1936）（内部编印），1984年版。

二、地方志书、文史资料

[1] 重庆市民族宗教事务委员会：《重庆民族志》，重庆出版社2002年版。

[2] 酉阳县志编纂委员会：《酉阳县志》，重庆出版社2002年版。

[3] 中国人民政治协商会议四川省酉阳县委员会、酉阳县县志编修委员会编：《酉阳文史资料选辑》第1辑（内部发行），1983年5月版。

[4] 中国人民政治协商会议四川省酉阳县委员会、酉阳县县志编修委员会编：《酉阳文史资料选辑》第2辑（内部发行），1983年9月版。

[5] 中国人民政治协商会议酉阳土家族苗族自治县委员会、酉阳土家族苗族自治县县志编纂委员会编：《酉阳文史资料选辑》第3辑（内部发行），1984年8月版。

[6] 中国人民政治协商会议酉阳土家族苗族自治县委员会、酉阳土家族苗族自治县县志编纂委员会编：《酉阳文史资料选辑》第4辑（内部发行），1984年11月版。

[7] 中国人民政治协商会议酉阳土家族苗族自治县委员会、酉阳土家族苗族自治县县志编纂委员会编：《酉阳文史资料选辑》第6辑（内部发行），1985年12月版。

[8] 政协酉阳土家族苗族自治县委员会文史资料研究委员会、酉阳土家族苗族自治县县志编纂委员会办公室编：《酉阳文史资料选辑》第10辑（内部发行），1987年11月版。

[9] 中国人民政治协商会议酉阳土家族苗族自治县委员会、酉阳土家族苗族自治县县志编纂委员会编：《酉阳文史资料选辑》第11辑（内部发行），1988年9月版。

[10] 中国人民政治协商会议四川省酉阳土家族苗族自治县委员会文史资料委员会编：《酉阳文史资料》第13辑（内部发行），1991年12月版。

[11] 中国人民政治协商会议重庆市酉阳土家族苗族自治县委员会文史资料委员会编：《酉阳文史资料》第19辑（内部发行），1997年12月版。

[12] 秀山土家族苗族自治县县志编纂委员会：《秀山县志》，中华书局出版2001年版。

[13] 秀山土家族苗族自治县民族宗教事务委员会：《秀山民族志》（内部发行），2002年版。

[14] 中国人民政治协商会议秀山土家族苗族自治县委员会文史资料工作委员会编：《秀山文史资料》第2辑（内部发行），1985年12月版。

[15] 中国人民政治协商会议秀山土家族苗族自治县委员会文史资料工作委员会编：《秀山文史资料》第3辑（内部发行），1986年10月版。

[16] 中国人民政治协商会议四川省秀山土家族苗族自治县委员会文史资料委员会编：《秀山文史资料》第 4 辑（内部发行），1988 年 9 月版。

[17] 中国人民政治协商会议四川省秀山土家族苗族自治县委员会文史资料委员会、中共秀山土家族苗族自治县委员会党史研究室、秀山土家族苗族自治县县志编纂委员会办公室编：《秀山文史资料》第 5 辑（内部发行），1989 年 12 月版。

[18] 中国人民政治协商会议四川省秀山土家族苗族自治县委员会文史资料委员会、秀山土家族苗族自治县民族事务委员会编：《秀山文史资料》第 6 辑（内部发行），1991 年 10 月版。

[19] 四川省黔江土家族苗族自治县县志编纂委员会：《黔江县志》，中国社会出版社 1994 年版。

[20] 重庆市黔江区地方志编纂委员会：《黔江地区志》，重庆出版社 2001 年版。

[21] 黔江土家族苗族自治县政协文史资料委员会编：《黔江文史资料选辑》第 1 辑（内部发行），1986 年 5 月版。

[22] 重庆市黔江土家族苗族自治县政协文史资料委员会编：《黔江诗词选》（黔江文史资料第 11 辑（内部发行），1998 年 10 月版。

[23] 彭水县志编纂委员会：《彭水县志》，四川人民出版社 1998 年版。

[24] 中国人民政治协商会议彭水苗族土家族自治县委员会文史资料研究委员会编：《彭水文史资料选辑》第 1 辑（内部发行），1985 年 12 月版。

[25] 中国人民政治协商会议彭水苗族土家族自治县委员会文史资料研究委员会编：《彭水文史资料选辑》第 3 辑（内部发行），1987 年 7 月版。

[26] 中国人民政治协商会议彭水苗族土家族自治县委员会文史资料研究委员会编：《彭水文史资料》第 5 辑（内部发行），1989 年 9 月版。

[27] 石柱县志编纂委员会：《石柱县志》，四川辞书出版社 1994 年版。

[28] 石柱土家族自治县志编纂委员会：《石柱土家族自治县志》，西南师范大学出版社 2008 年版。

[29] 中国人民政治协商会议石柱土家族自治县委员会文史工作委员会编：《石柱文史资料》第 10 辑（内部发行），1989 年 8 月版。

[30] 中共石柱土家族自治县委党史研究室、政协石柱土家族自治县委文史委员会编：《石柱文史资料》第 11 辑（内部发行），1989 年 11 月版。

[31] 中国人民政治协商会议石柱土家族自治县委员会文史资料工作委员会编：《石柱文史资料》第 12 辑（内部发行），1990 年 11 月版。

[32] 中国人民政治协商会议四川省石柱土家族自治县委员会文史资料工作委员会编:《石柱文史资料》第13辑（内部发行），1991年11月版。

[33] 中国人民政治协商会议石柱土家族自治县委员会文史资料委员会编:《石柱文史资料》第14辑（内部发行），1993年9月版。

[34] 中国人民政治协商会议石柱土家族自治县委员会文史委员会编:《石柱文史资料》第16辑（内部发行），1995年11月版。

[35] 中国人民政治协商会议重庆市石柱土家族自治县委员会文史资料委员会编:《石柱文史资料》第18辑（内部资料），1999年11月版。

[36] 中国人民政治协商会议石柱土家族自治县委员会文史资料委员会编:《石柱文史资料》第19辑（内部发行），2004年10月版。

[37] 中国人民政治协商会议重庆石柱土家族自治县委员会文史资料委员会：《石柱文史资料》第20辑（内部资料），2009年9月版。

[38] 四川省武隆县志编纂委员会:《武隆县志》，四川人民出版社1994年版。

[39] 中国人民政治协商会议武隆县委员会文史资料委员会编:《武隆文史资料》第1辑（内部发行），1989年9月版。

[40] 政协四川省武隆县文史资料委员会编:《武隆文史资料》第5辑（内部发行），1996年5月版。

[41] 四川省涪陵市志编纂委员会编纂:《涪陵市志》，四川人民出版社1995年版。

[42] 中国人民政治协商会议四川省涪陵市委员会文史资料研究委员会编:《涪陵文史资料选辑》第1辑（内部发行），1985年1月版。

[43] 中国人民政治协商会议四川省涪陵市委员会文史资料研究委员会编:《涪陵文史资料选辑》第4辑（内部发行），1987年5月版。

[44] 中国人民政治协商会议四川省涪陵市委员会文史资料研究委员会编:《涪陵文史资料选辑》第5辑（内部发行），1987年12月版。

[45] 中国人民政治协商会议重庆市涪陵区委员会文史资料委员会编:《涪陵文史资料选辑》第11辑（内部发行），2000年5月版。

[46] 中国人民政治协商会议重庆市涪陵区委员会文史资料委员会编:《涪陵文史资料选辑》第12辑（内部发行），2004年10月版。

[47] 中国人民政治协商会议重庆市涪陵区委员会文史资料委员会编:《涪陵文史资料》第14集（内部发行），2006年11月版。

[48] 贵州省地方志编纂委员会:《贵州省志民族志》，贵州民族出版社2003年版。

[49] 贵州省沿河土家族自治县民族宗教事务局：《沿河土家族自治县民族志》，贵州民族出版社2007年版。

[50] 湖北省利川市地方志编纂委员会：《利川市志》，湖北科学技术出版社1993年版。

[51] 咸丰县志编纂委员会：《咸丰县志》，武汉大学出版社1990年版。

[52] 湖北省恩施市地方志编纂委员会：《恩施市志》，武汉工业大学出版社1996年版。

[53] 贵州省沿河土家族自治县志编纂委员会：《沿河土家族自治县志》，贵州人民出版社1993年版。

[54] 松桃苗族自治县志编纂委员会：《松桃苗族自治县志》，贵州人民出版社1996年版。

[55] 贵州省德江县地方志编纂委员会：《德江县志》，贵州人民出版社1994年版。

[56] 思南县志编纂委员会：《思南县志》，贵州人民出版社1992年版。

[57] 贵州省务川仡佬苗族自治县志编纂委员会：《务川仡佬族苗族自治县志》，贵州人民出版社2001年版。

[58] 道真仡佬族苗族自治县编纂委员会：《道真仡佬族苗族自治县县志》，贵州人民出版社1992年版。

[59] 四川省南川县志编纂委员会：《南川县志》，四川人民出版社1991年版。

三、专（编）著

[1] 本书编写组：《湘鄂西苏区历史简编》，湖北人民出版社1982年版。

[2] 彭水苗族土家族自治县筹备委员会：《彭水民间故事》，（内部发行），1984年版。

[3] 尤中：《中国西南民族史》，云南人民出版社1985年版。

[4] 文天行：《国统区抗战文艺运动大事记》，四川省社会科学院出版社1985年版。

[5] 湘鄂川黔革命根据地史稿编写组：《湘鄂川黔革命根据地史稿》，湖南人民出版社1985年版。

[6] 湘鄂川黔苏区革命文化史料汇编编辑组：《湘鄂川黔苏区革命文化史料汇编》，中国书籍出版社1995年版。

[7] 本书编写组：《湘西土家族苗族自治州概况》，湖南人民出版社1985年版。

[8] 酉阳土家族苗族自治县概况编写组：《酉阳土家族苗族自治县概况》，四

川民族出版社 1986 年版。

[9] 土家族简史编写组:《土家族简史》,湖南人民出版社 1986 年版。

[10] 黄友凡,彭承福等:《抗日战争中的重庆》,西南师范大学出版社 1986 年版。

[11] 马宣伟、温贤美:《川军出川抗战纪事》,四川省社会科学院出版社 1986 年版。

[12] 秀山土家族苗族自治县概况编写组:《秀山土家族苗族自治县概况》,四川民族出版社 1987 年版。

[13] 宋玉鹏等:《土家族民歌》,四川民族出版社 1987 年版。

[14] 曾祥义等:《川鄂边游击队》,四川人民出版社 1988 年版。

[15] 黔江土家族苗族自治县概况编写组:《黔江土家族苗族自治县概况》,四川民族出版社 1990 年版。

[16] 殷海山:《中国少数民族艺术词典》,民族出版社 1991 年版。

[17] 贺龙传编写组:《贺龙传》,当代中国出版社 1993 年版。

[18] 宋玉鹏:《天府好望角》,四川人民出版社 1993 年版。

[19] 冉光海:《川湘黔鄂边区剿匪纪实》,西南师范大学出版社 1993 年版。

[20] 四川黔江地区民族事务委员会:《川东南少数民族史料辑》,四川民族出版社 1995 年版。

[21] 中国老区建设促进会:《中国革命老区》,中共党史出版社 1997 年版。

[22] 李蓉,叶成林:《抗战时期大后方的民主运动》,华文出版社 1997 年版。

[23] 余楚修,管唯良:《重庆建制沿革》,重庆出版社 1998 年版。

[24] 段超:《土家族文化史》,民族出版社 2000 年版。

[25] 杨铭:《西南民族史研究》,重庆出版社 2000 年版。

[26] 薛新力:《重庆文化史》,重庆出版社 2001 年版。

[27] 管维良:《重庆民族史》,重庆出版社 2002 年版。

[28] 周勇:《重庆通史》第 3 卷,重庆出版社 2002 年版。

[29] 王久渊等:《乌江经济文化研究》(第一辑),重庆出版社 2004 年版。

[30] 吴涛:《巴渝历史名镇》,重庆出版社 2004 年版。

[31] 傅德岷,李书敏:《巴渝英杰名流》,重庆出版社 2004 年版。

[32] 中国歌谣集成四川卷编辑委员会:《中国歌谣集成·四川卷》(上、下册)(北京)中国 ISBN 中心出版 2004 年版。

[33] 朱茂等:《石柱土家族风情暨历史文化》,中国文史出版社 2004 年版。

[34] 本书编写组：《历史的丰碑——红军在秀山》（秀山土家族苗族自治县内部编印）2005年版。

[35] 全国红色旅游工作协调小组办公室主编：《中国红色旅游发展报告2005》，中国旅游出版社2006年版。

[36] 石柱县文化广播电视新闻出版局：《诗咏石柱》（内部资料）2006年版。

[37] 彭福荣，李良品等：《乌江流域民族地区历代碑刻选辑》，重庆出版社2007年版。

[38] 陈梦昭：《酉阳历代诗词选》，西南师范大学出版社2008年版。

[39] 赵小鲁，席建超：《重庆市渝东南地区旅游发展规划》，中国旅游出版社2006年版。

[40] 《彭水苗族土家族自治县概况》编写组、《彭水苗族土家族自治县概况》修订本编写组：《彭水苗族土家族自治县概况》，民族出版社2007年版。

[41] 《绿色石柱》编纂委员会：《绿色石柱》，重庆出版社2007年版。

[42] 王希辉，冉建红，吴冬梅：《乌江流域建置沿革》，中央文献出版社2007年版。

[43] 石柱土家族自治县概况编写组、《石柱土家族自治县概况》修订本编写组：《石柱土家族自治县概况》，民族出版社2008年版。

[44] 张爱芹，王以第：《红色文化与道德建设研究》，中国海洋大学出版社2008年版。

[45] 周振国，高海生等：《红色旅游基本理论研究》，社会科学文献出版社2008年版。

[46] 酉阳土家族苗族自治县概况编写组：《酉阳土家族苗族自治县概况》（修订本），民族出版社2008年版。

[47] 重庆市老区建设促进会：《重庆革命老区》（内部编印），重庆市老区建设促进会组织编撰，2009年版。

[48] 李良品等：《乌江流域民族史》，重庆出版社2009年版。

[49] 孙和平等：《四川红色文化资源开发与利用研究》，四川大学出版社2010年版。

[50] 李良品，彭福荣，余继平：《重庆民族文化研究》，重庆出版社2010年版。

[51] 徐仁立：《中国红色旅游研究》，中国金融出版社2010年版。

[52] 黄细嘉等：《红色旅游与老区发展研究》，中国财政经济出版社2010年版。

[53] 冉隆才：《红色土地-石柱革命老区》，重庆出版社2011年版。

[54] 李康平：《江西红色资源开发与教育研究：江西红色历史文化研究》，中国社会科学出版社 2011 年版。

[55] 彭清玉：《酉阳 1912—1949》，重庆大学出版社，2012 年版。

四、学术论文

[1] 潘伦理：《论大学校园的文化色彩》，中国人民大学书报资料中心《高等教育》1995 年第 6 期。

[2] 高丙中：《主文化、亚文化、反文化与中国文化的变迁》，中国人民大学书报资料中心《文化研究》1997 年第 4 期。

[3] 郑霄阳、吴娟、郑澄桂：《土地革命时期闽西苏区红色出版物述略》，《出版发行研究》2001 年第 9 期。

[4] 蔡德贵、刘长明：《东西方文化的千年"牵手"》，中国人民大学书报资料中心《文化研究》2002 年第 2 期。

[5] 王员、曾绍东：《论红色资源在思想道德教育中的运用》，《党史文苑》（学术版）2005 年第 2 期。

[6] 李水第、傅小清：《红色文化之源：中国共产党的先进性》，《求实》2005 年第 5 期。

[7] 谷玉芬：《红色旅游与红色资源关系解析》，《商业经济》2006 年第 3 期。

[8] 项福库、何丽：《对开发渝东南红色旅游资源的建议》，《经济研究导刊》2006 年第 4 期。

[9] 赖宏、刘浩林：《论红色文化建设》，《南昌航空工业学院学报》（社会科学版）2006 年第 4 期。

[10] 刘建平、刘向阳：《区域红色文化遗产资源整合开发探析》，《湘潭大学学报》（哲学社会科学版）2006 年第 5 期。

[11] 刘争先：《红色资源的价值及开发运用原则探析》，《当代经理人》2006 年第 21 期。

[12] 李康平、李正兴：《论大学德育中红色资源的有效运用》，《中国高等教育》2006 年第 23 期。

[13] 王国梁：《论湖北红色文化的渊源、特色及地位》，《理论界》2007 年第 3 期。

[14] 李康平：《红色资源研究与高校思想政治教育》，《高校理论战线》2007 年第 6 期。

[15] 王以第：《"红色文化"的价值内涵》，《理论界》2007 年第 8 期。

[16] 钟秀利、杨艳春、罗春洪:《试析红色文化的政治价值》,《求实》2007年第11期。

[17] 刘丽平、李水第:《"红色文化"的价值形态与开发策略探析》,《职业圈》2007年第12期。

[18] 徐本莲:《革命老区革命文物保护与红色旅游的和谐相融》,《理论建设》2008年第1期。

[19] 刘虹、陈世润:《红色资源:当代思想政治教育的有效资源》,《教育评论》2008年第3期。

[20] 廖春红:《渝东南民族地区经济社会发展问题分析及对策建议》,《重庆经济》2008年第4期。

[21] 李康平、李正兴:《论红色资源在高校思想政治理论课中的运用》,《教育学术月刊》2008年第8期。

[22] 张群:《论红色旅游对社会主义文化建设的作用》,《湖北经济学院学报》(人文社会科学版)2008年第8期。

[23] 刘萍:《论校园媒介传播对校园文化构建的积极促动》,《黑龙江教育》(高教研究与评估)2009年第1~2期。

[24] 魏本权:《传承与创新:构建具有中国特色的红色资源学》,《井冈山学院学报》(哲学社会科学版)2009年第3期。

[25] 杨山山:《秀山县革命历史遗址遗迹掠影》,《红岩春秋》2009年第3期。

[26] 徐朝亮、周琰培:《利用红色文化提升大学生思想政治教育成效》,《继续教育研究》2009年第7期。

[27] 肖发生:《红色资源在高校思想政治教育中的价值与运用》,《井冈山大学学报》(社会科学版)2010年第2期。

[28] 李康平:《论红色资源在国防生军人核心价值观教育的运用》,《教育研究》2010年第2期。

[29] 冉启蕾、沈晓飞:《红色罗云》,《红岩春秋》2010年第4期。

[30] 姚莉苹:《湘鄂西苏区红色歌谣精神内涵探析》,《文史博览》(理论)2010年第8期。

[31] 黄钰财:《红色律师熊福田旧居——庆仁堂》,《重庆日报》(农村版)2010年8月13日第13版。

[32] 项福库、何丽:《渝东南红色旅游资源的开发与利用》,《重庆社会科学》2010年第4期。

[33] 李婷婷:《渝东南民族地区红色旅游资源整合开发研究》,《丝绸之路》2011年第4期。

[34] 任江河:《以秀山为例探索渝东南民族地区如何加快发展》,《决策导刊》2011年第4期。

[35] 魏登云:《论红色文化的四大特点》,《沧桑》2014年第5期。

五、博士、硕士论文

[1] 汤红兵:《湘鄂西红色文化的形成及开发：以洪湖、监利红色文化资源为主体透视》,华中师范大学2006年硕士学位论文。

[2] 王亚娟:《红色旅游开发研究——兼论河北省红色旅游开发》,华侨大学2006届硕士学位论文。

[3] 胡月文:《和谐共生·优势互补·良性互动——革命性旧址与周边景观的保护研究（从延安枣园论中国红色文化资源及时代价值）》,西安美术学院2007年硕士学位论文。

[4] 桑俊:《红安革命歌谣研究》,华中师范大学2008年博士学位论文。

[5] 曾喜云:《红色文化资源开发利用中存在的问题、原因及对策》,华中师范大学2008年硕士学位论文。

[6] 王制军:《大别山区红色历史资源开发研究》,华中师范大学2008年硕士学位论文。

[7] 李磊:《枣庄红色文化资源开发利用对策研究》,山东大学2009年硕士学位论文。

[8] 陈建平:《赣南红色文化资源保护与开发研究》,赣南师范学院2009年硕士学位论文。

[9] 刘雪岚:《红色资源与大学生理想信念教育》,南昌大学2009年硕士学位论文。

[10] 张克伟:《沂蒙红色文化资源产业化研究》,山东大学2010年硕士学位论文。

[11] 易修政:《中国红歌会与民族精神的培育和弘扬研究》,华东交通大学2010年硕士学位论文。

[12] 尹文剑:《江西永新县中小学红色文化课程资源开发研究》,西南大学2011年硕士学位论文。

[13] 李国强:《基于经济价值评估的陕北红色文化资源开发研究》,西安工业

大学 2011 年硕士学位论文。

[14] 朱小理：《红色资源转化为教育教学资源的方式及路径研究》，南昌大学 2011 年博士学位论文。

[15] 万亮：《红色资源在当代国防生军人核心价值观教育中的实践研究》，江西师范大学 2011 年硕士学位论文。

[16] 郗宝云：《思想政治教育红色资源研究》，陕西师范大学 2011 年硕士学位论文。

[17] 郑良军：《红色旅游发展与红色资源保护的研究》，南昌大学 2011 年硕士学位论文。

[18] 洪惠敏：《红色资源在大学生思想政治教育中的应用研究》，苏州大学 2011 年硕士学位论文。

[19] 牛艳娜：《红色资源与大学生思想政治教育研究》，陕西师范大学 2012 年硕士学位论文。

[20] 饶勇：《红色资源应用于社会主义核心价值体系大众化研究》，南昌大学 2012 年博士学位论文。

[21] 周海燕：《红色资源在大学生思想政治教育中的有效运用研究》，重庆师范大学 2012 年硕士学位论文。

[22] 岳蓓：《赣南红色资源与大学生思想政治教育研究：以赣南高校为例》，赣南师范学院 2012 年硕士学位论文。

[23] 唐顺利：《红色资源与增强高校思想政治教育实效性研究》，湖南师范大学 2012 年硕士学位论文。

后 记

《渝东南民族地区红色文化资源的调查、开发与利用研究》一书是2012年度教育部人文社会科学研究规划基金资助项目——"渝东南民族地区红色文化资源的调查、开发与利用研究"（项目批准号：12YJA710076）的最终结题成果。

本书撰写工作经历三载，克服了重重困难，其中的酸甜苦辣参与者们自知。本书在撰写过程中始终坚持以马列主义、毛泽东思想、邓小平理论、"三个代表"重要思想和科学发展观为指导，认真领会和贯彻习近平总书记关于"中国梦"的一系列重要论述，坚持辩证唯物主义与历史唯物主义，坚持实事求是、理论联系实际的马克思主义思想路线，以中共中央《关于若干历史问题的决议》和《关于建国以来党的若干历史问题的决议》为准绳，在过去长期资料积累及课题研究基础上，力求全面、准确、系统地调查统计出遍布渝东南民族地区各区县的红色文化资源。通过对这些物质形态、非物质形态红色文化资源进行挖掘、整理与开发，真实地记录新民主主义革命时期渝东南民族地区各族人民艰苦卓绝的革命斗争史，真实地再现赵世炎、贺龙、任弼时、萧克、王震、关向应、李鸣珂等老一辈无产阶级革命家、先烈们不畏艰险、艰苦奋斗的革命业绩。

本书是迄今为止国内第一部对渝东南民族地区红色文化资源较全面、较系统地进行调查、开发与利用研究方面的专著，也是国内第一部比较全面、系统地记录渝东南民族地区新民主主义革命文化史的专著。书中集中反映了几十年来学术界在渝东南民族地区新民主主义革命文化史研究领域所取得的新进展，初步搭建起了渝东南民族地区新民主主义革命文化史的研究框架，填补了新中国成立以来学术界对渝东南老区革命精神、红色文化资源研究领域的空白。

本课题研究自始至终得到了教育部在规划基金上的大力支持，并获得了长江师范学院配套经费的资助，在此致以诚挚的谢意。本书能顺利出版，也要感谢西南交通大学出版社秦薇女士及相关编校人员的努力。

本课题在研究过程中，参考和借鉴了不少学者的研究成果，在书稿中基本都注明了出处，但不排除有尚未注明之处，如有疏漏，恳请学者、专家谅解。不论是作注还是未作注，笔者在此向本书中引用到相关资料、观点的专家学者们一并致以衷心的感谢！

因撰写时间仓促，笔者学识水平有限，史料搜集、调研工作尚不完全、彻底，书中不妥之处在所难免，恳请专家和读者批评指正，以便再版时修正。

项福库

2014 年 10 月 1 日于长江师范学院鉴湖之滨